2020

国际统计年鉴

INTERNATIONAL STATISTICAL YEARBOOK

国家统计局 编
Compiled by National Bureau of Statistics of China

中国统计出版社
China Statistics Press

图书在版编目 (CIP) 数据

国际统计年鉴 . 2020 : 汉英对照 / 国家统计局编
. -- 北京 : 中国统计出版社 , 2021.1
书名原文 : International Statistical Yearbook-2020
ISBN 978-7-5037-9006-5

Ⅰ . ①国… Ⅱ . ①国… Ⅲ . ①统计资料—世界—2020 —年鉴—汉、英 Ⅳ . ① C831-54

中国版本图书馆 CIP 数据核字 (2021) 第 021859 号

国际统计年鉴—2020

作　　者 / 国家统计局
责任编辑 / 郭　栋
封面设计 / 张　冰　李雪燕
出版发行 / 中国统计出版社
通信地址 / 北京市丰台区西三环南路甲 6 号　邮政编码 /100073
电　　话 / 邮购（010）63376909　书店（010）68783171
网　　址 / http://www.zgtjcbs.com/
印　　刷 / 河北鑫兆源印刷有限公司
经　　销 / 新华书店
开　　本 / 880 × 1230 毫米　1/16
字　　数 / 800 千字
印　　张 / 25.75
版　　别 / 2021 年 1 月第 1 版
版　　次 / 2021 年 1 月第 1 次印刷
定　　价 / 498.00 元　Price: 498.00 yuan (RMB)

本书附同版本 CD-ROM 一张，光盘内容以书面文字为准。
中国统计版图书，如有印装错误，本社发行部负责调换。

《国际统计年鉴－2020》

编委会和编辑出版人员

International Statistical Yearbook - 2020

EDITORIAL BOARD AND EDITORIAL STAFF

编者说明

一、《国际统计年鉴 -2020》是一部综合性的国际经济社会统计资料年刊，收录了世界200多个国家和地区的统计数据，并对其中40多个主要国家和地区的经济社会发展指标及国际组织发布的主要综合评价指标进行了更为详细的收集。

二、本年鉴包括17个部分：1. 中国在世界的地位；2. 自然资源和环境；3. 国民经济核算；4. 人口；5. 就业人员和劳动报酬；6. 投资环境；7. 能源；8. 财政和金融；9. 价格指数；10. 居民收支和贫困；11. 农业；12. 工业和建筑业；13. 运输和通讯；14. 对外贸易和旅游；15. 国际收支和外债；16. 教育、科技、文化和卫生；17. 经济社会综合评价指标。

三、国外的大部分数据经过联合国等国际组织的调整，口径基本可比。

四、许多国家的最新数据是初步数或预计数。

五、中国数据除国土面积外，均未包括中国台湾地区、香港特别行政区和澳门特别行政区。

六、数据取自有关国际组织的数据库、光盘、年报、月报。每张表前均附有资料来源。

七、个别数据的合计项或相对数，因受进位的影响，不一定等于分项累计数。

八、本年鉴所跨年度内，一些国家的名称和疆域有所改变，除非特别注明，本年鉴中所列国家均为现国家名称及其疆域范围。

九、本年鉴中使用的符号含义如下："…"表示数据不够本表最小单位数；"空格"表示无该项数据或该项统计数据不详；"#"表示其中的主要项；"|"表示因统计口径调整，前后数据不可比。

Editorial Note

I. *International Statistical Yearbook 2020* is an annual comprehensive reference publication on international economic and social statistics. It contains data from as much as 200 countries, regions and territories over the world. More detailed information on the economic and social development of over 40 countries and main comprehensive evaluation indexes of international organizations are also included in the Yearbook.

II. The Yearbook contains the following 17 chapters: China in the World; Natural Resource and Environment; National Accounts; Population; Employment and Earnings; Investment Environment; Energy; Government Finance and Banking; Price Indices; Household Income and Expenditure and Poverty; Agriculture; Industry and Construction; Transportation and Communication; External Trade and Tourism; Balance of Payments and External Debts; Education, Science and Technology, Culture and Health; Comprehensive Evaluation Indicators.

III. Data for most of the foreign countries or territories have been adjusted by international organizations such as the United Nations, and the scope and coverage is therefore comparable.

IV. The latest data for many countries are preliminary or estimated statistics.

V. All data of China do not cover Taiwan Province, Hong Kong SAR and Macao SAR except data for the surface area.

VI. The data are from the databases, CD-ROMs, yearbooks and monthly publications of international organizations. The sources of data are given at the top of each table in the Yearbook.

VII. Several aggregations or rates may not add up to the sum of the series because of rounding.

VIII. Unless otherwise indicated, the countries included in the Yearbook are the countries under their present names with the present territories, although the names or the boundaries may have changed during the period covered by the Yearbook.

IX. The meanings of the symbols used in the Yearbook are as following,

"..." indicates that the figure is not large enough to be measured with the smallest unit in the table;

"(blank)" indicates that data are not available;

"#" indicates the major items of the total;

"|" indicates that the data to the left are not comparable with those to the right because of the adjustment of scope and coverage.

目 录

CONTENTS

一、中国在世界的地位
China in the World

二、自然资源和环境
Natural Resource and Environment

三、国民经济核算
National Accounts

四、人口
Population

五、就业人员和劳动报酬
Employment and Earnings

六、投资环境
Investment Environment

七、能源
Energy

八、财政和金融
Government Finance and Banking

九、价格指数
Price Indices

十、居民收支和贫困
Household Income and Expenditure and Poverty

十一、农业
Agriculture

十二、工业和建筑业
Industry and Construction

十三、运输和通讯
Transportation and Communication

十四、对外贸易和旅游
External Trade and Tourism

十五、国际收支和外债
Balance of Payments and External Debts

十六、教育、科技、文化和卫生
Education, Science and Technology, Culture and Health

十七、经济社会综合评价指标
Comprehensive Evaluation Indicators

附 录
Appendix

中国在世界的地位

China in the World

1-1 中国主要指标居世界的位次
Ranking of China in the World in Terms of Main Indicators

资料来源：联合国贸发会议数据库、世界贸易组织数据库、世界银行WDI数据库、国际货币基金组织数据库。
Source: UNCTAD Database,WTO Database,World Bank WDI Database,IMF Database.

指　标	Indicator	1978	1980	1990	2000	2010	2018	2019
国土面积	Country Area	4	4	4	4	4	4	4
人　口	Population	1	1	1	1	1	1	1
国内生产总值	Gross Domestic Product	11	12	11	6	2	2	2
人均国民总收入①	GNI per capita ①	175(188)	177(188)	178(200)	141(207)	120(215)	71(192)	71(192)
货物进出口贸易总额	Foreign Trade Total	29	26	16	8	2	1	1
出口额	Exports	31	30	15	7	1	1	1
进口额	Imports	29	22	18	8	2	2	2
外商直接投资	Foreign Direct Investment Inflows	128	55	12	8	2	2	2
对外直接投资	Foreign Direct Investment Outflows	45	63	22	33	5	2	4
外汇储备	Foreign Exchange Reserves	38	36	10	2	1	1	1

注：①括号中所列为参加排序的国家和地区数。
Note:①The number in the parentheses indicates the number of countries or territories the order based on.

1-2 中国主要指标占世界的比重
Major Indicators as Percentage of the World for China

资料来源：联合国贸发会议数据库、世界贸易组织数据库、世界银行WDI数据库、国际货币基金组织数据库、联合国FAO数据库。
Source: UNCTAD Database,WTO Database,World Bank WDI Database,IMF Database,FAO Database.

单位：%　　(%)

指　标	Indicator	1978	1980	1990	2000	2010	2018	2019
国土面积	Country Area	7.1	7.1	7.1	7.1	7.1	7.1	7.1
人　口	Mid-year Population	22.3	22.1	21.5	20.7	19.3	18.3	18.2
国内生产总值	Gross Domestic Product	1.7	1.7	1.6	3.6	9.2	16.1	16.4
货物进出口贸易总额	Foreign Trade Total	0.8	0.9	1.6	3.6	9.7	11.8	12.0
出口额	Exports	0.8	0.9	1.8	3.9	10.3	12.8	13.2
进口额	Imports	0.8	1.0	1.5	3.4	9.0	10.8	10.8
外商直接投资	Foreign Direct Investment Inflows		0.1	1.7	3.0	8.2	9.3	9.2
对外直接投资	Foreign Direct Investment Outflows			0.3	0.1	4.9	14.5	8.9
外汇储备	Foreign Exchange Reserves		0.6	3.3	8.5	30.7	26.9	26.3
稻谷产量	Rice Production	35.5	35.3	36.5	31.4	27.9	27.1	27.7
小麦产量	Wheat Production	12.1	12.5	16.6	17.0	18.0	17.9	17.4
玉米产量	Maize Production	14.2	15.8	20.0	17.9	20.8	22.4	22.7
大豆产量	Soybeans Production	10.0	9.8	10.1	9.6	5.7	4.1	4.7

1-3 中国农业主要产品产量居世界的位次
Ranking of China in the World in Terms of Major Agricultural Products

资料来源：联合国FAO数据库。
Source: FAO Database.

项 目	Item	1978	1980	1990	2000	2005	2010	2018	2019
谷物	Cereals	2	1	1	1	1	1	1	1
肉类①	Meat①	3	3	2	1	1	1	1	1
籽棉	Seed Cotton	2	2	1	1	1	1	1	1
大豆	Soybeans	3	3	3	4	4	4	4	4
花生	Groundnuts in Shell	2	2	2	1	1	1	1	1
油菜籽	Rapeseed	2	2	1	1	1	1	2	2
甘蔗	Sugar Cane	10	10	4	3	3	3	3	4
茶叶	Tea	2	2	2	2	1	1	1	1
水果	Fruit	6	8	1	1	1	1	1	1

注：①1990年以前为猪、牛、羊肉产量的位次。
Note: ①Data refer to pork,beef and mutton prior to 1990.

1-4 中国工业主要产品产量居世界位次
Ranking of China in the World in Terms of Major Industrial Products

资料来源：联合国统计月报数据库、联合国FAO数据库。
Source: UN Monthly Bulletin of Statistics Database,FAO Database.

项 目	Item	1978	1980	1990	2000	2005	2010	2018	2019
粗 钢	Crude Steel	5	5	4	1	1	1	1	1
煤	Coal	3	3	1	1	1	1	1	1
原 油	Crude Petroleum	8	6	5	5	5	4	6	6
发电量	Electricity	7	6	3	2	2	2	1	1
水 泥	Cement	4	4	1	1	1	1	1	1
化 肥	Fertilizer	3	3	3	1	1	1	1	1
棉 布	Woven Cotton Fabrics	1	1	1	2	2	1	1	1

自然资源和环境

Natural Resource and Environment

2-1 国土面积与人口密度
Country Area and Population Density

资料来源：世界银行WDI数据库。
Source: World Bank WDI Database.
单位：万平方公里 (10 000 sq.km)

国家或地区	Country or Area	国土面积（万平方公里） Surface Area(10 000 sq.km)	人口密度（人/平方公里） Population Density(persons/sq.km)		
		2018	2010	2017	2018
世　界	**World**	**13202.5**	**54.4**	**59.0**	**59.6**
中　国	China	960.0	142.5	147.7	148.3
中国澳门	Macao, China	…	18121.9	20479.8	20777.5
孟加拉国	Bangladesh	14.8	1133.7	1226.6	1239.6
文　莱	Brunei Darussalam	0.6	73.7	80.5	81.4
柬埔寨	Cambodia	18.1	81.1	90.7	92.1
印　度	India	298.0	415.1	450.2	454.9
印度尼西亚	Indonesia	191.4	133.5	146.1	147.8
伊　朗	Iran	174.5	45.3	49.5	50.2
以色列	Israel	2.2	352.3	402.6	410.5
日　本	Japan	37.8	351.3	347.8	347.1
哈萨克斯坦	Kazakhstan	272.5	6.0	6.7	6.8
韩　国	Korea, Rep.	10.0	509.8	526.8	529.4
老　挝	Laos	23.7	27.1	30.1	30.6
马来西亚	Malaysia	33.0	85.9	94.7	96.0
蒙　古	Mongolia	156.4	1.8	2.0	2.0
缅　甸	Myanmar	67.7	77.5	81.7	82.2
巴基斯坦	Pakistan	79.6	232.8	269.7	275.3
菲律宾	Philippines	30.0	315.1	352.7	357.7
中国香港	Hong Kong, China	0.1	6689.7	7039.7	7096.2
新加坡	Singapore	0.1	7231.8	7915.7	7953.0
斯里兰卡	Sri Lanka	6.6	323.1	342.0	345.6
泰　国	Thailand	51.3	131.5	135.5	135.9
越　南	Viet Nam	33.1	283.7	305.1	308.1
埃　及	Egypt	100.1	83.1	96.9	98.9
尼日利亚	Nigeria	92.4	174.0	209.6	215.1
南　非	South Africa	121.9	42.2	47.0	47.6
加拿大	Canada	998.5	3.7	4.0	4.1
墨西哥	Mexico	196.4	58.7	64.2	64.9
美　国	United States	983.2	33.8	35.5	35.7
阿根廷	Argentina	278.0	14.9	16.1	16.3
巴　西	Brazil	851.6	23.4	24.9	25.1
委内瑞拉	Venezuela	91.2	32.2	33.3	32.7
捷　克	Czech Rep.	7.9	135.6	137.2	137.7
法　国	France	54.9	118.8	122.1	122.3
德　国	Germany	35.8	234.6	236.6	237.3
意大利	Italy	30.1	201.5	205.8	205.4
荷　兰	Netherlands	4.2	492.6	508.5	511.5
波　兰	Poland	31.3	124.2	124.0	124.0
俄罗斯	Russia	1709.8	8.7	8.8	8.8
西班牙	Spain	50.6	93.2	93.3	93.7
土耳其	Turkey	78.5	94.0	105.4	107.0
乌克兰	Ukraine	60.4	79.2	77.4	77.0
英　国	United Kingdom	24.4	259.4	273.0	274.7
澳大利亚	Australia	774.1	2.9	3.2	3.2
新西兰	New Zealand	26.8	16.5	18.2	18.4

2-2 土地利用(2018年)
Land Utilization(2018)

资料来源：世界银行WDI数据库。
Source: World Bank WDI Database.
单位：万公顷 (10 000 hectares)

国家或地区	Country or Area	陆地面积 Land Area	耕地面积 Arable Area①	多年生作物面积 Permanent Crop Area①	森林面积 Forest Area①
世　界	**World**	**1273432**	**138713**	**16671**	**399582**
中　国	China	93882	11890	1600	20986
孟加拉国	Bangladesh	1302	776	83	143
文　莱	Brunei Darussalam	53	1	1	38
柬埔寨	Cambodia	1765	380	15	933
印　度	India	29732	15646	1300	7086
印度尼西亚	Indonesia	18116	2350	2250	9033
伊　朗	Iran	16288	1469	179	1069
以色列	Israel	216	30	10	17
日　本	Japan	3646	418	29	2496
哈萨克斯坦	Kazakhstan	26997	2940	13	331
韩　国	Korea, Rep.	975	142	22	618
老　挝	Laos	2308	153	17	1895
马来西亚	Malaysia	3286	88	746	2221
蒙　古	Mongolia	15536	57		1246
缅　甸	Myanmar	6531	1091	155	2849
巴基斯坦	Pakistan	7709	3104	80	143
菲律宾	Philippines	2982	559	535	828
新加坡	Singapore	7			2
斯里兰卡	Sri Lanka	627	130	100	206
泰　国	Thailand	5109	1681	450	1643
越　南	Viet Nam	3101	700	454	1490
埃　及	Egypt	9955	279	95	7
尼日利亚	Nigeria	9108	3400	650	658
南　非	South Africa	12131	1250	41	924
加拿大	Canada	90935	4377	465	34702
墨西哥	Mexico	19440	2256	262	6595
美　国	United States	91474	15226	260	31037
阿根廷	Argentina	27367	3920	100	2682
巴　西	Brazil	83581	8098	657	49255
委内瑞拉	Venezuela	8821	270	70	4652
捷　克	Czech Rep.	772	249	5	267
法　国	France	5476	1836	99	1710
德　国	Germany	3494	1176	20	1142
意大利	Italy	2941	660	245	935
荷　兰	Netherlands	337	103	4	38
波　兰	Poland	3062	1081	39	946
俄罗斯	Russia	163769	12312	160	81489
西班牙	Spain	4996	1234	470	1845
土耳其	Turkey	7696	2038	333	1182
乌克兰	Ukraine	5793	3278	90	968
英　国	United Kingdom	2419	603	5	316
澳大利亚	Australia	76920	4605	33	12506
新西兰	New Zealand	2633	57	8	1015

注：①2016年数据。
Note:①Data refer to 2016.

2–3 淡水资源
Freshwater

资料来源：世界银行WDI数据库。
Source: World Bank WDI Database.

国家或地区	Country or Area	可再生淡水资源(亿立方米) Renewable Internal Freshwater Resources (100 million cu.m.)			人均可再生淡水资源(立方米) Renewable Internal Freshwater Resources per capita (cu.m.)		
		2007	2012	2014	2007	2012	2014
世　界	**World**	**433929.6**	**428099.6**	**428099.6**	**6576.0**	**6072.5**	**5931.0**
高收入国家	**High Income**	**110603.8**	**104473.8**	**104473.8**	**9634.4**	**8804.5**	**8702.1**
中等收入国家	**Middle Income**	**294096.6**	**294136.6**	**294136.6**	**5964.9**	**5624.3**	**5494.8**
低收入国家	**Low Income**	**29229.1**	**29489.1**	**29489.1**	**5773.1**	**4685.9**	**4456.2**
中　国	China	28130.0	28130.0	28130.0	2134.5	2082.6	2061.9
孟加拉国	Bangladesh	1050.0	1050.0	1050.0	736.0	695.3	679.5
文　莱	Brunei Darussalam	85.0	85.0	85.0	22668.8	21303.8	20743.4
柬埔寨	Cambodia	1206.0	1206.0	1206.0	8815.8	8159.4	7895.5
印　度	India	14460.0	14460.0	14460.0	1222.1	1142.4	1116.1
印度尼西亚	Indonesia	20190.0	20190.0	20190.0	8688.6	8126.3	7913.6
伊　朗	Iran	1285.0	1285.0	1285.0	1801.3	1701.1	1658.8
以色列	Israel	7.5	7.5	7.5	104.5	94.8	91.3
日　本	Japan	4300.0	4300.0	4300.0	3359.3	3369.1	3378.5
哈萨克斯坦	Kazakhstan	643.5	643.5	643.5	4155.9	3832.2	3722.2
韩　国	Korea, Rep.	648.5	648.5	648.5	1332.1	1291.8	1277.9
老　挝	Laos	1904.0	1904.0	1904.0	32027.2	29544.4	28675.8
马来西亚	Malaysia	5800.0	5800.0	5800.0	21706.3	19953.1	19419.7
蒙　古	Mongolia	348.0	348.0	348.0	13416.5	12319.9	11836.3
缅　甸	Myanmar	10030.0	10030.0	10030.0	20213.0	19508.4	19184.9
巴基斯坦	Pakistan	550.0	550.0	550.0	327.8	293.7	281.6
菲律宾	Philippines	4790.0	4790.0	4790.0	5357.6	4927.3	4765.5
斯里兰卡	Sri Lanka	528.0	528.0	528.0	2661.0	2585.1	2541.1
泰　国	Thailand	2245.0	2245.0	2245.0	3392.2	3309.5	3280.3
越　南	Viet Nam	3594.0	3594.0	3594.0	4207.5	4002.1	3918.7
埃　及	Egypt	18.0	18.0	18.0	23.0	20.8	19.9
尼日利亚	Nigeria	2210.0	2210.0	2210.0	1510.2	1321.5	1252.8
南　非	South Africa	448.0	448.0	448.0	912.1	847.9	821.3
加拿大	Canada	28500.0	28500.0	28500.0	86655.0	82098.9	80423.4
墨西哥	Mexico	4090.0	4090.0	4090.0	3746.4	3487.6	3398.3
美　国	United States	28180.0	28180.0	28180.0	9354.9	8979.4	8853.3
阿根廷	Argentina	2920.0	2920.0	2920.0	7358.1	6996.8	6843.3
巴　西	Brazil	56610.0	56610.0	56610.0	29774.3	28406.2	27919.2
委内瑞拉	Venezuela	8050.0	8050.0	8050.0	29543.9	27416.0	26793.0
捷　克	Czech Rep.	131.5	131.5	131.5	1276.8	1251.1	1249.4
法　国	France	2000.0	2000.0	2000.0	3124.2	3046.0	3016.0
德　国	Germany	1070.0	1070.0	1070.0	1300.7	1330.4	1321.3
意大利	Italy	1825.0	1825.0	1825.0	3123.0	3065.2	3002.2
荷　兰	Netherlands	110.0	110.0	110.0	671.5	656.5	652.2
波　兰	Poland	536.0	536.0	536.0	1406.1	1408.2	1410.1
俄罗斯	Russia	43120.0	43120.0	43120.0	30195.0	30111.4	29982.0
西班牙	Spain	1112.0	1112.0	1112.0	2458.7	2377.4	2392.4
土耳其	Turkey	2270.0	2270.0	2270.0	3262.3	3040.7	2939.2
乌克兰	Ukraine	551.0	551.0	551.0	1184.7	1208.5	1217.1
英　国	United Kingdom	1450.0	1450.0	1450.0	2364.6	2276.3	2244.5
澳大利亚	Australia	4920.0	4920.0	4920.0	23622.5	21642.1	20957.9
新西兰	New Zealand	3270.0	3270.0	3270.0	77418.4	74181.6	72510.4

2-4 森林覆盖率
Forest Area as Percentage of Land Area

资料来源：世界银行WDI数据库。
Source: World Bank WDI Database.
单位：% (%)

国家或地区	Country or Area	2000	2005	2010	2014	2015	2016
世　界	**World**	**31.2**	**31.0**	**30.9**	**30.8**	**30.7**	**30.7**
高收入国家	**High Income**	**28.6**	**28.7**	**28.8**	**28.9**	**28.9**	**29.0**
中等收入国家	**Middle Income**	**33.9**	**33.7**	**33.5**	**33.4**	**33.3**	**33.3**
低收入国家	**Low Income**	**24.9**	**24.4**	**23.8**	**23.4**	**23.3**	**23.2**
中　国	China	18.9	20.6	21.4	22.0	22.2	22.4
中国香港	Hong Kong, China						
中国澳门	Macao, China						
孟加拉国	Bangladesh	11.3	11.2	11.1	11.0	11.0	11.0
文　莱	Brunei Darussalam	75.3	73.8	72.1	72.1	72.1	72.1
柬埔寨	Cambodia	65.4	60.8	57.2	54.3	53.6	52.9
印　度	India	22.0	22.8	23.5	23.7	23.8	23.8
印度尼西亚	Indonesia	54.9	54.0	52.1	50.6	50.2	49.9
伊　朗	Iran	5.7	6.6	6.6	6.6	6.6	6.6
以色列	Israel	7.1	7.2	7.1	7.5	7.6	7.7
日　本	Japan	68.2	68.4	68.5	68.5	68.5	68.5
哈萨克斯坦	Kazakhstan	1.2	1.2	1.2	1.2	1.2	1.2
韩　国	Korea, Rep.	65.2	64.6	64.0	63.5	63.5	63.4
老　挝	Laos	71.6	73.1	77.2	80.5	81.3	82.1
马来西亚	Malaysia	65.7	63.6	67.3	67.5	67.6	67.6
蒙　古	Mongolia	7.5	7.3	8.4	8.1	8.1	8.0
缅　甸	Myanmar	53.4	51.0	48.6	45.3	44.5	43.6
巴基斯坦	Pakistan	2.7	2.5	2.2	2.0	1.9	1.9
菲律宾	Philippines	23.6	23.7	22.9	26.2	27.0	27.8
新加坡	Singapore	24.4	23.7	23.3	23.1	23.1	23.1
斯里兰卡	Sri Lanka	35.0	33.8	33.5	33.1	33.0	32.9
泰　国	Thailand	33.3	31.5	31.8	32.0	32.1	32.2
越　南	Viet Nam	37.7	42.2	45.6	47.2	47.6	48.1
埃　及	Egypt	0.1	0.1	0.1	0.1	0.1	0.1
尼日利亚	Nigeria	14.4	12.2	9.9	8.1	7.7	7.2
南　非	South Africa	7.6	7.6	7.6	7.6	7.6	7.6
加拿大	Canada	38.2	38.2	38.2	38.2	38.2	38.2
墨西哥	Mexico	34.9	34.5	34.2	34.0	34.0	33.9
美　国	United States	33.1	33.3	33.7	33.9	33.9	33.9
阿根廷	Argentina	11.6	11.0	10.4	10.0	9.9	9.8
巴　西	Brazil	62.4	60.6	59.6	59.2	59.0	58.9
委内瑞拉	Venezuela	55.7	54.1	53.9	53.1	52.9	52.7
捷　克	Czech Rep.	34.1	34.3	34.4	34.5	34.5	34.6
法　国	France	27.9	29.0	30.0	30.8	31.0	31.2
德　国	Germany	32.5	32.6	32.7	32.7	32.7	32.7
意大利	Italy	28.5	29.8	30.7	31.4	31.6	31.8
荷　兰	Netherlands	10.7	10.8	11.1	11.1	11.2	11.2
波　兰	Poland	29.6	30.0	30.5	30.7	30.8	30.9
俄罗斯	Russia	49.4	49.4	49.8	49.8	49.8	49.8
西班牙	Spain	34.0	34.6	36.5	36.8	36.9	36.9
土耳其	Turkey	13.2	13.9	14.6	15.1	15.2	15.4
乌克兰	Ukraine	16.4	16.5	16.5	16.6	16.7	16.7
英　国	United Kingdom	12.2	12.5	12.6	12.9	13.0	13.1
澳大利亚	Australia	16.8	16.6	16.0	16.2	16.2	16.3
新西兰	New Zealand	38.5	38.7	38.6	38.6	38.6	38.6

2-5 二氧化碳排放量
Emissions of Carbon Dioxide

资料来源：世界银行WDI数据库。
Source: World Bank WDI Database.

国家或地区	Country or Area	二氧化碳排放总量(百万吨) Total Emissions of Carbon Dioxide (million metric tons)			人均二氧化碳排放量(吨) Emissions of Carbon Dioxide per Capita (ton)		
		2000	2010	2016	2000	2010	2016
中国	China	3405.2	8776.0	9893.0	2.7	6.6	7.2
中国香港	Hong Kong, China	40.4	40.3	43.6	6.1	5.7	6.0
中国澳门	Macao, China	1.6	1.2	2.1	3.8	2.3	3.4
孟加拉国	Bangladesh	27.6	60.2	84.3	0.2	0.4	0.5
文莱	Brunei Darussalam	4.7	8.2	7.7	14.1	21.1	18.3
柬埔寨	Cambodia	2.0	5.1	9.9	0.2	0.4	0.6
印度	India	1031.9	1719.7	2407.7	1.0	1.4	1.8
印度尼西亚	Indonesia	263.4	428.8	563.3	1.3	1.8	2.2
伊朗	Iran	372.2	573.0	661.7	5.7	7.8	8.3
以色列	Israel	60.3	68.9	65.2	9.6	9.0	7.6
日本	Japan	1219.3	1172.6	1135.9	9.6	9.2	8.9
哈萨克斯坦	Kazakhstan	118.1	248.6	247.2	7.9	15.2	13.9
韩国	Korea, Rep.	447.6	566.7	620.3	9.5	11.4	12.1
老挝	Laos	1.0	3.1	17.8	0.2	0.5	2.6
马来西亚	Malaysia	125.7	219.5	248.3	5.4	7.8	8.1
蒙古	Mongolia	7.5	13.8	25.4	3.1	5.1	8.3
缅甸	Myanmar	10.1	13.2	25.3	0.2	0.3	0.5
巴基斯坦	Pakistan	106.5	169.5	201.2	0.8	1.0	1.0
菲律宾	Philippines	73.3	84.9	122.3	0.9	0.9	1.2
新加坡	Singapore	49.0	58.3	37.5	12.2	11.5	6.7
斯里兰卡	Sri Lanka	10.2	13.3	23.4	0.6	0.7	1.1
泰国	Thailand	172.7	258.9	283.8	2.7	3.9	4.1
越南	Viet Nam	53.6	142.7	192.7	0.7	1.6	2.1
埃及	Egypt	141.3	202.7	238.6	2.1	2.5	2.5
尼日利亚	Nigeria	79.1	114.2	120.4	0.7	0.7	0.7
南非	South Africa	378.7	469.8	476.6	8.4	9.2	8.5
加拿大	Canada	534.4	527.3	544.9	17.4	15.5	15.1
墨西哥	Mexico	398.4	464.3	486.4	4.0	4.1	3.9
美国	United States	5693.7	5395.5	5006.3	20.2	17.4	15.5
阿根廷	Argentina	142.1	187.9	201.4	3.9	4.6	4.6
巴西	Brazil	328.0	419.8	462.3	1.9	2.2	2.2
委内瑞拉	Venezuela	152.4	190.4	164.2	6.3	6.7	5.5
捷克	Czech Rep.	123.8	112.8	102.2	12.1	10.8	9.7
法国	France	362.2	353.0		6.0	5.4	
德国	Germany	830.0	757.9	728.0	10.1	9.3	8.8
意大利	Italy	450.6	405.4		7.9	6.8	
荷兰	Netherlands	173.8	185.4	170.8	10.9	11.2	10.0
波兰	Poland	299.3	316.3	299.0	7.8	8.3	7.9
俄罗斯	Russia	1557.9	1670.5	1732.0	10.6	11.7	12.0
西班牙	Spain	294.4	270.9	244.0	7.3	5.8	5.3
土耳其	Turkey	216.2	296.3	372.7	3.4	4.1	4.7
乌克兰	Ukraine	320.9	304.6	202.3	6.5	6.6	4.5
英国	United Kingdom	541.8	492.7	379.0	9.2	7.9	5.8
澳大利亚	Australia	329.4	390.9	375.9	17.2	17.7	15.5
新西兰	New Zealand	33.0	31.8	34.4	8.6	7.3	7.3

2–6　空气中不足2.5微米的颗粒物含量
Particulate Matter Content (Diameter Less Than 2.5 Microns) in the Air

资料来源：世界银行WDI数据库。
Source: World Bank WDI Database.
单位：微克/立方米　　(micrograms per cubic meter)

国家或地区	Country or Area	2000	2010	2015	2016	2017
世　界	**World**	**45.9**	**50.3**	**47.2**	**45.2**	**45.5**
中　国	China	60.7	69.5	59.1	52.2	52.7
孟加拉国	Bangladesh	63.0	70.8	67.0	60.1	60.8
文　莱	Brunei Darussalam	6.9	7.4	6.5	5.9	5.9
柬埔寨	Cambodia	30.0	31.3	26.8	25.2	25.6
印　度	India	84.2	95.8	89.3	89.7	90.9
印度尼西亚	Indonesia	17.9	18.2	16.6	16.4	16.5
伊　朗	Iran	38.4	38.7	39.6	38.8	39.0
以色列	Israel	24.5	24.0	22.8	20.8	21.4
日　本	Japan	14.2	14.1	12.7	11.6	11.7
哈萨克斯坦	Kazakhstan	15.9	15.9	14.4	13.1	13.8
韩　国	Korea, Rep.	29.8	29.8	28.2	25.1	25.0
老　挝	Laos	27.5	31.7	26.1	25.8	25.1
马来西亚	Malaysia	18.1	18.6	17.4	15.8	16.0
蒙　古	Mongolia	39.0	43.3	42.5	38.2	40.1
缅　甸	Myanmar	39.4	44.1	38.5	36.0	35.6
巴基斯坦	Pakistan	61.1	68.0	60.1	58.6	58.3
菲律宾	Philippines	22.2	23.6	19.6	18.2	18.1
新加坡	Singapore	19.3	20.6	20.7	18.8	19.1
斯里兰卡	Sri Lanka	30.9	31.0	25.3	14.0	11.1
泰　国	Thailand	31.0	31.6	27.3	26.3	26.3
越　南	Viet Nam	36.2	39.4	32.5	30.2	29.6
埃　及	Egypt	73.3	77.4	88.2	88.1	87.0
尼日利亚	Nigeria	67.6	52.6	75.4	71.4	71.8
南　非	South Africa	26.7	27.1	26.1	25.1	25.1
加拿大	Canada	8.3	8.4	7.2	6.5	6.4
墨西哥	Mexico	26.8	26.4	22.1	20.7	20.9
美　国	United States	9.5	9.4	8.1	7.4	7.4
阿根廷	Argentina	16.8	16.9	14.6	13.8	13.3
巴　西	Brazil	15.8	16.0	13.6	12.7	12.7
委内瑞拉	Venezuela	21.6	21.7	18.3	16.8	17.0
捷　克	Czech Rep.	20.4	20.7	17.4	16.1	16.1
法　国	France	14.7	14.8	12.7	11.9	11.8
德　国	Germany	14.9	15.2	12.8	11.9	12.0
意大利	Italy	19.8	19.0	17.9	16.5	16.8
荷　兰	Netherlands	14.9	15.2	12.9	12.0	12.0
波　兰	Poland	25.8	27.2	22.7	21.0	20.9
俄罗斯	Russia	19.1	19.5	17.0	16.2	16.2
西班牙	Spain	11.8	11.3	10.4	9.7	9.7
土耳其	Turkey	42.7	43.8	45.4	44.5	44.3
乌克兰	Ukraine	24.2	23.5	21.2	20.6	20.3
英　国	United Kingdom	12.6	12.3	10.8	10.5	10.5
澳大利亚	Australia	10.8	10.6	9.3	8.6	8.6
新西兰	New Zealand	7.2	7.2	6.3	6.0	6.0

2-7 国家保护区面积和濒危物种(2018年)
National Protected Areas and Threatened Species(2018)

资料来源：世界银行WDI数据库。
Source: World Bank WDI Database.

国家或地区	Country or Area	国家保护区 National Protected		濒危物种(种) Threatened Species(number)			
		陆地保护区面积占陆地面积比重 Terrestrial protected areas (% of total land area)	海洋保护区面积占领海面积比重 Marine protected areas (% of territorial waters)	哺乳动物 Mammal	鸟类 Birds	鱼类 Fish	高植株植物 Higher Plants
中　　国	China	15.5	5.4	73	96	136	593
中国香港	Hong Kong, China	41.9		4	21	15	10
中国澳门	Macao, China				4	9	
孟加拉国	Bangladesh	4.6	5.4	37	36	29	23
文　　莱	Brunei Darussalam	46.9	0.2	33	31	14	127
柬 埔 寨	Cambodia	26.0	0.2	39	31	48	37
印　　度	India	6.0	0.2	93	93	227	396
印度尼西亚	Indonesia	12.2	3.1	191	160	166	458
伊　　朗	Iran	8.6	0.8	18	28	47	7
以 色 列	Israel	20.0		15	18	50	23
日　　本	Japan	29.4	8.2	29	49	77	50
哈萨克斯坦	Kazakhstan	3.3	1.1	16	27	14	14
韩　　国	Korea, Rep.	11.7	1.6	12	33	28	31
老　　挝	Laos	16.7		45	29	55	56
马来西亚	Malaysia	19.1	1.6	71	63	87	727
蒙　　古	Mongolia	17.7		11	24	2	
缅　　甸	Myanmar	6.4	2.3	49	56	53	61
巴基斯坦	Pakistan	12.3	0.8	25	33	46	12
菲 律 宾	Philippines	15.3	1.2	38	93	91	254
新 加 坡	Singapore	5.6		14	22	29	62
斯里兰卡	Sri Lanka	29.9	0.1	30	16	57	297
泰　　国	Thailand	18.8	1.9	59	62	106	159
越　　南	Viet Nam	7.6	0.6	56	52	83	231
埃　　及	Egypt	13.1	5.0	18	14	58	8
尼日利亚	Nigeria	13.9		31	21	74	205
南　　非	South Africa	8.0	12.1	30	54	121	153
加 拿 大	Canada	9.7	0.9	18	24	44	18
墨 西 哥	Mexico	14.5	21.8	96	71	181	484
美　　国	United States	13.0	41.1	40	91	251	510
阿 根 廷	Argentina	8.8	3.8	38	52	42	70
巴　　西	Brazil	29.4	26.6	80	175	93	558
委内瑞拉	Venezuela	54.1	3.5	35	52	45	86
捷　　克	Czech Rep.	22.2		3	9	2	26
法　　国	France	25.8	45.1	9	16	53	47
德　　国	Germany	37.8	45.4	5	11	24	36
意 大 利	Italy	21.5	8.8	8	17	52	102
荷　　兰	Netherlands	11.2	26.7	3	10	15	1
波　　兰	Poland	39.7	22.6	4	11	8	11
俄 罗 斯	Russia	9.7	3.0	34	57	39	56
西 班 牙	Spain	28.1	8.4	17	19	83	247
土 耳 其	Turkey	0.2	0.1	19	20	131	113
乌 克 兰	Ukraine	4.0	3.4	11	17	24	22
英　　国	United Kingdom	28.7	28.9	5	11	48	42
澳大利亚	Australia	19.3	40.6	63	52	125	108
新 西 兰	New Zealand	32.6	30.4	9	69	38	21

主要统计指标解释

国土面积　是一个国家包括陆地面积和内陆水域在内的总面积，不包括离岸的领海面积。

陆地面积　是一个国家扣除内陆水域面积、国家宣称拥有的大陆架和专属经济区之后的总面积，内陆水域一般包括主要的河流和湖泊。

人口密度　是特定年份每一平方公里国土面积上的人口数量。

耕地面积　是指种植短期作物的土地（种植两季作物的土地面积只计算一次），割草或放牧的短期性草场，供应市场和自用菜园，以及暂时休耕地，不包括因轮垦而抛荒的土地面积。

多年生作物面积　是几年内不需要再重新种植的长期生长作物的土地面积，如可可和咖啡。它包括花卉型的树木和灌木（如玫瑰和茉莉）及苗圃，但不包括归入森林类的树木和多年生草场和牧场。

林业面积　是指天然的或人工种植林木的面积，与林木是否有生产价值无关。

可再生淡水资源　指国内可再生的淡水资源流量，包括国内江河水流量、降水补给的地下水量。

森林消失面积　是指林区永久转换作其他用途，包括农业，畜牧，定居点和基础设施。但不包括为重新种植而砍伐的林区或为薪材、酸雨和森林火灾而减少的林区。

国家级保护区　指总面积或部分面积不少于 1000 公顷的全部或部分被保护区域：限制公众进入的科学保护地、国家公园、自然遗址、自然保护区、野生动植物栖息地、受保护的陆地景观及为可持续使用的管理的区域。不包括海洋保护地区、未分类地区、海滨地区和地方或省法律法规保护地。

濒危物种　是国际自然与自然资源保护联合会划分的有灭绝危险的、脆弱的、稀少的、不确定的、脱离危险的或未充分认知的物种。

高等植物　形态上有根、茎、叶分化，又称茎叶体植物（仅指开花植物）。

Explanatory Notes on Main Statistical Indicators

Surface Area is a country total area including land area and inland water bodies, but excluding offshore territorial waters.

Land Area is a country's total area, excluding area under inland water bodies, national claims to continental shelf, and exclusive economic zones. In most cases the definition of inland water bodies includes major rivers and lakes.

Population Density is number of persons in the total population for a given year per square kilometre of total surface area.

Arable Area includes land defined by the FAO as land under temporary crops (double-cropped areas are counted once), temporary meadows for mowing or for pasture, land under market or kitchen gardens, and land temporarily fallow. Land abandoned as a result of shifting cultivation is excluded. Data for "Arable land" are not meant to indicate the amount of land that is potentially cultivable.

Permanent Crop Area is the land cultivated with long-term crops which do not have to be replanted for several years (such as cocoa and coffee); land under trees and shrubs producing flowers, such as roses and jasmine; and nurseries (except those for forest trees, which should be classified under "forest"). Permanent meadows and pastures are excluded from land under permanent crops.

Forest Area is land under natural or planted stands of trees, whether productive or not.

Renewable Internal Freshwater Resources Flows refer to internal renewable resources (internal river flows and groundwater from rainfall) in the country.

Deforested Area is the permanent conversion of natural forest area to other uses, including agriculture, ranching, settlements, and infrastructure. Deforested areas do not include areas logged but intended for regeneration or areas degraded by fuel-wood gathering, acid precipitation, or forest fires.

National Protected Areas are totally or partially protected areas of at least 1,000 hectares that are designated as scientific reserves with limited public access, national parks, natural monuments, nature reserves or wildlife sanctuaries, protected landscapes, and areas managed mainly for sustainable use. Marine areas, unclassified areas, and littoral (intertidal) areas are excluded. The data also do not include sites protected under local or provincial law.

Threatened Species are the number of species classified by the IUCN as endangered, vulnerable, rare, indeterminate, out of danger, or insufficiently known.

Higher Plants are native vascular plant species (flowering plants only).

国民经济核算

National Accounts

3-1 国内生产总值(现价美元)
Gross Domestic Product(USD)

资料来源：世界银行WDI数据库。
Source: World Bank WDI Database.
单位：亿美元 (100 million USD)

国家或地区	Country or Area	2000	2005	2010	2015	2018	2019
世　界	**World**	**336186**	**475172**	**661131**	**751988**	**863571**	**876975**
高收入国家	**High Income**	**276503**	**377268**	**455812**	**481639**	**545747**	**550454**
中等收入国家	**Middle Income**	**58310**	**95869**	**201478**	**265374**	**312931**	**321660**
中等偏下收入国家	**Lower Middle Income**	**12199**	**20207**	**39309**	**51882**	**60037**	**63411**
中等偏上收入国家	**Upper Middle Income**	**46114**	**75662**	**162169**	**213447**	**252893**	**258171**
中低收入国家	**Low and Middle Income**	**59583**	**97802**	**205356**	**270526**	**318196**	**327058**
东亚和太平洋	**East Asia and Pacific**	**17378**	**31101**	**78746**	**132944**	**165930**	**172144**
欧洲和中亚	**Europe and Central Asia**	**6611**	**15826**	**29399**	**29121**	**31850**	**32395**
拉丁美洲和加勒比	**Latin America and Caribbean**	**20826**	**25754**	**49051**	**49982**	**52195**	**51363**
中东和北非国家	**Middle East and North Africa**	**4518**	**6988**	**13837**	**14356**		
南　亚	**South Asia**	**6304**	**10506**	**20608**	**26973**	**34466**	**35980**
撒哈拉以南非洲	**Sub-Saharan Africa**	**3946**	**7628**	**13698**	**16528**	**16981**	**17391**
低收入国家	**Low Income**	**1301**	**1960**	**3901**	**5191**	**5090**	**5213**
最不发达地区	**Least Developed Countries**	**2157**	**3413**	**6804**	**9547**	**10670**	**11054**
重债穷国	**Heavily Indebted Poor Countries**	**1658**	**2543**	**4864**	**6661**	**7455**	**7593**
中　国	China	12113	22860	60872	110616	138948	143429
中国香港	Hong Kong, China	1717	1816	2286	3094	3617	3660
中国澳门	Macao, China	67	121	281	454	551	539
阿富汗	Afghanistan		62	159	199	195	191
阿尔巴尼亚	Albania	35	81	119	114	151	153
阿尔及利亚	Algeria	548	1032	1612	1660	1738	1700
安道尔	Andorra	14	32	34	28	32	32
安哥拉	Angola	91	370	838	1162	1014	946
安提瓜和巴布达	Antigua and Barbuda	8	10	11	13	16	17
阿根廷	Argentina	2842	1987	4236	5947	5199	4497
亚美尼亚	Armenia	19	49	93	106	125	137
阿鲁巴岛	Aruba	19	23	24	29		
澳大利亚	Australia	4152	6934	11461	13517	14339	13927
奥地利	Austria	1968	3160	3919	3818	4555	4463
阿塞拜疆	Azerbaijan	53	132	529	531	471	480
巴哈马	Bahamas	81	98	101	118	124	128
巴　林	Bahrain	91	160	257	311	377	386
孟加拉国	Bangladesh	534	694	1153	1951	2740	3026
巴巴多斯	Barbados	31	38	45	47	51	52
白俄罗斯	Belarus	127	302	572	565	600	631
比利时	Belgium	2362	3856	4810	4621	5427	5296
伯利兹	Belize	8	11	14	17	19	19
贝　宁	Benin	35	66	95	114	143	144
百慕大	Bermuda	35	49	57			
不　丹	Bhutan	4	8	15	20	24	
玻利维亚	Bolivia	84	95	196	330	403	409
波　黑	Bosnia and Herzegovinian	55	112	172	162	202	200
博茨瓦纳	Botswana	58	99	128	144	187	183
巴　西	Brazil	6554	8916	22089	18022	18855	18398
文　莱	Brunei Darussalam	60	95	137	129	136	135
保加利亚	Bulgaria	132	299	504	506	662	679
布基纳法索	Burkina Faso	30	61	101	118	162	157
布隆迪	Burundi	9	11	20	31	30	30
柬埔寨	Cambodia	37	63	112	180	246	271
喀麦隆	Cameroon	101	179	262	309	387	388
加拿大	Canada	7423	11694	16135	15561	17163	17364
佛得角	Cape Verde	5	10	17	16	20	20
中　非	Central African Rep.	9	13	21	17	22	22

3-1 续表 1 continued

单位：亿美元 (100 million USD)

国家或地区	Country or Area	2000	2005	2010	2015	2018	2019
乍　　得	Chad	14	66	107	110	112	113
海峡群岛	Channel Islands	64	88				
智　　利	Chile	779	1230	2185	2439	2983	2823
哥伦比亚	Colombia	999	1456	2866	2935	3336	3238
科 摩 罗	Comoros	4	7	9	10	12	12
刚果(金)	Congo, Dem. Rep.	191	120	216	379	468	473
刚果(布)	Congo, Rep.	32	61	120	86	117	108
哥斯达黎加	Costa Rica	149	199	373	548	606	618
科特迪瓦	Cote D'Ivoire	107	171	249	458	577	588
克罗地亚	Croatia	217	454	598	495	610	604
古　　巴	Cuba	306	426	643	871	1000	
塞浦路斯	Cyprus	100	184	257	198	250	246
捷　　克	Czech Rep.	616	1363	2075	1868	2450	2465
丹　　麦	Denmark	1642	2645	3220	3027	3557	3481
吉 布 提	Djibouti	6	7	11	24	30	33
多米尼克	Dominica	3	4	5	5	6	6
多米尼加	Dominican Rep.	243	361	539	712	856	889
厄瓜多尔	Ecuador	183	415	696	993	1076	1074
埃　　及	Egypt	998	897	2189	3327	2509	3032
萨尔瓦多	El Salvador	118	147	184	234	261	270
赤道几内亚	Equatorial Guinea	10	82	163	132	133	110
厄立特里亚	Eritrea	7	11	16			
爱沙尼亚	Estonia	57	141	197	230	307	314
埃塞俄比亚	Ethiopia	82	124	299	646	843	961
法罗群岛	Faeroe Islands	11	17	23	25		
斐　　济	Fiji	17	30	31	47	55	55
芬　　兰	Finland	1257	2048	2492	2344	2759	2688
法　　国	France	13622	21961	26426	24382	27879	27155
法属波立尼西亚	French Polynesia	34					
加　　蓬	Gabon	51	96	144	144	169	167
冈 比 亚	Gambia	8	10	15	14	16	18
格鲁吉亚	Georgia	31	64	122	150	176	177
德　　国	Germany	19431	28458	33964	33605	39495	38456
加　　纳	Ghana	50	107	322	486	656	670
希　　腊	Greece	1301	2478	2994	1966	2181	2099
格 陵 兰	Greenland	11	18	25	25	31	
关　　岛	Guam		42	49	57	59	
危地马拉	Guatemala	193	272	413	622	731	767
几 内 亚	Guinea	30	29	69	88	122	136
几内亚比绍	Guinea-Bissau	4	6	8	10	15	13
圭 亚 那	Guyana	7	8	23	32	39	43
海　　地	Haiti	40	43	66	87	97	85
洪都拉斯	Honduras	71	97	158	210	240	251
匈 牙 利	Hungary	472	1130	1311	1245	1579	1610
冰　　岛	Iceland	90	168	137	174	257	242
印　　度	India	4684	8204	16756	21036	27132	28751
印度尼西亚	Indonesia	1650	2859	7551	8609	10422	11192
伊　　朗	Iran	1096	2265	4868	3850		
伊 拉 克	Iraq	259	500	1385	1775	2242	2341
爱 尔 兰	Ireland	999	2116	2221	2915	3827	3887
马 恩 岛	Isle of Man	16	30	59	68		
以 色 列	Israel	1323	1425	2340	2998	3706	3951
意 大 利	Italy	11438	18575	21340	18359	20858	20012
牙 买 加	Jamaica	90	112	132	142	157	165
日　　本	Japan	48875	47554	57001	43895	49548	50818

3-1 续表 2 continued

单位：亿美元 (100 million USD)

国家或地区	Country or Area	2000	2005	2010	2015	2018	2019
约　旦	Jordan	86	128	268	380	422	437
哈萨克斯坦	Kazakhstan	183	571	1480	1844	1793	1802
肯尼亚	Kenya	127	187	400	640	878	955
基里巴斯	Kiribati	1	1	2	2	2	2
韩　国	Korea, Rep.	5762	9349	11441	14658	17206	16424
科威特	Kuwait	377	808	1154	1146	1406	1348
吉尔吉斯斯坦	Kyrgyzstan	14	25	48	67	83	85
老　挝	Laos	17	27	71	144	180	182
拉脱维亚	Latvia	79	169	238	271	343	341
黎巴嫩	Lebanon	173	215	384	499	550	534
莱索托	Lesotho	9	17	23	24	26	25
利比里亚	Liberia	9	9	20	32	33	31
利比亚	Libya	383	473	748	278	526	521
列支敦士登	Liechtenstein	25	37	51	63		
立陶宛	Lithuania	115	261	370	414	535	542
卢森堡	Luxemburg	213	373	532	577	709	711
马其顿	Macedonia, FYR	38	63	94	101	126	127
马达加斯加	Madagascar	46	59	100	113	139	141
马拉维	Malawi	17	37	70	64	69	77
马来西亚	Malaysia	938	1435	2550	3014	3586	3647
马尔代夫	Maldives	6	12	26	41	53	57
马　里	Mali	30	62	107	131	172	175
马耳他	Malta	41	64	87	107	146	148
马绍尔群岛	Marshall Islands	1	1	2	2	2	
毛里塔尼亚	Mauritania	18	29	56	62	70	76
毛里求斯	Mauritius	47	65	100	117	142	142
墨西哥	Mexico	7079	8775	10578	11706	12207	12583
密克罗尼西亚	Micronesia, Fed.	2	3	3	3	4	
摩尔多瓦	Moldova	13	30	70	77	115	120
摩纳哥	Monaco	26	42	54	63	72	
蒙　古	Mongolia	11	25	72	117	131	139
黑　山	Montenegro	10	23	41	41	55	55
摩洛哥	Morocco	389	623	932	1012	1179	1187
莫桑比克	Mozambique	56	85	111	160	147	149
缅　甸	Myanmar	89	120	495	678	762	761
纳米比亚	Namibia	38	71	113	113	135	124
瑙　鲁	Nauru				1	1	1
尼泊尔	Nepal	55	81	160	214	292	306
荷　兰	Netherlands	4164	6851	8466	7653	9141	9091
新喀里多尼亚	New Caledonia	27					
新西兰	New Zealand	526	1147	1466	1775	2079	2069
尼加拉瓜	Nicaragua	51	63	88	128	131	125
尼日尔	Niger	22	44	78	97	128	129
尼日利亚	Nigeria	694	1761	3634	4946	3982	4481
挪　威	Norway	1712	3089	4288	3858	4342	4033
阿　曼	Oman	195	311	570	684	793	770
巴基斯坦	Pakistan	820	1201	1772	2706	3146	2782
帕　劳	Palau	1	2	2	3	3	
巴拿马	Panama	123	164	294	541	651	668
巴布亚新几内亚	Papua New Guinea	35	49	143	217	234	250
巴拉圭	Paraguay	89	107	272	362	404	381
秘　鲁	Peru	517	761	1475	1898	2220	2268
菲律宾	Philippines	837	1074	2084	3064	3468	3768
波　兰	Poland	1719	3061	4793	4776	5871	5922
葡萄牙	Portugal	1183	1972	2379	1993	2413	2377

3-1 续表 3 continued

单位：亿美元 (100 million USD)

国家或地区	Country or Area	2000	2005	2010	2015	2018	2019
波多黎各	Puerto Rico	617	839	984	1034	1010	1050
卡 塔 尔	Qatar	178	445	1251	1617	1914	1835
罗马尼亚	Romania	373	985	1662	1779	2416	2501
俄 罗 斯	Russia	2597	7640	15249	13635	16696	16999
卢 旺 达	Rwanda	17	26	61	86	96	101
圣基茨和尼维斯	Saint Kitts and Nevis	4	6	8	9	10	11
圣卢西亚	Saint Lucia	9	11	15	18	21	21
圣文森特和格林纳丁斯	Saint Vincent and the Grenadines	4	6	7	8	8	8
萨 摩 亚	Samoa	3	5	7	8	8	9
圣马力诺	San Marino	10	18	19	14	16	
圣多美和普林西比	Sao Tome and Principe	1	1	2	3	4	4
沙特阿拉伯	Saudi Arabia	1895	3285	5282	6543	7865	7930
塞内加尔	Senegal	59	110	162	178	232	236
塞尔维亚	Serbia	69	277	418	396	506	514
塞 舌 尔	Seychelles	6	9	10	14	16	17
塞拉利昂	Sierra Leone	6	17	26	42	41	39
新 加 坡	Singapore	961	1278	2398	3080	3732	3721
斯洛伐克	Slovakia	292	628	902	885	1058	1054
斯洛文尼亚	Slovenia	203	362	482	431	540	537
所罗门群岛	Solomon Islands	4	4	7	12	14	14
南 非	South Africa	1364	2578	3753	3176	3683	3514
西 班 牙	Spain	5969	11533	14207	11951	14197	13941
斯里兰卡	Sri Lanka	163	244	567	806	884	840
苏 丹	Sudan	123	265	617	743	261	189
苏 里 南	Suriname	9	18	44	48	35	40
斯威士兰	Swaziland	17	32	44	40		
瑞 典	Sweden	2628	3922	4958	5051	5555	5308
瑞 士	Switzerland	2721	4087	5838	6798	7051	7031
叙 利 亚	Syrian Arab Republic	193	289	591			
塔吉克斯坦	Tajikistan	9	23	56	79	75	81
坦桑尼亚	Tanzania	134	184	320	474	580	632
泰 国	Thailand	1264	1893	3411	4013	5065	5436
东 帝 汶	Timor-Leste	4	5	9	16	16	17
多 哥	Togo	15	23	34	42	54	55
汤 加	Tonga	2	3	4	4	5	
特立尼达和多巴哥	Trinidad And Tobago	82	160	222	251	238	241
突 尼 斯	Tunisia	215	323	441	432	398	388
土 耳 其	Turkey	2730	5014	7719	8598	7714	7544
土库曼斯坦	Turkmenistan	29	81	226	358	408	
图 瓦 卢	Tuvalu						
乌 干 达	Uganda	62	90	265	321	328	344
乌 克 兰	Ukraine	313	861	1360	910	1309	1538
阿 联 酋	United Arab Emirates	1043	1806	2898	3581	4222	4211
英 国	United Kingdom	16578	25387	24752	29286	28607	28271
美 国	United States	102523	130366	149921	182193	205290	213744
乌 拉 圭	Uruguay	228	174	403	533	596	560
乌兹别克斯坦	Uzbekistan	138	143	467	818	504	579
瓦努阿图	Vanuatu	3	4	7	8	9	9
委内瑞拉	Venezuela	1171	1455	3932			
越 南	Viet Nam	312	576	1159	1932	2452	2619
约旦河西岸和加沙	West Bank and Gaza	43	48	89	127	146	
也 门	Yemen	97	167	309	370	276	
赞 比 亚	Zambia	36	83	203	212	270	231
津巴布韦	Zimbabwe	67	58	120	200	243	214

3-2 人均国内生产总值
GDP per Capita

资料来源：世界银行WDI数据库。
Source: World Bank WDI Database.
单位：美元 (USD)

国家或地区	Country or Area	2000	2005	2010	2015	2018	2019
世　界	**World**	**5498**	**7297**	**9551**	**10247**	**11375**	**11429**
高收入国家	**High Income**	**25103**	**33172**	**38650**	**39731**	**44351**	**44540**
中等收入国家	**Middle Income**	**1265**	**1952**	**3866**	**4804**	**5480**	**5575**
中等偏下收入国家	**Lower Middle Income**	**566**	**860**	**1543**	**1887**	**2090**	**2177**
中等偏上收入国家	**Upper Middle Income**	**1878**	**2953**	**6089**	**7696**	**8912**	**9040**
中低收入国家	**Low and Middle Income**	**1189**	**1820**	**3576**	**4416**	**5002**	**5080**
东亚和太平洋	**East Asia and Pacific**	**957**	**1641**	**4005**	**6523**	**7971**	**8222**
欧洲和中亚	**Europe and Central Asia**	**1791**	**4270**	**7781**	**7461**	**8014**	**8111**
拉丁美洲和加勒比	**Latin America and Caribbean**	**4225**	**4884**	**8767**	**8461**	**8583**	**8368**
中东和北非国家	**Middle East and North Africa**	**1618**	**2293**	**4158**	**3944**		
南　亚	**South Asia**	**453**	**692**	**1257**	**1542**	**1900**	**1960**
撒哈拉以南非洲	**Sub-Saharan Africa**	**594**	**1007**	**1579**	**1663**	**1577**	**1573**
低收入国家	**Low Income**	**324**	**424**	**734**	**861**	**782**	**780**
最不发达地区	**Least Developed Countries**	**328**	**459**	**813**	**1014**	**1057**	**1070**
重债穷国	**Heavily Indebted Poor Countries**	**352**	**468**	**779**	**927**	**956**	**947**
中　国	China	959	1753	4550	8067	9977	10262
中国香港	Hong Kong, China	25757	26650	32550	42432	48543	48756
中国澳门	Macao, China	15710	25043	52253	75341	87209	84096
阿富汗	Afghanistan		242	543	578	524	502
阿尔巴尼亚	Albania	1127	2674	4094	3953	5284	5353
阿尔及利亚	Algeria	1765	3113	4481	4178	4115	3948
安道尔	Andorra	21854	40066	40853	35763	41793	40886
安哥拉	Angola	557	1902	3588	4167	3290	2974
安提瓜和巴布达	Antigua and Barbuda	10921	12548	13049	14286	16727	17790
阿根廷	Argentina	7708	5110	10386	13789	11684	10006
亚美尼亚	Armenia	623	1644	3218	3607	4220	4623
澳大利亚	Australia	21679	33999	52022	56756	57396	54907
奥地利	Austria	24564	38403	46858	44178	51525	50277
阿塞拜疆	Azerbaijan	655	1578	5843	5500	4740	4794
巴哈马	Bahamas	27098	30278	28443	31406	32218	32933
巴　林	Bahrain	13636	17959	20722	22689	23991	23504
孟加拉国	Bangladesh	418	499	781	1248	1698	1856
巴巴多斯	Barbados	11268	13823	16056	16525	17745	18148
白俄罗斯	Belarus	1276	3126	6029	5949	6330	6663
比利时	Belgium	23042	36796	44142	40992	47491	46117
伯利兹	Belize	3364	3883	4271	4776	4885	4815
贝　宁	Benin	511	822	1037	1077	1241	1219
百慕大	Bermuda	56284	75882	88207			
不　丹	Bhutan	718	1228	2258	2753	3243	
玻利维亚	Bolivia	998	1034	1955	3036	3549	3552
波　黑	Bosnia and Herzegovinian	1468	2981	4636	4727	6072	6073
博茨瓦纳	Botswana	3522	5520	6435	6800	8280	7961
巴　西	Brazil	3750	4790	11286	8814	9001	8717
文　莱	Brunei Darussalam	18013	26105	35270	31165	31628	31087
保加利亚	Bulgaria	1621	3900	6810	7054	9424	9738
布基纳法索	Burkina Faso	255	458	648	653	820	775
布隆迪	Burundi	136	152	234	306	272	261
柬埔寨	Cambodia	303	474	786	1163	1512	1643
喀麦隆	Cameroon	650	1012	1287	1328	1534	1498
加拿大	Canada	24190	36266	47448	43586	46313	46195
佛得角	Cape Verde	1259	2099	3378	3043	3617	3604
中　非	Central African Rep.	251	331	488	377	476	468
乍　得	Chad	166	658	893	776	726	710
海峡群岛	Channel Islands	43382	58197				

3-2 续表 1 continued

单位：美元 (USD)

国家或地区	Country or Area	2000	2005	2010	2015	2018	2019
智　　利	Chile	5075	7599	12808	13574	15925	14896
哥伦比亚	Colombia	2520	3414	6337	6176	6719	6432
科 摩 罗	Comoros	646	1069	1316	1243	1416	1394
刚果(金)	Congo, Dem. Rep.	405	218	334	497	557	545
刚果(布)	Congo, Rep.	1030	1680	2812	1762	2224	2011
哥斯达黎加	Costa Rica	3773	4655	8142	11299	12112	12238
科特迪瓦	Cote D'Ivoire	651	931	1213	1973	2303	2286
克罗地亚	Croatia	4850	10530	13924	11783	14920	14853
古　　巴	Cuba	2747	3787	5730	7694	8822	
塞浦路斯	Cyprus	14388	24959	31024	23334	28690	27858
捷　　克	Czech Rep.	6012	13346	19808	17716	23047	23102
丹　　麦	Denmark	30744	48800	58041	53255	61391	59822
吉 布 提	Djibouti	768	905	1343	2659	3142	3409
多米尼克	Dominica	4788	5160	6967	7596	7691	8300
多米尼加	Dominican Rep.	2869	3970	5555	6922	8051	8282
厄瓜多尔	Ecuador	1445	3002	4634	6124	6296	6184
埃　　及	Egypt	1450	1188	2645	3599	2549	3020
萨尔瓦多	El Salvador	2002	2429	2983	3706	4068	4187
赤道几内亚	Equatorial Guinea	1726	10963	17289	11283	10144	8132
厄立特里亚	Eritrea	308	389	501			
爱沙尼亚	Estonia	4076	10406	14791	17522	23258	23660
埃塞俄比亚	Ethiopia	124	162	342	641	772	858
斐　　济	Fiji	2077	3660	3653	5391	6267	6220
芬　　兰	Finland	24285	39040	46460	42785	50021	48686
法　　国	France	22364	34760	40638	36638	41631	40494
法属波立尼西亚	French Polynesia	14324					
加　　蓬	Gabon	4126	6889	8849	7385	7957	7667
冈 比 亚	Gambia	594	666	861	650	713	751
格鲁吉亚	Georgia	750	1643	3233	4014	4723	4769
德　　国	Germany	23636	34507	41532	41140	47639	46259
加　　纳	Ghana	258	492	1299	1744	2202	2202
希　　腊	Greece	12043	22552	26918	18168	20324	19583
格 陵 兰	Greenland	19004	32490	43988	44536	54471	
格林纳达	Grenada	5057	6644	7258	9097	10486	10966
危地马拉	Guatemala	1664	2102	2899	3995	4473	4620
几 内 亚	Guinea	363	322	672	769	983	1064
几内亚比绍	Guinea-Bissau	308	436	558	603	778	698
圭 亚 那	Guyana	954	1105	3033	4166	4979	5468
罗马教廷	Holy See						
洪都拉斯	Honduras	1080	1297	1904	2302	2506	2575
匈 牙 利	Hungary	4624	11201	13114	12652	16151	16476
冰　　岛	Iceland	32018	56659	43025	52564	72969	66945
印　　度	India	443	715	1358	1606	2006	2104
印度尼西亚	Indonesia	780	1263	3122	3332	3894	4136
伊　　朗	Iran	1670	3246	6600	4904		
伊 拉 克	Iraq	1086	1856	4657	4990	5834	5955
爱 尔 兰	Ireland	26241	50878	48715	61995	78621	78661
马 恩 岛	Isle of Man	20323	37761	69767	81606		
以 色 列	Israel	21044	20567	30694	35777	41720	43641
意 大 利	Italy	20088	32043	36001	30230	34520	33190
牙 买 加	Jamaica	3385	4089	4704	4908	5354	5582
日　　本	Japan	38532	37218	44508	34524	39159	40247
约　　旦	Jordan	1675	2214	3690	4105	4242	4330
哈萨克斯坦	Kazakhstan	1229	3771	9070	10511	9813	9731
肯 尼 亚	Kenya	397	512	952	1337	1708	1817
基里巴斯	Kiribati	797	1215	1517	1543	1698	1655

3-2 续表 2 continued

单位：美元 (USD)

国家或地区	Country or Area	2000	2005	2010	2015	2018	2019
韩国	Korea, Rep.	12257	19403	23087	28732	33340	31762
科威特	Kuwait	18440	35591	38577	29870	33994	32032
吉尔吉斯斯坦	Kyrgyzstan	280	477	880	1121	1308	1309
老挝	Laos	325	476	1141	2135	2542	2535
拉脱维亚	Latvia	3351	7553	11348	13699	17805	17836
黎巴嫩	Lebanon	4492	4575	7762	7645	8025	7784
莱索托	Lesotho	436	843	1137	1152	1222	1158
利比里亚	Liberia	307	295	513	710	677	622
利比亚	Libya	7143	8163	12065	4338	7877	7684
列支敦士登	Liechtenstein	74854	105414	141200	167291		
立陶宛	Lithuania	3297	7863	11957	14249	19081	19455
卢森堡	Luxemburg	48736	80290	104965	101376	116654	114705
马其顿	Macedonia, FYR	1854	3038	4543	4840	6063	6093
马达加斯加	Madagascar	294	320	472	467	528	522
马拉维	Malawi	156	290	479	381	381	412
马来西亚	Malaysia	4044	5587	9041	9955	11373	11415
马尔代夫	Maldives	2235	3640	7077	9033	10331	10791
马里	Mali	270	489	710	751	900	891
马耳他	Malta	10391	15858	21107	24003	30133	29416
马绍尔群岛	Marshall Islands	2273	2568	2877	3214	3788	
毛里塔尼亚	Mauritania	677	971	1611	1524	1601	1678
毛里求斯	Mauritius	3929	5283	8000	9260	11208	11204
墨西哥	Mexico	7158	8278	9271	9606	9673	9863
密克罗尼西亚	Micronesia, Fed.	2172	2358	2885	2906	3568	
摩尔多瓦	Moldova	441	1035	2438	2732	4234	4499
摩纳哥	Monaco	82368	124194	150725	166012	185829	
蒙古	Mongolia	474	999	2643	3919	4135	4295
黑山	Montenegro	1627	3675	6682	6517	8850	8832
摩洛哥	Morocco	1335	2018	2840	2875	3222	3204
莫桑比克	Mozambique	314	415	471	590	499	492
缅甸	Myanmar	191	245	979	1287	1418	1408
纳米比亚	Namibia	2136	3674	5318	4869	5495	4957
尼泊尔	Nepal	229	316	592	793	1039	1071
荷兰	Netherlands	26149	41979	50950	45175	53048	52448
新喀里多尼亚	New Caledonia	12580					
新西兰	New Zealand	13641	27751	33700	38616	42950	42084
尼加拉瓜	Nicaragua	1008	1162	1504	2050	2021	1913
尼日尔	Niger	198	321	473	483	572	555
尼日利亚	Nigeria	568	1268	2292	2730	2033	2230
挪威	Norway	38131	66810	87694	74356	81734	75420
阿曼	Oman	8601	12377	18757	16029	16415	15474
巴基斯坦	Pakistan	576	749	987	1357	1482	1285
帕劳	Palau	7648	9326	10220	15872	15859	
巴拿马	Panama	4060	4917	8082	13630	15593	15731
巴布亚新几内亚	Papua New Guinea	602	749	1949	2679	2720	2845
巴拉圭	Paraguay	1664	1844	4356	5407	5806	5415
秘鲁	Peru	1956	2729	5082	6229	6941	6978
菲律宾	Philippines	1073	1244	2217	3001	3252	3485
波兰	Poland	4493	8021	12600	12572	15461	15595
葡萄牙	Portugal	11498	18773	22499	19242	23462	23145
波多黎各	Puerto Rico	16192	21959	26436	29763	31622	32874
卡塔尔	Qatar	29976	51456	67403	63039	68794	64782
罗马尼亚	Romania	1660	4618	8210	8977	12409	12920
俄罗斯	Russia	1772	5323	10675	9313	11371	11585
卢旺达	Rwanda	219	292	612	755	783	802
圣基茨和尼维斯	Saint Kitts and Nevis	9836	12330	15509	18029	19275	19896

3-2 续表 3 continued

单位：美元 (USD)

国家或地区	Country or Area	2000	2005	2010	2015	2018	2019
圣卢西亚	Saint Lucia	5950	6949	8540	10094	11358	11611
圣文森特和格林纳丁斯	Saint Vincent and the Grenadines	3676	5071	6293	6921	7361	7464
萨摩亚	Samoa	1542	2590	3566	4074	4183	4316
圣马力诺	San Marino	36602	60901	60239	42650	48481	
圣多美和普林西比	Sao Tome and Principe	550	867	1095	1596	2001	1995
沙特阿拉伯	Saudi Arabia	9171	13791	19263	20628	23339	23140
塞内加尔	Senegal	605	994	1280	1219	1466	1447
塞尔维亚	Serbia	915	3720	5735	5585	7246	7402
塞舌尔	Seychelles	7579	11093	10805	14745	16391	17402
塞拉利昂	Sierra Leone	139	292	402	588	534	504
新加坡	Singapore	23852	29961	47237	55647	66189	65233
斯洛伐克	Slovakia	5413	11686	16727	16309	19428	19329
斯洛文尼亚	Slovenia	10201	18099	23510	20882	26055	25739
所罗门群岛	Solomon Islands	1054	881	1290	1914	2138	2128
索马里	Somalia				293	315	
南非	South Africa	3032	5384	7329	5735	6374	6001
西班牙	Spain	14713	26419	30503	25732	30338	29614
斯里兰卡	Sri Lanka	870	1249	2800	3844	4081	3853
苏丹	Sudan	366	689	1401	1910	624	442
苏里南	Suriname	2012	3591	8256	8562	6004	6855
斯威士兰	Swaziland	1637	2874	3690	3048		
瑞典	Sweden	29625	43437	52869	51545	54589	51610
瑞士	Switzerland	37868	54953	74606	82082	82818	81994
叙利亚	Syrian Arab Republic	1178	1572	2747			
塔吉克斯坦	Tajikistan	138	341	750	929	827	871
坦桑尼亚	Tanzania	411	493	743	948	1061	1122
泰国	Thailand	2008	2894	5076	5840	7295	7808
东帝汶	Timor-Leste	415	465	806	1335	1237	1294
多哥	Togo	302	406	534	571	679	676
汤加	Tonga	2066	2598	3553	4321	4364	
特立尼达和多巴哥	Trinidad And Tobago	6435	12327	16683	18290	17130	17276
突尼斯	Tunisia	2212	3193	4142	3862	3439	3318
土耳其	Turkey	4317	7384	10672	10949	9370	9042
土库曼斯坦	Turkmenistan	643	1704	4439	6433	6967	
图瓦卢	Tuvalu	1463	2184	3022	3198	3701	4059
乌干达	Uganda	262	326	816	840	767	777
乌克兰	Ukraine	636	1827	2965	2125	3097	3659
阿联酋	United Arab Emirates	33291	39365	33893	38663	43839	43103
英国	United Kingdom	28150	42030	39436	44975	43043	42300
美国	United States	36335	44115	48468	56823	62840	65118
乌拉圭	Uruguay	6875	5227	11992	15614	17278	16190
乌兹别克斯坦	Uzbekistan	558	547	1634	2615	1529	1725
瓦努阿图	Vanuatu	1471	1887	2967	2802	3096	3058
委内瑞拉	Venezuela	4842	5505	13825			
越南	Viet Nam	390	687	1318	2085	2567	2715
约旦河西岸和加沙	West Bank and Gaza	1476	1455	2354	2968	3199	
也门	Yemen	554	833	1335	1395	968	
赞比亚	Zambia	346	703	1489	1338	1556	1291
津巴布韦	Zimbabwe	563	477	948	1445	1684	1464

3-3 人均国民总收入
GNI per Capita

资料来源：世界银行WDI数据库。
Source: World Bank WDI Database.

单位：美元 (USD)

国家或地区	Country or Area	2000	2005	2010	2015	2018	2019
世　　界	**World**	**5491**	**7361**	**9420**	**10673**	**11160**	**11570**
高收入国家	**High Income**	**25269**	**34052**	**39160**	**41649**	**43816**	**45307**
中等收入国家	**Middle Income**	**1218**	**1834**	**3581**	**4952**	**5310**	**5598**
中等偏下收入国家	**Lower Middle Income**	**556**	**832**	**1447**	**1921**	**2098**	**2189**
中等偏上收入国家	**Upper Middle Income**	**1799**	**2753**	**5622**	**7956**	**8561**	**9074**
中低收入国家	**Low and Middle Income**	**1141**	**1709**	**3313**	**4547**	**4849**	**5102**
东亚和太平洋	**East Asia and Pacific**	**911**	**1637**	**3759**	**6472**	**7699**	**8299**
欧洲和中亚	**Europe and Central Asia**	**1795**	**3729**	**7391**	**8791**	**7675**	**8014**
拉丁美洲和加勒比	**Latin America and Caribbean**	**4021**	**4402**	**7832**	**8941**	**8313**	**8355**
中东和北非国家	**Middle East and North Africa**	**1568**	**2155**	**3993**	**4170**		
南　　亚	**South Asia**	**446**	**691**	**1153**	**1536**	**1915**	**2019**
撒哈拉以南非洲	**Sub-Saharan Africa**	**550**	**894**	**1434**	**1719**	**1494**	**1536**
低收入国家	**Low Income**	**269**	**387**	**694**	**830**	**780**	**792**
最不发达地区	**Least Developed Countries**	**299**	**436**	**773**	**1008**	**1047**	**1089**
重债穷国	**Heavily Indebted Poor Countries**	**326**	**444**	**744**	**927**	**929**	**952**
中　　国	China	940	1760	4340	7940	9620	10410
中国香港	Hong Kong, China	26930	28890	33620	41180	50060	50840
中国澳门	Macao, China	14710	24020	45580	64350	78640	
阿 富 汗	Afghanistan		250	510	600	550	540
阿尔巴尼亚	Albania	1100	2620	4360	4390	4860	5240
阿尔及利亚	Algeria	1590	2710	4480	4850	3960	3970
安 道 尔	Andorra	19930	41240	41650			
安 哥 拉	Angola	360	1370	3240	4520	3210	3050
安提瓜和巴布达	Antigua and Barbuda	10140	12410	12690	12970	15890	16660
阿 根 廷	Argentina	7470	4260	9270	12570	12390	11200
亚美尼亚	Armenia	660	1540	3470	4010	4230	4680
澳大利亚	Australia	21120	30310	46630	60500	53250	54910
奥 地 利	Austria	26790	38720	49610	47450	49400	51300
阿塞拜疆	Azerbaijan	610	1270	5370	6570	4060	4480
巴 哈 马	Bahamas	25940	30570	28370	28300	30520	31780
巴　　林	Bahrain	10940	16550	18970	22660	21900	22110
孟加拉国	Bangladesh	440	550	800	1220	1750	1940
巴巴多斯	Barbados	10780	13240	15540	15740	16700	17380
白俄罗斯	Belarus	1380	2810	6150	6710	5700	6280
比 利 时	Belgium	25860	37730	46950	45540	45940	47350
伯 利 兹	Belize	3150	3620	3880	4400	4450	4450
贝　　宁	Benin	480	820	1080	1180	1200	1250
不　　丹	Bhutan	730	1200	2040	2520	2970	
玻利维亚	Bolivia	980	1020	1780	2960	3370	3530
波　　黑	Bosnia and Herzegovinian	1490	3180	4950	5210	5740	6150
博茨瓦纳	Botswana	3170	4940	5610	6840	7410	7660
巴　　西	Brazil	3930	4000	9650	10190	9080	9130
文　　莱	Brunei Darussalam	14680	23090	33300	38850	29390	32230
保加利亚	Bulgaria	1660	3800	6940	7450	8910	9410
布基纳法索	Burkina Faso	250	410	570	700	760	790
布 隆 迪	Burundi	130	140	220	260	280	280
柬 埔 寨	Cambodia	300	460	750	1060	1380	1480
喀 麦 隆	Cameroon	670	1010	1330	1440	1440	1500
加 拿 大	Canada	22620	34800	44480	47570	45000	46370
佛 得 角	Cape Verde	1410	2160	3400	3210	3400	3630
中　　非	Central African Rep.	260	340	510	400	490	520
乍　　得	Chad	180	470	910	880	680	700
海峡群岛	Channel Islands	42510	56270				

3-3 续表 1 continued

单位：美元 (USD)

国家或地区	Country or Area	2000	2005	2010	2015	2018	2019
智 利	Chile	5060	6210	10750	14130	14620	15010
哥伦比亚	Colombia	2340	3000	5620	7330	6260	6510
科 摩 罗	Comoros	730	1090	1380	1380	1380	1420
刚果(金)	Congo, Dem. Rep.	130	200	320	460	500	520
刚果(布)	Congo, Rep.	560	950	2120	2420	1680	1750
哥斯达黎加	Costa Rica	3550	4620	7180	10400	11590	11700
科特迪瓦	Cote D'Ivoire	640	930	1190	1660	2180	2290
克罗地亚	Croatia	5220	10160	14070	12970	14010	14910
古 巴	Cuba	2620	3960	5610	7230		
塞浦路斯	Cyprus	14180	23990	32040	25960	26620	27710
捷 克	Czech Rep.	6330	12420	19280	18260	20230	22000
丹 麦	Denmark	32580	49610	61220	60510	60920	63240
吉 布 提	Djibouti	770	1030		2730	3260	3540
多米尼克	Dominica	4220	5050	6730	6870	7710	8090
多米尼加	Dominican Rep.	2680	3080	5330	6580	7760	8090
厄瓜多尔	Ecuador	1550	2880	4390	5970	6090	6080
埃 及	Egypt	1420	1230	2370	3360	2800	2690
萨尔瓦多	El Salvador	1900	2420	2880	3440	3820	4000
赤道几内亚	Equatorial Guinea	770	3890	9970	10850	6650	6460
厄立特里亚	Eritrea	300	390	510			
爱沙尼亚	Estonia	4160	9730	14700	18680	21350	23220
埃塞俄比亚	Ethiopia	130	160	380	600	800	850
斐 济	Fiji	2240	3590	3650	5200	5860	5860
芬 兰	Finland	26450	40170	49600	47150	48300	49580
法 国	France	24970	35870	43850	41100	41080	42400
法属波立尼西亚	French Polynesia	15760					
加 蓬	Gabon	3090	5510	7830	7970	6830	7210
冈 比 亚	Gambia	620	520	890	620	710	740
格鲁吉亚	Georgia	790	1520	3210	4410	4460	4740
德 国	Germany	26150	35710	44550	45850	47150	48520
加 纳	Ghana	340	460	1230	1940	2130	2220
希 腊	Greece	13330	22760	27660	20320	19620	20320
格 陵 兰	Greenland	20290	30920				
格林纳达	Grenada	4610	6650	6940	7780	9580	9980
危地马拉	Guatemala	1670	2030	2780	3700	4390	4610
几 内 亚	Guinea	400	360	690	760	850	950
几内亚比绍	Guinea-Bissau	210	430	580	640	750	820
圭 亚 那	Guyana	890	1090	2900	4130	4770	5180
海 地	Haiti	470	410	660	820	800	790
洪都拉斯	Honduras	1020	1280	1720	2060	2320	2390
匈 牙 利	Hungary	4620	10360	13190	13220	14760	16140
冰 岛	Iceland	31550	50700	36250	50160	67890	72850
印 度	India	440	710	1220	1600	2010	2130
印度尼西亚	Indonesia	580	1220	2530	3430	3850	4050
伊 朗	Iran	1760	2960	6250	5370		
爱 尔 兰	Ireland	24080	44530	44880	50350	59640	62210
马 恩 岛	Isle of Man	21880	39590	67430	83980		
以 色 列	Israel	19140	21410	29660	36030	40930	43290
意 大 利	Italy	21890	32430	37850	32980	33770	34460
牙 买 加	Jamaica	3230	3780	4380	4710	4970	5250
日 本	Japan	36230	40560	43440	38840	41150	41690
约 旦	Jordan	1700	2350	3480	3900	4200	4300
哈萨克斯坦	Kazakhstan	1270	2930	7440	11380	8070	8810
肯 尼 亚	Kenya	410	510	960	1290	1600	1750
基里巴斯	Kiribati	1330	1700	2050	3470	3080	3350
韩 国	Korea, Rep.	11030	18520	22290	28720	32610	33720

3-3 续表 2 continued

单位：美元 (USD)

国家或地区	Country or Area	2000	2005	2010	2015	2018	2019
科 威 特	Kuwait	17980	34560	42160	42530	34290	
吉尔吉斯斯坦	Kyrgyzstan	280	450	850	1180	1220	1240
老 挝	Laos	280	460	1000	1970	2450	2570
拉脱维亚	Latvia	3310	7350	12580	15010	16520	17730
黎 巴 嫩	Lebanon	4600	4890	7470	7280	7720	7600
莱 索 托	Lesotho	580	1020	1300	1340	1280	1360
利比里亚	Liberia	150	250	460	630	610	580
利 比 亚	Libya		6860	12380	5690	6800	7640
列支敦士登	Liechtenstein	78870	92730				
立 陶 宛	Lithuania	3210	7600	12560	15170	17380	18990
卢 森 堡	Luxemburg	46460	73810	78220	72470	70910	73910
马 其 顿	Macedonia, FYR	1910	2990	4700	5110	5470	5910
马达加斯加	Madagascar	290	340	470	490	510	520
马 拉 维	Malawi	160	300	450	350	350	380
马来西亚	Malaysia	3460	5270	8260	10680	10590	11200
马尔代夫	Maldives	2070	3460	5960	7650	9140	9650
马 里	Mali	280	460	690	800	840	880
马 耳 他	Malta	11360	15590	20540	24680	26350	27290
马绍尔群岛	Marshall Islands	2960	3460	3600	4310	4860	
毛里塔尼亚	Mauritania	730	940	1500	1640	1580	1660
毛里求斯	Mauritius	3900	5600	8080	10700	12040	12740
墨 西 哥	Mexico	6210	8050	9040	10170	9180	9430
密克罗尼西亚	Micronesia, Fed.	2210	2560	2900	3490	3400	
摩尔多瓦	Moldova	470	1120	2380	3300	3930	
摩 纳 哥	Monaco	90830	128440				
蒙 古	Mongolia	470	900	2000	3820	3630	3780
黑 山	Montenegro		3660	6930	7260	8440	9010
摩 洛 哥	Morocco	1390	2070	2930	3020	3090	3190
莫桑比克	Mozambique	320	390	520	640	460	480
缅 甸	Myanmar		270	850	1260	1370	1390
纳米比亚	Namibia	2260	3530	4510	5290	4900	5060
尼 泊 尔	Nepal	230	310	540	780	970	1090
荷 兰	Netherlands	28810	42050	53900	49810	51310	53200
新喀里多尼亚	New Caledonia	14020					
新 西 兰	New Zealand	14080	25440	29690	40560	41100	42670
尼加拉瓜	Nicaragua	960	1160	1460	1910	2020	1910
尼 日 尔	Niger	210	310	480	520	540	560
尼日利亚	Nigeria	470	1030	2140	2880	1970	2030
挪 威	Norway	36570	63790	88560	93110	80640	82500
阿 曼	Oman	7070	10620	18500	17790	14160	15330
巴基斯坦	Pakistan	490	770	1030	1360	1590	1530
帕 劳	Palau	5690	10570	11430	16180	17280	
巴 拿 马	Panama	3910	4790	7260	12200	14420	14950
巴布亚新几内亚	Papua New Guinea	570	650	1740	2910	2570	2780
巴 拉 圭	Paraguay	1440	1520	4070	5620	5620	5510
秘 鲁	Peru	1970	2540	4410	6340	6470	6740
菲 律 宾	Philippines	1150	1380	2370	3380	3710	3850
波 兰	Poland	4660	7350	12770	13350	14150	15200
葡 萄 牙	Portugal	12170	18580	22960	20440	21990	23080
波多黎各	Puerto Rico	10550	14750	16920	19420	21030	21970
卡 塔 尔	Qatar		38260	63620	72690	61150	63410
罗马尼亚	Romania	1710	3880	8640	9650	11430	12630
俄 罗 斯	Russia	1710	4450	9980	11780	10250	11260
卢 旺 达	Rwanda	240	280	610	750	780	820
圣基茨和尼维斯	Saint Kitts and Nevis	9250	12210	14690	16410	18340	19030
圣卢西亚	Saint Lucia	5250	6230	8170	8730	10640	11020

3-3 续表 3 continued

单位：美元 (USD)

国家或地区	Country or Area	2000	2005	2010	2015	2018	2019
圣文森特和格林纳丁斯	Saint Vincent and the Grenadines	3470	4960	6090	6560	7340	7460
萨 摩 亚	Samoa	1600	2320	3230	3960	4020	4180
圣马力诺	San Marino		41830				
圣多美和普林西比	Sao Tome and Principe		820	1130	1660	1890	1960
沙特阿拉伯	Saudi Arabia	8150	12650	18750	23710	21600	22850
塞内加尔	Senegal	650	1000	1340	1320	1400	1450
塞尔维亚	Serbia	1610	3830	6220	5960	6400	7020
塞 舌 尔	Seychelles	7290	11140	10220	14020	15670	16870
塞拉利昂	Sierra Leone	140	290	420	550	490	500
新 加 坡	Singapore	23680	28820	44930	53160	57900	59590
斯洛伐克	Slovakia	5530	11350	17400	17670	18330	19320
斯洛文尼亚	Slovenia	11270	18310	24540	22250	24530	25750
所罗门群岛	Solomon Islands	1010	890	900	1870	2020	2050
索 马 里	Somalia						
南 非	South Africa	3070	4990	6190	6050	5750	6040
西 班 牙	Spain	15770	25870	31880	28430	29320	30390
斯里兰卡	Sri Lanka	870	1210	2410	3760	4040	4020
苏 丹	Sudan	340	600	1190	1690	840	590
苏 里 南	Suriname	1970	3320	7620	8690	5210	5540
斯威士兰	Swaziland	1580	2870	3070	3280		
瑞 典	Sweden	31430	45490	54580	58250	55620	55840
瑞 士	Switzerland	43520	61620	77570	85800	84430	85500
叙 利 亚	Syrian Arab Republic	970	1510	2610			
塔吉克斯坦	Tajikistan	170	380	920	1250	1000	1030
坦桑尼亚	Tanzania	410	500	720	980	1020	1080
泰 国	Thailand	1980	2790	4580	5710	6600	7260
东 帝 汶	Timor-Leste		930	2850	2200	1810	1890
多 哥	Togo	310	400	560	640	660	690
汤 加	Tonga	2050	2450	3570	4520	4300	
特立尼达和多巴哥	Trinidad And Tobago	5400	11190	16460	19130	16020	16890
突 尼 斯	Tunisia	2270	3160	4130	3960	3500	3360
土 耳 其	Turkey	4300	6760	10430	11960	10420	9610
土库曼斯坦	Turkmenistan	600	1590	4070	7030	6740	
图 瓦 卢	Tuvalu		3630	4400	5440	5430	5620
乌 干 达	Uganda	270	310	670	830	750	780
乌 克 兰	Ukraine	700	1540	2980	2700	2800	3370
阿 联 酋	United Arab Emirates	31400	37500	33400	42860	41470	43470
英 国	United Kingdom	29220	42890	41650	44290	41730	42370
美 国	United States	35960	46190	48990	56740	63200	65760
乌 拉 圭	Uruguay	7060	4720	10440	15640	15910	16230
乌兹别克斯坦	Uzbekistan	630	530	1370	2600	2020	1800
瓦努阿图	Vanuatu	1430	1780	2690	2910	3110	3170
委内瑞拉	Venezuela	4120	4980	11810			
越 南	Viet Nam	410	630	1250	1970	2360	2540
约旦河西岸和加沙	West Bank and Gaza	1550	1660	2330	3380	3710	
也 门	Yemen	430	700	1200	1150	940	
赞 比 亚	Zambia	330	560	1340	1580	1460	1450
津巴布韦	Zimbabwe	510	460	630	1280	1530	1390

3-4 按购买力平价法计算的国民经济核算主要指标(2019年)
Main Economic Indicators of National Accounts Based on PPP(2019)

资料来源：世界银行WDI数据库。
Source: World Bank WDI Database.

国家或地区	Country or Area	国内生产总值(现价国际元) GDP(100 million international$)	人均国内生产总值(现价国际元) GDP per Capita (current price international$)	国民总收入(现价国际元) GNI(100 million international$)	人均国民总收入(现价国际元) GNI per capita (current price iternational$)
世　界	**World**	**1356152**	**17673**	**1349843**	**17591**
高收入国家	**High Income**	**643005**	**52029**	**646620**	**52322**
中等收入国家	**Middle Income**	**700074**	**12135**	**690516**	**11969**
中等偏下收入国家	**Lower Middle Income**	**199093**	**6834**	**197901**	**6793**
中等偏上收入国家	**Upper Middle Income**	**500478**	**17525**	**492115**	**17232**
中低收入国家	**Low and Middle Income**	**715874**	**11120**	**706013**	**10967**
东亚和太平洋	**East Asia and Pacific**	**314701**	**15031**	**312528**	**14927**
欧洲和中亚	**Europe and Central Asia**	**90249**	**22596**	**87832**	**21991**
拉丁美洲和加勒比	**Latin America and Caribbean**	**99557**	**16220**	**96439**	**15713**
中东和北非国家①	**Middle East and North Africa①**		**10898**	**40654**	**10796**
南　亚	**South Asia**	**119826**	**6527**	**119798**	**6526**
撒哈拉以南非洲	**Sub-Saharan Africa**	**43051**	**3894**	**41658**	**3768**
低收入国家	**Low Income**	**16639**	**2489**	**16416**	**2456**
重债穷国	**Heavily Indebted Poor Countries**	**21181**	**2642**	**20771**	**2591**
最不发达地区	**Least Developed Countries**	**32230**	**3119**	**31986**	**3095**
中　国	China	234602	16785	234032	16740
中国香港	Hong Kong, China	4683	62375	4925	65600
中国澳门	Macao, China	827	129103	779②	123290②
孟加拉国	Bangladesh	8072	4951	8454	5190
文　莱	Brunei Darussalam	280	64673	288	66410
柬埔寨	Cambodia	754	4571	689	4180
印　度	India	96117	7034	95072	6960
印度尼西亚	Indonesia	33292	12302	32296	11930
伊　朗①	Iran①		14536	11748	14560
以色列	Israel	3820	42194	3815	42140
日　本	Japan	54592	43236	56544	44780
哈萨克斯坦	Kazakhstan	5081	27444	4452	24050
韩　国	Korea, Rep.	22250	43029	22455	43430
老　挝	Laos	584	8151	571	7960
马来西亚	Malaysia	9433	29526	9162	28680
蒙　古	Mongolia	413	12820	367	11370
缅　甸	Myanmar	2894	5355	2788	5160
巴基斯坦	Pakistan	10579	4885	11291	5210
菲律宾	Philippines	10030	9277	11028	10200
新加坡	Singapore	5782	101376	5248	92020
斯里兰卡	Sri Lanka	2970	13620	2884	13230
泰　国	Thailand	13388	19228	12894	18520
越　南	Viet Nam	8078	8374	7472	7750
埃　及	Egypt	12298	12251	11851	11810
尼日利亚	Nigeria	10748	5348	10396	5170
南　非	South Africa	7612	12999	7397	12630
加拿大	Canada	19299	51342	19100	50810
墨西哥	Mexico	26039	20411	25270	19810
美　国	United States	213744	65118	216250	65880
阿根廷	Argentina	10312	22947	9914	22060
巴　西	Brazil	32204	15259	31350	14850
捷　克	Czech Rep.	4543	42576	4339	40660
法　国	France	33151	49435	33792	50390
德　国	Germany	46598	56052	47957	57690
意大利	Italy	26649	44197	26878	44580
荷　兰	Netherlands	10345	59687	10381	59890
波　兰	Poland	12993	34218	12421	32710
俄罗斯	Russia	42818	29181	41474	28270
西班牙	Spain	19873	42214	19913	42300
土耳其	Turkey	23256	27875	22870	27410
乌克兰	Ukraine	5607	13341	5780	13750
英　国	United Kingdom	32555	48710	32109	48040
澳大利亚	Australia	13524	53320	13077	51560
新西兰	New Zealand	2161	43953	2100	42710

注：①2017年数据。②2018年数据。
Note:①Data refer to 2017.②Data refer to 2018.

3–5 国内生产总值增长率
Growth Rate of GDP

资料来源：世界银行WDI数据库。
Source: World Bank WDI Database.
单位：%

(%)

国家或地区	Country or Area	2000	2005	2010	2015	2018	2019
世　界	**World**	**4.4**	**3.9**	**4.3**	**2.9**	**3.0**	**2.5**
高收入国家	**High Income**	**4.0**	**2.9**	**2.9**	**2.3**	**2.2**	**1.7**
中等收入国家	**Middle Income**	**5.6**	**7.0**	**7.5**	**4.0**	**4.7**	**3.9**
中等偏下收入国家	**Lower Middle Income**	**4.2**	**6.6**	**6.9**	**5.7**	**5.2**	**4.4**
中等偏上收入国家	**Upper Middle Income**	**6.0**	**7.1**	**7.6**	**3.6**	**4.5**	**3.8**
中低收入国家	**Low and Middle Income**	**5.6**	**7.0**	**7.5**	**3.9**	**4.6**	**3.9**
东亚和太平洋	**East Asia and Pacific**	**7.5**	**9.7**	**9.8**	**6.6**	**6.5**	**5.8**
欧洲和中亚	**Europe and Central Asia**	**8.3**	**7.4**	**5.6**	**0.8**	**2.9**	**1.7**
拉丁美洲和加勒比	**Latin America and Caribbean**	**3.8**	**4.3**	**6.0**	**-0.1**	**1.5**	**0.8**
中东和北非国家	**Middle East and North Africa**	**4.4**	**4.5**	**5.3**	**0.7**		
南　亚	**South Asia**	**4.1**	**7.6**	**7.7**	**7.5**	**6.1**	**4.8**
撒哈拉以南非洲	**Sub-Saharan Africa**	**3.4**	**6.2**	**5.4**	**2.8**	**2.4**	**2.3**
低收入国家	**Low Income**	**2.9**	**6.9**	**5.8**	**2.1**	**3.6**	**3.9**
最不发达地区	**Least Developed Countries**	**4.1**	**8.0**	**5.9**	**3.6**	**4.4**	**4.4**
重债穷国	**Heavily Indebted Poor Countries**	**2.7**	**6.0**	**5.4**	**4.9**	**4.2**	**4.1**
中　国	China	8.5	11.4	10.6	7.0	6.8	6.1
中国香港	Hong Kong, China	7.7	7.4	6.8	2.4	2.9	-1.2
中国澳门	Macao, China	5.7	8.1	25.3	-21.6	5.4	-4.7
阿富汗	Afghanistan		11.2	14.4	1.5	1.8	2.9
阿尔巴尼亚	Albania	7.0	5.5	3.7	2.2	4.1	2.2
阿尔及利亚	Algeria	3.8	5.9	3.6	3.7	1.4	0.8
安道尔	Andorra	3.5	5.4	-2.0	1.4	1.6	1.8
安哥拉	Angola	3.1	15.0	4.9	0.9	-2.0	-0.9
安提瓜和巴布达	Antigua and Barbuda	6.7	6.4	-7.6	3.8	7.4	4.7
阿根廷	Argentina	-0.8	8.9	10.1	2.7	-2.5	-2.2
亚美尼亚	Armenia	5.9	13.9	2.2	3.2	5.2	7.6
澳大利亚	Australia	3.9	3.2	2.1	2.2	2.9	1.9
奥地利	Austria	3.4	2.2	1.8	1.0	2.4	1.6
阿塞拜疆	Azerbaijan	11.1	28.0	4.8	1.1	1.5	2.2
巴哈马	Bahamas	4.1	3.4	1.5	0.6	1.6	1.8
巴　林	Bahrain	5.3	6.8	4.3	2.9	2.0	1.8
孟加拉国	Bangladesh	5.3	6.5	5.6	6.6	7.9	8.2
巴巴多斯	Barbados	4.4	4.0	-2.3	2.4	-0.6	-0.1
白俄罗斯	Belarus	5.8	9.4	7.8	-3.8	3.1	1.2
比利时	Belgium	3.7	2.3	2.9	2.0	1.5	1.4
伯利兹	Belize	13.0	1.9	3.0	2.9	2.1	0.3
贝　宁	Benin	5.9	1.7	2.1	1.8	6.7	6.9
百慕大	Bermuda	9.3	1.7	-2.1			
不　丹	Bhutan	6.9	7.3	11.9	6.6	3.0	
玻利维亚	Bolivia	2.5	4.4	4.1	4.9	4.2	2.2
波　黑	Bosnia and Herzegovinian	5.5	8.8	0.8	3.1	3.7	2.6
博茨瓦纳	Botswana	2.0	4.6	8.6	-1.7	4.5	3.0
巴　西	Brazil	4.4	3.2	7.5	-3.5	1.3	1.1
文　莱	Brunei Darussalam	2.8	0.4	2.6	-0.4	0.1	3.9
保加利亚	Bulgaria	4.8	7.2	0.6	4.0	3.1	3.4
布基纳法索	Burkina Faso	1.9	8.7	8.4	3.9	6.8	5.7
布隆迪	Burundi	-0.9	0.9	5.1	-3.9	1.6	1.8
柬埔寨	Cambodia	10.7	13.3	6.0	7.0	7.5	7.1
喀麦隆	Cameroon	3.6	2.0	3.4	5.7	4.1	4.0
加拿大	Canada	4.9	5.0	3.1	0.7	2.0	1.7
佛得角	Cape Verde	14.3	6.9	1.5	1.0	4.5	5.7
中　非	Central African Rep.	-2.5	0.9	4.6	4.3	3.8	3.0
乍　得	Chad	-0.9	17.3	13.6	2.8	2.4	3.2
海峡群岛	Channel Islands	5.8	1.4				

3-5 续表 1 continued

单位：% (%)

国家或地区	Country or Area	2000	2005	2010	2015	2018	2019
智　　利	Chile	5.3	5.7	5.8	2.3	3.9	1.1
哥伦比亚	Colombia	2.9	4.8	4.5	3.0	2.5	3.3
科 摩 罗	Comoros	10.8	2.8	3.8	1.1	3.4	2.7
刚果(金)	Congo, Dem. Rep.	-6.9	6.1	7.1	6.9	5.8	4.4
刚果(布)	Congo, Rep.	7.6	7.8	8.8	2.6	1.6	-0.9
哥斯达黎加	Costa Rica	3.8	3.9	5.0	3.6	2.7	2.1
科特迪瓦	Cote D'Ivoire	-2.1	1.7	2.0	8.8	6.8	6.9
克罗地亚	Croatia	3.3	4.3	-1.5	2.4	2.7	2.9
古　　巴	Cuba	5.9	11.2	2.4	4.4	2.2	
塞浦路斯	Cyprus	6.0	4.9	2.0	3.4	4.1	3.2
捷　　克	Czech Rep.	4.3	6.5	2.3	5.3	2.8	2.6
丹　　麦	Denmark	3.7	2.3	1.9	2.3	2.4	2.4
吉 布 提	Djibouti	0.4	3.2	3.5	7.7	8.4	7.5
多米尼克	Dominica	2.3	0.7	0.7	-2.7	2.3	5.7
多米尼加	Dominican Rep.	4.7	9.4	8.3	6.9	7.0	5.1
厄瓜多尔	Ecuador	1.1	5.3	3.5	0.1	1.3	0.1
埃　　及	Egypt	6.4	4.5	5.1	4.4	5.3	5.6
萨尔瓦多	El Salvador	1.1	2.7	2.1	2.4	2.4	2.4
赤道几内亚	Equatorial Guinea	18.2	16.7	-8.9	-9.1	-6.4	-5.6
厄立特里亚	Eritrea	-3.1	2.6	2.2			
爱沙尼亚	Estonia	10.1	9.5	2.7	1.8	4.8	4.3
埃塞俄比亚	Ethiopia	6.1	11.8	12.6	10.4	6.8	8.3
斐　　济	Fiji	-1.7	0.7	3.0	4.7	3.5	1.1
芬　　兰	Finland	5.8	2.8	3.2	0.5	1.6	1.0
法　　国	France	3.9	1.7	1.9	1.1	1.8	1.5
法属波立尼西亚	French Polynesia	4.0					
加　　蓬	Gabon	-1.9	2.7	7.1	3.9	0.8	3.4
冈 比 亚	Gambia	5.5	-2.4	5.9	4.1	6.5	6.0
格鲁吉亚	Georgia	1.8	9.6	6.2	3.0	4.9	5.1
德　　国	Germany	2.9	0.7	4.2	1.7	1.5	0.6
加　　纳	Ghana	3.7	5.9	7.9	2.2	6.3	6.5
希　　腊	Greece	3.9	0.6	-5.5	-0.4	1.9	1.9
格 陵 兰	Greenland	7.1	5.0	1.7	-2.5	3.2	
格林纳达	Grenada	4.9	13.3	-0.5	6.4	4.1	3.1
危地马拉	Guatemala	3.6	3.3	2.9	4.1	3.2	3.8
几 内 亚	Guinea	2.5	3.0	4.8	3.8	6.2	5.6
几内亚比绍	Guinea-Bissau	5.4	4.3	4.6	6.1	3.8	4.6
圭 亚 那	Guyana	-1.4	-2.0	4.1	3.1	4.1	4.7
海　　地	Haiti	0.9	1.8	-3.1	1.2	1.5	-0.9
洪都拉斯	Honduras	7.3	6.1	3.7	3.8	3.7	2.7
匈 牙 利	Hungary	4.5	4.2	0.7	3.8	5.1	4.9
冰　　岛	Iceland	4.9	6.3	-3.4	4.7	3.8	1.9
印　　度	India	3.8	7.9	8.5	8.0	6.1	5.0
印度尼西亚	Indonesia	4.9	5.7	6.2	4.9	5.2	5.0
伊　　朗	Iran	5.9	3.2	5.8	-1.3		
爱 尔 兰	Ireland	9.4	5.7	1.8	25.2	8.2	5.6
马 恩 岛	Isle of Man	5.3	5.9	3.4	-0.9		
以 色 列	Israel	7.5	3.9	5.6	2.3	3.5	3.5
意 大 利	Italy	3.8	0.8	1.7	0.8	0.8	0.3
牙 买 加	Jamaica	0.9	0.9	-1.5	0.9	1.9	0.7
日　　本	Japan	2.8	1.7	4.2	1.2	0.3	0.7
约　　旦	Jordan	4.2	8.1	2.3	2.4	1.9	2.0
哈萨克斯坦	Kazakhstan	9.8	9.7	7.3	1.2	4.1	4.5
肯 尼 亚	Kenya	0.6	5.9	8.4	5.7	6.3	5.4
基里巴斯	Kiribati	6.3	5.0	-0.9	10.4	2.3	2.2
韩　　国	Korea, Rep.	9.1	4.3	6.8	2.8	2.7	2.0

3-5 续表 2 continued

单位：% (%)

国家或地区	Country or Area	2000	2005	2010	2015	2018	2019
科威特	Kuwait	4.7	10.6	-2.4	0.6	1.2	0.4
吉尔吉斯斯坦	Kyrgyzstan	5.4	-0.2	-0.5	3.9	3.8	4.5
老挝	Laos	5.8	7.1	8.5	7.3	6.2	4.7
拉脱维亚	Latvia	5.6	10.7	-4.5	3.3	4.3	2.2
黎巴嫩	Lebanon	1.3	2.7	8.0	0.2	-1.9	-5.6
莱索托	Lesotho	3.9	3.5	0.8	2.7	-0.5	1.5
利比里亚	Liberia	28.6	5.3	6.1	…	1.2	-2.3
利比亚	Libya	3.7	11.9	5.0	-8.9	15.1	2.5
列支敦士登	Liechtenstein	3.2	4.8				
立陶宛	Lithuania	3.8	7.7	1.5	2.0	3.6	3.9
卢森堡	Luxemburg	8.2	3.2	4.9	4.3	3.1	2.3
马其顿	Macedonia, FYR	4.5	4.7	3.4	3.9	2.7	3.6
马达加斯加	Madagascar	4.5	4.8	0.6	3.1	4.6	4.8
马拉维	Malawi	1.6	3.3	6.9	2.8	3.2	4.4
马来西亚	Malaysia	8.9	5.3	7.4	5.1	4.7	4.3
马尔代夫	Maldives	3.8	-13.1	7.3	2.9	6.9	5.2
马里	Mali	-0.1	6.5	5.3	6.2	4.7	5.0
马耳他	Malta	6.8	3.8	3.5	10.9	7.3	4.4
马绍尔群岛	Marshall Islands	1.4	2.3	7.6	1.6	3.6	
毛里塔尼亚	Mauritania	-3.9	8.6	2.6	5.4	2.1	5.9
毛里求斯	Mauritius	8.2	1.8	4.4	3.6	3.8	3.6
墨西哥	Mexico	4.9	2.3	5.1	3.3	2.1	-0.1
密克罗尼西亚	Micronesia, Fed.	4.8	2.0	2.3	4.6	0.2	
摩尔多瓦	Moldova	2.1	7.5	7.1	-0.3	4.3	3.5
摩纳哥	Monaco	3.9	1.9	2.1	4.9	6.1	
蒙古	Mongolia	1.1	7.3	6.4	2.4	7.2	5.1
黑山	Montenegro	3.1	4.2	2.7	3.4	5.1	3.6
摩洛哥	Morocco	1.9	3.3	3.8	4.5	3.0	2.3
莫桑比克	Mozambique	1.2	6.6	6.5	6.7	3.4	2.2
缅甸	Myanmar	13.7	13.6	9.6	7.0	6.8	2.9
纳米比亚	Namibia	3.5	2.5	6.0	4.5	0.7	-1.1
尼泊尔	Nepal	6.2	3.5	4.8	3.3	6.7	7.0
荷兰	Netherlands	4.2	2.1	1.3	2.0	2.6	1.8
新喀里多尼亚	New Caledonia	2.1					
新西兰	New Zealand	2.9	3.3	1.6	3.6	3.8	2.2
尼加拉瓜	Nicaragua	4.1	4.3	4.4	4.8	-4.0	-3.9
尼日尔	Niger	-1.1	7.1	8.4	4.4	7.0	5.8
尼日利亚	Nigeria	5.0	6.4	8.0	2.7	1.9	2.2
挪威	Norway	3.2	2.6	0.7	2.0	1.3	1.2
阿曼	Oman	5.4	2.5	4.8	4.7	1.8	0.5
巴基斯坦	Pakistan	4.3	6.5	1.6	4.7	5.8	1.0
帕劳	Palau	-2.6	4.1	0.3	10.1	1.7	
巴拿马	Panama	2.7	7.2	5.8	5.7	3.7	3.0
巴布亚新几内亚	Papua New Guinea	-2.5	6.3	10.1	9.5	-0.8	5.6
巴拉圭	Paraguay	-2.3	2.1	11.1	3.1	3.4	…
秘鲁	Peru	2.7	6.3	8.3	3.3	4.0	2.2
菲律宾	Philippines	4.4	4.9	7.3	6.3	6.3	6.0
波兰	Poland	4.6	3.5	3.6	3.8	5.3	4.1
葡萄牙	Portugal	3.8	0.8	1.7	1.8	2.6	2.2
波多黎各	Puerto Rico	3.3	-2.0	-0.4	-1.0	-4.7	1.2
卡塔尔	Qatar		7.5	19.6	3.7	1.5	-0.2
罗马尼亚	Romania	2.5	4.7	-3.9	3.9	4.4	4.1
俄罗斯	Russia	10.0	6.4	4.5	-2.0	2.5	1.3
卢旺达	Rwanda	8.4	9.4	7.3	8.9	8.6	9.4
圣基茨和尼维斯	Saint Kitts and Nevis	10.4	9.7	-0.6	1.0	2.9	2.5
圣卢西亚	Saint Lucia	…	-0.4	1.6	-1.4	2.6	1.7

3-5 续表 3 continued

单位：% (%)

国家或地区	Country or Area	2000	2005	2010	2015	2018	2019
圣文森特和格林纳丁斯	Saint Vincent and the Grenadines	1.6	2.5	-3.4	1.3	2.2	0.3
萨 摩 亚	Samoa	6.9	4.2	0.5	4.3	-2.2	3.5
圣马力诺	San Marino	2.2	2.4	-5.5	2.5	1.2	
圣多美和普林西比	Sao Tome and Principe		7.1	6.7	3.8	2.7	2.4
沙特阿拉伯	Saudi Arabia	5.6	5.6	5.0	4.1	2.4	0.3
塞内加尔	Senegal	3.2	5.6	3.6	6.4	6.4	5.3
塞尔维亚	Serbia	6.1	5.5	0.7	1.8	4.4	4.2
塞 舌 尔	Seychelles	1.5	9.0	6.0	4.9	3.8	4.7
塞拉利昂	Sierra Leone	6.7	4.5	5.3	-20.6	3.4	5.5
新 加 坡	Singapore	9.0	7.4	14.5	3.0	3.4	0.7
斯洛伐克	Slovakia	1.2	6.6	5.7	4.8	3.9	2.4
斯洛文尼亚	Slovenia	3.7	3.8	1.3	2.2	4.1	2.4
所罗门群岛	Solomon Islands	-14.3	5.4	6.8	2.5	3.9	2.7
南 非	South Africa	4.2	5.3	3.0	1.2	0.8	0.2
西 班 牙	Spain	5.2	3.7	0.2	3.8	2.4	2.0
斯里兰卡	Sri Lanka	6.0	6.2	8.0	5.0	3.3	2.3
苏 丹	Sudan	6.3	7.5	-0.3	4.9	-2.3	-2.6
苏 里 南	Suriname	2.1	4.5	5.2	-3.4	2.6	-0.8
斯威士兰	Swaziland	1.8	6.0	3.8	0.4		
瑞 典	Sweden	4.8	2.9	6.0	4.5	2.0	1.2
瑞 士	Switzerland	3.9	3.1	3.0	1.3	2.8	0.9
叙 利 亚	Syrian Arab Republic	2.7	6.2	3.2			
塔吉克斯坦	Tajikistan	8.3	6.6	6.5	6.0	7.3	7.0
坦桑尼亚	Tanzania	4.5	7.5	6.3	6.2	5.4	5.8
泰 国	Thailand	4.5	4.2	7.5	3.1	4.2	2.4
东 帝 汶	Timor-Leste	58.1	3.0	9.5	3.1	-0.8	3.4
多 哥	Togo	-0.8	-4.7	6.1	5.7	4.9	5.3
汤 加	Tonga	3.4	1.6	3.6	3.7	0.3	
特立尼达和多巴哥	Trinidad And Tobago	6.9	6.2	3.3	1.8	-0.2	
突 尼 斯	Tunisia	4.7	3.5	3.5	1.2	2.7	1.0
土 耳 其	Turkey	6.6	9.0	8.5	6.1	2.8	0.9
土库曼斯坦	Turkmenistan	5.5	13.0	9.2	6.5	6.2	
图 瓦 卢	Tuvalu	-1.0	-3.8	-2.7	9.1	2.5	9.8
乌 干 达	Uganda	3.1	6.3	5.6	5.2	6.2	6.5
乌 克 兰	Ukraine	5.9	3.0	3.8	-9.8	3.4	3.2
阿 联 酋	United Arab Emirates	10.9	4.9	1.6	5.1	1.2	1.7
英 国	United Kingdom	3.4	3.2	2.0	2.4	1.3	1.4
美 国	United States	4.1	3.5	2.6	2.9	2.9	2.3
乌 拉 圭	Uruguay	-1.9	7.5	7.8	0.4	1.6	0.2
乌兹别克斯坦	Uzbekistan	3.8	7.0	7.6	7.4	5.4	5.6
瓦努阿图	Vanuatu	5.9	5.3	1.6	0.2	2.8	2.9
委内瑞拉	Venezuela	3.7	10.3	-1.5	-5.7		
越 南	Viet Nam	6.8	7.5	6.4	6.7	7.1	7.0
约旦河西岸和加沙	West Bank and Gaza	-8.6	10.8	8.1	3.4	0.9	
也 门	Yemen	6.2	5.6	7.7	-28.0	0.8	
赞 比 亚	Zambia	3.9	7.2	10.3	2.9	4.0	1.7
津巴布韦	Zimbabwe	-3.1	-5.7	19.7	1.8	4.8	-8.1

3-6 人均国内生产总值增长率
Growth rate of GDP per capita

资料来源：世界银行WDI数据库。
Source: World Bank WDI Database.
单位：%　　(%)

国家或地区	Country or Area	2000	2005	2010	2015	2018	2019
世　界	**World**	**3.0**	**2.6**	**3.1**	**1.7**	**1.9**	**1.4**
高收入国家	**High Income**	**3.4**	**2.2**	**2.3**	**1.8**	**1.7**	**1.2**
中等收入国家	**Middle Income**	**4.2**	**5.7**	**6.2**	**2.8**	**3.5**	**2.9**
中等偏下收入国家	**Lower Middle Income**	**2.3**	**4.9**	**5.2**	**4.1**	**3.7**	**2.9**
中等偏上收入国家	**Upper Middle Income**	**5.0**	**6.2**	**6.8**	**2.7**	**3.8**	**3.2**
中低收入国家	**Low and Middle Income**	**4.0**	**5.6**	**6.1**	**2.6**	**3.4**	**2.7**
东亚和太平洋	**East Asia and Pacific**	**6.4**	**8.8**	**9.0**	**5.9**	**5.8**	**5.2**
欧洲和中亚	**Europe and Central Asia**	**8.3**	**7.2**	**5.0**	**0.2**	**2.4**	**1.2**
拉丁美洲和加勒比	**Latin America and Caribbean**	**2.3**	**3.0**	**4.8**	**-1.1**	**0.6**	**-0.1**
中东和北非国家	**Middle East and North Africa**	**2.6**	**2.7**	**3.4**	**-1.0**		
南　亚	**South Asia**	**2.1**	**5.8**	**6.2**	**6.1**	**4.8**	**3.6**
撒哈拉以南非洲	**Sub-Saharan Africa**	**0.8**	**3.4**	**2.6**	**0.1**	**-0.3**	**-0.4**
低收入国家	**Low Income**	**0.1**	**4.0**	**3.0**	**-0.5**	**1.0**	**1.2**
最不发达地区	**Least Developed Countries**	**1.6**	**5.4**	**3.5**	**1.2**	**2.0**	**2.0**
重债穷国	**Heavily Indebted Poor Countries**	**-0.1**	**3.1**	**2.5**	**2.0**	**1.3**	**1.3**
中　国	China	7.6	10.7	10.1	6.5	6.3	5.7
中国香港	Hong Kong, China	6.7	6.9	6.0	1.5	2.0	-1.9
中国澳门	Macao, China	3.4	5.5	22.5	-23.1	3.9	-6.0
阿富汗	Afghanistan		7.2	11.3	-1.6	-0.6	0.6
阿尔巴尼亚	Albania	7.6	6.1	4.2	2.5	4.3	2.7
阿尔及利亚	Algeria	2.4	4.4	1.7	1.6	-0.6	-1.1
安道尔	Andorra	1.9	1.9	-2.0	3.0	1.6	1.7
安哥拉	Angola	-0.3	11.0	1.1	-2.5	-5.2	-4.0
安提瓜和巴布达	Antigua and Barbuda	4.8	4.9	-8.9	2.7	6.4	3.8
阿根廷	Argentina	-1.9	7.7	9.3	1.6	-3.5	-3.1
亚美尼亚	Armenia	6.6	14.6	2.6	2.7	5.0	7.4
澳大利亚	Australia	2.7	1.9	0.5	0.7	1.4	0.4
奥地利	Austria	3.1	1.6	1.6	-0.1	1.9	1.2
阿塞拜疆	Azerbaijan	10.2	26.7	3.6	-0.1	0.6	1.4
巴哈马	Bahamas	2.8	1.5		-0.4	0.5	0.8
巴　林	Bahrain	0.9	-0.4	-0.4	0.2	-2.9	-2.6
孟加拉国	Bangladesh	3.3	5.0	4.4	5.4	6.7	7.0
巴巴多斯	Barbados	4.0	3.6	-2.6	2.3	-0.7	-0.2
白俄罗斯	Belarus	6.3	10.2	8.0	-4.0	3.3	1.4
比利时	Belgium	3.5	1.8	1.9	1.4	1.0	0.9
伯利兹	Belize	9.2	-0.7	0.5	0.7	0.1	-1.6
贝　宁	Benin	2.7	-1.2	-0.7	-1.0	3.8	4.0
百慕大	Bermuda	8.3	1.0	-1.3			
不　丹	Bhutan	4.6	5.6	10.8	5.4	1.8	
玻利维亚	Bolivia	0.5	2.6	2.4	3.3	2.8	0.8
波　黑	Bosnia and Herzegovinian	5.3	8.7	1.6	4.7	4.6	3.3
博茨瓦纳	Botswana	-0.1	2.6	6.7	-3.2	2.2	0.8
巴　西	Brazil	2.9	2.0	6.5	-4.4	0.5	0.4
文　莱	Brunei Darussalam	0.7	-1.2	1.3	-1.6	-1.0	2.8
保加利亚	Bulgaria	5.3	8.0	1.2	4.7	3.8	4.1
布基纳法索	Burkina Faso	-1.0	5.5	5.2	0.9	3.8	2.7
布隆迪	Burundi	-2.6	-2.3	1.8	-6.9	-1.6	-1.3
柬埔寨	Cambodia	8.3	11.5	4.3	5.3	5.9	5.5
喀麦隆	Cameroon	0.9	-0.7	0.6	2.9	1.4	1.4
加拿大	Canada	3.9	4.0	2.0	-0.1	0.6	0.2
佛得角	Cape Verde	12.2	5.4	0.2	-0.2	3.3	4.5
中　非	Central African Rep.	-4.7	-1.1	3.5	3.7	2.2	1.3
乍　得	Chad	-4.5	13.1	9.8	-0.5	-0.7	0.2
海峡群岛	Channel Islands	5.2	0.7				

3-6 续表 1 continued

单位：% (%)

国家或地区	Country or Area	2000	2005	2010	2015	2018	2019
智　　利	Chile	4.1	4.6	4.8	1.1	2.5	-0.1
哥伦比亚	Colombia	1.3	3.4	3.4	1.8	1.0	1.9
科 摩 罗	Comoros	8.1	0.4	1.3	-1.2	1.1	0.5
刚果(金)	Congo, Dem. Rep.	-9.3	2.8	3.6	3.4	2.5	1.1
刚果(布)	Congo, Rep.	4.5	4.4	5.5	0.1	-1.0	-3.4
哥斯达黎加	Costa Rica	1.8	2.4	3.7	2.5	1.6	1.1
科特迪瓦	Cote D'Ivoire	-4.6	-0.4	-0.3	6.1	4.1	4.2
克罗地亚	Croatia	4.3	4.2	-1.3	3.3	3.6	3.5
古　　巴	Cuba	5.5	11.1	2.4	4.3	2.3	
塞浦路斯	Cyprus	4.8	3.4	-0.6	4.0	2.8	1.9
捷　　克	Czech Rep.	4.6	6.4	2.0	5.1	2.5	2.2
丹　　麦	Denmark	3.4	2.1	1.4	1.6	1.9	1.9
吉 布 提	Djibouti	-1.2	1.5	1.7	5.9	6.7	5.9
多米尼克	Dominica	2.6	0.4	0.6	-2.8	2.0	5.4
多米尼加	Dominican Rep.	3.1	8.0	7.0	5.7	5.8	4.0
厄瓜多尔	Ecuador	-0.8	3.5	1.9	-1.5	-0.5	-1.6
埃　　及	Egypt	4.3	2.6	3.1	2.1	3.2	3.5
萨尔瓦多	El Salvador	0.4	2.2	1.7	1.9	1.9	1.9
赤道几内亚	Equatorial Guinea	13.5	11.7	-13.0	-12.7	-9.7	-8.8
厄立特里亚	Eritrea	-5.5	-1.3	0.6			
爱沙尼亚	Estonia	9.6	10.1	2.9	1.8	4.4	4.0
埃塞俄比亚	Ethiopia	3.1	8.7	9.5	7.4	4.1	5.5
斐　　济	Fiji	-2.3	0.2	2.2	4.4	2.8	0.3
芬　　兰	Finland	5.6	2.4	2.7	0.2	1.5	0.9
法　　国	France	3.2	0.9	1.4	0.8	1.6	1.4
法属波立尼西亚	French Polynesia	2.1					
加　　蓬	Gabon	-4.2		3.4	0.5	-1.8	0.9
冈 比 亚	Gambia	2.3	-5.3	2.8	1.0	3.5	2.9
格鲁吉亚	Georgia	3.8	10.3	7.0	2.9	4.9	5.3
德　　国	Germany	2.8	0.8	4.3	0.9	1.2	0.3
加　　纳	Ghana	1.2	3.3	5.2	-0.1	4.0	4.2
希　　腊	Greece	3.5	0.3	-5.6	0.2	2.1	2.0
格 陵 兰	Greenland	6.9	4.9	0.7	-2.2	3.5	
格林纳达	Grenada	4.5	12.9	-0.9	5.8	3.6	2.6
危地马拉	Guatemala	1.1	1.1	1.0	2.3	1.6	2.2
几 内 亚	Guinea	0.2	0.9	2.5	1.3	3.2	2.6
几内亚比绍	Guinea-Bissau	3.3	1.8	2.0	3.4	1.2	2.1
圭 亚 那	Guyana	-1.0	-2.0	3.9	2.5	3.6	4.2
海　　地	Haiti	-0.9	0.2	-4.6	-0.2	0.2	-2.2
洪都拉斯	Honduras	4.4	3.5	1.7	2.0	2.0	1.0
匈 牙 利	Hungary	4.8	4.5	0.9	4.1	5.2	5.0
冰　　岛	Iceland	3.5	4.7	-3.3	3.7	1.1	-0.5
印　　度	India	2.0	6.2	7.0	6.8	5.0	4.0
印度尼西亚	Indonesia	3.5	4.3	4.8	3.6	4.0	3.9
伊　　朗	Iran	4.5	2.0	4.6	-2.6		
爱 尔 兰	Ireland	8.0	3.4	1.3	24.0	6.8	4.0
马 恩 岛	Isle of Man	4.1	4.9	2.8	-0.6		
以 色 列	Israel	4.7	2.1	3.7	0.3	1.5	1.6
意 大 利	Italy	3.7	0.3	1.4	0.9	1.0	0.5
牙 买 加	Jamaica		0.3	-2.0	0.4	1.5	0.2
日　　本	Japan	2.6	1.7	4.2	1.3	0.5	0.9
约　　旦	Jordan	2.4	4.7	-2.9	-1.4	0.1	0.5
哈萨克斯坦	Kazakhstan	10.1	8.7	5.8	-0.3	2.7	3.2
肯 尼 亚	Kenya	-2.1	3.0	5.5	3.1	3.9	3.0
基里巴斯	Kiribati	4.5	2.9	-2.8	8.9	0.8	0.7
韩　　国	Korea, Rep.	8.2	4.1	6.3	2.3	2.2	1.8

3-6 续表 2 continued

单位：% (%)

国家或地区	Country or Area	2000	2005	2010	2015	2018	2019
科威特	Kuwait	-0.1	7.2	-7.9	-3.2	-0.7	-1.3
吉尔吉斯斯坦	Kyrgyzstan	4.2	-1.3	-1.7	1.8	1.7	2.3
老挝	Laos	4.0	5.4	6.8	5.7	4.6	3.1
拉脱维亚	Latvia	6.6	11.9	-2.5	4.1	5.1	3.0
黎巴嫩	Lebanon	-1.2	-0.1	4.9	-3.9	-2.5	-5.7
莱索托	Lesotho	3.2	4.0	0.5	1.9	-1.2	0.7
利比里亚	Liberia	21.9	2.6	2.4	-2.5	-1.2	-4.6
利比亚	Libya	2.1	10.2	3.9	-9.7	13.4	1.0
列支敦士登	Liechtenstein	1.9	4.0				
立陶宛	Lithuania	4.6	9.5	3.6	3.0	4.6	4.5
卢森堡	Luxemburg	6.8	1.6	3.0	1.9	1.1	0.3
马其顿	Macedonia, FYR	4.0	4.6	3.3	3.8	2.7	3.5
马达加斯加	Madagascar	1.2	1.7	-2.2	0.4	1.8	2.1
马拉维	Malawi	-1.1	0.6	3.9		0.5	1.7
马来西亚	Malaysia	6.4	3.3	5.6	3.7	3.3	3.0
马尔代夫	Maldives	1.7	-15.4	3.6	-1.6	2.9	2.2
马里	Mali	-2.8	3.1	2.0	3.1	1.6	1.9
马耳他	Malta	6.1	3.1	3.0	8.2	3.6	0.6
马绍尔群岛	Marshall Islands	0.7	0.8	7.3	1.1	3.0	
毛里塔尼亚	Mauritania	-6.4	5.5	-0.3	2.4	-0.7	3.1
毛里求斯	Mauritius	7.1	1.2	4.1	3.4	3.7	3.5
墨西哥	Mexico	3.4	0.9	3.6	2.0	1.0	-1.2
密克罗尼西亚	Micronesia, Fed.	5.2	2.5	2.3	3.2	-0.8	
摩尔多瓦	Moldova	2.3	7.8	7.2	0.5	6.2	5.3
摩纳哥	Monaco	2.9	0.9	1.0	3.8	5.3	
蒙古	Mongolia	0.3	6.0	4.6	0.4	5.3	3.3
黑山	Montenegro	3.3	4.0	2.5	3.3	5.1	3.6
摩洛哥	Morocco	0.7	2.1	2.5	3.1	1.7	1.0
莫桑比克	Mozambique	-1.5	3.6	3.6	3.7	0.5	-0.7
缅甸	Myanmar	12.4	12.7	8.9	6.2	6.1	2.2
纳米比亚	Namibia	1.7	0.9	4.1	2.7	-1.2	-3.0
尼泊尔	Nepal	4.3	2.2	4.3	2.9	5.0	5.0
荷兰	Netherlands	3.5	1.8	0.8	1.5	2.0	1.2
新喀里多尼亚	New Caledonia	0.2					
新西兰	New Zealand	2.3	2.2	0.4	1.7	2.8	0.6
尼加拉瓜	Nicaragua	2.5	2.9	3.0	3.4	-5.1	-5.1
尼日尔	Niger	-4.6	3.2	4.3	0.4	3.0	1.9
尼日利亚	Nigeria	2.4	3.7	5.2	…	-0.7	-0.4
挪威	Norway	2.5	1.9	-0.5	1.0	0.6	0.5
阿曼	Oman	4.8	-0.2	-0.9	-1.2	-1.7	-2.4
巴基斯坦	Pakistan	1.5	4.1	-0.6	2.6	3.7	-1.0
帕劳	Palau	-2.8	4.5	2.1	9.8	1.1	
巴拿马	Panama	0.7	5.2	4.0	3.9	2.0	1.3
巴布亚新几内亚	Papua New Guinea	-4.7	4.0	7.6	7.3	-2.7	3.6
巴拉圭	Paraguay	-4.3	0.5	9.6	1.7	2.0	-1.3
秘鲁	Peru	1.2	5.4	7.5	2.0	2.2	0.5
菲律宾	Philippines	2.2	3.0	5.6	4.7	4.9	4.6
波兰	Poland	5.7	3.5	3.9	3.9	5.3	4.2
葡萄牙	Portugal	3.1	0.6	1.7	2.2	2.8	2.3
波多黎各	Puerto Rico	3.0	-1.8	0.1	0.7	-0.7	1.2
卡塔尔	Qatar		-6.4	6.6	-0.6	-0.6	-2.0
罗马尼亚	Romania	2.6	5.3	-3.3	4.4	5.1	4.7
俄罗斯	Russia	10.5	6.8	4.5	-2.2	2.5	1.4
卢旺达	Rwanda	2.5	7.4	4.6	6.1	5.7	6.6
圣基茨和尼维斯	Saint Kitts and Nevis	9.3	8.4	-1.5	0.2	2.1	1.8
圣卢西亚	Saint Lucia	-1.1	-1.4	0.5	-1.8	2.1	1.2

3-6 续表 3 continued

单位：% (%)

国家或地区	Country or Area	2000	2005	2010	2015	2018	2019
圣文森特和格林纳丁斯	Saint Vincent and the Grenadines	1.6	2.4	-3.3	1.1	1.8	
萨摩亚	Samoa	6.4	3.5	-0.3	3.6	-2.6	3.0
圣马力诺	San Marino	1.0	1.1	-6.7	1.5	0.8	
圣多美和普林西比	Sao Tome and Principe		4.6	4.0	1.9	0.7	0.5
沙特阿拉伯	Saudi Arabia	3.2	2.5	2.0	1.5	0.6	-1.3
塞内加尔	Senegal	0.8	3.0	0.8	3.4	3.5	2.4
塞尔维亚	Serbia	6.5	5.8	1.1	2.3	5.0	4.8
塞舌尔	Seychelles	0.6	8.5	3.0	2.6	2.8	3.8
塞拉利昂	Sierra Leone	3.8	0.6	3.0	-22.3	1.3	3.3
新加坡	Singapore	7.2	4.9	12.5	1.8	3.0	-0.4
斯洛伐克	Slovakia	1.3	6.6	5.6	4.7	3.8	2.3
斯洛文尼亚	Slovenia	3.4	3.6	0.9	2.1	3.7	1.8
所罗门群岛	Solomon Islands	-16.6	2.9	4.2	-0.2	1.2	0.1
南非	South Africa	2.7	4.0	1.6	-0.3	-0.6	-1.2
西班牙	Spain	4.8	1.9	-0.3	3.9	1.9	1.4
斯里兰卡	Sri Lanka	5.4	5.4	7.3	4.0	2.2	1.7
苏丹	Sudan	3.4	4.5	-2.9	2.4	-4.6	-4.9
苏里南	Suriname	0.9	3.3	4.0	-4.4	1.6	-1.7
斯威士兰	Swaziland	0.2	5.0	1.9	-1.4		
瑞典	Sweden	4.6	2.4	5.1	3.4	0.8	0.1
瑞士	Switzerland	3.4	2.5	1.9	0.2	2.0	0.2
叙利亚	Syrian Arab Republic	0.3	3.1	0.8			
塔吉克斯坦	Tajikistan	6.6	4.7	4.2	3.5	4.7	4.5
坦桑尼亚	Tanzania	2.0	4.5	3.3	3.0	2.4	2.7
泰国	Thailand	3.4	3.5	7.0	2.7	3.8	2.1
东帝汶	Timor-Leste	16.7	0.6	7.5	1.2	-2.7	1.4
多哥	Togo	-3.7	-7.1	3.3	3.1	2.4	2.8
汤加	Tonga	2.9	0.9	3.5	4.0	-0.9	
特立尼达和多巴哥	Trinidad And Tobago	6.6	5.7	2.8	1.2	-0.7	-0.4
突尼斯	Tunisia	3.7	2.6	2.4	0.1	1.5	-0.1
土耳其	Turkey	5.0	7.6	7.0	4.3	1.3	-0.5
土库曼斯坦	Turkmenistan	4.3	11.8	7.5	4.6	4.5	
图瓦卢	Tuvalu	-1.5	-5.0	-3.7	7.9	1.3	8.5
乌干达	Uganda	0.1	3.0	2.3	1.6	2.3	2.8
乌克兰	Ukraine	7.0	3.8	4.2	-9.4	3.9	3.8
阿联酋	United Arab Emirates	4.9	-7.0	-5.9	4.6	-0.3	0.2
英国	United Kingdom	3.1	2.5	1.2	1.5	0.7	0.8
美国	United States	3.0	2.6	1.7	2.1	2.4	1.9
乌拉圭	Uruguay	-2.3	7.5	7.5		1.2	-0.1
乌兹别克斯坦	Uzbekistan	2.4	5.7	4.6	5.6	3.6	3.6
瓦努阿图	Vanuatu	3.8	2.7	-0.9	-2.5	0.3	0.4
委内瑞拉	Venezuela	1.7	8.5	-2.9	-7.0		
越南	Viet Nam	5.6	6.6	5.4	5.6	6.0	6.0
约旦河西岸和加沙	West Bank and Gaza	-10.9	8.0	5.3	1.1	-1.6	
也门	Yemen	3.2	2.6	4.7	-29.8	-1.6	
赞比亚	Zambia	1.2	4.5	7.1	-0.2	1.0	-1.2
津巴布韦	Zimbabwe	-3.5	-6.2	18.1	0.1	3.4	-9.4

3-7 资本形成率
Capital Formation Rate

资料来源：世界银行WDI数据库。
Source: World Bank WDI Database.
单位：% (%)

国家或地区	Country or Area	2000	2005	2010	2015	2018	2019
世　界	World	24.4	24.9	24.2	24.3	24.4	
高收入国家	High Income	24.0	23.1	20.9	21.9	22.1	
非经合组织成员国	High Income: nonOECD	21.8	21.3	23.9			
经合组织成员国	OECD Countries	23.7	22.7	20.0			
中等收入国家	Middle Income	25.7	29.5	32.5	30.5	30.3	
中等偏下收入国家	Lower Middle Income	24.5	30.2	31.0	27.8	28.3	28.6
中等偏上收入国家	Upper Middle Income	26.0	29.3	32.9	31.2	30.8	
中低收入国家	Low and Middle Income	25.6	29.3	32.3	30.4	30.2	
东亚和太平洋	East Asia and Pacific	31.2	37.2	42.5	39.9	40.6	
欧洲和中亚	Europe and Central Asia	20.3	23.8	24.4	24.0	24.4	23.6
拉丁美洲和加勒比	Latin America and Caribbean	20.0	19.4	21.6	19.7	18.6	18.2
中东和北非国家	Middle East and North Africa	26.8	28.4	32.1	30.3		
南　亚	South Asia	25.7	34.9	36.6	30.3	30.4	28.9
撒哈拉以南非洲	Sub-Saharan Africa	22.0	21.5	20.8	22.9	20.9	
低收入国家	Low Income	17.2	18.4	20.4	23.5		
最不发达地区	Least Developed Countries	21.4	22.9	24.4	28.6	27.3	
重债穷国	Heavily Indebted Poor Countries	18.5	20.6	21.0	26.4	25.2	25.5
中　国	China	33.6	40.3	46.6	43.2	43.8	
中国香港	Hong Kong, China	27.6	21.1	23.9	21.5	22.0	18.9
中国澳门	Macao, China	10.5	25.7	13.3	25.1	17.2	14.2
孟加拉国	Bangladesh	23.8	25.8	26.2	28.9	31.2	31.6
文　莱	Brunei Darussalam	13.1	11.4	23.7	35.2	41.1	38.7
柬埔寨	Cambodia	17.4	18.5	17.4	22.5	23.4	24.2
印　度	India	26.7	38.1	40.2	32.1	31.7	30.2
印度尼西亚	Indonesia	22.2	25.1	32.9	34.1	34.6	33.8
伊　朗	Iran	35.1	38.7	40.3	34.0		
以色列	Israel	22.8	20.5	18.8	20.0	21.8	
日　本	Japan	27.3	24.7	21.3	24.0	24.3	
哈萨克斯坦	Kazakhstan	18.1	31.0	25.4	27.9	25.3	27.0
韩　国	Korea, Rep.	32.9	32.5	32.6	29.5	31.3	31.2
老　挝	Laos	13.4	34.1	27.5	31.6		
马来西亚	Malaysia	26.9	22.4	23.4	25.4	23.6	20.9
蒙　古	Mongolia	29.0	37.5	42.1	26.4	39.6	35.9
缅　甸	Myanmar	12.4		23.2	33.3	30.6	
巴基斯坦	Pakistan	17.6	17.7	15.8	15.7	17.3	15.6
菲律宾	Philippines	15.7	18.6	20.4	21.3	27.2	26.2
新加坡	Singapore	35.2	21.5	27.7	25.4	25.5	24.9
斯里兰卡	Sri Lanka	28.0	26.8	30.4	31.2	30.4	27.4
泰　国	Thailand	22.3	30.4	25.4	22.4	25.2	23.9
越　南	Viet Nam	29.6	33.8	35.7	27.7	26.5	26.8
埃　及	Egypt	19.6	18.0	19.5	14.3	16.7	
尼日利亚	Nigeria	34.1	26.2	17.6	15.5	19.8	
南　非	South Africa	16.4	18.3	19.5	20.9	17.9	17.6
加拿大	Canada	20.7	22.7	23.5	23.8	23.1	22.7
墨西哥	Mexico	23.0	22.1	22.8	23.3	22.7	21.4
美　国	United States	23.7	23.4	18.7	21.1	21.0	
阿根廷	Argentina	17.5	18.9	17.7	17.1	21.0	18.2
巴　西	Brazil	18.9	17.2	21.8	17.4	14.8	15.1
委内瑞拉	Venezuela	24.2	23.0	22.0	30.9		
捷　克	Czech Rep.	31.4	29.1	27.1	28.0	26.3	26.3
法　国	France	22.5	22.5	21.9	22.7	23.9	24.2
德　国	Germany	24.5	19.5	20.1	20.0	21.8	21.6
意大利	Italy	20.9	21.2	20.6	17.1	18.3	18.0
荷　兰	Netherlands	22.6	20.5	20.2	22.5	20.7	21.2
波　兰	Poland	24.6	19.9	21.3	20.5	20.7	19.6
俄罗斯	Russia	18.7	20.1	22.6	22.1	22.0	23.1
西班牙	Spain	26.6	29.4	22.3	19.0	20.4	20.8
土耳其	Turkey	23.8	27.0	27.0	28.4	29.6	25.1
乌克兰	Ukraine	19.6	26.3	20.9	15.9	18.6	12.6
英　国	United Kingdom	18.5	17.8	16.1	17.4	17.2	17.4
澳大利亚	Australia	26.3	27.6	26.9	26.3	24.5	23.3
新西兰	New Zealand	22.0	25.4	20.1	23.2	24.0	

3-8 居民消费率
Household Final Consumption Rate

资料来源：世界银行WDI数据库。
Source:World Bank WDI Database.
单位：% (%)

国家或地区	Country or Area	2000	2005	2010	2015	2018	2019
中　　国	China	46.7	39.6	34.3	37.8	38.5	
中国香港	Hong Kong, China	58.6	57.5	61.4	66.4	68.3	68.5
中国澳门	Macao, China	46.0	31.9	23.4	26.1	23.8	25.4
孟加拉国	Bangladesh	75.0	73.8	74.1	72.4	70.8	69.0
文　　莱	Brunei Darussalam	24.8	22.5	14.7	19.8	19.5	20.5
柬 埔 寨	Cambodia	88.2	86.0	81.3	76.8	70.6	69.4
印　　度	India	63.7	57.4	54.7	59.0	59.3	60.2
印度尼西亚	Indonesia	61.7	64.4	56.2	57.5	57.0	57.9
伊　　朗	Iran	49.7	41.2	42.9	50.3		
以 色 列	Israel	53.0	55.4	56.6	54.5	54.7	
日　　本	Japan	54.4	55.6	57.8	56.6	55.6	
哈萨克斯坦	Kazakhstan	61.9	49.9	45.4	53.7	52.1	52.4
韩　　国	Korea, Rep.	54.5	52.3	50.4	48.5	48.0	48.6
老　　挝	Laos	87.6	71.6	74.6	71.2		
马来西亚	Malaysia	43.8	44.2	48.1	54.0	57.4	59.8
蒙　　古	Mongolia	75.1	55.2	55.2	59.1	54.3	55.4
缅　　甸	Myanmar			56.5	55.2	52.1	
巴基斯坦	Pakistan	75.5	78.4	79.7	79.8	82.0	82.9
菲 律 宾	Philippines	71.7	74.0	70.2	72.5	72.5	73.2
新 加 坡	Singapore	41.9	39.8	36.3	37.2	34.8	36.0
斯里兰卡	Sri Lanka	71.5	69.0	68.5	67.4	67.8	69.3
泰　　国	Thailand	54.1	55.8	52.2	51.3	48.9	50.1
越　　南	Viet Nam	66.5	65.5	66.6	68.0	67.6	68.2
埃　　及	Egypt	75.9	71.6	74.6	82.4	85.4	
尼日利亚	Nigeria	40.7	60.3	67.2	78.6	76.6	
南　　非	South Africa	63.1	62.0	59.0	59.8	59.9	60.2
加 拿 大	Canada	54.7	54.5	57.1	57.8	57.9	57.8
墨 西 哥	Mexico	67.9	68.6	65.3	65.6	64.8	65.4
美　　国	United States	66.0	67.1	67.9	67.4	68.2	
阿 根 廷	Argentina	69.3	63.0	64.2	65.9	65.1	64.4
巴　　西	Brazil	64.6	60.5	60.2	64.0	64.7	64.9
委内瑞拉	Venezuela	51.7	46.8	55.9	85.7		
捷　　克	Czech Rep.	50.6	47.8	49.0	46.8	47.4	47.4
法　　国	France	53.9	54.4	55.4	54.0	53.9	53.7
德　　国	Germany	56.3	56.5	55.1	52.9	52.1	52.3
意 大 利	Italy	60.6	59.3	60.7	60.8	60.3	60.2
荷　　兰	Netherlands	50.3	48.8	45.5	45.0	44.1	43.7
波　　兰	Poland	63.6	62.9	61.6	58.4	58.1	57.3
俄 罗 斯	Russia	46.2	49.9	51.5	52.7	49.5	50.4
西 班 牙	Spain	59.6	58.1	58.1	58.5	58.3	57.6
土 耳 其	Turkey	67.3	64.1	63.1	60.4	56.7	57.4
乌 克 兰	Ukraine	54.3	57.9	63.8	67.8	69.4	75.3
英　　国	United Kingdom	66.5	64.9	64.2	64.5	65.5	64.9
澳大利亚	Australia	58.1	57.6	56.2	57.2	56.4	55.6
新 西 兰	New Zealand	57.9	58.1	57.9	57.2	57.5	

3–9 国内生产总值产业构成
Composition of Gross Domestic Product by Industry

资料来源：世界银行WDI数据库。
Source: World Bank WDI Database.
单位：% (%)

国家或地区	Country or Area	农业增加值占国内生产总值比重 Primary Industry as Percentage of GDP		工业增加值占国内生产总值比重 Secondary Industry as Percentage of GDP		服务业增加值占国内生产总值比重 Tertiary Industry as Percentage of GDP	
		2000	2019	2000	2019	2000	2019
世　界	**World**	**4.9**	**4.0①**	**29.0**	**27.8①**	**60.2**	**61.2①**
高收入国家	**High Income**	**1.8**	**1.3②**	**26.2**	**22.7②**	**65.8**	**69.8②**
中等收入国家	**Middle Income**	**12.0**	**7.9**	**36.1**	**31.5**	**46.7**	**54.7**
中等偏下收入国家	**Lower Middle Income**	**20.2**	**15.1**	**29.8**	**27.0**	**43.7**	**50.6**
中等偏上收入国家	**Upper Middle Income**	**10.0**	**6.1**	**37.6**	**32.6**	**47.4**	**55.7**
中低收入国家	**Low and Middle Income**	**12.3**	**8.2**	**35.9**	**31.4**	**46.6**	**54.5**
东亚和太平洋	**East Asia and Pacific**	**14.8**	**7.8**	**44.1**	**38.3**	**40.5**	**53.3**
欧洲和中亚	**Europe and Central Asia**	**8.8**	**5.2**	**31.6**	**30.3**	**49.0**	**54.0**
拉丁美洲和加勒比	**Latin America and Caribbean**	**5.2**	**4.9**	**28.4**	**22.9**	**57.0**	**60.6**
中东和北非国家	**Middle East and North Africa**	**10.4**	**9.3②**	**43.0**	**35.3②**	**43.4**	**51.8②**
南　亚	**South Asia**	**22.1**	**16.2**	**26.0**	**24.5**	**44.1**	**50.7**
撒哈拉以南非洲	**Sub-Saharan Africa**	**17.6**	**15.5**	**30.8**	**26.9**	**46.3**	**50.7**
低收入国家	**Low Income**	**31.1**	**23.3①**	**25.3**	**26.8①**	**39.4**	**37.7①**
最不发达地区	**Least Developed Countries**	**28.1**	**18.1①**	**27.5**	**30.9①**	**40.4**	**43.4①**
重债穷国	**Heavily Indebted Poor Countries**	**28.7**	**21.8**	**22.2**	**27.8**	**42.7**	**43.1**
中　国	China	14.7	7.1	45.5	39.0	39.8	53.9
中国香港	Hong Kong, China	0.1	0.1①	12.1	6.5①	83.8	88.6①
中国澳门	Macao, China			11.6	4.1①	81.3	94.2①
孟加拉国	Bangladesh	22.7	12.7	22.3	29.6	50.6	52.8
文　莱	Brunei Darussalam	1.0	1.0	63.7	62.5	35.3	38.2
柬埔寨	Cambodia	35.7	20.7	21.7	34.2	36.9	38.8
印　度	India	21.6	16.0	27.3	24.9	42.7	49.9
印度尼西亚	Indonesia	15.7	12.7	42.0	38.9	33.4	44.2
伊　朗	Iran	9.1	9.5②	40.3	34.9②	51.4	54.4②
以色列	Israel	1.3	1.1①	23.2	19.4①	65.0	69.8①
日　本	Japan	1.5	1.2①	32.8	29.1①	65.9	69.3①
哈萨克斯坦	Kazakhstan	8.1	4.4	37.8	33.1	48.4	55.5
韩　国	Korea, Rep.	3.9	1.7	34.8	33.0	51.6	56.8
老　挝	Laos	33.6	15.3	16.5	30.9	42.2	42.7
马来西亚	Malaysia	8.6	7.3	48.3	37.4	46.3	54.2
蒙　古	Mongolia	27.4	11.0	22.2	39.1	39.2	39.0
缅　甸	Myanmar	57.2	21.4①	9.7	38.0①	33.1	40.7①
巴基斯坦	Pakistan	25.6	22.0	17.5	18.3	50.3	53.9
菲律宾	Philippines	13.9	8.8	35.0	30.2	51.1	61.0
新加坡	Singapore	0.1		32.5	24.5	60.7	70.4
斯里兰卡	Sri Lanka	19.9	7.4	27.3	27.4	52.8	58.2
泰　国	Thailand	8.5	8.0	36.7	33.4	54.8	58.6
越　南	Viet Nam	24.5	14.0	36.7	34.5	38.7	41.6
埃　及	Egypt	15.5	11.0	30.8	35.6	46.5	50.5
尼日利亚	Nigeria	21.4	21.9	33.8	27.4	43.8	49.7
南　非	South Africa	3.0	1.9	29.1	26.0	59.1	61.2
加拿大	Canada	1.9	1.9③	29.9	23.3③	61.1	68.0③
墨西哥	Mexico	3.3	3.5	34.2	30.1	57.8	60.5
美　国	United States	1.2	0.9②	22.5	18.2②	72.8	77.4②
阿根廷	Argentina	4.7	7.2	26.0	23.1	63.5	53.6
巴　西	Brazil	4.8	4.4	23.0	17.9	58.3	63.3
委内瑞拉	Venezuela	3.9		46.4		43.1	
捷　克	Czech Rep.	3.1	1.9	33.9	32.0	54.1	56.2
法　国	France	2.1	1.6	21.3	17.1	66.3	70.2
德　国	Germany	1.0	0.8	27.7	26.8	61.5	62.4
意大利	Italy	2.6	1.9	24.3	21.4	62.7	66.3
荷　兰	Netherlands	2.3	1.7	21.7	17.8	65.7	69.8
波　兰	Poland	3.1	2.2	28.9	28.8	56.8	56.9
俄罗斯	Russia	5.8	3.4	33.9	32.2	49.7	54.0
西班牙	Spain	3.7	2.7	28.0	20.2	59.2	67.9
土耳其	Turkey	10.1	6.4	26.9	27.7	52.6	55.9
乌克兰	Ukraine	14.5	9.0	30.8	22.6	39.5	54.4
英　国	United Kingdom	0.9	0.6	23.1	17.4	65.7	71.3
澳大利亚	Australia	3.1	2.1	24.6	25.2	64.3	66.2
新西兰	New Zealand	7.8	5.8②	23.6	20.4②	61.8	65.2②

注：①2018年数据。②2017年数据。③2016年数据。
Note:①Data refer to 2018.②Data refer to 2017.③Data refer to 2016.

3-10 生产法国内生产总值
Gross Domestic Product by Production Approach

资料来源：联合国NAOCD数据库。
Source: UN NAOCD Database.
单位：亿美元 (100 million USD)

国家或地区	Country or Area	2000	2005	2010	2017	2018
中　国	**China**					
按当年价格计算	at Current Prices					
增加值总额	Total Value Added	12113	22860	60872	121436	136082
农业、狩猎业、林业和渔业	Agriculture, Hunting, Forestry, Fishing	1805	2736	5852	9567	10208
采掘、制造、电、煤气和水供应业	Mining, Manufacturing, Utilities	4863	9514	24390	41180	46125
制造业	Manufacturing		7337	19250	35098	39555
建筑业	Construction	668	1269	4026	8184	9342
批发、零售贸易、旅馆和饭店业	Wholesale, Retail Trade, Restaurants and Hotels	1245	2216	6442	13663	15149
运输、仓储和通讯业	Transport, Storage and Communication	744	1302	2774	5500	6129
其他服务业	Other Activities	2787	5822	17387	43341	49128
按2015年价格计算	at Constant Prices of 2015					
增加值总额	Total Value Added	27985	44346	75410	125686	134551
农业、狩猎业、林业和渔业	Agriculture, Hunting, Forestry, Fishing	5292	6418	7824	10350	10729
采掘、制造、电、煤气和水供应业	Mining, Manufacturing, Utilities	8791	14769	25891	42788	45403
制造业	Manufacturing		11892	22254	36598	38845
建筑业	Construction	1474	2409	4865	8313	8684
批发、零售贸易、旅馆和饭店业	Wholesale, Retail Trade, Restaurants and Hotels	2554	4088	8142	14490	15493
运输、仓储和通讯业	Transport, Storage and Communication	1515	2386	3563	5707	6172
其他服务业	Other Activities	8579	14465	25155	44296	48559
中国香港	**Hong Kong, China**					
按当年价格计算	at Current Prices					
增加值总额	Total Value Added	1647	1772	2236	3276	3482
农业、狩猎业、林业和渔业	Agriculture, Hunting, Forestry, Fishing	1	1	1	2	2
采掘、制造、电、煤气和水供应业	Mining, Manufacturing, Utilities	127	103	84	80	83
制造业	Manufacturing	79	51	39	35	37
建筑业	Construction	80	50	73	166	172
批发、零售贸易、旅馆和饭店业	Wholesale, Retail Trade, Restaurants and Hotels	404	511	605	811	873
运输、仓储和通讯业	Transport, Storage and Communication	180	207	248	308	329
其他服务业	Other Activities	854	899	1226	1908	2023
按2015年价格计算	at Constant Prices of 2015					
增加值总额	Total Value Added	1819	2169	2598	3172	3271
农业、狩猎业、林业和渔业	Agriculture, Hunting, Forestry, Fishing	3	3	2	2	2
采掘、制造、电、煤气和水供应业	Mining, Manufacturing, Utilities	91	84	81	79	80
制造业	Manufacturing	52	39	35	34	35
建筑业	Construction	109	84	88	144	144
批发、零售贸易、旅馆和饭店业	Wholesale, Retail Trade, Restaurants and Hotels	369	531	681	817	853
运输、仓储和通讯业	Transport, Storage and Communication	165	216	249	322	334
其他服务业	Other Activities	1074	1253	1500	1808	1860

3-10 续表 1 continued

单位：亿美元 (100 million USD)

国家或地区	Country or Area	2000	2005	2010	2017	2018
中国澳门	**Macao, China**					
按当年价格计算	at Current Prices					
增加值总额	Total Value Added	54	89	184	360	394
农业、狩猎业、林业和渔业	Agriculture, Hunting, Forestry, Fishing					
采掘、制造、电、煤气和水供应业	Mining, Manufacturing, Utilities	6	5	3	6	7
制造业	Manufacturing	5	4	2	3	3
建筑业	Construction	1	8	10	19	28
批发、零售贸易、旅馆和饭店业	Wholesale, Retail Trade, Restaurants and Hotels	5	9	26	56	59
运输、仓储和通讯业	Transport, Storage and Communication	4	4	7	13	15
其他服务业	Other Activities	38	63	138	266	286
按2015年价格计算	at Constant Prices of 2015					
增加值总额	Total Value Added	116	180	261	351	345
农业、狩猎业、林业和渔业	Agriculture, Hunting, Forestry, Fishing					
采掘、制造、电、煤气和水供应业	Mining, Manufacturing, Utilities	14	11	4	6	7
制造业	Manufacturing	12	9	3	3	3
建筑业	Construction	3	16	16	16	14
批发、零售贸易、旅馆和饭店业	Wholesale, Retail Trade, Restaurants and Hotels	9	16	32	61	64
运输、仓储和通讯业	Transport, Storage and Communication	6	6	7	13	14
其他服务业	Other Activities	82	129	202	256	249
孟加拉国	**Bangladesh**					
按当年价格计算	at Current Prices					
增加值总额	Total Value Added	439	553	1093	2325	2550
农业、狩猎业、林业和渔业	Agriculture, Hunting, Forestry, Fishing	112	111	195	329	353
采掘、制造、电、煤气和水供应业	Mining, Manufacturing, Utilities	77	105	215	500	566
制造业	Manufacturing	67	91	185	425	484
建筑业	Construction	34	45	71	182	204
批发、零售贸易、旅馆和饭店业	Wholesale, Retail Trade, Restaurants and Hotels	59	82	163	327	362
运输、仓储和通讯业	Transport, Storage and Communication	38	60	116	233	245
其他服务业	Other Activities	119	149	334	754	821
按2015年价格计算	at Constant Prices of 2015					
增加值总额	Total Value Added	785	1016	1376	2160	2331
农业、狩猎业、林业和渔业	Agriculture, Hunting, Forestry, Fishing	166	188	242	304	317
采掘、制造、电、煤气和水供应业	Mining, Manufacturing, Utilities	116	163	242	474	534
制造业	Manufacturing	98	136	204	405	459
建筑业	Construction	45	68	95	164	181
批发、零售贸易、旅馆和饭店业	Wholesale, Retail Trade, Restaurants and Hotels	102	140	194	304	327
运输、仓储和通讯业	Transport, Storage and Communication	74	104	155	247	264
其他服务业	Other Activities	291	365	456	661	699

3-10 续表 2 continued

单位：亿美元 (100 million USD)

国家或地区	Country or Area	2000	2005	2010	2017	2018
文　莱	**Brunei Darussalam**					
按当年价格计算	at Current Prices					
增加值总额	Total Value Added	68	108	140	123	138
农业、狩猎业、林业和渔业	Agriculture, Hunting, Forestry, Fishing	1	1	1	1	1
采掘、制造、电、煤气和水供应业	Mining, Manufacturing, Utilities	43	76	92	69	82
制造业	Manufacturing	13	16	20	15	19
建筑业	Construction	1	2	2	3	3
批发、零售贸易、旅馆和饭店业	Wholesale, Retail Trade, Restaurants and Hotels	3	4	7	8	8
运输、仓储和通讯业	Transport, Storage and Communication	2	3	4	5	5
其他服务业	Other Activities	18	23	34	37	38
按2015年价格计算	at Constant Prices of 2015					
增加值总额	Total Value Added	127	137	132	130	130
农业、狩猎业、林业和渔业	Agriculture, Hunting, Forestry, Fishing	1	1	1	1	1
采掘、制造、电、煤气和水供应业	Mining, Manufacturing, Utilities	93	96	84	75	74
制造业	Manufacturing	19	21	19	20	20
建筑业	Construction	1	2	2	3	3
批发、零售贸易、旅馆和饭店业	Wholesale, Retail Trade, Restaurants and Hotels	4	5	6	8	8
运输、仓储和通讯业	Transport, Storage and Communication	3	3	4	5	5
其他服务业	Other Activities	23	27	34	38	38
柬埔寨	**Cambodia**					
按当年价格计算	at Current Prices					
增加值总额	Total Value Added	35	60	106	208	230
农业、狩猎业、林业和渔业	Agriculture, Hunting, Forestry, Fishing	13	19	38	52	54
采掘、制造、电、煤气和水供应业	Mining, Manufacturing, Utilities	6	12	18	41	46
制造业	Manufacturing	6	11	17	36	40
建筑业	Construction	2	4	7	28	33
批发、零售贸易、旅馆和饭店业	Wholesale, Retail Trade, Restaurants and Hotels	5	9	15	31	34
运输、仓储和通讯业	Transport, Storage and Communication	2	5	9	18	20
其他服务业	Other Activities	6	11	19	39	43
按2015年价格计算	at Constant Prices of 2015					
增加值总额	Total Value Added	57	89	120	194	208
农业、狩猎业、林业和渔业	Agriculture, Hunting, Forestry, Fishing	27	34	44	49	50
采掘、制造、电、煤气和水供应业	Mining, Manufacturing, Utilities	7	14	20	37	41
制造业	Manufacturing	7	13	18	33	36
建筑业	Construction	4	8	8	25	30
批发、零售贸易、旅馆和饭店业	Wholesale, Retail Trade, Restaurants and Hotels	9	12	18	29	31
运输、仓储和通讯业	Transport, Storage and Communication	5	8	10	17	18
其他服务业	Other Activities	9	16	22	36	39

3-10 续表 3 continued

单位：亿美元 (100 million USD)

国家或地区	Country or Area	2000	2005	2010	2017	2018
印　度	**India**					
按当年价格计算	at Current Prices					
增加值总额	Total Value Added	4189	7544	15492	23775	25147
农业、狩猎业、林业和渔业	Agriculture, Hunting, Forestry, Fishing	1004	1451	2843	4100	4058
采掘、制造、电、煤气和水供应业	Mining, Manufacturing, Utilities	986	1755	3746	5092	5422
制造业	Manufacturing	746	1316	2843	3904	4120
建筑业	Construction	277	677	1384	1864	2012
批发、零售贸易、旅馆和饭店业	Wholesale, Retail Trade, Restaurants and Hotels	395	799	1623	2769	2349
运输、仓储和通讯业	Transport, Storage and Communication	298	580	983	2564	2259
其他服务业	Other Activities	1229	2281	4913	7386	9047
按2015年价格计算	at Constant Prices of 2015					
增加值总额	Total Value Added	7524	10302	14394	22613	24113
农业、狩猎业、林业和渔业	Agriculture, Hunting, Forestry, Fishing	2281	2596	3033	3874	3987
采掘、制造、电、煤气和水供应业	Mining, Manufacturing, Utilities	1611	2188	3282	4970	5279
制造业	Manufacturing	1100	1524	2403	3825	4091
建筑业	Construction	503	829	1227	1730	1882
批发、零售贸易、旅馆和饭店业	Wholesale, Retail Trade, Restaurants and Hotels	686	1051	1480	2663	2248
运输、仓储和通讯业	Transport, Storage and Communication	343	608	883	2455	2150
其他服务业	Other Activities	2260	3163	4584	6903	8598
印度尼西亚	**Indonesia**					
按当年价格计算	at Current Prices					
增加值总额	Total Value Added	1726	3008	7352	9763	10000
农业、狩猎业、林业和渔业	Agriculture, Hunting, Forestry, Fishing	250	364	1052	1336	1335
采掘、制造、电、煤气和水供应业	Mining, Manufacturing, Utilities	650	1106	2540	2945	3043
制造业	Manufacturing	434	743	1664	2047	2070
建筑业	Construction	86	191	690	1054	1097
批发、零售贸易、旅馆和饭店业	Wholesale, Retail Trade, Restaurants and Hotels	340	567	1237	1611	1647
运输、仓储和通讯业	Transport, Storage and Communication	93	224	552	933	953
其他服务业	Other Activities	307	556	1282	1883	1925
按2015年价格计算	at Constant Prices of 2015					
增加值总额	Total Value Added	3846	4867	6405	9134	9587
农业、狩猎业、林业和渔业	Agriculture, Hunting, Forestry, Fishing	674	790	948	1247	1296
采掘、制造、电、煤气和水供应业	Mining, Manufacturing, Utilities	1523	1773	2115	2741	2844
制造业	Manufacturing	915	1166	1413	1964	2048
建筑业	Construction	320	433	627	988	1048
批发、零售贸易、旅馆和饭店业	Wholesale, Retail Trade, Restaurants and Hotels	597	782	1066	1527	1605
运输、仓储和通讯业	Transport, Storage and Communication	143	240	478	868	929
其他服务业	Other Activities	651	871	1162	1767	1871

3-10 续表 4 continued

单位：亿美元 (100 million USD)

国家或地区	Country or Area	2000	2005	2010	2017	2018
伊　朗	**Iran**					
按当年价格计算	at Current Prices					
增加值总额	Total Value Added	1099	2358	5002	4553	4681
农业、狩猎业、林业和渔业	Agriculture, Hunting, Forestry, Fishing	96	147	319	438	467
采掘、制造、电、煤气和水供应业	Mining, Manufacturing, Utilities	378	998	1816	1380	1350
制造业	Manufacturing	180	341	628	553	572
建筑业	Construction	56	126	355	229	254
批发、零售贸易、旅馆和饭店业	Wholesale, Retail Trade, Restaurants and Hotels	181	278	572	585	610
运输、仓储和通讯业	Transport, Storage and Communication	82	192	501	457	486
其他服务业	Other Activities	307	617	1438	1464	1514
按2015年价格计算	at Constant Prices of 2015					
增加值总额	Total Value Added	2630	3399	4052	4549	4752
农业、狩猎业、林业和渔业	Agriculture, Hunting, Forestry, Fishing	248	326	327	443	464
采掘、制造、电、煤气和水供应业	Mining, Manufacturing, Utilities	903	1086	1259	1428	1553
制造业	Manufacturing	227	363	492	548	559
建筑业	Construction	167	238	317	211	195
批发、零售贸易、旅馆和饭店业	Wholesale, Retail Trade, Restaurants and Hotels	312	486	577	575	581
运输、仓储和通讯业	Transport, Storage and Communication	173	271	402	481	491
其他服务业	Other Activities	742	925	1089	1326	1355
以色列	**Israel**					
按当年价格计算	at Current Prices					
增加值总额	Total Value Added	1184	1272	2087	3188	3347
农业、狩猎业、林业和渔业	Agriculture, Hunting, Forestry, Fishing	17	23	36	41	42
采掘、制造、电、煤气和水供应业	Mining, Manufacturing, Utilities	244	247	381	486	503
制造业	Manufacturing	223	217	335	426	443
建筑业	Construction	64	60	112	199	216
批发、零售贸易、旅馆和饭店业	Wholesale, Retail Trade, Restaurants and Hotels	130	138	224	379	384
运输、仓储和通讯业	Transport, Storage and Communication	167	162	236	393	425
其他服务业	Other Activities	563	642	1098	1690	1776
按2015年价格计算	at Constant Prices of 2015					
增加值总额	Total Value Added	1664	1837	2269	2888	2986
农业、狩猎业、林业和渔业	Agriculture, Hunting, Forestry, Fishing	28	37	38	38	37
采掘、制造、电、煤气和水供应业	Mining, Manufacturing, Utilities	357	361	444	441	451
制造业	Manufacturing	327	323	381	384	391
建筑业	Construction	114	93	122	182	191
批发、零售贸易、旅馆和饭店业	Wholesale, Retail Trade, Restaurants and Hotels	133	172	248	353	364
运输、仓储和通讯业	Transport, Storage and Communication	132	157	219	360	381
其他服务业	Other Activities	900	1016	1198	1513	1561

3-10 续表 5 continued

单位：亿美元 (100 million USD)

国家或地区	Country or Area	2000	2005	2010	2017	2018
日　本	**Japan**					
按当年价格计算	at Current Prices					
增加值总额	Total Value Added	48951	47692	56862	48332	49409
农业、狩猎业、林业和渔业	Agriculture, Hunting, Forestry, Fishing	751	535	628	578	564
采掘、制造、电、煤气和水供应业	Mining, Manufacturing, Utilities	12650	11713	13481	11371	11333
制造业	Manufacturing	11025	10293	11875	10073	10080
建筑业	Construction	3361	2648	2732	2793	2755
批发、零售贸易、旅馆和饭店业	Wholesale, Retail Trade, Restaurants and Hotels	7926	8135	9334	7998	8257
运输、仓储和通讯业	Transport, Storage and Communication	4628	4762	5781	4848	5031
其他服务业	Other Activities	19636	19899	24905	20744	21470
按2015年价格计算	at Constant Prices of 2015					
增加值总额	Total Value Added	39918	42038	41571	44690	45256
农业、狩猎业、林业和渔业	Agriculture, Hunting, Forestry, Fishing	675	531	518	444	429
采掘、制造、电、煤气和水供应业	Mining, Manufacturing, Utilities	9016	9831	10072	10676	10883
制造业	Manufacturing	7507	8180	8557	9406	9592
建筑业	Construction	3123	2570	2068	2564	2664
批发、零售贸易、旅馆和饭店业	Wholesale, Retail Trade, Restaurants and Hotels	7051	7600	6851	7326	7360
运输、仓储和通讯业	Transport, Storage and Communication	3802	4268	4307	4499	4531
其他服务业	Other Activities	16298	17265	17776	19182	19394
哈萨克斯坦	**Kazakhstan**					
按当年价格计算	at Current Prices					
增加值总额	Total Value Added	172	548	1433	1570	1674
农业、狩猎业、林业和渔业	Agriculture, Hunting, Forestry, Fishing	15	36	67	75	79
采掘、制造、电、煤气和水供应业	Mining, Manufacturing, Utilities	60	170	487	448	505
制造业	Manufacturing	30	69	168	188	205
建筑业	Construction	9	45	114	91	95
批发、零售贸易、旅馆和饭店业	Wholesale, Retail Trade, Restaurants and Hotels	24	73	205	300	321
运输、仓储和通讯业	Transport, Storage and Communication	21	67	165	170	181
其他服务业	Other Activities	44	157	395	486	492
按2015年价格计算	at Constant Prices of 2015					
增加值总额	Total Value Added	641	1063	1424	1838	1913
农业、狩猎业、林业和渔业	Agriculture, Hunting, Forestry, Fishing	51	68	74	94	98
采掘、制造、电、煤气和水供应业	Mining, Manufacturing, Utilities	205	329	425	492	514
制造业	Manufacturing	85	132	164	205	214
建筑业	Construction	21	57	94	122	127
批发、零售贸易、旅馆和饭店业	Wholesale, Retail Trade, Restaurants and Hotels	91	153	216	340	364
运输、仓储和通讯业	Transport, Storage and Communication	59	97	142	223	233
其他服务业	Other Activities	210	355	469	567	578

3-10 续表 6 continued

单位：亿美元 (100 million USD)

国家或地区	Country or Area	2000	2005	2010	2017	2018
韩　　国	**Korea, Rep.**					
按当年价格计算	at Current Prices					
增加值总额	Total Value Added	5199	8475	10406	14853	15723
农业、狩猎业、林业和渔业	Agriculture, Hunting, Forestry, Fishing	222	245	245	301	314
采掘、制造、电、煤气和水供应业	Mining, Manufacturing, Utilities	1687	2638	3378	4750	4940
制造业	Manufacturing	1524	2406	3139	4376	4585
建筑业	Construction	316	555	525	895	930
批发、零售贸易、旅馆和饭店业	Wholesale, Retail Trade, Restaurants and Hotels	648	914	1144	1549	1642
运输、仓储和通讯业	Transport, Storage and Communication	474	817	875	1194	1239
其他服务业	Other Activities	1852	3306	4239	6163	6659
按2015年价格计算	at Constant Prices of 2015					
增加值总额	Total Value Added	7357	9370	11605	14266	14658
农业、狩猎业、林业和渔业	Agriculture, Hunting, Forestry, Fishing	239	237	273	283	288
采掘、制造、电、煤气和水供应业	Mining, Manufacturing, Utilities	2080	2842	3756	4545	4694
制造业	Manufacturing	1834	2520	3379	4138	4277
建筑业	Construction	574	693	673	834	801
批发、零售贸易、旅馆和饭店业	Wholesale, Retail Trade, Restaurants and Hotels	947	1033	1213	1483	1517
运输、仓储和通讯业	Transport, Storage and Communication	540	783	961	1203	1245
其他服务业	Other Activities	2976	3782	4729	5917	6113
老　　挝	**Laos**					
按当年价格计算	at Current Prices					
增加值总额	Total Value Added	17	27	68	149	160
农业、狩猎业、林业和渔业	Agriculture, Hunting, Forestry, Fishing	6	8	16	27	28
采掘、制造、电、煤气和水供应业	Mining, Manufacturing, Utilities	3	6	18	42	44
制造业	Manufacturing	2	3	8	13	13
建筑业	Construction	1	1	3	10	13
批发、零售贸易、旅馆和饭店业	Wholesale, Retail Trade, Restaurants and Hotels	3	5	11	24	27
运输、仓储和通讯业	Transport, Storage and Communication	1	1	3	5	5
其他服务业	Other Activities	4	6	17	41	43
按2015年价格计算	at Constant Prices of 2015					
增加值总额	Total Value Added	42	56	89	147	156
农业、狩猎业、林业和渔业	Agriculture, Hunting, Forestry, Fishing	16	18	22	27	27
采掘、制造、电、煤气和水供应业	Mining, Manufacturing, Utilities	6	11	22	39	41
制造业	Manufacturing	3	5	8	13	13
建筑业	Construction	1	2	4	10	13
批发、零售贸易、旅馆和饭店业	Wholesale, Retail Trade, Restaurants and Hotels	5	9	13	24	27
运输、仓储和通讯业	Transport, Storage and Communication	1	2	3	5	5
其他服务业	Other Activities	14	15	26	40	42

3-10 续表 7 continued

单位：亿美元 (100 million USD)

国家或地区	Country or Area	2000	2005	2010	2017	2018
马来西亚	**Malaysia**					
按当年价格计算	at Current Prices					
增加值总额	Total Value Added	968	1419	2526	3145	3542
农业、狩猎业、林业和渔业	Agriculture, Hunting, Forestry, Fishing	81	119	257	275	270
采掘、制造、电、煤气和水供应业	Mining, Manufacturing, Utilities	416	623	945	1061	1199
制造业	Manufacturing	289	395	598	697	773
建筑业	Construction	37	43	88	155	174
批发、零售贸易、旅馆和饭店业	Wholesale, Retail Trade, Restaurants and Hotels	126	197	418	611	712
运输、仓储和通讯业	Transport, Storage and Communication	66	96	213	285	330
其他服务业	Other Activities	243	341	606	757	857
按2015年价格计算	at Constant Prices of 2015					
增加值总额	Total Value Added	1498	1857	2301	3282	3445
农业、狩猎业、林业和渔业	Agriculture, Hunting, Forestry, Fishing	164	192	219	254	255
采掘、制造、电、煤气和水供应业	Mining, Manufacturing, Utilities	653	790	845	1103	1137
制造业	Manufacturing	372	467	531	744	781
建筑业	Construction	61	64	86	163	170
批发、零售贸易、旅馆和饭店业	Wholesale, Retail Trade, Restaurants and Hotels	214	274	410	644	697
运输、仓储和通讯业	Transport, Storage and Communication	105	138	187	308	331
其他服务业	Other Activities	302	398	555	811	856
蒙　古	**Mongolia**					
按当年价格计算	at Current Prices					
增加值总额	Total Value Added	12	27	65	104	116
农业、狩猎业、林业和渔业	Agriculture, Hunting, Forestry, Fishing	3	5	8	12	14
采掘、制造、电、煤气和水供应业	Mining, Manufacturing, Utilities	3	8	22	40	45
制造业	Manufacturing	1	2	5	10	12
建筑业	Construction	1	2	2	4	4
批发、零售贸易、旅馆和饭店业	Wholesale, Retail Trade, Restaurants and Hotels	2	3	9	13	14
运输、仓储和通讯业	Transport, Storage and Communication	1	3	7	8	8
其他服务业	Other Activities	3	5	16	28	30
按2015年价格计算	at Constant Prices of 2015					
增加值总额	Total Value Added	38	51	65	114	120
农业、狩猎业、林业和渔业	Agriculture, Hunting, Forestry, Fishing	8	8	9	17	18
采掘、制造、电、煤气和水供应业	Mining, Manufacturing, Utilities	10	15	18	31	34
制造业	Manufacturing	3	5	6	11	12
建筑业	Construction	1	3	2	5	5
批发、零售贸易、旅馆和饭店业	Wholesale, Retail Trade, Restaurants and Hotels	4	5	9	15	16
运输、仓储和通讯业	Transport, Storage and Communication	2	3	6	11	11
其他服务业	Other Activities	15	18	22	35	37

3-10 续表 8 continued

单位：亿美元 (100 million USD)

国家或地区	Country or Area	2000	2005	2010	2017	2018
缅　　甸	**Myanmar**					
按当年价格计算	at Current Prices					
增加值总额	Total Value Added	73	119	414	665	727
农业、狩猎业、林业和渔业	Agriculture, Hunting, Forestry, Fishing	42	56	153	155	191
采掘、制造、电、煤气和水供应业	Mining, Manufacturing, Utilities	6	16	91	199	209
制造业	Manufacturing	5	15	82	159	158
建筑业	Construction	1	4	19	42	44
批发、零售贸易、旅馆和饭店业	Wholesale, Retail Trade, Restaurants and Hotels	17	26	83	138	142
运输、仓储和通讯业	Transport, Storage and Communication	4	14	51	87	97
其他服务业	Other Activities	2	3	18	44	45
按2015年价格计算	at Constant Prices of 2015					
增加值总额	Total Value Added	138	259	441	707	761
农业、狩猎业、林业和渔业	Agriculture, Hunting, Forestry, Fishing	68	109	151	169	172
采掘、制造、电、煤气和水供应业	Mining, Manufacturing, Utilities	17	46	112	213	235
制造业	Manufacturing	11	33	82	157	172
建筑业	Construction	3	11	22	44	48
批发、零售贸易、旅馆和饭店业	Wholesale, Retail Trade, Restaurants and Hotels	31	55	92	136	145
运输、仓储和通讯业	Transport, Storage and Communication	8	21	42	99	110
其他服务业	Other Activities	7	14	22	49	55
巴基斯坦	**Pakistan**					
按当年价格计算	at Current Prices					
增加值总额	Total Value Added	718	1099	1672	2847	2660
农业、狩猎业、林业和渔业	Agriculture, Hunting, Forestry, Fishing	210	269	406	694	637
采掘、制造、电、煤气和水供应业	Mining, Manufacturing, Utilities	112	206	309	479	449
制造业	Manufacturing	76	148	228	363	342
建筑业	Construction	17	27	36	65	64
批发、零售贸易、旅馆和饭店业	Wholesale, Retail Trade, Restaurants and Hotels	140	222	331	549	519
运输、仓储和通讯业	Transport, Storage and Communication	84	143	225	366	316
其他服务业	Other Activities	156	232	366	694	674
按2015年价格计算	at Constant Prices of 2015					
增加值总额	Total Value Added	1352	1728	2102	2797	2959
农业、狩猎业、林业和渔业	Agriculture, Hunting, Forestry, Fishing	434	482	560	650	675
采掘、制造、电、煤气和水供应业	Mining, Manufacturing, Utilities	215	323	380	501	528
制造业	Manufacturing	145	232	284	375	398
建筑业	Construction	31	35	49	66	72
批发、零售贸易、旅馆和饭店业	Wholesale, Retail Trade, Restaurants and Hotels	285	394	425	552	594
运输、仓储和通讯业	Transport, Storage and Communication	170	202	257	348	361
其他服务业	Other Activities	243	316	443	668	715

3-10 续表 9 continued

单位：亿美元 (100 million USD)

国家或地区	Country or Area	2000	2005	2010	2017	2018
菲 律 宾	**Philippines**					
按当年价格计算	at Current Prices					
增加值总额	Total Value Added	810	1030	1996	3136	3309
农业、狩猎业、林业和渔业	Agriculture, Hunting, Forestry, Fishing	113	131	246	303	307
采掘、制造、电、煤气和水供应业	Mining, Manufacturing, Utilities	233	300	529	735	763
制造业	Manufacturing	198	248	428	610	631
建筑业	Construction	46	49	122	221	256
批发、零售贸易、旅馆和饭店业	Wholesale, Retail Trade, Restaurants and Hotels	142	185	379	636	674
运输、仓储和通讯业	Transport, Storage and Communication	50	81	130	191	196
其他服务业	Other Activities	226	285	590	1050	1113
按2015年价格计算	at Constant Prices of 2015					
增加值总额	Total Value Added	1379	1726	2196	3338	3547
农业、狩猎业、林业和渔业	Agriculture, Hunting, Forestry, Fishing	209	249	277	309	311
采掘、制造、电、煤气和水供应业	Mining, Manufacturing, Utilities	349	429	519	815	855
制造业	Manufacturing	292	354	421	681	715
建筑业	Construction	89	86	142	234	269
批发、零售贸易、旅馆和饭店业	Wholesale, Retail Trade, Restaurants and Hotels	259	337	434	673	713
运输、仓储和通讯业	Transport, Storage and Communication	71	117	138	206	217
其他服务业	Other Activities	406	504	690	1102	1186
新 加 坡	**Singapore**					
按当年价格计算	at Current Prices					
增加值总额	Total Value Added	893	1217	2233	3159	3416
农业、狩猎业、林业和渔业	Agriculture, Hunting, Forestry, Fishing	1	1	1	1	1
采掘、制造、电、煤气和水供应业	Mining, Manufacturing, Utilities	264	358	513	659	771
制造业	Manufacturing	248	338	477	619	730
建筑业	Construction	47	36	104	123	121
批发、零售贸易、旅馆和饭店业	Wholesale, Retail Trade, Restaurants and Hotels	142	233	472	652	687
运输、仓储和通讯业	Transport, Storage and Communication	122	172	268	359	377
其他服务业	Other Activities	317	418	875	1366	1459
按2015年价格计算	at Constant Prices of 2015					
增加值总额	Total Value Added	1291	1652	2297	3072	3180
农业、狩猎业、林业和渔业	Agriculture, Hunting, Forestry, Fishing	1	1	1	1	1
采掘、制造、电、煤气和水供应业	Mining, Manufacturing, Utilities	319	393	550	670	715
制造业	Manufacturing	294	362	511	627	672
建筑业	Construction	68	52	108	133	128
批发、零售贸易、旅馆和饭店业	Wholesale, Retail Trade, Restaurants and Hotels	205	303	412	562	571
运输、仓储和通讯业	Transport, Storage and Communication	169	221	267	359	370
其他服务业	Other Activities	536	681	963	1350	1401

3-10 续表 10 continued

单位：亿美元 (100 million USD)

国家或地区	Country or Area	2000	2005	2010	2017	2018
斯里兰卡	**Sri Lanka**					
按当年价格计算	at Current Prices					
增加值总额	Total Value Added	140	248	509	799	816
农业、狩猎业、林业和渔业	Agriculture, Hunting, Forestry, Fishing	20	22	48	68	70
采掘、制造、电、煤气和水供应业	Mining, Manufacturing, Utilities	38	64	121	172	175
制造业	Manufacturing	33	55	102	140	144
建筑业	Construction	8	13	30	68	65
批发、零售贸易、旅馆和饭店业	Wholesale, Retail Trade, Restaurants and Hotels	23	41	70	106	109
运输、仓储和通讯业	Transport, Storage and Communication	17	28	62	106	108
其他服务业	Other Activities	34	80	178	279	289
按2015年价格计算	at Constant Prices of 2015					
增加值总额	Total Value Added	335	410	550	806	835
农业、狩猎业、林业和渔业	Agriculture, Hunting, Forestry, Fishing	41	41	54	63	66
采掘、制造、电、煤气和水供应业	Mining, Manufacturing, Utilities	82	95	130	172	176
制造业	Manufacturing	75	85	112	139	144
建筑业	Construction	19	23	34	69	68
批发、零售贸易、旅馆和饭店业	Wholesale, Retail Trade, Restaurants and Hotels	48	58	75	107	113
运输、仓储和通讯业	Transport, Storage and Communication	32	45	72	111	115
其他服务业	Other Activities	113	145	184	283	298
泰　国	**Thailand**					
按当年价格计算	at Current Prices					
增加值总额	Total Value Added	1264	1893	3411	4553	4959
农业、狩猎业、林业和渔业	Agriculture, Hunting, Forestry, Fishing	107	174	359	379	410
采掘、制造、电、煤气和水供应业	Mining, Manufacturing, Utilities	425	673	1266	1487	1639
制造业	Manufacturing	359	561	1055	1237	1359
建筑业	Construction	38	56	96	116	127
批发、零售贸易、旅馆和饭店业	Wholesale, Retail Trade, Restaurants and Hotels	260	331	577	948	1116
运输、仓储和通讯业	Transport, Storage and Communication	110	158	262	365	378
其他服务业	Other Activities	323	501	852	1259	1289
按2015年价格计算	at Constant Prices of 2015					
增加值总额	Total Value Added	2183	2846	3428	4330	4399
农业、狩猎业、林业和渔业	Agriculture, Hunting, Forestry, Fishing	281	321	347	365	383
采掘、制造、电、煤气和水供应业	Mining, Manufacturing, Utilities	730	1001	1256	1403	1444
制造业	Manufacturing	610	835	1044	1156	1200
建筑业	Construction	65	84	94	116	119
批发、零售贸易、旅馆和饭店业	Wholesale, Retail Trade, Restaurants and Hotels	436	509	615	865	958
运输、仓储和通讯业	Transport, Storage and Communication	131	189	241	352	333
其他服务业	Other Activities	580	776	899	1221	1162

3-10 续表 11 continued

单位：亿美元 (100 million USD)

国家或地区	Country or Area	2000	2005	2010	2017	2018
越　南	**Viet Nam**					
按当年价格计算	at Current Prices					
增加值总额	Total Value Added	341	576	1014	2014	2205
农业、狩猎业、林业和渔业	Agriculture, Hunting, Forestry, Fishing	77	111	213	343	357
采掘、制造、电、煤气和水供应业	Mining, Manufacturing, Utilities	99	186	301	619	696
制造业	Manufacturing	58	108	150	343	392
建筑业	Construction	17	34	71	128	143
批发、零售贸易、旅馆和饭店业	Wholesale, Retail Trade, Restaurants and Hotels	54	89	135	325	359
运输、仓储和通讯业	Transport, Storage and Communication	13	24	44	75	83
其他服务业	Other Activities	82	132	250	523	566
按2015年价格计算	at Constant Prices of 2015					
增加值总额	Total Value Added	785	1085	1289	1973	2146
农业、狩猎业、林业和渔业	Agriculture, Hunting, Forestry, Fishing	202	243	282	342	355
采掘、制造、电、煤气和水供应业	Mining, Manufacturing, Utilities	228	341	372	620	675
制造业	Manufacturing	86	149	167	339	383
建筑业	Construction	34	56	81	126	137
批发、零售贸易、旅馆和饭店业	Wholesale, Retail Trade, Restaurants and Hotels	122	177	180	313	339
运输、仓储和通讯业	Transport, Storage and Communication	23	32	48	76	82
其他服务业	Other Activities	181	239	327	493	556
埃　及	**Egypt**					
按当年价格计算	at Current Prices					
增加值总额	Total Value Added	898	898	2047	1917	2439
农业、狩猎业、林业和渔业	Agriculture, Hunting, Forestry, Fishing	124	129	286	224	280
采掘、制造、电、煤气和水供应业	Mining, Manufacturing, Utilities	257	294	674	549	732
制造业	Manufacturing	161	155	346	321	407
建筑业	Construction	42	37	94	110	144
批发、零售贸易、旅馆和饭店业	Wholesale, Retail Trade, Restaurants and Hotels	155	127	309	302	395
运输、仓储和通讯业	Transport, Storage and Communication	76	103	196	174	219
其他服务业	Other Activities	244	208	487	559	668
按2015年价格计算	at Constant Prices of 2015					
增加值总额	Total Value Added	1789	2128	2785	3417	3596
农业、狩猎业、林业和渔业	Agriculture, Hunting, Forestry, Fishing	220	265	313	385	397
采掘、制造、电、煤气和水供应业	Mining, Manufacturing, Utilities	608	719	978	1006	1063
制造业	Manufacturing	306	360	482	546	572
建筑业	Construction	69	74	117	189	208
批发、零售贸易、旅馆和饭店业	Wholesale, Retail Trade, Restaurants and Hotels	319	324	390	519	559
运输、仓储和通讯业	Transport, Storage and Communication	95	131	215	300	320
其他服务业	Other Activities	479	617	776	1015	1045

3-10 续表 12 continued

单位：亿美元 (100 million USD)

国家或地区	Country or Area	2000	2005	2010	2017	2018
尼日利亚	**Nigeria**					
按当年价格计算	at Current Prices					
增加值总额	Total Value Added	687	1743	3634	3719	4174
农业、狩猎业、林业和渔业	Agriculture, Hunting, Forestry, Fishing	148	460	868	783	894
采掘、制造、电、煤气和水供应业	Mining, Manufacturing, Utilities	224	436	815	699	889
制造业	Manufacturing	97	177	238	328	407
建筑业	Construction	11	61	105	140	197
批发、零售贸易、旅馆和饭店业	Wholesale, Retail Trade, Restaurants and Hotels	102	283	615	738	753
运输、仓储和通讯业	Transport, Storage and Communication	31	95	442	442	500
其他服务业	Other Activities	171	410	788	917	940
按2015年价格计算	at Constant Prices of 2015					
增加值总额	Total Value Added	1784	2720	3871	4855	4948
农业、狩猎业、林业和渔业	Agriculture, Hunting, Forestry, Fishing	310	609	835	1099	1122
采掘、制造、电、煤气和水供应业	Mining, Manufacturing, Utilities	615	760	731	758	771
制造业	Manufacturing	211	230	253	445	455
建筑业	Construction	44	58	106	171	175
批发、零售贸易、旅馆和饭店业	Wholesale, Retail Trade, Restaurants and Hotels	216	392	735	968	963
运输、仓储和通讯业	Transport, Storage and Communication	53	168	493	639	703
其他服务业	Other Activities	473	641	943	1217	1206
南　非	**South Africa**					
按当年价格计算	at Current Prices					
增加值总额	Total Value Added	1262	2310	3408	3130	3277
农业、狩猎业、林业和渔业	Agriculture, Hunting, Forestry, Fishing	40	62	90	82	80
采掘、制造、电、煤气和水供应业	Mining, Manufacturing, Utilities	356	633	897	795	823
制造业	Manufacturing	235	419	490	419	433
建筑业	Construction	34	67	130	122	129
批发、零售贸易、旅馆和饭店业	Wholesale, Retail Trade, Restaurants and Hotels	190	327	506	469	493
运输、仓储和通讯业	Transport, Storage and Communication	132	251	313	308	322
其他服务业	Other Activities	511	971	1471	1353	1430
按2015年价格计算	at Constant Prices of 2015					
增加值总额	Total Value Added	1829	2192	2546	2897	2917
农业、狩猎业、林业和渔业	Agriculture, Hunting, Forestry, Fishing	50	53	61	72	69
采掘、制造、电、煤气和水供应业	Mining, Manufacturing, Utilities	594	669	684	711	711
制造业	Manufacturing	284	331	359	384	388
建筑业	Construction	46	67	103	118	116
批发、零售贸易、旅馆和饭店业	Wholesale, Retail Trade, Restaurants and Hotels	263	317	373	432	434
运输、仓储和通讯业	Transport, Storage and Communication	158	214	255	298	303
其他服务业	Other Activities	718	873	1072	1264	1283

3-10 续表 13 continued

单位：亿美元 (100 million USD)

国家或地区	Country or Area	2000	2005	2010	2017	2018
加 拿 大	**Canada**					
按当年价格计算	at Current Prices					
增加值总额	Total Value Added	6918	10925	15134	15397	15960
农业、狩猎业、林业和渔业	Agriculture, Hunting, Forestry, Fishing	156	220	241	292	314
采掘、制造、电、煤气和水供应业	Mining, Manufacturing, Utilities	1843	2769	3100	2850	2839
制造业	Manufacturing	1268	1569	1622	1613	1693
建筑业	Construction	344	632	1121	1216	1254
批发、零售贸易、旅馆和饭店业	Wholesale, Retail Trade, Restaurants and Hotels	854	1373	1902	1932	2016
运输、仓储和通讯业	Transport, Storage and Communication	528	849	1120	1167	1221
其他服务业	Other Activities	3194	5081	7649	7940	8317
按2015年价格计算	at Constant Prices of 2015					
增加值总额	Total Value Added	10740	12190	12969	15182	15550
农业、狩猎业、林业和渔业	Agriculture, Hunting, Forestry, Fishing	225	262	244	309	313
采掘、制造、电、煤气和水供应业	Mining, Manufacturing, Utilities	2518	2611	2328	2728	2835
制造业	Manufacturing	1771	1775	1433	1612	1656
建筑业	Construction	690	877	995	1165	1178
批发、零售贸易、旅馆和饭店业	Wholesale, Retail Trade, Restaurants and Hotels	1238	1470	1611	1942	1968
运输、仓储和通讯业	Transport, Storage and Communication	798	942	980	1188	1220
其他服务业	Other Activities	5166	5948	6809	7843	8023
墨 西 哥	**Mexico**					
按当年价格计算	at Current Prices					
增加值总额	Total Value Added	6749	8412	10149	10939	11517
农业、狩猎业、林业和渔业	Agriculture, Hunting, Forestry, Fishing	235	270	341	392	405
采掘、制造、电、煤气和水供应业	Mining, Manufacturing, Utilities	1921	2210	2613	2708	2789
制造业	Manufacturing	1353	1389	1656	1996	2101
建筑业	Construction	510	672	811	848	890
批发、零售贸易、旅馆和饭店业	Wholesale, Retail Trade, Restaurants and Hotels	1381	1640	1917	2467	2559
运输、仓储和通讯业	Transport, Storage and Communication	572	725	916	923	984
其他服务业	Other Activities	2129	2895	3551	3602	3891
按2015年价格计算	at Constant Prices of 2015					
增加值总额	Total Value Added	8282	8883	9552	11556	11800
农业、狩猎业、林业和渔业	Agriculture, Hunting, Forestry, Fishing	284	304	337	400	404
采掘、制造、电、煤气和水供应业	Mining, Manufacturing, Utilities	2390	2490	2437	2661	2782
制造业	Manufacturing	1731	1722	1747	2107	2148
建筑业	Construction	677	698	769	856	893
批发、零售贸易、旅馆和饭店业	Wholesale, Retail Trade, Restaurants and Hotels	1689	1846	1940	2540	2567
运输、仓储和通讯业	Transport, Storage and Communication	596	662	761	1084	1068
其他服务业	Other Activities	2636	2876	3302	4016	4087

3-10 续表 14 continued

单位：亿美元 (100 million USD)

国家或地区	Country or Area	2000	2005	2010	2017	2018
美　国	**United States**					
按当年价格计算	at Current Prices					
增加值总额	Total Value Added	102522	130364	149919	195193	205799
农业、狩猎业、林业和渔业	Agriculture, Hunting, Forestry, Fishing	983	1283	1463	1746	1665
采掘、制造、电、煤气和水供应业	Mining, Manufacturing, Utilities	18670	21508	24294	28404	30500
制造业	Manufacturing	15502	16934	17970	21851	23212
建筑业	Construction	4613	6518	5251	7904	8391
批发、零售贸易、旅馆和饭店业	Wholesale, Retail Trade, Restaurants and Hotels	15956	19547	21439	28499	29723
运输、仓储和通讯业	Transport, Storage and Communication	9564	12159	14466	19976	21385
其他服务业	Other Activities	52736	69349	83006	108664	114135
按2015年价格计算	at Constant Prices of 2015					
增加值总额	Total Value Added	141778	158973	164458	189652	195361
农业、狩猎业、林业和渔业	Agriculture, Hunting, Forestry, Fishing	1295	1569	1552	1865	1839
采掘、制造、电、煤气和水供应业	Mining, Manufacturing, Utilities	21630	23486	25005	27980	28923
制造业	Manufacturing	17521	19704	20170	21706	22557
建筑业	Construction	9012	9029	6299	7359	7521
批发、零售贸易、旅馆和饭店业	Wholesale, Retail Trade, Restaurants and Hotels	21572	25118	23885	28064	28758
运输、仓储和通讯业	Transport, Storage and Communication	10422	12778	14890	20411	21875
其他服务业	Other Activities	78291	87364	92927	103935	106370
阿 根 廷	**Argentina**					
按当年价格计算	at Current Prices					
增加值总额	Total Value Added	2714	1706	3578	5419	4398
农业、狩猎业、林业和渔业	Agriculture, Hunting, Forestry, Fishing	125	159	304	352	318
采掘、制造、电、煤气和水供应业	Mining, Manufacturing, Utilities	587	504	891	1127	984
制造业	Manufacturing	431	368	676	826	661
建筑业	Construction	115	71	186	278	211
批发、零售贸易、旅馆和饭店业	Wholesale, Retail Trade, Restaurants and Hotels	504	280	611	993	776
运输、仓储和通讯业	Transport, Storage and Communication	192	125	255	362	303
其他服务业	Other Activities	1192	567	1330	2307	1805
按2015年价格计算	at Constant Prices of 2015					
增加值总额	Total Value Added	3694	4052	5066	5433	5293
农业、狩猎业、林业和渔业	Agriculture, Hunting, Forestry, Fishing	235	291	316	327	280
采掘、制造、电、煤气和水供应业	Mining, Manufacturing, Utilities	870	984	1185	1154	1111
制造业	Manufacturing	626	721	901	886	843
建筑业	Construction	190	219	274	289	293
批发、零售贸易、旅馆和饭店业	Wholesale, Retail Trade, Restaurants and Hotels	663	707	950	1004	963
运输、仓储和通讯业	Transport, Storage and Communication	171	212	307	366	355
其他服务业	Other Activities	1583	1603	2008	2307	2345

3-10 续表 15 continued

单位：亿美元 (100 million USD)

国家或地区	Country or Area	2000	2005	2010	2017	2018
巴　西	**Brazil**					
按当年价格计算	at Current Prices					
增加值总额	Total Value Added	5591	7570	18774	17675	15964
农业、狩猎业、林业和渔业	Agriculture, Hunting, Forestry, Fishing	305	415	909	952	815
采掘、制造、电、煤气和水供应业	Mining, Manufacturing, Utilities	1199	1808	3963	2880	2520
制造业	Manufacturing	904	1314	2810	2164	1805
建筑业	Construction	302	347	1176	889	926
批发、零售贸易、旅馆和饭店业	Wholesale, Retail Trade, Restaurants and Hotels	632	935	2765	2813	2506
运输、仓储和通讯业	Transport, Storage and Communication	345	609	1525	1401	1251
其他服务业	Other Activities	2807	3455	8436	8740	7947
按2015年价格计算	at Constant Prices of 2015					
增加值总额	Total Value Added	10504	11865	14758	15135	15286
农业、狩猎业、林业和渔业	Agriculture, Hunting, Forestry, Fishing	456	563	661	830	831
采掘、制造、电、煤气和水供应业	Mining, Manufacturing, Utilities	2076	2425	2759	2486	2521
制造业	Manufacturing	1633	1907	2114	1836	1860
建筑业	Construction	612	616	856	818	798
批发、零售贸易、旅馆和饭店业	Wholesale, Retail Trade, Restaurants and Hotels	1635	1850	2387	2387	2380
运输、仓储和通讯业	Transport, Storage and Communication	737	866	1070	1179	1190
其他服务业	Other Activities	4988	5545	7025	7436	7566
委内瑞拉	**Venezuela**					
按当年价格计算	at Current Prices					
增加值总额	Total Value Added	1122	1358	3739	2306	1930
农业、狩猎业、林业和渔业	Agriculture, Hunting, Forestry, Fishing	46	54	212	132	113
采掘、制造、电、煤气和水供应业	Mining, Manufacturing, Utilities	453	679	1587	646	524
制造业	Manufacturing	217	219	509	351	306
建筑业	Construction	90	94	319	195	160
批发、零售贸易、旅馆和饭店业	Wholesale, Retail Trade, Restaurants and Hotels	107	151	580	541	470
运输、仓储和通讯业	Transport, Storage and Communication	78	78	213	136	117
其他服务业	Other Activities	348	302	828	655	547
按2015年价格计算	at Constant Prices of 2015					
增加值总额	Total Value Added	2197	2526	3013	3003	2906
农业、狩猎业、林业和渔业	Agriculture, Hunting, Forestry, Fishing	196	224	245	166	149
采掘、制造、电、煤气和水供应业	Mining, Manufacturing, Utilities	743	777	760	661	634
制造业	Manufacturing	566	595	610	498	467
建筑业	Construction	187	177	286	191	161
批发、零售贸易、旅馆和饭店业	Wholesale, Retail Trade, Restaurants and Hotels	595	763	929	731	661
运输、仓储和通讯业	Transport, Storage and Communication	81	105	178	211	211
其他服务业	Other Activities	470	597	753	939	937

3-10 续表 16 continued

单位：亿美元 (100 million USD)

国家或地区	Country or Area	2000	2005	2010	2017	2018
白俄罗斯	**Belarus**					
按当年价格计算	at Current Prices					
增加值总额	Total Value Added	92	265	502	475	511
农业、狩猎业、林业和渔业	Agriculture, Hunting, Forestry, Fishing	13	26	51	41	38
采掘、制造、电、煤气和水供应业	Mining, Manufacturing, Utilities	32	96	149	144	156
制造业	Manufacturing	25	74	129	118	128
建筑业	Construction	7	21	54	29	32
批发、零售贸易、旅馆和饭店业	Wholesale, Retail Trade, Restaurants and Hotels	12	31	70	61	65
运输、仓储和通讯业	Transport, Storage and Communication	9	24	45	59	67
其他服务业	Other Activities	19	68	134	140	152
按2015年价格计算	at Constant Prices of 2015					
增加值总额	Total Value Added	249	328	463	490	504
农业、狩猎业、林业和渔业	Agriculture, Hunting, Forestry, Fishing	21	26	32	38	37
采掘、制造、电、煤气和水供应业	Mining, Manufacturing, Utilities	63	97	136	148	156
制造业	Manufacturing	43	74	112	124	131
建筑业	Construction	13	21	49	36	37
批发、零售贸易、旅馆和饭店业	Wholesale, Retail Trade, Restaurants and Hotels	20	35	57	71	75
运输、仓储和通讯业	Transport, Storage and Communication	26	33	43	60	64
其他服务业	Other Activities	101	112	145	135	134
捷　　克	**Czech Rep.**					
按当年价格计算	at Current Prices					
增加值总额	Total Value Added	561	1232	1876	1937	2206
农业、狩猎业、林业和渔业	Agriculture, Hunting, Forestry, Fishing	19	30	32	44	48
采掘、制造、电、煤气和水供应业	Mining, Manufacturing, Utilities	173	382	561	614	666
制造业	Manufacturing	146	314	440	520	566
建筑业	Construction	36	82	129	103	124
批发、零售贸易、旅馆和饭店业	Wholesale, Retail Trade, Restaurants and Hotels	82	166	234	256	298
运输、仓储和通讯业	Transport, Storage and Communication	63	139	212	212	247
其他服务业	Other Activities	188	432	708	707	824
按2015年价格计算	at Constant Prices of 2015					
增加值总额	Total Value Added	1183	1378	1539	1792	1849
农业、狩猎业、林业和渔业	Agriculture, Hunting, Forestry, Fishing	39	47	35	42	44
采掘、制造、电、煤气和水供应业	Mining, Manufacturing, Utilities	317	405	498	600	606
制造业	Manufacturing	207	285	389	516	524
建筑业	Construction	80	93	97	88	92
批发、零售贸易、旅馆和饭店业	Wholesale, Retail Trade, Restaurants and Hotels	121	154	174	224	232
运输、仓储和通讯业	Transport, Storage and Communication	140	161	175	198	216
其他服务业	Other Activities	483	519	560	644	662

3-10 续表 17 continued

单位：亿美元 (100 million USD)

国家或地区	Country or Area	2000	2005	2010	2017	2018
法 国	**France**					
按当年价格计算	at Current Prices					
增加值总额	Total Value Added	12220	19724	23810	23091	24693
农业、狩猎业、林业和渔业	Agriculture, Hunting, Forestry, Fishing	286	369	424	402	451
采掘、制造、电、煤气和水供应业	Mining, Manufacturing, Utilities	2307	3235	3284	3163	3309
制造业	Manufacturing	1972	2690	2729	2591	2697
建筑业	Construction	593	1071	1432	1298	1387
批发、零售贸易、旅馆和饭店业	Wholesale, Retail Trade, Restaurants and Hotels	1661	2686	3137	3067	3281
运输、仓储和通讯业	Transport, Storage and Communication	1170	1944	2322	2266	2432
其他服务业	Other Activities	6203	10419	13211	12895	13833
按2015年价格计算	at Constant Prices of 2015					
增加值总额	Total Value Added	18377	19857	20705	22499	22904
农业、狩猎业、林业和渔业	Agriculture, Hunting, Forestry, Fishing	343	341	365	374	387
采掘、制造、电、煤气和水供应业	Mining, Manufacturing, Utilities	2897	3124	2960	3148	3151
制造业	Manufacturing	2286	2457	2399	2598	2600
建筑业	Construction	1261	1363	1321	1222	1224
批发、零售贸易、旅馆和饭店业	Wholesale, Retail Trade, Restaurants and Hotels	2397	2539	2598	3006	3048
运输、仓储和通讯业	Transport, Storage and Communication	1449	1717	1928	2240	2301
其他服务业	Other Activities	10023	10769	11529	12507	12792
德 国	**Germany**					
按当年价格计算	at Current Prices					
增加值总额	Total Value Added	17522	25738	30537	33013	35574
农业、狩猎业、林业和渔业	Agriculture, Hunting, Forestry, Fishing	193	207	273	305	304
采掘、制造、电、煤气和水供应业	Mining, Manufacturing, Utilities	4482	6499	7795	8504	9041
制造业	Manufacturing	3992	5711	6689	7538	8059
建筑业	Construction	903	1001	1323	1556	1805
批发、零售贸易、旅馆和饭店业	Wholesale, Retail Trade, Restaurants and Hotels	2061	3059	3438	3831	4134
运输、仓储和通讯业	Transport, Storage and Communication	1528	2342	2707	2960	3208
其他服务业	Other Activities	8354	12630	15000	15857	17082
按2015年价格计算	at Constant Prices of 2015					
增加值总额	Total Value Added	25696	26333	27809	31697	32167
农业、狩猎业、林业和渔业	Agriculture, Hunting, Forestry, Fishing	217	202	241	220	217
采掘、制造、电、煤气和水供应业	Mining, Manufacturing, Utilities	6200	6503	6933	8298	8404
制造业	Manufacturing	5416	5705	6076	7355	7465
建筑业	Construction	1634	1303	1339	1403	1450
批发、零售贸易、旅馆和饭店业	Wholesale, Retail Trade, Restaurants and Hotels	2747	3058	3024	3616	3687
运输、仓储和通讯业	Transport, Storage and Communication	1767	2036	2393	2875	2937
其他服务业	Other Activities	13130	13232	13880	15286	15472

3-10 续表 18 continued

单位：亿美元 (100 million USD)

国家或地区	Country or Area	2000	2005	2010	2017	2018
意大利	**Italy**					
按当年价格计算	at Current Prices					
增加值总额	Total Value Added	10249	16740	19197	17599	18699
农业、狩猎业、林业和渔业	Agriculture, Hunting, Forestry, Fishing	293	378	379	385	405
采掘、制造、电、煤气和水供应业	Mining, Manufacturing, Utilities	2283	3333	3586	3435	3674
制造业	Manufacturing	2010	2888	3037	2933	3139
建筑业	Construction	498	990	1080	737	789
批发、零售贸易、旅馆和饭店业	Wholesale, Retail Trade, Restaurants and Hotels	1695	2584	2853	2785	2980
运输、仓储和通讯业	Transport, Storage and Communication	946	1614	1851	1650	1726
其他服务业	Other Activities	4535	7842	9448	8607	9126
按2015年价格计算	at Constant Prices of 2015					
增加值总额	Total Value Added	16429	17212	16972	17039	17193
农业、狩猎业、林业和渔业	Agriculture, Hunting, Forestry, Fishing	383	362	365	364	367
采掘、制造、电、煤气和水供应业	Mining, Manufacturing, Utilities	3556	3555	3248	3340	3406
制造业	Manufacturing	2879	2875	2672	2830	2892
建筑业	Construction	985	1151	981	722	739
批发、零售贸易、旅馆和饭店业	Wholesale, Retail Trade, Restaurants and Hotels	2262	2308	2328	2676	2730
运输、仓储和通讯业	Transport, Storage and Communication	1377	1600	1640	1610	1597
其他服务业	Other Activities	7865	8235	8410	8327	8355
荷兰	**Netherlands**					
按当年价格计算	at Current Prices					
增加值总额	Total Value Added	3739	6111	7606	7474	8181
农业、狩猎业、林业和渔业	Agriculture, Hunting, Forestry, Fishing	96	127	151	155	149
采掘、制造、电、煤气和水供应业	Mining, Manufacturing, Utilities	706	1108	1267	1138	1245
制造业	Manufacturing	556	843	886	922	1015
建筑业	Construction	199	332	400	339	395
批发、零售贸易、旅馆和饭店业	Wholesale, Retail Trade, Restaurants and Hotels	584	911	1078	1176	1285
运输、仓储和通讯业	Transport, Storage and Communication	351	602	711	737	806
其他服务业	Other Activities	1802	3030	3999	3930	4302
按2015年价格计算	at Constant Prices of 2015					
增加值总额	Total Value Added	5703	6074	6579	7226	7416
农业、狩猎业、林业和渔业	Agriculture, Hunting, Forestry, Fishing	109	114	124	136	132
采掘、制造、电、煤气和水供应业	Mining, Manufacturing, Utilities	993	1060	1091	1148	1180
制造业	Manufacturing	716	775	782	896	938
建筑业	Construction	323	315	304	342	368
批发、零售贸易、旅馆和饭店业	Wholesale, Retail Trade, Restaurants and Hotels	872	905	942	1131	1171
运输、仓储和通讯业	Transport, Storage and Communication	461	546	608	714	736
其他服务业	Other Activities	2945	3135	3510	3756	3829

3-10 续表 19 continued

单位：亿美元 (100 million USD)

国家或地区	Country or Area	2000	2005	2010	2017	2018
波　兰	**Poland**					
按当年价格计算	at Current Prices					
增加值总额	Total Value Added	1521	2690	4262	4619	5126
农业、狩猎业、林业和渔业	Agriculture, Hunting, Forestry, Fishing	53	89	123	145	123
采掘、制造、电、煤气和水供应业	Mining, Manufacturing, Utilities	368	677	1041	1172	1282
制造业	Manufacturing	277	494	746	891	980
建筑业	Construction	125	205	403	321	394
批发、零售贸易、旅馆和饭店业	Wholesale, Retail Trade, Restaurants and Hotels	315	531	862	871	966
运输、仓储和通讯业	Transport, Storage and Communication	134	270	387	508	584
其他服务业	Other Activities	524	918	1446	1602	1776
按2015年价格计算	at Constant Prices of 2015					
增加值总额	Total Value Added	2533	2896	3629	4552	4799
农业、狩猎业、林业和渔业	Agriculture, Hunting, Forestry, Fishing	95	114	113	111	97
采掘、制造、电、煤气和水供应业	Mining, Manufacturing, Utilities	599	676	914	1175	1230
制造业	Manufacturing	318	410	652	900	949
建筑业	Construction	191	183	268	315	353
批发、零售贸易、旅馆和饭店业	Wholesale, Retail Trade, Restaurants and Hotels	519	589	759	888	927
运输、仓储和通讯业	Transport, Storage and Communication	232	300	336	527	573
其他服务业	Other Activities	899	1047	1243	1546	1622
俄 罗 斯	**Russia**					
按当年价格计算	at Current Prices					
增加值总额	Total Value Added	2301	6612	13324	14253	14808
农业、狩猎业、林业和渔业	Agriculture, Hunting, Forestry, Fishing	145	325	510	561	522
采掘、制造、电、煤气和水供应业	Mining, Manufacturing, Utilities	766	2175	3777	3743	4103
制造业	Manufacturing	523	1224	1997	1929	2040
建筑业	Construction	151	352	857	1067	1212
批发、零售贸易、旅馆和饭店业	Wholesale, Retail Trade, Restaurants and Hotels	546	1336	2774	2466	2480
运输、仓储和通讯业	Transport, Storage and Communication	204	658	1183	1097	1109
其他服务业	Other Activities	490	1766	4223	5319	5382
按2015年价格计算	at Constant Prices of 2015					
增加值总额	Total Value Added	7307	9511	11429	12492	12769
农业、狩猎业、林业和渔业	Agriculture, Hunting, Forestry, Fishing	380	430	424	548	536
采掘、制造、电、煤气和水供应业	Mining, Manufacturing, Utilities	2287	3049	3111	3297	3384
制造业	Manufacturing	1159	1548	1610	1771	1799
建筑业	Construction	427	658	830	900	934
批发、零售贸易、旅馆和饭店业	Wholesale, Retail Trade, Restaurants and Hotels	933	1421	1971	2146	2189
运输、仓储和通讯业	Transport, Storage and Communication	542	728	850	956	976
其他服务业	Other Activities	2779	3265	4247	4648	4752

3–10 续表 20 continued

单位：亿美元 (100 million USD)

国家或地区	Country or Area	2000	2005	2010	2017	2018
西 班 牙	**Spain**					
按当年价格计算	at Current Prices					
增加值总额	Total Value Added	5426	10352	13052	11898	12848
农业、狩猎业、林业和渔业	Agriculture, Hunting, Forestry, Fishing	224	319	345	368	397
采掘、制造、电、煤气和水供应业	Mining, Manufacturing, Utilities	1121	1902	2131	1932	2039
制造业	Manufacturing	969	1581	1619	1499	1595
建筑业	Construction	549	1231	1160	714	800
批发、零售贸易、旅馆和饭店业	Wholesale, Retail Trade, Restaurants and Hotels	1033	1890	2339	2298	2465
运输、仓储和通讯业	Transport, Storage and Communication	498	895	1100	993	1068
其他服务业	Other Activities	2002	4114	5977	5593	6079
按2015年价格计算	at Constant Prices of 2015					
增加值总额	Total Value Added	8779	10245	10935	11476	11755
农业、狩猎业、林业和渔业	Agriculture, Hunting, Forestry, Fishing	290	262	293	332	352
采掘、制造、电、煤气和水供应业	Mining, Manufacturing, Utilities	1775	1960	1891	1898	1888
制造业	Manufacturing	1451	1551	1379	1449	1459
建筑业	Construction	901	1069	858	683	721
批发、零售贸易、旅馆和饭店业	Wholesale, Retail Trade, Restaurants and Hotels	1642	1849	1943	2174	2210
运输、仓储和通讯业	Transport, Storage and Communication	715	796	860	985	1035
其他服务业	Other Activities	3456	4307	5091	5404	5549
土 耳 其	**Turkey**					
按当年价格计算	at Current Prices					
增加值总额	Total Value Added	2444	4379	6787	7557	6908
农业、狩猎业、林业和渔业	Agriculture, Hunting, Forestry, Fishing	275	464	697	519	449
采掘、制造、电、煤气和水供应业	Mining, Manufacturing, Utilities	589	989	1429	1761	1720
制造业	Manufacturing	512	848	1166	1500	1469
建筑业	Construction	145	280	470	729	553
批发、零售贸易、旅馆和饭店业	Wholesale, Retail Trade, Restaurants and Hotels	394	719	1032	1239	1173
运输、仓储和通讯业	Transport, Storage and Communication	301	609	796	874	822
其他服务业	Other Activities	740	1317	2363	2434	2190
按2015年价格计算	at Constant Prices of 2015					
增加值总额	Total Value Added	3733	4610	5365	8433	8693
农业、狩猎业、林业和渔业	Agriculture, Hunting, Forestry, Fishing	409	447	499	607	618
采掘、制造、电、煤气和水供应业	Mining, Manufacturing, Utilities	785	981	1156	1936	1961
制造业	Manufacturing	627	810	953	1629	1647
建筑业	Construction	213	317	413	805	788
批发、零售贸易、旅馆和饭店业	Wholesale, Retail Trade, Restaurants and Hotels	601	735	816	1383	1455
运输、仓储和通讯业	Transport, Storage and Communication	419	591	626	988	1040
其他服务业	Other Activities	1293	1526	1845	2719	2828

3-10 续表 21 continued

单位：亿美元 (100 million USD)

国家或地区	Country or Area	2000	2005	2010	2017	2018
乌 克 兰	**Ukraine**					
按当年价格计算	at Current Prices					
增加值总额	Total Value Added	276	789	1203	947	1109
农业、狩猎业、林业和渔业	Agriculture, Hunting, Forestry, Fishing	45	79	101	114	133
采掘、制造、电、煤气和水供应业	Mining, Manufacturing, Utilities	91	235	308	238	274
制造业	Manufacturing	56	165	180	135	151
建筑业	Construction	11	35	45	24	30
批发、零售贸易、旅馆和饭店业	Wholesale, Retail Trade, Restaurants and Hotels	29	114	207	161	182
运输、仓储和通讯业	Transport, Storage and Communication	38	100	146	113	133
其他服务业	Other Activities	62	227	396	296	356
按2015年价格计算	at Constant Prices of 2015					
增加值总额	Total Value Added	579	861	867	808	835
农业、狩猎业、林业和渔业	Agriculture, Hunting, Forestry, Fishing	68	82	87	114	123
采掘、制造、电、煤气和水供应业	Mining, Manufacturing, Utilities	183	259	246	182	185
制造业	Manufacturing	104	170	154	118	118
建筑业	Construction	46	68	35	26	28
批发、零售贸易、旅馆和饭店业	Wholesale, Retail Trade, Restaurants and Hotels	72	140	167	140	146
运输、仓储和通讯业	Transport, Storage and Communication	54	83	96	105	108
其他服务业	Other Activities	153	227	231	243	251
英 国	**United Kingdom**					
按当年价格计算	at Current Prices					
增加值总额	Total Value Added	14864	22862	22287	23770	25462
农业、狩猎业、林业和渔业	Agriculture, Hunting, Forestry, Fishing	142	145	154	174	180
采掘、制造、电、煤气和水供应业	Mining, Manufacturing, Utilities	2945	3692	3425	3218	3452
制造业	Manufacturing	2236	2694	2364	2394	2525
建筑业	Construction	892	1439	1245	1465	1547
批发、零售贸易、旅馆和饭店业	Wholesale, Retail Trade, Restaurants and Hotels	2089	3147	3034	3203	3477
运输、仓储和通讯业	Transport, Storage and Communication	1617	2396	2312	2557	2774
其他服务业	Other Activities	7179	12044	12118	13153	14032
按2015年价格计算	at Constant Prices of 2015					
增加值总额	Total Value Added	20057	23061	23642	27158	27526
农业、狩猎业、林业和渔业	Agriculture, Hunting, Forestry, Fishing	157	169	153	182	174
采掘、制造、电、煤气和水供应业	Mining, Manufacturing, Utilities	4054	3934	3725	3798	3792
制造业	Manufacturing	2838	2771	2649	2791	2793
建筑业	Construction	1356	1572	1485	1795	1783
批发、零售贸易、旅馆和饭店业	Wholesale, Retail Trade, Restaurants and Hotels	2544	2968	2966	3667	3770
运输、仓储和通讯业	Transport, Storage and Communication	1960	2395	2445	2949	3026
其他服务业	Other Activities	9985	12023	12869	14766	14980

3-10 续表 22 continued

单位：亿美元 (100 million USD)

国家或地区	Country or Area	2000	2005	2010	2017	2018
澳大利亚	**Australia**					
按当年价格计算	at Current Prices					
增加值总额	Total Value Added	3733	7006	12143	13206	13542
农业、狩猎业、林业和渔业	Agriculture, Hunting, Forestry, Fishing	143	207	296	368	373
采掘、制造、电、煤气和水供应业	Mining, Manufacturing, Utilities	757	1437	2473	2334	2266
制造业	Manufacturing	450	752	955	818	855
建筑业	Construction	211	511	963	1068	1118
批发、零售贸易、旅馆和饭店业	Wholesale, Retail Trade, Restaurants and Hotels	490	880	1426	1482	1546
运输、仓储和通讯业	Transport, Storage and Communication	340	610	980	986	1047
其他服务业	Other Activities	1791	3360	6005	6968	7191
按2015年价格计算	at Constant Prices of 2015					
增加值总额	Total Value Added	7490	8860	10171	12215	12536
农业、狩猎业、林业和渔业	Agriculture, Hunting, Forestry, Fishing	262	285	315	310	307
采掘、制造、电、煤气和水供应业	Mining, Manufacturing, Utilities	1393	1472	1613	1853	1884
制造业	Manufacturing	763	811	818	775	775
建筑业	Construction	441	697	854	1007	1009
批发、零售贸易、旅馆和饭店业	Wholesale, Retail Trade, Restaurants and Hotels	877	1060	1177	1430	1473
运输、仓储和通讯业	Transport, Storage and Communication	564	695	819	974	1001
其他服务业	Other Activities	3954	4651	5393	6640	6862
新 西 兰	**New Zealand**					
按当年价格计算	at Current Prices					
增加值总额	Total Value Added	507	1064	1351	1878	1901
农业、狩猎业、林业和渔业	Agriculture, Hunting, Forestry, Fishing	42	52	97	119	110
采掘、制造、电、煤气和水供应业	Mining, Manufacturing, Utilities	105	213	235	288	299
制造业	Manufacturing	84	167	159	210	219
建筑业	Construction	23	61	76	132	129
批发、零售贸易、旅馆和饭店业	Wholesale, Retail Trade, Restaurants and Hotels	65	136	161	238	241
运输、仓储和通讯业	Transport, Storage and Communication	46	95	105	141	148
其他服务业	Other Activities	226	506	677	960	973
按2015年价格计算	at Constant Prices of 2015					
增加值总额	Total Value Added	1115	1344	1413	1731	1784
农业、狩猎业、林业和渔业	Agriculture, Hunting, Forestry, Fishing	69	77	64	75	81
采掘、制造、电、煤气和水供应业	Mining, Manufacturing, Utilities	240	268	259	277	282
制造业	Manufacturing	187	218	189	211	215
建筑业	Construction	58	80	82	121	126
批发、零售贸易、旅馆和饭店业	Wholesale, Retail Trade, Restaurants and Hotels	137	164	172	224	232
运输、仓储和通讯业	Transport, Storage and Communication	76	94	106	138	141
其他服务业	Other Activities	536	662	734	899	924

3-11 支出法国内生产总值
Gross Domestic Product by Expenditure Approach

资料来源：世界银行WDI数据库。
Source: World Bank WDI Database.
单位：亿美元 (100 million USD)

国家或地区	Country or Area	2000	2005	2010	2015	2018	2019
中　国	**China**						
按当年价格计算	at Current Price						
居民消费支出	Household Final Consumption Expenditure	5661	9049	20895	41783	53525	
政府消费支出	General Government Final Consumption Expenditure	2040	3383	8879	17940	22976	
资本形成总额	Gross Capital Formation	4067	9223	28339	47824	60850	
货物和服务出口	Exports of Goods and Services	2531	7733	16548	23621	26556	26413
货物和服务进口	Imports of Goods and Services	2243	6487	14324	20033	25489	24763
国内生产总值	Gross Domestic Product	12113	22860	60872	110616	138948	143429
按2010年价格计算	at Constant Price of 2010						
居民消费支出	Household Final Consumption Expenditure	8390	12479	20895	33922	43846	
政府消费支出	General Government Final Consumption Expenditure	2961	4555	8879	11788		
资本形成总额	Gross Capital Formation	5855	13097	28339	40361	48839	51009
货物和服务出口	Exports of Goods and Services			16548			
货物和服务进口	Imports of Goods and Services			14324			
国内生产总值	Gross Domestic Product	22321	35620	60872	89133	108730	115372
中国香港	**Hong Kong, China**						
按当年价格计算	at Current Price						
居民消费支出	Household Final Consumption Expenditure	1007	1044	1403	2055	2470	2509
政府消费支出	General Government Final Consumption Expenditure	161	168	203	298	359	394
资本形成总额	Gross Capital Formation	474	382	546	666	796	692
货物和服务出口	Exports of Goods and Services	2164	3222	4694	6061	6813	6490
货物和服务进口	Imports of Goods and Services	2088	3000	4560	5987	6821	6425
国内生产总值	Gross Domestic Product	1717	1816	2286	3094	3617	3660
按2010年价格计算	at Constant Price of 2010						
居民消费支出	Household Final Consumption Expenditure	1026	1124	1403	1793	2032	2010
政府消费支出	General Government Final Consumption Expenditure	163	180	203	235	261	274
资本形成总额	Gross Capital Formation	415	417	546	575	646	550
货物和服务出口	Exports of Goods and Services	2254	3567	4694	5452	6022	5684
货物和服务进口	Imports of Goods and Services	2281	3380	4560	5399	6067	5654
国内生产总值	Gross Domestic Product	1534	1886	2286	2644	2884	2850
中国澳门	**Macao, China**						
按当年价格计算	at Current Price						
居民消费支出	Household Final Consumption Expenditure	31	39	66	118	131	137
政府消费支出	General Government Final Consumption Expenditure	8	12	23	44	52	56
资本形成总额	Gross Capital Formation	7	31	37	114	95	76
货物和服务出口	Exports of Goods and Services	60	103	247	353	456	450
货物和服务进口	Imports of Goods and Services	40	63	92	176	183	180
国内生产总值	Gross Domestic Product	67	121	281	454	551	539
按2010年价格计算	at Constant Price of 2010						
居民消费支出	Household Final Consumption Expenditure	39	49	66	91	96	99
政府消费支出	General Government Final Consumption Expenditure	12	15	23	30	32	34
资本形成总额	Gross Capital Formation	12	43	37	81	63	51
货物和服务出口	Exports of Goods and Services	76	129	247	272	343	330
货物和服务进口	Imports of Goods and Services	45	73	92	161	167	165
国内生产总值	Gross Domestic Product	96	165	281	322	370	353

3-11 续表 1 continued

单位：亿美元 (100 million USD)

国家或地区	Country or Area	2000	2005	2010	2015	2018	2019
孟加拉国	**Bangladesh**						
按当年价格计算	at Current Price						
居民消费支出	Household Final Consumption Expenditure	400	512	854	1413	1940	2087
政府消费支出	General Government Final Consumption Expenditure	27	36	59	105	174	190
资本形成总额	Gross Capital Formation	127	179	303	564	856	955
货物和服务出口	Exports of Goods and Services	66	100	185	338	406	464
货物和服务进口	Imports of Goods and Services	91	139	251	483	642	649
国内生产总值	Gross Domestic Product	534	694	1153	1951	2740	3026
按2010年价格计算	at Constant Price of 2010						
居民消费支出	Household Final Consumption Expenditure	539	668	854	1096	1346	1399
政府消费支出	General Government Final Consumption Expenditure	30	45	59	80	108	117
资本形成总额	Gross Capital Formation	135	201	303	454	602	653
货物和服务出口	Exports of Goods and Services	40	121	185	276	298	331
货物和服务进口	Imports of Goods and Services	64	190	251	379	460	450
国内生产总值	Gross Domestic Product	670	859	1153	1566	1941	2100
文　莱	**Brunei Darussalam**						
按当年价格计算	at Current Price						
居民消费支出	Household Final Consumption Expenditure	15	21	20	26	27	28
政府消费支出	General Government Final Consumption Expenditure	15	18	30	32	33	34
资本形成总额	Gross Capital Formation	8	11	32	46	56	52
货物和服务出口	Exports of Goods and Services	40	67	92	68	70	78
货物和服务进口	Imports of Goods and Services	21	26	38	49	57	68
国内生产总值	Gross Domestic Product	60	95	137	129	136	135
按2010年价格计算	at Constant Price of 2010						
居民消费支出	Household Final Consumption Expenditure	13	18	20	25	26	28
政府消费支出	General Government Final Consumption Expenditure	20	22	30	33	33	34
资本形成总额	Gross Capital Formation	18	23	32	47	58	55
货物和服务出口	Exports of Goods and Services	112	120	92	77	76	87
货物和服务进口	Imports of Goods and Services	26	30	38	43	58	65
国内生产总值	Gross Domestic Product	120	133	137	136	135	140
柬埔寨	**Cambodia**						
按当年价格计算	at Current Price						
居民消费支出	Household Final Consumption Expenditure	32	54	91	139	174	188
政府消费支出	General Government Final Consumption Expenditure	2	3	7	10	12	13
资本形成总额	Gross Capital Formation	6	12	20	41	58	66
货物和服务出口	Exports of Goods and Services	18	40	61	111	151	165
货物和服务进口	Imports of Goods and Services	23	46	67	119	156	169
国内生产总值	Gross Domestic Product	37	63	112	180	246	271
按2010年价格计算	at Constant Price of 2010						
居民消费支出	Household Final Consumption Expenditure	45	67	91	124	144	152
政府消费支出	General Government Final Consumption Expenditure	2	3	7	9	11	12
资本形成总额	Gross Capital Formation	7	12	20	34	42	45
货物和服务出口	Exports of Goods and Services	17	37	61	113	135	146
货物和服务进口	Imports of Goods and Services	20	40	67	123	144	153
国内生产总值	Gross Domestic Product	52	81	112	159	195	209

3-11 续表 2 continued

单位：亿美元 (100 million USD)

国家或地区	Country or Area	2000	2005	2010	2015	2018	2019
印　度	**India**						
按当年价格计算	at Current Price						
居民消费支出	Household Final Consumption Expenditure	2986	4707	9170	12413	16095	17319
政府消费支出	General Government Final Consumption Expenditure	560	850	1844	2194	3009	3383
资本形成总额	Gross Capital Formation	1250	3124	6739	6756	8600	8687
货物和服务出口	Exports of Goods and Services	609	1608	3754	4168	5386	5366
货物和服务进口	Imports of Goods and Services	651	1837	4500	4651	6390	6140
国内生产总值	Gross Domestic Product	4684	8204	16756	21036	27132	28751
按2010年价格计算	at Constant Price of 2010						
居民消费支出	Household Final Consumption Expenditure	5334	6959	9170	12801	15864	16710
政府消费支出	General Government Final Consumption Expenditure	1019	1211	1844	2299	3000	3295
资本形成总额	Gross Capital Formation	2022	3969	6739	7934	9914	9917
货物和服务出口	Exports of Goods and Services	1017	2257	3754	4793	5909	5796
货物和服务进口	Imports of Goods and Services	1141	2422	4500	5011	6670	6305
国内生产总值	Gross Domestic Product	8734	11939	16756	22949	28222	29640
印度尼西亚	**Indonesia**						
按当年价格计算	at Current Price						
居民消费支出	Household Final Consumption Expenditure	1017	1840	4245	4946	5939	6483
政府消费支出	General Government Final Consumption Expenditure	108	232	680	839	939	980
资本形成总额	Gross Capital Formation	367	717	2483	2932	3602	3779
货物和服务出口	Exports of Goods and Services	676	974	1835	1822	2186	2060
货物和服务进口	Imports of Goods and Services	503	855	1692	1789	2296	2115
国内生产总值	Gross Domestic Product	1650	2859	7551	8609	10422	11192
按2010年价格计算	at Constant Price of 2010						
居民消费支出	Household Final Consumption Expenditure	2780	3387	4245	5479	6352	6680
政府消费支出	General Government Final Consumption Expenditure	314	466	680	853	912	941
资本形成总额	Gross Capital Formation	-6653	-6209	2483	3327	4005	4099
货物和服务出口	Exports of Goods and Services	972	1355	1835	2205	2516	2494
货物和服务进口	Imports of Goods and Services	861	1302	1692	2049	2418	2232
国内生产总值	Gross Domestic Product	4534	5712	7551	9881	11469	12045
以 色 列	**Israel**						
按当年价格计算	at Current Price						
居民消费支出	Household Final Consumption Expenditure	701	789	1324	1634	2029	
政府消费支出	General Government Final Consumption Expenditure	322	345	532	673	853	
资本形成总额	Gross Capital Formation	302	293	440	600	808	
货物和服务出口	Exports of Goods and Services	471	581	813	936	1091	
货物和服务进口	Imports of Goods and Services	472	583	769	845	1075	
国内生产总值	Gross Domestic Product	1323	1425	2340	2998	3706	3951
按2010年价格计算	at Constant Price of 2010						
居民消费支出	Household Final Consumption Expenditure	944	1085	1324	1591	1813	
政府消费支出	General Government Final Consumption Expenditure	438	465	532	624	700	
资本形成总额	Gross Capital Formation	387	354	440	569	684	
货物和服务出口	Exports of Goods and Services	571	657	813	897	995	
货物和服务进口	Imports of Goods and Services	613	657	769	902	1109	
国内生产总值	Gross Domestic Product	1745	1909	2340	2771	3087	3195

3-11 续表 3 continued

单位：亿美元 (100 million USD)

国家或地区	Country or Area	2000	2005	2010	2015	2018	2019
日　本	**Japan**						
按当年价格计算	at Current Price						
居民消费支出	Household Final Consumption Expenditure	26594	26451	32918	24835	27569	
政府消费支出	General Government Final Consumption Expenditure	8236	8615	11110	8699	9811	
资本形成总额	Gross Capital Formation	13346	11769	12140	10545	12052	
货物和服务出口	Exports of Goods and Services	5193	6663	8571	7730	9179	
货物和服务进口	Imports of Goods and Services	4494	5946	7739	7914	9063	
国内生产总值	Gross Domestic Product	48875	47554	57001	43895	49548	50818
按2010年价格计算	at Constant Price of 2010						
居民消费支出	Household Final Consumption Expenditure	30132	32072	32918	33875	34226	
政府消费支出	General Government Final Consumption Expenditure	9578	10560	11110	11932	12227	
资本形成总额	Gross Capital Formation	15117	14556	12140	14187	14624	
货物和服务出口	Exports of Goods and Services	5459	7360	8571	9684	10883	
货物和服务进口	Imports of Goods and Services	6348	7660	7739	9723	10222	
国内生产总值	Gross Domestic Product	53489	56723	57001	59887	61703	62107
哈萨克斯坦	**Kazakhstan**						
按当年价格计算	at Current Price						
居民消费支出	Household Final Consumption Expenditure	113	285	672	990	934	944
政府消费支出	General Government Final Consumption Expenditure	22	64	160	214	149	166
资本形成总额	Gross Capital Formation	33	177	376	515	453	486
货物和服务出口	Exports of Goods and Services	104	304	655	526	675	658
货物和服务进口	Imports of Goods and Services	90	255	443	452	465	502
国内生产总值	Gross Domestic Product	183	571	1480	1844	1793	1802
按2010年价格计算	at Constant Price of 2010						
居民消费支出	Household Final Consumption Expenditure	287	448	672	945	1030	1090
政府消费支出	General Government Final Consumption Expenditure	84	123	160	232	209	241
资本形成总额	Gross Capital Formation	99	254	376	545	593	647
货物和服务出口	Exports of Goods and Services	446	613	655	662	748	765
货物和服务进口	Imports of Goods and Services	336	406	443	587	619	691
国内生产总值	Gross Domestic Product	669	1095	1480	1863	2041	2133
韩　国	**Korea, Rep.**						
按当年价格计算	at Current Price						
居民消费支出	Household Final Consumption Expenditure	3140	4891	5770	7115	8253	7978
政府消费支出	General Government Final Consumption Expenditure	628	1202	1625	2211	2776	2834
资本形成总额	Gross Capital Formation	1895	3039	3724	4328	5387	5124
货物和服务出口	Exports of Goods and Services	1956	3299	5389	6301	7163	6541
货物和服务进口	Imports of Goods and Services	1853	3089	5068	5298	6371	6058
国内生产总值	Gross Domestic Product	5762	9349	11441	14658	17206	16424
按2010年价格计算	at Constant Price of 2010						
居民消费支出	Household Final Consumption Expenditure	4071	4913	5770	6404	6941	7074
政府消费支出	General Government Final Consumption Expenditure	914	1200	1625	1975	2264	2412
资本形成总额	Gross Capital Formation	2604	3210	3724	4170	4824	4703
货物和服务出口	Exports of Goods and Services	2148	3528	5389	6991	7589	7716
货物和服务进口	Imports of Goods and Services	2420	3581	5068	6256	7217	7185
国内生产总值	Gross Domestic Product	7246	9263	11441	13296	14497	14792

3-11 续表 4 continued

单位：亿美元 (100 million USD)

国家或地区	Country or Area	2000	2005	2010	2015	2018	2019
老　挝	**Laos**						
按当年价格计算	at Current Price						
居民消费支出	Household Final Consumption Expenditure	15	20	53	103		
政府消费支出	General Government Final Consumption Expenditure	1	2	8	22		
资本形成总额	Gross Capital Formation	2	9	20	45		
货物和服务出口	Exports of Goods and Services	5	8	25	49		
货物和服务进口	Imports of Goods and Services	7	12	35	75		
国内生产总值	Gross Domestic Product	17	27	71	144	180	182
按2010年价格计算	at Constant Price of 2010						
居民消费支出	Household Final Consumption Expenditure	22	35	53	72		
政府消费支出	General Government Final Consumption Expenditure	2	4	8	16		
资本形成总额	Gross Capital Formation	6	13	20	36		
货物和服务出口	Exports of Goods and Services	17	15	25	45		
货物和服务进口	Imports of Goods and Services	11	18	35	65		
国内生产总值	Gross Domestic Product	36	48	71	104	126	132
马来西亚	**Malaysia**						
按当年价格计算	at Current Price						
居民消费支出	Household Final Consumption Expenditure	410	634	1227	1626	2059	2181
政府消费支出	General Government Final Consumption Expenditure	95	165	321	394	429	427
资本形成总额	Gross Capital Formation	252	321	596	766	847	763
货物和服务出口	Exports of Goods and Services	1124	1620	2217	2093	2466	2383
货物和服务进口	Imports of Goods and Services	943	1306	1811	1866	2214	2106
国内生产总值	Gross Domestic Product	938	1435	2550	3014	3586	3647
按2010年价格计算	at Constant Price of 2010						
居民消费支出	Household Final Consumption Expenditure	643	892	1227	1728	2110	2271
政府消费支出	General Government Final Consumption Expenditure	153	246	321	446	491	501
资本形成总额	Gross Capital Formation	434	436	596	846	908	874
货物和服务出口	Exports of Goods and Services	1534	1991	2217	2396	2697	2666
货物和服务进口	Imports of Goods and Services	1153	1530	1811	2113	2391	2336
国内生产总值	Gross Domestic Product	1625	2049	2550	3303	3821	3987
蒙　古	**Mongolia**						
按当年价格计算	at Current Price						
居民消费支出	Household Final Consumption Expenditure	9	14	40	69	71	77
政府消费支出	General Government Final Consumption Expenditure	2	3	9	16	15	17
资本形成总额	Gross Capital Formation	3	9	30	31	52	50
货物和服务出口	Exports of Goods and Services	6	15	34	54	77	85
货物和服务进口	Imports of Goods and Services	8	16	41	52	84	89
国内生产总值	Gross Domestic Product	11	25	72	117	131	139
按2010年价格计算	at Constant Price of 2010						
居民消费支出	Household Final Consumption Expenditure		23	40	69	80	88
政府消费支出	General Government Final Consumption Expenditure		7	9	16	17	19
资本形成总额	Gross Capital Formation		20	30	30	49	58
货物和服务出口	Exports of Goods and Services		21	34	74	121	132
货物和服务进口	Imports of Goods and Services		21	41	72	132	157
国内生产总值	Gross Domestic Product	38	53	72	117	133	140

3-11 续表 5 continued

单位：亿美元 (100 million USD)

国家或地区	Country or Area	2000	2005	2010	2015	2018	2019
巴基斯坦	**Pakistan**						
按当年价格计算	at Current Price						
居民消费支出	Household Final Consumption Expenditure	619	941	1412	2158	2581	2305
政府消费支出	General Government Final Consumption Expenditure	66	90	183	297	368	327
资本形成总额	Gross Capital Formation	144	213	280	425	546	434
货物和服务出口	Exports of Goods and Services	99	172	239	287	282	282
货物和服务进口	Imports of Goods and Services	109	214	343	461	631	565
国内生产总值	Gross Domestic Product	820	1201	1772	2706	3146	2782
按2010年价格计算	at Constant Price of 2010						
居民消费支出	Household Final Consumption Expenditure	974	1253	1412	1722	2135	2198
政府消费支出	General Government Final Consumption Expenditure	97	114	183	237	293	296
资本形成总额	Gross Capital Formation	201	256	280	324	423	374
货物和服务出口	Exports of Goods and Services	115	201	239	218	241	275
货物和服务进口	Imports of Goods and Services	217	324	343	333	551	575
国内生产总值	Gross Domestic Product	1168	1502	1772	2156	2542	2567
菲律宾	**Philippines**						
按当年价格计算	at Current Price						
居民消费支出	Household Final Consumption Expenditure	600	794	1463	2221	2516	2759
政府消费支出	General Government Final Consumption Expenditure	93	95	203	334	418	472
资本形成总额	Gross Capital Formation	131	199	426	654	942	987
货物和服务出口	Exports of Goods and Services	363	443	685	834	1048	1068
货物和服务进口	Imports of Goods and Services	350	458	692	979	1455	1517
国内生产总值	Gross Domestic Product	837	1074	2084	3064	3468	3768
按2010年价格计算	at Constant Price of 2010						
居民消费支出	Household Final Consumption Expenditure	954	1214	1463	1965	2359	2497
政府消费支出	General Government Final Consumption Expenditure	139	145	203	280	369	405
资本形成总额	Gross Capital Formation	217	282	426	637	949	973
货物和服务出口	Exports of Goods and Services	411	552	685	893	1280	1311
货物和服务进口	Imports of Goods and Services	426	560	692	990	1553	1582
国内生产总值	Gross Domestic Product	1301	1635	2084	2793	3403	3609
新加坡	**Singapore**						
按当年价格计算	at Current Price						
居民消费支出	Household Final Consumption Expenditure	402	509	871	1144	1298	1339
政府消费支出	General Government Final Consumption Expenditure	101	126	232	314	375	381
资本形成总额	Gross Capital Formation	338	275	663	781	951	925
货物和服务出口	Exports of Goods and Services	1810	2878	4748	5494	6631	6456
货物和服务进口	Imports of Goods and Services	1691	2496	4117	4654	5570	5418
国内生产总值	Gross Domestic Product	961	1278	2398	3080	3732	3721
按2010年价格计算	at Constant Price of 2010						
居民消费支出	Household Final Consumption Expenditure	580	719	871	1052	1166	1210
政府消费支出	General Government Final Consumption Expenditure	148	172	232	286	316	325
资本形成总额	Gross Capital Formation	461	363	663	779	927	907
货物和服务出口	Exports of Goods and Services	2160	3427	4748	5986	6876	6769
货物和服务进口	Imports of Goods and Services	2023	2991	4117	5051	5841	5741
国内生产总值	Gross Domestic Product	1363	1728	2398	2989	3331	3355

3-11 续表 6 continued

单位：亿美元 (100 million USD)

国家或地区	Country or Area	2000	2005	2010	2015	2018	2019
斯里兰卡	**Sri Lanka**						
按当年价格计算	at Current Price						
居民消费支出	Household Final Consumption Expenditure	117	168	388	543	600	582
政府消费支出	General Government Final Consumption Expenditure	17	32	48	72	81	79
资本形成总额	Gross Capital Formation	46	65	172	251	269	230
货物和服务出口	Exports of Goods and Services	64	79	111	169	203	194
货物和服务进口	Imports of Goods and Services	81	101	152	230	268	246
国内生产总值	Gross Domestic Product	163	244	567	806	884	840
按2010年价格计算	at Constant Price of 2010						
居民消费支出	Household Final Consumption Expenditure	239	296	388	524	604	622
政府消费支出	General Government Final Consumption Expenditure	28	32	48	58	53	58
资本形成总额	Gross Capital Formation	90	111	172	266	310	281
货物和服务出口	Exports of Goods and Services	87	104	111	142	152	163
货物和服务进口	Imports of Goods and Services	103	129	152	225	265	250
国内生产总值	Gross Domestic Product	343	416	567	765	855	875
泰　国	**Thailand**						
按当年价格计算	at Current Price						
居民消费支出	Household Final Consumption Expenditure	684	1057	1780	2061	2477	2721
政府消费支出	General Government Final Consumption Expenditure	172	258	539	687	818	877
资本形成总额	Gross Capital Formation	282	576	865	897	1276	1302
货物和服务出口	Exports of Goods and Services	820	1295	2268	2714	3286	3248
货物和服务进口	Imports of Goods and Services	714	1315	2073	2296	2838	2749
国内生产总值	Gross Domestic Product	1264	1893	3411	4013	5065	5436
按2010年价格计算	at Constant Price of 2010						
居民消费支出	Household Final Consumption Expenditure	1178	1592	1780	2026	2246	2347
政府消费支出	General Government Final Consumption Expenditure	307	385	539	641	673	683
资本形成总额	Gross Capital Formation	494	849	865	917	1153	1110
货物和服务出口	Exports of Goods and Services	1235	1763	2268	2681	2993	2914
货物和服务进口	Imports of Goods and Services	1064	1781	2073	2370	2699	2579
国内生产总值	Gross Domestic Product	2177	2838	3411	3945	4423	4528
越　南	**Viet Nam**						
按当年价格计算	at Current Price						
居民消费支出	Household Final Consumption Expenditure	207	377	772	1313	1657	1785
政府消费支出	General Government Final Consumption Expenditure	20	31	69	122	159	169
资本形成总额	Gross Capital Formation	92	195	414	535	651	703
货物和服务出口	Exports of Goods and Services	168	367	835	1735	2595	2797
货物和服务进口	Imports of Goods and Services	179	386	930	1720	2513	2714
国内生产总值	Gross Domestic Product	312	576	1159	1932	2452	2619
按2010年价格计算	at Constant Price of 2010						
居民消费支出	Household Final Consumption Expenditure	394	549	772	1028	1270	1364
政府消费支出	General Government Final Consumption Expenditure	32	45	69	98	120	127
资本形成总额	Gross Capital Formation	139	238	414	494	644	695
货物和服务出口	Exports of Goods and Services	248	570	835	1578	2397	2558
货物和服务进口	Imports of Goods and Services	245	564	930	1651	2523	2734
国内生产总值	Gross Domestic Product	611	854	1159	1545	1877	2009

3-11 续表 7 continued

单位：亿美元 (100 million USD)

国家或地区	Country or Area	2000	2005	2010	2015	2018	2019
埃 及	**Egypt**						
按当年价格计算	at Current Price						
居民消费支出	Household Final Consumption Expenditure	757	642	1632	2742	2144	
政府消费支出	General Government Final Consumption Expenditure	112	114	244	391	210	
资本形成总额	Gross Capital Formation	195	161	427	475	418	
货物和服务出口	Exports of Goods and Services	162	272	467	439	474	
货物和服务进口	Imports of Goods and Services	228	292	582	721	737	
国内生产总值	Gross Domestic Product	998	897	2189	3327	2509	3032
按2010年价格计算	at Constant Price of 2010						
居民消费支出	Household Final Consumption Expenditure	1061	1233	1632	2040	2249	
政府消费支出	General Government Final Consumption Expenditure	181	210	244	310	336	
资本形成总额	Gross Capital Formation	236	267	427	449	639	
货物和服务出口	Exports of Goods and Services	157	293	467	430	899	
货物和服务进口	Imports of Goods and Services	248	369	582	711	1179	
国内生产总值	Gross Domestic Product	1364	1622	2189	2499	2861	3021
南 非	**South Africa**						
按当年价格计算	at Current Price						
居民消费支出	Household Final Consumption Expenditure	861	1597	2215	1898	2207	2117
政府消费支出	General Government Final Consumption Expenditure	251	502	759	650	784	748
资本形成总额	Gross Capital Formation	223	472	732	664	661	618
货物和服务出口	Exports of Goods and Services	370	682	1074	958	1101	1049
货物和服务进口	Imports of Goods and Services	331	688	1027	999	1089	1031
国内生产总值	Gross Domestic Product	1364	2578	3753	3176	3683	3514
按2010年价格计算	at Constant Price of 2010						
居民消费支出	Household Final Consumption Expenditure	1507	1866	2215	2532	2646	2674
政府消费支出	General Government Final Consumption Expenditure	484	610	759	840	876	889
资本形成总额	Gross Capital Formation	395	596	732	895	825	812
货物和服务出口	Exports of Goods and Services	884	1021	1074	1242	1270	1238
货物和服务进口	Imports of Goods and Services	579	847	1027	1319	1323	1317
国内生产总值	Gross Domestic Product	2670	3222	3753	4185	4295	4302
加 拿 大	**Canada**						
按当年价格计算	at Current Price						
居民消费支出	Household Final Consumption Expenditure	4062	6371	9218	8996	9944	10034
政府消费支出	General Government Final Consumption Expenditure	1423	2238	3473	3249	3595	3675
资本形成总额	Gross Capital Formation	1535	2655	3798	3707	3960	3942
货物和服务出口	Exports of Goods and Services	3293	4324	4717	4956	5505	5495
货物和服务进口	Imports of Goods and Services	2872	3860	5020	5340	5841	5788
国内生产总值	Gross Domestic Product	7423	11694	16135	15561	17163	17364
按2010年价格计算	at Constant Price of 2010						
居民消费支出	Household Final Consumption Expenditure	6771	7935	9218	10348	11177	11360
政府消费支出	General Government Final Consumption Expenditure	2705	3030	3473	3583	3844	3926
资本形成总额	Gross Capital Formation	2706	3544	3798	4140	4238	4238
货物和服务出口	Exports of Goods and Services	5003	5217	4717	5728	6072	6150
货物和服务进口	Imports of Goods and Services	3810	4480	5020	5797	6203	6238
国内生产总值	Gross Domestic Product	12071	14339	16135	17945	19076	19392

3-11 续表 8 continued

单位：亿美元 (100 million USD)

国家或地区	Country or Area	2000	2005	2010	2015	2018	2019
墨西哥	**Mexico**						
按当年价格计算	at Current Price						
居民消费支出	Household Final Consumption Expenditure	4809	6022	6913	7675	7906	8226
政府消费支出	General Government Final Consumption Expenditure	674	923	1245	1443	1424	1460
资本形成总额	Gross Capital Formation	1625	1942	2411	2725	2777	2693
货物和服务出口	Exports of Goods and Services	1799	2666	3141	4046	4796	4915
货物和服务进口	Imports of Goods and Services	1913	2806	3286	4285	5024	4922
国内生产总值	Gross Domestic Product	7079	8775	10578	11706	12207	12583
按2010年价格计算	at Constant Price of 2010						
居民消费支出	Household Final Consumption Expenditure	5775	6895	6913	7803	8547	8598
政府消费支出	General Government Final Consumption Expenditure	1113	1128	1245	1394	1483	1461
资本形成总额	Gross Capital Formation	2123	2133	2411	2809	2809	2653
货物和服务出口	Exports of Goods and Services	2226	2853	3141	4238	4844	4899
货物和服务进口	Imports of Goods and Services	2459	3085	3286	4191	4855	4802
国内生产总值	Gross Domestic Product	9152	9827	10578	12231	13128	13109
美国	**United States**						
按当年价格计算	at Current Price						
居民消费支出	Household Final Consumption Expenditure	67621	87471	101858	122843	139987	
政府消费支出	General Government Final Consumption Expenditure	14380	19627	25101	26162	29043	
资本形成总额	Gross Capital Formation	24273	30480	28100	38441	43155	
货物和服务出口	Exports of Goods and Services	10963	13052	18463	22668	25103	25043
货物和服务进口	Imports of Goods and Services	14713	20264	23602	27866	31485	31361
国内生产总值	Gross Domestic Product	102523	130366	149921	182193	205290	213744
按2010年价格计算	at Constant Price of 2010						
居民消费支出	Household Final Consumption Expenditure	82721	96431	101858	114092	123885	
政府消费支出	General Government Final Consumption Expenditure	20405	22870	25101	23776	24747	
资本形成总额	Gross Capital Formation	28044	32077	28100	35995	38779	
货物和服务出口	Exports of Goods and Services	12877	14312	18463	22184	23644	
货物和服务进口	Imports of Goods and Services	17910	22462	23602	28745	32038	
国内生产总值	Gross Domestic Product	126203	143325	149921	167105	178565	182732
阿根廷	**Argentina**						
按当年价格计算	at Current Price						
居民消费支出	Household Final Consumption Expenditure	1970	1253	2721	3920	3384	2895
政府消费支出	General Government Final Consumption Expenditure	392	241	642	1076	836	687
资本形成总额	Gross Capital Formation	498	375	750	1015	1090	817
货物和服务出口	Exports of Goods and Services	312	462	802	637	742	777
货物和服务进口	Imports of Goods and Services	331	344	679	701	854	679
国内生产总值	Gross Domestic Product	2842	1987	4236	5947	5199	4497
按2010年价格计算	at Constant Price of 2010						
居民消费支出	Household Final Consumption Expenditure	1936	1988	2721	3092	3114	2915
政府消费支出	General Government Final Consumption Expenditure	461	491	642	802	793	781
资本形成总额	Gross Capital Formation	468	536	750	794	812	635
货物和服务出口	Exports of Goods and Services	493	675	802	699	744	814
货物和服务进口	Imports of Goods and Services	426	408	679	761	884	719
国内生产总值	Gross Domestic Product	3032	3336	4236	4558	4469	4372

3-11 续表 9 continued

单位：亿美元 (100 million USD)

国家或地区	Country or Area	2000	2005	2010	2015	2018	2019
巴　　西	**Brazil**						
按当年价格计算	at Current Price						
居民消费支出	Household Final Consumption Expenditure	4234	5395	13302	11528	12200	11947
政府消费支出	General Government Final Consumption Expenditure	1230	1684	4201	3564	3787	3732
资本形成总额	Gross Capital Formation	1239	1534	4816	3138	2796	2780
货物和服务出口	Exports of Goods and Services	668	1359	2400	2325	2807	2635
货物和服务进口	Imports of Goods and Services	816	1056	2630	2533	2735	2696
国内生产总值	Gross Domestic Product	6554	8916	22089	18022	18855	18398
按2010年价格计算	at Constant Price of 2010						
居民消费支出	Household Final Consumption Expenditure	9124	10054	13302	14777	14789	15061
政府消费支出	General Government Final Consumption Expenditure	3113	3570	4201	4429	4424	4405
资本形成总额	Gross Capital Formation	2937	3114	4816	4522	4023	4114
货物和服务出口	Exports of Goods and Services	1307	2118	2400	2712	2985	2909
货物和服务进口	Imports of Goods and Services	1223	1293	2630	2603	2698	2728
国内生产总值	Gross Domestic Product	15387	17748	22089	23373	23209	23472
委内瑞拉	**Venezuela**						
按当年价格计算	at Current Price						
居民消费支出	Household Final Consumption Expenditure	606	680	2198			
政府消费支出	General Government Final Consumption Expenditure	146	161	441			
资本形成总额	Gross Capital Formation	283	335	864			
货物和服务出口	Exports of Goods and Services	348	577	1122			
货物和服务进口	Imports of Goods and Services	212	298	692	508		
国内生产总值	Gross Domestic Product	1171	1455	3932			
按2010年价格计算	at Constant Price of 2010						
居民消费支出	Household Final Consumption Expenditure	1277	1608	2198	2256	1219	
政府消费支出	General Government Final Consumption Expenditure	233	325	441	499	359	
资本形成总额	Gross Capital Formation	490	592	864	625	69	
货物和服务出口	Exports of Goods and Services	1716	1680	1122			
货物和服务进口	Imports of Goods and Services	339	488	692			
国内生产总值	Gross Domestic Product	2890	3278	3932	3980		
捷　　克	**Czech Rep.**						
按当年价格计算	at Current Price						
居民消费支出	Household Final Consumption Expenditure	312	652	1016	875	1162	1168
政府消费支出	General Government Final Consumption Expenditure	123	282	432	359	487	499
资本形成总额	Gross Capital Formation	194	397	563	522	644	647
货物和服务出口	Exports of Goods and Services	297	847	1370	1514	1922	1861
货物和服务进口	Imports of Goods and Services	308	815	1306	1402	1766	1710
国内生产总值	Gross Domestic Product	616	1363	2075	1868	2450	2465
按2010年价格计算	at Constant Price of 2010						
居民消费支出	Household Final Consumption Expenditure	767	909	1016	1067	1190	1226
政府消费支出	General Government Final Consumption Expenditure	351	409	432	433	466	478
资本形成总额	Gross Capital Formation	422	516	563	640	673	696
货物和服务出口	Exports of Goods and Services	544	1002	1370	1800	2093	2117
货物和服务进口	Imports of Goods and Services	547	985	1306	1682	1940	1973
国内生产总值	Gross Domestic Product	1518	1839	2075	2255	2479	2543

3-11 续表 10 continued

单位：亿美元 (100 million USD)

国家或地区	Country or Area	2000	2005	2010	2015	2018	2019
法　国	**France**						
按当年价格计算	at Current Price						
居民消费支出	Household Final Consumption Expenditure	7337	11946	14628	13178	15023	14590
政府消费支出	General Government Final Consumption Expenditure	3041	5066	6339	5805	6490	6272
资本形成总额	Gross Capital Formation	3063	4931	5800	5538	6655	6560
货物和服务出口	Exports of Goods and Services	3895	5937	7079	7459	8843	8628
货物和服务进口	Imports of Goods and Services	3714	5918	7420	7597	9133	8894
国内生产总值	Gross Domestic Product	13622	21961	26426	24382	27879	27155
按2010年价格计算	at Constant Price of 2010						
居民消费支出	Household Final Consumption Expenditure	12248	13583	14628	15072	15707	15944
政府消费支出	General Government Final Consumption Expenditure	5399	5857	6339	6758	7011	7129
资本形成总额	Gross Capital Formation	5425	5895	5800	6401	7002	7158
货物和服务出口	Exports of Goods and Services	5856	6679	7079	8548	9484	9665
货物和服务进口	Imports of Goods and Services	5589	6645	7420	8953	9928	10180
国内生产总值	Gross Domestic Product	23335	25368	26426	27813	29278	29719
德　国	**Germany**						
按当年价格计算	at Current Price						
居民消费支出	Household Final Consumption Expenditure	10940	16090	18717	17770	20592	20099
政府消费支出	General Government Final Consumption Expenditure	3701	5343	6644	6573	7860	7824
资本形成总额	Gross Capital Formation	4758	5545	6815	6721	8610	8288
货物和服务出口	Exports of Goods and Services	5994	10831	14457	15744	18727	18062
货物和服务进口	Imports of Goods and Services	5961	9351	12669	13202	16294	15817
国内生产总值	Gross Domestic Product	19431	28458	33964	33605	39495	38456
按2010年价格计算	at Constant Price of 2010						
居民消费支出	Household Final Consumption Expenditure	18045	18337	18717	19999	20991	21329
政府消费支出	General Government Final Consumption Expenditure	5808	5954	6644	7202	7786	7994
资本形成总额	Gross Capital Formation	7295	6232	6815	7223	8289	8198
货物和服务出口	Exports of Goods and Services	8858	11826	14457	17992	19737	19932
货物和服务进口	Imports of Goods and Services	8682	10292	12669	15370	17477	17917
国内生产总值	Gross Domestic Product	31183	32027	33964	37022	39372	39595
意大利	**Italy**						
按当年价格计算	at Current Price						
居民消费支出	Household Final Consumption Expenditure	6926	11018	12959	11157	12583	12039
政府消费支出	General Government Final Consumption Expenditure	2029	3643	4386	3508	3954	3763
资本形成总额	Gross Capital Formation	2387	3932	4392	3141	3822	3596
货物和服务出口	Exports of Goods and Services	2931	4570	5351	5456	6560	6325
货物和服务进口	Imports of Goods and Services	2834	4588	5747	4902	6061	5710
国内生产总值	Gross Domestic Product	11438	18575	21340	18359	20858	20012
按2010年价格计算	at Constant Price of 2010						
居民消费支出	Household Final Consumption Expenditure	12386	12842	12959	12425	12889	12942
政府消费支出	General Government Final Consumption Expenditure	3920	4301	4386	4120	4149	4132
资本形成总额	Gross Capital Formation	4358	4712	4392	3569	4023	3946
货物和服务出口	Exports of Goods and Services	4853	5231	5351	6181	6790	6869
货物和服务进口	Imports of Goods and Services	4809	5398	5747	5691	6488	6463
国内生产总值	Gross Domestic Product	20687	21650	21340	20625	21410	21474

3-11 续表 11 continued

单位：亿美元 (100 million USD)

国家或地区	Country or Area	2000	2005	2010	2015	2018	2019
荷　　兰	**Netherlands**						
按当年价格计算	**at Current Price**						
居民消费支出	Household Final Consumption Expenditure	2096	3344	3848	3447	4032	3973
政府消费支出	General Government Final Consumption Expenditure	856	1526	2222	1912	2216	2214
资本形成总额	Gross Capital Formation	940	1401	1712	1720	1888	1929
货物和服务出口	Exports of Goods and Services	2750	4496	5909	6326	7708	7502
货物和服务进口	Imports of Goods and Services	2477	3917	5225	5752	6703	6527
国内生产总值	Gross Domestic Product	4164	6851	8466	7653	9141	9091
按2010年价格计算	at Constant Price of 2010						
居民消费支出	Household Final Consumption Expenditure	3642	3817	3848	3859	4078	4136
政府消费支出	General Government Final Consumption Expenditure	1615	1824	2222	2198	2284	2320
资本形成总额	Gross Capital Formation	1662	1648	1712	2080	2066	2173
货物和服务出口	Exports of Goods and Services	4316	5138	5909	7383	8294	8489
货物和服务进口	Imports of Goods and Services	3854	4531	5225	6705	7211	7434
国内生产总值	Gross Domestic Product	7395	7905	8466	8787	9481	9653
波　　兰	**Poland**						
按当年价格计算	at Current Price						
居民消费支出	Household Final Consumption Expenditure	1094	1924	2951	2789	3412	3393
政府消费支出	General Government Final Consumption Expenditure	311	561	916	862	1043	1058
资本形成总额	Gross Capital Formation	423	609	1022	977	1215	1159
货物和服务出口	Exports of Goods and Services	468	1059	1920	2364	3256	3301
货物和服务进口	Imports of Goods and Services	577	1092	2016	2216	3054	2990
国内生产总值	Gross Domestic Product	1719	3061	4793	4776	5871	5922
按2010年价格计算	at Constant Price of 2010						
居民消费支出	Household Final Consumption Expenditure	2053	2346	2951	3245	3682	3822
政府消费支出	General Government Final Consumption Expenditure	644	759	916	982	1067	1119
资本形成总额	Gross Capital Formation	704	713	1022	1235	1443	1434
货物和服务出口	Exports of Goods and Services	933	1326	1920	2639	3366	3524
货物和服务进口	Imports of Goods and Services	1096	1343	2016	2536	3226	3312
国内生产总值	Gross Domestic Product	3262	3798	4793	5564	6339	6602
俄 罗 斯	**Russia**						
按当年价格计算	at Current Price						
居民消费支出	Household Final Consumption Expenditure	1200	3816	7851	7183	8258	8563
政府消费支出	General Government Final Consumption Expenditure	392	1289	2855	2422	2935	3111
资本形成总额	Gross Capital Formation	485	1534	3449	3020	3670	3928
货物和服务出口	Exports of Goods and Services	1144	2690	4455	3914	5095	4813
货物和服务进口	Imports of Goods and Services	624	1643	3224	2816	3442	3529
国内生产总值	Gross Domestic Product	2597	7640	15249	13635	16696	16999
按2010年价格计算	at Constant Price of 2010						
居民消费支出	Household Final Consumption Expenditure	3497	5557	7851	8750	9135	9366
政府消费支出	General Government Final Consumption Expenditure	2488	2685	2855	2784	2933	2996
资本形成总额	Gross Capital Formation	1796	2867	3449	3451	3628	3768
货物和服务出口	Exports of Goods and Services	2471	3808	4455	4935	5643	5511
货物和服务进口	Imports of Goods and Services	913	2095	3224	3062	3551	3670
国内生产总值	Gross Domestic Product	9516	12815	15249	16625	17391	17625

3-11 续表 12 continued

单位：亿美元 (100 million USD)

国家或地区	Country or Area	2000	2005	2010	2015	2018	2019
西 班 牙	**Spain**						
按当年价格计算	at Current Price						
居民消费支出	Household Final Consumption Expenditure	3558	6699	8253	6990	8276	8030
政府消费支出	General Government Final Consumption Expenditure	997	1999	2931	2328	2643	2611
资本形成总额	Gross Capital Formation	1590	3389	3169	2270	2893	2907
货物和服务出口	Exports of Goods and Services	1705	2881	3687	4019	4986	4861
货物和服务进口	Imports of Goods and Services	1881	3435	3833	3655	4600	4468
国内生产总值	Gross Domestic Product	5969	11533	14207	11951	14197	13941
按2010年价格计算	at Constant Price of 2010						
居民消费支出	Household Final Consumption Expenditure	6727	7989	8253	7912	8522	8616
政府消费支出	General Government Final Consumption Expenditure	1852	2347	2931	2783	2891	2958
资本形成总额	Gross Capital Formation	2981	3791	3169	2939	3341	3408
货物和服务出口	Exports of Goods and Services	2926	3395	3687	4582	5211	5344
货物和服务进口	Imports of Goods and Services	2986	3991	3833	4017	4542	4598
国内生产总值	Gross Domestic Product	11525	13545	14207	14189	15395	15700
土 耳 其	**Turkey**						
按当年价格计算	at Current Price						
居民消费支出	Household Final Consumption Expenditure	1838	3212	4867	5190	4373	4330
政府消费支出	General Government Final Consumption Expenditure	327	617	1156	1193	1144	1183
资本形成总额	Gross Capital Formation	650	1356	2082	2439	2282	1893
货物和服务出口	Exports of Goods and Services	531	1054	1578	2007	2278	2385
货物和服务进口	Imports of Goods and Services	616	1224	1965	2232	2362	2247
国内生产总值	Gross Domestic Product	2730	5014	7719	8598	7714	7544
按2010年价格计算	at Constant Price of 2010						
居民消费支出	Household Final Consumption Expenditure	3413	4170	4867	6601	7273	7328
政府消费支出	General Government Final Consumption Expenditure	732	861	1156	1445	1771	1849
资本形成总额	Gross Capital Formation	1217	1870	2082	2980	3205	2895
货物和服务出口	Exports of Goods and Services	937	1360	1578	2346	2779	2958
货物和服务进口	Imports of Goods and Services	1092	1679	1965	2500	2639	2544
国内生产总值	Gross Domestic Product	5209	6581	7719	10879	12405	12514
乌 克 兰	**Ukraine**						
按当年价格计算	at Current Price						
居民消费支出	Household Final Consumption Expenditure	170	498	867	617	908	1158
政府消费支出	General Government Final Consumption Expenditure	65	149	264	172	272	306
资本形成总额	Gross Capital Formation	61	227	284	145	243	194
货物和服务出口	Exports of Goods and Services	195	419	640	479	592	633
货物和服务进口	Imports of Goods and Services	179	417	695	503	706	754
国内生产总值	Gross Domestic Product	313	861	1360	910	1309	1538
按2010年价格计算	at Constant Price of 2010						
居民消费支出	Household Final Consumption Expenditure	357	627	867	856	1047	1172
政府消费支出	General Government Final Consumption Expenditure	212	243	264	273	286	272
资本形成总额	Gross Capital Formation	272	379	284	197	282	226
货物和服务出口	Exports of Goods and Services	602	778	640	424	427	456
货物和服务进口	Imports of Goods and Services	430	654	695	521	660	702
国内生产总值	Gross Domestic Product	894	1299	1360	1212	1313	1355

3-11 续表 13 continued

单位：亿美元 (100 million USD)

国家或地区	Country or Area	2000	2005	2010	2015	2018	2019
英　国	**United Kingdom**						
按当年价格计算	at Current Price						
居民消费支出	Household Final Consumption Expenditure	11025	16468	15903	18882	18730	18350
政府消费支出	General Government Final Consumption Expenditure	2782	5001	5361	5709	5286	5337
资本形成总额	Gross Capital Formation	3059	4528	3982	5100	4919	4918
货物和服务出口	Exports of Goods and Services	4178	6340	6999	8098	8758	8917
货物和服务进口	Imports of Goods and Services	4465	6950	7493	8502	9155	9248
国内生产总值	Gross Domestic Product	16578	25387	24752	29286	28607	28271
按2010年价格计算	at Constant Price of 2010						
居民消费支出	Household Final Consumption Expenditure	13320	15586	15903	17476	18806	19009
政府消费支出	General Government Final Consumption Expenditure	4059	5000	5361	5664	5758	5961
资本形成总额	Gross Capital Formation	3724	4261	3982	4969	4929	5008
货物和服务出口	Exports of Goods and Services	5410	6437	6999	8008	8837	9263
货物和服务进口	Imports of Goods and Services	5553	7180	7493	8753	9647	10088
国内生产总值	Gross Domestic Product	21009	24151	24752	27360	28793	29199
澳大利亚	**Australia**						
按当年价格计算	at Current Price						
居民消费支出	Household Final Consumption Expenditure	2411	3995	6439	7731	8089	7737
政府消费支出	General Government Final Consumption Expenditure	739	1218	2063	2441	2678	2632
资本形成总额	Gross Capital Formation	1092	1911	3078	3551	3512	3240
货物和服务出口	Exports of Goods and Services	807	1267	2271	2701	3127	3361
货物和服务进口	Imports of Goods and Services	897	1457	2389	2907	3067	3002
国内生产总值	Gross Domestic Product	4152	6934	11461	13517	14339	13927
按2010年价格计算	at Constant Price of 2010						
居民消费支出	Household Final Consumption Expenditure	4467	5429	6439	7356	7955	8103
政府消费支出	General Government Final Consumption Expenditure	1526	1776	2063	2306	2619	2729
资本形成总额	Gross Capital Formation	1825	2422	3078	3479	3500	3426
货物和服务出口	Exports of Goods and Services	1669	1899	2271	2855	3351	3479
货物和服务进口	Imports of Goods and Services	1163	1687	2389	2900	3251	3246
国内生产总值	Gross Domestic Product	8491	9955	11461	13118	14206	14476
新 西 兰	**New Zealand**						
按当年价格计算	at Current Price						
居民消费支出	Household Final Consumption Expenditure	305	666	850	1016	1195	
政府消费支出	General Government Final Consumption Expenditure	90	206	289	329	384	
资本形成总额	Gross Capital Formation	116	292	294	411	500	
货物和服务出口	Exports of Goods and Services	188	324	444	495	582	
货物和服务进口	Imports of Goods and Services	172	341	410	477	581	
国内生产总值	Gross Domestic Product	526	1147	1466	1775	2079	2069
按2010年价格计算	at Constant Price of 2010						
居民消费支出	Household Final Consumption Expenditure	611	771	850	996	1139	
政府消费支出	General Government Final Consumption Expenditure	201	251	289	317	346	
资本形成总额	Gross Capital Formation	219	329	294	393	450	
货物和服务出口	Exports of Goods and Services	338	396	444	521	563	
货物和服务进口	Imports of Goods and Services	256	385	410	526	616	
国内生产总值	Gross Domestic Product	1132	1378	1466	1691	1877	1917

3-12 收入法国内生产总值
Gross Domestic Product by Income Approach

资料来源：经合组织ONE数据库。
Source: OECD ONE Database.

单位：亿美元 (100 million USD)

国家或地区	Country or Area	2000	2005	2010	2015	2018	2019
以色列	**Israel**						
劳动者报酬	Compensation of Employees	634	652	1054	1319	1691	1782
营业盈余和混合收入	Gross Operating Surplus and Gross Mixed Income	508	566	952	1268	1530	1670
税减产品补贴	Taxes Less Subsidies on Production and Imports	184	209	334	415	483	495
收入法国内生产总值	Gross Domestic Product	1327	1427	2340	3001	3705	3947
日本	**Japan**						
劳动者报酬	Compensation of Employees	24994	23389	28796	21745	25681	
营业盈余和混合收入	Gross Operating Surplus and Gross Mixed Income	20826	21289	24583	18717	20049	
税减产品补贴	Taxes Less Subsidies on Production and Imports	3163	3147	3706	3431	3887	
统计误差	Statistical Discrepancy	-108	-270	-83	2	-69	
收入法国内生产总值	Gross Domestic Product	48875	47554	57001	43895	49548	
韩国	**Korea, Rep.**						
劳动者报酬	Compensation of Employees	2390	4072	4865	6632	7889	
营业盈余和混合收入	Gross Operating Surplus and Gross Mixed Income	2759	4344	5436	6640	7708	7183
税减产品补贴	Taxes Less Subsidies on Production and Imports	612	933	1139	1385	1652	1580
收入法国内生产总值	Gross Domestic Product	5762	9349	11441	14658	17248	16465
南非	**South Africa**						
劳动者报酬	Compensation of Employees	644	1114	1686	1494		
营业盈余和混合收入	Gross Operating Surplus and Gross Mixed Income	573	1152	1673			
税减产品补贴	Taxes Less Subsidies on Production and Imports	147	312	394			
收入法国内生产总值	Gross Domestic Product	1364	2578	3753	3175		
加拿大	**Canada**						
劳动者报酬	Compensation of Employees	3716	5724	8132	8030	8647	8826
营业盈余和混合收入	Gross Operating Surplus and Gross Mixed Income	2864	4715	6291	5791	6603	6632
税减产品补贴	Taxes Less Subsidies on Production and Imports	873	1300	1737	1738	1911	1911
统计误差	Statistical Discrepancy	-7	-4	13	7		-5
收入法国内生产总值	Gross Domestic Product	7446	11735	16173	15565	17162	17363
墨西哥	**Mexico**						
劳动者报酬	Compensation of Employees	1998	2490	2945	3198	3200	
营业盈余和混合收入	Gross Operating Surplus and Gross Mixed Income	4734	5879	7146	7762	8261	
税减产品补贴	Taxes Less Subsidies on Production and Imports	347	405	486	745	746	
收入法国内生产总值	Gross Domestic Product	7079	8775	10578	11706	12207	
美国	**United States**						
劳动者报酬	Compensation of Employees	58546	70777	79330	97079		
营业盈余和混合收入	Gross Operating Surplus and Gross Mixed Income	38315	51325	59908	75537		
税减产品补贴	Taxes Less Subsidies on Production and Imports	6627	8815	10073	12126		
统计误差	Statistical Discrepancy	-965	-551	610	-2549		
收入法国内生产总值	Gross Domestic Product	102523	130366	149921	182193		
捷克	**Czech Rep.**						
劳动者报酬	Compensation of Employees	243	556	859	769	1104	1117
营业盈余和混合收入	Gross Operating Surplus and Gross Mixed Income	324	694	1049	935	1153	1157
税减产品补贴	Taxes Less Subsidies on Production and Imports	51	122	184	176	232	233
收入法国内生产总值	Gross Domestic Product	618	1371	2091	1880	2489	2507

3-12 续表 1 continued

单位：亿美元 (100 million USD)

国家或地区	Country or Area	2000	2005	2010	2015	2018	2019
法　国	**France**						
劳动者报酬	Compensation of Employees	6941	11236	13790	12664	14556	13914
营业盈余和混合收入	Gross Operating Surplus and Gross Mixed Income	4874	7776	9346	8553	9526	9477
税减产品补贴	Taxes Less Subsidies on Production and Imports	1841	2958	3315	3175	3797	3764
收入法国内生产总值	Gross Domestic Product	13656	21969	26452	24392	27879	27155
德　国	**Germany**						
劳动者报酬	Compensation of Employees	10348	14317	17150	17330	20913	20656
营业盈余和混合收入	Gross Operating Surplus and Gross Mixed Income	7361	11541	13569	12895	14845	14145
税减产品补贴	Taxes Less Subsidies on Production and Imports	1771	2611	3278	3351	3880	3810
收入法国内生产总值	Gross Domestic Product	19480	28469	33997	33576	39638	38611
意大利	**Italy**						
劳动者报酬	Compensation of Employees	4230	7082	8519	7229	8350	8061
营业盈余和混合收入	Gross Operating Surplus and Gross Mixed Income	5776	9159	10213	8708	9913	9421
税减产品补贴	Taxes Less Subsidies on Production and Imports	1461	2341	2629	2429	2652	2554
收入法国内生产总值	Gross Domestic Product	11467	18582	21361	18366	20915	20036
荷　兰	**Netherlands**						
劳动者报酬	Compensation of Employees	2094	3307	4132	3664	4368	4348
营业盈余和混合收入	Gross Operating Surplus and Gross Mixed Income	1668	2818	3525	3206	3789	3717
税减产品补贴	Taxes Less Subsidies on Production and Imports	413	729	817	785	983	1006
收入法国内生产总值	Gross Domestic Product	4175	6853	8474	7656	9140	9071
波　兰	**Poland**						
劳动者报酬	Compensation of Employees	709	1129	1816	1773	2303	2328
营业盈余和混合收入	Gross Operating Surplus and Gross Mixed Income	801	1546	2387	2446	2789	2812
税减产品补贴	Taxes Less Subsidies on Production and Imports	209	386	590	557	764	759
收入法国内生产总值	Gross Domestic Product	1719	3061	4793	4776	5857	5899
俄罗斯	**Russia**						
劳动者报酬	Compensation of Employees	992	3184	7197	6251		
营业盈余和混合收入	Gross Operating Surplus and Gross Mixed Income	1600	4037	7195	5886		
税减产品补贴	Taxes Less Subsidies on Production and Imports	359	1213	2185	1522		
收入法国内生产总值	Gross Domestic Product	2795	8229	16425	13659		
西班牙	**Spain**						
劳动者报酬	Compensation of Employees	2921	5412	6984	5469	6435	6392
营业盈余和混合收入	Gross Operating Surplus and Gross Mixed Income	2499	4902	6053	5244	6297	6117
税减产品补贴	Taxes Less Subsidies on Production and Imports	564	1222	1184	1244	1490	1425
收入法国内生产总值	Gross Domestic Product	5984	11537	14221	11956	14222	13935
英　国	**United Kingdom**						
劳动者报酬	Compensation of Employees	8112	12604	12531	14200	14058	14050
营业盈余和混合收入	Gross Operating Surplus and Gross Mixed Income	6502	9988	9387	11506	11065	10846
税减产品补贴	Taxes Less Subsidies on Production and Imports	1963	2795	2834	3580	3465	3365
收入法国内生产总值	Gross Domestic Product	16577	25387	24752	29286	28609	28291
澳大利亚	**Australia**						
劳动者报酬	Compensation of Employees	2009	3647	6144	6109	6815	
营业盈余和混合收入	Gross Operating Surplus and Gross Mixed Income	1609	3140	5610	5077	6269	
税减产品补贴	Taxes Less Subsidies on Production and Imports	469	822	1241	1290	1440	
收入法国内生产总值	Gross Domestic Product	4088	7609	12995	12476	14549	
新西兰	**New Zealand**						
劳动者报酬	Compensation of Employees	219	491	640	767	902	
营业盈余和混合收入	Gross Operating Surplus and Gross Mixed Income	260	516	647	773	922	
税减产品补贴	Taxes Less Subsidies on Production and Imports	65	140	179	235	276	
收入法国内生产总值	Gross Domestic Product	544	1147	1466	1775	2116	

3-13 三次产业对国内生产总值的贡献率
Share of the Contributions of the Three Strata of Industry to the Increase of GDP

资料来源：世界银行WDI数据库。
Source: World Bank WDI Database.
单位：%　　(%)

国家或地区	Country or Area	第一产业 Primary Industry		第二产业 Secondary Industry		第三产业 Tertiary Industry	
		2000	2019	2000	2019	2000	2019
中　国	China	5.0	3.6	47.5	42.5	47.6	53.9
中国香港	Hong Kong, China				51.1		48.9
孟加拉国	Bangladesh	25.4	6.5	23.5	50.1	51.1	43.4
文　莱	Brunei Darussalam	1.4	-0.3	78.8	66.9	19.9	33.4
柬 埔 寨	Cambodia	13.2	-2.1	51.2	59.0	35.6	43.1
印　度	India	-0.1	10.9	42.9	11.7	57.2	77.5
印度尼西亚	Indonesia	6.6	9.6	57.2	31.9	36.3	58.5
伊　朗	Iran	4.8	6.6①	73.0	33.4①	22.2	60.1①
以 色 列	Israel	1.5	-1.1②	28.4	18.2②	70.1	82.8②
日　本	Japan	4.1	2.2②	30.7	57.3②	65.2	40.5②
哈萨克斯坦	Kazakhstan	-2.7	4.3②	58.3	40.8②	44.4	55.0②
韩　国	Korea, Rep.	0.1	2.3	43.5	17.7	56.4	80.0
马来西亚	Malaysia	8.1	3.3	60.3	20.9	31.6	75.7
蒙　古	Mongolia		23.9		21.9		54.1
缅　甸②	Myanmar②		6.1		40.0		53.9
巴基斯坦	Pakistan	42.6	6.5	5.9	-24.5	51.5	118.1
菲 律 宾	Philippines	12.1	2.0	49.9	25.9	38.0	72.1
新 加 坡	Singapore	-0.1	0.2	35.9	-22.3	64.2	122.1
斯里兰卡	Sri Lanka	3.0	2.0	35.0	34.4	62.1	63.6
泰　国	Thailand	19.6	0.4	21.9	1.8	58.4	97.7
越　南	Viet Nam	17.4	4.6	50.6	50.4	32.0	45.0
埃　及	Egypt	-111.0	8.6②	-444.6	42.1②	655.5	49.3②
尼日利亚	Nigeria	11.4	26.1	63.3	22.6	25.3	51.3
南　非	South Africa	3.6	-85.9	33.8	-205.9	62.6	391.9
加 拿 大	Canada		2.2		-13.8		111.5
墨 西 哥	Mexico	0.6	-35.8	32.5	308.2	66.9	-172.4
美　国	United States	3.8	-3.3①	27.5	17.7①	68.8	85.6①
阿 根 廷	Argentina	24.7	-75.3	109.2	72.6	-33.9	102.8
巴　西	Brazil	3.3	7.1	33.2	10.6	63.5	82.4
委内瑞拉	Venezuela	9.8		60.7		29.5	
捷　克	Czech Rep.	0.8	1.0	34.0	17.8	65.2	81.1
法　国	France	-0.5	-0.8	29.4	9.3	71.1	91.5
德　国	Germany	-1.2	3.8	41.1	-174.0	60.0	270.2
意 大 利	Italy	-0.3	-13.5	19.9	14.2	80.3	99.3
荷　兰	Netherlands	0.5	0.8	20.1	13.3	79.4	86.0
波　兰	Poland	-0.1	-0.2	-10.3	32.3	110.4	67.9
俄 罗 斯	Russia	7.4	1.9	49.0	24.3	43.6	73.8
西 班 牙	Spain	4.6	-3.4	29.9	14.1	65.5	89.3
土 耳 其	Turkey	12.4	22.5	26.2	-56.4	61.4	133.9
乌 克 兰	Ukraine	15.5	4.4	48.8	13.9	35.7	81.7
英　国	United Kingdom	0.3	-0.5	10.2	-2.6	89.5	103.2
澳大利亚	Australia	4.3	-4.5	24.7	3.6	71.0	100.9
新 西 兰	New Zealand	10.9	18.6②	8.0	16.0②	81.2	65.4②

注：①2017年数据。②2018年数据。
Note:①Data refer to 2017.②Data refer to 2018.

3-14 资本形成总额、消费支出及净出口对国内生产总值增长的贡献率

Share of the Contributions of Gross Capital Formation,Final Consumption Expenditure and External Balance on Goods and Services to the Increase of GDP

资料来源：世界银行数据库。
Source: World Bank Database.
单位：% (%)

国家或地区	Country or Area	资本形成总额 Gross Capital Formation		消费支出 Final Consumption Expenditure		净出口 External Balance on Goods and Services	
		2000	2019	2000	2019	2000	2019
中　国	China	21.1		76.5		2.4	
中国香港①	Hong Kong, China①		14.3		138.8		-53.1
中国澳门	Macao, China	-275.4	71.3	-107.0	-22.5	482.4	51.2
文　莱	Brunei Darussalam	-117.0	-86.1	-0.2	73.2	217.2	112.9
印度尼西亚	Indonesia		15.3		58.1		26.6
伊　朗	Iran	129.8	76.9②	-88.8	42.1②	59.0	-19.0②
以色列①	Israel①		20.2		87.2		-7.4
日　本①	Japan①		23.8		69.0		7.2
哈萨克斯坦	Kazakhstan	42.6		43.6		13.8	
韩　国	Korea, Rep.		-37.8		94.9		42.8
马来西亚	Malaysia	61.2	-20.7	46.5	106.3	-7.7	14.4
蒙　古②	Mongolia②		164.5		50.9		-115.4
新加坡	Singapore	65.2	-66.4	78.7	188.9	-43.9	-22.5
泰　国	Thailand	58.5	-37.3	144.6	95.4	-103.1	41.9
越　南③	Viet Nam③		69.5		159.5		-129.0
尼日利亚	Nigeria	40.3	72.3①	23.2	231.9①	36.5	-204.1①
南　非	South Africa	10.6		58.7		30.7	
加拿大	Canada	32.0		53.6		14.4	
墨西哥②	Mexico②		-32.9		202.0		-69.0
巴　西	Brazil	25.8	40.5①	68.4	84.0①	5.7	-24.5①
委内瑞拉	Venezuela	49.8		84.1		-33.9	
捷　克	Czech Rep.	78.5	35.9	18.9	76.3	2.6	-12.3
法　国	France	47.1		59.0		-6.1	
德　国	Germany	28.2	-42.0	44.3	245.7	27.4	-103.7
意大利	Italy	31.3	-120.8	60.8	58.3	7.9	162.5
荷　兰	Netherlands	7.9	59.8	62.9	56.9	29.2	-16.7
波　兰	Poland		-3.7		75.7		28.0
俄罗斯	Russia	78.7	72.9	28.6	143.8	-7.3	-116.8
西班牙	Spain		20.1		54.1		25.9
乌克兰	Ukraine	59.1		20.0		20.9	
英　国	United Kingdom	3.4		98.7		-2.2	
澳大利亚	Australia	27.3	-23.5	67.2	83.9	5.5	39.5
新西兰	New Zealand	-13.3	46.3②	47.1	78.9②	66.3	-25.2②

注：①2018年数据。②2017年数据。③2015年数据。
Note:①Data refer to 2018.②Data refer to 2017.③Data refer to 2015.

主要统计指标解释

国内生产总值 指生产活动总成果，等于所有常住单位创造的增加值的总和(包括产出价值中未包括的产品税，不包括各项产品补贴，不包括未计入产值的产品)。等于按购买者价格计算的货物和服务最终使用价值（不包括中间消费)减去进口的货物和服务价值，或等于常住生产单位初次收入分配的总和。计算国内生产总值不扣除折旧折的资产或自然资源的枯竭和退化。

按当年价格计算的国内生产总值 是按报告期价格计算的国内生产总值，即名义国内生产总值。

不变价格国内生产总值 指国内生产总值的物量水平。不变价格国内生产总值估计值等于按基期价格衡量的价值。理论上，价格和数量是价值量的两个组成部分，价格量中的基期价格可用当期价格替代。

按市场价格计算的国内生产总值 是按市场价格计算的所有居民生产者的增加值总和加上税减产品补贴。

支出法国内生产总值 指按购买者价格计算的总支出，包括最终消费支出，总固定资本形成，库存变动，耐用品及以离岸价计算的货物和服务出口，减去货物和服务的进口。

收入法国内生产总值 指雇员报酬加上生产税减补贴，加上混合收入和营业盈余。

生产法国内生产总值 是按基本价格计算的常住居民生产者增加值合计加上各种税减产品补贴。各行业增加值分类依据国际标准产业分类。

人均国内生产总值 指国内生产总值除以年中人口。数据用现价美元表示。

国民总收入 指国内生产总值减去生产税和进口税净额，减去支付给国外的雇员报酬和财产收入，加来自国外的雇员报酬和财产收入（即国内生产总值减去支付给非常住单位的初次收入，加上收到的非常住单位的初次收入）。按市场价格计算国民总收入的另一种方法是各部门所有初次收入的总和（国民总收入即国民生产总值，后者是以往国民核算中使用的概念）。为便于比较，用本币计算的国民总收入通常用官方汇率转换成以美元为单位，尽管官方汇率作为转换比率时被认为大大偏离国际交易实际采用比率。为平抑价格和汇率的波动，世界银行采用了特别的图表集法转换。图表集法用给定年份和其前两年的平均汇率作为转换因子，该转换因子根据该国及几个主要国家的通货膨胀率差异加以调整。到 2000 年为止，这些国家指法国、德国、日本、英国和美国等 5 个国家，2001 年开始，这些国家为欧元区、日本、英国和美国。

人均国民总收入 是用世界银行图表集法转换成美元计量的国民总收入除以年中人口，即原人均国民生产总值。

按购买力平价计算的人均国民总收入 指根据购买力平价计算的人均国民总收入。购买力平价国民总收入是用购买力平价比率转换成国际元计量的国民总收入。国民总收入中一国际元的购买力等于美国一美元购买力。

增加值总额 等于总产出减去中间消耗。用于衡量单个生产者、行业或部门生产活动对国内生产总值的贡献；增加值总额是国民核算账户（SNA）中初次收入形成的来源，因此被（从生产账户）结转到初次收入分配账户中进行反映。

按基本价格计算的增加值总额 等于按基本价格计算的总产出减去按购买者价格计算的中间消耗。基本价格等于生产者出售一个单位的货物和服务得到的收入，减去由此应付的税金，加上应收的补贴。基本价格作为生产或销售的价格单位，不包括生产者开具发票时单列的运输费用。

按要素成本计算的增加值总额 等于按市场价格计算的增加值总额减间接税与产品补贴。

按生产者价格计算的增加值总额 等于按生产者价格计算的总产出减去按购买者价格计算的中间消耗。

三次产业 根据《国际标准产业分类》(ISIC)第三版划分。

第一产业，即农业，指《国际标准产业分类》第三版中第 1 类至第 5 类，包括林业、狩猎业、渔业、种植业和畜牧业。

第二产业，指《国际标准产业分类》第三版中第 10 类至第 45 类，包括制造业（第 15-37 类）。第二产业包括采掘业，制造业，电力、煤气和水的供应业以及建筑业。

第三产业，即服务业，指《国际标准产业分类》第三版中第 50 类至第 99 类。包括批发零售贸易业（包括旅馆和饭店业）、交通运输业以及政府、金融、专业服务和个人服务，例如教育、卫生、房地产服务；还包括估算的银行服务费、进口税和加工或调整数据时的统计误差。

资本形成总额 是固定资产形成总额、存货变动和贵重物品获得减处置的价值合计。

资本形成率 即投资率，指资本形成总额占国内生产总值的比重。

居民消费率 居民最终消费支出占国内生产总值的比重。居民最终消费支出是居民购买的所有商品和服务的市场价值。包括耐用商品（如汽车、洗衣机和家用计算机）；不包括购买住房支出，但包括自有住房的估算租金；还包括支付给政府的获得许可权的费用。居民消费支出包括服务于居民的非盈利机构的支出。

消费支出 是居民消费支出、政府消费支出之和。它包括资源利用与供给之间的统计误差。

政府消费支出 包括政府购买商品和服务的经常性支出（包括雇员报酬），主要包括国家防卫和安全支出，但是不包括政府军队支出中属于政府资本形成部分。

营业盈余 指核算企业为借入或租赁金融资产或有形非生产性资产而支付利息、租金或类似支出以及企业拥有的金融资产或有形非生产性资产获得的利息、租金或类似收入前，企业生产方面的盈亏（居民拥有的非公司性企业营业盈余称为混合收入）。

Explanatory Notes on Main Statistical Indicators

Gross Domestic Product An aggregate measure of production equal to the sum of the gross values added of all resident institutional units engaged in production (plus any taxes, and minus any subsidies, on products not included in the value of their outputs). The sum of the final uses of goods and services (all uses except intermediate consumption) measured in purchasers' prices, less the value of imports of goods and services, or the sum of primary incomes distributed by resident producer units. It is calculated without making deductions for depreciation of fabricated assets or for depletion and degradation of natural resources.

Gross Domestic Product at Current Price is GDP at prices of the current reporting period. Also known as nominal GDP.

Gross Domestic Product at Constant Price refers to the volume level of GDP. Constant price estimates of GDP are obtained by expressing values in terms of a base period. In theory, the price and quantity components of a value are identified and the price in the base period is substituted for that in the current period. Two main methods are adopted in practice.

Expenditure-based GDP is total final expenditure at purchasers' prices (including final consumption expenditure, gross fixed capital formation, changes in inventories, valuables and f.o.b. value of exports of goods and services), less the f.o.b. value of imports of goods and services.

Income-based GDP is compensation of employees, plus taxes less subsidies on production and imports, plus gross mixed income, plus gross operating surplus.

Output-based GDP is the sum of the gross values added of all resident producers at basic prices, plus all taxes less subsidies on products. Describes the generation of gross value added by industrial classification of economic activities according to the International Standard Industrial Classification.

GDP at Market Prices is the sum of the gross values added of all resident producers at market prices, plus taxes less subsidies on imports.

GDP per capita is gross domestic product divided by midyear population. Data are in current U.S. dollars.

Gross National Income is GDP less net taxes on production and imports, less compensation of employees and property income payable to the rest of the world plus the corresponding items receivable from the rest of the world (in other words, GDP less primary incomes payable to non- resident units plus primary incomes receivable from non-resident units). An alternative approach to measuring GNI at market prices is as the aggregate value of the balances of gross primary incomes for all sectors (note that gross national income is identical to gross national product (GNP) as previously used in national accounts generally). GNI, calculated in national currency, is usually converted to U.S. dollars at official exchange rates for comparisons across economies, although an alternative rate is used when the official exchange rate is judged to diverge by an exceptionally large margin from the rate actually applied in international transactions. To smooth fluctuations in prices and exchange rates, a special Atlas method of conversion is used by the World Bank. This applies a conversion factor that averages the exchange rate for a given year and the two preceding years, adjusted for differences in rates of inflation between the country, and through 2000, the G-5 countries (France, Germany, Japan, the United Kingdom, and the United States). From 2001, these countries include the Euro area, Japan, the United Kingdom, and the United States.

GNI per Capita in PPP GNI per capita based on purchasing power parity (PPP). PPP GNI is gross national income (GNI) converted to international dollars using purchasing power parity rates. An international dollar has the same purchasing power over GNI as a U.S. dollar has in the United States.

Gross Value Added is the value of output less the value of intermediate consumption; it is a measure of the contribution to GDP made by an individual producer, industry or sector; gross value added is the source from which the primary incomes of the SNA are generated and is therefore carried forward into the primary distribution of income account.

Gross Value Added at Basic Prices Output valued at basic prices less intermediate consumption valued at purchasers prices. The basic price is the amount receivable by the producer from the purchaser for a unit of a good or service produced as output minus any tax payable, and plus any subsidy receivable, on that unit as a consequence of its production or sale; it excludes any transport charges invoiced separately by the producer.

Gross Value Added at Factor Cost is GVA at market prices less any indirect taxes plus any subsidies.

Gross Value Added at Producer Prices is output valued at producer prices less intermediate consumption valued at purchasers of prices.

Three Strata of Industry The origin is determined by the International Standard Industrial Classification (ISIC), revision 3.

Primary Industry named as agriculture, corresponds to ISIC divisions 1-5 and includes forestry, hunting, and fishing, as well as cultivation of crops and livestock production.

Secondary Industry corresponds to ISIC divisions 10-45 and includes manufacturing (ISIC divisions 15-37). It comprises value added in mining, manufacturing (also reported as a separate subgroup), electricity, gas and water supply, construction.

Tertiary Industry named as services, corresponds to ISIC divisions 50-99. They include value added in wholesale and retail trade (including hotels and restaurants), transport, and government, financial, professional, and personal services such as education, health care, and real estate services. Also included are imputed bank service charges, import duties, and any statistical discrepancies noted by national compilers as well as discrepancies arising from rescaling.

Gross Capital Formation is the total value of the gross fixed capital formation, changes in inventories and acquisitions less disposals of valuables.

Capital Formation Rate namely investment rate, refers to gross capital formation as percentage of gross domestic product.

Household Final Consumption Rate refers to household final consumption expenditure as percentage of gross domestic of product.

Household Final Consumption Expenditure is the market value of all goods and services, including durable products (such as cars, washing machines, and home computers), purchased by households. It excludes purchases of dwellings but includes imputed rent for owner-occupied dwellings. It also includes payments and fees to governments to obtain permits and licenses. Here, household consumption expenditure includes the expenditures of nonprofit institutions serving households, even when reported separately by the country.

Consumption Expenditure is the sum of household final consumption expenditure and general government final consumption expenditure. This estimate includes any statistical discrepancy in the use of resources relative to the supply of resources.

General Government Final Consumption Expenditure includes all government current expenditures for purchases of goods and services (including compensation of employees). It also includes most expenditure on national defense and security, but excludes government military expenditures that are part of government capital formation.

Operating Surplus measures the surplus or deficit accruing from production before taking account of any interest, rent or similar charges payable on financial or tangible non-produced assets borrowed or rented by the enterprise, or any interest, rent or similar receipts receivable on financial or tangible non-produced assets owned by the enterprise (for unincorporated enterprises owned by households, this component is called mixed income).

人 口

Population

4-1　年中人口
Mid-year Population

资料来源：世界银行WDI数据库。
Source: World Bank WDI Database.

国家或地区	Country or Area	年中人口（万人） Mid-year Population (10 000 persons)				增长率(%) Growth Rate(%)
		2000	2005	2010	2019	2019
世　界	**World**	**611433.3**	**651174.8**	**692187.2**	**767353.4**	**1.1**
高收入国家	**High Income**	**110148.0**	**113730.2**	**117932.9**	**123585.3**	**0.4**
中等收入国家	**Middle Income**	**461108.5**	**491176.7**	**521128.3**	**576922.6**	**1.0**
中低收入国家	**Low and Middle Income**	**501285.3**	**537444.7**	**574254.3**	**643768.1**	**1.2**
低收入国家	**Low Income**	**40176.8**	**46268.0**	**53126.0**	**66845.5**	**2.6**
中　国	China	126264.5	130372.0	133770.5	139771.5	0.4
中国香港	Hong Kong, China	666.5	681.3	702.4	750.7	750.7
中国澳门	Macao, China	42.8	48.3	53.8	61.0	1.4
阿富汗	Afghanistan	2078.0	2565.4	2918.6	3804.2	2.3
阿尔巴尼亚	Albania	308.9	301.1	291.3	285.4	-0.4
阿尔及利亚	Algeria	3104.2	3315.0	3597.7	4305.3	1.9
美属萨摩亚	American Samoa	5.8	6.0	5.6	5.5	-0.3
安道尔	Andorra	6.5	7.9	8.4	7.7	0.2
安哥拉	Angola	1639.5	1943.4	2335.6	3182.5	3.2
安提瓜和巴布达	Antigua and Barbuda	7.6	8.1	8.8	9.7	0.9
阿根廷	Argentina	3687.1	3889.3	4078.8	4493.9	1.0
亚美尼亚	Armenia	307.0	298.1	287.7	295.8	0.2
阿鲁巴岛	Aruba	9.1	10.0	10.2	10.6	0.4
澳大利亚	Australia	1915.3	2039.5	2203.2	2536.4	1.5
奥地利	Austria	801.2	822.8	836.3	887.7	0.4
阿塞拜疆	Azerbaijan	804.9	839.2	905.4	1002.3	0.8
巴哈马	Bahamas	29.8	32.5	35.5	38.9	1.0
巴　林	Bahrain	66.5	88.9	124.1	164.1	4.5
孟加拉国	Bangladesh	12765.8	13903.6	14757.5	16304.6	1.0
巴巴多斯	Barbados	27.2	27.6	28.2	28.7	0.1
白俄罗斯	Belarus	998.0	966.4	949.1	946.7	-0.2
比利时	Belgium	1025.1	1047.9	1089.6	1148.4	0.5
伯利兹	Belize	24.7	28.4	32.2	39.0	1.9
贝　宁	Benin	686.6	798.2	919.9	1180.1	2.7
百慕大	Bermuda	6.2	6.4	6.5	6.4	
不　丹	Bhutan	59.1	64.9	68.6	76.3	1.1
玻利维亚	Bolivia	841.8	923.2	1004.9	1151.3	1.4
波　黑	Bosnia and Herzegovinian	375.1	376.5	370.5	330.1	-0.7
博茨瓦纳	Botswana	164.3	179.9	198.7	230.4	2.2
巴　西	Brazil	17479.0	18612.7	19571.4	21105.0	0.8
文　莱	Brunei Darussalam	33.3	36.5	38.9	43.3	1.0
保加利亚	Bulgaria	817.0	765.9	739.6	697.6	-0.7
布基纳法索	Burkina Faso	1160.8	1342.2	1560.5	2032.1	2.8
布隆迪	Burundi	637.9	736.5	867.6	1153.1	3.1
柬埔寨	Cambodia	1215.5	1327.3	1431.2	1648.7	1.4
喀麦隆	Cameroon	1551.4	1773.3	2034.1	2587.6	2.6
加拿大	Canada	3068.6	3224.4	3400.5	3758.9	1.4
佛得角	Cape Verde	42.8	46.3	49.3	55.0	1.1
开曼群岛	Cayman Islands	4.2	4.9	5.7	6.5	1.2
中　非	Central African Rep.	364.0	403.8	438.7	474.5	1.7
乍　得	Chad	835.6	1009.7	1195.2	1594.7	3.0
海峡群岛	Channel Islands	14.8	15.2	16.0	17.2	1.0
智　利	Chile	1534.2	1618.3	1706.3	1895.2	1.2
哥伦比亚	Colombia	3963.0	4264.8	4522.3	5033.9	1.4
科摩罗	Comoros	54.2	61.2	69.0	85.1	2.2
刚果(金)	Congo, Dem. Rep.	4710.6	5478.6	6456.4	8679.1	3.2
刚果(布)	Congo, Rep.	312.7	362.3	427.4	538.1	2.6
哥斯达黎加	Costa Rica	396.2	428.6	457.7	504.8	1.0
科特迪瓦	Cote D'Ivoire	1645.5	1835.5	2053.3	2571.7	2.5
克罗地亚	Croatia	446.8	431.0	429.5	406.8	-0.5

4-1 续表 1 continued

国家或地区	Country or Area	年中人口（万人）Mid-year Population (10 000 persons)				增长率(%) Growth Rate(%)
		2000	2005	2010	2019	2019
古　巴	Cuba	1112.6	1126.2	1122.6	1133.3	
塞浦路斯	Cyprus	94.3	102.8	111.3	119.9	0.8
捷　克	Czech Rep.	1025.5	1021.1	1047.4	1067.0	0.4
丹　麦	Denmark	534.0	541.9	554.8	581.9	0.4
吉 布 提	Djibouti	71.8	78.3	84.0	97.4	1.5
多米尼克	Dominica	7.0	7.1	7.1	7.2	0.3
多米尼加	Dominican Rep.	847.1	909.7	969.5	1073.9	1.0
厄瓜多尔	Ecuador	1268.1	1382.6	1501.1	1737.4	1.7
埃　及	Egypt	6883.2	7552.4	8276.1	10038.8	2.0
萨尔瓦多	El Salvador	588.8	605.2	618.4	645.4	0.5
赤道几内亚	Equatorial Guinea	60.6	75.0	94.4	135.6	3.5
厄立特里亚	Eritrea	229.2	282.7	317.0		
爱沙尼亚	Estonia	139.7	135.5	133.1	132.7	0.3
埃塞俄比亚	Ethiopia	6622.5	7634.6	8764.0	11207.9	2.6
法罗群岛	Faeroe Islands	4.7	4.8	4.8	4.9	0.4
斐　济	Fiji	81.1	82.2	86.0	89.0	0.7
芬　兰	Finland	517.6	524.6	536.3	552.0	0.1
法　国	France	6091.3	6317.9	6502.8	6706.0	0.1
法属波立尼西亚	French Polynesia	24.1	25.9	26.6	27.9	0.6
加　蓬	Gabon	122.8	139.1	162.4	217.3	2.5
冈 比 亚	Gambia	131.8	154.4	179.3	234.8	2.9
格鲁吉亚	Georgia	407.7	390.2	378.7	372.0	-0.2
德　国	Germany	8221.2	8246.9	8177.7	8313.3	0.3
加　纳	Ghana	1927.9	2181.5	2478.0	3041.8	2.2
直布罗陀	Gibraltar	3.1	3.3	3.4	3.4	
希　腊	Greece	1080.6	1098.7	1112.1	1071.6	-0.2
格 陵 兰	Greenland	5.6	5.7	5.7	5.6	0.4
格林纳达	Grenada	10.3	10.5	10.6	11.2	0.5
关　岛	Guam	15.5	15.8	15.9	16.7	0.9
危地马拉	Guatemala	1159.0	1294.8	1426.0	1660.4	1.6
几 内 亚	Guinea	824.1	911.0	1019.2	1277.1	2.8
几内亚比绍	Guinea-Bissau	120.1	134.5	152.3	192.1	2.5
圭 亚 那	Guyana	74.7	74.6	74.9	78.3	0.5
海　地	Haiti	846.4	919.5	994.9	1126.3	1.3
洪都拉斯	Honduras	657.5	745.9	831.7	974.6	1.6
匈 牙 利	Hungary	1021.1	1008.7	1000.0	977.0	-0.1
冰　岛	Iceland	28.1	29.7	31.8	36.1	2.4
印　度	India	105657.6	114761.0	123428.1	136641.8	1.0
印度尼西亚	Indonesia	21151.4	22628.9	24183.4	27062.6	1.1
伊　朗	Iran	6562.3	6976.2	7376.3	8291.4	1.4
伊 拉 克	Iraq	2349.8	2692.2	2974.2	3931.0	2.3
爱 尔 兰	Ireland	380.5	416.0	456.0	494.1	1.5
马 恩 岛	Isle of Man	7.7	8.0	8.5	8.5	0.6
以 色 列	Israel	628.9	693.0	762.4	905.3	1.9
意 大 利	Italy	5694.2	5796.9	5927.7	6029.7	-0.2
牙 买 加	Jamaica	265.5	274.0	281.0	294.8	0.5
日　本	Japan	12684.3	12777.3	12807.0	12626.5	-0.2
约　旦	Jordan	512.2	576.6	726.2	1010.2	1.5
哈萨克斯坦	Kazakhstan	1488.4	1514.7	1632.2	1851.4	1.3
肯 尼 亚	Kenya	3196.5	3662.5	4203.1	5257.4	2.3
基里巴斯	Kiribati	8.4	9.2	10.3	11.8	1.5
朝　鲜	Korea, Dem.	2292.9	2390.4	2454.9	2566.6	0.5
韩　国	Korea, Rep.	4700.8	4818.5	4955.4	5170.9	0.2
科 威 特	Kuwait	204.5	227.0	299.2	420.7	1.7
吉尔吉斯斯坦	Kyrgyzstan	489.8	516.3	544.8	645.7	2.1

4-1　续表 2　continued

国家或地区	Country or Area	年中人口（万人）Mid-year Population (10 000 persons)				增长率(%) Growth Rate(%)
		2000	2005	2010	2019	2019
老　挝	Laos	532.4	575.2	624.9	716.9	1.5
拉脱维亚	Latvia	236.8	223.9	209.8	191.3	-0.7
黎 巴 嫩	Lebanon	384.3	469.9	495.3	685.6	0.1
莱 索 托	Lesotho	203.3	199.6	199.6	212.5	0.8
利比里亚	Liberia	284.8	321.8	389.1	493.7	2.4
利 比 亚	Libya	535.8	579.9	619.8	677.7	1.5
列支敦士登	Liechtenstein	3.3	3.5	3.6	3.8	0.3
立 陶 宛	Lithuania	350.0	332.3	309.7	278.7	-0.5
卢 森 堡	Luxemburg	43.6	46.5	50.7	62.0	1.9
前南马其顿	Macedonia, FYR	203.5	206.0	207.1	208.3	
马达加斯加	Madagascar	1576.7	1833.7	2115.2	2696.9	2.7
马 拉 维	Malawi	1114.9	1262.6	1454.0	1862.9	2.6
马来西亚	Malaysia	2319.4	2569.1	2820.8	3195.0	1.3
马尔代夫	Maldives	27.9	32.0	36.6	53.1	2.9
马　里	Mali	1094.6	1277.6	1504.9	1965.8	3.0
马 耳 他	Malta	39.0	40.4	41.5	50.3	3.7
马绍尔群岛	Marshall Islands	5.1	5.5	5.6	5.9	0.6
毛里塔尼亚	Mauritania	263.0	302.4	349.4	452.6	2.7
毛里求斯	Mauritius	118.7	122.8	125.0	126.6	
马约特岛	Mayotte	14.9	17.5	20.4		
墨 西 哥	Mexico	9890.0	10600.5	11409.3	12757.6	1.1
密克罗尼西亚	Micronesia, Fed.	10.7	10.6	10.3	11.4	1.0
摩尔多瓦	Moldova	292.4	288.8	286.1	265.8	-1.8
摩 纳 哥	Monaco	3.2	3.4	3.6	3.9	0.7
蒙　古	Mongolia	239.7	252.6	272.0	322.5	1.7
黑　山	Montenegro	60.5	61.4	61.9	62.2	
摩 洛 哥	Morocco	2879.4	3045.6	3234.3	3647.2	1.2
莫桑比克	Mozambique	1771.2	2049.4	2353.2	3036.6	2.9
缅　甸	Myanmar	4672.0	4895.0	5060.1	5404.5	0.6
纳米比亚	Namibia	179.5	193.8	211.9	249.5	1.9
尼 泊 尔	Nepal	2394.1	2574.5	2701.3	2860.9	1.8
荷　兰	Netherlands	1592.6	1632.0	1661.5	1733.3	0.6
荷属安的列斯	Netherlands Antilles	18.1	18.6			
新喀里多尼亚	New Caledonia	21.3	23.2	25.0	28.8	1.3
新 西 兰	New Zealand	385.8	413.4	435.1	491.7	1.6
尼加拉瓜	Nicaragua	506.9	543.9	582.4	654.6	1.2
尼 日 尔	Niger	1133.2	1362.4	1646.4	2331.1	3.8
尼日利亚	Nigeria	12228.4	13886.5	15850.3	20096.4	2.6
北马里亚纳群岛	Northern Mariana Islands	5.7	5.7	5.4	5.7	0.6
挪　威	Norway	449.1	462.3	488.9	534.8	0.7
阿　曼	Oman	226.8	251.1	304.1	497.5	3.0
巴基斯坦	Pakistan	14234.4	16030.4	17942.5	21656.5	2.0
帕　劳	Palau	1.9	2.0	1.8	1.8	0.6
巴 拿 马	Panama	303.0	333.0	364.3	424.6	1.7
巴布亚新几内亚	Papua New Guinea	584.8	649.5	731.1	877.6	2.0
巴 拉 圭	Paraguay	532.3	582.4	624.8	704.5	1.3
秘　鲁	Peru	2646.0	2786.6	2902.8	3251.0	1.6
菲 律 宾	Philippines	7799.2	8632.6	9396.7	10811.7	1.4
波　兰	Poland	3825.9	3816.5	3804.3	3797.1	
葡 萄 牙	Portugal	1029.0	1050.3	1057.3	1026.9	-0.1
波多黎各	Puerto Rico	381.1	382.1	372.2	319.4	
卡 塔 尔	Qatar	59.2	86.5	185.6	283.2	1.8
罗马尼亚	Romania	2244.3	2132.0	2024.7	1935.7	-0.6
俄 罗 斯	Russia	14659.7	14351.9	14284.9	14437.4	-0.1
卢 旺 达	Rwanda	793.4	884.0	1003.9	1262.7	2.6

4-1 续表 3 continued

国家或地区	Country or Area	年中人口（万人） Mid-year Population(10 000 persons)				增长率(%) Growth Rate (%)
		2000	2005	2010	2019	2019
圣基茨和尼维斯	Saint Kitts and Nevis	4.4	4.7	4.9	5.3	0.7
圣卢西亚	Saint Lucia	15.7	16.3	17.4	18.3	0.5
圣文森特和格林纳丁斯	Saint Vincent and the Grenadines	10.8	10.9	10.8	11.1	0.3
萨 摩 亚	Samoa	17.4	18.0	18.6	19.7	0.5
圣马力诺	San Marino	2.7	2.9	3.1	3.4	0.2
圣多美和普林西比	Sao Tome and Principe	14.2	15.7	18.0	21.5	1.9
沙特阿拉伯	Saudi Arabia	2066.4	2381.6	2742.1	3426.9	1.7
塞内加尔	Senegal	979.8	1109.0	1267.8	1629.6	2.8
塞尔维亚	Serbia	751.6	744.1	729.1	694.5	-0.5
塞 舌 尔	Seychelles	8.1	8.3	9.0	9.8	0.9
塞拉利昂	Sierra Leone	458.5	564.6	641.6	781.3	2.1
新 加 坡	Singapore	402.8	426.6	507.7	570.4	1.1
斯洛伐克	Slovakia	538.9	537.3	539.1	545.4	0.1
斯洛文尼亚	Slovenia	198.9	200.0	204.9	208.8	0.7
所罗门群岛	Solomon Islands	41.3	47.0	52.8	67.0	2.6
索 马 里	Somalia	887.2	1044.7	1204.4	1544.3	2.9
南 非	South Africa	4496.8	4788.1	5121.7	5855.8	1.3
西 班 牙	Spain	4056.8	4365.3	4657.7	4707.7	0.6
斯里兰卡	Sri Lanka	1877.8	1954.5	2026.2	2180.3	0.6
苏 丹	Sudan	2727.5	3095.0	3454.5	4281.3	2.4
苏 里 南	Suriname	47.1	49.9	52.9	58.1	0.9
斯威士兰	Swaziland	106.1	110.6	120.3		
瑞 典	Sweden	887.2	903.0	937.8	1028.5	1.1
瑞 士	Switzerland	718.4	743.7	782.5	857.5	0.7
叙 利 亚	Syrian Arab Republic	1641.1	1836.1	2136.3	1707.0	1.0
塔吉克斯坦	Tajikistan	621.6	678.9	752.7	932.1	2.4
坦桑尼亚	Tanzania	3349.9	3845.0	4434.7	5800.5	3.0
泰 国	Thailand	6295.3	6541.6	6719.5	6962.6	0.3
东 帝 汶	Timor-Leste	88.4	99.5	109.4	129.3	2.0
多 哥	Togo	492.4	561.2	642.2	808.2	2.4
汤 加	Tonga	9.8	10.1	10.4	10.4	1.2
特立尼达和多巴哥	Trinidad And Tobago	126.7	129.7	132.8	139.5	0.4
突 尼 斯	Tunisia	970.8	1010.7	1063.5	1169.5	1.1
土 耳 其	Turkey	6324.0	6790.3	7232.7	8343.0	1.3
土库曼斯坦	Turkmenistan	451.6	475.5	508.7	594.2	1.5
特克斯和凯科斯群岛	Turks and Caicos Islands	2.0	2.8	3.3	3.8	1.4
图 瓦 卢	Tuvalu	0.9	1.0	1.1	1.2	1.2
乌 干 达	Uganda	2365.0	2768.5	3242.8	4427.0	3.6
乌 克 兰	Ukraine	4917.7	4710.5	4587.1	4438.5	-0.5
阿 联 酋	United Arab Emirates	313.4	458.8	855.0	977.1	1.4
英 国	United Kingdom	5889.3	6040.1	6276.6	6683.4	0.6
美 国	United States	28216.2	29551.7	30932.2	32824.0	0.5
美属维尔京群岛	Virgin Islands(US)	10.9	10.8	10.8	10.7	-0.3
乌 拉 圭	Uruguay	332.0	332.2	335.9	346.2	0.4
乌兹别克斯坦	Uzbekistan	2465.0	2616.7	2856.2	3358.1	1.9
瓦努阿图	Vanuatu	18.5	20.9	23.6	30.0	2.4
委内瑞拉	Venezuela	2419.2	2643.2	2844.0	2851.6	-1.2
越 南	Viet Nam	7991.0	8383.3	8796.8	9646.2	1.0
约旦河西岸和加沙	West Bank and Gaza	292.2	332.0	378.6	468.5	2.5
也 门	Yemen	1740.9	2010.7	2315.5	2916.2	2.3
赞 比 亚	Zambia	1041.6	1185.6	1360.6	1786.1	2.9
津巴布韦	Zimbabwe	1188.1	1207.7	1269.8	1464.5	1.4

4-2 女性人口比重
Female Population as Percentage of Total

资料来源：世界银行WDI数据库。
Source: World Bank WDI Database.
单位：%　　(%)

国家或地区	Country or Area	2000	2005	2010	2015	2018	2019
世　界	**World**	**49.7**	**49.6**	**49.6**	**49.6**	**49.6**	**49.6**
中　国	China	48.7	48.6	48.6	48.6	48.7	48.7
中国香港	Hong Kong, China	50.8	52.0	53.0	53.6	53.9	54.0
中国澳门	Macao, China	52.1	52.5	52.0	52.0	52.0	52.0
孟加拉国	Bangladesh	48.6	48.8	49.2	49.3	49.4	49.4
文　莱	Brunei Darussalam	49.4	48.9	48.4	48.0	48.0	48.1
柬埔寨	Cambodia	51.4	51.5	51.3	51.2	51.2	51.2
印　度	India	48.0	48.0	48.0	48.0	48.0	48.0
印度尼西亚	Indonesia	50.0	49.8	49.6	49.6	49.6	49.6
伊　朗	Iran	49.1	49.1	49.6	49.4	49.4	49.5
以色列	Israel	50.7	50.7	50.6	50.4	50.3	50.3
日　本	Japan	50.9	51.0	51.1	51.1	51.2	51.2
哈萨克斯坦	Kazakhstan	51.9	51.8	51.7	51.6	51.5	51.5
韩　国	Korea, Rep.	49.8	49.8	49.9	49.9	49.9	49.9
老　挝	Laos	50.2	50.5	50.4	49.8	49.8	49.8
马来西亚	Malaysia	49.0	48.7	48.4	48.5	48.6	48.6
蒙　古	Mongolia	50.1	50.2	50.4	50.6	50.7	50.7
缅　甸	Myanmar	51.6	51.6	51.8	51.8	51.8	51.8
巴基斯坦	Pakistan	48.4	48.4	48.5	48.5	48.5	48.5
菲律宾	Philippines	49.6	49.7	49.6	49.7	49.7	49.8
新加坡	Singapore	48.7	49.5	47.9	47.7	47.7	47.7
斯里兰卡	Sri Lanka	50.1	50.7	51.3	51.8	52.0	52.0
泰　国	Thailand	50.6	50.8	51.0	51.2	51.3	51.3
越　南	Viet Nam	50.5	50.5	50.3	50.2	50.1	50.1
埃　及	Egypt	49.7	49.6	49.5	49.5	49.5	49.5
尼日利亚	Nigeria	49.6	49.5	49.4	49.4	49.3	49.3
南　非	South Africa	50.7	50.7	50.7	50.6	50.7	50.7
加拿大	Canada	50.5	50.4	50.4	50.4	50.4	50.4
墨西哥	Mexico	50.9	51.1	51.1	51.1	51.1	51.1
美　国	United States	50.7	50.7	50.6	50.5	50.5	50.5
阿根廷	Argentina	51.5	51.4	51.3	51.3	51.2	51.2
巴　西	Brazil	50.5	50.6	50.7	50.8	50.8	50.8
委内瑞拉	Venezuela	49.8	49.9	50.1	50.3	50.6	50.7
捷　克	Czech Rep.	51.4	51.3	50.9	50.9	50.8	50.8
法　国	France	51.5	51.6	51.6	51.5	51.6	51.6
德　国	Germany	51.3	51.1	51.0	50.8	50.7	50.6
意大利	Italy	51.6	51.5	51.6	51.5	51.4	51.3
荷　兰	Netherlands	50.5	50.4	50.3	50.3	50.2	50.2
波　兰	Poland	51.5	51.6	51.7	51.5	51.5	51.5
俄罗斯	Russia	53.2	53.5	53.6	53.7	53.7	53.7
西班牙	Spain	50.9	50.7	50.6	50.9	50.9	50.9
土耳其	Turkey	50.8	50.8	50.8	50.8	50.7	50.6
乌克兰	Ukraine	53.5	53.6	53.8	53.7	53.7	53.7
英　国	United Kingdom	51.3	51.0	50.9	50.7	50.6	50.6
澳大利亚	Australia	50.1	50.1	50.0	50.2	50.2	50.2
新西兰	New Zealand	50.9	51.0	50.9	50.8	50.8	50.8

4-3 人口年龄构成和抚养比(2019年)
Age Composition and Dependency Ratio of Population(2019)

资料来源：世界银行WDI数据库。
Source: World Bank WDI Database.
单位：%　　(%)

国家或地区	Country or Area	年龄构成 Age Composition 0-14岁人口占比 Persons ages 14 and below	15-64岁人口占比 Persons ages 15 to 64	65岁以上人口占比 Persons ages 65 and above	抚养比 Age Dependency Ratio
世　界	**World**	**25.6**	**65.3**	**9.1**	**54.5**
中　国	China	17.8	70.7	11.5	41.4
中国香港	Hong Kong, China	12.3	70.2	17.5	42.5
中国澳门	Macao, China	14.0	74.8	11.2	33.7
孟加拉国	Bangladesh	27.2	67.6	5.2	47.9
文　莱	Brunei Darussalam	22.6	72.2	5.2	38.6
柬埔寨	Cambodia	31.1	64.2	4.7	55.8
印　度	India	26.6	67.0	6.4	49.2
印度尼西亚	Indonesia	26.2	67.7	6.1	47.6
伊　朗	Iran	24.7	69.0	6.4	45.0
以色列	Israel	27.9	59.9	12.2	66.9
日　本	Japan	12.6	59.4	28.0	68.3
哈萨克斯坦	Kazakhstan	28.9	63.5	7.7	57.6
韩　国	Korea, Rep.	12.7	72.2	15.1	38.5
老　挝	Laos	32.3	63.5	4.2	57.4
马来西亚	Malaysia	23.7	69.4	6.9	44.1
蒙　古	Mongolia	30.8	65.0	4.2	53.8
缅　甸	Myanmar	25.9	68.1	6.0	46.9
巴基斯坦	Pakistan	35.1	60.6	4.3	65.0
菲律宾	Philippines	30.5	64.2	5.3	55.7
新加坡	Singapore	12.3	75.3	12.4	32.8
斯里兰卡	Sri Lanka	24.0	65.2	10.8	53.4
泰　国	Thailand	16.8	70.8	12.4	41.3
越　南	Viet Nam	23.2	69.2	7.6	44.4
埃　及	Egypt	33.8	60.9	5.3	64.2
尼日利亚	Nigeria	43.7	53.6	2.7	86.7
南　非	South Africa	29.0	65.6	5.4	52.4
加拿大	Canada	15.8	66.5	17.6	50.4
墨西哥	Mexico	26.2	66.4	7.4	50.6
美　国	United States	18.5	65.2	16.2	53.3
阿根廷	Argentina	24.6	64.2	11.2	55.9
巴　西	Brazil	21.0	69.7	9.3	43.4
委内瑞拉	Venezuela	27.4	65.0	7.6	53.9
捷　克	Czech Rep.	15.7	64.5	19.8	55.1
法　国	France	17.8	61.8	20.4	61.8
德　国	Germany	13.8	64.6	21.6	54.7
意大利	Italy	13.2	63.8	23.0	56.7
荷　兰	Netherlands	15.9	64.5	19.6	55.0
波　兰	Poland	15.2	66.7	18.1	49.9
俄罗斯	Russia	18.2	66.8	15.1	49.8
西班牙	Spain	14.6	65.8	19.6	52.0
土耳其	Turkey	24.3	67.0	8.7	49.3
乌克兰	Ukraine	15.9	67.4	16.7	48.5
英　国	United Kingdom	17.7	63.8	18.5	56.8
澳大利亚	Australia	19.3	64.8	15.9	54.3
新西兰	New Zealand	19.6	64.4	16.0	55.2

4-4 人口粗出生率和死亡率
Crude Birth Rate and Crude Death Rate

资料来源：世界银行WDI数据库。
Source: World Bank WDI Database.
单位：‰ (‰)

国家或地区	Country or Area	粗出生率 Crude Birth Rate			粗死亡率 Crude Death Rate		
		2000	2010	2018	2000	2010	2018
世　界	**World**	**21.6**	**19.8**	**18.2**	**8.5**	**7.8**	**7.5**
中　国	China	14.0	11.9	10.9	6.5	7.1	7.1
中国香港	Hong Kong, China	8.1	12.6	7.2	5.1	6.0	6.4
中国澳门	Macao, China	8.9	10.1	11.1	3.9	3.7	3.9
孟加拉国	Bangladesh	27.5	21.1	18.2	6.9	5.7	5.5
文　莱	Brunei Darussalam	22.7	17.3	14.9	3.5	3.8	4.4
柬埔寨	Cambodia	28.1	25.5	22.5	9.4	6.5	6.0
印　度	India	26.4	21.1	17.9	8.7	7.5	7.2
印度尼西亚	Indonesia	21.8	20.8	18.1	7.5	6.7	6.5
伊　朗	Iran	17.7	18.2	18.8	5.1	4.9	4.8
以色列	Israel	21.7	21.8	20.8	6.0	5.2	5.0
日　本	Japan	9.4	8.5	7.4	7.7	9.5	11.0
哈萨克斯坦	Kazakhstan	14.9	22.5	21.8	10.1	9.0	7.1
韩　国	Korea, Rep.	13.3	9.4	6.4	5.2	5.1	5.8
老　挝	Laos	32.0	26.9	23.5	9.8	7.4	6.4
马来西亚	Malaysia	22.0	17.3	16.8	4.5	4.6	5.1
蒙　古	Mongolia	19.3	24.7	24.1	7.7	6.6	6.3
缅　甸	Myanmar	24.6	19.8	17.6	9.9	8.9	8.2
巴基斯坦	Pakistan	34.7	30.1	28.3	8.9	7.6	6.9
菲律宾	Philippines	29.6	25.0	20.5	5.4	5.6	5.9
新加坡	Singapore	13.7	9.3	8.8	4.5	4.4	5.0
斯里兰卡	Sri Lanka	18.5	17.8	15.8	6.9	6.0	6.7
泰　国	Thailand	14.5	11.8	10.3	6.9	7.2	7.7
越　南	Viet Nam	17.4	17.3	16.7	5.7	5.8	6.3
埃　及	Egypt	26.0	27.3	26.4	6.5	6.2	5.8
尼日利亚	Nigeria	43.2	41.3	37.9	17.9	14.3	11.9
南　非	South Africa	22.9	23.3	20.5	12.1	12.1	9.4
加拿大	Canada	10.7	11.1	10.1	7.1	7.0	7.7
墨西哥	Mexico	23.9	20.0	17.6	4.7	5.3	6.0
美　国	United States	14.4	13.0	11.6	8.5	8.0	8.6
阿根廷	Argentina	19.5	18.2	17.0	7.8	7.7	7.6
巴　西	Brazil	20.1	15.3	13.9	6.2	6.0	6.5
委内瑞拉	Venezuela	23.8	20.8	17.9	5.1	5.6	7.0
捷　克	Czech Rep.	8.9	11.2	10.7	10.6	10.2	10.6
法　国	France	13.3	12.9	11.3	8.9	8.5	9.2
德　国	Germany	9.3	8.3	9.5	10.2	10.5	11.5
意大利	Italy	9.5	9.5	7.3	9.8	9.9	10.5
荷　兰	Netherlands	13.0	11.1	9.7	8.8	8.2	8.9
波　兰	Poland	9.9	10.9	10.2	9.6	9.9	10.9
俄罗斯	Russia	8.7	12.5	11.5	15.3	14.2	12.4
西班牙	Spain	9.8	10.4	7.9	8.9	8.2	9.1
土耳其	Turkey	21.7	17.9	16.0	6.5	5.7	5.4
乌克兰	Ukraine	7.8	10.8	8.7	15.4	15.2	14.8
英　国	United Kingdom	11.5	12.9	11.0	10.3	8.9	9.3
澳大利亚	Australia	13.0	13.7	12.6	6.7	6.5	6.3
新西兰	New Zealand	14.7	14.7	12.0	6.9	6.5	6.9

4-5 生殖健康(2018年)
Reproductive Health(2018)

资料来源：世界银行WDI数据库。
Source: World Bank WDI Database.

国家或地区	Country or Area	总和生育率 Total Fertility Rate	少女生育率(‰) Adolescent Fertility Rate (‰)	15-49岁妇女避孕普及率(%) Contraceptive Prevalence (% of women ages 15-49)	产妇死亡率(1/10 0000) Maternal Mortality Ratio (1/10 0000)
世　　界	**World**	**2.4**	**42.0**	**59.8①**	**211**
中　　国	China	1.7	7.6	84.5①	29
中国香港	Hong Kong, China	1.1	2.6		
中国澳门	Macao, China	1.2	2.3		
孟加拉国	Bangladesh	2.0	82.3		173
文　　莱	Brunei Darussalam	1.8	9.7		31
柬 埔 寨	Cambodia	2.5	50.7		160
印　　度	India	2.2	12.1	53.5②	145
印度尼西亚	Indonesia	2.3	46.9	63.6①	177
伊　　朗	Iran	2.1	40.7		16
以 色 列	Israel	3.1	9.2		3
日　　本	Japan	1.4	3.7	39.8③	5
哈萨克斯坦	Kazakhstan	2.8	29.4	54.8	10
韩　　国	Korea, Rep.	1.0	1.3	79.6③	11
老　　挝	Laos	2.7	64.9	54.1①	185
马来西亚	Malaysia	2.0	13.5		29
蒙　　古	Mongolia	2.9	31.4		45
缅　　甸	Myanmar	2.2	28.2	52.2②	250
巴基斯坦	Pakistan	3.5	38.2	34.2	140
菲 律 宾	Philippines	2.6	54.8	54.3①	121
新 加 坡	Singapore	1.1	3.5		8
斯里兰卡	Sri Lanka	2.2	20.7	61.7②	36
泰　　国	Thailand	1.5	44.7	78.4②	37
越　　南	Viet Nam	2.0	29.2	75.7③	43
埃　　及	Egypt	3.3	53.1		37
尼日利亚	Nigeria	5.4	105.4	16.6	917
南　　非	South Africa	2.4	67.8	54.6②	119
加 拿 大	Canada	1.5	8.0		10
墨 西 哥	Mexico	2.1	59.5	66.9③	33
美　　国	United States	1.7	18.6	75.9②	19
阿 根 廷	Argentina	2.3	62.6		39
巴　　西	Brazil	1.7	57.9		60
委内瑞拉	Venezuela	2.3	85.0		125
捷　　克	Czech Rep.	1.7	11.9		3
法　　国	France	1.9	4.7		8
德　　国	Germany	1.6	7.9		7
意 大 利	Italy	1.3	5.1		2
荷　　兰	Netherlands	1.6	3.7		5
波　　兰	Poland	1.5	10.2		2
俄 罗 斯	Russia	1.6	19.6		17
西 班 牙	Spain	1.3	7.5	70.9②	4
土 耳 其	Turkey	2.1	25.6		17
乌 克 兰	Ukraine	1.3	23.0		19
英　　国	United Kingdom	1.7	12.6		7
澳大利亚	Australia	1.7	11.3	66.9②	6
新 西 兰	New Zealand	1.7	18.6		9

注：①2017年数据。②2016年数据。③2015年数据。
Note:①Data refer to 2017.②Data refer to 2016.③Data refer to 2015.

4-6　婴儿死亡率和出生时预期寿命
Infant Mortality Rate and Life Expectancy at Birth

资料来源：世界银行WDI数据库。
Source: World Bank WDI Database.

国家或地区	Country or Area	婴儿死亡率(‰) Infant Mortality Rate (‰)			出生时预期寿命(岁) Life Expectancy at Birth (years)		
		2000	2010	2018	2000	2010	2018
世　　界	**World**	**52.8**	**37.0**	**29.0**	**67.5**	**70.6**	**72.6**
高收入国家	**High Income**	**6.8**	**5.1**	**4.4**	**77.4**	**79.7**	**80.7**
中低收入国家	**Low and Middle Income**	**57.8**	**40.4**	**31.4**	**65.4**	**68.7**	**71.0**
低收入国家	**Low Income**	**88.6**	**62.5**	**49.2**	**53.6**	**59.9**	**63.5**
中等收入国家	**Middle Income**	**52.6**	**36.1**	**27.6**	**66.4**	**69.6**	**71.9**
中等偏下收入国家	**Lower Middle Income**	**67.9**	**48.7**	**37.7**	**62.1**	**65.9**	**68.4**
中等偏上收入国家	**Upper Middle Income**	**29.9**	**17.1**	**11.8**	**70.2**	**73.1**	**75.3**
中　　国	China	30.1	13.6	7.3	71.4	74.4	76.7
巴　　西	Brazil	30.3	16.7	12.8	70.1	73.6	75.7
中国香港	Hong Kong, China				80.9	83.0	84.9
中国澳门	Macao, China				80.4	82.7	84.1
孟加拉国	Bangladesh	63.4	38.6	26.7	65.4	69.9	72.3
文　　莱	Brunei Darussalam	8.2	7.9	9.4	72.8	74.7	75.7
柬 埔 寨	Cambodia	79.2	37.4	23.7	58.4	66.6	69.6
印　　度	India	66.7	45.1	29.7	62.5	66.7	69.4
印度尼西亚	Indonesia	41.0	28.0	20.9	65.8	69.2	71.5
伊　　朗	Iran	28.3	16.9	12.4	70.2	73.9	76.5
以 色 列	Israel	5.6	3.7	3.0	79.0	81.6	82.8
日　　本	Japan	3.3	2.3	1.8	81.1	82.8	84.2
哈萨克斯坦	Kazakhstan	36.4	18.2	9.2	65.5	68.3	73.2
韩　　国	Korea, Rep.	6.4	3.5	2.8	75.9	80.1	82.6
老　　挝	Laos	76.0	51.6	37.6	58.8	64.3	67.6
马来西亚	Malaysia	8.7	6.9	7.2	72.6	74.5	76.0
蒙　　古	Mongolia	50.0	25.1	14.2	62.9	67.4	69.7
缅　　甸	Myanmar	65.0	48.6	37.0	60.1	63.5	66.9
巴基斯坦	Pakistan	84.4	70.1	57.2	62.8	65.3	67.1
菲 律 宾	Philippines	28.7	24.8	22.2	68.8	69.8	71.1
新 加 坡	Singapore	3.0	2.2	2.1	78.0	81.5	83.1
斯里兰卡	Sri Lanka	14.2	10.0	6.4	71.3	75.4	76.8
泰　　国	Thailand	18.7	11.7	8.1	70.6	74.2	76.9
越　　南	Viet Nam	23.4	18.3	16.3	73.0	74.8	75.3
埃　　及	Egypt	37.2	24.1	17.9	68.6	70.3	71.8
尼日利亚	Nigeria	110.0	84.6	75.7	46.3	50.9	54.3
南　　非	South Africa	46.3	32.5	27.8	56.0	57.7	63.9
加 拿 大	Canada	5.3	4.9	4.3	79.1	81.2	81.9
墨 西 哥	Mexico	23.6	16.4	12.6	74.3	75.1	75.0
美　　国	United States	7.1	6.2	5.6	76.6	78.5	78.5
阿 根 廷	Argentina	17.5	12.9	8.7	73.6	75.3	76.5
巴　　西	Brazil	30.3	16.7	12.8	70.1	73.6	75.7
委内瑞拉	Venezuela	18.4	14.7	21.0	72.1	73.1	72.1
捷　　克	Czech Rep.	4.5	2.7	2.5	75.0	77.4	79.0
法　　国	France	4.4	3.6	3.7	79.1	81.7	82.7
德　　国	Germany	4.4	3.5	3.3	77.9	80.0	80.9
意 大 利	Italy	4.7	3.4	2.8	79.8	82.0	83.3
荷　　兰	Netherlands	5.1	3.7	3.4	78.0	80.7	81.8
波　　兰	Poland	8.1	5.1	3.8	73.7	76.2	77.6
俄 罗 斯	Russia	16.5	8.9	5.4	65.5	68.8	72.7
西 班 牙	Spain	4.4	3.2	2.6	79.0	81.6	83.4
土 耳 其	Turkey	31.4	15.6	9.2	70.0	74.5	77.4
乌 克 兰	Ukraine	15.7	10.1	7.4	67.7	70.3	71.6
英　　国	United Kingdom	5.6	4.4	3.7	77.7	80.4	81.3
澳大利亚	Australia	5.1	4.0	3.1	79.2	81.7	82.7
新 西 兰	New Zealand	6.1	5.1	4.1	78.6	80.7	81.9

4–7 结婚率与离婚率
Marriage Rate and Divorce Rate

资料来源：联合国人口统计数据库。
Source: UN Demographic Statistics Databas.

单位：‰ (‰)

国家或地区	Country or Area	结婚率 Marriages Rate			离婚率 Divorces Rate		
		2005	2010	2018	2005	2010	2018
中　国	China	6.3	9.3		1.4	2.0	
中国香港	Hong Kong, China	6.3	7.5	6.6			
中国澳门	Macao, China	3.6	5.8	6.1	1.2	1.7	2.4
伊　朗	Iran	11.3	12.1	6.7	1.2	1.9	2.1
日　本	Japan	5.6	5.5	4.6	2.0	2.0	1.6
哈萨克斯坦	Kazakhstan	8.1	9.0	7.5	2.1	2.5	3.0
韩　国	Korea, Rep.	6.5	6.6	5.0	2.7	2.4	2.1
蒙　古	Mongolia	5.8	3.4	6.6	0.6	1.1	1.3
新加坡	Singapore	5.4	4.8	4.8	1.5	1.4	1.2
埃　及	Egypt	6.9	10.5		0.9	1.8	
墨西哥	Mexico	5.6	5.0	4.0	0.7	0.8	1.2
美　国	United States	7.6	6.8		2.9	2.8	
阿根廷	Argentina	3.4	3.0	2.8			
委内瑞拉	Venezuela	3.3	3.3				
白俄罗斯	Belarus	7.6	8.1	6.4	3.2	3.9	3.5
保加利亚	Bulgaria	4.4	3.3	4.1	1.9	1.5	1.5
捷　克	Czech Rep.	5.1	4.5	5.1	3.1	2.9	2.3
法　国	France	4.4	3.8	3.4	2.4	2.0	
德　国	Germany	4.7	4.7	5.0	2.4	2.3	1.8
意大利	Italy	4.3	3.7	3.2	0.8	0.9	1.5
荷　兰	Netherlands	4.4	4.5	3.7	2.0	2.0	1.8
波　兰	Poland	5.4	6.0	5.1	1.8	1.6	1.7
罗马尼亚	Romania	6.7	5.7	7.4	1.6	1.6	1.6
俄罗斯	Russia	7.4	8.5		4.2	4.5	
西班牙	Spain	4.7	3.6	3.5	1.7	2.2	2.0
土耳其	Turkey	9.4	8.1		1.4	1.6	
乌克兰	Ukraine	7.1	6.7		3.9	2.7	
英　国	United Kingdom	4.7	4.5		2.6	2.1	
澳大利亚	Australia	5.4	5.5	4.8	2.6	2.3	2.0
新西兰	New Zealand	5.0	4.8	4.3	2.4	2.0	1.5

4-8　农村和城市人口比重
Rural and Urban Population as Percentage of Total

资料来源：世界银行WDI数据库。
Source: World Bank WDI Database.

单位：%　　(%)

国家或地区	Country or Area	农村人口 Rural Population			城市人口 Urban Population		
		2005	2010	2019	2005	2010	2019
世　界	**World**	**50.8**	**48.4**	**44.3**	**49.2**	**51.6**	**55.7**
中　国	China	57.5	50.8	39.7	42.5	49.2	60.3
中国香港	Hong Kong, China				100.0	100.0	100.0
中国澳门	Macao, China				100.0	100.0	100.0
孟加拉国	Bangladesh	73.2	69.5	62.6	26.8	30.5	37.4
文　莱	Brunei Darussalam	26.8	25.0	22.1	73.2	75.0	77.9
柬埔寨	Cambodia	80.8	79.7	76.2	19.2	20.3	23.8
印　度	India	70.8	69.1	65.5	29.2	30.9	34.5
印度尼西亚	Indonesia	54.1	50.1	44.0	45.9	49.9	56.0
伊　朗	Iran	32.4	29.4	24.6	67.6	70.6	75.4
以色列	Israel	8.5	8.2	7.5	91.5	91.8	92.5
日　本	Japan	14.0	9.2	8.3	86.0	90.8	91.7
哈萨克斯坦	Kazakhstan	43.5	43.2	42.5	56.5	56.8	57.5
韩　国	Korea, Rep.	18.7	18.1	18.6	81.3	81.9	81.4
老　挝	Laos	72.8	69.9	64.4	27.2	30.1	35.6
马来西亚	Malaysia	33.4	29.1	23.4	66.6	70.9	76.6
蒙　古	Mongolia	37.5	32.4	31.5	62.5	67.6	68.5
缅　甸	Myanmar	72.1	71.1	69.1	27.9	28.9	30.9
巴基斯坦	Pakistan	66.0	65.0	63.1	34.0	35.0	36.9
菲律宾	Philippines	54.3	54.7	52.9	45.7	45.3	47.1
新加坡	Singapore				100.0	100.0	100.0
斯里兰卡	Sri Lanka	81.7	81.8	81.4	18.3	18.2	18.6
泰　国	Thailand	62.6	56.1	49.3	37.4	43.9	50.7
越　南	Viet Nam	72.7	69.6	63.4	27.3	30.4	36.6
埃　及	Egypt	57.0	57.0	57.3	43.0	43.0	42.7
尼日利亚	Nigeria	60.9	56.5	48.8	39.1	43.5	51.2
南　非	South Africa	40.5	37.8	33.1	59.5	62.2	66.9
加拿大	Canada	19.9	19.1	18.5	80.1	80.9	81.5
墨西哥	Mexico	23.7	22.2	19.6	76.3	77.8	80.4
美　国	United States	20.1	19.2	17.5	79.9	80.8	82.5
阿根廷	Argentina	10.0	9.2	8.0	90.0	90.8	92.0
巴　西	Brazil	17.2	15.7	13.2	82.8	84.3	86.8
委内瑞拉	Venezuela	12.0	11.9	11.8	88.0	88.1	88.2
捷　克	Czech Rep.	26.4	26.7	26.1	73.6	73.3	73.9
法　国	France	22.9	21.6	19.3	77.1	78.4	80.7
德　国	Germany	24.0	23.0	22.6	76.0	77.0	77.4
意大利	Italy	32.3	31.7	29.3	67.7	68.3	70.7
荷　兰	Netherlands	17.4	12.9	8.1	82.6	87.1	91.9
波　兰	Poland	38.5	39.1	40.0	61.5	60.9	60.0
俄罗斯	Russia	26.5	26.3	25.4	73.5	73.7	74.6
西班牙	Spain	22.7	21.6	19.4	77.3	78.4	80.6
土耳其	Turkey	32.2	29.2	24.4	67.8	70.8	75.6
乌克兰	Ukraine	32.2	31.4	30.5	67.8	68.6	69.5
英　国	United Kingdom	20.1	18.7	16.3	79.9	81.3	83.7
澳大利亚	Australia	15.4	14.8	13.9	84.6	85.2	86.1
新西兰	New Zealand	13.7	13.8	13.4	86.3	86.2	86.6

主要统计指标解释

人口 指实际具有的所有人口，无论其法律地位或公民身份均包括在内，不包括非永久居住在庇护地的难民，难民通常被认为是来源国的人口。人口用年中的估计值表示。

抚养比 指0－14岁和65岁及以上被抚养人口与15－64岁劳动年龄人口之比。

（粗）出生率 指一年内活产数量与年中人口数之比。粗出生率减去粗死亡率为自然增长率，等于没有人口迁移情况下的自然增长率。

（粗）死亡率 指一年内死亡数量与年中人口数之比。粗出生率减去粗死亡率为自然增长率，等于没有人口迁移情况下的自然增长率。

总和生育率 是一个妇女活到育龄期结束，并按当前的特定年龄生育率生育孩子的话，她可能生育的孩子数量。

少女生育率 指每千名15－19岁妇女中生育的妇女人数。

避孕普及率 指采取了某种避孕措施的15－49岁已婚妇女或其性伙伴所占的百分比。

产妇死亡率 是每年每10万例活产中怀孕和分娩期间死亡的妇女人数。

婴儿死亡率 指某年里每千名活产婴儿生存至一周岁前死亡的比率。

出生时预期寿命 指一名新生儿如果其出生时各年龄组的死亡率在其终生保持不变的话，他可能存活的年数。

结婚率 指在一定时期（通常为一个日历年）、给定地域、给定年份内平均每千名年中人口中的结婚次数。

离婚率 指在一定时期（通常为一个日历年）、给定地域、给定年份内平均每千名年中人口中的离婚次数。

城市人口 指向联合国报告的各国定义为城市的区域内的年中人口。

Explanatory Notes on Main Statistical Indicators

Total Population is based on the de facto definition of population, which counts all residents regardless of legal status or citizenship--except for refugees not permanently settled in the country of asylum, who are generally considered part of the population of their country of origin. The values shown are midyear estimates.

Age Dependency Ratio is the ratio of dependents--people younger than 15 or older than 64--to the working-age population--those ages 15-64.

Crude Birth Rate is the number of live births occurring during the year, per 1,000 population estimated at midyear. Subtracting the crude death rate from the crude birth rate provides the rate of natural increase, which is equal to the population growth rate in the absence of migration.

Crude Death Rate is the number of deaths occurring during the year, per 1,000 population estimated at midyear. Subtracting the crude death rate from the crude birth rate provides the rate of natural increase, which is equal to the population growth rate in the absence of migration.

Total Fertility Rate is the number of children that would be born to a woman if she were to live to the end of her childbearing years and bear children in accordance with current age-specific fertility rates.

Adolescent Fertility Rate is the number of births per 1,000 women ages 15-19.

Contraceptive Prevalence Rate is the percentage of women who are practicing, or whose sexual partners are practicing, any form of contraception. It is usually measured for married women ages 15-49 only.

Maternal Mortality Ratio is the number of women who die during pregnancy and childbirth, per 100,000 live births.

Infant Mortality Rate is the number of infants dying before reaching one year of age, per 1000 live births in a given year.

Life Expectancy at Birth is the number of years a newborn infant would live if prevailing patterns of mortality at the time of its birth were to stay the same throughout its life.

Crude Marriage Rate is the number of marriages occurring in a population during a given period of time, usually a calendar year, i.e., the number of marriages occurring among the population of a given geographical area during a given year per 1000 mid-year total population of the given geographical area during the same year.

Crude Divorce Rate is the number of divorces occurring in a population during a given period of time, usually a calendar year, i.e., the number of divorces occurring among the population of a given geographical area during a given year per 1000 mid-year total population of the given geographical area during the same year.

Urban Population is the midyear population of areas defined as urban in each country and reported to the United Nations.

就业人员和劳动报酬

Employment and Earnings

5-1 劳动参与率
Labor Force Participation Rate

资料来源：世界银行WDI数据库。
Source: World Bank WDI Database.
单位：万人 (10 000 persons)

国家或地区	Country or Area	劳动力人口（万人） Total Labor Force (10 000 persons)		劳动参与率（%） Labor Force Participation Rate(%)		女性劳动参与率（%） Female Labor Force Participation Rate(%)	
		2000	2019	2000	2019	2000	2019
世　界	**World**	**276039**	**345997**	**69.5**	**66.4**	**55.6**	**53.0**
中　国	China	73477	78108	82.6	75.6	76.8	68.7
中国香港	Hong Kong, China	340	395	69.7	72.5	57.3	65.5
中国澳门	Macao, China	22	39	71.3	79.0	62.1	73.8
孟加拉国	Bangladesh	4647	7001	59.0	61.4	27.4	38.3
文　莱	Brunei Darussalam	16	22	70.1	68.8	57.8	62.2
柬埔寨	Cambodia	560	935	81.4	85.0	79.9	77.3
印　度	India	39684	49426	59.7	52.1	31.9	24.7
印度尼西亚	Indonesia	9857	13478	69.0	69.8	52.8	54.4
伊　朗	Iran	1916	2790	45.4	47.6	14.6	17.8
以色列	Israel	277	418	69.6	72.5	62.2	69.3
日　本	Japan	6765	6814	72.5	79.2	59.5	70.1
哈萨克斯坦	Kazakhstan	765	905	76.6	76.6	72.6	73.7
韩　国	Korea, Rep.	2281	2841	64.3	69.4	52.1	59.6
老　挝	Laos	241	381	83.4	81.7	83.5	80.8
马来西亚	Malaysia	953	1567	63.9	68.2	46.9	55.3
蒙　古	Mongolia	94	133	62.7	62.8	57.3	56.5
缅　甸	Myanmar	2252	2469	75.4	65.9	63.8	51.6
巴基斯坦	Pakistan	4219	7394	52.4	54.6	16.5	25.4
菲律宾	Philippines	2999	4482	63.7	61.9	49.0	47.9
新加坡	Singapore	216	353	70.6	77.5	56.8	69.3
斯里兰卡	Sri Lanka	783	894	60.6	58.7	40.3	38.1
泰　国	Thailand	3502	3899	77.9	74.7	70.6	67.2
越　南	Viet Nam	4176	5737	81.6	82.8	78.7	79.2
埃　及	Egypt	2004	3083	48.9	49.5	21.6	24.8
尼日利亚	Nigeria	4137	5987	60.0	53.6	47.6	50.5
南　非	South Africa	1647	2330	58.7	60.1	52.4	53.5
加拿大	Canada	1619	2058	76.2	78.6	70.4	75.3
墨西哥	Mexico	3899	5714	62.5	64.4	41.2	47.3
美　国	United States	14673	16589	76.4	72.6	69.9	66.7
阿根廷	Argentina	1633	2077	69.0	69.2	57.8	57.0
巴　西	Brazil	7849	10650	67.8	70.4	53.9	60.7
委内瑞拉	Venezuela	1013	1237	66.1	64.3	50.5	52.1
捷　克	Czech Rep.	515	545	71.2	76.9	63.6	69.5
法　国	France	2736	3039	68.6	72.1	62.4	67.7
德　国	Germany	4025	4358	71.6	78.6	63.5	74.4
意大利	Italy	2328	2595	59.8	65.7	46.2	55.8
荷　兰	Netherlands	816	928	74.9	80.4	65.6	75.6
波　兰	Poland	1732	1826	64.8	70.6	59.3	63.4
俄罗斯	Russia	7340	7303	71.0	74.4	66.4	68.9
西班牙	Spain	1828	2312	65.3	74.0	51.8	68.8
土耳其	Turkey	2142	3337	51.5	58.2	27.9	37.6
乌克兰	Ukraine	2322	2020	67.2	66.7	62.7	60.5
英　国	United Kingdom	2930	3453	75.2	77.8	67.7	73.0
澳大利亚	Australia	960	1342	73.9	78.1	65.3	72.6
新西兰	New Zealand	193	277	75.0	81.2	67.2	76.5

5-2 就业人数
Employment

资料来源：联合国ILO数据库。
Source: ILO Database.
单位：万人 (10 000 persons)

国家或地区	Country or Area	2000	2005	2010	2015	2017	2018	2019
中　国	China	72085	74647	76105	77451	77640	77586	77471
中国香港	Hong Kong, China			347	377			
中国澳门	Macao, China	20	24	32	40	38		
孟加拉国	Bangladesh			5408		6083		
文　莱	Brunei Darussalam					19	20	22
柬埔寨	Cambodia	515		796	863	910		
印　度	India	32704	36328	36967			36057	
印度尼西亚	Indonesia	8984	9396	10781	11783	12278	12554	
伊　朗	Iran			2066	2197	2338	2381	
以色列	Israel	246	274	318	363	381	391	
日　本	Japan	6446	6356	6298	6376	6530	6664	6724
哈萨克斯坦	Kazakhstan			811	862	859		
韩　国	Korea, Rep.	2116	2283	2403	2635	2687	2692	2723
老　挝	Laos			302		176		
马来西亚	Malaysia			1129	1407	1448	1478	1507
蒙　古	Mongolia			103	115	124	125	115
缅　甸	Myanmar				2179	2194	2254	2204
巴基斯坦	Pakistan			4939	5528		5979	
菲律宾	Philippines		3231	3603	3914	4033	4116	4243
新加坡	Singapore		165	306	215	218	220	223
斯里兰卡	Sri Lanka			770	783	821	802	
泰　国	Thailand			3804	3802	3746	3786	3761
越　南	Viet Nam			4949	5284	5370	5425	5057
埃　及	Egypt			2383	2478	2605	2606	
尼日利亚	Nigeria		4911	4853	7185			
南　非	South Africa	1036	1088	1394	1593	1636	1661	
加拿大	Canada	1476	1612	1696	1795	1842	1866	
墨西哥	Mexico	3759	4208	4612	5061	5234	5372	5499
美　国	United States	13689	14173	13906	14883	15334	15576	15754
阿根廷	Argentina		953	1513		1157	1174	1204
巴　西	Brazil		8323		9127	8944	9076	9260
委内瑞拉	Venezuela		1040	1201				
捷　克	Czech Rep.	468	476	489	504	522	529	530
法　国	France	2312	2498	2573	2644	2683	2706	2718
德　国	Germany	3632	3636	3799	4021	4166	4191	4240
意大利	Italy	2093	2241	2253	2246	2302	2321	2336
荷　兰	Netherlands	786	783	829	832	860	880	898
波　兰	Poland	1452	1412	1547	1608	1642	1648	1646
俄罗斯	Russia	6507	6834	6993	7232	7232	7253	7193
西班牙	Spain	1544	1921	1872	1787	1882	1933	1978
土耳其	Turkey	2158	2007	2259	2662	2820	2873	2808
乌克兰	Ukraine			2027	1644	1616	1636	
英　国	United Kingdom	2726	2874	2912	3120	3197	3235	3269
澳大利亚	Australia	890	988	1099	1181	1228	1260	
新西兰	New Zealand	180	208	218	236	257	264	

5-3 按产业类型划分的就业构成
Composition of Employment by Industry

资料来源：世界银行WDI数据库。
Source: World Bank WDI Database.

单位：% (%)

国家或地区	Country or Area	第一产业 Primary Industry		第二产业 Secondary Industry		第三产业 Tertiary Industry	
		2000	2019	2000	2019	2000	2019
中　国	China	50.0	25.4	22.5	28.2	27.5	46.4
中国香港	Hong Kong, China	0.3	0.2	20.3	11.6	79.4	88.2
中国澳门	Macao, China	0.4	0.4	28.1	9.7	71.6	90.0
孟加拉国	Bangladesh	64.8	38.6	10.7	21.3	24.5	40.2
文　莱	Brunei Darussalam	1.2	1.4	21.7	15.9	77.1	82.8
柬埔寨	Cambodia	73.5	32.3	8.5	29.0	18.0	38.7
印　度	India	59.6	42.4	16.3	25.6	24.0	32.0
印度尼西亚	Indonesia	45.3	28.6	17.4	22.5	37.3	48.9
伊　朗	Iran	24.5	17.9	30.4	30.6	45.1	51.5
以色列	Israel	2.2	0.9	23.9	17.0	73.9	82.1
日　本	Japan	5.1	3.4	31.4	24.3	63.5	72.3
哈萨克斯坦	Kazakhstan	36.6	15.8	16.0	20.5	47.4	63.7
韩　国	Korea, Rep.	10.6	4.9	28.1	25.1	61.3	70.0
老　挝	Laos	81.6	62.4	4.5	11.9	13.8	25.7
马来西亚	Malaysia	18.4	10.4	32.2	27.0	49.5	62.6
蒙　古	Mongolia	48.6	27.4	14.1	19.4	37.2	53.2
缅　甸	Myanmar	61.5	48.9	13.2	16.1	25.4	35.0
巴基斯坦	Pakistan	43.3	36.7	20.4	25.3	36.3	38.0
菲律宾	Philippines	37.1	23.4	16.1	19.4	46.8	57.2
新加坡	Singapore	0.9	0.7	27.9	15.5	71.2	83.8
斯里兰卡	Sri Lanka	41.2	24.5	23.4	29.7	35.4	45.8
泰　国	Thailand	48.8	31.6	19.0	22.6	32.2	45.8
越　南	Viet Nam	65.3	37.4	12.4	27.6	22.3	35.0
埃　及	Egypt	29.6	23.8	21.3	27.7	49.1	48.5
尼日利亚	Nigeria	48.7	35.1	12.1	12.2	39.2	52.7
南　非	South Africa	9.9	5.1	27.3	22.9	62.8	72.0
加拿大	Canada	2.5	1.5	23.3	19.5	74.2	79.1
墨西哥	Mexico	17.4	12.6	27.1	26.1	55.5	61.2
美　国	United States	1.6	1.3	24.4	19.8	73.9	78.9
阿根廷	Argentina	0.7	0.1	22.8	21.4	76.5	78.5
巴　西	Brazil	16.5	9.2	21.9	19.8	61.7	71.0
委内瑞拉	Venezuela	10.6	8.3	22.8	16.6	66.6	75.1
捷　克	Czech Rep.	5.2	2.7	39.9	37.3	54.8	60.0
法　国	France	4.1	2.4	26.3	20.1	69.6	77.5
德　国	Germany	2.6	1.2	33.5	27.0	63.8	71.7
意大利	Italy	5.2	3.7	31.8	25.9	63.0	70.4
荷　兰	Netherlands	3.3	2.0	21.6	16.0	75.1	82.0
波　兰	Poland	18.7	9.2	31.1	31.9	50.3	58.8
俄罗斯	Russia	14.5	5.8	29.2	26.7	56.3	67.6
西班牙	Spain	6.7	4.1	30.8	20.3	62.5	75.6
土耳其	Turkey	39.3	18.4	22.9	26.3	37.8	55.3
乌克兰	Ukraine	25.1	14.5	26.5	24.6	48.3	61.0
英　国	United Kingdom	1.5	1.0	25.2	17.9	73.3	81.1
澳大利亚	Australia	4.9	2.6	21.6	19.8	73.5	77.6
新西兰	New Zealand	8.7	5.7	23.3	19.6	68.0	74.8

5-4 按行业分类的就业人口
Employment by Economic Activity

资料来源：联合国ILO数据库。
Source: ILO Database.
单位：万人 (10 000 persons)

国家或地区	Country or Area	2010	2015	2016	2017	2018
中　　国①	**China①**					
按第四版ISIC分类	ISIC-Rev.4					
总　计	Total	13051.5	18062.5	17888.1	17643.8	17258.2
农、林、牧、渔业	Agriculture, Forestry, Animal Husbandry and Fishery	375.7	270.0	263.2	255.4	192.6
采矿业	Mining	562.0	545.8	490.9	455.4	414.4
制造业	Manufacturing	3637.2	5068.7	4893.8	4635.5	4178.3
电力、热力、燃气及水生产和供应业	Production and supply of Electricity, Heat,Gas and Water	310.5	396.0	387.6	377.0	369.2
建筑业	Construction	1267.5	2796.0	2724.7	2643.2	2710.9
批发和零售业	Wholesale and Retail Trades	535.1	883.3	875.0	842.8	823.3
交通运输、仓储和邮政业	Transport,Storage and Post	631.1	854.4	849.5	843.9	819.0
住宿和餐饮业	Hotels and Catering Services	209.2	276.1	269.7	265.9	269.8
信息传输、软件和信息技术服务业	Information Transmission,Software and Information Technology	185.8	349.9	364.1	395.4	424.3
金融业	Financial Intermediation	470.1	606.8	665.2	688.8	699.3
房地产业	Real Estate	211.6	417.3	431.7	444.8	466.0
科技研究和技术服务业	Scientific Research and and Technical Services	292.3	410.6	419.6	420.4	411.5
公共管理、社会保障和社会组织	Public Management, Social Security and Social Organization	1428.5	1637.8	1672.6	1725.6	1817.5
教育	Education	1581.8	1736.5	1729.2	1730.4	1735.6
卫生和社会工作	Health and Social Service	632.5	841.6	867.0	897.9	912.4
文化、体育和娱乐业	Culture, Sports and Entertainment	131.4	149.1	150.8	152.2	146.6
中国香港	**Hong Kong, China**					
按第四版ISIC分类	ISIC-Rev.4					
总　计	Total	347.4	377.4	378.7	382.3	
制造业	Manufacturing	13.3	11.4	11.8	11.1	
建筑业	Construction	26.5	31.7	32.8	34.2	
批发和零售贸易；机动车辆和摩托车的修理	Wholesale and Retail Trade; Repair of Motor Vehicles and Motorcycles	84.7	82.0	79.9		
运输和储存	Transportation and Storage	31.7	32.4	31.5		
住宿和餐饮业	Accommodation and Food Service Activities	25.8	28.5	28.6		
信息和通讯业	Information and Communication	10.5	13.1	13.5		
金融和保险业	Financial and Insurance Activities	20.6	24.1	24.6		
房地产业	Real Estate Activities	14.6	15.5	15.1		
专业和科技活动	Professional, Scientific and Technical Activities	28.9	20.0	19.9		
企业管理和商务服务业	Administrative and Support Service Activities		15.4	16.7		
公共行政和国防；强制性社会保障	Public Administration and Defence; Compulsory Social Security	11.1	11.1	11.4		
教育	Education	18.5	21.7	21.4		
卫生和社会福利业	Human Health and Social Work Activities	16.3	19.3	19.5		
艺术、娱乐和文娱活动	Arts, Entertainment and Recreation	5.2	5.9	5.8		
其他服务活动	Other Service Activities	10.2	11.0	10.6		
未分类经济活动	Not Classifiable by Economic Activity	29.5	34.4	35.6		

5−4 续表 1 continued

单位：万人 (10 000 persons)

国家或地区	Country or Area	2010	2015	2016	2017	2018
印度尼西亚	**Indonesia**					
按第四版ISIC分类	ISIC-Rev.4					
总　计	Total	10959.0	11783.3			12553.6
农业、林业和渔业	Agriculture, Forestry and Fishing		3893.7			
采掘业	Mining and Quarrying	128.1	136.5			
制造业	Manufacturing	1347.4	1615.1			
电、煤气、蒸汽和空调供应	Electricity, Gas, Steam and Air Conditioning Supply		21.2			
供水；污水处理、废物管理和补救活动	Water Supply; Sewerage, Waste Management and Remediation Activities		27.9			
建筑业	Construction	548.5	796.1			
批发和零售贸易；机动车辆和摩托车的修理	Wholesale and Retail Trade; Repair of Motor Vehicles and Motorcycles		2195.5			
运输和储存	Transportation and Storage		462.3			
住宿和餐饮业	Accommodation and Food Service Activities		516.7			
信息和通讯业	Information and Communication		57.5			
金融和保险业	Financial and Insurance Activities		173.6			
房地产业	Real Estate Activities		29.2			
专业和科技活动	Professional, Scientific and Technical Activities		42.2			
企业管理和商务服务业	Administrative and Support Service Activities	1629.4	104.6			
公共行政和国防；强制性社会保障	Public Administration and Defence; Compulsory Social Security		403.4			
教育	Education	473.3	574.9			
卫生和社会福利业	Human Health and Social Work Activities	108.9	150.5			
艺术、娱乐和文娱活动	Arts, Entertainment and Recreation		44.0			
其他服务活动	Other Service Activities		263.8			
家庭作为雇主的活动；家庭自用、未加区分的生产货物及服务的活动	Activities of Households as Employers; Undifferentiated Goods- and Services-Producing Activities of Households for Own Use		252.0			
域外组织和机构的活动	Activities of Extraterritorial Organizations and Bodies		0.1			
未分类经济活动	Not Classifiable by Economic Activity	4.9				
伊　朗	**Iran**					
按第四版ISIC分类	ISIC-Rev.4					
总　计	Total	2065.7	2197.2	2258.8	2337.9	2381.3
农业、林业和渔业	Agriculture, Forestry and Fishing		396.1	406.1	410.9	421.3
采掘业	Mining and Quarrying	11.2	15.7	15.6	19.0	19.6
制造业	Manufacturing	352.2	369.7	381.7	393.9	412.8
电、煤气、蒸汽和空调供应	Electricity, Gas, Steam and Air Conditioning Supply		15.3	15.8	15.9	17.1
供水；污水处理、废物管理和补救活动	Water Supply; Sewerage, Waste Management and Remediation Activities		9.4	10.0	13.9	13.3
建筑业	Construction	282.0	304.7	296.9	306.1	300.0
批发和零售贸易；机动车辆和摩托车的修理	Wholesale and Retail Trade; Repair of Motor Vehicles and Motorcycles		328.0	352.0	370.3	373.4
运输和储存	Transportation and Storage		217.8	217.9	221.1	224.1
住宿和餐饮业	Accommodation and Food Service Activities	24.7	28.9	30.9	34.1	37.1
信息和通讯业	Information and Communication		21.3	23.5	22.9	21.4
金融和保险业	Financial and Insurance Activities		33.8	31.9	31.2	32.7
房地产业	Real Estate Activities		13.6	13.3	14.8	16.6
专业和科技活动	Professional, Scientific and Technical Activities		25.4	28.1	32.1	32.8
企业管理和商务服务业	Administrative and Support Service Activities		25.8	28.0	29.0	30.8
公共行政和国防；强制性社会保障	Public Administration and Defence; Compulsory Social Security		143.0	141.8	137.5	135.4
教育	Education	123.3	128.4	132.3	136.2	142.2
卫生和社会福利业	Human Health and Social Work Activities	49.2	61.5	64.5	73.8	74.0
艺术、娱乐和文娱活动	Arts, Entertainment and Recreation		9.3	12.2	12.2	14.5
其他服务活动	Other Service Activities		45.5	51.0	57.8	57.5
家庭作为雇主的活动；家庭自用、未加区分的生产货物及服务的活动	Activities of Households as Employers; Undifferentiated Goods- and Services-Producing Activities of Households for Own Use		3.7	4.8	4.0	4.0
域外组织和机构的活动	Activities of Extraterritorial Organizations and Bodies		0.1	0.1	0.4	0.1
未分类经济活动	Not Classifiable by Economic Activity		0.3	0.4	0.6	0.4

5-4 续表 2 continued

单位：万人 (10 000 persons)

国家或地区	Country or Area	2010	2015	2016	2017	2018
以 色 列	**Israel**					
按第四版ISIC分类	ISIC-Rev.4					
总 计	Total	318.3	363.4	372.7	381.4	390.5
农业、林业和渔业	Agriculture, Forestry and Fishing		3.6	3.7	3.7	
采掘业	Mining and Quarrying		0.3	0.3	0.3	
制造业	Manufacturing		41.2	41.6	41.6	
电、煤气、蒸汽和空调供应	Electricity, Gas, Steam and Air Conditioning Supply		1.6	1.7	1.7	
供水；污水处理、废物管理和补救活动	Water Supply; Sewerage, Waste Management and Remediation Activities		1.5	1.7	1.7	
建筑业	Construction		17.9	18.6	19.5	
批发和零售贸易；机动车辆和摩托车的修理	Wholesale and Retail Trade; Repair of Motor Vehicles and Motorcycles		41.7	42.7	42.8	
运输和储存	Transportation and Storage		15.1	15.4	16.1	
住宿和餐饮业	Accommodation and Food Service Activities		15.4	16.4	16.4	
信息和通讯业	Information and Communication		18.0	18.6	18.6	
金融和保险业	Financial and Insurance Activities		12.4	12.4	12.8	
房地产业	Real Estate Activities		2.8	3.3	3.3	
专业和科技活动	Professional, Scientific and Technical Activities		25.8	27.0	27.8	
企业管理和商务服务业	Administrative and Support Service Activities		15.3	16.0	16.6	
公共行政和国防；强制性社会保障	Public Administration and Defence; Compulsory Social Security		37.0	37.4	38.2	
教育	Education		45.3	45.4	46.9	
卫生和社会福利业	Human Health and Social Work Activities		39.0	39.7	40.7	
艺术、娱乐和文娱活动	Arts, Entertainment and Recreation		6.7	7.1	7.3	
其他服务活动	Other Service Activities		8.4	9.0	9.3	
家庭作为雇主的活动；家庭自用、未加区分的生产货物及服务的活动	Activities of Households as Employers; Undifferentiated Goods- and Services-Producing Activities of Households for Own Use		6.6	6.7	6.9	
域外组织和机构的活动	Activities of Extraterritorial Organizations and Bodies		0.3	0.3	0.2	
未分类经济活动	Not Classifiable by Economic Activity		7.5	7.9	9.1	
日 本	**Japan**					
按第四版ISIC分类	ISIC-Rev.4					
总 计	Total	6298.0	6376.0	6440.0	6530.0	6664.0
农业、林业和渔业	Agriculture, Forestry and Fishing	255.0	228.0	222.0	221.0	228.0
采掘业	Mining and Quarrying	3.0	3.0	3.0	3.0	3.0
制造业	Manufacturing	1060.0	1062.0	1067.0	1079.0	1087.0
电、煤气、蒸汽和空调供应	Electricity, Gas, Steam and Air Conditioning Supply	34.0	61.0	62.0	61.0	61.0
建筑业	Construction	504.0	500.0	492.0	498.0	503.0
批发和零售贸易；机动车辆和摩托车的修理	Wholesale and Retail Trade; Repair of Motor Vehicles and Motorcycles	1062.0	1083.0	1088.0	1105.0	1102.0
运输和储存	Transportation and Storage	352.0	366.0	371.0	372.0	374.0
住宿和餐饮业	Accommodation and Food Service Activities	386.0	383.0	389.0	391.0	416.0
信息和通讯业	Information and Communication	197.0	209.0	207.0	213.0	220.0
金融和保险业	Financial and Insurance Activities	163.0	180.0	190.0	193.0	186.0
房地产业	Real Estate Activities	110.0	92.0	94.0	95.0	100.0
专业和科技活动	Professional, Scientific and Technical Activities	198.0	214.0	220.0	230.0	239.0
企业管理和商务服务业	Administrative and Support Service Activities	285.0	294.0	303.0	314.0	331.0
公共行政和国防；强制性社会保障	Public Administration and Defence; Compulsory Social Security	223.0	234.0	235.0	234.0	237.0
教育	Education	289.0	303.0	307.0	315.0	321.0
卫生和社会福利业	Human Health and Social Work Activities	656.0	784.0	808.0	814.0	831.0
艺术、娱乐和文娱活动	Arts, Entertainment and Recreation		71.0	75.0	78.0	79.0
其他服务活动	Other Service Activities	456.0	206.0	205.0	204.0	202.0
域外组织和机构的活动	Activities of Extraterritorial Organizations and Bodies		3.0	2.0	3.0	3.0
未分类经济活动	Not Classifiable by Economic Activity	65.0	101.0	101.0	106.0	138.0

5-4 续表 3 continued

单位：万人 (10 000 persons)

国家或地区	Country or Area	2010	2015	2016	2017	2018
哈萨克斯坦	**Kazakhstan**					
按第四版ISIC分类	ISIC-Rev.4					
总　计	Total	811.4	862.4		858.5	
农业、林业和渔业	Agriculture, Forestry and Fishing	229.5	155.3		131.9	
采掘业	Mining and Quarrying	19.4	28.4		28.4	
制造业	Manufacturing	56.6	55.3		58.2	
电、煤气、蒸汽和空调供应	Electricity, Gas, Steam and Air Conditioning Supply	13.2	16.5		15.1	
供水；污水处理、废物管理和补救活动	Water Supply; Sewerage, Waste Management and Remediation Activities	5.7	8.2		7.4	
建筑业	Construction	57.0	68.9		61.4	
批发和零售贸易；机动车辆和摩托车的修理	Wholesale and Retail Trade; Repair of Motor Vehicles and Motorcycles	122.4	126.1		133.5	
运输和储存	Transportation and Storage	51.2	61.9		60.8	
住宿和餐饮业	Accommodation and Food Service Activities	10.5	17.4		19.2	
信息和通讯业	Information and Communication	10.9	15.2		15.6	
金融和保险业	Financial and Insurance Activities	10.5	19.5		17.5	
房地产业	Real Estate Activities	13.9	9.4		16.3	
专业和科技活动	Professional, Scientific and Technical Activities	14.9	22.1		23.9	
企业管理和商务服务业	Administrative and Support Service Activities	16.7	23.4		28.0	
公共行政和国防；强制性社会保障	Public Administration and Defence; Compulsory Social Security	37.7	47.1		47.9	
教育	Education	81.6	101.3		105.6	
卫生和社会福利业	Human Health and Social Work Activities	37.0	45.5		48.2	
艺术、娱乐和文娱活动	Arts, Entertainment and Recreation	9.0	12.7		13.4	
其他服务活动	Other Service Activities	11.4	27.9		26.3	
韩　国	**Korea, Rep.**					
按第四版ISIC分类	ISIC-Rev.4					
总　计	Total	2403.3	2634.8	2655.1	2686.8	2692.5
农业、林业和渔业	Agriculture, Forestry and Fishing	158.6	137.3	130.7	131.9	134.0
采掘业	Mining and Quarrying	2.1	1.4	1.9	2.3	1.9
制造业	Manufacturing	407.8	461.1	459.0	457.1	451.0
电、煤气、蒸汽和空调供应	Electricity, Gas, Steam and Air Conditioning Supply	7.9	7.9	7.6	7.2	7.0
供水；污水处理、废物管理和补救活动	Water Supply; Sewerage, Waste Management and Remediation Activities	6.6	10.5	11.4	11.5	12.7
建筑业	Construction	176.8	185.5	187.0	198.9	203.4
批发和零售贸易；机动车辆和摩托车的修理	Wholesale and Retail Trade; Repair of Motor Vehicles and Motorcycles	360.8	382.5	375.8	380.0	372.3
运输和储存	Transportation and Storage	128.8	142.9	142.7	140.5	140.7
住宿和餐饮业	Accommodation and Food Service Activities	190.3	220.2	229.5	229.2	224.2
信息和通讯业	Information and Communication	67.0	77.4	78.4	78.3	83.7
金融和保险业	Financial and Insurance Activities	82.0	79.9	80.3	79.4	84.0
房地产业	Real Estate Activities	51.7	46.2	48.3	54.0	52.8
专业和科技活动	Professional, Scientific and Technical Activities	88.6	105.5	110.1	109.2	109.6
企业管理和商务服务业	Administrative and Support Service Activities	102.5	133.1	139.2	137.5	131.1
公共行政和国防；强制性社会保障	Public Administration and Defence; Compulsory Social Security	97.0	94.9	100.4	105.9	111.0
教育	Education	181.0	183.6	186.3	190.9	184.7
卫生和社会福利业	Human Health and Social Work Activities	116.2	178.2	186.1	192.1	204.6
艺术、娱乐和文娱活动	Arts, Entertainment and Recreation	38.2	42.9	40.7	42.9	44.5
其他服务活动	Other Service Activities	122.8	123.5	122.6	122.3	123.6
家庭作为雇主的活动；家庭自用、未加区分的生产货物及服务的活动	Activities of Households as Employers; Undifferentiated Goods- and Services-Producing Activities of Households for Own Use	15.1	8.2	7.0	6.4	4.8
域外组织和机构的活动	Activities of Extraterritorial Organizations and Bodies	1.3	1.9	1.6	1.2	0.7

5-4 续表 4 continued

单位：万人 (10 000 persons)

国家或地区	Country or Area	2010	2015	2016	2017	2018
马来西亚	**Malaysia**					
按第四版ISIC分类	ISIC-Rev.4					
总　计	Total	1129.1	1406.8	1416.4	1447.7	1477.6
农业、林业和渔业	Agriculture, Forestry and Fishing	149.2	175.4	161.0	163.5	157.0
采掘业	Mining and Quarrying	5.6	10.4	9.6	9.7	9.1
制造业	Manufacturing	189.9	232.3	239.1	251.3	250.0
电、煤气、蒸汽和空调供应	Electricity, Gas, Steam and Air Conditioning Supply	5.1	6.2	7.8	6.2	6.9
供水；污水处理、废物管理和补救活动	Water Supply; Sewerage, Waste Management and Remediation Activities	6.3	7.2	7.6	8.1	8.9
建筑业	Construction	102.8	131.0	125.2	125.9	125.8
批发和零售贸易；机动车辆和摩托车的修理	Wholesale and Retail Trade; Repair of Motor Vehicles and Motorcycles	181.3	236.1	242.9	248.5	254.5
运输和储存	Transportation and Storage	52.9	61.5	63.0	65.8	69.8
住宿和餐饮业	Accommodation and Food Service Activities	81.8	115.1	126.1	132.3	147.3
信息和通讯业	Information and Communication	16.2	21.4	20.9	22.0	21.6
金融和保险业	Financial and Insurance Activities	30.7	35.4	34.7	36.9	33.9
房地产业	Real Estate Activities	5.6	7.1	8.2	8.5	9.7
专业和科技活动	Professional, Scientific and Technical Activities	26.6	35.9	36.2	34.8	36.8
企业管理和商务服务业	Administrative and Support Service Activities	33.0	63.5	65.7	67.7	74.8
公共行政和国防；强制性社会保障	Public Administration and Defence; Compulsory Social Security	77.3	75.1	74.8	74.2	72.0
教育	Education	77.2	89.9	92.9	88.0	98.9
卫生和社会福利业	Human Health and Social Work Activities	27.7	57.3	57.0	58.8	55.1
艺术、娱乐和文娱活动	Arts, Entertainment and Recreation	8.8	8.2	8.1	8.4	8.6
其他服务活动	Other Service Activities	18.2	23.3	23.1	26.0	26.5
家庭作为雇主的活动；家庭自用、未加区分的生产货物及服务的活动	Activities of Households as Employers; Undifferentiated Goods- and Services-Producing Activities of Households for Own Use	25.2	14.2	12.5	10.7	10.4
蒙　古	**Mongolia**					
按第四版ISIC分类	ISIC-Rev.4					
总　计	Total	103.4	115.1	114.8	123.8	125.3
农业、林业和渔业	Agriculture, Forestry and Fishing	34.7	32.8	34.8	35.6	33.4
采掘业	Mining and Quarrying	3.4	4.3	3.8	5.2	5.8
制造业	Manufacturing	6.5	8.1	8.6	9.3	10.1
电、煤气、蒸汽和空调供应	Electricity, Gas, Steam and Air Conditioning Supply	1.2	1.6	1.6	1.7	1.6
供水；污水处理、废物管理和补救活动	Water Supply; Sewerage, Waste Management and Remediation Activities	0.8	0.6	0.6	0.5	0.7
建筑业	Construction	4.9	8.8	7.1	7.1	7.7
批发和零售贸易；机动车辆和摩托车的修理	Wholesale and Retail Trade; Repair of Motor Vehicles and Motorcycles	14.6	17.8	17.3	20.4	21.1
运输和储存	Transportation and Storage	7.7	7.3	6.6	7.3	7.4
住宿和餐饮业	Accommodation and Food Service Activities	2.8	3.8	3.2	3.6	3.7
信息和通讯业	Information and Communication	1.4	1.6	1.8	1.4	1.4
金融和保险业	Financial and Insurance Activities	1.5	2.4	2.2	2.4	2.6
房地产业	Real Estate Activities		0.1	0.1		0.1
专业和科技活动	Professional, Scientific and Technical Activities	1.0	1.4	1.3	1.3	1.5
企业管理和商务服务业	Administrative and Support Service Activities	0.9	1.6	1.5	2.1	1.8
公共行政和国防；强制性社会保障	Public Administration and Defence; Compulsory Social Security	6.1	6.8	7.4	8.2	7.6
教育	Education	8.5	8.9	9.5	9.9	9.9
卫生和社会福利业	Human Health and Social Work Activities	4.0	3.8	4.1	4.0	4.9
艺术、娱乐和文娱活动	Arts, Entertainment and Recreation	0.9	1.2	1.0	1.0	1.4
其他服务活动	Other Service Activities	2.1	2.0	2.0	2.3	2.3
家庭作为雇主的活动；家庭自用、未加区分的生产货物及服务的活动	Activities of Households as Employers; Undifferentiated Goods- and Services-Producing Activities of Households for Own Use	0.1	0.1	0.1	0.2	0.1

5-4 续表 5 continued

单位：万人 (10 000 persons)

国家或地区	Country or Area	2010	2015	2016	2017	2018
菲 律 宾	**Philippines**					
按第四版ISIC分类	ISIC-Rev.4					
总　计	Total	3603.5	3914.3	3076.1	4033.4	4115.7
农业、林业和渔业	Agriculture, Forestry and Fishing	1033.6	1142.6	827.5	1026.1	999.8
采掘业	Mining and Quarrying	161.6	23.5	16.2	20.3	20.7
制造业	Manufacturing	296.5	323.1	256.0	348.1	362.5
电、煤气、蒸汽和空调供应	Electricity, Gas, Steam and Air Conditioning Supply	4.2	8.4	6.5	8.0	8.8
供水；污水处理、废物管理和补救活动	Water Supply; Sewerage, Waste Management and Remediation Activities	19.5	5.3	5.0	6.9	6.1
建筑业	Construction	6.5	273.4	250.2	353.7	386.5
批发和零售贸易；机动车辆和摩托车的修理	Wholesale and Retail Trade; Repair of Motor Vehicles and Motorcycles	201.7	739.4	601.4	790.0	799.4
运输和储存	Transportation and Storage	703.4	280.5	226.4	312.7	322.0
住宿和餐饮业	Accommodation and Food Service Activities	106.3	172.7	134.7	174.0	172.7
信息和通讯业	Information and Communication	251.0	38.4	27.6	39.7	40.3
金融和保险业	Financial and Insurance Activities	54.3	50.0	38.5	50.6	54.0
房地产业	Real Estate Activities	2.7	18.5	15.0	18.6	20.4
专业和科技活动	Professional, Scientific and Technical Activities	299.3	21.0	16.3	24.7	27.5
企业管理和商务服务业	Administrative and Support Service Activities	117.6	114.5	103.7	147.5	158.4
公共行政和国防；强制性社会保障	Public Administration and Defence; Compulsory Social Security		212.6	166.6	240.8	255.9
教育	Education	45.1	129.4	97.4	120.4	119.7
卫生和社会福利业	Human Health and Social Work Activities		49.8	38.1	48.4	51.8
艺术、娱乐和文娱活动	Arts, Entertainment and Recreation	91.4	34.5	28.6	32.5	36.3
其他服务活动	Other Service Activities	192.6	252.1	219.9	270.0	272.4
家庭作为雇主的活动；家庭自用、未加区分的生产货物及服务的活动	Activities of Households as Employers; Undifferentiated Goods- and Services-Producing Activities of Households for Own Use		24.4	0.1	0.1	
域外组织和机构的活动	Activities of Extraterritorial Organizations and Bodies	0.2	0.3	0.3	0.2	0.4
未分类经济活动	Not Classifiable by Economic Activity	16.2				
新 加 坡	**Singapore**					
按第四版ISIC分类	ISIC-Rev.4					
总　计	Total	306.3	214.8	216.5	217.5	220.4
制造业	Manufacturing	54.2	23.9			22.8
建筑业	Construction	38.8	11.0			10.4
批发和零售贸易；机动车辆和摩托车的修理	Wholesale and Retail Trade; Repair of Motor Vehicles and Motorcycles	40.7	36.4			35.3
运输和储存	Transportation and Storage	19.7	18.8			19.9
住宿和餐饮业	Accommodation and Food Service Activities	18.5	13.9			13.4
信息和通讯业	Information and Communication	9.3	8.4			9.2
金融和保险业	Financial and Insurance Activities	17.3	16.7			19.6
房地产业	Real Estate Activities	7.9	5.5			5.4
专业和科技活动	Professional, Scientific and Technical Activities	18.0	16.7			17.4
企业管理和商务服务业	Administrative and Support Service Activities	15.7	11.2			12.0
公共行政和国防；强制性社会保障	Public Administration and Defence; Compulsory Social Security	20.4	29.1			29.7
教育	Education					
卫生和社会福利业	Human Health and Social Work Activities	9.2	10.6			12.6
艺术、娱乐和文娱活动	Arts, Entertainment and Recreation	34.6	3.7			3.8
其他服务活动	Other Service Activities		6.7			6.7
未分类经济活动	Not Classifiable by Economic Activity		2.3			2.2

5-4 续表 6 continued

单位：万人 (10 000 persons)

国家或地区	Country or Area	2010	2015	2016	2017	2018
斯里兰卡	**Sri Lanka**					
按第四版ISIC分类	ISIC-Rev.4					
总　计	Total	769.6	783.1	794.8	820.8	801.5
农业、林业和渔业	Agriculture, Forestry and Fishing		224.5	215.4	214.0	204.4
采掘业	Mining and Quarrying		6.1	6.0	6.3	6.2
制造业	Manufacturing		140.8	142.1	158.1	146.4
电、煤气、蒸汽和空调供应	Electricity, Gas, Steam and Air Conditioning Supply		1.4	1.8	2.1	2.1
供水；污水处理、废物管理和补救活动	Water Supply; Sewerage, Waste Management and Remediation Activities		1.3	1.7	2.7	3.3
建筑业	Construction		52.3	58.2	63.9	65.9
批发和零售贸易；机动车辆和摩托车的修理	Wholesale and Retail Trade; Repair of Motor Vehicles and Motorcycles		106.0	110.2	116.0	114.1
运输和储存	Transportation and Storage		48.0	51.6	51.3	50.2
住宿和餐饮业	Accommodation and Food Service Activities		20.3	20.3	21.0	23.8
信息和通讯业	Information and Communication		5.2	6.2	7.0	5.5
金融和保险业	Financial and Insurance Activities		14.5	15.9	16.0	17.3
房地产业	Real Estate Activities		1.1	0.8	1.6	1.8
专业和科技活动	Professional, Scientific and Technical Activities		6.5	5.5	7.0	8.6
企业管理和商务服务业	Administrative and Support Service Activities		12.1	10.7	15.2	16.7
公共行政和国防；强制性社会保障	Public Administration and Defence; Compulsory Social Security		60.0	60.9	52.7	43.4
教育	Education		32.4	34.4	37.7	42.5
卫生和社会福利业	Human Health and Social Work Activities		13.7	14.2	14.9	14.3
艺术、娱乐和文娱活动	Arts, Entertainment and Recreation		4.3	3.5	4.2	3.2
其他服务活动	Other Service Activities		14.4	13.8	11.9	11.7
家庭作为雇主的活动；家庭自用、未加区分的生产货物及服务的活动	Activities of Households as Employers; Undifferentiated Goods- and Services-Producing Activities of Households for Own Use		17.7	20.9	16.2	19.4
域外组织和机构的活动	Activities of Extraterritorial Organizations and Bodies		0.7	0.7	0.9	0.5
泰　国	**Thailand**					
按第四版ISIC分类	ISIC-Rev.4					
总　计	Total	3803.7	3801.6	3769.3	3745.8	3786.5
农业、林业和渔业	Agriculture, Forestry and Fishing		1227.2	1174.7	1178.3	1216.8
采掘业	Mining and Quarrying	4.1	7.9	6.6	6.4	7.3
制造业	Manufacturing	535.0	645.4	628.9	610.8	625.9
电、煤气、蒸汽和空调供应	Electricity, Gas, Steam and Air Conditioning Supply		10.5	12.1	12.7	11.3
供水；污水处理、废物管理和补救活动	Water Supply; Sewerage, Waste Management and Remediation Activities		8.3	9.6	9.9	7.7
建筑业	Construction	235.6	228.2	235.2	216.0	211.2
批发和零售贸易；机动车辆和摩托车的修理	Wholesale and Retail Trade; Repair of Motor Vehicles and Motorcycles		617.6	633.1	632.1	627.7
运输和储存	Transportation and Storage		121.6	119.9	123.2	126.0
住宿和餐饮业	Accommodation and Food Service Activities	265.4	264.4	272.9	277.8	282.7
信息和通讯业	Information and Communication		24.2	23.1	22.0	19.9
金融和保险业	Financial and Insurance Activities		53.9	54.6	52.5	50.1
房地产业	Real Estate Activities		19.4	18.6	20.4	18.4
专业和科技活动	Professional, Scientific and Technical Activities		37.4	35.4	36.4	38.7
企业管理和商务服务业	Administrative and Support Service Activities		54.8	57.9	58.7	56.0
公共行政和国防；强制性社会保障	Public Administration and Defence; Compulsory Social Security		161.1	157.9	158.9	162.6
教育	Education	124.6	118.2	118.5	118.5	116.4
卫生和社会福利业	Human Health and Social Work Activities	70.1	68.2	70.6	72.0	65.9
艺术、娱乐和文娱活动	Arts, Entertainment and Recreation		26.7	25.2	24.3	24.8
其他服务活动	Other Service Activities		77.0	82.9	84.2	88.1
家庭作为雇主的活动；家庭自用、未加区分的生产货物及服务的活动	Activities of Households as Employers; Undifferentiated Goods- and Services-Producing Activities of Households for Own Use		23.3	23.2	21.8	21.1
域外组织和机构的活动	Activities of Extraterritorial Organizations and Bodies	0.3	6.6	8.1	9.0	7.6

5-4 续表 7 continued

单位：万人 (10 000 persons)

国家或地区	Country or Area	2010	2015	2016	2017	2018
越　南	**Viet Nam**					
按第四版ISIC分类	ISIC-Rev.4					
总　计	Total	4949.4	5283.9	5330.3	5370.3	5425.0
农业、林业和渔业	Agriculture, Forestry and Fishing	2397.0	2325.8	2231.4	2156.5	2046.5
采掘业	Mining and Quarrying	27.8	22.8	21.4	21.1	18.1
制造业	Manufacturing	705.7	829.2	888.3	931.6	971.7
电、煤气、蒸汽和空调供应	Electricity, Gas, Steam and Air Conditioning Supply	13.1	14.6	16.0	15.5	16.8
供水；污水处理、废物管理和补救活动	Water Supply; Sewerage, Waste Management and Remediation Activities	11.8	12.0	13.4	13.4	14.7
建筑业	Construction	308.4	323.1	380.7	402.8	427.3
批发和零售贸易；机动车辆和摩托车的修理	Wholesale and Retail Trade; Repair of Motor Vehicles and Motorcycles	567.2	668.9	677.5	690.8	732.4
运输和储存	Transportation and Storage	142.9	162.2	160.8	175.2	177.4
住宿和餐饮业	Accommodation and Food Service Activities	182.6	244.1	248.1	248.6	275.3
信息和通讯业	Information and Communication	26.0	33.8	32.5	33.8	32.1
金融和保险业	Financial and Insurance Activities	25.7	36.5	40.0	38.4	42.3
房地产业	Real Estate Activities	10.2	15.7	18.8	22.6	26.7
专业和科技活动	Professional, Scientific and Technical Activities	21.9	23.6	22.6	25.1	29.0
企业管理和商务服务业	Administrative and Support Service Activities	18.7	29.0	26.3	31.0	34.1
公共行政和国防；强制性社会保障	Public Administration and Defence; Compulsory Social Security	136.7	168.6	173.1	172.8	168.1
教育	Education	168.7	185.6	188.4	202.9	212.1
卫生和社会福利业	Human Health and Social Work Activities	44.1	54.0	57.0	53.7	59.6
艺术、娱乐和文娱活动	Arts, Entertainment and Recreation	23.4	27.6	26.9	28.6	27.8
其他服务活动	Other Service Activities	69.3	86.0	85.3	85.8	92.0
家庭作为雇主的活动；家庭自用、未加区分的生产货物及服务的活动	Activities of Households as Employers; Undifferentiated Goods- and Services-Producing Activities of Households for Own Use	19.8	20.4	21.2	19.6	20.3
域外组织和机构的活动	Activities of Extraterritorial Organizations and Bodies	0.3	0.3	0.2	0.4	0.6
未分类经济活动	Not Classifiable by Economic Activity	28.1	0.2	0.3		
埃　及	**Egypt**					
按第四版ISIC分类	ISIC-Rev.4					
总　计	Total	2382.9	2477.9	2537.1	2605.1	2606.0
农业、林业和渔业	Agriculture, Forestry and Fishing	672.8	639.7	647.8	651.0	562.9
采掘业	Mining and Quarrying	4.7	3.9	4.1	3.9	3.5
制造业	Manufacturing	288.2	278.1	290.0	312.5	325.3
电、煤气、蒸汽和空调供应	Electricity, Gas, Steam and Air Conditioning Supply	26.6	20.4	20.2	20.4	21.3
供水；污水处理、废物管理和补救活动	Water Supply; Sewerage, Waste Management and Remediation Activities	15.0	18.7	30.7	18.0	22.1
建筑业	Construction	269.4	300.5	300.9	335.8	325.8
批发和零售贸易；机动车辆和摩托车的修理	Wholesale and Retail Trade; Repair of Motor Vehicles and Motorcycles	269.4	293.5	300.4	328.0	353.3
运输和储存	Transportation and Storage	147.1	190.3	188.7	199.2	206.8
住宿和餐饮业	Accommodation and Food Service Activities	52.9	64.8	66.8	68.0	75.9
信息和通讯业	Information and Communication	21.1	20.6	18.8	18.9	21.6
金融和保险业	Financial and Insurance Activities	19.3	16.0	18.1	16.5	17.0
房地产业	Real Estate Activities	1.6	3.8	3.6	3.9	3.6
专业和科技活动	Professional, Scientific and Technical Activities	39.7	40.8	37.7	39.7	45.2
企业管理和商务服务业	Administrative and Support Service Activities	16.9	18.6	20.1	18.8	19.2
公共行政和国防；强制性社会保障	Public Administration and Defence; Compulsory Social Security	185.7	179.1	172.9	164.1	166.1
教育	Education	209.2	221.6	228.3	213.0	221.9
卫生和社会福利业	Human Health and Social Work Activities	61.2	74.7	78.0	77.9	87.0
艺术、娱乐和文娱活动	Arts, Entertainment and Recreation	10.4	11.5	11.7	12.3	14.6
其他服务活动	Other Service Activities	53.9	59.0	60.8	61.5	63.5
家庭作为雇主的活动；家庭自用、未加区分的生产货物及服务的活动	Activities of Households as Employers; Undifferentiated Goods- and Services-Producing Activities of Households for Own Use	14.0	22.0	33.0	35.7	41.6
域外组织和机构的活动	Activities of Extraterritorial Organizations and Bodies	0.3	0.3	0.4	0.4	0.2
未分类经济活动	Not Classifiable by Economic Activity	3.7		4.1	5.7	7.6

5-4 续表 8 continued

单位：万人 (10 000 persons)

国家或地区	Country or Area	2010	2015	2016	2017	2018
南　非	**South Africa**					
按第四版ISIC分类	ISIC-Rev.4					
总　计	Total	1394.2	1592.8	1596.8	1636.4	1661.0
农业、林业和渔业	Agriculture, Forestry and Fishing					
采掘业	Mining and Quarrying	32.7	45.5			
制造业	Manufacturing	183.9	176.2			
电、煤气、蒸汽和空调供应	Electricity, Gas, Steam and Air Conditioning Supply					
供水；污水处理、废物管理和补救活动	Water Supply; Sewerage, Waste Management and Remediation Activities					
建筑业	Construction	110.9	140.5			
批发和零售贸易；机动车辆和摩托车的修理	Wholesale and Retail Trade; Repair of Motor Vehicles and Motorcycles					
运输和储存	Transportation and Storage					
住宿和餐饮业	Accommodation and Food Service Activities					
信息和通讯业	Information and Communication					
金融和保险业	Financial and Insurance Activities					
房地产业	Real Estate Activities					
企业管理和商务服务业	Administrative and Support Service Activities					
公共行政和国防；强制性社会保障	Public Administration and Defence; Compulsory Social Security	411.2	484.0			
教育	Education					
卫生和社会福利业	Human Health and Social Work Activities					
艺术、娱乐和文娱活动	Arts, Entertainment and Recreation					
其他服务活动	Other Service Activities					
家庭作为雇主的活动；家庭自用、未加区分的生产货物及服务的活动	Activities of Households as Employers; Undifferentiated Goods- and Services-Producing Activities of Households for Own Use					
域外组织和机构的活动	Activities of Extraterritorial Organizations and Bodies					
未分类经济活动	Not Classifiable by Economic Activity					
加 拿 大	**Canada**					
按第四版ISIC分类	ISIC-Rev.4					
总　计	Total	1696.4	1794.7	1808.0	1841.6	1865.8
农业、林业和渔业	Agriculture, Forestry and Fishing					
采掘业	Mining and Quarrying	25.8				
制造业	Manufacturing	171.1	171.2			
电、煤气、蒸汽和空调供应	Electricity, Gas, Steam and Air Conditioning Supply					
供水；污水处理、废物管理和补救活动	Water Supply; Sewerage, Waste Management and Remediation Activities					
建筑业	Construction	124.2	137.1			
批发和零售贸易；机动车辆和摩托车的修理	Wholesale and Retail Trade; Repair of Motor Vehicles and Motorcycles					
运输和储存	Transportation and Storage					

5-4 续表 9 continued

单位：万人 (10 000 persons)

国家或地区	Country or Area	2010	2015	2016	2017	2018
加 拿 大(续)	**Canada(Continued)**					
住宿和餐饮业	Accommodation and Food Service Activities	105.8				
信息和通讯业	Information and Communication					
金融和保险业	Financial and Insurance Activities					
房地产业	Real Estate Activities					
专业和科技活动	Professional, Scientific and Technical Activities					
企业管理和商务服务业	Administrative and Support Service Activities	599.7	644.6			
公共行政和国防；强制性社会保障	Public Administration and Defence; Compulsory Social Security					
教育	Education	121.8				
卫生和社会福利业	Human Health and Social Work Activities	203.1				
域外组织和机构的活动	Activities of Extraterritorial Organizations and Bodies	0.3				
墨 西 哥	**Mexico**					
按第四版ISIC分类	ISIC-Rev.4					
总 计	Total	4612.2	5061.1	5159.5	5234.1	5372.1
农业、林业和渔业	Agriculture, Forestry and Fishing	636.6	674.4	671.0	681.1	682.6
采掘业	Mining and Quarrying	18.5	22.9	19.9	20.1	20.4
制造业	Manufacturing	708.6	811.6	841.2	869.1	894.1
电、煤气、蒸汽和空调供应	Electricity, Gas, Steam and Air Conditioning Supply	10.3	10.3	10.2	10.5	10.3
供水；污水处理、废物管理和补救活动	Water Supply; Sewerage, Waste Management and Remediation Activities	18.2	22.4	23.4	23.4	25.9
建筑业	Construction	360.2	396.1	424.0	427.5	441.7
批发和零售贸易；机动车辆和摩托车的修理	Wholesale and Retail Trade; Repair of Motor Vehicles and Motorcycles	1006.6	1067.9	1076.0	1068.8	1106.8
运输和储存	Transportation and Storage	189.3	211.5	219.7	226.7	241.5
住宿和餐饮业	Accommodation and Food Service Activities	304.7	365.4	383.7	392.5	405.4
信息和通讯业	Information and Communication	36.4	37.6	40.9	40.2	40.3
金融和保险业	Financial and Insurance Activities	42.9	51.7	49.4	51.1	53.2
房地产业	Real Estate Activities	13.8	18.9	16.7	19.5	19.2
专业和科技活动	Professional, Scientific and Technical Activities	108.6	129.3	135.4	136.7	151.0
企业管理和商务服务业	Administrative and Support Service Activities	113.9	138.8	144.1	145.7	147.8
公共行政和国防；强制性社会保障	Public Administration and Defence; Compulsory Social Security	232.7	225.8	225.2	220.5	224.4
教育	Education	247.3	253.6	255.9	264.9	267.7
卫生和社会福利业	Human Health and Social Work Activities	129.2	143.8	144.1	150.6	154.3
艺术、娱乐和文娱活动	Arts, Entertainment and Recreation	42.0	44.4	46.6	46.6	48.6
其他服务活动	Other Service Activities	143.5	155.9	155.9	161.9	164.4
家庭作为雇主的活动；家庭自用、未加区分的生产货物及服务的活动	Activities of Households as Employers; Undifferentiated Goods- and Services-Producing Activities of Households for Own Use	209.0	238.7	237.5	234.6	229.4
域外组织和机构的活动	Activities of Extraterritorial Organizations and Bodies	0.3	0.1	0.2	0.3	0.3
未分类经济活动	Not Classifiable by Economic Activity	39.5	40.0	38.6	41.7	42.9

5-4 续表 10 continued

单位：万人 (10 000 persons)

国家或地区	Country or Area	2010	2015	2016	2017	2018
美　国	**United States**					
按第四版ISIC分类	ISIC-Rev.4					
总　计	Total	13906.4	14883.4	15143.6	15333.7	15576.1
农业、林业和渔业	Agriculture, Forestry and Fishing	197.9	213.9	216.5	218.8	213.3
采掘业	Mining and Quarrying	59.9	69.0	64.3	60.9	61.4
制造业	Manufacturing	1522.8	1630.0	1638.2	1637.3	1659.3
电、煤气、蒸汽和空调供应	Electricity, Gas, Steam and Air Conditioning Supply	118.3	120.6	128.0	131.1	132.4
供水；污水处理、废物管理和补救活动	Water Supply; Sewerage, Waste Management and Remediation Activities	69.4	75.2	76.8	74.1	67.3
建筑业	Construction	960.7	1061.4	1088.6	1121.4	1175.0
批发和零售贸易；机动车辆和摩托车的修理	Wholesale and Retail Trade; Repair of Motor Vehicles and Motorcycles	1968.7	2014.7	2011.0	2018.8	2020.3
运输和储存	Transportation and Storage	795.8	846.9	865.9	883.6	926.0
住宿和餐饮业	Accommodation and Food Service Activities	891.0	992.5	1025.0	1023.1	1027.8
信息和通讯业	Information and Communication	483.7	534.5	552.6	578.2	606.4
金融和保险业	Financial and Insurance Activities	676.9	740.4	760.7	766.2	772.3
房地产业	Real Estate Activities	261.5	289.4	304.3	308.8	319.9
专业和科技活动	Professional, Scientific and Technical Activities	739.0	823.6	845.7	878.1	886.8
企业管理和商务服务业	Administrative and Support Service Activities	636.8	680.6	712.1	724.0	705.3
公共行政和国防；强制性社会保障	Public Administration and Defence; Compulsory Social Security	510.0	521.9	520.0	531.3	562.2
教育	Education	1315.5	1359.5	1366.6	1375.8	1390.3
卫生和社会福利业	Human Health and Social Work Activities	1932.2	2058.0	2105.4	2126.5	2163.8
艺术、娱乐和文娱活动	Arts, Entertainment and Recreation	288.7	305.9	307.1	316.9	308.5
其他服务活动	Other Service Activities	371.6	425.0	439.6	448.0	452.4
域外组织和机构的活动	Activities of Extraterritorial Organizations and Bodies	39.2	40.4	42.7	45.1	47.8
阿 根 廷	**Argentina**					
按第四版ISIC分类	ISIC-Rev.4					
总　计	Total	1513.4			1156.8	1174.5
农业、林业和渔业	Agriculture, Forestry and Fishing				0.7	1.1
采掘业	Mining and Quarrying				0.8	0.9
制造业	Manufacturing				142.6	137.8
电、煤气、蒸汽和空调供应	Electricity, Gas, Steam and Air Conditioning Supply				4.4	5.0
供水；污水处理、废物管理和补救活动	Water Supply; Sewerage, Waste Management and Remediation Activities				5.8	5.6
建筑业	Construction				105.2	107.3
批发和零售贸易；机动车辆和摩托车的修理	Wholesale and Retail Trade; Repair of Motor Vehicles and Motorcycles				206.2	213.0
运输和储存	Transportation and Storage				65.5	64.5
住宿和餐饮业	Accommodation and Food Service Activities				46.1	48.3
信息和通讯业	Information and Communication				20.0	21.7
金融和保险业	Financial and Insurance Activities				22.1	23.3
房地产业	Real Estate Activities				7.0	7.2
专业和科技活动	Professional, Scientific and Technical Activities				45.5	42.5
企业管理和商务服务业	Administrative and Support Service Activities				50.0	49.2
公共行政和国防；强制性社会保障	Public Administration and Defence; Compulsory Social Security				98.3	98.3
教育	Education				94.3	97.5
卫生和社会福利业	Human Health and Social Work Activities				69.7	70.8
艺术、娱乐和文娱活动	Arts, Entertainment and Recreation				23.3	22.8
其他服务活动	Other Service Activities				41.7	44.7
家庭作为雇主的活动；家庭自用、未加区分的生产货物及服务的活动	Activities of Households as Employers; Undifferentiated Goods- and Services-Producing Activities of Households for Own Use				86.2	88.7
未分类经济活动	Not Classifiable by Economic Activity				2.9	3.1

5-4 续表 11 continued

单位：万人 (10 000 persons)

国家或地区	Country or Area	2010	2015	2016	2017	2018
巴　西	**Brazil**					
按第四版ISIC分类	ISIC-Rev.4					
总　计	Total		9127.1	8910.0	8944.3	9076.4
农业、林业和渔业	Agriculture, Forestry and Fishing		931.1	903.0	845.4	839.9
采掘业	Mining and Quarrying		45.7	40.9	39.6	39.8
制造业	Manufacturing		1145.7	1019.3	1029.2	1039.9
电、煤气、蒸汽和空调供应	Electricity, Gas, Steam and Air Conditioning Supply		23.8	20.5	20.4	21.3
供水；污水处理、废物管理和补救活动	Water Supply; Sewerage, Waste Management and Remediation Activities		63.6	59.1	64.7	62.9
建筑业	Construction		744.7	720.5	676.9	661.9
批发和零售贸易；机动车辆和摩托车的修理	Wholesale and Retail Trade; Repair of Motor Vehicles and Motorcycles		1741.4	1718.8	1730.4	1735.7
运输和储存	Transportation and Storage		430.4	444.8	450.3	459.1
住宿和餐饮业	Accommodation and Food Service Activities	388.2	435.1	456.7	508.0	526.3
信息和通讯业	Information and Communication		123.4	119.1	120.2	120.6
金融和保险业	Financial and Insurance Activities		123.4	122.1	122.3	122.8
房地产业	Real Estate Activities		58.6	55.2	56.7	58.0
专业和科技活动	Professional, Scientific and Technical Activities		319.4	295.6	303.2	305.2
企业管理和商务服务业	Administrative and Support Service Activities		399.9	363.8	385.7	396.4
公共行政和国防；强制性社会保障	Public Administration and Defence; Compulsory Social Security		524.4	508.1	496.9	499.4
教育	Education		604.3	600.4	594.7	627.7
卫生和社会福利业	Human Health and Social Work Activities		392.5	425.1	437.9	456.0
艺术、娱乐和文娱活动	Arts, Entertainment and Recreation		88.3	88.5	90.4	94.6
其他服务活动	Other Service Activities		324.1	329.9	353.1	383.3
域外组织和机构的活动	Activities of Extraterritorial Organizations and Bodies		0.6	0.6	0.9	0.8
未分类经济活动	Not Classifiable by Economic Activity		1.5	2.4	3.7	5.5
委内瑞拉	**Venezuela**					
按第四版ISIC分类	ISIC-Rev.4					
总　计	Total	1201.0				
农业、林业和渔业	Agriculture, Forestry and Fishing	105.1				
采掘业	Mining and Quarrying	11.5				
制造业	Manufacturing	139.4				
电、煤气、蒸汽和空调供应	Electricity, Gas, Steam and Air Conditioning Supply	11.3				
供水；污水处理、废物管理和补救活动	Water Supply; Sewerage, Waste Management and Remediation Activities	5.5				
建筑业	Construction	108.0				
批发和零售贸易；机动车辆和摩托车的修理	Wholesale and Retail Trade; Repair of Motor Vehicles and Motorcycles	266.0				
运输和储存	Transportation and Storage	102.4				
住宿和餐饮业	Accommodation and Food Service Activities	46.1				
信息和通讯业	Information and Communication	15.6				
金融和保险业	Financial and Insurance Activities	15.3				
房地产业	Real Estate Activities	1.6				
专业和科技活动	Professional, Scientific and Technical Activities	48.6				
企业管理和商务服务业	Administrative and Support Service Activities	0.9				
公共行政和国防；强制性社会保障	Public Administration and Defence; Compulsory Social Security	41.6				
教育	Education	95.9				
卫生和社会福利业	Human Health and Social Work Activities	39.9				
艺术、娱乐和文娱活动	Arts, Entertainment and Recreation	11.4				
其他服务活动	Other Service Activities	2.2				
家庭作为雇主的活动；家庭自用、未加区分的生产货物及服务的活动	Activities of Households as Employers; Undifferentiated Goods- and Services-Producing Activities of Households for Own Use	83.6				
域外组织和机构的活动	Activities of Extraterritorial Organizations and Bodies	0.1				
未分类经济活动	Not Classifiable by Economic Activity	54.8				

5-4 续表 12 continued

单位：万人 (10 000 persons)

国家或地区	Country or Area	2010	2015	2016	2017	2018
捷　克	**Czech Rep.**					
按第四版ISIC分类	ISIC-Rev.4					
总　计	Total	488.5	504.2	513.9	522.2	529.4
农业、林业和渔业	Agriculture, Forestry and Fishing	15.1	14.7	14.9	14.6	14.8
采掘业	Mining and Quarrying	4.8	3.8	3.9	3.3	3.3
制造业	Manufacturing	123.6	137.7	142.9	145.5	145.8
电、煤气、蒸汽和空调供应	Electricity, Gas, Steam and Air Conditioning Supply	5.7	4.9	5.3	5.1	5.3
供水；污水处理、废物管理和补救活动	Water Supply; Sewerage, Waste Management and Remediation Activities	5.0	5.7	4.9	5.6	5.6
建筑业	Construction	46.5	39.6	38.6	39.2	38.4
批发和零售贸易；机动车辆和摩托车的修理	Wholesale and Retail Trade; Repair of Motor Vehicles and Motorcycles	59.4	61.6	60.6	60.0	61.6
运输和储存	Transportation and Storage	32.8	29.8	31.4	32.8	32.8
住宿和餐饮业	Accommodation and Food Service Activities	19.0	19.7	18.3	17.3	18.7
信息和通讯业	Information and Communication	13.7	14.2	14.8	14.9	17.0
金融和保险业	Financial and Insurance Activities	11.5	11.8	11.7	11.5	11.8
房地产业	Real Estate Activities	4.0	4.5	3.9	4.2	4.6
专业和科技活动	Professional, Scientific and Technical Activities	20.2	23.7	25.1	26.7	26.7
企业管理和商务服务业	Administrative and Support Service Activities	11.3	12.9	12.9	13.0	13.1
公共行政和国防；强制性社会保障	Public Administration and Defence; Compulsory Social Security	32.9	31.6	33.0	34.1	34.3
教育	Education	29.6	32.3	33.9	34.5	35.0
卫生和社会福利业	Human Health and Social Work Activities	34.0	35.2	36.0	37.5	37.0
艺术、娱乐和文娱活动	Arts, Entertainment and Recreation	8.3	8.2	9.3	9.3	9.7
其他服务活动	Other Service Activities	9.4	9.0	8.7	8.8	9.6
家庭作为雇主的活动；家庭自用、未加区分的生产货物及服务的活动	Activities of Households as Employers; Undifferentiated Goods- and Services-Producing Activities of Households for Own Use	1.6	3.2	3.6	3.9	3.9
域外组织和机构的活动	Activities of Extraterritorial Organizations and Bodies	0.1	0.1	0.1	0.1	0.2
未分类经济活动	Not Classifiable by Economic Activity			0.1	0.1	
法　国	**France**					
按第四版ISIC分类	ISIC-Rev.4					
总　计	Total	2573.1	2644.2	2659.7	2683.3	2706.3
农业、林业和渔业	Agriculture, Forestry and Fishing	74.5	70.9	75.1	69.1	66.6
采掘业	Mining and Quarrying	2.5	2.7	2.8	2.1	2.0
制造业	Manufacturing	337.3	322.1	322.8	327.5	316.2
电、煤气、蒸汽和空调供应	Electricity, Gas, Steam and Air Conditioning Supply	21.5	17.7	17.8	17.6	20.3
供水；污水处理、废物管理和补救活动	Water Supply; Sewerage, Waste Management and Remediation Activities	18.5	19.1	19.0	21.3	21.9
建筑业	Construction	190.0	169.1	168.7	172.6	179.3
批发和零售贸易；机动车辆和摩托车的修理	Wholesale and Retail Trade; Repair of Motor Vehicles and Motorcycles	336.0	337.7	342.7	344.1	343.4
运输和储存	Transportation and Storage	134.5	147.5	146.0	144.9	142.3
住宿和餐饮业	Accommodation and Food Service Activities	97.0	99.9	101.9	103.7	105.5
信息和通讯业	Information and Communication	73.6	74.7	74.3	79.3	82.6
金融和保险业	Financial and Insurance Activities	86.1	88.1	86.9	86.7	88.9
房地产业	Real Estate Activities	30.3	40.1	35.8	39.1	35.3
专业和科技活动	Professional, Scientific and Technical Activities	127.7	150.3	152.8	156.0	161.2
企业管理和商务服务业	Administrative and Support Service Activities	92.4	100.0	103.9	108.7	110.3
公共行政和国防；强制性社会保障	Public Administration and Defence; Compulsory Social Security	257.3	244.0	244.2	243.7	245.8
教育	Education	175.1	200.4	201.1	193.4	193.9
卫生和社会福利业	Human Health and Social Work Activities	336.9	387.7	387.3	396.0	396.1
艺术、娱乐和文娱活动	Arts, Entertainment and Recreation	34.4	43.9	44.6	45.0	47.2
其他服务活动	Other Service Activities	72.5	64.3	65.7	69.3	73.0
家庭作为雇主的活动；家庭自用、未加区分的生产货物及服务的活动	Activities of Households as Employers; Undifferentiated Goods- and Services-Producing Activities of Households for Own Use	60.3	29.8	30.1	28.8	32.9
域外组织和机构的活动	Activities of Extraterritorial Organizations and Bodies	2.1	1.7	2.0	1.9	2.5
未分类经济活动	Not Classifiable by Economic Activity	12.5	32.7	34.3	32.6	38.8

5-4 续表 13 continued

单位：万人 (10 000 persons)

国家或地区	Country or Area	2010	2015	2016	2017	2018
德　国	**Germany**					
按第四版ISIC分类	ISIC-Rev.4					
总　计	Total	3799.3	4021.1	4126.7	4166.4	4191.5
农业、林业和渔业	Agriculture, Forestry and Fishing	62.6	56.1	54.0	53.2	52.4
采掘业	Mining and Quarrying	9.3	8.2	8.5	7.9	7.2
制造业	Manufacturing	758.0	775.9	790.4	793.2	799.4
电、煤气、蒸汽和空调供应	Electricity, Gas, Steam and Air Conditioning Supply	34.5	34.1	32.3	32.3	32.1
供水；污水处理、废物管理和补救活动	Water Supply; Sewerage, Waste Management and Remediation Activities	20.7	22.7	22.9	24.6	25.1
建筑业	Construction	253.0	272.4	275.9	283.7	282.2
批发和零售贸易；机动车辆和摩托车的修理	Wholesale and Retail Trade; Repair of Motor Vehicles and Motorcycles	516.2	567.1	582.3	582.3	583.9
运输和储存	Transportation and Storage	178.1	195.8	201.7	208.3	211.7
住宿和餐饮业	Accommodation and Food Service Activities	142.4	154.9	157.9	157.5	157.4
信息和通讯业	Information and Communication	121.2	119.9	126.0	126.8	132.4
金融和保险业	Financial and Insurance Activities	130.6	124.8	130.0	128.8	125.5
房地产业	Real Estate Activities	26.2	21.3	21.6	20.6	20.7
专业和科技活动	Professional, Scientific and Technical Activities	189.4	222.3	234.5	238.7	238.4
企业管理和商务服务业	Administrative and Support Service Activities	197.6	202.2	206.4	210.8	209.8
公共行政和国防；强制性社会保障	Public Administration and Defence; Compulsory Social Security	277.9	275.8	288.2	285.6	288.5
教育	Education	233.5	263.8	268.8	275.2	281.8
卫生和社会福利业	Human Health and Social Work Activities	461.3	510.6	528.3	537.2	545.3
艺术、娱乐和文娱活动	Arts, Entertainment and Recreation	53.7	56.1	55.8	56.7	55.9
其他服务活动	Other Service Activities	109.6	113.5	116.7	118.2	118.0
家庭作为雇主的活动；家庭自用、未加区分的生产货物及服务的活动	Activities of Households as Employers; Undifferentiated Goods- and Services-Producing Activities of Households for Own Use	20.4	21.7	22.7	22.6	21.8
域外组织和机构的活动	Activities of Extraterritorial Organizations and Bodies	3.0	1.8	1.9	2.1	2.2
意 大 利	**Italy**					
按第四版ISIC分类	ISIC-Rev.4					
总　计	Total	2252.7	2246.5	2275.8	2302.3	2321.5
农业、林业和渔业	Agriculture, Forestry and Fishing	84.9	84.3	88.4	87.1	87.2
采掘业	Mining and Quarrying	3.5	3.4	3.2	3.2	2.5
制造业	Manufacturing	419.6	412.2	414.8	418.8	427.0
电、煤气、蒸汽和空调供应	Electricity, Gas, Steam and Air Conditioning Supply	11.3	11.4	12.5	12.1	10.9
供水；污水处理、废物管理和补救活动	Water Supply; Sewerage, Waste Management and Remediation Activities	21.1	23.8	23.5	23.0	24.9
建筑业	Construction	188.9	146.8	140.4	141.6	140.7
批发和零售贸易；机动车辆和摩托车的修理	Wholesale and Retail Trade; Repair of Motor Vehicles and Motorcycles	330.5	319.4	324.2	328.8	328.7
运输和储存	Transportation and Storage	105.7	103.3	108.5	111.0	112.9
住宿和餐饮业	Accommodation and Food Service Activities	116.6	133.4	139.5	145.1	145.9
信息和通讯业	Information and Communication	52.3	56.1	56.2	56.5	60.3
金融和保险业	Financial and Insurance Activities	65.6	64.4	64.9	63.8	64.2
房地产业	Real Estate Activities	13.8	13.2	14.1	14.4	14.9
专业和科技活动	Professional, Scientific and Technical Activities	141.6	141.6	145.9	145.8	148.3
企业管理和商务服务业	Administrative and Support Service Activities	83.2	96.8	99.1	96.6	100.7
公共行政和国防；强制性社会保障	Public Administration and Defence; Compulsory Social Security	140.5	129.3	126.2	126.0	124.3
教育	Education	153.7	150.9	154.3	161.4	158.7
卫生和社会福利业	Human Health and Social Work Activities	163.8	179.6	183.1	186.3	189.2
艺术、娱乐和文娱活动	Arts, Entertainment and Recreation	26.2	30.3	32.4	33.4	30.8
其他服务活动	Other Service Activities	76.2	65.9	66.7	69.4	71.4
家庭作为雇主的活动；家庭自用、未加区分的生产货物及服务的活动	Activities of Households as Employers; Undifferentiated Goods- and Services-Producing Activities of Households for Own Use	52.2	78.7	76.3	76.3	76.3
域外组织和机构的活动	Activities of Extraterritorial Organizations and Bodies	1.3	1.7	1.5	1.9	1.8

5-4 续表 14 continued

单位：万人 (10 000 persons)

国家或地区	Country or Area	2010	2015	2016	2017	2018
荷　兰	**Netherlands**					
按第四版ISIC分类	ISIC-Rev.4					
总　计	Total	829.0	831.9	842.7	860.5	879.8
农业、林业和渔业	Agriculture, Forestry and Fishing	22.9	17.8	17.5	17.6	16.7
采掘业	Mining and Quarrying	0.9	1.3	1.1	0.8	0.9
制造业	Manufacturing	79.6	78.6	80.2	80.1	81.2
电、煤气、蒸汽和空调供应	Electricity, Gas, Steam and Air Conditioning Supply	3.4	2.8	3.3	2.9	3.0
供水；污水处理、废物管理和补救活动	Water Supply; Sewerage, Waste Management and Remediation Activities	3.5	3.1	3.3	3.5	3.1
建筑业	Construction	45.2	40.3	39.8	40.9	40.3
批发和零售贸易；机动车辆和摩托车的修理	Wholesale and Retail Trade; Repair of Motor Vehicles and Motorcycles	107.9	123.3	124.2	125.2	124.5
运输和储存	Transportation and Storage	38.9	35.6	37.4	38.4	40.3
住宿和餐饮业	Accommodation and Food Service Activities	33.1	35.2	35.6	36.3	39.0
信息和通讯业	Information and Communication	29.4	25.6	27.2	27.3	28.3
金融和保险业	Financial and Insurance Activities	21.6	26.8	26.4	25.3	25.7
房地产业	Real Estate Activities	6.3	6.7	6.5	6.4	6.5
专业和科技活动	Professional, Scientific and Technical Activities	47.5	58.5	57.8	58.7	64.4
企业管理和商务服务业	Administrative and Support Service Activities	29.7	42.9	44.5	44.3	45.5
公共行政和国防；强制性社会保障	Public Administration and Defence; Compulsory Social Security	53.7	48.5	48.3	49.7	50.1
教育	Education	56.6	55.7	56.1	55.9	58.0
卫生和社会福利业	Human Health and Social Work Activities	134.2	129.1	129.3	127.1	131.3
艺术、娱乐和文娱活动	Arts, Entertainment and Recreation	17.0	16.9	16.9	17.2	17.3
其他服务活动	Other Service Activities	17.3	18.1	18.1	17.6	17.5
家庭作为雇主的活动；家庭自用、未加区分的生产货物及服务的活动	Activities of Households as Employers; Undifferentiated Goods- and Services-Producing Activities of Households for Own Use	0.4	0.4	0.4	0.9	1.2
域外组织和机构的活动	Activities of Extraterritorial Organizations and Bodies	0.3	0.2	0.2	0.1	
未分类经济活动	Not Classifiable by Economic Activity	79.6	64.6	68.6	84.4	85.0
波　兰	**Poland**					
按第四版ISIC分类	ISIC-Rev.4					
总　计	Total	1547.3	1608.4	1619.7	1642.3	1648.4
农业、林业和渔业	Agriculture, Forestry and Fishing	201.8	184.9	170.8	167.2	157.8
采掘业	Mining and Quarrying	22.4	23.0	22.9	21.1	19.5
制造业	Manufacturing	287.6	310.7	327.9	342.0	346.4
电、煤气、蒸汽和空调供应	Electricity, Gas, Steam and Air Conditioning Supply	17.8	17.5	17.3	16.1	15.7
供水；污水处理、废物管理和补救活动	Water Supply; Sewerage, Waste Management and Remediation Activities	15.1	17.8	17.1	16.6	15.9
建筑业	Construction	125.7	120.7	122.3	122.3	124.4
批发和零售贸易；机动车辆和摩托车的修理	Wholesale and Retail Trade; Repair of Motor Vehicles and Motorcycles	228.6	232.9	235.3	232.9	228.9
运输和储存	Transportation and Storage	86.4	94.4	97.0	101.4	103.9
住宿和餐饮业	Accommodation and Food Service Activities	33.8	34.0	37.6	38.5	40.5
信息和通讯业	Information and Communication	30.3	36.9	36.0	37.9	40.9
金融和保险业	Financial and Insurance Activities	35.4	39.5	38.4	39.3	40.7
房地产业	Real Estate Activities	16.8	17.2	16.1	14.6	15.2
专业和科技活动	Professional, Scientific and Technical Activities	47.7	56.1	58.4	61.2	60.0
企业管理和商务服务业	Administrative and Support Service Activities	39.7	44.0	42.9	44.0	43.0
公共行政和国防；强制性社会保障	Public Administration and Defence; Compulsory Social Security	100.9	107.5	108.5	108.8	108.8
教育	Education	120.6	123.3	119.3	122.8	127.2
卫生和社会福利业	Human Health and Social Work Activities	90.1	94.7	97.0	98.4	98.6
艺术、娱乐和文娱活动	Arts, Entertainment and Recreation	19.3	21.3	21.6	22.4	23.4
其他服务活动	Other Service Activities	23.8	24.5	24.6	25.6	26.5
家庭作为雇主的活动；家庭自用、未加区分的生产货物及服务的活动	Activities of Households as Employers; Undifferentiated Goods- and Services-Producing Activities of Households for Own Use	2.3	2.5	2.7	2.9	2.8
域外组织和机构的活动	Activities of Extraterritorial Organizations and Bodies	0.1		0.1		
未分类经济活动	Not Classifiable by Economic Activity	1.1	5.0	6.1	6.3	8.1

5-4 续表 15 continued

单位：万人 (10 000 persons)

国家或地区	Country or Area	2010	2015	2016	2017	2018
俄 罗 斯	**Russia**					
按第四版ISIC分类	ISIC-Rev.4					
总　计	Total	6993.4	7232.4	7239.3	7231.6	7253.2
采掘业	Mining and Quarrying	140.5	150.4	157.9	156.5	165.8
制造业	Manufacturing	1040.3	1011.4	1016.1	1025.3	1021.8
建筑业	Construction	505.3	547.5	520.1	526.3	512.9
住宿和餐饮业	Accommodation and Food Service Activities	137.2	180.2	183.6	184.0	190.7
企业管理和商务服务业	Administrative and Support Service Activities	106.1	115.8	95.6	163.4	173.1
教育	Education	658.0	666.7	678.2	686.7	689.5
卫生和社会福利业	Human Health and Social Work Activities	538.3	553.4	563.7	570.5	579.1
域外组织和机构的活动	Activities of Extraterritorial Organizations and Bodies	0.1	0.5	0.4	0.3	0.6
西 班 牙	**Spain**					
按第四版ISIC分类	ISIC-Rev.4					
总　计	Total	1872.4	1786.6	1834.2	1882.5	1932.8
农业、林业和渔业	Agriculture, Forestry and Fishing	78.6	73.7	77.5	81.9	81.3
采掘业	Mining and Quarrying	4.5	3.4	3.0	3.3	3.3
制造业	Manufacturing	240.6	222.5	228.4	239.3	244.4
电、煤气、蒸汽和空调供应	Electricity, Gas, Steam and Air Conditioning Supply	8.0	9.2	8.4	8.3	8.1
供水；污水处理、废物管理和补救活动	Water Supply; Sewerage, Waste Management and Remediation Activities	11.9	13.1	12.4	13.7	15.0
建筑业	Construction	165.1	107.4	107.4	112.8	122.2
批发和零售贸易；机动车辆和摩托车的修理	Wholesale and Retail Trade; Repair of Motor Vehicles and Motorcycles	293.7	292.1	296.9	299.4	300.7
运输和储存	Transportation and Storage	92.6	87.1	93.2	93.7	98.1
住宿和餐饮业	Accommodation and Food Service Activities	138.3	150.5	160.4	163.7	170.8
信息和通讯业	Information and Communication	52.8	53.0	54.6	58.5	58.5
金融和保险业	Financial and Insurance Activities	47.7	45.4	45.8	44.6	43.5
房地产业	Real Estate Activities	8.4	10.4	11.4	12.9	14.9
专业和科技活动	Professional, Scientific and Technical Activities	87.5	89.1	92.4	97.7	98.2
企业管理和商务服务业	Administrative and Support Service Activities	91.1	92.8	94.0	93.5	98.3
公共行政和国防；强制性社会保障	Public Administration and Defence; Compulsory Social Security	143.9	132.5	126.6	129.1	134.5
教育	Education	121.1	118.2	126.8	125.9	132.2
卫生和社会福利业	Human Health and Social Work Activities	139.7	144.2	151.1	156.5	161.5
艺术、娱乐和文娱活动	Arts, Entertainment and Recreation	34.1	36.5	37.7	38.6	38.7
其他服务活动	Other Service Activities	39.0	42.4	43.5	45.3	45.5
家庭作为雇主的活动；家庭自用、未加区分的生产货物及服务的活动	Activities of Households as Employers; Undifferentiated Goods- and Services-Producing Activities of Households for Own Use	73.5	62.8	62.4	63.2	62.9
域外组织和机构的活动	Activities of Extraterritorial Organizations and Bodies	0.3	0.2	0.4	0.4	0.2
土 耳 其	**Turkey**					
按第四版ISIC分类	ISIC-Rev.4					
总　计	Total	2259.3	2661.9	2721.6	2819.7	2873.4
农业、林业和渔业	Agriculture, Forestry and Fishing	535.5	543.2	530.7	546.6	529.6
采掘业	Mining and Quarrying	11.4	11.9	12.5	13.8	15.0
制造业	Manufacturing	421.3	496.6	491.8	497.2	522.8
电、煤气、蒸汽和空调供应	Electricity, Gas, Steam and Air Conditioning Supply	7.3	10.3	10.6	11.5	12.2
供水；污水处理、废物管理和补救活动	Water Supply; Sewerage, Waste Management and Remediation Activities	9.2	15.3	15.1	16.1	17.0
建筑业	Construction	143.2	190.7	198.7	209.7	199.1
批发和零售贸易；机动车辆和摩托车的修理	Wholesale and Retail Trade; Repair of Motor Vehicles and Motorcycles	332.6	369.3	375.7	393.4	403.5

5-4 续表 16 continued

单位：万人 (10 000 persons)

国家或地区	Country or Area	2010	2015	2016	2017	2018
土 耳 其(续)	**Turkey(Continued)**					
运输和储存	Transportation and Storage	101.0	111.0	118.6	123.5	125.6
住宿和餐饮业	Accommodation and Food Service Activities	108.4	144.6	147.1	152.4	162.9
信息和通讯业	Information and Communication	20.4	25.3	24.8	25.7	23.1
金融和保险业	Financial and Insurance Activities	27.3	29.6	30.1	27.1	25.5
房地产业	Real Estate Activities	6.0	21.3	24.3	28.5	29.3
专业和科技活动	Professional, Scientific and Technical Activities	42.9	75.2	84.6	89.5	91.2
企业管理和商务服务业	Administrative and Support Service Activities	76.7	129.5	139.7	155.2	112.6
公共行政和国防；强制性社会保障	Public Administration and Defence; Compulsory Social Security	129.1	145.8	145.5	146.2	181.3
教育	Education	101.9	142.0	160.7	161.0	169.1
卫生和社会福利业	Human Health and Social Work Activities	59.0	105.6	112.3	118.7	142.7
艺术、娱乐和文娱活动	Arts, Entertainment and Recreation	10.2	15.0	14.1	15.4	18.2
其他服务活动	Other Service Activities	58.2	64.9	68.2	69.8	73.8
家庭作为雇主的活动；家庭自用、未加区分的生产货物及服务的活动	Activities of Households as Employers; Undifferentiated Goods- and Services-Producing Activities of Households for Own Use	57.2	14.5	15.7	17.6	18.0
域外组织和机构的活动	Activities of Extraterritorial Organizations and Bodies	0.4	0.4	0.6	0.9	0.8
乌 克 兰	**Ukraine**					
按第四版ISIC分类	ISIC-Rev.4					
总　计	Total	2026.6	1644.3	1627.7	1615.6	1636.1
农业、林业和渔业	Agriculture, Forestry and Fishing		250.9	253.9	248.9	
采掘业	Mining and Quarrying	61.4	39.9	40.3	40.1	
制造业	Manufacturing	268.8	206.9	199.8	199.6	
电、煤气、蒸汽和空调供应	Electricity, Gas, Steam and Air Conditioning Supply		39.0	37.5	35.9	
供水；污水处理、废物管理和补救活动	Water Supply; Sewerage, Waste Management and Remediation Activities		8.7	9.7	10.8	
建筑业	Construction	130.4	111.6	107.3	106.1	
批发和零售贸易；机动车辆和摩托车的修理	Wholesale and Retail Trade; Repair of Motor Vehicles and Motorcycles		294.6	290.6	298.7	
运输和储存	Transportation and Storage		106.5	105.7	104.1	
住宿和餐饮业	Accommodation and Food Service Activities	32.9	33.8	34.9	34.0	
信息和通讯业	Information and Communication		28.4	27.8	28.1	
金融和保险业	Financial and Insurance Activities		30.0	24.9	22.2	
房地产业	Real Estate Activities		7.4	6.6	5.1	
专业和科技活动	Professional, Scientific and Technical Activities		33.8	31.7	31.3	
企业管理和商务服务业	Administrative and Support Service Activities		24.3	26.3	25.0	
公共行政和国防；强制性社会保障	Public Administration and Defence; Compulsory Social Security		92.9	94.4	93.1	
教育	Education	168.4	160.6	158.3	155.3	
卫生和社会福利业	Human Health and Social Work Activities	133.8	113.4	111.5	110.6	
艺术、娱乐和文娱活动	Arts, Entertainment and Recreation		16.8	17.7	18.0	
其他服务活动	Other Service Activities		30.2	33.1	32.8	
家庭作为雇主的活动；家庭自用、未加区分的生产货物及服务的活动	Activities of Households as Employers; Undifferentiated Goods- and Services-Producing Activities of Households for Own Use		14.7	15.7	16.0	

5-4 续表 17 continued

单位：万人 (10 000 persons)

国家或地区	Country or Area	2010	2015	2016	2017	2018
英　国	**United Kingdom**					
按第四版ISIC分类	ISIC-Rev.4					
总　计	Total	2912.5	3119.7	3164.8	3196.5	3235.4
农业、林业和渔业	Agriculture, Forestry and Fishing	35.2	35.3	35.4	37.0	34.4
采掘业	Mining and Quarrying	10.3	15.4	11.5	12.1	13.2
制造业	Manufacturing	286.5	299.3	299.7	292.6	289.2
电、煤气、蒸汽和空调供应	Electricity, Gas, Steam and Air Conditioning Supply	17.6	18.4	18.7	19.2	20.6
供水；污水处理、废物管理和补救活动	Water Supply; Sewerage, Waste Management and Remediation Activities	19.5	21.5	22.1	22.7	25.0
建筑业	Construction	221.6	223.5	229.6	233.7	234.9
批发和零售贸易；机动车辆和摩托车的修理	Wholesale and Retail Trade; Repair of Motor Vehicles and Motorcycles	401.0	406.6	416.9	419.5	417.5
运输和储存	Transportation and Storage	145.4	155.7	161.2	157.4	160.5
住宿和餐饮业	Accommodation and Food Service Activities	142.8	163.7	170.8	174.6	173.5
信息和通讯业	Information and Communication	101.2	126.2	126.2	129.2	130.5
金融和保险业	Financial and Insurance Activities	117.9	123.4	124.4	121.4	132.0
房地产业	Real Estate Activities	28.1	34.1	35.5	35.2	36.7
专业和科技活动	Professional, Scientific and Technical Activities	187.4	217.6	227.8	233.6	240.5
企业管理和商务服务业	Administrative and Support Service Activities	134.0	150.0	151.1	157.4	156.7
公共行政和国防；强制性社会保障	Public Administration and Defence; Compulsory Social Security	190.7	184.7	191.0	197.7	210.0
教育	Education	310.0	327.9	331.3	326.2	327.7
卫生和社会福利业	Human Health and Social Work Activities	383.2	414.7	413.1	420.1	427.3
艺术、娱乐和文娱活动	Arts, Entertainment and Recreation	75.7	84.4	82.5	84.1	86.3
其他服务活动	Other Service Activities	73.0	86.5	87.3	93.8	89.0
家庭作为雇主的活动；家庭自用、未加区分的生产货物及服务的活动	Activities of Households as Employers; Undifferentiated Goods- and Services-Producing Activities of Households for Own Use	6.4	5.5	6.9	6.0	5.8
域外组织和机构的活动	Activities of Extraterritorial Organizations and Bodies	4.1	3.9	5.0	4.5	5.2
未分类经济活动	Not Classifiable by Economic Activity	21.0	21.4	16.8	18.3	18.9
澳大利亚	**Australia**					
按第四版ISIC分类	ISIC-Rev.4					
总　计	Total	1099.1	1180.8	1199.9	1227.6	1259.7
农业、林业和渔业	Agriculture, Forestry and Fishing	35.5	31.1	31.4	31.9	33.0
采掘业	Mining and Quarrying	18.7	22.2	21.7	21.8	24.1
制造业	Manufacturing	106.2	97.2	98.2	96.2	100.1
电、煤气、蒸汽和空调供应	Electricity, Gas, Steam and Air Conditioning Supply	7.5	8.1	7.8	7.3	8.3
供水；污水处理、废物管理和补救活动	Water Supply; Sewerage, Waste Management and Remediation Activities	6.6	6.4	6.0	6.8	7.1
建筑业	Construction	99.9	103.1	106.1	113.8	117.7
批发和零售贸易；机动车辆和摩托车的修理	Wholesale and Retail Trade; Repair of Motor Vehicles and Motorcycles	173.1	177.7	175.0	178.1	179.9
运输和储存	Transportation and Storage	57.1	61.1	62.5	63.5	64.3
住宿和餐饮业	Accommodation and Food Service Activities	73.7	82.7	84.7	88.4	89.1
信息和通讯业	Information and Communication	35.2	40.0	40.2	42.9	45.7
金融和保险业	Financial and Insurance Activities	39.4	42.0	43.0	43.4	44.4
房地产业	Real Estate Activities	14.3	16.7	17.4	17.2	17.2

5-4 续表 18 continued

单位：万人 (10 000 persons)

国家或地区	Country or Area	2010	2015	2016	2017	2018
澳大利亚(续)	**Australia(Continued)**					
专业和科技活动	Professional, Scientific and Technical Activities	68.5	80.3	81.2	78.7	80.8
企业管理和商务服务业	Administrative and Support Service Activities	43.2	45.3	47.7	45.0	45.8
公共行政和国防；强制性社会保障	Public Administration and Defence; Compulsory Social Security	68.7	73.1	75.8	76.3	78.2
教育	Education	84.0	94.0	95.9	100.9	102.8
卫生和社会福利业	Human Health and Social Work Activities	123.2	150.2	154.6	162.6	168.1
艺术、娱乐和文娱活动	Arts, Entertainment and Recreation	20.6	24.1	23.9	24.6	26.3
其他服务活动	Other Service Activities	23.1	25.0	26.1	27.7	26.6
域外组织和机构的活动	Activities of Extraterritorial Organizations and Bodies	0.1	0.1	0.1	0.1	0.1
未分类经济活动	Not Classifiable by Economic Activity				0.1	0.1
新 西 兰	**New Zealand**					
按第四版ISIC分类	ISIC-Rev.4					
总　计	Total	218.0	235.7	246.6	256.8	263.5
农业、林业和渔业	Agriculture, Forestry and Fishing	14.9	14.3			
采掘业	Mining and Quarrying	0.7	0.7			
制造业	Manufacturing	25.2	26.4			
电、煤气、蒸汽和空调供应	Electricity, Gas, Steam and Air Conditioning Supply	1.0	1.4			
供水；污水处理、废物管理和补救活动	Water Supply; Sewerage, Waste Management and Remediation Activities	0.7	0.9			
建筑业	Construction	17.9	22.3			
批发和零售贸易；机动车辆和摩托车的修理	Wholesale and Retail Trade; Repair of Motor Vehicles and Motorcycles	34.5	34.7			
运输和储存	Transportation and Storage	9.2	10.1			
住宿和餐饮业	Accommodation and Food Service Activities	12.2	13.0			
信息和通讯业	Information and Communication	7.3	9.2			
金融和保险业	Financial and Insurance Activities	6.3	6.9			
房地产业	Real Estate Activities	2.8	2.9			
专业和科技活动	Professional, Scientific and Technical Activities	13.8	13.7			
企业管理和商务服务业	Administrative and Support Service Activities	8.3	9.7			
公共行政和国防；强制性社会保障	Public Administration and Defence; Compulsory Social Security	11.5	11.6			
教育	Education	19.0	20.1			
卫生和社会福利业	Human Health and Social Work Activities	22.4	25.4			
艺术、娱乐和文娱活动	Arts, Entertainment and Recreation	4.1	4.9			
其他服务活动	Other Service Activities	5.2	6.2			
家庭作为雇主的活动；家庭自用、未加区分的生产货物及服务的活动	Activities of Households as Employers; Undifferentiated Goods- and Services-Producing Activities of Households for Own Use	0.3	0.2			
未分类经济活动	Not Classifiable by Economic Activity	0.8	1.3			

注：①指城镇非私营单位就业人员数。数据来源于《中国统计年鉴》。
Note:①Refer to Number of Employed Persons in Urban Non-private units.Data comes from *China Statistical Yearbook*.

5-5 失业人数
Unemployment

资料来源：联合国ILO数据库。
Source: ILO Database.

单位：万人 (10 000 persons)

国家或地区	Country or Area	2000	2005	2010	2015	2017	2018	2019
中　国①	China①	595.0	839.0	908.0	966.0	972.0	974.0	945.0
中国香港	Hong Kong, China	16.7	19.8	15.7	12.9			
中国澳门	Macao, China	1.4	1.0	0.9	0.7	0.8	0.7	0.7
孟加拉国	Bangladesh	175.0	210.4	189.1		278.1		
文　莱	Brunei Darussalam					1.9	1.9	1.7
柬埔寨	Cambodia	14.6		6.2	3.4	1.3		
印　度	India	918.1	901.4	925.9			2029.9	
印度尼西亚	Indonesia	581.3	810.9	641.2	557.0	495.9	578.2	486.9
伊　朗	Iran		264.3	321.8	272.9	321.0	326.1	
以色列	Israel	30.5	34.8	29.4	20.2	16.8	16.3	15.7
日　本	Japan	320.0	294.0	334.0	222.0	190.0	166.0	162.0
哈萨克斯坦	Kazakhstan		64.1	49.7		44.2		
韩　国	Korea, Rep.	97.8	88.7	92.4	96.9	101.9	107.1	106.0
老　挝	Laos			2.2		18.3		
马来西亚	Malaysia	28.7	36.8	39.6	45.0		50.4	
蒙　古	Mongolia	3.9	3.3	7.2	5.9	8.4	7.1	12.8
缅　甸	Myanmar				16.8	34.7	19.7	11.2
巴基斯坦	Pakistan	312.7	356.6	32.5	204.4		254.5	
菲律宾	Philippines	345.9	127.5	134.8	123.9	105.6	98.5	97.1
新加坡	Singapore	9.4		8.4	8.5			
斯里兰卡	Sri Lanka			38.7	37.1	34.6	36.2	
泰　国	Thailand	80.7	49.6	23.8	22.8	31.4	29.2	27.1
越　南	Viet Nam	88.6		55.7	99.5	102.6	63.7	105.3
埃　及	Egypt	169.8	245.0	228.7	372.0	346.4	283.7	
尼日利亚	Nigeria			1394.7	323.7			387.9
南　非	South Africa	441.3	446.9	456.9	535.2	606.3	611.4	659.5
加拿大	Canada	108.2	116.9	148.6	133.1	124.7	115.5	114.4
墨西哥	Mexico	97.9	155.2	258.3	228.1	185.3	182.4	198.4
美　国	United States	569.2	759.1	1482.5	829.6	698.2	631.4	600.1
阿根廷	Argentina	146.1	123.9	88.0		105.4	119.3	131.5
巴　西	Brazil		880.6		839.9	1315.6	1277.0	1254.8
委内瑞拉	Venezuela		124.2	92.0				
白俄罗斯	Belarus	9.6	6.8	3.3	4.3	29.3	24.5	21.3
捷　克	Czech Rep.	44.9	41.0	38.4	26.8	15.5	12.2	10.9
法　国	France	263.1	231.9	250.5	305.4	278.6	268.2	250.6
德　国	Germany	312.3	457.1	284.5	195.0	162.1	146.8	137.4
意大利	Italy	254.5	187.7	205.6	303.3	290.7	275.6	258.2
荷　兰	Netherlands	22.0	48.9	43.5	61.4	43.8	35.0	31.4
波　兰	Poland	283.0	304.5	165.0	130.4	84.4	65.9	55.8
俄罗斯	Russia	770.0	524.2	556.3	426.7	397.7	369.4	338.6
西班牙	Spain	246.9	193.4	464.0	505.6	391.7	347.9	324.8
土耳其	Turkey	149.9	238.8	269.6	303.5	342.1	351.2	444.5
乌克兰	Ukraine	265.6	160.1	178.6	165.5	169.8	157.9	148.8
英　国	United Kingdom	160.6	143.3	245.9	174.6	144.7	134.7	126.9
澳大利亚	Australia	59.7	52.4	60.6	75.8	72.6	70.4	70.0
新西兰	New Zealand	11.8	8.2	15.1	13.3	12.6	11.7	11.2

注：①城镇登记失业人数。
Note: ①Urban Registered Unemployed Persons.

5-6 失业率
Unemployment Rate

资料来源：联合国ILO数据库。
Source: ILO Database.
单位：%　　(%)

国家或地区	Country or Area	2000	2005	2010	2015	2018	2019
中　　国①	China①	3.1	4.2	4.1	4.1	3.8	3.6
中国香港	Hong Kong, China	4.9	5.6	4.3	3.3	2.9	3.6
中国澳门	Macao, China	6.8	4.1	2.8	1.8	2.0	2.2
中国台湾	Taiwan, China,	3.0	4.1	5.2	3.8	3.7	3.7
阿尔巴尼亚	Albania	16.6	16.5	14.1	17.2	12.3	11.5
阿尔及利亚	Algeria	29.8	15.3	10.0	11.2	11.9	11.7
美属萨摩亚	American Samoa	5.1	10.0	9.2			
阿 根 廷	Argentina	15.0	11.5	7.7	7.8	9.2	9.8
亚美尼亚	Armenia	11.1	10.4	19.0	18.3	19.0	17.0
澳大利亚	Australia	6.3	5.0	5.2	6.1	5.3	5.3
奥 地 利	Austria	4.7	5.6	4.8	5.7	4.8	4.7
阿塞拜疆	Azerbaijan	11.8	7.3	5.6	5.0	4.9	5.5
巴 哈 马	Bahamas	7.0	10.2	14.8	12.0	10.0	10.4
孟加拉国	Bangladesh	3.3	4.3	3.4	4.4	4.3	4.2
巴巴多斯	Barbados	9.4	9.1	10.7	11.4	9.4	10.3
白俄罗斯	Belarus	12.0	8.5	6.1	5.9	4.8	4.6
比 利 时	Belgium	6.6	8.4	8.3	8.5	5.9	5.6
百 慕 大	Bermuda	2.7		6.5			
不　　丹	Bhutan	1.6	3.1	3.3	2.5	2.3	2.3
波　　黑	Bosnia and Herzegovinian	25.7	30.4	27.3	27.7	18.4	15.7
保加利亚	Bulgaria	16.2	10.1	10.3	9.1	5.2	4.3
柬 埔 寨	Cambodia	1.1	1.3	0.8	0.4	0.7	0.7
加 拿 大	Canada	6.8	6.8	8.1	6.9	5.8	5.7
开曼群岛	Cayman Islands		3.5	6.3	4.2		
智　　利	Chile	10.4	9.3	8.4	6.5	7.2	7.3
哥伦比亚	Colombia	20.5	11.9	11.0	8.3	9.1	10.0
哥斯达黎加	Costa Rica	5.1	6.6	7.2	9.0	9.6	11.5
塞浦路斯	Cyprus	5.0	5.3	6.3	14.9	8.4	7.3
捷　　克	Czech Rep.	8.8	7.9	7.3	5.0	2.2	1.9
丹　　麦	Denmark	4.5	4.8	7.5	6.2	5.0	4.9
多米尼加	Dominican Rep.	6.4	6.6	5.2	7.6	5.9	6.4
厄瓜多尔	Ecuador	4.8	3.8	4.1	3.6	3.5	3.8
埃　　及	Egypt	9.0	11.2	8.8	13.1	9.8	10.8
爱沙尼亚	Estonia	13.4	8.0	16.7	6.2	5.4	5.1
埃塞俄比亚	Ethiopia	3.5	2.5	2.3	2.2	2.1	2.1

5-6 续表 1 continued

单位：% (%)

国家或地区	Country or Area	2000	2005	2010	2015	2018	2019
芬 兰	Finland	11.1	8.4	8.4	9.4	7.4	6.6
法 国	France	10.2	8.5	8.9	10.4	9.1	8.4
法属圭亚那	French Guiana	25.8	26.5				
法属波立尼西亚	French Polynesia	11.6	12.4	14.3	13.7	12.3	12.1
加 蓬	Gabon	17.4	16.9	20.4	20.3	19.8	20.0
冈比亚	Gambia	9.4	9.3	9.4	9.3	10.2	9.1
格鲁吉亚	Georgia	10.8	13.8	20.2	16.5	12.7	14.4
德 国	Germany	7.9	11.2	7.0	4.6	3.4	3.0
希 腊	Greece	11.2	10.0	12.7	24.9	19.3	17.2
格陵兰	Greenland			7.8	9.1		
瓜德罗普	Guadeloupe	25.7	26.0				
关 岛	Guam	15.3	7.0	8.2	6.9	4.9	5.3
危地马拉	Guatemala	2.8	3.0	3.5	2.5	2.4	2.5
洪都拉斯	Honduras	3.9	4.9	4.1	6.1	5.6	5.7
匈牙利	Hungary	6.6	7.2	11.2	6.8	3.7	3.4
冰 岛	Iceland	1.9	2.5	7.6	4.0	2.7	2.8
印 度	India	2.7	2.4	2.4	5.6	5.3	5.4
印度尼西亚	Indonesia	6.1	7.9	5.6	4.5	4.4	3.6
伊 朗	Iran	11.5	12.1	13.5	11.1	12.0	11.4
爱尔兰	Ireland	4.3	4.3	14.5	9.9	5.7	4.9
马恩岛	Isle of Man	0.6	1.4				
以色列	Israel	11.1	11.3	8.5	5.2	4.0	3.9
意大利	Italy	10.8	7.7	8.4	11.9	10.6	9.9
牙买加	Jamaica	15.5	11.3	12.4	13.5	9.1	8.0
日 本	Japan	4.7	4.4	5.1	3.4	2.4	2.3
泽西岛	Jersey			3.0	4.0		
约 旦	Jordan	13.7	14.8	12.5	13.1	18.3	16.8
哈萨克斯坦	Kazakhstan	12.8	8.1	5.8	4.9	4.8	4.6
肯尼亚	Kenya	2.9	2.8	2.8	2.8	2.6	2.6
基里巴斯	Kiribati			30.6	9.3		
韩 国	Korea, Rep.	4.4	3.7	3.7	3.5	3.8	3.7
科威特	Kuwait	0.8	1.6	1.8	2.2	2.1	2.2
吉尔吉斯斯坦	Kyrgyzstan	7.5	8.1	8.6	7.6	6.0	6.3
拉脱维亚	Latvia	14.2	10.0	19.5	9.9	7.4	6.5
列支敦士登	Liechtenstein			2.6			
立陶宛	Lithuania	15.9	8.3	17.8	9.1	6.1	6.4
卢森堡	Luxemburg	2.3	4.5	4.4	6.7	5.6	5.4
前南马其顿	Macedonia, FYR	32.2	37.3	33.1	26.4	20.7	17.4
马达加斯加	Madagascar	5.8	2.6	4.3	1.8	1.7	1.8
马耳他	Malta	6.3	6.9	6.8	5.4	3.7	3.5
马提尼克	Martinique	26.3	17.8				
毛里求斯	Mauritius	9.2	9.5	7.7	7.4	6.4	6.3
墨西哥	Mexico	2.6	3.6	5.3	4.3	3.3	3.5
摩尔多瓦	Moldova	8.5	7.3	7.4	3.7	4.1	5.5
蒙 古	Mongolia	6.1	7.1	6.5	4.9	5.4	10.0
黑 山	Montenegro	30.5	30.3	19.6	17.5	15.2	14.9
摩洛哥	Morocco	13.6	11.0	9.1	9.5	9.1	9.0
纳米比亚	Namibia	20.3	22.0	22.1	20.9	19.9	20.3

5-6 续表 2 continued

单位：%　　　　　　　　　　　　　　　　　　　　　　　　　　　　　　　　(%)

国家或地区	Country or Area	2000	2005	2010	2015	2018	2019
荷　兰	Netherlands	2.7	5.9	5.0	6.9	3.8	3.2
荷属安的列斯	Netherlands Antilles	14.0	18.2				
新西兰	New Zealand	6.1	3.8	6.6	5.4	4.3	4.1
尼加拉瓜	Nicaragua	7.5	5.4	7.8	4.7	5.2	6.8
挪　威	Norway	3.5	4.4	3.5	4.3	3.8	3.3
巴基斯坦	Pakistan	0.6	0.6	0.7	3.6	4.1	4.5
巴拿马	Panama	3.7	3.7	3.7	3.0	3.9	4.7
巴布亚新几内亚	Papua New Guinea	2.9	2.4	2.0	2.6	2.4	2.5
巴拉圭	Paraguay	9.3	4.8	4.6	4.6	6.2	6.6
秘　鲁	Peru	5.7	4.9	3.6	3.3	3.5	3.4
菲律宾	Philippines	3.7	3.8	3.6	3.1	2.3	2.2
波　兰	Poland	16.3	17.7	9.6	7.5	3.8	3.5
葡萄牙	Portugal	3.8	7.6	10.8	12.4	7.0	6.3
波多黎各	Puerto Rico	10.1	11.4	16.1	12.0	9.2	8.2
卡塔尔	Qatar	1.6	1.1	0.5	0.2	0.1	0.1
留尼汪	Reunion	36.5	29.5				
罗马尼亚	Romania	7.0	7.2	7.0	6.8	4.2	4.0
俄罗斯	Russia	10.6	7.1	7.4	5.6	4.8	4.5
圣卢西亚	Saint Lucia	16.5	18.7	17.1	24.1	20.9	20.7
圣马力诺	San Marino	2.8	2.1	4.4	7.4		
沙特阿拉伯	Saudi Arabia	4.6	6.1	5.6	5.6	6.0	5.9
塞尔维亚	Serbia	12.6	20.9	19.2	17.7	12.7	10.4
新加坡	Singapore	3.7	5.6	4.1	3.8	4.0	4.1
斯洛伐克	Slovakia	19.1	16.3	14.4	11.5	6.5	5.6
斯洛文尼亚	Slovenia	6.9	6.5	7.2	9.0	5.1	4.2
南　非	South Africa	29.9	29.1	24.7	25.1	26.9	28.5
西班牙	Spain	13.8	9.1	19.9	22.1	15.3	14.0
瑞　典	Sweden	5.5	7.5	8.6	7.4	6.3	6.5
瑞　士	Switzerland	2.7	4.4	4.8	4.8	4.7	4.6
叙利亚	Syrian Arab Republic	9.5	8.9	8.6	8.5	8.3	8.4
泰　国	Thailand	2.4	1.4	0.6	0.6	0.8	0.7
特立尼达和多巴哥	Trinidad And Tobago	3.6	3.1	4.0	2.4	2.5	2.7
突尼斯	Tunisia	14.9	12.9	13.0	15.2	15.5	16.0
土耳其	Turkey	6.5	10.6	10.7	10.2	10.9	13.5
乌干达	Uganda	2.8	1.9	3.6	1.9	1.7	1.8
乌克兰	Ukraine	11.7	7.2	8.1	9.1	8.8	8.2
阿联酋	United Arab Emirates	2.3	3.1	2.5	1.9	2.2	2.2
英　国	United Kingdom	5.6	4.8	7.8	5.3	4.0	3.9
美　国	United States	4.0	5.1	9.6	5.3	3.9	3.7
乌拉圭	Uruguay	12.6	12.0	7.2	7.5	8.3	9.4
委内瑞拉	Venezuela	14.0	10.7	7.1	7.4	7.2	8.8
越　南	Viet Nam	2.3	2.1	1.1	1.8	1.2	2.0
也　门	Yemen	11.6	12.2	12.9	13.4	13.0	12.9
赞比亚	Zambia	12.9	15.9	13.2	10.1	12.0	11.4
津巴布韦	Zimbabwe	5.6	4.5	5.2	5.3	5.1	16.9

注：①城镇登记失业率。
Note:①Urban Registered Unemployment Rate.

5-7 雇员每月平均工资
Mean Nominal Monthly Earnings of Employees

资料来源：联合国ILO数据库。
Source: ILO Database.
单位：本币 (local currency units)

国家或地区	Country or Area	2000	2005	2010	2015	2016	2017	2018
中　　国①	China①	778	1517	3045	5169	5631	6193	6868
中国香港	Hong Kong, China			11000	14200	15000		
中国澳门	Macao, China			8900	15000	15000	15000	15800
孟加拉国	Bangladesh					12915	12016	
文　　莱	Brunei Darussalam						1622	
柬 埔 寨	Cambodia	155565		377112	668066	745008		
印　　度	India	3490	4247	5352				
印度尼西亚	Indonesia	430197	853150	1375408	1818033			
伊　　朗	Iran	201	109	252				
以 色 列	Israel	6791	7219	8100	9503	9724		10584
日　　本	Japan			296200	304000	304000	304300	306200
哈萨克斯坦	Kazakhstan	14374	33807	77611	126021	142898	150827	
韩　　国	Korea, Rep.			2785030	3269000	3351000	3446000	3593000
老　　挝	Laos			1597120			2354377	
马来西亚	Malaysia				2312	2463	2879	3087
蒙　　古	Mongolia	62300	101200	341459	807995	861900	944539	1002878
缅　　甸	Myanmar				125261		181860	203091
巴基斯坦	Pakistan			8940	15559		18827	19270
菲 律 宾	Philippines		13919	9337	11502	12209	12646	13487
新 加 坡	Singapore	3063	3444	4089	4892	4056	4232	4437
斯里兰卡	Sri Lanka	4445	6411	13750	24139	27091	29691	31554
泰　　国	Thailand				11107	14818	14766	14944
越　　南	Viet Nam			2518605	5126699	5493000	5371754	5775919
埃　　及	Egypt	701	896	803	1829	4079	4547	2254
尼日利亚	Nigeria							
南　　非	South Africa	4990	6980		3100		3500	3500
加 拿 大	Canada	2839	3192			940	4139	4261
墨 西 哥	Mexico	2938	4252	4928	5546	5802	6011	6314
美　　国	United States	2056		4417				
阿 根 廷	Argentina		817	2419			14492	18457
巴　　西	Brazil	767	713		1836	2058	2174	2284
委内瑞拉	Venezuela		504498	1783				
捷　　克	Czech Rep.	12831	17760	26881	27811	29056	31109	33684
法　　国	France	1396	2516	2567	2962	2968	3030	
德　　国	Germany			2882	3979	4078	4149	4278
意 大 利	Italy			2286	2123	2137	2141	2186
荷　　兰	Netherlands	5220	2836					
波　　兰	Poland	1894	2361	3224	3908	4047	4284	382
俄 罗 斯	Russia		8555	20952	34030	36709	38609	
西 班 牙	Spain			1839	1894	1878	1971	2001
土 耳 其	Turkey							3960
乌 克 兰	Ukraine	230	806	2239	4195	5183	7104	8865
英　　国	United Kingdom	1960	2240	2119	2208	2281	2341	2411
澳大利亚	Australia							
新 西 兰	New Zealand			3940	4522	4640	4760	

注：①指城镇非私营单位就业人员平均工资。
Note:①Average Wage of Employed Persons in Urban Non-Private Units.

5-8 每个就业者创造的国内生产总值(购买力平价法，2017年不变价美元)
GDP per Person Employed (constant 2017 PPP $)

资料来源：世界银行WDI数据库。
Source: World Bank WDI Database.
单位：美元
(USD)

国家或地区	Country or Area	2000	2005	2010	2015	2018	2019
世　界	**World**	**26047**	**28970**	**32435**	**36338**	**38958**	**39722**
高收入国家	**High Income**	**85231**	**92464**	**95889**	**100160**	**102397**	**103571**
中等收入国家	**Middle Income**	**12548**	**15345**	**19687**	**24036**	**26984**	**27852**
中等偏上收入国家	**Upper Middle Income**	**15002**	**18827**	**24613**	**30194**	**33926**	**35192**
中等偏下收入国家	**Lower Middle Income**	**8743**	**10315**	**12768**	**15571**	**17645**	**18127**
中低收入国家	**Low and Middle Income**	**11922**	**14511**	**18527**	**22471**	**25085**	**25840**
东亚和太平洋	**East Asia and Pacific**	**7539**	**10730**	**16088**	**22071**	**26289**	**27763**
欧洲和中亚	**Europe and Central Asia**	**28314**	**36528**	**41889**	**46673**	**49613**	**50797**
拉丁美洲和加勒比	**Latin America and Caribbean**	**31814**	**31445**	**34167**	**35479**	**35555**	**35388**
中东和北非国家	**Middle East and North Africa**	**31528**	**32697**	**37046**	**37725**	**41121**	**41653**
南　亚	**South Asia**	**7454**	**8834**	**11558**	**14828**	**17399**	**17953**
撒哈拉以南非洲	**Sub-Saharan Africa**	**7252**	**8273**	**9485**	**10496**	**10407**	**10377**
低收入国家	**Low Income**	**3889**	**4420**	**5431**	**6234**	**6545**	**6620**
中　国	China	6131	9537	16056	23258	28309	30143
中国香港	Hong Kong, China	74985	88670	103036	109636	118204	118000
中国澳门	Macao, China	107874	150230	196297	195798	220300	209215
孟加拉国	Bangladesh	5503	6309	7709	9659	10884	11555
文　莱	Brunei Darussalam	155158	152743	147710	137148	132556	136523
柬埔寨	Cambodia	3275	4217	4818	6475	7402	7791
印　度	India	7264	8769	11983	15886	19036	19729
印度尼西亚	Indonesia	12998	16240	18360	22034	24014	24885
伊　朗	Iran	38970	39337	48993	44190		
以色列	Israel	80673	79416	83243	85855	89178	90455
日　本	Japan	69878	74887	75889	78682	77897	78570
哈萨克斯坦	Kazakhstan	22921	34286	41213	49166	54317	56482
韩　国	Korea, Rep.	49550	59084	70139	74732	79530	81006
老　挝	Laos	6435	7724	9843	12647	14458	14825
马来西亚	Malaysia	39952	44188	48822	53004	58401	59780
蒙　古	Mongolia	12318	15070	18584	26992	30541	31714
缅　甸	Myanmar	2288	4039	6711	9091	11206	11436
巴基斯坦	Pakistan	11019	12111	12245	13058	14556	14378
菲律宾	Philippines	12027	13487	14955	17877	21202	21963
新加坡	Singapore	108394	130644	137705	148940	164357	164154
斯里兰卡	Sri Lanka	15468	17930	23510	30223	32691	33296
泰　国	Thailand	18086	21870	25028	28956	32523	33221
越　南	Viet Nam	5786	7239	8833	10933	12994	13800
埃　及	Egypt	29221	30663	34212	38043	41931	42924
尼日利亚	Nigeria	9145	12343	15289	19134	18842	18756
南　非	South Africa	39477	42380	44796	43807	43518	43678
加拿大	Canada	76059	82593	88166	93096	94632	94813
墨西哥	Mexico	46296	44738	43960	45849	46370	45649
美　国	United States	100620	111525	118759	123383	126109	128447
阿根廷	Argentina	49491	48727	57049	57800	54247	52840
巴　西	Brazil	28661	28816	33118	33096	33045	33025
捷　克	Czech Rep.	54627	65222	72215	75259	78668	80547
法　国	France	98992	100371	101603	107285	110390	111303
德　国	Germany	95063	98739	98195	102974	105705	105884
意大利	Italy	118702	114724	113379	109148	109559	109380
荷　兰	Netherlands	95603	102733	103537	107155	109619	110301
波　兰	Poland	42829	50121	55966	62492	68213	71276
俄罗斯	Russia	32643	41877	48842	52841	55740	56950
西班牙	Spain	89664	85870	92349	96544	96555	96751
土耳其	Turkey	48858	61975	64341	76425	79639	81407
乌克兰	Ukraine	17320	25094	27135	25299	27988	29246
英　国	United Kingdom	81163	88582	89554	92238	93386	94007
澳大利亚	Australia	82257	86569	90080	96726	98672	99307
新西兰	New Zealand	68788	72330	74242	78195	79231	79508

5-9 每个就业者创造的国内生产总值(汇率法，2010年不变价美元)
GDP per Person Employed (constant 2010 US $)

资料来源：联合国ILO数据库。
Source: ILO Database.
单位：美元 (USD)

国家或地区	Country or Area	2000	2005	2010	2015	2018	2019
中　国	China	3140	4885	8223	11883	14402	15332
中国澳门	Macao, China	47958	66787	87267	87044	96956	95318
孟加拉国	Bangladesh	1491	1709	2088	2616	2948	3122
文　莱	Brunei Darussalam	80831	79573	76952	71441	69056	69718
柬埔寨	Cambodia	947	1219	1393	1872	2145	2258
印　度	India	2333	2816	3848	5102	6165	6460
印度尼西亚	Indonesia	4903	6126	6925	8311	9058	9392
伊　朗	Iran	18667	18843	23469	21168	21862	19522
以色列	Israel	70747	69661	73062	75687	78447	79509
日　本	Japan	82964	88911	90101	93417	92776	93851
哈萨克斯坦	Kazakhstan	10019	14987	18015	21491	23742	24543
韩　国	Korea, Rep.	32557	38265	44993	47817	50804	51755
老　挝	Laos	1512	1815	2313	2971	3404	3552
马来西亚	Malaysia	17585	19449	21489	23329	25682	26341
蒙　古	Mongolia	4354	5327	6570	9542	10763	11334
缅　甸	Myanmar	716	1263	2099	2844	3502	3691
巴基斯坦	Pakistan	2804	3057	3099	3305	3675	3714
菲律宾	Philippines	4340	4849	5367	6381	7524	7774
中国香港	Hong Kong, China	47522	56194	65300	69481	75067	76010
新加坡	Singapore	65510	78956	83223	89804	97943	97965
斯里兰卡	Sri Lanka	4744	5499	7211	9270	10002	10249
泰　国	Thailand	6371	7704	8816	10200	11442	11745
越　南	Viet Nam	1498	1875	2288	2831	3365	3558
埃　及	Egypt	7460	7828	8734	9712	10704	10961
尼日利亚	Nigeria	4250	5737	7106	8893	8759	8725
南　非	South Africa	23233	24942	26364	25804	25609	25836
加拿大	Canada	89020	92398	92768	97939	99339	99946
墨西哥	Mexico	24091	23280	22876	23859	24088	23840
美　国	United States	89587	99296	105735	109817	112038	114003
阿根廷	Argentina	21865	21528	25205	25536	23959	23126
巴　西	Brazil	21744	21862	25126	25109	24949	24870
委内瑞拉	Venezuela	33110	31631	33240	31527	19565	13232
捷　克	Czech Rep.	32295	38559	42693	44493	46548	47681
法　国	France	95261	96562	97713	103061	105957	106462
德　国	Germany	84301	87707	87454	91555	93593	93549
意大利	Italy	99262	96050	94802	91644	91885	91396
荷　兰	Netherlands	93176	100125	100908	104435	106874	107890
波　兰	Poland	22506	26339	29410	32840	35732	37321
俄罗斯	Russia	14362	18423	21693	22823	23827	24242
西班牙	Spain	72957	70235	75914	78875	79363	80080
土耳其	Turkey	26016	33001	34261	40695	42288	42962
乌克兰	Ukraine	4360	6317	6831	6712	7449	7767
英　国	United Kingdom	75533	82468	83024	85756	86683	87100
澳大利亚	Australia	94276	99219	103244	111069	113199	114070
新西兰	New Zealand	62629	65872	67532	71103	70670	71672

5-10 制造业每小时平均名义劳动成本
Mean Nominal Hourly Labor Cost per Employee in Manufacturing

资料来源：联合国ILO数据库。
Source: ILO Database.
单位：本币 (local currency units)

国家或地区	Country or Area	2000	2005	2010	2015	2016	2017	2018
以色列	Israel				106.0	108.6	143.6	114.0
日本	Japan	25.0	25.2	31.8				
哈萨克斯坦	Kazakhstan			640.9	1143.2	1248.1	875.7	
韩国	Korea, Rep.	9.8	15.1	16.6				
新加坡	Singapore	11.7	13.2	19.4				
加拿大	Canada			32.4	37.4	37.4	38.2	39.5
墨西哥	Mexico				68.6	72.4	76.8	81.2
美国	United States			22.0	24.0			
巴西	Brazil	4.3	5.0	10.0				
捷克	Czech Rep.			222.8		275.7	298.9	324.3
法国	France					36.4	36.9	37.8
德国	Germany			33.1		38.2	39.2	40.1
意大利	Italy					27.1	27.1	27.5
荷兰	Netherlands					35.9	36.7	37.7
波兰	Poland			3842.9		34.0	36.1	39.0
俄罗斯	Russia						378.4	
西班牙	Spain			25.0		22.6	22.8	22.9
土耳其	Turkey					20.3	22.3	27.0
乌克兰	Ukraine							76.6
英国	United Kingdom			16.7		21.8	22.4	23.1
新西兰	New Zealand			24.2	28.2	28.7	29.2	30.0

5-11 劳动力人口占同等教育程度劳动年龄人口比重
Labor Force as Percentage of Working-age Population with the Same Education

资料来源：世界银行WDI数据库。
Source: World Bank WDI Database.
单位：%　(%)

国家或地区	Country or Area	初等教育 Basic Education		中等教育 Intermediate Education		初等教育 Advanced Education	
		2000	2018	2000	2018	2000	2018
中国香港①	Hong Kong, China①		46.4		67.2		75.2
中国澳门①	Macao, China①		64.5		74.1		90.8
孟加拉国②	Bangladesh②		61.4		47.6		79.6
文　莱	Brunei Darussalam		55.5		67.9		84.1
柬埔寨	Cambodia	79.4	79.9②	65.9	89.0②	60.9	79.2②
印　度	India	55.8	48.9	50.7	40.8	69.2	59.9
印度尼西亚	Indonesia	65.4	62.8	71.1	72.2	87.3	81.9
伊　朗①	Iran①		48.8		47.9		67.8
以色列②	Israel②		31.9		70.9		81.3
日　本	Japan				55.7		78.3
韩　国	Korea, Rep.	23.3	47.6	62.9	62.8	44.3	72.2
老　挝②	Laos②		42.3		48.0		75.2
马来西亚①	Malaysia①		69.1		66.9		69.3
蒙　古	Mongolia		48.7		58.6		67.3
缅　甸	Myanmar		66.2		45.9		66.8
巴基斯坦	Pakistan		52.0		46.7		61.2
菲律宾①	Philippines①		63.1		74.6		63.3
斯里兰卡	Sri Lanka		52.3		50.5		83.3
泰　国	Thailand		69.9		72.3		83.8
越　南	Viet Nam		77.8		75.8		87.7
埃　及	Egypt		27.4		48.3		70.3
尼日利亚①	Nigeria①		60.7		69.4		74.3
南　非	South Africa	43.2	47.4	60.7	68.3	83.1	82.9
加拿大	Canada	51.7	43.5	70.0	61.8	78.6	74.6
墨西哥	Mexico		56.9		63.2		77.5
美　国	United States	40.1	42.0	65.3	57.2	79.3	73.2
阿根廷	Argentina		48.5		66.1		79.6
巴　西	Brazil		47.9		74.0		81.1
捷　克	Czech Rep.	26.2	21.0	70.2	63.9	78.3	77.0
法　国	France	37.3	29.5	70.0	60.5	77.6	76.6
德　国	Germany	43.0	39.3	64.3	64.2	76.3	73.4
意大利	Italy	39.0	34.3	67.5	63.3	79.6	74.7
荷　兰	Netherlands	47.2	43.9	72.9	69.4	80.0	80.6
波　兰	Poland	27.2	17.2	70.0	58.3	81.0	80.4
俄罗斯	Russia		21.7		69.6		66.9
西班牙	Spain	44.2	48.2	61.5	65.6	80.5	80.1
土耳其	Turkey		51.0		60.3		79.3
乌克兰	Ukraine		41.8		69.3		72.9
英　国	United Kingdom	69.1	60.5	82.7	74.6	89.7	83.9

注：①2016年数据。②2017年数据。
Note:①Data refer to 2016.②Data refer to 2017.

5-12 失业人口占同等教育程度劳动力比重
Unemployment as Percentage of Labor Force with the Same Education

资料来源：世界银行WDI数据库。
Source: World Bank WDI Database.
单位：% (%)

国家或地区	Country or Area	初等教育 Basic Education		中等教育 Intermediate Education		高等教育 Advanced Education	
		2000	2018	2000	2018	2000	2018
中国香港①	Hong Kong, China①		3.9		4.0		2.4
中国澳门	Macao, China	7.3	2.3①	4.7	1.8①	3.5	1.5①
孟加拉国②	Bangladesh②		3.5		8.5		10.7
文　　莱	Brunei Darussalam		8.9		8.7		8.8
柬 埔 寨	Cambodia	3.2	0.2②	3.1	1.3①	1.3	0.9①
印　　度	India	3.9	4.2	9.2	10.8	10.3	15.3
印度尼西亚	Indonesia	5.1	3.0	13.7	7.7	10.4	5.3
伊　　朗②	Iran②		8.7		12.7		19.1
以 色 列	Israel	14.3	6.8②	9.9	4.6②	5.2	2.8②
日　　本	Japan				3.1		2.3
哈萨克斯坦②	Kazakhstan②		6.7		5.3		3.5
韩　　国	Korea, Rep.	7.5	3.0	5.3	3.7	6.7	4.1
老　　挝②	Laos②		11.0		6.5		6.9
马来西亚①	Malaysia①		2.1		4.1		4.1
蒙　　古	Mongolia		3.0		6.2		5.7
缅　　甸	Myanmar		0.6		1.9		2.3
巴基斯坦	Pakistan		3.9		5.6		7.1
菲 律 宾①	Philippines①		4.5		9.0		7.5
新 加 坡②	Singapore②		3.5		4.6		4.1
斯里兰卡	Sri Lanka		2.8		6.9		8.5
泰　　国	Thailand		0.6		1.1		1.6
越　　南	Viet Nam		0.9		1.8		2.1
埃　　及	Egypt		4.1		10.4		22.1
尼日利亚①	Nigeria①		6.3		11.5		13.7
南　　非	South Africa	33.2	32.7	31.6	28.5	5.9	12.0
加 拿 大	Canada	12.5	11.9	7.0	7.0	4.7	4.6
墨 西 哥	Mexico	2.8	3.0		4.0	1.9	4.2
美　　国	United States	8.7	5.9	4.8	5.2	1.9	2.5
阿 根 廷	Argentina		11.1		10.7		3.6
巴　　西	Brazil		14.7		14.1		6.9
委内瑞拉	Venezuela						
捷　　克	Czech Rep.	22.6	10.6	7.8	2.1	3.0	1.2
法　　国	France	15.3	15.9	9.1	9.7	5.5	5.4
德　　国	Germany	12.5	8.8	7.9	2.9	4.3	1.9
意 大 利	Italy	12.1	14.5	10.6	10.1	6.1	5.9
荷　　兰	Netherlands	4.4	6.4	2.0	3.6	1.7	2.5
波　　兰	Poland	21.5	9.9	17.0	4.4	5.5	2.0
俄 罗 斯	Russia		12.7		4.2		4.8
西 班 牙	Spain	15.2	21.6	13.8	15.5	10.9	8.9
土 耳 其	Turkey		10.0		12.1		12.2
乌 克 兰	Ukraine		10.3		9.9		7.7
英　　国	United Kingdom	8.7	6.3	5.0	4.6	2.5	2.5
澳大利亚	Australia	10.3		6.4		3.7	
新 西 兰	New Zealand	9.0		6.9		2.0	

注：①2016年数据。②2017年数据。
Note:①Data refer to 2016.②Data refer to 2017.

主要统计指标解释

劳动力人口 即国际劳工组织定义的 15 岁及以上的经济活动人口。指在报告期内能提供商品生产和服务的人员。包括就业和失业人员。在不同国家，对军人、季节性就业和兼职就业者处理方法不同。通常，劳动力人口包括军人，失业人员和首次寻找工作者，不包括家务劳动者、和其他无偿护理者和在非正规部门的工作者。

就业人员 为一定年龄以上，在特定时期内（一星期或一天），属于下列类型的所有人：

（1）有酬从业人员，包括两类：① 正在工作的人，指在报告期内做某些工作以得到现金或实物形式工资或薪金的人员；②有工作岗位但目前不工作的人，指现在有工作，却在短期内暂时不上班，但同时与工作单位有正式联系的人。这种正式联系，可以按照如下的一项或多项标准，根据各国的不同情况予以判断：1）持续领到工资或薪金；2）保证在暂时的不上班状态终止后返回该岗位，或对返回的时间有协议；3）在不工作的这段时间里，该从业者能得到补偿而无须接受其他工作。

（2）自营就业者，包括两类：①正在工作，指在短期时间内以利润或家庭收入为目的，从事某些工作得到现金或实物的人；②拥有企业而不工作的人，指自己拥有企业（如商业企业，农场，服务性企业），在一定时期内因特殊原因暂不工作的人。

失业人员 在报告期内，适龄劳动人口中的失业者分为：

(1)没有工作，即没有得到有报酬的工作，又没有自营就业的人；

(2)目前有工作能力，即在报告期内可从事有酬工作和自营就业的人；

(3)正在寻找工作，在最近特定时期已采取具体步骤寻求有酬工作或自营就业的人。这些具体步骤包括：在公共或私人职业介绍所登记；向雇主提出就业申请；在工地、农场、工厂大门外、市场或其他聚集地寻找工作；通过报纸刊登广告或应聘；寻求亲友帮助就业；寻找土地、厂房、机器或设备自己创业；筹集资金；申请许可证和执照等。

失业率 反映了失业的严重程度。失业率是参考期内（一般是特定的一天或一周）特定分组的失业人数和同一时间该组就业、失业人数之和相比得出的。

收入 定期以现金或以实物形式支付给雇员的报酬，包括对雇员工作时间、完成的工作量和未工作的有酬时间（如年休假，法定假日）支付的劳动报酬。收入不包括雇主为雇员支付的社会保险、养老金缴款以及雇员因此得到的收益，也不包括解雇和辞职时加发的工资。

劳动成本 指雇主在雇用劳动力过程中发生的成本。包括向雇员支付的工作报酬，为雇员未从事工作的时间支付的报酬，奖金和赏金，食品、饮料和其他实物费用，雇主负担的雇员住房费用、社会保障费、职业培训费、福利费及其他各项支出，如工人交通费、工作服费用、招工费和被作为人工成本的税金。

Explanatory Notes on Main Statistical Indicators

Total Labor Force comprises people ages 15 and older who meet the International Labour Organization definition of the economically active population: all people who supply labor for the production of goods and services during a specified period. It includes both the employed and the unemployed. While national practices vary in the treatment of such groups as the armed forces and seasonal or part-time workers, in general the labor force includes the armed forces, the unemployed, and first-time job-seekers, but excludes homemakers and other unpaid caregivers and workers in the informal sector.

Employment comprise all persons above a specific age who during a specified brief period, either one week or one day, were in the following categories:

(1)paid employment: ① at work: persons who during thc reference period performed some work for wage or salary, in cash or in kind; ② with a job but not at work: persons who, having already worked in their present job, were temporarily not at work during the reference period and had a formal attachment to their job. This formal job attachment should be determined in the light of national circumstance, according to one or more of the following criteria: 1) the continued receipt of wage or salary; 2) an assurance of return to work following the end of the contingency, or an agreement as to the data of return; 3) the elapsed duration of absence from the job which, wherever relevant, may be that duration for which workers can receive compensation benefits without obligations to accept other jobs.

(2)self-employment: ① at work: person who during the reference period performed some work for profit or family gain, in cash or in kind; ② with an enterprise but not at work: persons with an enterprise, which may be a business enterprise, a farm or a service undertaking ,who were temporarily not at work during the reference period for any specific reason.

Unemployment comprises all persons above a specified age who during the reference period were: (1) Without works were not in paid employment or self-employment; (2) Currently available for work were available for paid employment or self-employment during the reference period; (3) Seeking work had taken specific steps in a specified reference period to seek paid employment or self-employment. The specific steps may include registration at a pubic or private employment exchange; application to employers; checking at worksites, farms, factory gates, market or other assembly places; placing or answering newspaper advertisement; seeking assistance of friends or relatives; looking for land, building, machinery or equipment to establish own enterprise; arranging for financial resources; applying for permits and licenses, etc.

Unemployment Rate illustrates the relative severity of unemployment. These rates are calculated by relating the number of persons in the given group who are unemployed during the reference period (usually a particular day or a given week) to the total of employed and unemployed persons in the group at the same date.

Earnings relates to remuneration in cash and in kind paid to employees, as a rule at regular intervals, for time worked or work done together with remuneration for time not worked, such as for annual vacation, other paid leave or holidays. Earnings exclude employers' contribution in respect of their employees paid to social security and pension schemes and also the benefits received by employees under these schemes. Earnings also exclude severance and termination pay.

Labour Cost is the cost incurred by the employer in the employment of labour. The statistical concept of labour cost comprises remuneration for work performed, payments in respect of time paid for but not worked, bonuses and gratuities, the cost of food, drink and other payments in kind, cost of workers' housing borne by employers, employers' social security expenditures, cost to the employer for vocational training, welfare services and miscellaneous items, such as transport of workers, work clothes and recruitment, together with taxes regarded as labour cost.

投资环境

Investment Environment

6-1 企业开业成本
Cost of Business Start-up

资料来源：世界银行WDI数据库。
Source: World Bank WDI Database.

国家或地区	Country or Area	开办企业所需手续数（个） Start-up proceduresto register a business (number)		开办企业需要的时间（天） Time required to start a business (days)		开办企业成本占(%)人均国民总收入的比重 Cost of business start-up as procedures of Income per capita (%)	
		2005	2019	2005	2019	2005	2019
中　国	China		4		9		1.1
中国香港	Hong Kong, China	5	2	11	2	3.4	0.5
孟加拉国	Bangladesh		9		20		8.7
文　莱	Brunei Darussalam		4		6		1.1
柬埔寨	Cambodia	10	9	87	99	276.1	53.4
印　度	India		10		18		7.2
印度尼西亚	Indonesia		11		13		5.7
伊　朗	Iran	11	11	81	73	6.3	1.1
以色列	Israel	5	3	18	11	5.3	2.7
日　本	Japan		8		11		7.5
哈萨克斯坦	Kazakhstan	9	4	31	5	9.9	0.2
韩　国	Korea, Rep.	10	3	17	8	15.7	14.6
老　挝	Laos	10	9	135	173	25.6	4.6
马来西亚	Malaysia	11	9	38	18	26.6	11.1
蒙　古	Mongolia	8	8	17	12	9.6	1.2
缅　甸	Myanmar		6		7		13.3
巴基斯坦	Pakistan		5		17		6.7
菲律宾	Philippines	17	13	35	33	33.2	23.3
新加坡	Singapore	6	2	6	2	0.9	0.4
斯里兰卡	Sri Lanka	9	7	46	8	50.0	8.7
泰　国	Thailand	10	5	35	6	17.3	3.0
越　南	Viet Nam	10	8	41	16	27.6	5.6
埃　及	Egypt	12	6	27	13	131.7	20.3
尼日利亚	Nigeria		7		7		26.1
南　非	South Africa	9	7	53	40	8.6	0.2
加拿大	Canada	3	2	4	2	0.9	0.3
墨西哥	Mexico		8		8		15.2
美　国	United States		6		4		1.0
阿根廷	Argentina	13	12	30	12	15.9	5.0
巴　西	Brazil		11		17		4.2
委内瑞拉	Venezuela	16	20	143	230	28.8	211.8
捷　克	Czech Rep.	10	9	57	25	9.5	1.1
法　国	France	5	5	7	4	1.2	0.7
德　国	Germany	9	9	22	8	4.7	6.5
意大利	Italy	10	7	15	11	20.7	13.8
荷　兰	Netherlands	7	4	9	4	13.0	4.0
波　兰	Poland	11	5	52	37	19.9	11.6
俄罗斯	Russia		4		10		1.0
西班牙	Spain	10	7	70	13	16.5	3.9
土耳其	Turkey	10	7	11	7	28.7	6.0
乌克兰	Ukraine	16	6	35	7	13.4	0.5
英　国	United Kingdom	6	4	12	5	0.7	
澳大利亚	Australia	3	3	3	2	1.9	0.7
新西兰	New Zealand	2	1	12	1	0.2	0.2

6–2 企业经营环境排名(2019年)
Ease of Doing Businesses Rank(2019)

资料来源：世界银行《全球营商环境报告》。
Source: World Bank Doing Business.

国家或地区	Country or Area	企业经营环境排名 Ease of Doing Business Rank	开办企业排名 Starting a Business Rank	申请建筑许可 Dealing with Construction Permits			注册财产 Registering Property			信贷融资便利度排名 Getting Credit Rank	缴纳税款排名 Paying Taxes Rank
				排名 Rank	手续(个) Procedures (number)	时间(天) Time (days)	排名 Rank	手续(个) Procedures (number)	时间(天) Time (days)		
新西兰	New Zealand	1	1	7	11	93	2	2	4	1	9
新加坡	Singapore	2	4	5	9	36	21	6	5	37	7
中国香港	Hong Kong, China	3	5	1	8	69	51	5	28	37	2
丹麦	Denmark	4	45	4	7	64	11	3	4	48	8
韩国	Korea, Rep.	5	33	12	10	28	40	7	6	67	21
美国	United States	6	55	24	16	81	39	4	15	4	25
格鲁吉亚	Georgia	7	2	21	11	63	5	1	1	15	14
英国	United Kingdom	8	18	23	9	86	41	6	22	37	27
挪威	Norway	9	25	22	11	110	15	1	3	94	34
瑞典	Sweden	10	39	31	8	117	9	1	7	80	31
立陶宛	Lithuania	11	34	10	13	74	4	3	4	48	18
马来西亚	Malaysia	12	126	2	9	53	33	6	17	37	80
毛里求斯	Mauritius	13	20	8	12	96	23	5	17	67	5
澳大利亚	Australia	14	7	11	11	121	42	4	5	4	28
中国台湾	Taiwan, China	15	21	6	10	82	20	3	4	104	39
阿联酋	United Arab Emirates	16	17	3	11	48	10	2	2	48	30
前南马其顿	Macedonia, FYR	17	78	15	9	91	48	7	30	25	37
爱沙尼亚	Estonia	18	14	19	10	103	6	3	18	48	12
拉脱维亚	Latvia	19	26	56	14	192	25	4	17	15	16
芬兰	Finland	20	31	42	17	65	34	3	62	80	10
泰国	Thailand	21	47	34	14	113	67	5	9	48	68
德国	Germany	22	125	30	9	126	76	6	52	48	46
加拿大	Canada	23	3	64	12	249	36	5	4	15	19
爱尔兰	Ireland	24	23	36	10	164	60	5	32	48	4
哈萨克斯坦	Kazakhstan	25	22	37	17	103	24	4	5	25	64
冰岛	Iceland	26	64	72	17	84	16	3	4	94	42
奥地利	Austria	27	127	49	11	222	31	3	21	94	44
俄罗斯	Russia	28	40	26	13	165	12	4	14	25	58
日本	Japan	29	106	18	12	108	43	6	13	94	51
西班牙	Spain	30	97	79	13	147	59	6	13	80	35
中国	China	31	27	33	18	111	28	4	9	80	105
法国	France	32	37	52	9	213	99	8	42	104	61
土耳其	Turkey	33	77	53	18	100	27	6	5	37	26
阿塞拜疆	Azerbaijan	34	9	59	18	116	44	4	5	1	40
以色列	Israel	35	28	35	12	200	75	6	37	48	13
瑞士	Switzerland	36	81	71	13	156	18	4	16	67	20
斯洛文尼亚	Slovenia	37	41	119	17	248	54	7	51	119	45
卢旺达	Rwanda	38	35	81	15	97	3	3	7	4	38
葡萄牙	Portugal	39	63	60	14	160	35	1	10	119	43
波兰	Poland	40	128	39	12	137	92	6	135	37	77
捷克	Czech Rep.	41	134	157	21	246	32	4	28	48	53
荷兰	Netherlands	42	24	88	13	161	30	5	3	119	22
巴林	Bahrain	43	67	17	9	71	17	2	2	94	1
塞尔维亚	Serbia	44	73	9	11	100	58	6	33	67	85
斯洛伐克	Slovakia	45	118	146	14	300	8	3	17	48	55
比利时	Belgium	46	48	45	10	212	139	8	49	67	63
亚美尼亚	Armenia	47	10	62	20	99	13	3	8	48	52

6-2 续表 1 continued

国家或地区	Country or Area	中小投资者保护 Protecting Minority Investors			跨境贸易排名 Trading Across Borders Rank	合同执行 Enforcing Contracts		解决破产 Resolving Insolvency		
		排名 Rank	披露指数 Disclosure Index	中小投资者保护指数 Strength of Minority Investor Protection Index		排名 Rank	时间（天） Time (days)	排名 Rank	时间（年） Time (years)	收回率（美分/美元） Recovery Rate (cents/dollar)
新西兰	New Zealand	3	10	43.0	63	23	216	36	1.3	79.7
新加坡	Singapore	3	10	43.0	47	1	164	27	0.8	88.7
中国香港	Hong Kong, China	7	10	42.0	29	31	385	45	0.8	87.2
丹麦	Denmark	28	7	36.0	1	14	485	6	1.0	88.5
韩国	Korea, Rep.	25	8	37.0	36	2	290	11	1.5	84.3
美国	United States	36	7	36.0	39	17	444	2	1.0	81.0
格鲁吉亚	Georgia	7	9	42.0	45	12	285	64	2.0	40.5
英国	United Kingdom	7	10	42.0	33	34	437	14	1.0	85.4
挪威	Norway	21	7	38.0	22	3	400	5	0.9	91.9
瑞典	Sweden	28	8	36.0	18	39	483	17	2.0	78.1
立陶宛	Lithuania	37	7	35.0	19	7	370	89	2.3	40.3
马来西亚	Malaysia	2	10	44.0	49	35	425	40	1.0	81.0
毛里求斯	Mauritius	18	7	39.0	72	20	490	28	1.7	67.4
澳大利亚	Australia	57	8	32.0	106	6	402	20	1.0	82.7
中国台湾	Taiwan, China	21	9	38.0	61	11	510	23	1.9	82.2
阿联酋	United Arab Emirates	13	10	40.0	92	9	445	80	3.2	27.7
前南马其顿	Macedonia, FYR	12	10	41.0	32	47	634	30	1.5	48.0
爱沙尼亚	Estonia	79	8	29.0	17	8	455	54	3.0	36.1
拉脱维亚	Latvia	45	5	34.0	28	15	469	55	1.5	41.4
芬兰	Finland	61	6	31.0	37	45	485	1	0.9	88.0
泰国	Thailand	3	10	43.0	62	37	420	24	1.5	70.1
德国	Germany	61	5	31.0	42	13	499	4	1.2	79.8
加拿大	Canada	7	8	42.0	51	100	910	13	0.8	86.7
爱尔兰	Ireland	13	9	40.0	52	91	650	19	0.4	86.1
哈萨克斯坦	Kazakhstan	7	9	42.0	105	4	370	42	1.5	39.8
冰岛	Iceland	28	7	36.0	53	33	417	12	1.0	85.5
奥地利	Austria	37	5	35.0	1	10	397	22	1.1	79.9
俄罗斯	Russia	72	6	30.0	99	21	337	57	2.0	43.0
日本	Japan	57	7	32.0	57	50	360	3	0.6	92.1
西班牙	Spain	28	7	36.0	1	26	510	18	1.5	77.5
中国	China	28	10	36.0	56	5	496	51	1.7	36.9
法国	France	45	8	34.0	1	16	447	26	1.9	74.8
土耳其	Turkey	21	9	38.0	44	24	623	120	5.0	10.5
阿塞拜疆	Azerbaijan	105	10	25.0	83	28	277	47	1.5	39.7
以色列	Israel	18	7	39.0	67	85	975	29	2.0	62.6
瑞士	Switzerland	105	5	25.0	26	57	598	49	3.0	46.7
斯洛文尼亚	Slovenia	18	5	39.0	1	112	1160	8	0.8	90.0
卢旺达	Rwanda	114	8	22.0	88	32	230	62	2.5	19.3
葡萄牙	Portugal	61	6	31.0	1	38	755	15	3.0	64.8
波兰	Poland	51	7	33.0	1	55	685	25	3.0	60.9
捷克	Czech Rep.	61	2	31.0	1	103	678	16	2.1	67.5
荷兰	Netherlands	79	4	29.0	1	78	514	7	1.1	90.1
巴林	Bahrain	51	8	33.0	77	59	635	60	2.5	41.3
塞尔维亚	Serbia	37	6	35.0	23	65	622	41	2.0	34.5
斯洛伐克	Slovakia	88	3	28.0	1	46	775	46	4.0	46.1
比利时	Belgium	45	8	34.0	1	56	505	9	0.9	89.4
亚美尼亚	Armenia	120	7	21.0	43	30	570	95	1.9	39.2

6-2 续表 2 continued

国家或地区	Country or Area	企业经营环境排名 Ease of Doing Business Rank	开办企业排名 Starting a Business Rank	申请建筑许可 Dealing with Construction Permits			注册财产 Registering Property			信贷融资便利度排名 Getting Credit Rank	缴纳税款排名 Paying Taxes Rank
				排名 Rank	手续(个) Procedures (number)	时间(天) Time (days)	排名 Rank	手续(个) Procedures (number)	时间(天) Time (days)		
摩尔多瓦	Moldova	48	13	156	21	278	22	5	6	48	33
白俄罗斯	Belarus	49	30	48	15	158	14	4	5	104	99
黑　山	Montenegro	50	101	40	9	102	83	6	69	15	75
克罗地亚	Croatia	51	114	150	22	146	38	5	33	104	49
匈牙利	Hungary	52	87	108	22	193	29	4	18	37	56
摩洛哥	Morocco	53	43	16	12	58	81	6	20	119	24
塞浦路斯	Cyprus	54	50	125	8	507	71	7	9	80	29
罗马尼亚	Romania	55	91	147	24	260	46	6	15	25	32
肯尼亚	Kenya	56	129	105	16	159	134	10	44	4	94
科索沃	Kosovo	57	12	160	18	237	37	6	32	15	48
意大利	Italy	58	98	97	14	190	26	4	16	119	128
智　利	Chile	59	57	41	12	195	63	6	29	94	86
墨西哥	Mexico	60	107	93	15	82	105	8	39	11	120
保加利亚	Bulgaria	61	113	43	18	97	66	8	19	67	97
沙特阿拉伯	Saudi Arabia	62	38	28	14	100	19	2	2	80	57
印　度	India	63	136	27	15	106	154	9	58	25	115
乌克兰	Ukraine	64	61	20	10	73	61	7	15	37	65
波多黎各	Puerto Rico	65	59	143	22	165	161	8	190	4	163
文　莱	Brunei Darussalam	66	16	54	20	83	144	7	299	1	90
哥伦比亚	Colombia	67	95	89	13	132	62	7	15	11	148
阿　曼	Oman	68	32	47	15	125	52	3	18	144	11
乌兹别克斯坦	Uzbekistan	69	8	132	17	246	72	9	43	67	69
越　南	Viet Nam	70	115	25	10	166	64	5	54	25	109
牙买加	Jamaica	71	6	70	18	141	85	8	19	15	124
卢森堡	Luxemburg	72	76	14	11	155	93	7	27	176	23
印度尼西亚	Indonesia	73	140	110	18	200	106	6	31	48	81
哥斯达黎加	Costa Rica	74	144	78	17	138	49	5	11	15	66
约　旦	Jordan	75	120	138	20	66	78	6	17	4	62
秘　鲁	Peru	76	133	65	19	137	55	6	10	37	121
卡塔尔	Qatar	77	108	13	13	88	1	1	1	119	3
突尼斯	Tunisia	78	19	32	14	133	94	5	35	104	108
希　腊	Greece	79	11	86	17	180	156	11	26	119	72
吉尔吉斯斯坦	Kyrgyzstan	80	42	90	17	167	7	3	4	15	117
蒙　古	Mongolia	81	100	29	17	137	50	5	11	25	71
阿尔巴尼亚	Albania	82	53	166	19	324	98	5	19	48	123
科威特	Kuwait	83	82	68	19	103	45	7	17	119	6
南　非	South Africa	84	139	98	20	155	108	7	23	80	54
赞比亚	Zambia	85	117	67	10	188	149	6	45	4	17
巴拿马	Panama	86	51	100	18	105	87	7	23	25	176
博茨瓦纳	Botswana	87	159	44	16	102	82	4	27	80	59
马耳他	Malta	88	86	57	16	179	152	7	17	144	78
不　丹	Bhutan	89	103	91	21	150	53	3	77	94	15
波　黑	Bosnia and Herzegovinian	90	184	173	17	180	96	7	35	67	141
萨尔瓦多	El Salvador	91	148	168	16	310	79	6	31	25	70
圣马力诺	San Marino	92	92	92	15	146	102	9	43	152	47
圣卢西亚	Saint Lucia	93	69	38	14	116	107	9	17	165	84
尼泊尔	Nepal	94	135	107	12	118	97	4	6	37	175
菲律宾	Philippines	95	171	85	22	120	120	9	35	132	95
危地马拉	Guatemala	96	99	118	11	226	89	7	24	15	104
多　哥	Togo	97	15	127	12	169	56	3	35	48	174

6–2 续表 3 continued

国家或地区	Country or Area	中小投资者保护 Protecting Minority Investors			跨境贸易排名 Trading Across Borders Rank	合同执行 Enforcing Contracts		解决破产 Resolving Insolvency		
		排名 Rank	披露指数 Disclosure Index	中小投资者保护指数 Strength of Minority Investor Protection Index		排名 Rank	时间（天） Time (days)	排名 Rank	时间（年） Time (years)	收回率（美分/美元） Recovery Rate (cents/dollar)
摩尔多瓦	Moldova	45	7	34.0	38	62	585	67	2.8	32.1
白俄罗斯	Belarus	79	6	29.0	24	40	275	74	1.5	40.2
黑　山	Montenegro	61	5	31.0	41	44	545	43	1.4	50.3
克罗地亚	Croatia	37	5	35.0	1	27	650	63	3.1	35.2
匈牙利	Hungary	97	2	27.0	1	25	605	66	2.0	44.2
摩洛哥	Morocco	37	9	35.0	58	60	510	73	3.5	28.7
塞浦路斯	Cyprus	21	9	38.0	50	142	1100	31	1.5	73.8
罗马尼亚	Romania	61	9	31.0	1	19	512	56	3.3	34.4
肯尼亚	Kenya	1	10	46.0	117	89	465	50	4.5	31.8
科索沃	Kosovo	128	9	20.0	31	53	330	48	2.0	39.6
意大利	Italy	51	7	33.0	1	122	1120	21	1.8	65.6
智　利	Chile	51	8	33.0	73	54	519	53	2.0	41.9
墨西哥	Mexico	61	8	31.0	69	43	341	33	1.8	63.9
保加利亚	Bulgaria	25	10	37.0	21	42	564	61	3.3	37.7
沙特阿拉伯	Saudi Arabia	3	9	43.0	86	51	575	168		
印　度	India	13	8	40.0	68	163	1445	52	1.6	71.6
乌克兰	Ukraine	45	9	34.0	74	63	378	146	2.9	9.0
波多黎各	Puerto Rico	88	7	28.0	70	70	630	10	2.5	67.7
文　莱	Brunei Darussalam	128	4	20.0	149	66	540	59	2.5	47.2
哥伦比亚	Colombia	13	9	40.0	133	177	1288	32	1.7	68.7
阿　曼	Oman	88	8	28.0	64	69	598	97	3.0	41.1
乌兹别克斯坦	Uzbekistan	37	8	35.0	152	22	225	100	2.0	34.4
越　南	Viet Nam	97	7	27.0	104	68	400	122	5.0	21.3
牙买加	Jamaica	61	4	31.0	136	119	550	34	1.1	66.4
卢森堡	Luxemburg	97	6	27.0	1	18	321	93	2.0	43.9
印度尼西亚	Indonesia	37	10	35.0	116	139	403	38	1.1	65.5
哥斯达黎加	Costa Rica	110	5	24.0	80	111	852	137	3.0	29.5
约　旦	Jordan	105	4	25.0	75	110	642	112	3.0	27.3
秘　鲁	Peru	45	9	34.0	102	83	478	90	3.1	31.3
卡塔尔	Qatar	157	2	14.0	101	115	570	123	2.8	30.0
突尼斯	Tunisia	61	6	31.0	90	88	565	69	1.3	51.3
希　腊	Greece	37	9	35.0	34	146	1711	72	3.5	32.0
吉尔吉斯斯坦	Kyrgyzstan	128	7	20.0	89	134	410	78	1.5	40.6
蒙　古	Mongolia	25	6	37.0	143	75	374	150	4.0	18.2
阿尔巴尼亚	Albania	111	9	23.0	25	120	525	39	2.0	44.6
科威特	Kuwait	51	5	33.0	162	74	566	115	4.2	32.2
南　非	South Africa	13	8	40.0	145	102	600	68	2.0	34.7
赞比亚	Zambia	72	4	30.0	155	130	611	79	1.0	51.0
巴拿马	Panama	88	4	28.0	59	141	790	113	2.5	27.0
博茨瓦纳	Botswana	72	7	30.0	55	137	660	84	1.7	66.3
马耳他	Malta	51	3	33.0	48	41	505	121	3.0	39.2
不　丹	Bhutan	111	4	23.0	30	29	225	168		
波　黑	Bosnia and Herzegovinian	88	3	28.0	27	93	595	37	3.3	39.7
萨尔瓦多	El Salvador	140	3	18.0	46	126	816	92	3.5	32.4
圣马力诺	San Marino	162	3	13.0	20	81	575	106	2.3	50.2
圣卢西亚	Saint Lucia	79	4	29.0	93	79	645	131	2.0	43.5
尼泊尔	Nepal	79	6	29.0	60	151	910	87	2.0	41.2
菲律宾	Philippines	72	9	30.0	113	152	962	65	2.7	21.1
危地马拉	Guatemala	153	3	15.0	82	176	1402	157	3.0	28.1
多　哥	Togo	120	7	21.0	131	140	488	88	3.0	35.1

6-2 续表 4 continued

国家或地区	Country or Area	企业经营环境排名 Ease of Doing Business Rank	开办企业排名 Starting a Business Rank	申请建筑许可 Dealing with Construction Permits			注册财产 Registering Property			信贷融资便利度排名 Getting Credit Rank	缴纳税款排名 Paying Taxes Rank
				排名 Rank	手续(个) Procedures (number)	时间(天) Time (days)	排名 Rank	手续(个) Procedures (number)	时间(天) Time (days)		
萨摩亚	Samoa	98	46	94	18	57	68	5	15	119	82
斯里兰卡	Sri Lanka	99	85	66	13	86	138	8	39	132	142
塞舌尔	Seychelles	100	147	106	16	113	65	4	33	144	36
乌拉圭	Uruguay	101	66	151	19	265	119	9	66	80	103
斐济	Fiji	102	163	102	15	141	57	4	69	165	101
汤加	Tonga	103	62	69	14	77	166	4	112	48	102
纳米比亚	Namibia	104	165	84	12	160	173	8	44	80	88
特立尼达和多巴哥	Trinidad and Tobago	105	79	126	16	254	158	9	77	67	160
塔吉克斯坦	Tajikistan	106	36	137	26	157	77	4	33	11	139
瓦努阿图	Vanuatu	107	137	163	15	123	84	4	58	37	67
巴基斯坦	Pakistan	108	72	112	17	125	151	8	105	119	161
马拉维	Malawi	109	153	128	13	153	90	6	47	11	135
科特迪瓦	Cote D'Ivoire	110	29	152	22	163	112	5	39	48	114
多米尼克	Dominica	111	71	83	11	191	179	5	125	152	83
吉布提	Djibouti	112	123	87	16	146	117	6	24	132	133
安提瓜和巴布达	Antigua and Barbuda	113	130	117	19	144	124	7	32	165	145
埃及	Egypt	114	90	74	20	173	130	9	76	67	156
多米尼加	Dominican Rep.	115	112	80	15	206	74	6	33	119	150
乌干达	Uganda	116	169	113	18	113	135	10	42	80	92
约旦河西岸和加沙	West Bank and Gaza	117	173	148	20	108	91	7	35	25	112
加纳	Ghana	118	116	104	16	170	111	5	33	80	152
巴哈马	Bahamas	119	94	77	17	180	181	7	122	152	50
巴布亚新几内亚	Papua New Guinea	120	142	122	17	217	127	4	72	48	118
莱索托	Lesotho	122	84	165	10	183	114	4	43	94	110
塞内加尔	Senegal	123	60	131	14	177	116	5	41	67	166
巴西	Brazil	124	138	170	19	338	133	14	31	104	184
巴拉圭	Paraguay	125	160	75	14	121	80	6	46	132	126
阿根廷	Argentina	126	141	155	17	318	123	7	51.5	104	170
伊朗	Iran	127	178	73	16	130	70	6	31	104	144
巴巴多斯	Barbados	128	102	153	9	377	118	7	50	152	96
厄瓜多尔	Ecuador	129	177	114	17	132	73	8	26	119	147
圣文森特和格林纳丁斯	Saint Vincent and the Grenadines	130	93	51	14	92	168	7	47	165	100
尼日利亚	Nigeria	131	105	55	15	105	183	12	92	15	159
尼日尔	Niger	132	56	180	19	98	115	4	13	48	169
洪都拉斯	Honduras	133	170	158	17	132	101	6	28.5	25	167
圭亚那	Guyana	134	111	167	18	208	128	7	46	94	122
伯利兹	Belize	135	166	123	16	142	137	9	60	173	60
所罗门群岛	Solomon Islands	136	110	172	14	99	155	10	86.5	104	41
佛得角	Cape Verde	137	121	50	17	101	69	6	19	144	87
莫桑比克	Mozambique	138	176	61	11	118	136	8	43	165	127
圣基茨和尼维斯	Saint Kitts and Nevis	139	109	58	12	105	185	6	224	165	125
津巴布韦	Zimbabwe	140	167	140	10	178	109	5	29	67	146
坦桑尼亚	Tanzania	141	162	149	24	184	146	8	67	67	165
尼加拉瓜	Nicaragua	142	145	176	18	225	160	9	56	104	162
黎巴嫩	Lebanon	143	151	164	22	276	110	8	37	132	116
柬埔寨	Cambodia	144	187	178	20	652	129	7	55	25	138
帕劳	Palau	145	132	129	20	90	47	5	14	104	113
格林纳达	Grenada	146	89	130	15	146	147	8	32	152	143
马尔代夫	Maldives	147	74	63	10	140	176	6	57	144	119
马里	Mali	148	124	133	14	124	140	5	29	152	173
贝宁	Benin	149	65	82	14	88	126	4	120	152	171

6-2 续表 5 continued

国家或地区	Country or Area	中小投资者保护 Protecting Minority Investors			跨境贸易排名 Trading Across Borders Rank	合同执行 Enforcing Contracts		解决破产 Resolving Insolvency		
		排名 Rank	披露指数 Disclosure Index	中小投资者保护指数 Strength of Minority Investor Protection Index		排名 Rank	时间(天) Time (days)	排名 Rank	时间(年) Time (years)	收回率(美分/美元) Recovery Rate (cents/dollar)
多　哥	Togo	120	7	21.0	131	140	488	88	3.0	35.1
萨摩亚	Samoa	128	5	20.0	154	86	455	140	2.0	18.5
斯里兰卡	Sri Lanka	28	8	36.0	96	164	1318	94	1.7	43.0
塞舌尔	Seychelles	143	4	17.0	98	128	915	75	2.0	38.8
乌拉圭	Uruguay	153	3	15.0	150	104	725	70	1.8	44.4
斐　济	Fiji	97	2	27.0	79	101	397	98	1.8	46.5
汤　加	Tonga	153	3	15.0	97	98	350	138	2.7	28.2
纳米比亚	Namibia	88	5	28.0	138	64	460	127	2.5	33.8
特立尼达和多巴哥	Trinidad and Tobago	57	4	32.0	134	174	1340	83	2.5	26.1
塔吉克斯坦	Tajikistan	128	8	20.0	141	76	430	153	1.7	29.6
瓦努阿图	Vanuatu	147	5	16.0	148	138	430	101	2.6	45.8
巴基斯坦	Pakistan	28	6	36.0	111	156	1071	58	2.6	42.8
马拉维	Malawi	79	4	29.0	127	149	522	134	2.6	15.6
科特迪瓦	Cote D'Ivoire	120	7	21.0	163	94	525	85	2.2	36.8
多米尼克	Dominica	79	4	29.0	91	95	741	136	4.0	29.6
吉布提	Djibouti	103	8	26.0	147	144	695	44	1.5	44.0
安提瓜和巴布达	Antigua and Barbuda	79	4	29.0	112	36	476	132	3.0	37.1
埃　及	Egypt	57	8	32.0	171	166	1010	104	2.5	23.3
多米尼加	Dominican Rep.	143	5	17.0	66	133	590	124	3.5	9.6
乌干达	Uganda	88	3	28.0	121	77	490	99	2.2	40.3
约旦河西岸和加沙	West Bank and Gaza	114	6	22.0	54	123	540	168		
加　纳	Ghana	72	7	30.0	158	117	710	161	1.9	24.0
巴哈马	Bahamas	88	3	28.0	161	82	545	71	3.0	64.4
巴布亚新几内亚	Papua New Guinea	72	5	30.0	125	173	591	144	3.0	24.9
莱索托	Lesotho	147	3	16.0	40	99	615	126	2.6	28.1
塞内加尔	Senegal	114	7	22.0	142	132	650	96	3.0	30.0
巴　西	Brazil	61	5	31.0	108	58	801	77	4.0	18.2
巴拉圭	Paraguay	143	6	17.0	128	72	606	105	3.9	23.0
阿根廷	Argentina	61	7	31.0	119	97	995	111	2.4	19.2
伊　朗	Iran	128	7	20.0	123	90	505	133	1.5	36.1
巴巴多斯	Barbados	136	2	19.0	132	170	1340	35	1.8	65.7
厄瓜多尔	Ecuador	114	2	22.0	103	96	523	160	5.3	18.3
圣文森特和格林纳丁斯	Saint Vincent and the Grenadines	79	4	29.0	81	61	595	168		
尼日利亚	Nigeria	28	7	36.0	179	73	399	148	2.0	27.8
尼日尔	Niger	120	7	21.0	126	114	380	114	5.0	20.9
洪都拉斯	Honduras	120	3	21.0	130	154	920	143	3.8	19.9
圭亚那	Guyana	88	5	28.0	151	92	581	163	3.0	18.4
伯利兹	Belize	157	3	14.0	114	135	892	91	2.0	56.7
所罗门群岛	Solomon Islands	136	3	19.0	160	157	497	145	1.0	24.4
佛得角	Cape Verde	170	1	12.0	109	52	425	168		
莫桑比克	Mozambique	147	5	16.0	94	168	950	86	1.5	30.8
圣基茨和尼维斯	Saint Kitts and Nevis	103	4	26.0	71	49	578	168		
津巴布韦	Zimbabwe	97	8	27.0	159	169	410	142	3.3	17.5
坦桑尼亚	Tanzania	105	2	25.0	182	71	515	116	3.0	20.4
尼加拉瓜	Nicaragua	170	1	12.0	84	87	490	107	2.2	35.7
黎巴嫩	Lebanon	114	9	22.0	153	131	721	151	3.0	30.8
柬埔寨	Cambodia	128	6	20.0	118	182	483	82	6.0	14.6
帕　劳	Palau	188		7.0	139	125	810	166	2.0	30.4
格林纳达	Grenada	105	4	25.0	137	80	688	168		
马尔代夫	Maldives	147		16.0	157	124	760	141	1.5	50.2
马　里	Mali	120	7	21.0	95	159	620	102	3.6	28.3
贝　宁	Benin	120	7	21.0	110	162	595	108	4.0	23.9

6-2　续表 6　continued

国家或地区	Country or Area	企业经营环境排名 Ease of Doing Business Rank	开办企业排名 Starting a Business Rank	申请建筑许可 Dealing with Construction Permits			注册财产 Registering Property			信贷融资便利度排名 Getting Credit Rank	缴纳税款排名 Paying Taxes Rank
				排名 Rank	手续(个) Procedures (number)	时间(天) Time (days)	排名 Rank	手续(个) Procedures (number)	时间(天) Time (days)		
玻利维亚	Bolivia	150	175	139	15	235	148	7	90	144	186
布基纳法索	Burkina Faso	151	88	95	15	121	141	4	67	152	154
毛里塔尼亚	Mauritania	152	49	109	14	104	103	4	49	132	177
马绍尔群岛	Marshall Islands	153	83	76	7	38	187			104	79
老　挝	Laos	154	181	99	12	92	88	6	28	80	157
冈比亚	Gambia	155	119	145	12	173	143	6	73	152	172
几内亚	Guinea	156	122	116	16	151	122	6	44	152	183
阿尔及利亚	Algeria	157	152	121	19	131	165	10	55	181	158
密克罗尼西亚	Micronesia, Fed.	158	174	136	14	85	187			104	111
埃塞俄比亚	Ethiopia	159	168	142	15	136	142	7	52	176	132
科摩罗	Comoros	160	158	101	11	107	113	4	30	132	168
马达加斯加	Madagascar	161	80	182	17	194	164	6	100	132	134
苏里南	Suriname	162	182	115	10	223	157	6	46	181	107
塞拉利昂	Sierra Leone	163	58	181	17	182	169	7	56	165	93
基里巴斯	Kiribati	164	149	169	16	185	150	5	513	173	98
缅　甸	Myanmar	165	70	46	16	88	125	6	65	181	129
布隆迪	Burundi	166	44	161	15	70	100	5	23	176	140
喀麦隆	Cameroon	167	104	154	16	126	175	5	81	80	181
孟加拉国	Bangladesh	168	131	135	16	274	184	8	271	119	151
加　蓬	Gabon	169	96	141	13	275	171	6	72	132	182
苏　丹	Sudan	171	157	124	16	255	95	6	11	176	164
伊拉克	Iraq	172	154	103	11	167	121	5	51	186	131
阿富汗	Afghanistan	173	52	183	13	199	186	9	250	104	178
几内亚比绍	Guinea-Bissau	174	161	177	13	143	132	5	48	152	155
利比里亚	Liberia	175	75	185	25	87	180	10	44	104	76
叙利亚	Syrian Arab Republic	176	143	186			162	4	48	176	91
安哥拉	Angola	177	146	120	12	184	167	6	190	185	106
赤道几内亚	Equatorial Guinea	178	183	162	13	144	163	6	23	132	179
海　地	Haiti	179	189	179	14	97	182	6	319	144	149
刚果(布)	Congo, Rep.	180	179	134	13	164	174	5	54	132	185
东帝汶	Timor-Leste	181	68	159	16	207	187			173	136
乍　得	Chad	182	186	174	14	226	131	6	29	152	188
刚果(金)	Congo, Dem. Rep.	183	54	144	13	122	159	8	38	152	180
中　非	Central African Rep.	184	180	184	17	219	170	5	75	144	187
南苏丹	South Sudan	185	172	171	23	131	177	7	48	181	74
利比亚	Libya	186	164	186			187			186	130
也　门	Yemen	187	156	186			86	6	19	186	89
委内瑞拉	Venezuela	188	190	175	11	434	145	10	53	132	189
厄立特里亚	Eritrea	189	185	186			178	11	78	186	153
索马里	Somalia	190	188	186			153	5	188	186	190

6-2 续表 7 continued

国家或地区	Country or Area	中小投资者保护 Protecting Minority Investors			跨境贸易排名 Trading Across Borders Rank	合同执行 Enforcing Contracts		解决破产 Resolving Insolvency		
		排名 Rank	披露指数 Disclosure Index	中小投资者保护指数 Strength of Minority Investor Protection Index		排名 Rank	时间(天) Time (days)	排名 Rank	时间(年) Time (years)	收回率(美分/美元) Recovery Rate (cents/dollar)
玻利维亚	Bolivia	136	1	19.0	100	109	591	103	1.8	40.8
布基纳法索	Burkina Faso	120	7	21.0	122	165	446	109	4.0	23.6
毛里塔尼亚	Mauritania	147	6	16.0	144	48	370	168		
马绍尔群岛	Marshall Islands	179	2	10.0	76	106	616	167	2.0	17.1
老　　挝	Laos	179	6	10.0	78	161	828	168		
冈 比 亚	Gambia	170	2	12.0	115	129	758	128	2.0	27.8
几 内 亚	Guinea	162	7	13.0	167	118	311	118	3.8	19.4
阿尔及利亚	Algeria	179	4	10.0	172	113	630	81	1.3	50.8
密克罗尼西亚	Micronesia, Fed.	185		8.0	65	184	885	125	5.3	3.4
埃塞俄比亚	Ethiopia	189	3	5.0	156	67	530	149	3.0	27.3
科 摩 罗	Comoros	162	7	13.0	120	179	506	168		
马达加斯加	Madagascar	140	7	18.0	140	136	811	135	3.0	12.4
苏 里 南	Suriname	157	1	14.0	87	188	1715	139	5.0	7.7
塞拉利昂	Sierra Leone	128	6	20.0	165	108	515	162	2.3	11.1
基里巴斯	Kiribati	136	6	19.0	135	121	660	168		
缅　　甸	Myanmar	176	4	11.0	168	187	1160	164	5.0	14.7
布 隆 迪	Burundi	143	8	17.0	169	158	832	147	5.0	7.5
喀 麦 隆	Cameroon	157	7	14.0	186	167	800	129	2.8	15.8
孟加拉国	Bangladesh	72	6	30.0	176	189	1442	154	4.0	29.1
加　　蓬	Gabon	170	7	12.0	170	180	1160	130	5.0	14.5
苏　　丹	Sudan	153	3	15.0	185	148	810	152	2.0	30.2
伊 拉 克	Iraq	111	4	23.0	181	147	520	168		
阿 富 汗	Afghanistan	140	8	18.0	177	181	1642	76	2.0	26.7
几内亚比绍	Guinea-Bissau	114	7	22.0	146	171	1785	168		
利比里亚	Liberia	176	4	11.0	184	175	1300	110	3.0	17.4
叙 利 亚	Syrian Arab Republic	97	7	27.0	178	160	872	158	4.1	21.1
安 哥 拉	Angola	147	4	16.0	174	186	1296	168		
赤道几内亚	Equatorial Guinea	162	7	13.0	175	105	475	168		
海　　地	Haiti	183	2	9.0	85	127	530	168		
刚果(布)	Congo, Rep.	162	7	13.0	183	155	560	119	3.3	19.4
东 帝 汶	Timor-Leste	157	5	14.0	107	190	1285	168		
乍　　得	Chad	170	7	12.0	173	153	743	155	4.0	
刚果(金)	Congo, Dem. Rep.	176	7	11.0	187	178	610	168		
中　　非	Central African Rep.	162	7	13.0	164	183	660	155	4.8	
南 苏 丹	South Sudan	185	2	8.0	180	84	228	168		
利 比 亚	Libya	183	4	9.0	129	145	690	168		
也　　门	Yemen	162	6	13.0	188	143	645	159	3.0	21.0
委内瑞拉	Venezuela	170	3	12.0	188	150	720	165	4.0	5.3
厄立特里亚	Eritrea	185	3	8.0	188	107	490	168		
索 马 里	Somalia	190			166	116	575	168		

6–3 新注册企业数
New Businesses Registered

资料来源：世界银行WDI数据库。
Source: World Bank WDI Database.
单位：个 (number)

国家或地区	Country or Area	2000	2005	2010	2012	2014	2016	2018
中国香港	Hong Kong, China	38086	73359	139530	150165	167280	144883	151739
孟加拉国	Bangladesh		5157	8755	9193		8103	4473
柬埔寨	Cambodia		1509	2572	3385	3850	4238	7007
印度	India		38129	86645	103078	69841	93714	123942
印度尼西亚	Indonesia		23348	38106	47714	57926	58426	
以色列	Israel		14364	16276	14246	15409	17624	17456
日本	Japan		112201	7269	11031	19972	23944	29243
哈萨克斯坦	Kazakhstan		20431	707	15404	15072	21583	23464
韩国	Korea, Rep.		31879	60312	74162	84697	96155	
老挝	Laos			78	97	75	114	178
马来西亚	Malaysia	33149	37672	44202	45441	49203	46555	51722
蒙古	Mongolia			9193	11244	12921	9986	11507
巴基斯坦	Pakistan	1051	3917	2956	4069	4808	6882	13229
菲律宾	Philippines	12802		11714	18515	21066	22306	19774
新加坡	Singapore			27483	31531	38306	35021	43046
斯里兰卡	Sri Lanka	2567	4754	6110	6975	6674	8060	10510
泰国	Thailand	18481		31707	40900	43589	48907	55589
埃及	Egypt		3867					
尼日利亚	Nigeria		28988	65074	81144	71941	75380	86309
南非	South Africa		227624	206826	220910	235602	376727	
加拿大	Canada	97000	20868		25723	30904	1564	4065
墨西哥	Mexico		40398	45321	31028	43617	45256	83903
美国	United States		676830					
阿根廷	Argentina	14500	14219	5400	4928	4699	5885	5667
巴西	Brazil	460602	246722	376746	295721	227368	175932	189076
捷克	Czech Rep.		14062	22456	21571	24366	27881	30336
法国	France	90787	117284	163650	159521	165722	188843	201087
德国	Germany		66923	73966	69332	67458	70720	72844
意大利	Italy	60132	84125	87415	75646	91583	102135	114360
荷兰	Netherlands		46514	33900	48680	64253	67127	71531
波兰	Poland			18120	24753	30155	43523	36879
俄罗斯	Russia	225317	380973	258327	397952	427388	433464	317468
西班牙	Spain	115870		79202	86591	93439	100456	94676
土耳其	Turkey	66236		50414	38823	53375	62674	85798
乌克兰	Ukraine	29777		31450	29619	33406	48138	
英国	United Kingdom	225600		400867	492754	585672	663616	664974
澳大利亚	Australia		121994	160615	185009	231920	246623	235654
新西兰	New Zealand		64818	45168	43860	48904	58130	56380

6–4 新注册企业密度
New Business Density

资料来源：世界银行WDI数据库。
Source: World Bank WDI Database.

单位：个/万人 (unit per 10000 persons)

国家或地区	Country or Area	2005	2010	2012	2014	2016	2018
世　界	**World**					**14.6**	
高收入国家	**High Income**		**33.2**	**36.6**	**42.0**	**45.7**	**47.0**
中等收入国家	**Middle Income**					**8.6**	
中低收入国家	**Low and Middle Income**					**8.1**	
低收入国家	**Low Income**						**3.7**
中国香港	Hong Kong, China	146.2	264.4	280.0	311.5	270.3	285.9
孟加拉国	Bangladesh	0.6	0.9	0.9		0.8	0.4
文　莱	Brunei Darussalam			16.9	15.6	25.2	23.6
柬埔寨	Cambodia	1.8	2.9	3.6	3.9	4.2	6.7
印　度	India	0.5	1.1	1.3	0.8	1.1	1.4
印度尼西亚	Indonesia	1.6	2.4	2.9	3.4	3.3	
以色列	Israel	33.4	34.3	29.2	30.7	34.0	32.7
日　本	Japan	13.3	0.9	1.4	2.6	3.1	3.9
哈萨克斯坦	Kazakhstan	19.9	0.6	13.4	13.0	18.4	20.0
韩　国	Korea, Rep.	9.3	16.6	20.1	22.7	25.7	
老　挝	Laos		0.2	0.3	0.2	0.3	0.4
马来西亚	Malaysia	22.3	23.4	23.0	24.0	22.0	23.7
巴基斯坦	Pakistan	0.4	0.3	0.4	0.4	0.6	1.0
菲律宾	Philippines		2.0	3.1	3.3	3.4	2.9
新加坡	Singapore		68.8	75.7	89.4	80.1	100.1
斯里兰卡	Sri Lanka	3.4	4.5	5.1	4.9	5.8	7.4
泰　国	Thailand		6.6	8.4	8.9	9.9	11.3
埃及	Egypt	0.9					
尼日利亚	Nigeria	3.9	7.7	9.2	7.7	7.6	8.3
南　非	South Africa	74.4	61.6	63.7	65.8	102.1	
加拿大	Canada	9.3		10.7	12.8	0.6	1.6
墨西哥	Mexico	5.9	6.2	4.1	5.5	5.6	10.0
阿根廷	Argentina	5.8	2.1	1.9	1.7	2.1	2.0
巴　西	Brazil	20.0	28.2	21.5	16.2	12.3	12.9
捷　克	Czech Rep.	19.3	30.5	29.7	34.2	39.8	43.9
法　国	France	28.5	38.9	38.0	39.6	45.2	48.4
德　国	Germany	12.2	13.7	13.1	12.7	13.1	13.5
意大利	Italy	21.7	22.5	19.5	23.4	26.3	29.6
荷　兰	Netherlands	42.2	30.4	43.8	58.1	60.6	64.2
波　兰	Poland		6.7	9.2	11.3	16.6	14.4
俄罗斯	Russia	37.5	25.1	39.0	42.4	43.6	32.6
西班牙	Spain		25.0	27.5	30.1	32.6	30.7
土耳其	Turkey		10.6	7.9	10.4	11.8	15.6
乌克兰	Ukraine		9.8	9.3	10.6	15.6	
英　国	United Kingdom		96.9	118.4	140.0	157.5	156.5
澳大利亚	Australia	88.9	107.9	121.3	148.4	154.7	144.7
新西兰	New Zealand	236.0	156.2	150.8	165.3	190.0	178.4

注：新注册企业密度是指1万个15–64岁劳动人口中新注册企业数量。
Note: New registrations per 10,000 people ages 15-64.

6–5 私人部门贷款占国内生产总值比重
Domestic Credit to Private Sector as Percentage of GDP

资料来源：世界银行WDI数据库。
Source: World Bank WDI Database.
单位：%

(%)

国家或地区	Country or Area	2000	2005	2010	2015	2018	2019
世　界	**World**	**135.9**	**125.9**	**120.6**	**123.5**	**126.1**	**132.3**
高收入国家	**High Income**	**155.9**	**142.1**	**144.1**	**140.3**	**140.4**	**147.6**
经合组织国家	**OECD Countries**	**159.1**	**149.0**	**153.1**			
非经合组织国家	**High Income: nonOECD**	**45.5**	**43.6**	**53.0**			
中等收入国家	**Middle Income**	**52.3**	**55.4**	**70.7**	**95.4**	**102.6**	**107.3**
中等偏上收入国家	**Upper Middle Income**	**59.8**	**61.9**	**77.4**	**108.7**	**117.3**	**123.5**
中等偏下收入国家	**Lower Middle Income**	**27.2**	**32.4**	**42.3**	**42.0**	**44.5**	**45.1**
中低收入国家	**Low and Middle Income**	**51.2**	**54.5**	**70.0**	**94.4**	**101.8**	**106.5**
东亚和太平洋	**East Asia and Pacific**	**105.5**	**106.0**	**111.8**	**140.1**	**145.4**	**150.8**
欧洲和中亚	**Europe and Central Asia**			**45.5**	**55.5**	**51.1**	**51.0**
拉丁美洲和加勒比	**Latin America and Caribbean**	**22.2**	**22.3**	**36.7**	**45.7**	**49.3**	**51.0**
中东和北非国家	**Middle East and North Africa**	**33.7**	**31.7**	**40.4**	**43.6**		
南　亚	**South Asia**	**26.7**	**37.5**	**46.5**	**47.1**	**47.1**	**47.3**
撒哈拉以南非洲	**Sub-Saharan Africa**	**54.7**	**57.9**	**57.0**	**43.4**	**44.1**	**44.7**
低收入国家	**Low Income**	**7.0**	**10.0**	**10.7**	**12.2**	**13.1**	
中　国	China	111.1	111.8	126.6	152.6	157.8	164.7
中国香港	Hong Kong, China	150.4	143.1	185.6	207.9	219.9	235.5
中国澳门	Macao, China	72.5	44.1	57.1	107.5	113.8	122.4
孟加拉国	Bangladesh	21.8	29.3	41.0	44.4	46.9	45.3
文　莱	Brunei Darussalam	50.3	40.3	36.9	41.4	35.0	35.7
柬埔寨	Cambodia	6.3	9.0	27.6	74.3	99.6	114.2
印　度	India	28.3	40.1	50.6	51.9	50.1	50.0
印度尼西亚	Indonesia	19.9	26.4	27.3	39.1	38.8	37.8
伊　朗	Iran	26.3	38.3	52.0	59.8		
以色列	Israel	72.4	77.2	68.6	66.5	66.5	65.4
日　本	Japan	212.3	170.7	159.9	162.2	169.4	174.7
哈萨克斯坦	Kazakhstan	11.2	35.7	39.3	37.7	25.9	24.5
韩　国	Korea, Rep.	71.7	110.3	130.0	132.1	141.5	152.1
老　挝	Laos	8.9	7.4	20.9			
马来西亚	Malaysia	135.0	106.5	107.1	123.1	120.4	120.9
蒙　古	Mongolia	6.9	27.6	34.2	53.9	55.7	50.1
缅　甸	Myanmar	9.5	4.7	4.8	17.7	25.0	25.7
巴基斯坦	Pakistan	20.1	26.1	21.4	15.4	18.8	18.1
菲律宾	Philippines	35.6	27.9	28.3	39.9	47.6	48.0
新加坡	Singapore	96.1	89.2	94.9	122.4	118.9	120.8
斯里兰卡	Sri Lanka	28.8	33.1	25.5	41.6	49.9	49.8
泰　国	Thailand	105.1	93.8	115.7	149.4	144.2	143.4
越　南	Viet Nam	35.3	60.5	114.7	111.9	133.1	137.9
埃　及	Egypt	52.0	51.2	33.1	26.3	25.5	24.0
尼日利亚	Nigeria	8.2	8.4	13.5	13.1	10.2	10.5
南　非	South Africa	130.3	138.2	149.0	147.5	138.8	139.5
加拿大	Canada	74.2	122.1				
墨西哥	Mexico	15.0	16.0	23.3	32.0	34.6	36.9
美　国	United States	162.6	188.7	182.6	179.7	180.0	192.3
阿根廷	Argentina	23.9	10.7	12.7	14.4		
巴　西	Brazil	31.1	31.8	52.8	66.8	61.2	63.7
委内瑞拉	Venezuela	10.5	13.2	18.9			
捷　克	Czech Rep.	45.1	29.4	46.7	49.9	52.2	51.5
法　国	France	85.1	80.1	95.9	95.1	104.4	107.6
德　国	Germany	119.4	105.4	88.5	78.0	78.7	80.5
意大利	Italy	75.5	70.9	93.1	87.3	76.9	74.4
荷　兰	Netherlands	134.2	116.4	113.7	111.6	105.5	99.8
波　兰	Poland	26.5	27.1	48.7	53.6	52.6	51.1
俄罗斯	Russia	13.6	25.9	42.8	56.0	50.9	52.4
西班牙	Spain	97.8	136.0	172.0	119.3	99.7	94.6
土耳其	Turkey	17.3	21.4	44.7	66.8	68.0	66.0
乌克兰	Ukraine	11.2	32.2	78.6	56.7	34.5	30.1
英　国	United Kingdom	115.2	143.4	185.4	130.8	134.5	133.7
澳大利亚	Australia	87.7	108.8	125.5	136.3	139.4	136.2
新西兰	New Zealand	107.9	120.6	142.3	152.8	156.1	160.0

主要统计指标解释

企业开业所要办理的手续数 是开办一个企业所要求办理的手续数量，包括为获得许可证和执照，完成所有的登记、证明和开业通知书所进行的往来手续。数据是关于企业的所有权性质，规模和产品类型。

企业办理开业手续所需时间 为开办一个企业办理法律手续需要的日历天数。如果缴纳额外成本之后能加快手续办理速度，则选择办理速度最快的手续。

企业经营环境排名 是所有经济体按其企业经营环境的宽松程度排名，排名越高说明该国的政策法规环境越有利于企业经营。该指数是一国在开办企业、申请建筑许可、获得电力、注册财产、信贷融资便利程度、投资者保护、缴纳税款、跨境贸易、合同执行和解决破产这 10 类指标的百分等级的简单平均。每类指标由若干指标组成，每类指标的数值也是由其构成要素的百分等级的简单平均所得。

开办企业 反映了一个企业家在建立和登记新企业需要克服的行政和法规障碍。它调查了开办一家拥有 50 名员工、法定资本金相当于 10 倍人均国民收入的工商业企业所涉及的程序、时间和成本。

新注册企业数 是日历年度内登记注册的有限责任公司数量。

新注册企业密度 是日历年度内每万人新登记注册企业数。

申请建筑许可 以建造一幢库房为例，所需的步骤以及相应的时间和成本，包括获取必要的许可、完成所需的公示和检查以及接通公用设施。

注册财产 假定在一个标准化案例中，一名企业家想在最大的商业城市中购买土地和一幢建筑物（该物产已被登记在册并且不存在所有权争议），他在登记房地产物权时所涉及的步骤、时间和成本。

信贷融资便利程度 包含了两方面问题，信贷信息登记系统以及担保和破产法在促进信贷方面的效能。

缴纳税款 反映了一家中型企业在给定年份所需缴付的税负，以及纳税的行政成本。

跨境贸易 研究了有关进口和出口一个标准化集装箱所需的成本和程序。每一步正规程序都计算在内－－从两方达成合同协议到交接货物－－同时统计了完成整个过程所需的时间。

投资者权益保护 针对经理人滥用企业财产为己谋私方面，测量了对保护股东权益监测的力度。

执行合同 通过追踪一件付款纠纷的进展、查询从原告提起诉讼到最终获得赔偿的时间、成本和所需步骤数，研究合同强制执行的效率。

解决破产 研究现有破产法规的缺陷以及破产程序存在的主要程序上和行政上的障碍。

对私人部门的国内贷款 是提供给私营部门的应偿还的金融资源，例如，贷款、购买非股本证券、贸易信贷和其他应收账款。部分国家包括对国有企业的借贷。

Explanatory Notes on Main Statistical Indicators

Number of Procedures for Starting a Business is the number of procedures required to start a business, including interactions to obtain necessary permits and licenses and to complete all inscriptions, verifications, and notifications to start operations. Data are for businesses with specific characteristics of ownership, size, and type of production.

Time Required for Starting a Business is the number of calendar days to complete the procedures for legally operating a business. If a procedure can be expedited at additional cost, the fastest procedure, independent of cost, is chosen.

Ease of Doing Business Rank Economies are ranked on their ease of doing business, with first place being the best. A high ranking means that the regulatory environment is conducive to business operation. The index ranks the simple average of the country's percentile rankings on 10 topics (Starting a business,Dealing with construction permits, Getting electricity, Registering property, Getting credit, Protecting investors, Paying taxes, Trading across borders, Enforcing contracts, Resolving Insolvency). The ranking on each topic is the simple average of the percentile rankings on its component indicators.

Starting a Business identifies the bureaucratic and legal hurdles an entrepreneur must overcome to incorporate and register a new firm. It examines the procedures, time, and cost involved in launching a commercial or industrial firm with up to 50 employees and start-up capital of 10 times the economy's per-capita gross national income (GNI).

New Businesses Registered are the number of limited liability firms registered in the calendar year.

New Businesses Density are the number of new limited liability corporations registered per 10 thousand people in the calendar year.

Dealing with Construction Permits tracks the procedures, time, and costs to build a warehouse, including obtaining necessary licenses and permits, completing required notifications and inspections, and obtaining utility connections.

Registering Property examines the steps, time, and cost involved in registering property, assuming a standardized case of an entrepreneur who wants to purchase land and a building that is already registered and free of title dispute.

Getting Credit explores two sets of issues-credit information registries and the effectiveness of collateral and bankruptcy laws in facilitating lending.

Paying Taxes addresses the taxes and mandatory contributions that a medium-size company must pay or withhold in a given year, as well as measures of administrative burden in paying taxes.

Trading Across Borders looks at the procedural requirements for exporting and importing a standardized cargo of goods. Every official procedure is counted—from the contractual agreement between the 2 parties to the delivery of goods—along with the time necessary for completion.

Protecting Investors measures the strength of minority shareholder protections against misuse of corporate assets by directors for their personal gain.

Enforcing Contracts looks at the efficiency of contract enforcement by following the evolution of a sale of goods dispute and tracking the time, cost, and number of procedures involved from the moment the plaintiff files the lawsuit until actual payment.

Resolving Insolvency identifies weaknesses in existing bankruptcy law and the main procedural and administrative bottlenecks in the bankruptcy process.

Domestic Credit to Private Sector is financial resources provided to the private sector—such as through loans, purchases of non-equity securities, and trade credits and other accounts receivable-that establish a claim for repayment. For some countries these claims include credit to public enterprises.

能　源

Energy

7-1　石油主要指标
Main Oil Indicators

资料来源：美国能源署。
Source: US. Energy Information Administration .

国家和地区	Country or Area	原油探明储量(亿桶)(2019年) Crude Oil Proved Reserves (100 million barrels) (2019)	国家和地区	Country or Area	石油存量(万桶)(2014年) Total Petroleum Stocks (10 000 Barrels) (2014)
委内瑞拉	Venezuela	3028	美　国	United States	182704
沙特阿拉伯	Saudi Arabia	2663	日　本	Japan	58066
加拿大	Canada	1674	德　国	Germany	28420
伊　朗	Iran	1556	加拿大	Canada	19312
伊拉克	Iraq	1472	韩　国	Korea, Rep.	19677
科威特	Kuwait	1015	法　国	France	16782
阿联酋	United Arab Emirates	978	荷　兰	Netherlands	12300
俄罗斯	Russia	800	西班牙	Spain	12100
利比亚	Libya	484	意大利	Italy	11855
美　国	United States	471	英　国	United Kingdom	7821
尼日利亚	Nigeria	362	土耳其	Turkey	6200
哈萨克斯坦	Kazakhstan	300	波　兰	Poland	6000
中　国	China	259	墨西哥	Mexico	5300
卡塔尔	Qatar	252	比利时	Belgium	4200
巴　西	Brazil	128	芬　兰	Finland	3800
阿尔及利亚	Algeria	122	澳大利亚	Australia	3600
安哥拉	Angola	84	瑞　士	Switzerland	3600
厄瓜多尔	Ecuador	83	瑞　典	Sweden	2900
挪　威	Norway	80	希　腊	Greece	2700
阿塞拜疆	Azerbaijan	70	丹　麦	Denmark	2500
墨西哥	Mexico	64	挪　威	Norway	2400
阿　曼	Oman	54	奥地利	Austria	2300
苏　丹	Sudan	50	葡萄牙	Portugal	2200
印　度	India	44	捷　克	Czech Rep.	2000
越　南	Viet Nam	44	匈牙利	Hungary	1700
马来西亚	Malaysia	36	智　利	Chile	970
埃　及	Egypt	33	斯洛伐克	Slovakia	970
印度尼西亚	Indonesia	32	爱尔兰	Ireland	930
也　门	Yemen	30	新西兰	New Zealand	830
叙利亚	Syrian Arab Republic	25	斯洛文尼亚	Slovenia	460
乌干达	Uganda	25	爱沙尼亚	Estonia	160
英　国	United Kingdom	25	卢森堡	Luxemburg	90

7-1 续表 continued

单位：万桶/天 (10 000 Barrels Per Day)

国家和地区	Country or Area	石油产量 (2019年) Total Oil Production (2019)	国家和地区	Country or Area	石油消费量 (2017年) Total Petroleum Consumption (2017)
美　国	United States	1947	美　国	United States	1995
沙特阿拉伯	Saudi Arabia	1162	中　国	China	1334
俄罗斯	Russia	1149	印　度	India	453
加拿大	Canada	550	日　本	Japan	393
中　国	China	493	俄罗斯	Russia	363
伊拉克	Iraq	480	沙特阿拉伯	Saudi Arabia	330
阿联酋	United Arab Emirates	413	巴　西	Brazil	315
巴　西	Brazil	367	韩　国	Korea, Rep.	263
伊　朗	Iran	320	加拿大	Canada	246
科威特	Kuwait	295	德　国	Germany	245
尼日利亚	Nigeria	202	墨西哥	Mexico	202
卡塔尔	Qatar	200	伊　朗	Iran	182
哈萨克斯坦	Kazakhstan	197	法　国	France	174
墨西哥	Mexico	192	英　国	United Kingdom	163
挪　威	Norway	175	印度尼西亚	Indonesia	159
阿尔及利亚	Algeria	157	新加坡	Singapore	144
安哥拉	Angola	151	泰　国	Thailand	139
利比亚	Libya	119	西班牙	Spain	130
英　国	United Kingdom	117	意大利	Italy	124
印　度	India	99	澳大利亚	Australia	117
阿　曼	Oman	98	土耳其	Turkey	99
委内瑞拉	Venezuela	93	中国台湾	Taiwan, China	95
印度尼西亚	Indonesia	92	荷　兰	Netherlands	95
哥伦比亚	Colombia	92	伊拉克	Iraq	91
阿塞拜疆	Azerbaijan	78	阿联酋	United Arab Emirates	90
马来西亚	Malaysia	71	埃　及	Egypt	82
阿根廷	Argentina	69	阿根廷	Argentina	75
埃　及	Egypt	64	马来西亚	Malaysia	72
厄瓜多尔	Ecuador	54	南　非	South Africa	66
泰　国	Thailand	53	波　兰	Poland	66
澳大利亚	Australia	49	委内瑞拉	Venezuela	64
越　南	Viet Nam	26	比利时	Belgium	64
土库曼斯坦	Turkmenistan	24	巴基斯坦	Pakistan	60
德　国	Germany	21	越　南	Viet Nam	46

7–2　能源平衡表(2016年)
Energy Balance Sheet(2016)

资料来源：国际能源机构。
Source: International Energy Agency.
单位：万吨标准油　　(10 000 TOE)

国家或地区	Country or Area	能源生产量 Energy Production 总计 Total	煤和煤制品 Coal and Coal Products	原油,天然气凝析液和给料 Crude,NGL and Feedstocks	天然气 Natural Gas	能源进口 Imports 总计 Total	煤和煤制品 Coal and Coal Products	原油,天然气凝析液和给料 Crude,NGL and Feedstocks	天然气 Natural Gas
世　界	**World**	**1368286**	**364071**	**447345**	**301636**	**551827**	**79216**	**238688**	**91403**
中　国	China	236016	171890	19989	11454	64565	14924	38101	5907
中国香港	Hong Kong, China	11				3133	688		272
孟加拉国	Bangladesh	3354	51	39	2310	685	109	132	
文　莱	Brunei Darussalam	1515		607	908	40		1	
柬埔寨	Cambodia	457				311	68		
印　度	India	55084	26807	4121	2586	38589	11021	21864	2211
印度尼西亚	Indonesia	41373	24885	4263	6456	5194	263	2567	
伊　朗	Iran	39124	89	21762	16907	1078	23	152	496
以色列	Israel	730		12	660	2129	523	1389	26
日　本	Japan	3500	75	45	245	42093	11646	16361	9922
哈萨克斯坦	Kazakhstan	15085	4189	8130	2659	857	54	2	587
朝　鲜	Korea, Dem.	2127	1907			193	90	54	
韩　国	Korea, Rep.	5143	77	69	14	31078	8137	14928	3961
马来西亚	Malaysia	9642	142	3518	5723	5025	1717	1089	683
蒙　古	Mongolia	2082	1952	114		113	0		
缅　甸	Myanmar	2853	21	61	1601	413	12		
巴基斯坦	Pakistan	6772	170	485	2163	3385	464	906	423
菲律宾	Philippines	2846	592	75	329	3339	1179	1057	
新加坡	Singapore	67				18404	43	5278	871
斯里兰卡	Sri Lanka	508				724	168	174	
泰　国	Thailand	7919	431	2083	2530	7886	1426	4424	1164
越　南	Viet Nam	6735	2169	1651	876	2151	715	44	
埃　及	Egypt	7074		3224	3478	3241	210	609	781
尼日利亚	Nigeria	24134	3	9357	3292	1991			
南　非	South Africa	15879	14493	18	88	3271	39	2058	350
加拿大	Canada	47923	2921	22560	14848	8892	473	5191	1707
墨西哥	Mexico	18048	696	12469	3043	8445	564	51	3555
美　国	United States	191466	34846	56015	62732	59613	521	43718	6955
阿根廷	Argentina	7410	1	3018	3432	1618	122	84	914
巴　西	Brazil	28414	264	13431	2064	5824	1367	801	1004
委内瑞拉	Venezuela	16912	66	14109	2131	762		137	
白俄罗斯	Belarus	367		174	14	3653	47	1861	1548
捷　克	Czech Rep.	2738	1612	19	18	2159	298	543	672
法　国	France	13154		94	2	15195	859	5716	4123
德　国	Germany	11514	3973	360	655	25782	3967	9263	8161
意大利	Italy	3352		403	474	15260	1096	6728	5347
荷　兰	Netherlands	4603		158	3808	20208	1023	6234	3306
波　兰	Poland	6665	5231	103	355	5191	504	2513	1219
俄罗斯	Russia	137368	20887	55036	53840	2354	1400	75	734
西班牙	Spain	3418	74	14	5	12466	809	6788	2819
土耳其	Turkey	3610	1550	272	30	11298	2354	2649	3817
乌克兰	Ukraine	6360	2002	230	1517	2915	1061	53	881
英　国	United Kingdom	11997	250	4929	3589	13836	635	5049	4077
澳大利亚	Australia	38703	29196	1757	6913	4873	16	1629	487
新西兰	New Zealand	1619	163	183	423	844	23	557	

7-2 续表 1 continued

单位：万吨标准油 (10 000 TOE)

国家或地区	Country or Area	能源进口 imports		能源出口 Exports					
		电力 Electricity	石油产品 Oil Products	总计 Total	煤和煤制品 Coal and Coal Products	原油，天然气凝析液和给料 Crude,NGL and Feedstocks	天然气 Natural Gas	电力 Electricity	石油产品 Oil Products
世　界	**World**	**6229**	**133698**	**-563520**	**-81307**	**-236977**	**-93404**	**-6196**	**-143595**
中　国	China	53	5580	-7318	-1214	-294	-283	-163	-5364
中国香港	Hong Kong, China	100	2072	-48				-10	-37
孟加拉国	Bangladesh	35	410	-11					-11
文　莱	Brunei Darussalam		39	-1254		-576	-677		
柬埔寨	Cambodia	14	229						
印　度	India	48	3444	-7197	-76			-58	-7061
印度尼西亚	Indonesia	6	2359	-25518	-20817	-1701	-2547		-389
伊　朗	Iran	36	370	-15732	-7	-12319	-767	-58	-2582
以色列	Israel		191	-624		-3		-48	-573
日　本	Japan		4072	-1921	-72				-1849
哈萨克斯坦	Kazakhstan	11	194	-9631	-1174	-6181	-1849	-22	-406
朝　鲜	Korea, Dem.		50	-1440	-1440				
韩　国	Korea, Rep.		4054	-6427		-52			-6375
马来西亚	Malaysia	0	1534	-5735	-2	-1664	-2830	-6	-1222
蒙　古	Mongolia	12	101	-1719	-1609	-111		0	
缅　甸	Myanmar		401	-1301	0	-15	-1248	-21	-18
巴基斯坦	Pakistan	4	1588	-102		-19			-82
菲律宾	Philippines		1089	-558	-361	-73			-125
新加坡	Singapore		12205	-9832		-75			-9756
斯里兰卡	Sri Lanka		382	-9					-9
泰　国	Thailand	171	694	-1304	-2	-162		-12	-1126
越　南	Viet Nam	13	1379	-922	-72	-697		-6	-146
埃　及	Egypt	1	1640	-1445	-4	-1157	-113	-3	-163
尼日利亚	Nigeria		1991	-10996		-9028	-1943		-25
南　非	South Africa	91	733	-5229	-4664			-142	-409
加拿大	Canada	80	1338	-28668	-1809	-17076	-6877	-629	-2154
墨西哥	Mexico	19	4256	-7525	0	-6573	-2	-17	-933
美　国	United States	625	7474	-33048	-3621	-5084	-5268	-53	-18733
阿根廷	Argentina	85	413	-608	-1	-233	-5	-3	-222
巴　西	Brazil	355	2252	-5039		-4381		-5	-560
委内瑞拉	Venezuela		625	-11746	-51	-10124		-10	-1561
白俄罗斯	Belarus	54	143	-1565	-2	-163		-28	-1363
捷　克	Czech Rep.	119	485	-795	-319	-3		-213	-219
法　国	France	171	4202	-3027	-6	-3	-334	-528	-2084
德　国	Germany	244	3941	-5223	-140	-10	-1933	-678	-2270
意大利	Italy	371	1449	-3108	-26	-180	-17	-53	-2809
荷　兰	Netherlands	209	9366	-16096	-13	-77	-4291	-166	-11402
波　兰	Poland	121	752	-2097	-1084	-23	-72	-103	-708
俄罗斯	Russia	28	116	-66605	-10901	-25613	-17512	-152	-12421
西班牙	Spain	188	1786	-3074	-35	-348	-347	-122	-2106
土耳其	Turkey	54	2425	-731	-16	-67	-56	-13	-580
乌克兰	Ukraine	1	916	-143	-49	-3		-33	-2
英　国	United Kingdom	172	3579	-7064	-33	-3618	-886	-20	-2474
澳大利亚	Australia		2740	-30888	-25204	-1167	-4339		-178
新西兰	New Zealand		263	-265	-86	-157			-22

7-2　续表 2　continued

单位：万吨标准油　　　　(10 000 TOE)

国家或地区	Country or Area	国际运输燃料 International Bunkers		能源库存变化 Stock Changes				
		海运 Marine	空运 Aviation	总计 Total	煤和煤制品 Coal and Coal Products	原油，天然气凝析液和给料 Crude, NGL and Feedstocks	天然气 Natural Gas	石油产品 Oil Products
世　界	**World**			**12109**	**10796**	**-375**	**2109**	**-566**
中　国	China	-967	-861	5651	7339	-1743		55
中国香港	Hong Kong, China	-895	-653	-2				-2
孟加拉国	Bangladesh	-10	-37	13				13
文　莱	Brunei Darussalam		-8	7		3	3	1
柬埔寨	Cambodia		-9					
印　度	India	-149	-386	-719	-558	-35		-126
印度尼西亚	Indonesia	-24	-152	44		54		-8
伊　朗	Iran	-199	-71	367	0	390		-23
以色列	Israel	-15	-97	69	23	27		18
日　本	Japan	-454	-675	176	-5	148	3	30
哈萨克斯坦	Kazakhstan	-15	-32	184	123	-20	34	48
朝　鲜	Korea, Dem.							
韩　国	Korea, Rep.	-1056	-492	-5	-67	-93	157	-2
马来西亚	Malaysia	-30	-238	108	25	7		80
蒙　古	Mongolia		-2	23	23			
缅　甸	Myanmar		-10	21				21
巴基斯坦	Pakistan	-5	-79	17			-2	20
菲律宾	Philippines	-5	-130	-11	21	-22		-13
新加坡	Singapore	-4683	-782	72		14	5	53
斯里兰卡	Sri Lanka	-60	-55	77	-23	17		83
泰　国	Thailand	-123	-423	-19	-313	633		-344
越　南	Viet Nam	-23	-77	-140	37	-182		4
埃　及	Egypt	-5	-46					
尼日利亚	Nigeria	-31	-45	-108		-35		-73
南　非	South Africa	-295	-130	12		12		
加拿大	Canada	-33	-63	490	174	69	177	70
墨西哥	Mexico	-90	-372	-15	-21	-13	22	-2
美　国	United States	-1991	-2462	2727	2411	-433	870	-89
阿根廷	Argentina	-69	-97	-8	1	6	-1	-14
巴　西	Brazil	-339	-226	-72	-39	-50		1
委内瑞拉	Venezuela	-21	-27					
白俄罗斯	Belarus		-12	64	-5	45	12	
捷　克	Czech Rep.		-31	79	65		12	2
法　国	France	-147	-558	175	58	100	37	-18
德　国	Germany	-279	-866	78	-76	77	150	-74
意大利	Italy	-221	-330	145	27	72	5	42
荷　兰	Netherlands	-1160	-386	191	5	-54	180	62
波　兰	Poland	-18	-68	257	268	43	-39	-15
俄罗斯	Russia	-1074	-488	-114	-85	-40	69	-60
西班牙	Spain	-745	-409	280	206	49	27	-16
土耳其	Turkey	-86	-342	-77	-53	-24	35	-34
乌克兰	Ukraine		-16	49	-54		162	-59
英　国	United Kingdom	-265	-1084	453	327	-11	134	2
澳大利亚	Australia	-55	-410	415	442	23		-51
新西兰	New Zealand	-30	-112	-2	15	-6	-2	-8

7-2 续表 3 continued

单位：万吨标准油 (10 000 TOE)

国家或地区	Country or Area	一次能源供应量 Total Primary Energy Supply 总计 Total	煤和煤制品 Coal and Coal Products	原油，天然气凝析液和给料 Crude, NGL and Feedstocks	天然气 Natural Gas	电力 Electricity	石油产品 Oil Products
世　界	**World**	**1368703**	**372775**	**448681**	**301744**	**33**	**-10463**
中　国	China	297086	192939	56053	17078	-109	-1557
中国香港	Hong Kong, China	1546	688		272	90	485
孟加拉国	Bangladesh	3994	160	171	2310	35	365
文　莱	Brunei Darussalam	300		34	233		33
柬 埔 寨	Cambodia	759	68			14	220
印　度	India	85222	37194	25950	4798	-9	-4278
印度尼西亚	Indonesia	20918	4331	5183	3909	6	1785
伊　朗	Iran	24569	105	9985	16636	-21	-2504
以 色 列	Israel	2192	546	1424	686	-48	-476
日　本	Japan	42720	11644	16554	10169		1124
哈萨克斯坦	Kazakhstan	6449	3192	1932	1431	-11	-211
朝　鲜	Korea, Dem.	881	556	54			50
韩　国	Korea, Rep.	28241	8147	14852	4131		-3872
马来西亚	Malaysia	8771	1883	2950	3576	-6	124
蒙　古	Mongolia	497	366	3		12	99
缅　甸	Myanmar	1976	33	46	353	-21	393
巴基斯坦	Pakistan	9989	633	1372	2584	4	1441
菲 律 宾	Philippines	5481	1430	1038	329		817
新 加 坡	Singapore	3247	43	5217	876		-2962
斯里兰卡	Sri Lanka	1186	146	191			341
泰　国	Thailand	13936	1542	6977	3694	159	-1322
越　南	Viet Nam	7724	2850	817	876	7	1137
埃　及	Egypt	8818	206	2676	4146	-2	1425
尼日利亚	Nigeria	14945	3	295	1349		1816
南　非	South Africa	13508	9868	2088	438	-52	-101
加 拿 大	Canada	28541	1760	10745	9855	-549	-842
墨 西 哥	Mexico	18493	1238	5934	6618	2	2860
美　国	United States	216305	34157	94217	65288	572	-15785
阿 根 廷	Argentina	8246	124	2875	4340	82	11
巴　西	Brazil	28561	1592	9800	3068	351	1128
委内瑞拉	Venezuela	5881	15	4122	2131	-10	-984
白俄罗斯	Belarus	2506	41	1917	1574	26	-1233
捷　克	Czech Rep.	4150	1655	559	702	-94	237
法　国	France	24793	911	5908	3829	-357	1395
德　国	Germany	31006	7723	9690	7033	-434	453
意 大 利	Italy	15098	1098	7022	5808	318	-1869
荷　兰	Netherlands	7359	1015	6261	3003	42	-3521
波　兰	Poland	9929	4919	2637	1463	17	-57
俄 罗 斯	Russia	71440	11302	29458	37131	-125	-13927
西 班 牙	Spain	11937	1054	6503	2504	66	-1490
土 耳 其	Turkey	13672	3835	2829	3826	42	1382
乌 克 兰	Ukraine	9166	2961	281	2560	-32	839
英　国	United Kingdom	17873	1178	6349	6914	153	-242
澳大利亚	Australia	12638	4450	2242	3061		2048
新 西 兰	New Zealand	2054	114	577	421		92

7-2 续表 4 continued

单位：万吨标准油 (10 000 TOE)

国家或地区	Country or Area	能源最终消费量 Total Final Consumption					
		总计 Total	煤和煤制品 Coal and Coal Products	原油，天然气凝析液和给料 Crude, NGL and Feedstocks	天然气 Natural Gas	电力 Electricity	石油产品 Oil Products
世　界	**World**	**952980**	**105168**	**1530**	**145565**	**179675**	**387272**
中　国	China	197326	71300	310	11391	44515	49156
中国香港	Hong Kong, China	913	127		62	379	344
孟加拉国	Bangladesh	2920	132		961	509	393
文　莱	Brunei Darussalam	133			46	28	59
柬埔寨	Cambodia	636	2			52	210
印　度	India	57019	9620		3067	9453	18914
印度尼西亚	Indonesia	14451	949	130	1395	1857	6548
伊　朗	Iran	18857	59		10182	2072	6494
以色列	Israel	1493			110	479	864
日　本	Japan	28939	2118	12	2868	8167	15076
哈萨克斯坦	Kazakhstan	3911	891	54	521	580	1264
朝　鲜	Korea, Dem.	778	520			109	61
韩　国	Korea, Rep.	17871	943		2153	4448	9408
马来西亚	Malaysia	5516	179		1230	1239	2829
蒙　古	Mongolia	333	86			47	92
缅　甸	Myanmar	1716	32		55	132	414
巴基斯坦	Pakistan	8646	569		1963	821	1915
菲律宾	Philippines	3164	284		7	638	1659
新加坡	Singapore	1830	17		122	418	1273
斯里兰卡	Sri Lanka	980	6			109	405
泰　国	Thailand	9711	606	61	710	1590	5293
越　南	Viet Nam	6141	1383		108	1353	1906
埃　及	Egypt	5846	190		1101	1309	3104
尼日利亚	Nigeria	12963	3		330	215	1897
南　非	South Africa	6594	1604		169	1757	2457
加拿大	Canada	19495	251		4602	4249	9257
墨西哥	Mexico	12177	185		1426	2325	7524
美　国	United States	151691	1750	300	33839	32794	74139
阿根廷	Argentina	5730	46		2141	1135	2148
巴　西	Brazil	22451	668		1228	4232	10146
委内瑞拉	Venezuela	3213	15		588	620	1925
白俄罗斯	Belarus	1846	41		443	253	524
捷　克	Czech Rep.	2530	227		538	480	771
法　国	France	15501	255		3008	3835	6779
德　国	Germany	22434	727		5504	4450	9221
意大利	Italy	11789	102		3389	2459	4612
荷　兰	Netherlands	5761	76	229	1970	907	2244
波　兰	Poland	7067	1165		1133	1142	2443
俄罗斯	Russia	46475	2793	4	15079	6397	11321
西班牙	Spain	8211	69		1389	1999	4198
土耳其	Turkey	9786	1263		2180	1961	3749
乌克兰	Ukraine	5180	625	1	1568	1010	963
英　国	United Kingdom	12821	234		3915	2615	5535
澳大利亚	Australia	8155	271	2	1299	1820	4304
新西兰	New Zealand	1444	55		291	336	639

7-3 万美元国内生产总值能耗(2017年不变价,PPP)
Energy Use per Ten Thousand USD of GDP (constant 2017 PPP)

资料来源：世界银行WDI数据库。
Source: World Bank WDI Database.
单位：吨标准油/万美元 (ton of oil equivalent per 10 000 USD)

国家或地区	Country or Area	2000	2005	2010	2013	2014	2015
世　界	**World**	**1.44**	**1.38**	**1.31**	**1.24**	**1.21**	
高收入国家	**High Income**	**1.28**	**1.19**	**1.11**	**1.04**	**1.02**	**0.98**
中等收入国家	**Middle Income**	**1.71**	**1.65**	**1.53**	**1.44**	**1.4**	
中　国	China	2.6	2.61	2.2	1.99	1.88	
中国香港	Hong Kong, China	0.56	0.42	0.38	0.35	0.35	
孟加拉国	Bangladesh	0.74	0.72	0.72	0.66	0.65	
文　莱	Brunei Darussalam	1.04	0.87	1.23	1.13	1.35	
柬埔寨	Cambodia	1.88	1.22	1.36	1.24	1.24	
印　度	India	1.62	1.39	1.33	1.26	1.25	
印度尼西亚	Indonesia	1.29	1.19	1.06	0.91	0.9	
伊　朗	Iran	1.86	2.06	2.01	2.29	2.35	
以色列	Israel	0.92	0.85	0.87	0.78	0.74	0.74
日　本	Japan	1.15	1.09	1.04	0.92	0.89	0.86
哈萨克斯坦	Kazakhstan	2.33	2.03	2.04	2.02	1.82	
韩　国	Korea, Rep.	1.74	1.52	1.47	1.41	1.39	1.39
马来西亚	Malaysia	1.32	1.41	1.27	1.3	1.26	
蒙　古	Mongolia	2.21	2.02	1.94	1.76	1.66	
缅　甸	Myanmar	2.51	1.59	0.89	0.85	0.92	
巴基斯坦	Pakistan	1.39	1.29	1.21	1.14	1.1	
菲律宾	Philippines	1.15	0.89	0.73	0.68	0.68	
新加坡	Singapore	0.83	0.75	0.64	0.57	0.58	
斯里兰卡	Sri Lanka	0.75	0.66	0.53	0.44	0.45	
泰　国	Thailand	1.17	1.23	1.22	1.26	1.24	
越　南	Viet Nam	1.22	1.25	1.32	1.14		
埃　及	Egypt	0.76	0.97	0.85	0.82	0.8	
尼日利亚	Nigeria	2.36	1.90	1.53	1.46	1.38	
南　非	South Africa	2.4	2.34	2.22	2.03	2.09	
加拿大	Canada	2.21	1.99	1.73	1.65	1.65	1.6
墨西哥	Mexico	0.85	0.95	0.86	0.87	0.83	0.8
美　国	United States	1.6	1.44	1.32	1.23	1.21	1.16
阿根廷	Argentina	0.9	0.89	0.82	0.81	0.86	
巴　西	Brazil	0.92	0.92	0.91	0.92	0.95	
捷　克	Czech Rep.	1.59	1.44	1.26	1.19	1.14	1.07
法　国	France	1.04	1.02	0.95	0.89	0.85	0.85
德　国	Germany	0.96	0.93	0.85	0.79	0.74	0.75
意大利	Italy	0.7	0.72	0.68	0.64	0.6	0.61
荷　兰	Netherlands	0.99	1.00	0.96	0.89	0.82	0.8
波　兰	Poland	1.43	1.27	1.1	0.99	0.92	0.89
俄罗斯	Russia	2.89	2.26	2.01	1.92	1.86	
西班牙	Spain	0.86	0.85	0.73	0.71	0.68	0.69
土耳其	Turkey	0.78	0.68	0.74	0.64	0.63	0.63
乌克兰	Ukraine	3.77	2.77	2.45	2.03	1.98	
英　国	United Kingdom	0.99	0.86	0.77	0.69	0.63	0.62
澳大利亚	Australia	1.46	1.31	1.28	1.16	1.12	1.14
新西兰	New Zealand	1.37	1.12	1.14	1.12	1.15	1.1

7-4　电力装机容量(2017年)

Net Installed Capacity of Electricity Generating Plants (2017)

资料来源：联合国ESD数据库。
Source: UN ESD Database.
单位：万千瓦　　　　(10 000 kilowatts)

国家或地区	Country or Area	总装机容量 Self-producers and Public Utilities				
		总计 Total	热电 Thermal	水电 Hydro	核电 Nuclear	地热 Geothermal
中国	China	183936	114948	35664	3582	
中国香港	Hong Kong, China	1249	1249			
中国澳门	Macao, China	51	51			
孟加拉国	Bangladesh	1221	1182	23		
文莱	Brunei Darussalam	99	99			
柬埔寨	Cambodia	188	89	98		
印度	India	40070	27629	4536	678	
印度尼西亚	Indonesia	6098	5352	519		199
伊朗	Iran	7643	6315	1195	102	
以色列	Israel	1783	1681	1		
日本	Japan	33693	19709	5001	3913	48
哈萨克斯坦	Kazakhstan	2526	2250	250		
韩国	Korea, Rep.	12295	8638	649	2253	
马来西亚	Malaysia	3333	2685	613		
蒙古	Mongolia	146	130	3		
缅甸	Myanmar	554	219	334		
巴基斯坦	Pakistan	3225	2285	712	109	
菲律宾	Philippines	2334	1647	364		192
新加坡	Singapore	1361	1350			
斯里兰卡	Sri Lanka	509	214	172		
泰国	Thailand	6063	5351	345		
越南	Viet Nam	4253	2595	1639		
埃及	Egypt	4570	4201	280		
尼日利亚	Nigeria	1253	1014	238		
南非	South Africa	5303	4550	76	194	
加拿大	Canada	14771	3743	8083	1403	
墨西哥	Mexico	7443	5439	1263	161	99
美国	United States	110033	76277	10270	9963	248
阿根廷	Argentina	3976	2651	1126	176	
巴西	Brazil	15758	4188	10032	199	
捷克	Czech Rep.	2227	1333	227	429	
法国	France	13300	2191	2571	6313	2
德国	Germany	21551	9513	1112	1080	3
意大利	Italy	11424	6129	2243		77
荷兰	Netherlands	3382	2615	4	49	
波兰	Poland	4285	3441	239		
俄罗斯	Russia	27245	19059	5316	2795	7
西班牙	Spain	11114	5351	2028	712	
土耳其	Turkey	8520	4676	2727		106
乌克兰	Ukraine	5276	3149	621	1384	
英国	United Kingdom	10347	5686	462	936	
澳大利亚	Australia	6646	4601	827		
新西兰	New Zealand	931	221	538		94

7-4 续表 continued

单位：万千瓦 (10 000 kilowatts)

国家或地区	Country or Area	自备电厂装机容量 Self-producers				
		总计 Total	热电 Thermal	水电 Hydro	风电 Wind	太阳能 Solar
中　　国	China	5740	4453	1287		
中国香港	Hong Kong, China					
中国澳门	Macao, China	4	4			
孟加拉国	Bangladesh	240	240			
文　　莱	Brunei Darussalam	12	12			
柬 埔 寨	Cambodia					
印　　度	India	5688	5339	7	320	23
印度尼西亚	Indonesia	1988	1729	139	1	
伊　　朗	Iran	575	575			
以 色 列	Israel	159	61	1		98
日　　本	Japan	6410	2383	45	39	3691
哈萨克斯坦	Kazakhstan					
韩　　国	Korea, Rep.	904	825		1	77
马来西亚	Malaysia	244	244			
蒙　　古	Mongolia	21	18	3		
缅　　甸	Myanmar	82	65	18		
巴基斯坦	Pakistan	83	83			
菲 律 宾	Philippines	61	60	2		
新 加 坡	Singapore	57	57			
斯里兰卡	Sri Lanka	44	3	36		5
泰　　国	Thailand	1695	1495			200
越　　南	Viet Nam	548	513	35	1	
埃　　及	Egypt	69	69			
尼日利亚	Nigeria	323	318	4		1
南　　非	South Africa	719	240	6	223	250
加 拿 大	Canada	1133	484	513	45	91
墨 西 哥	Mexico	1690	1277	23	332	52
美　　国	United States	4734	2911	36	10	1650
阿 根 廷	Argentina	361	359	2		
巴　　西	Brazil	2509	1991	505	1	13
捷　　克	Czech Rep.	194	175	18		
法　　国	France	966	370	21	148	426
德　　国	Germany	1158	1131	4		
意 大 利	Italy	503	486	12		
荷　　兰	Netherlands	826	492		53	278
波　　兰	Poland	277	248			29
俄 罗 斯	Russia	2540	2482	59		
西 班 牙	Spain	730	700	20		1
土 耳 其	Turkey	619	442	55	3	103
乌 克 兰	Ukraine	227	223	1		3
英　　国	United Kingdom	2059	681	41	395	940
澳大利亚	Australia	1148	458			690
新 西 兰	New Zealand	32	22			7

7–5　发电量(2017年)
Electricity Generation (2017)

资料来源：联合国ESD数据库。
Source: UN ESD Database.
单位：百万千瓦时　　(million kilowatt hours)

国家或地区	Country or Area	总计 Total	热电 Thermal	水电 Hydro	核电 Nuclear	风电 Wind	太阳能电 Solar
中　国	China	6495143	4662739	1189840	248070	295023	96721
中国香港	Hong Kong, China	36970	36970				
中国澳门	Macao, China	1465	1465				
孟加拉国	Bangladesh	73158	71935	1041		5	177
文　莱	Brunei Darussalam	4158	4156				2
柬埔寨	Cambodia	6998	4260	2733			5
印　度	India	1490293	1217575	126271	38346	38486	24613
印度尼西亚	Indonesia	283647	251766	18632		6	29
伊　朗	Iran	307982	285012	15051	7514	306	85
以色列	Israel	67675	65742			180	1511
日　本	Japan	1068322	860829	90162	32912	6490	55068
哈萨克斯坦	Kazakhstan	103128	91485	11210		339	94
韩　国	Korea, Rep.	566881	400148	7006	148427	2169	7057
马来西亚	Malaysia	164509	137599	26580			330
蒙　古	Mongolia	6027	6027				
缅　甸	Myanmar	19477	8550	10927			
巴基斯坦	Pakistan	123533	82458	32132	6867	1422	654
菲律宾	Philippines	95747	73554	9628		1094	1201
新加坡	Singapore	52394	52225				169
斯里兰卡	Sri Lanka	15004	10381	4039		367	217
泰　国	Thailand	186546	171366	9527		1109	4543
越　南	Viet Nam	198499	109354	88875		270	
埃　及	Egypt	194992	179362	12850		2200	580
尼日利亚	Nigeria	32249	26696	5527			26
南　非	South Africa	255134	227191	5350	14193	5090	3310
加拿大	Canada	658399	132060	392647	101112	28775	3573
墨西哥	Mexico	322063	261726	31982	10883	10442	1085
美　国	United States	4286423	2770050	325114	838861	257249	70980
阿根廷	Argentina	145618	97257	41645	6088	612	16
巴　西	Brazil	589327	159662	370906	15739	42354	666
捷　克	Czech Rep.	87049	52782	3040	28340	591	2193
法　国	France	562147	73060	55108	398359	24711	9573
德　国	Germany	653736	404299	26155	76324	105693	39401
意大利	Italy	295833	208826	38025		17742	24378
荷　兰	Netherlands	117263	100905	61	3402	10569	2204
波　兰	Poland	170467	152297	3034		14909	165
俄罗斯	Russia	1094288	702881	187131	203143	140	558
西班牙	Spain	275726	133002	21070	58039	49127	14397
土耳其	Turkey	297277	211291	58219		17903	2889
乌克兰	Ukraine	156037	58173	10520	85576	984	739
英　国	United Kingdom	338338	197668	8801	70336	50004	11525
澳大利亚	Australia	258018	221062	16285		12597	8073
新西兰	New Zealand	44214	8858	25183		2141	75

7-6 能源净进口占能源消费比重
Net Energy Imports as Percentage of Energy Use

资料来源：世界银行WDI数据库。
Source: World Bank WDI Database.
单位：% (%)

国家或地区	Country or Area	2000	2005	2010	2012	2013	2014	2015
世　界	**World**	**-2.8**	**-3.2**	**-2.1**	**-2.7**	**-3.1**	**-2.5**	**21.0**
高收入国家	**High Income**	**16.4**	**17.2**	**15.1**	**9.8**	**8.2**	**5.1**	**20.5**
经合组织国家	**OECD Countries**	**29.4**	**32.3**	**29.4**	**26.8**	**25.3**		
非经合组织国家	**High Income: nonOECD**	**-108.4**	**-122.6**	**-98.6**	**-101.2**	**-105.7**		
中等收入国家	**Middle Income**	**-27.1**	**-24.8**	**-16.5**	**-12.3**	**-11.4**	**-8.2**	**28.0**
中等偏上收入国家	**Upper Middle Income**	**-33.7**	**-28.8**	**-19.9**	**-15.8**	**-15.0**	**-11.6**	**28.0**
中等偏下收入国家	**Lower Middle Income**	**-8.6**	**-12.1**	**-4.7**	**-0.5**	**0.9**	**4.2**	
中低收入国家	**Low and Middle Income**	**-27.3**	**-24.8**	**-16.6**	**-12.3**	**-11.5**	**-8.2**	**28.0**
东亚和太平洋	**East Asia and Pacific**	**-4.4**	**0.6**	**4.8**	**6.3**	**6.6**	**7.7**	
欧洲和中亚	**Europe and Central Asia**	**-28.8**	**-46.5**	**-50.8**	**-47.3**	**-52.8**	**-53.3**	**75.2**
拉丁美洲和加勒比	**Latin America and Caribbean**	**-47.5**	**-47.7**	**-30.8**	**-27.8**	**-25.2**	**-10.3**	**-4.7**
中东和北非国家	**Middle East and North Africa**	**-157.6**	**-116.4**	**-93.7**	**-71.6**	**-62.1**	**-54.8**	
南　亚	**South Asia**	**21.3**	**21.8**	**27.3**	**30.2**	**30.9**	**32.7**	
撒哈拉以南非洲	**Sub-Saharan Africa**	**-61.6**	**-61.3**	**-58.6**	**-51.9**	**-48.5**	**-49.2**	
低收入国家	**Low Income**	**-33.4**	**-22.7**	**-23.9**	**-12.6**	**-15.1**	**-9.1**	
中　国	China	0.5	6.1	11.4	14.4	14.8	15.0	
中国香港	Hong Kong, China	99.6	99.6	99.3	99.3	99.2	98.7	
孟加拉国	Bangladesh	17.0	15.0	14.5	17.8	15.0	16.8	
文　莱	Brunei Darussalam	-725.5	-849.6	-473.2	-383.5	-458.4	-357.4	
柬埔寨	Cambodia	20.3	27.4	31.7	31.9	31.6	33.1	
印　度	India	20.4	22.1	28.3	31.5	32.5	34.3	
印度尼西亚	Indonesia	-52.6	-55.9	-79.0	-107.2	-112.3	-103.1	
伊　朗	Iran	-106.2	-79.9	-67.5	-37.2	-34.8	-33.4	
以色列	Israel	96.5	88.7	83.4	86.6	71.8	67.0	65.0
日　本	Japan	79.8	80.9	80.1	93.8	93.9	94.0	93.0
哈萨克斯坦	Kazakhstan	-120.2	-133.2	-127.0	-122.9	-107.3	-116.9	
韩　国	Korea, Rep.	81.7	79.6	82.0	82.4	83.5	81.7	81.4
马来西亚	Malaysia	-58.6	-45.4	-21.7	-11.9	-5.8	-5.5	
蒙　古	Mongolia	18.7	-28.5	-297.6	-248.4	-211.4	-168.1	
缅　甸	Myanmar	-20.1	-49.6	-60.9	-46.3	-39.8	-33.0	
巴基斯坦	Pakistan	26.8	20.3	23.6	22.8	23.4	24.1	
菲律宾	Philippines	51.1	44.9	41.7	41.8	45.3	45.8	
新加坡	Singapore	98.9	98.2	97.7	97.6	97.6	97.7	
斯里兰卡	Sri Lanka	43.0	45.3	43.1	47.3	45.9	50.3	
泰　国	Thailand	39.2	44.3	40.1	40.2	42.5	41.6	
越　南	Viet Nam	-38.9	-47.3	-12.7	-15.7	-15.1		
埃　及	Egypt	-30.8	-26.8	-16.5	-5.0	-6.9	-7.4	
尼日利亚	Nigeria	-130.0	-121.8	-111.9	-99.1	-90.6	-93.0	
南　非	South Africa	-33.5	-23.1	-15.6	-19.0	-18.6	-14.5	
加拿大	Canada	-47.8	-49.0	-51.4	-59.1	-64.4	-67.9	-72.5
墨西哥	Mexico	-51.5	-45.0	-22.7	-14.0	-12.7	-10.8	-4.7
美　国	United States	26.7	29.7	22.2	15.7	13.9	9.2	7.3
阿根廷	Argentina	-34.7	-26.5	-1.1	6.1	12.7	13.0	
巴　西	Brazil	21.2	9.6	7.2	10.6	13.9	11.9	
委内瑞拉	Venezuela	-321.1	-296.3	-173.4	-166.1	-178.8		
捷　克	Czech Rep.	25.3	26.7	28.7	23.4	28.1	29.0	31.6
德　国	Germany	59.8	59.5	60.7	60.7	62.1	60.9	61.4
意大利	Italy	83.6	83.8	81.0	78.3	76.3	75.0	76.4
荷　兰	Netherlands	23.3	23.2	16.3	16.9	10.4	19.8	35.0
波　兰	Poland	10.7	15.0	33.2	27.0	27.3	28.4	28.5
俄罗斯	Russia	-57.9	-84.6	-85.8	-77.9	-83.8	-83.7	
西班牙	Spain	74.1	78.8	73.1	73.3	70.3	69.4	71.4
土耳其	Turkey	66.0	71.6	69.6	74.0	73.1	74.2	75.2
乌克兰	Ukraine	42.9	43.3	40.4	30.3	25.7	27.2	
英　国	United Kingdom	-22.2	7.9	26.6	39.2	42.3	39.7	34.6
澳大利亚	Australia	-116.1	-133.7	-153.6	-153.2	-172.4	-192.0	-190.2
新西兰	New Zealand	16.4	24.0	8.1	16.5	16.4	17.1	19.5

7–7 世界能源价格
World Energy Price

资料来源：世界银行商品价格数据。
Source: World Bank Commodity Price Data.

年　份 year	三大市场平均原油价格（美元/桶） Crude Oil, Avg,Spot ($/bbl)	北海布伦特原油价格（美元/桶） Crude Oil, Brendt ($/bbl)	迪拜原油价格（美元/桶） Crude Oil, Dubai ($/bbl)	西德克萨斯原油价格（美元/桶） Crude Oil, WTI ($/bbl)	澳大利亚煤炭价格（美元/吨） Coal, Australia ($/mt)	日本液化天然气价格（美元/百万英制热量单位） Natural Gas LNG,Japan ($/mmbtu)	欧洲天然气价格（美元/百万英制热量单位） Natural Gas,Europe ($/mmbtu)	美国天然气价格（美元/百万英制热量单位） Natural Gas,US ($/mmbtu)
1980	36.87	37.89	35.85		40.14	5.70	4.22	1.59
1981	35.48	36.68	34.29		53.62	6.03	4.60	1.98
1982	32.65	33.42	31.76	32.77	54.77	6.05	4.45	2.47
1983	29.66	29.83	28.73	30.41	38.19	5.55	4.05	2.59
1984	28.56	28.80	27.49	29.38	30.96	5.24	3.76	2.66
1985	27.18	27.33	26.46	27.76	33.75	5.23	3.65	2.51
1986	14.35	14.77	13.20	15.08	31.13	4.10	3.65	1.94
1987	18.15	18.34	16.94	19.16	27.50	3.35	2.59	1.66
1988	14.72	14.97	13.22	15.97	34.88	3.34	2.36	1.68
1989	17.84	18.22	15.70	19.60	38.00	3.28	2.09	1.70
1990	22.88	23.68	20.46	24.49	39.67	3.64	2.82	1.70
1991	19.37	20.07	16.56	21.48	39.67	3.99	3.11	1.49
1992	19.02	19.31	17.19	20.56	38.56	3.60	2.56	1.77
1993	16.84	17.02	14.94	18.56	31.33	3.51	2.67	2.12
1994	15.89	15.83	14.67	17.16	32.30	3.18	2.44	1.92
1995	17.18	17.07	16.12	18.37	39.37	3.45	2.73	1.72
1996	20.42	20.65	18.54	22.07	38.07	3.67	2.84	2.73
1997	19.17	19.09	18.10	20.33	35.10	3.91	2.74	2.48
1998	13.06	12.72	12.13	14.35	29.23	3.02	2.42	2.09
1999	18.07	17.81	17.17	19.24	25.89	3.14	2.13	2.27
2000	28.23	28.27	26.08	30.33	26.25	4.71	3.86	4.31
2001	24.35	24.42	22.71	25.92	32.31	4.63	4.06	3.96
2002	24.93	24.97	23.72	26.09	25.31	4.28	3.05	3.36
2003	28.90	28.85	26.74	31.11	26.09	4.73	3.91	5.49
2004	37.73	38.30	33.46	41.44	52.95	5.13	4.28	5.89
2005	53.39	54.43	49.29	56.44	47.62	5.99	6.33	8.92
2006	64.29	65.39	61.43	66.04	49.09	7.08	8.47	6.72
2007	71.12	72.70	68.37	72.28	65.73	7.68	8.56	6.98
2008	96.99	97.64	93.78	99.56	127.10	12.53	13.41	8.86
2009	61.76	61.86	61.75	61.65	71.84	8.94	8.71	3.95
2010	79.04	79.64	78.06	79.43	98.97	10.85	8.29	4.39
2011	104.01	110.94	106.03	95.05	121.45	14.66	10.52	4.00
2012	105.01	111.97	108.90	94.16	96.36	16.55	11.47	2.75
2013	104.08	108.86	105.43	97.94	84.56	15.96	11.79	3.72
2014	96.24	98.94	96.66	93.11	70.13	16.04	10.05	4.37
2015	50.75	52.37	51.18	48.71	58.94	10.93	6.82	2.61
2016	42.81	44.05	41.20	43.19	66.12	7.37	4.56	2.49
2017	52.81	54.39	53.12	50.91	88.52	8.61	5.72	2.96
2018	68.35	71.07	69.15	64.82	107.02	10.67	7.68	3.16
2019	61.41	64.03	63.18	57.01	77.89	10.56	4.80	2.57

7-8 核能及其他清洁能源消费占能源总消费比重
Alternative and Nuclear Energy as Percentage of Total Energy Use

资料来源：世界银行WDI数据库。
Source: World Bank WDI Database.
单位：%　　(%)

国家或地区	Country or Area	2000	2005	2010	2012	2013	2014	2015
中　国	China	2.0	2.7	3.5	4.1	4.5	5.1	
中国香港	Hong Kong, China			0.1	0.1	0.1	0.1	
孟加拉国	Bangladesh	0.3	0.2	0.2	0.2	0.2	0.2	
柬埔寨	Cambodia		0.1	0.1	1.7	2.9	3.3	
印　度	India	2.0	2.2	2.4	2.5	2.7	2.7	
印度尼西亚	Indonesia	0.7	0.7	0.9	0.8	0.9	0.8	
伊　朗	Iran	0.2	0.6	0.3	0.6	1.0	0.9	
以色列	Israel	3.3	3.9	4.9	4.7	5.0	5.2	5.2
日　本	Japan	17.7	16.7	16.7	2.7	2.4	2.2	3.1
哈萨克斯坦	Kazakhstan	1.2	1.2	0.7	0.7	0.5	0.6	
韩　国	Korea, Rep.	15.4	18.5	15.9	15.3	14.2	15.6	16.0
马来西亚	Malaysia	1.1	0.7	0.7	0.9	1.0	1.2	
蒙　古	Mongolia					0.1	0.3	
缅　甸	Myanmar	0.8	1.1	2.6	3.3	3.6	3.1	
巴基斯坦	Pakistan	2.5	3.4	3.7	3.7	4.0	4.0	
菲律宾	Philippines	3.4	3.2	3.1	3.3	3.1	2.9	
新加坡	Singapore	0.1	0.2	0.2	0.2	0.2	0.2	
斯里兰卡	Sri Lanka	2.3	2.2	4.3	2.3	5.4	3.4	
泰　国	Thailand	0.7	0.5	0.4	1.1	0.9	1.1	
越　南	Viet Nam	3.7	3.1	3.7	6.8	6.9		
埃　及	Egypt	2.4	1.6	1.5	1.4	1.5	1.5	
尼日利亚	Nigeria	0.3	0.5	0.4	0.3	0.3	0.3	
南　非	South Africa	3.2	2.4	2.4	2.4	2.8	2.7	
加拿大	Canada	17.2	18.3	18.6	19.3	19.9	19.7	19.8
墨西哥	Mexico	3.0	2.9	2.7	2.8	3.1	3.4	3.5
美　国	United States	10.3	10.4	11.3	11.4	11.7	11.7	11.9
阿根廷	Argentina	6.0	6.4	5.7	5.6	5.7	5.5	
巴　西	Brazil	13.7	13.3	12.7	12.7	11.5	10.8	
委内瑞拉	Venezuela	7.5	8.0	6.6	7.0	8.2		
捷　克	Czech Rep.	9.0	14.9	17.3	19.9	20.8	20.8	19.0
法　国	France	44.9	44.9	45.0	46.5	46.4	49.6	49.1
德　国	Germany	14.0	14.2	13.9	12.3	12.2	13.0	12.9
意大利	Italy	2.7	2.3	3.7	4.9	6.1	7.1	6.3
荷　兰	Netherlands	1.9	1.9	2.2	2.7	2.5	3.1	3.4
波　兰	Poland	0.2	0.2	0.4	0.6	0.7	0.9	1.1
俄罗斯	Russia	7.1	7.6	8.0	7.6	7.7	8.2	
西班牙	Spain	15.4	12.7	18.4	18.7	20.8	21.6	20.0
土耳其	Turkey	3.9	4.8	5.3	5.7	6.1	5.0	6.7
乌克兰	Ukraine	15.5	16.7	18.3	19.9	19.6	22.5	
英　国	United Kingdom	10.3	10.1	8.8	10.9	11.4	11.6	13.1
澳大利亚	Australia	1.2	1.1	1.3	1.7	2.1	2.4	2.2
新西兰	New Zealand	13.3	13.7	14.5	13.2	13.4	13.5	14.0

7–9　易燃的可再生能源及废弃物消费占能源总消费比重
Combustible Renewables and Waste as Percentage of Total Energy Use

资料来源：世界银行WDI数据库。
Source: World Bank WDI Database.
单位：%　　(%)

国家或地区	Country or Area	2000	2005	2010	2012	2013	2014	2015
中　　国	China	17.3	9.0	4.4	3.4	3.0	2.9	
中国香港	Hong Kong, China	0.4	0.4	0.4	0.4	0.5	0.5	
孟加拉国	Bangladesh	40.9	35.7	28.3	26.6	26.4	25.6	
柬 埔 寨	Cambodia	70.0	63.2	58.6	57.5	57.3	55.2	
印　　度	India	32.8	29.9	24.1	22.6	22.4	21.4	
印度尼西亚	Indonesia	31.6	27.4	23.5	25.5	25.3	24.8	
伊　　朗	Iran	0.1	0.3	0.3	0.2	0.2	0.2	
日　　本	Japan	0.6	0.6	0.9	0.9	1.0	1.1	1.2
哈萨克斯坦	Kazakhstan	0.2		0.1	0.1	0.1		
韩　　国	Korea, Rep.	0.1	0.2	0.2	0.4	0.5	0.9	0.8
马来西亚	Malaysia	2.7	2.0	1.3	1.4	1.3	1.3	
蒙　　古	Mongolia	3.5	3.6	2.9	1.9	1.8	1.7	
缅　　甸	Myanmar	70.2	67.3	71.8	64.3	60.6	52.1	
巴基斯坦	Pakistan	36.7	34.1	34.0	34.8	34.7	35.0	
菲 律 宾	Philippines	17.2	15.1	13.7	13.6	13.6	13.0	
斯里兰卡	Sri Lanka	53.4	51.2	51.0	49.6	47.4	45.2	
泰　　国	Thailand	13.0	11.4	12.5	12.3	11.4	12.1	
越　　南	Viet Nam	46.7	33.8	23.5	23.6	23.8		
埃　　及	Egypt	3.2	2.3	2.2	2.1	2.2	2.3	
尼日利亚	Nigeria	77.9	73.2	75.9	74.2	74.9	74.3	
南　　非	South Africa	8.5	7.8	7.5	7.9	8.0	7.7	
加 拿 大	Canada	4.8	4.7	4.2	4.3	4.4	4.1	4.1
墨 西 哥	Mexico	5.5	4.4	4.1	3.7	4.0	3.8	3.8
美　　国	United States	2.2	2.3	3.2	3.6	3.7	3.7	3.6
阿 根 廷	Argentina	4.3	2.4	2.6	3.1	3.0	3.2	
巴　　西	Brazil	19.0	22.1	23.0	21.0	20.5	20.4	
委内瑞拉	Venezuela	1.3	1.3	1.1	1.0	1.1		
捷　　克	Czech Rep.	3.1	3.7	5.2	5.8	6.2	6.6	6.8
法　　国	France	3.4	3.4	4.5	4.5	4.9	4.6	4.8
德　　国	Germany	1.4	2.6	3.8	3.8	3.7	4.0	4.1
意 大 利	Italy	0.9	2.4	5.4	5.6	5.9	5.7	6.1
荷　　兰	Netherlands	0.6	1.0	1.4	1.6	1.5	1.6	1.6
波　　兰	Poland	4.0	4.3	5.7	6.4	6.5	6.4	6.5
俄 罗 斯	Russia	0.6	0.5	0.4	0.4	0.4	0.4	
西 班 牙	Spain	2.8	2.7	4.1	5.0	4.2	4.4	4.4
土 耳 其	Turkey	8.5	6.3	4.2	3.0	3.1	2.7	2.3
乌 克 兰	Ukraine	0.2	0.2	0.9	1.0	1.2	1.3	
英　　国	United Kingdom	0.2	0.3	1.5	1.6	2.0	2.5	2.8
澳大利亚	Australia	3.9	2.8	3.2	3.1	3.4	3.3	3.3
新 西 兰	New Zealand	5.9	7.1	5.8	5.6	5.3	5.0	5.1

主要统计指标解释

探明储量 是在现有和预期的本地经济条件和现有可用技术下，已探明的可开采的吨数。

能源最终消费量 指各不同经济部门终端能源消费量。

能源生产量 指一定时期内一次能源生产量的总和。

国际运输燃料 指供给国际运输的飞机或轮船的燃料，空运燃料包括航空汽油和喷气发动机燃料，海运燃料，包括硬煤、柴油等。

一次能源供应量 等于“产量＋进口－出口－国际运输燃料－库存变化”。

清洁能源 是指在发电时不产生二氧化碳的非碳能源。它包括水电、核电、地热和太阳能等。

易燃的可再生能源和废弃物 包括固态和液态的生物遗体、沼气、工业垃圾和城市垃圾。

Explanatory Notes on Main Statistical Indicators

Proved Reserves are the tonnage of the proved amount in place that can be recovered under present and expected local economic conditions with existing available technology.

Total Final Consumption refers to the sum of consumption by the different end-use sectors.

Energy Production is the production of primary energy.

Bunkers Airs bunkers refer to bunkers of aviation gasoline and jet fuel. Sea bunkers refer to bunkers of hard coal, gas-diesel oil and residual fuel oil.

Total Primary Energy Supply refers to Production +imports-Exports-Bunkers-Changes in stocks.

Clean energy refer to noncarbohydrate energy that does not produce carbon dioxide when generated. It includes hydropower and nuclear, geothermal, and solar power, among others.

Combustible renewables and waste comprise solid biomass, liquid biomass, biogas, industrial waste, and municipal waste.

财政和金融

Government Finance and Banking

8-1 中央政府财政收入占国内生产总值比重
Central Government Revenue as Percentage of GDP

资料来源：世界银行WDI数据库。
Source: World Bank WDI Database.
单位：%　(%)

国家或地区	Country or Area	2000	2005	2010	2016	2017	2018
世　界	**World**	**24.4**	**22.6**	**22.4**	**23.5**	**23.9**	**24.3**
高收入国家	**High Income**	**25.7**	**24.5**	**23.8**	**24.9**	**25.4**	**24.8**
中等收入国家	**Middle Income**	**13.8**	**16.8**	**18.6**	**19.7**	**19.6**	
低收入国家	**Low Income**		**11.5**	**13.4**			
中　国	China	7.1	9.6	11.2	15.6	15.9	
中国香港	Hong Kong, China		19.6				
中国澳门	Macao, China	18.1	24.6	36.7	30.0	31.7	31.4
孟加拉国	Bangladcsh		9.0	9.7	10.2		
柬埔寨	Cambodia		9.7	11.5	17.4	18.6	19.9
印　度	India	11.7	12.3	13.2	12.9	12.7	13.1
印度尼西亚	Indonesia		17.5	14.5	12.5	12.2	13.0
伊　朗	Iran	21.6	30.9				
以色列	Israel	37.9	35.8	32.0	32.1	33.5	31.8
日　本	Japan	11.5	11.4	9.9	12.3	12.8	13.1
哈萨克斯坦	Kazakhstan	11.3	21.3	21.4	13.8	16.2	16.0
韩　国	Korea, Rep.	20.7	19.7	20.1	25.8	26.2	27.5
老　挝	Laos			14.5	14.7	14.5	
马来西亚	Malaysia	17.5	19.6	19.4	17.0	16.1	16.1
蒙　古	Mongolia	24.4		29.0	21.1	24.9	28.7
缅　甸	Myanmar	5.3	6.7		16.2	15.4	
巴基斯坦	Pakistan	13.9	13.0	13.8			
菲律宾	Philippines	14.0	13.8	12.9	14.5	14.9	15.5
新加坡	Singapore	25.7	18.2	16.8	18.5	20.3	18.4
斯里兰卡	Sri Lanka	16.8	15.5	12.7	14.1	13.7	13.4
泰　国	Thailand	15.5	19.7	19.0	19.8	19.1	19.5
越　南	Viet Nam	20.4	23.3	24.9			
埃　及	Egypt		24.3	24.8			
尼日利亚	Nigeria		7.6	5.7			
南　非	South Africa	25.7	28.8	28.1	31.2	31.0	31.6
加拿大	Canada	20.9	18.6	16.9	17.9	18.1	18.3
墨西哥	Mexico	12.1		18.0	19.8	20.0	18.9
美　国	United States	20.6	17.9	16.5	18.7	19.6	17.2
阿根廷	Argentina	14.2	16.6	21.2	21.3	19.4	17.9
巴　西	Brazil	19.6	22.4	29.0	28.9	27.9	29.1
委内瑞拉	Venezuela	21.2	28.3				
捷　克	Czech Rep.	30.8	31.2	30.4	31.7	31.8	32.5
法　国	France	42.8	42.2	42.9	44.1	44.6	44.2
德　国	Germany	29.9	28.1	28.0	28.4	28.7	29.1
意大利	Italy	37.1	35.7	38.7	39.9	39.4	39.4
荷　兰	Netherlands	37.9	36.5	37.7	38.9	39.1	39.1
波　兰	Poland	34.2	33.3	31.9	32.9	33.6	34.5
俄罗斯	Russia	24.6	30.3	26.1	24.3	24.5	27.3
西班牙	Spain	18.3	17.4	14.8	16.0	15.8	16.3
土耳其	Turkey			31.8	31.2	29.7	30.8
乌克兰	Ukraine	26.8	35.1	34.4	31.2	32.5	32.1
英　国	United Kingdom	33.9	34.8	34.4	34.9	35.4	35.3
澳大利亚	Australia	25.9	27.1	23.4	24.8	24.8	25.7
新西兰	New Zealand		36.2	32.4	32.5	32.3	32.6

8-2 中央政府财政收入
Revenue of Central Government

资料来源：国际货币基金组织GFS数据库。
Source: IMF GFS Database.

		柬埔寨 Cambodia 2013 (亿瑞尔) (100 Million Riel)	印度 India 2013 (亿卢比) (100 Million Rupee)	印度尼西亚 Indonesia 2018 (亿卢比) (100 Million Rupiah)	伊朗 Iran 2009 (亿里亚尔) (100 Million Rial)
财政总收入	**Total Revenue**	**107032**	**141789**	**19431805**	**10423000**
税收	Taxes	74076	123587	15180260	3022000
收入、利润和资本所得税	Taxes on Income, Profits, and Capital Gains	15615	66044	7499767	2017000
个人	Payable by Individuals	3774	24090	1443214	340720
公司和其他企业	Payable by Corporations and Other Enterprises	11840	41950	6975129	1675260
工资税	Taxes on Payroll and Workforce				
财产税	Taxes on Property		95	1944495	11000
货物和服务税	Taxes on Goods and Services	41745	38709	6975129	366000
增加值、销售和交易税	General Value Added, Sales, or Turnover Taxes	26697		5372679	310150
货物税	Excises	13392	19720	1602450	19420
国际贸易税	Taxes on International Trade and Transactions	16669	18731	456080	626000
其他税	Other Taxes	48		54835	3000
社会缴款	Social Contributions		270		1948000
社会保障缴款	Social Security Contributions				1948000
其它社会缴款	Other Social Contributions		270		
捐赠收入	Grants	22740	146	151387	
来自外国政府捐赠收入	From Foreign Governments	21509	146	22935	
来自国际组织捐赠收入	From International Organizations	18			
来自政府机构捐赠收入	From General Government Units	1213		128452	
其它收入	Other Revenue	10216	17787	4100158	5453000

8-2 续表 1 continued

		以色列 Israel 2018 (亿新谢克尔) (100 Million New Sheqalim)	哈萨克斯坦 Kazakhstan 2018 (亿坚戈) (100 Million Tenge)	韩国 Korea,Rep. 2018 (亿韩元) (100 Million Won)	马来西亚 Malaysia 2013 (亿林吉特) (100 Million Ringgit)
财政总收入	**Total Revenue**	**4420**	**102175**	**5270212**	**2134**
税收	Taxes	3070	72439	2949105	1560
收入、利润和资本所得税	Taxes on Income, Profits, and Capital Gains	1400	31342	1603307	1110
个人	Payable by Individuals	850		878497	231
公司和其他企业	Payable by Corporations and Other Enterprises	430	31342	724810	879
工资税	Taxes on Payroll and Workforce	160			
财产税	Taxes on Property			94770	
货物和服务税	Taxes on Goods and Services	1490		1113367	310
增加值、销售和交易税	General Value Added, Sales, or Turnover Taxes		20343	760556	101
货物税	Excises	190	953	290351	122
国际贸易税	Taxes on International Trade and Transactions	30	19184	83497	45
其他税	Other Taxes		8	54165	95
社会缴款	Social Contributions	780	3330	1344615	
社会保障缴款	Social Security Contributions	710	3330	1200975	
其它社会缴款	Other Social Contributions	80		143640	
捐赠收入	Grants	170	3241	59878	
来自外国政府捐赠收入	From Foreign Governments	110	8		
来自国际组织捐赠收入	From International Organizations			4	
来自政府机构捐赠收入	From General Government Units	60	3233	59874	
其它收入	Other Revenue	390	23165	916615	574

8-2 续表 2 continued

		蒙古 Mongolia 2018 (亿图格里克) (100 Million togrog)	缅甸 Myanmar 2018 (亿缅元) (100 Million Kyat)	巴基斯坦 Pakistan 2013 (亿卢比) (100 Million Rupee)	新加坡 Singapore 2018 (亿新加坡元) (100 Million Dollar)
财政总收入	**Total Revenue**	**96373**	**71371**	**33459**	**925**
税收	Taxes	54376	27637	25036	662
收入、利润和资本所得税	Taxes on Income, Profits, and Capital Gains	16012	7745	9320	308
个人	Payable by Individuals			9140	117
公司和其他企业	Payable by Corporations and Other Enterprises	16012	141		191
工资税	Taxes on Payroll and Workforce				
财产税	Taxes on Property		3		46
货物和服务税	Taxes on Goods and Services	30493	16939	12012	195
增加值、销售和交易税	General Value Added, Sales, or Turnover Taxes	21950		10765	
货物税	Excises	7672	6049	1250	31
国际贸易税	Taxes on International Trade and Transactions	6843	2657	2475	
其他税	Other Taxes	1028	293	1226	112
社会缴款	Social Contributions	18108	559		
社会保障缴款	Social Security Contributions	18074	559		
其它社会缴款	Other Social Contributions	34			
捐赠收入	Grants	3490	1070	1120	
来自外国政府捐赠收入	From Foreign Governments	416		1120	
来自国际组织捐赠收入	From International Organizations		1041		
来自政府机构捐赠收入	From General Government Units	3074	29		
其它收入	Other Revenue	20400	42106	7303	263

8-2 续表 3 continued

		泰 国 Thailand 2018 (亿泰铢) (100 Million Baht)	南 非 South Africa 2018 (亿兰特) (100 Million Rand)	加拿大 Canada 2018 (亿加元) (100 Million Dollar)	墨西哥 Mexico 2018 (亿比索) (100 Million Peso)
财政总收入	**Total Revenue**	**31871**	**15439**	**4090**	**44333**
税收	Taxes	24430	13386	2870	30734
收入、利润和资本所得税	Taxes on Income, Profits, and Capital Gains	9750	7387	2252	16715
个人	Payable by Individuals	2811	4938		8042
公司和其他企业	Payable by Corporations and Other Enterprises	6939	2449		8098
工资税	Taxes on Payroll and Workforce		174		
财产税	Taxes on Property	2	27		
货物和服务税	Taxes on Goods and Services	13530	5251		12884
增加值、销售和交易税	General Value Added, Sales, or Turnover Taxes	5697	3248		9222
货物税	Excises	6011	1230		3586
国际贸易税	Taxes on International Trade and Transactions	938	547	66	672
其他税	Other Taxes	210			463
社会缴款	Social Contributions	1621	289	878	5091
社会保障缴款	Social Security Contributions	1621	289		5091
其它社会缴款	Other Social Contributions				
捐赠收入	Grants	24	34	11	6
来自外国政府捐赠收入	From Foreign Governments	24	15		
来自国际组织捐赠收入	From International Organizations				
来自政府机构捐赠收入	From General Government Units		19		6
其它收入	Other Revenue	5796	1731	329	8502

8-2 续表 4 continued

		美 国 United States 2018 (亿美元) (100 Million US Dollar)	阿 根 廷 Argentina 2018 (亿比索) (100 Million Peso)	委内瑞拉 Venezuela 2005 (亿博利瓦) (100 Million Bolivar)	白俄罗斯 Belarus 2018 (亿卢布) (100 Million Rubel)
财政总收入	**Total Revenue**	**36048**	**26128**	**859**	**415**
税收	Taxes	20397	14734	472	179
收入、利润和资本所得税	Taxes on Income, Profits, and Capital Gains	18543	2728	185	13
个人	Payable by Individuals	16438	827	9	
公司和其他企业	Payable by Corporations and Other Enterprises	2106	1901	175	13
工资税	Taxes on Payroll and Workforce		110		
财产税	Taxes on Property	227	80	29	
货物和服务税	Taxes on Goods and Services	1095	8713	214	110
增加值、销售和交易税	General Value Added, Sales, or Turnover Taxes		4754	195	80
货物税	Excises	663	868	17	26
国际贸易税	Taxes on International Trade and Transactions	533	1946	43	55
其他税	Other Taxes		1156	1	1
社会缴款	Social Contributions	13446	8978	19	129
社会保障缴款	Social Security Contributions	13358		19	129
其它社会缴款	Other Social Contributions	88			
捐赠收入	Grants	7	26		37
来自外国政府捐赠收入	From Foreign Governments	7			21
来自国际组织捐赠收入	From International Organizations		19		
来自政府机构捐赠收入	From General Government Units		8		16
其它收入	Other Revenue	2197	2390	369	69

8-2 续表 5 continued

		捷 克 Czech Rep. 2018 (亿克朗) (100 Million koruna)	法 国 France 2018 (亿欧元) (100 Million Euro)	德 国 Germany 2018 (亿欧元) (100 Million Euro)	意大利 Italy 2018 (亿欧元) (100 Million Euro)
财政总收入	**Total Revenue**	**17677**	**10439**	**9793**	**7067**
税收	Taxes	7925	5720	3848	4283
收入、利润和资本所得税	Taxes on Income, Profits, and Capital Gains	2755	2870	1763	2213
个人	Payable by Individuals	1547	2232	1460	1885
公司和其他企业	Payable by Corporations and Other Enterprises	1208	635	257	328
工资税	Taxes on Payroll and Workforce		265		
财产税	Taxes on Property		170		72
货物和服务税	Taxes on Goods and Services	5160	2406	2085	1720
增加值、销售和交易税	General Value Added, Sales, or Turnover Taxes	2758	1650	1170	1094
货物税	Excises	1856	475	655	450
国际贸易税	Taxes on International Trade and Transactions				
其他税	Other Taxes	10	11		274
社会缴款	Social Contributions	8329	4208	5440	2337
社会保障缴款	Social Security Contributions	8324	3697	5345	2307
其它社会缴款	Other Social Contributions	5	511	94	30
捐赠收入	Grants	383		75	105
来自外国政府捐赠收入	From Foreign Governments	20			4
来自国际组织捐赠收入	From International Organizations	347		12	8
来自政府机构捐赠收入	From General Government Units	16	42	62	93
其它收入	Other Revenue	1040		431	342

8-2 续表 6 continued

		荷兰 Netherlands 2018 (亿欧元) (100 Million Euro)	波兰 Poland 2018 (亿兹罗提) (100 Million Zloty)	俄罗斯 Russia 2018 (亿卢布) (100 Million Ruble)	西班牙 Spain 2014 (亿欧元) (100 Million Euro)
财政总收入	**Total Revenue**	**3044**	**7320**	**342291**	
税收	Taxes	1783	3690	119117	1271
收入、利润和资本所得税	Taxes on Income, Profits, and Capital Gains	887	952	7785	520
个人	Payable by Individuals	617	606	-1507	309
公司和其他企业	Payable by Corporations and Other Enterprises	270	346	9776	210
工资税	Taxes on Payroll and Workforce	6	47		
财产税	Taxes on Property	36			1
货物和服务税	Taxes on Goods and Services	818	2691	74326	751
增加值、销售和交易税	General Value Added, Sales, or Turnover Taxes	526	1722	61639	516
货物税	Excises	187	820	9667	182
国际贸易税	Taxes on International Trade and Transactions			37004	
其他税	Other Taxes	36		1	
社会缴款	Social Contributions	1102	2948	75076	1312
社会保障缴款	Social Security Contributions	1080	2777	75076	1200
其它社会缴款	Other Social Contributions	22	171		111
捐赠收入	Grants	14		56501	
来自外国政府捐赠收入	From Foreign Governments	3			
来自国际组织捐赠收入	From International Organizations	3			20
来自政府机构捐赠收入	From General Government Units	8	34	56500	
其它收入	Other Revenue	144		91597	

8-2 续表 7 continued

		乌克兰 Ukraine 2018 (亿格里夫尼亚) (100 Million Hrywnia)	英国 United Kingdom 2018 (亿英镑) (100 Million Pound)	澳大利亚 Australia 2018 (亿澳元) (100 Million Dollar)	新西兰 New Zealand 2018 (新西兰元) (100 Million Dollar)
财政总收入	**Total Revenue**	**11530**	**7579**	**4795**	**984**
税收	Taxes	7171	5469	4273	841
收入、利润和资本所得税	Taxes on Income, Profits, and Capital Gains	1886	2521	3125	524
个人	Payable by Individuals	917	1948	2128	361
公司和其他企业	Payable by Corporations and Other Enterprises	969	572	977	163
工资税	Taxes on Payroll and Workforce		26	11	
财产税	Taxes on Property		361		
货物和服务税	Taxes on Goods and Services	5037	2535	980	289
增加值、销售和交易税	General Value Added, Sales, or Turnover Taxes	3745	1492	657	219
货物税	Excises	1189	639	236	24
国际贸易税	Taxes on International Trade and Transactions	280		157	28
其他税	Other Taxes	-32	26		
社会缴款	Social Contributions	2332	1632		20
社会保障缴款	Social Security Contributions	2332	1350		20
其它社会缴款	Other Social Contributions		282		
捐赠收入	Grants	89	4	36	3
来自外国政府捐赠收入	From Foreign Governments	1	1		3
来自国际组织捐赠收入	From International Organizations	15	1		
来自政府机构捐赠收入	From General Government Units	73	2	36	
其它收入	Other Revenue	1937	474	486	119

8-3 中央政府财政支出
Expense of Central Government

资料来源：国际货币基金组织GFS数据库。
Source: IMF GFS Database.

		柬埔寨 Cambodia 2013 (亿瑞尔) (100 Million Riel)	印度 India 2013 (亿卢比) (100 Million Rupee)	印度尼西亚 Indonesia 2018 (亿卢比) (100 Million Rupiah)	伊朗 Iran 2009 (亿里亚尔) (100 Million Rial)
财政总支出	**Total Expense**	**72465**	**186910**	**21989696**	**8065990**
雇员报酬	Compensation of Employees	26363	15190	3432803	3210230
工资和薪金	Wages and Salaries	26363		2309635	2835570
社会缴款	Social Contributions			1123168	374652
商品和服务的使用	Use of Goods and Services	20753	16340	2851915	865086
固定资本消耗	Consumption of Fixed Capital			1720466	
利息	Interest	2043	36420	2579492	58967
补贴	Subsidies	1301	42220	2169079	770769
对国有企业补贴	To Public Corporations			2018756	701753
对私人企业补贴	To Private Enterprises			150322	69016
捐赠	Grants	6823	75740	7658870	31225
对外国政府捐赠	To Foreign Governments			545	1710
对国际组织捐赠	To International Organizations	140	5910		2490
对政府机构捐赠	To General Government Units	6683	69830	7658325	27025
社会福利	Social Benefits	8787		879289	1966020
社会保障福利	Social Security Benefits				1898380
社会救助福利	Social Assistance Benefits			843184	67637
雇主社会福利	Employer Social Benefits			36105	
其它支出	Other Expense	6395	996	697781	1163700
不含利息的财产支出	Property Expense Other Than Interest				
其它杂项支出	Miscellaneous Other Expense				

8-3 续表 1 continued

		以色列 Israel 2019 (亿新谢克尔) (100 Million New Sheqalim)	哈萨克斯坦 Kazakhstan 2019 (亿坚戈) (100 Million Tenge)	韩国 Korea,Rep. 2018 (亿韩元) (100 Million Won)	马来西亚 Malaysia 2013 (亿林吉特) (100 Million Ringgit)
财政总支出	**Total Expense**	**5148**	**111699**	**4729923**	**2099**
雇员报酬	Compensation of Employees	1156	6530	483509	610
工资和薪金	Wages and Salaries	955	5503	463335	610
社会缴款	Social Contributions	201	1027	20174	
商品和服务的使用	Use of Goods and Services	988	22336	548680	339
固定资本消耗	Consumption of Fixed Capital	122		173561	
利息	Interest	306	6773	192204	208
补贴	Subsidies	140	1172	204127	433
对国有企业补贴	To Public Corporations	50	1172	84639	433
对私人企业补贴	To Private Enterprises	90		119488	
捐赠	Grants	351	34890	1559265	348
对外国政府捐赠	To Foreign Governments	11		3728	
对国际组织捐赠	To International Organizations	7	169	2362	
对政府机构捐赠	To General Government Units	334	34721	1553176	348
社会福利	Social Benefits	1651	38880	1386938	148
社会保障福利	Social Security Benefits	912		1385969	148
社会救助福利	Social Assistance Benefits	502	38880	969	
雇主社会福利	Employer Social Benefits	237			
其它支出	Other Expense	434	1118	181639	12
不含利息的财产支出	Property Expense Other Than Interest			947	
其它杂项支出	Miscellaneous Other Expense				

8-3 续表 2 continued

		蒙古 Mongolia 2018 (亿图格里克) (100 Million Togrog)	泰国 Thailand 2018 (亿铢) (100 Million Baht)	巴基斯坦 Pakistan 2013 (亿卢比) ((100 Million Rupee)	加拿大 Canada 2019 (亿加元) ((100 Million Dollar)
财政总支出	**Total Expense**	**73313**	**30151**	**39907**	**4180**
雇员报酬	Compensation of Employees	12458	8072	1550	443
工资和薪金	Wages and Salaries	11585	7884	1550	
社会缴款	Social Contributions	872	188		
商品和服务的使用	Use of Goods and Services	10099	7892	8842	306
固定资本消耗	Consumption of Fixed Capital				109
利息	Interest	10540	1641	11417	258
补贴	Subsidies	1271	1333	2086	34
对国有企业补贴	To Public Corporations	264	964		
对私人企业补贴	To Private Enterprises	1007	369		
捐赠	Grants	13947	3903	3123	1151
对外国政府捐赠	To Foreign Governments	64	7		
对国际组织捐赠	To International Organizations		11		
对政府机构捐赠	To General Government Units	13884	3885		
社会福利	Social Benefits	24999	4201	1441	1786
社会保障福利	Social Security Benefits	24098	866		
社会救助福利	Social Assistance Benefits	902	120		
雇主社会福利	Employer Social Benefits		3215		
其它支出	Other Expense		1487	11447	93
不含利息的财产支出	Property Expense Other Than Interest				
其它杂项支出	Miscellaneous Other Expense				

8-3 续表 3 continued

		美国 United States 2019 (亿美元) (100 Million Us Dollar)	阿根廷 Argentina 2017 (亿比索) (100 Million Peso)	委内瑞拉 Venezuela 2005 (亿博利瓦) (100 Million Bolivar)	白俄罗斯 Belarus 2018 (亿卢布) (100 Million Rubel)
财政总支出	**Total Expense**	**48564**	**25886**	**762**	**344**
雇员报酬	Compensation of Employees	4507	3301	121	50
工资和薪金	Wages and Salaries			116	42
社会缴款	Social Contributions			6	8
商品和服务的使用	Use of Goods and Services	3795	1023	46	49
固定资本消耗	Consumption of Fixed Capital	2832			
利息	Interest	5816	2438	89	21
补贴	Subsidies	733	2653		15
对国有企业补贴	To Public Corporations		831		2
对私人企业补贴	To Private Enterprises		1823		13
捐赠	Grants	7333	1870	400	47
对外国政府捐赠	To Foreign Governments	541		1	
对国际组织捐赠	To International Organizations	29	34		1
对政府机构捐赠	To General Government Units	6764	1836	399	45
社会福利	Social Benefits	23475	12148	85	151
社会保障福利	Social Security Benefits	18880	10140		134
社会救助福利	Social Assistance Benefits	4595	2007		8
雇主社会福利	Employer Social Benefits		1		9
其它支出	Other Expense	74	2453	21	11
不含利息的财产支出	Property Expense Other Than Interest		1		
其它杂项支出	Miscellaneous Other Expense			21	

8-3 续表 4 continued

		捷 克 Czech Rep. 2018 (亿克朗) (100 Million koruna)	法 国 France 2018 (亿欧元) (100 Million Erro)	德 国 Germany 2018 (亿欧元) (100 Million Erro)	意大利 Italy 2018 (亿欧元) (100 Million Euro)
财政总支出	**Total Expense**	**17428**	**11088**	**9396**	**7533**
雇员报酬	Compensation of Employees	2390	2021	547	1034
工资和薪金	Wages and Salaries	1741	1274		673
社会缴款	Social Contributions	649	747		361
商品和服务的使用	Use of Goods and Services	1489	607	471	258
固定资本消耗	Consumption of Fixed Capital	1011	347	201	198
利息	Interest	388	396	170	635
补贴	Subsidies	714	490	94	171
对国有企业补贴	To Public Corporations				
对私人企业补贴	To Private Enterprises				
捐赠	Grants			984	
对外国政府捐赠	To Foreign Governments	68	80	133	28
对国际组织捐赠	To International Organizations			277	
对政府机构捐赠	To General Government Units	2276	580	575	1322
社会福利	Social Benefits	8046	5737	6709	3476
社会保障福利	Social Security Benefits				
社会救助福利	Social Assistance Benefits				
雇主社会福利	Employer Social Benefits				
其它支出	Other Expense			219	
不含利息的财产支出	Property Expense Other Than Interest	3			
其它杂项支出	Miscellaneous Other Expense				

8-3 续表 5 continued

		荷 兰 Netherlands 2016 (亿欧元) (100 Million Euro)	波 兰 Poland 2017 (亿兹罗提) (100 Million Zloty)	俄罗斯 Russia 2018 (亿卢布) (100 Million Ruble)	西班牙 Spain 2014 (亿欧元) (100 Million Euro)
财政总支出	**Total Expense**	**2762**	**6840**	**300619**	
雇员报酬	Compensation of Employees	215	962	39534	241
工资和薪金	Wages and Salaries	153		34735	179
社会缴款	Social Contributions	62		4800	62
商品和服务的使用	Use of Goods and Services	149	460	24973	91
固定资本消耗	Consumption of Fixed Capital	95	264	9967	95
利息	Interest	79	294	8090	319
补贴	Subsidies	62	95	12934	55
对国有企业补贴	To Public Corporations			2833	9
对私人企业补贴	To Private Enterprises			10101	46
捐赠	Grants	753		96177	
对外国政府捐赠	To Foreign Governments	33		1190	
对国际组织捐赠	To International Organizations	32		1171	108
对政府机构捐赠	To General Government Units	688	1430	93815	
社会福利	Social Benefits	1354	2910	97738	1660
社会保障福利	Social Security Benefits			80189	1447
社会救助福利	Social Assistance Benefits			9551	78
雇主社会福利	Employer Social Benefits			7997	134
其它支出	Other Expense	55		11206	438
不含利息的财产支出	Property Expense Other Than Interest			5	0.1
其它杂项支出	Miscellaneous Other Expense				0.2

8-3 续表 6 continued

		乌克兰 Ukraine 2018 (亿格里夫尼亚) (100 Million Hrywnia)	英国 United Kingdom 2018 (亿英镑) (100 Million Pound)	澳大利亚 Australia 2018 (亿澳元) (100 Million Dollar)	新西兰 New Zealand 2018 (亿新西兰元) (100 Million Dollar)
财政总支出	**Total Expense**	**11895**	**7933**	**4831**	**909**
雇员报酬	Compensation of Employees	1780	1252	500	202
工资和薪金	Wages and Salaries	1490	1002	402	
社会缴款	Social Contributions	290	250	98	
商品和服务的使用	Use of Goods and Services	1596	1076	496	111
固定资本消耗	Consumption of Fixed Capital		284	108	44
利息	Interest	1163	519	178	35
补贴	Subsidies	131	177	131	6
对国有企业补贴	To Public Corporations	131	7	4	
对私人企业补贴	To Private Enterprises		170	127	
捐赠	Grants	3006	1461	1238	25
对外国政府捐赠	To Foreign Governments		2	35	
对国际组织捐赠	To International Organizations	17	211		7
对政府机构捐赠	To General Government Units	2989	1248	1203	18
社会福利	Social Benefits	3945	2735	1879	393
社会保障福利	Social Security Benefits	2834	1388		18
社会救助福利	Social Assistance Benefits	1110	961	1879	375
雇主社会福利	Employer Social Benefits		387		
其它支出	Other Expense	273	428	302	73
不含利息的财产支出	Property Expense Other Than Interest		1	92	4
其它杂项支出	Miscellaneous Other Expense				

8-4 中央政府各项支出比重
Central Government Outlays by Function as Percentage of Total

资料来源：国际货币基金组织GFS数据库。
Source: IMF GFS Database.
单位：% (%)

国家或地区	Country or Area	年份 Year	社会保障支出 Social Protection	公共服务支出 General Public Services	教育支出 Education	经济事务支出 Economic Affairs	环境保护支出 Environment Protection
中　　国	China	2017	43.00	8.10	2.00	12.20	0.30
中国香港	Hong Kong, China	2009	14.19	19.39	18.19	11.52	3.42
中国澳门	Macao, China	2019	25.30	10.50	15.60	15.40	1.80
孟加拉国	Bangladesh	2013	6.82	21.72	14.62	26.68	0.36
印　　度	India	2013		9.30	0.60	3.50	
印度尼西亚	Indonesia	2018	7.90	51.20	6.60	17.30	0.60
伊　　朗	Iran	2009	36.60	9.20	14.20	16.50	0.10
以 色 列	Israel	2019	29.40	9.70	17.30	6.80	0.20
哈萨克斯坦	Kazakhstan	2018	29.50	25.70	5.40	9.90	0.30
韩　　国	Korea, Rep.	2010	22.80	22.00	15.20	18.90	2.20
缅　　甸	Myanmar	2019	4.70	20.40	10.10	39.30	0.10
巴基斯坦	Pakistan	2007	0.21		1.64		0.03
新 加 坡	Singapore	2018	5.70	7.50	16.10	22.20	1.90
泰　　国	Thailand	2018	15.00	28.10	15.30	17.40	0.20
埃　　及	Egypt	2015	29.00	29.00	12.00	6.00	0.30
南　　非	South Africa	2018	14.00	61.90	1.80	8.10	0.60
加 拿 大	Canada	2007	46.94		2.09		1.28
墨 西 哥	Mexico	2000	20.10	38.40	24.70	8.10	
美　　国	United States	2018	31.70	14.20	2.30	5.10	
阿 根 廷	Argentina	2018	47.00	17.80	5.70	13.80	0.50
委内瑞拉	Venezuela	2005	7.64		17.16		
捷　　克	Czech Rep.	2015	30.18	9.06	8.60	16.47	2.45
意 大 利	Italy	2016	42.75				
荷　　兰	Netherlands	2017	35.33	20.16	11.77	6.03	0.31
波　　兰	Poland	2015	38.32				
俄 罗 斯	Russia	2019	42.10	16.60	2.40	7.90	0.60
西 班 牙	Spain	2016	40.50				
土 耳 其	Turkey	2019	31.70	16.40	11.60	9.20	0.10
乌 克 兰	Ukraine	2019	36.70	31.90	3.80	4.90	0.50
英　　国	United Kingdom	2018	34.00	12.40	11.30	7.10	0.90
澳大利亚	Australia	2019	33.60	21.90	11.90	5.70	1.10
新 西 兰	New Zealand	2019	32.40	10.20	17.50	7.80	0.90

8-4 续表 continued

单位：% (%)

国家或地区	Country or Area	年份 Year	卫生保障支出 Health	文化、娱乐和宗教支出 Recreation, Culture and Religion	国防支出 Defense	住户和社区设施建设支出 Housing & Community Amenities	公共秩序与安全支出 Public Order and Safety
中　国	China	2017	18.80	0.30	12.60	0.40	2.30
中国香港	Hong Kong, China	2009	12.81	3.84		6.85	9.79
中国澳门	Macao, China	2019	10.70	4.50		1.80	14.30
孟加拉国	Bangladesh	2013	6.01	1.19	8.65	7.42	6.53
印　度	India	2013	0.30		1.80	1.20	
印度尼西亚	Indonesia	2018	2.80	0.90	4.80	1.50	6.50
伊　朗	Iran	2009	6.90	2.50	7.90	2.00	4.20
以 色 列	Israel	2019	14.70	2.70	14.60		4.40
哈萨克斯坦	Kazakhstan	2018	11.20	1.50	9.20	3.10	4.30
韩　国	Korea, Rep.	2010	1.20	1.20	11.30	1.20	5.00
缅　甸	Myanmar	2019	4.50	0.90	16.80	0.80	2.40
巴基斯坦	Pakistan	2007	0.86		15.62		
新 加 坡	Singapore	2018	12.60	3.00	17.50	6.30	7.20
泰　国	Thailand	2018	6.20	2.90	6.20	2.80	5.80
埃　及	Egypt	2015	5.00	4.00	6.00	3.00	6.00
南　非	South Africa	2018	1.10	0.60	2.50	1.60	7.80
加 拿 大	Canada	2007	9.67		6.50		
墨 西 哥	Mexico	2000	5.00	0.60	3.00	6.90	2.70
美　国	United States	2018	29.60	0.10	14.30	1.40	1.40
阿 根 廷	Argentina	2018	7.10	0.20	1.70	1.80	4.40
委内瑞拉	Venezuela	2005	7.38		4.99		
捷　克	Czech Rep.	2015	16.97	1.05	2.48	2.39	4.93
意 大 利	Italy	2016					
荷　兰	Netherlands	2017	18.35	0.92	2.97	0.15	4.01
波　兰	Poland	2015					
俄 罗 斯	Russia	2019	15.90	1.20	6.10	0.60	6.60
西 班 牙	Spain	2016					
土 耳 其	Turkey	2019	16.20	1.70	5.90	1.10	6.00
乌 克 兰	Ukraine	2019	2.90	0.70	7.90		10.60
英　国	United Kingdom	2018	20.00	1.10	5.00	4.10	4.20
澳大利亚	Australia	2019	16.00	0.70	7.50	0.50	1.20
新 西 兰	New Zealand	2019	20.60	1.10	3.10	0.50	5.90

8-5 社会缴款占财政收入比重
Social Contributions as Percentage of Revenue

资料来源：世界银行WDI数据库。
Source: World Bank WDI Database.
单位：%　　(%)

国家或地区	Country or Area	2000	2005	2010	2015	2016	2017	2018
中国香港	Hong Kong, China		0.01					
中国澳门	Macao, China	0.85	0.50	0.19	0.17	0.18	0.30	0.28
印　度	India	0.05	0.18	0.26	0.10	0.09	0.13	0.11
伊　朗	Iran	11.48	10.44					
以色列	Israel	14.78	16.57	17.68	17.02	17.27	16.88	17.45
日　本	Japan	0.95	0.97	0.90	0.76	0.75	0.69	0.68
韩　国	Korea, Rep.	13.31	16.17	16.11	26.31	25.97	25.79	25.51
蒙　古	Mongolia	17.79		13.14	21.89	24.36	21.41	18.79
斯里兰卡	Sri Lanka	1.67	1.19	1.33	1.04	1.07	1.25	1.31
泰　国	Thailand	3.43	4.89	6.44	5.13	5.03	5.17	5.09
南　非	South Africa	2.07	2.04	2.10	1.89	1.99	1.80	1.87
加拿大	Canada	18.87	21.43	23.02	23.26	23.20	21.68	21.47
墨西哥	Mexico	10.48		11.48	11.56	10.91	10.67	11.48
美　国	United States	31.26	36.49	39.30	34.26	35.08	33.68	37.92
巴　西	Brazil	24.76	23.25	31.56	32.54	32.19	33.80	32.29
委内瑞拉	Venezuela	3.50	2.20					
捷　克	Czech Rep.	46.60	46.72	46.44	44.33	45.65	46.29	47.12
法　国	France	40.65	41.87	42.19	42.02	42.07	41.65	40.31
德　国	Germany	57.09	58.52	55.54	54.83	55.43	55.60	55.54
意大利	Italy	31.38	33.86	33.85	32.59	32.01	32.23	33.07
荷　兰	Netherlands	38.70	34.14	34.96	37.37	38.29	35.88	36.21
波　兰	Poland	40.27	39.26	36.71	40.90	41.39	40.66	40.28
俄罗斯	Russia	28.80	17.72	20.29	21.42	26.48	22.92	21.93
西班牙	Spain	5.83	5.47	6.66	5.41	5.40	5.14	4.73
土耳其	Turkey			23.24	24.71	24.66	24.29	24.61
乌克兰	Ukraine	30.42	35.41	36.06	26.54	18.12	18.94	20.23
英　国	United Kingdom	19.40	20.99	21.68	21.19	21.38	21.52	21.53
新西兰	New Zealand		0.18	3.82	2.85	2.32	2.20	2.03

8–6 商品和服务税占财政收入比重
Goods and Services Tax as Percentage of Revenue

资料来源：世界银行WDI数据库。
Source: World Bank WDI Database.
单位：%　　(%)

国家或地区	Country or Area	2000	2005	2010	2015	2016	2017	2018
世　界	**World**	**32.67**	**34.95**	**31.88**	**33.73**	**34.25**	**33.33**	**34.01**
中　国	China	65.10	77.69	63.38	35.31	34.75	32.88	
中国香港	Hong Kong, China		16.55	8.54				
中国澳门	Macao, China	69.39	79.00	89.31	83.67	83.32	83.42	86.87
孟加拉国	Bangladesh		27.50	29.74	31.29	32.26		
柬埔寨	Cambodia		36.90	35.29	45.89	44.04	45.77	48.04
印　度	India	28.93	30.76	21.68	29.83	32.93	37.35	40.87
印度尼西亚	Indonesia		14.99	30.63	37.77	35.79	38.11	35.90
伊　朗	Iran	7.50	3.02					
以色列	Israel	27.63	30.78	34.98	34.79	34.76	32.30	33.78
日　本	Japan	32.30	33.26	36.90	37.63	38.03	36.08	35.28
哈萨克斯坦	Kazakhstan	40.10	21.00	14.74	18.10	25.01	19.63	21.44
韩　国	Korea, Rep.	30.27	29.58	28.11	21.25	21.92	21.74	21.13
老　挝	Laos			41.98	45.63	54.91		
马来西亚	Malaysia	24.80	20.30	16.74	22.78	28.97	28.66	19.46
蒙　古	Mongolia	36.02		28.54	31.47	34.27	30.91	31.64
缅　甸	Myanmar	32.84	30.73		15.28	23.85	19.66	
巴基斯坦	Pakistan	30.30	34.07	30.95				
菲律宾	Philippines	27.60	23.21	24.36	25.77	26.04	26.96	27.28
新加坡	Singapore	18.04	23.41	26.20	23.17	22.90	19.79	21.09
斯里兰卡	Sri Lanka	56.75	55.28	42.60	49.58	49.65	55.65	54.81
泰　国	Thailand	42.05	40.13	40.22	42.66	42.52	43.30	42.45
埃　及	Egypt		23.88	24.23	26.11			
尼日利亚	Nigeria		1.52	2.63				
南　非	South Africa	34.53	35.19	35.15	33.98	33.32	32.82	34.01
加拿大	Canada	15.51	17.09	14.86				
墨西哥	Mexico	62.13		25.53	30.17	30.40	27.25	29.06
美　国	United States	3.18	3.17	2.76	2.94	2.83	2.37	3.05
巴　西	Brazil	39.80	41.52	23.15	20.61	19.02	20.72	20.92
委内瑞拉	Venezuela	24.92	24.94					
捷　克	Czech Rep.	31.89	27.62	28.80	30.64	30.60	30.51	29.19
法　国	France	25.87	24.59	22.19	22.28	22.46	22.68	23.04
德　国	Germany	21.61	22.79	24.66	23.09	22.02	21.94	21.29
意大利	Italy	24.63	23.77	22.76	23.91	24.17	24.35	24.39
荷　兰	Netherlands	27.25	29.71	26.91	26.12	26.66	26.55	26.88
波　兰	Poland	31.45	36.52	38.45	35.28	36.46	36.81	36.77
俄罗斯	Russia	30.94	23.62	21.12	19.42	21.44	22.27	21.71
西班牙	Spain	41.18	42.92	42.67	46.40	47.51	48.32	46.52
土耳其	Turkey			38.75	39.45	38.27	38.49	35.31
乌克兰	Ukraine	32.67	27.96	31.38	40.01	44.54	43.99	43.69
英　国	United Kingdom	33.51	30.94	31.88	34.20	33.91	33.41	33.45
澳大利亚	Australia	17.91	24.18	24.36	21.32	21.66	21.11	20.44
新西兰	New Zealand		27.26	26.63	29.03	29.16	29.11	29.38

8-7 所得税占财政收入比重
Income Tax as Percentage of Revenue

资料来源：世界银行WDI数据库。
Source: World Bank WDI Database.
单位：%　　(%)

国家或地区	Country or Area	2000	2005	2010	2015	2016	2017	2018
世　界	**World**	**20.83**	**20.68**	**21.65**	**23.49**	**22.73**	**23.35**	**24.63**
中　国	China	8.08	23.80	23.11	20.64	21.23	19.10	
中国香港	Hong Kong, China		39.87	35.77				
中国澳门	Macao, China	8.58	4.42	3.89	6.97	7.08	6.18	5.60
孟加拉国	Bangladesh		12.34	20.06	26.86	25.17		
柬埔寨	Cambodia		7.10	10.30	18.18	18.32	20.67	18.49
印　度	India	27.01	35.93	43.39	42.86	42.47	45.77	45.65
印度尼西亚	Indonesia		48.84	35.88	39.99	42.82	38.82	38.60
伊　朗	Iran	13.45	12.72					
以色列	Israel	34.38	30.77	27.40	29.79	30.23	34.29	31.74
日　本	Japan	50.89	49.54	46.44	46.93	46.55	48.61	49.29
哈萨克斯坦	Kazakhstan	23.59	51.27	35.83	32.47	28.75	26.36	30.67
韩　国	Korea, Rep.	26.28	28.88	28.12	26.20	27.21	28.34	30.42
老　挝	Laos			13.39	13.55	15.99		
马来西亚	Malaysia	43.37	46.66	45.59	46.36	46.89	47.72	51.17
蒙　古	Mongolia	11.82		27.12	12.69	9.63	13.34	16.61
缅　甸	Myanmar	19.47	25.22		12.02	13.87	12.93	
巴基斯坦	Pakistan	19.03	20.49	24.59				
菲律宾	Philippines	39.09	39.64	40.50	41.34	41.96	41.47	36.53
新加坡	Singapore	29.03	30.17	33.99	32.65	32.36	33.46	33.28
斯里兰卡	Sri Lanka	12.69	12.74	16.26	17.98	15.29	14.93	16.07
泰　国	Thailand	29.85	32.82	33.22	31.69	30.87	30.09	30.59
越　南	Viet Nam	26.77	37.63	32.58				
埃　及	Egypt		23.75	25.26	24.11			
尼日利亚	Nigeria		22.57	38.11				
南　非	South Africa	51.71	48.76	49.09	47.14	48.69	49.21	47.85
加拿大	Canada	54.44	53.11	52.77	54.01	54.36	54.91	55.05
墨西哥	Mexico	31.12		28.28	34.72	35.71	35.76	37.70
美　国	United States	57.46	54.23	47.64	54.16	53.93	49.60	50.83
巴　西	Brazil	25.15	28.36	22.93	20.77	22.20	24.96	24.50
委内瑞拉	Venezuela	26.67	21.46					
捷　克	Czech Rep.	12.79	17.67	13.94	14.07	14.80	15.20	15.59
法　国	France	25.48	24.56	23.42	25.49	25.28	25.67	27.49
德　国	Germany	17.11	14.76	14.96	16.84	17.36	17.74	18.00
意大利	Italy	35.27	33.14	33.20	32.70	32.21	32.08	31.32
荷　兰	Netherlands	25.15	26.09	26.22	26.74	26.71	29.56	29.15
波　兰	Poland	15.65	12.25	12.54	12.16	12.30	12.47	13.00
俄罗斯	Russia	11.52	5.73	2.16	1.90	-1.35	2.07	2.27
西班牙	Spain	41.13	43.18	36.46	32.67	32.79	33.20	34.42
土耳其	Turkey			17.27	16.90	17.44	18.10	19.21
乌克兰	Ukraine	12.34	15.39	10.56	11.15	15.17	14.50	16.36
英　国	United Kingdom	38.73	37.48	36.22	32.77	33.34	33.23	33.26
澳大利亚	Australia	66.72	65.01	61.29	64.88	64.22	64.10	65.17
新西兰	New Zealand		54.93	50.96	51.56	51.89	52.82	53.31

8-8 中央政府财政盈余占GDP比重
Surplus of Central Government Revenue as Percentage of GDP

资料来源：世界银行WDI数据库。
Source: World Bank WDI Database.
单位：%

(%)

国家或地区	Country or Area	2000	2005	2010	2011	2012	2013	2014
世　界	**World**	**0.52**	**-2.46**	**-5.75**	**-4.80**	**-4.47**	**-3.39**	
中　国	China		-1.39					
中国香港	Hong Kong, China		0.66	4.14	3.78			
中国澳门	Macao, China	1.64	8.36	19.49	24.76	24.07		
孟加拉国	Bangladesh		-0.97	-0.81	-0.81			
柬埔寨	Cambodia		0.04	-3.53	-4.56	-1.16	-2.69	-1.38
印　度	India	-3.74	-3.18	-3.41	-3.04	-3.82		
印度尼西亚	Indonesia		-0.13	-0.68	-1.07	-1.76		
伊　朗	Iran	1.66	5.23					
以色列	Israel	-3.89	-4.73	-4.43	-3.84	-5.18	-4.21	-3.45
日　本	Japan		-3.88	-6.74	-8.20	-7.77	-7.19	
哈萨克斯坦	Kazakhstan	0.09	2.58	4.44	7.81			
韩　国	Korea, Rep.	4.15	0.86	1.53	1.69			
老　挝	Laos			-0.84	-0.95	-0.81		
马来西亚	Malaysia	-4.12	-3.76	-5.00	-4.62	-4.39		
蒙　古	Mongolia	0.18		2.63	-2.65	-7.09		
缅　甸	Myanmar		-1.49					
巴基斯坦	Pakistan	-4.09	-3.20	-4.99	-6.40	-8.01	-5.23	
菲律宾	Philippines	-3.66	-2.84	-3.46	-1.76	-1.95		
新加坡	Singapore	11.06	6.39	7.57	9.21	8.63		
斯里兰卡	Sri Lanka	-8.40	-6.98	-6.31	-5.81	-5.31		
泰　国	Thailand	-1.81	1.87	-0.58	-1.06	-1.17	0.08	0.33
埃　及	Egypt		-6.45	-7.73	-10.08	-10.11		
尼日利亚	Nigeria		-1.10	-1.99	-1.82	-1.34		
南　非	South Africa	-1.91	-0.45	-3.96	-4.56	-5.11	-5.79	-3.31
加拿大	Canada	2.21	0.84	-1.77	-1.12	-0.21	0.15	0.55
墨西哥	Mexico	-0.99						
美　国	United States	2.23	-4.42	-10.08	-9.00	-7.39	-4.19	-5.37
巴　西	Brazil	-1.80	-3.55	-1.62	-2.45	-1.80		
委内瑞拉	Venezuela	-1.24	2.18					
捷　克	Czech Rep.	-3.31	-3.41	-4.55	-4.23	-2.33		
法　国	France	-3.03	-4.55	-6.64	-4.93	-4.48	-3.63	-3.78
德　国	Germany	0.61	-2.85	-3.06	-0.47	0.08	-0.05	0.41
意大利	Italy	-2.36	-4.64	-3.82	-3.31	-3.17	-2.91	-3.49
荷　兰	Netherlands	0.48	-1.46	-3.95	-3.64	-3.45	-2.04	-1.99
波　兰	Poland	-3.01	-5.07	-6.57	-4.08	-3.48	-3.80	-1.62
俄罗斯	Russia	2.47	9.88	-1.86	3.09	2.35	0.89	0.80
西班牙	Spain	-2.03	-0.34	-4.79	-3.44	-7.92	-4.77	-3.86
土耳其	Turkey			-3.14	-1.06	-0.49	0.29	1.51
乌克兰	Ukraine	-0.59	-1.36	-6.52	-2.32	-4.07		
英　国	United Kingdom	0.61	-3.99	-9.54	-7.42	-7.87	-5.49	-4.96
澳大利亚	Australia	1.70	0.76	-4.03	-3.67	-3.03	-1.47	-1.85
新西兰	New Zealand		3.11	-2.03	-7.70	-0.44	-0.55	0.04

8-9 中央政府公共债务占GDP比重
Central Government Debt as Percentage of GDP

资料来源：世界银行WDI数据库。
Source: World Bank WDI Database.
单位：% (%)

国家或地区	Country or Area	2000	2005	2010	2013	2014	2015	2016
中国香港	Hong Kong, China		31.58	35.56				
印　度	India	55.00	62.23	51.59	50.31			
印度尼西亚	Indonesia		47.34	26.17	27.78	27.42	30.31	31.37
日　本	Japan	100.46	130.46	162.30	188.88	194.43	197.28	196.58
哈萨克斯坦	Kazakhstan	21.62	7.05	9.52	10.84	12.65	19.31	16.77
韩　国	Korea, Rep.				34.93	36.50	37.49	38.07
马来西亚	Malaysia		42.07	49.56	53.00	52.68	53.57	51.89
蒙　古	Mongolia	78.42		44.98	45.89			
菲律宾	Philippines	58.60	65.71	50.20	47.14	43.43		
新加坡	Singapore	83.84	94.97	101.45	99.45	99.61	103.32	109.20
斯里兰卡	Sri Lanka	96.90	90.61	71.58	70.82	71.33	77.65	
泰　国	Thailand	21.97	25.46	26.90	34.78	39.57	35.27	
尼日利亚	Nigeria		28.65	9.45	10.50			
加拿大	Canada	58.50	45.68	52.27	51.72	50.34	54.71	53.25
墨西哥	Mexico	19.07						
美　国	United States	33.26	56.55	85.46	96.08	96.37	96.85	99.02
巴　西	Brazil			61.32	57.23	58.46	67.54	73.42
捷　克	Czech Rep.	12.65	21.07	33.56	40.61	38.21	36.74	
法　国	France	58.04	65.39	76.49	89.79	97.67	98.04	
德　国	Germany	38.31	43.31	54.33	52.68	53.53	50.47	
意大利	Italy	113.42	109.83	114.79	135.16	148.98	150.39	
荷　兰	Netherlands	49.30	48.29	58.77	68.31	73.43	70.57	
波　兰	Poland	40.62	50.09	55.45	57.85	53.02	53.33	
俄罗斯	Russia	62.15	16.66	9.10	9.07	11.20	13.54	14.24
西班牙	Spain	52.74	40.61	54.03	99.92	112.21	104.75	104.57
土耳其	Turkey			47.43	32.92	31.56	29.21	31.87
乌克兰	Ukraine	45.29	17.70	29.97	37.03	63.67	70.26	71.81
英　国	United Kingdom	42.61	44.15	81.70	95.14	106.21	105.16	114.97
澳大利亚	Australia	29.59	0.02	0.03	0.04	0.04	0.05	0.06
新西兰	New Zealand		44.17	34.89	46.54	44.23	43.43	42.34

8–10 广义货币
Broad Money

资料来源：世界银行WDI数据库。
Source: World Bank WDI Database.
单位：亿本币 (100 million local currency units)

国家或地区	Country or Area	2000	2005	2015	2017	2018	2019
中　国	China	135960	283012	1392278	1675774	1792928	1952181
中国香港	Hong Kong, China	30012	36389	87678	105361	109476	114744
孟加拉国	Bangladesh	8204	20252	97779	129784	144717	161946
文　莱	Brunei Darussalam	89	92	144	145	149	156
柬埔寨	Cambodia	18305	49625	531596	792094	1002405	1184364
印　度	India	116934	238079	1074370	1267127	1400424	1547612
印度尼西亚	Indonesia	7488453	12027623	45488004	54191651	576004611	61365518
伊　朗	Iran	2333600	8430385	92911000			
以色列	Israel	4389	6241	9778	10880	11337	12205
日　本	Japan	12265221	10403000	12566000	13510000	13838000	14127000
哈萨克斯坦	Kazakhstan	3970	20654	171259	194563	208134	213221
韩　国	Korea, Rep.	4130489	10214486	22473750	25303536	27003624	29136096
老　挝	Laos	22556	55603				
马来西亚	Malaysia	4373	6793	15631	16816	18108	18593
蒙　古	Mongolia	2588	11402	100490	158612	194747	208336
缅　甸	Myanmar	8034	26504	337193	477384	546940	631959
巴基斯坦	Pakistan	14767	32409	146333	182769	200743	224176
菲律宾	Philippines	20652	30816	98887	124867	136103	149501
新加坡	Singapore	1709	2198	5202	5801	6027	6325
斯里兰卡	Sri Lanka	4834	10223	57471	78395	87340	
泰　国	Thailand	56381	79269	175546	192129	201096	208410
越　南	Viet Nam	1969944	6485737	57714365	77733063	87603905	99536698
埃　及	Egypt	2610	5231	19059	32027	36287	41105
尼日利亚	Nigeria	10361	26129	212882	284737	327396	347764
南　非	South Africa	4988	10978	29753	33590	35471	37638
加拿大	Canada	7865	21117				
墨西哥	Mexico	14986	25436	67549	84398	88867	94934
美　国	United States	70234	94471	162002	176316	183423	198813
阿根廷	Argentina	905	1670	16459	30306		
巴　西	Brazil	5574	13052	52805	61284	65638	71286
委内瑞拉	Venezuela	158	720				
白俄罗斯	Belarus	2	13	327	399	432	485
捷　克	Czech Rep.	14456	18147	35955	42269	44937	47794
波　兰	Poland	3022	4271	11550	13244	14457	15653
俄罗斯	Russia	15686	72134	513701	546671	614016	645355
土耳其	Turkey	575	2631	12329	16876	19978	25377
乌克兰	Ukraine	316	1941	9941	12089	12776	14383
澳大利亚	Australia	4474	7242	18390	20503	20989	23936
新西兰	New Zealand	945	1283	2533	2926	3114	3261

8-11 广义货币占国内生产总值比重
Broad Money (M2) as Percentage of GDP

资料来源：世界银行WDI数据库。
Source: World Bank WDI Database.
单位：% (%)

国家或地区	Country or Area	2000	2005	2010	2015	2017	2018	2019
中　国	China	135.6	151.1	176.1	202.1	201.4	195.0	197.0
中国香港	Hong Kong, China	224.4	257.7	315.3	365.6	396.2	386.1	400.1
中国澳门	Macao, China	157.4	140.0	108.0	130.5	145.2	146.5	158.2
孟加拉国	Bangladesh	30.6	47.4	58.7	64.5	65.7	64.3	63.7
文　莱	Brunei Darussalam	85.7	57.8	67.3	80.8	86.7	81.6	84.7
柬埔寨	Cambodia	12.9	19.3	41.6	72.4	88.2	100.7	107.7
印　度	India	54.6	65.5	77.7	78.0	74.1	73.8	75.9
印度尼西亚	Indonesia	53.9	43.4	36.0	39.5	39.9	38.8	38.8
伊　朗	Iran	37.2	41.5	54.1	81.4			
以色列	Israel	81.3	97.6	74.5	83.9	85.6	85.2	86.7
日　本	Japan	232.9	198.5	217.7	236.5	247.5	252.9	255.0
哈萨克斯坦	Kazakhstan	15.3	27.2	38.9	41.9	35.8	33.7	30.9
韩　国	Korea, Rep.	63.4	106.7	125.5	135.5	137.8	142.6	152.2
老　挝	Laos	16.5	19.1	36.2				
马来西亚	Malaysia	122.7	125.0	129.6	132.8	122.6	125.2	123.1
蒙　古	Mongolia	21.1	37.5	48.0	43.4	56.9	60.1	56.5
缅　甸	Myanmar	31.5	21.6	23.6	45.4	51.4	52.0	54.2
巴基斯坦	Pakistan	34.8	45.5	52.5	53.3	57.3	58.0	59.0
菲律宾	Philippines	55.9	52.1	58.8	70.9	75.4	74.5	76.6
新加坡	Singapore	103.2	103.3	123.3	122.9	122.9	119.7	124.6
斯里兰卡	Sri Lanka	38.4	41.7	32.6	52.5	58.8	60.8	
泰　国	Thailand	111.2	104.1	109.0	127.7	124.1	122.9	123.5
越　南	Viet Nam	44.6	71.0	114.9	137.6	155.3	158.1	164.9
埃　及	Egypt	76.7	97.1	80.7	78.0	92.3	81.8	77.2
尼日利亚	Nigeria	14.7	11.3	21.4	22.4	24.8	25.4	23.9
南　非	South Africa	52.7	67.0	75.8	73.5	72.2	72.8	74.1
加拿大	Canada	71.3	149.0					
墨西哥	Mexico	22.4	26.6	30.6	36.4	38.5	37.8	39.2
美　国	United States	68.5	72.5	85.2	88.9	90.5	89.3	93.0
阿根廷	Argentina	31.8	28.7	25.3	27.6	28.5		
巴　西	Brazil	46.5	60.1	74.2	88.1	93.1	95.3	98.2
委内瑞拉	Venezuela	19.8	23.7	32.2				
捷　克	Czech Rep.	60.8	55.6	69.7	78.2	83.7	84.4	84.6
法　国	France	101.0	76.1	89.9				
德　国	Germany	169.6	73.8	84.0				
意大利	Italy	81.5	64.6	84.2				
荷　兰	Netherlands	138.2	100.6	108.4				
波　兰	Poland	40.5	43.1	54.2	64.2	66.6	68.2	68.8
俄罗斯	Russia	21.5	33.4	51.4	61.8	59.5	58.7	58.6
西班牙	Spain	97.8	94.0	107.2				
土耳其	Turkey	33.7	39.1	53.2	52.7	54.3	53.6	59.3
乌克兰	Ukraine	18.6	44.0	55.4	50.0	40.5	35.9	36.2
英　国	United Kingdom	94.6	116.4	164.1	134.1	146.0	148.6	141.9
澳大利亚	Australia	67.7	78.5	100.7	113.2	116.3	113.5	122.9
新西兰	New Zealand	78.9	78.7	92.6	99.5	101.2	103.6	103.8

8-12 广义货币增长率
Growth Rate of Broad Money

资料来源：世界银行WDI数据库。
Source: World Bank WDI Database.
单位：%　(%)

国家或地区	Country or Area	2000	2005	2010	2015	2017	2018	2019
中　　国	China	12.3	16.7	18.9	13.3	8.1	7.0	8.9
中国香港	Hong Kong, China	9.3	5.1	6.9	6.8	12.8	3.9	4.8
中国澳门	Macao, China	-1.4	12.2	14.5	-3.0	11.1	10.1	5.5
孟加拉国	Bangladesh	19.3	15.8	21.1	14.9	13.7	11.5	11.9
文　　莱	Brunei Darussalam	47.7	-4.5	4.8	-1.8	-0.4	2.8	4.3
柬 埔 寨	Cambodia	26.9	15.8	21.3	17.0	23.1	26.6	18.2
印　　度	India	15.2	15.6	17.8	10.6	10.4	10.5	10.5
印度尼西亚	Indonesia	16.6	16.3	15.4	9.0	8.3	6.3	6.5
伊　　朗	Iran	35.4	32.8	24.6	24.4			
以 色 列	Israel	8.0	10.0	3.1	4.2	5.2	4.2	7.6
日　　本	Japan	1.3	0.4	1.8	3.0	3.5	2.4	2.1
哈萨克斯坦	Kazakhstan	45.0	25.2	13.3	33.8	-1.7	7.0	2.4
韩　　国	Korea, Rep.	25.4	7.0	6.0	8.2	5.1	6.7	7.9
老　　挝	Laos	46.0	7.9	39.1				
马来西亚	Malaysia	10.0	8.8	7.3	3.0	4.6	7.7	2.7
蒙　　古	Mongolia	17.6	34.6	62.5	-5.5	30.5	22.8	7.0
缅　　甸	Myanmar	42.4	27.3	42.5	30.7	20.5	14.6	15.5
巴基斯坦	Pakistan	12.1	16.4	14.6	12.2	9.9	9.8	11.7
菲 律 宾	Philippines	8.1	6.8	10.9	9.2	11.4	9.0	9.8
新 加 坡	Singapore	-2.0	6.2	8.6	1.5	3.2	3.9	5.0
斯里兰卡	Sri Lanka	12.9	19.1	15.8	17.0	17.4	11.4	
泰　　国	Thailand	4.9	6.1	10.9	4.4	5.0	4.7	3.6
越　　南	Viet Nam	35.4	30.9	29.7	14.9	14.3	12.7	13.6
埃　　及	Egypt	11.6	11.5	12.4	18.6	20.5	13.3	13.3
尼日利亚	Nigeria	48.1	22.6	6.7	4.1	1.4	15.0	6.2
南　　非	South Africa	7.2	20.7	6.9	10.3	6.4	5.6	6.1
加 拿 大	Canada	6.6	9.6					
墨 西 哥	Mexico	-4.5	10.0	12.8	12.2	11.2	5.3	6.8
美　　国	United States	8.1	8.1	-2.8	3.1	4.8	4.0	8.4
阿 根 廷	Argentina	1.5	21.5	33.1	39.6	30.1		
巴　　西	Brazil	19.7	18.4	13.7	11.6	4.2	7.1	8.6
委内瑞拉	Venezuela	33.7	47.4	23.5				
捷　　克	Czech Rep.	16.0	11.0	1.9	8.0	10.4	6.3	6.4
法　　国	France	3.4	8.5	4.9				
德　　国	Germany	3.6	6.3	3.7				
意 大 利	Italy	6.3	5.3	-2.8				
荷　　兰	Netherlands	11.5	13.9	2.3				
波　　兰	Poland	11.6	15.0	8.8	9.1	4.7	9.2	8.3
俄 罗 斯	Russia	57.9	36.1	24.5	19.7	7.4	12.3	5.1
西 班 牙	Spain	10.0	13.6	-4.4				
土 耳 其	Turkey	40.7	36.0	18.5	16.5	16.4	18.4	27.0
乌 克 兰	Ukraine	44.5	54.4	22.7	3.9	9.6	5.7	12.6
英　　国	United Kingdom	11.1	13.9	4.0	2.0	8.3	5.3	-1.4
澳大利亚	Australia	3.7	8.5	10.1	6.0	4.5	2.4	14.0
新 西 兰	New Zealand	1.5	9.5	8.4	9.9	7.3	6.4	4.7

8-13 年平均存款利率和贷款利率
Annual Average Deposit Rate and Lending Rate

资料来源：世界银行WDI数据库。
Source: World Bank WDI Database.

单位：% (%)

国家或地区	Country or Area	存款利率 Deposit Interest Rate				贷款利率 Lending Interest Rate			
		2000	2005	2018	2019	2000	2005	2018	2019
中　国	China	2.25	2.25	1.50	1.50	5.85	5.58	4.35	4.35
中国香港	Hong Kong, China	4.80	1.26	0.04	0.14	9.27	6.21	5.04	5.10
中国澳门	Macao, China	5.33	1.58	0.11	0.24	9.89	7.05	5.29	5.36
孟加拉国	Bangladesh	8.69	5.53	6.66	6.78	12.76	10.62	9.65	9.56
文　莱	Brunei Darussalam		1.01	0.31	0.37	5.50	5.50	5.50	5.50
柬埔寨	Cambodia	6.83	1.92	1.38	1.44	17.34	17.33		
印　度	India					12.29	10.75	9.45	9.47
印度尼西亚	Indonesia	12.50	8.08	6.13	6.69	18.45	14.05	10.54	10.37
伊　朗	Iran		11.78				16.00		
以色列	Israel	8.63	3.24	0.56	0.65	12.85	6.77	3.48	3.53
日　本	Japan	0.07	0.27			2.07	1.68		
韩　国	Korea, Rep.	7.94	3.72	2.03	1.85	8.55	5.59	3.66	3.45
老　挝	Laos	12.00	4.75			32.00	26.83		
马来西亚	Malaysia	3.36	3.00	3.14	2.98	7.67	5.95	4.93	4.88
蒙　古	Mongolia	16.80	13.00	12.44	10.96	36.95	30.57	17.71	17.00
缅　甸	Myanmar	9.75	9.50	8.00	8.00	18.77	18.46	16.00	16.00
巴基斯坦	Pakistan		2.60	5.23	9.13		9.07	8.53	12.23
菲律宾	Philippines	8.31	5.56	3.12	4.08	10.91	10.19	6.12	7.10
新加坡	Singapore	1.71	0.44	0.16	0.20	5.83	5.30	5.33	5.25
斯里兰卡	Sri Lanka	9.17	5.64	8.85	8.72	16.16	10.76	11.55	11.24
泰　国	Thailand	3.29	1.65	1.29	1.42	7.83	4.72	4.15	4.08
越　南	Viet Nam	3.65	7.15	4.74	4.97	10.55	11.03	7.37	7.71
埃　及	Egypt	9.46	7.23	12.32	10.95	13.22	13.14	18.32	16.12
尼日利亚	Nigeria	11.69	10.53	9.70	8.90	21.27	17.95	16.90	15.38
南　非	South Africa	9.20	6.04	7.00	7.01	14.50	10.63	10.08	10.13
加拿大	Canada	3.48	0.79			7.27	4.42		
墨西哥	Mexico	8.26	3.46	3.27	3.53	16.93	9.70	8.08	8.48
美　国	United States					9.23	6.19	4.90	5.28
阿根廷	Argentina	8.34	3.76	31.92	47.29	11.09	6.16	48.52	67.26
巴　西	Brazil	17.20	17.63	6.87	5.43	56.83	55.38	39.08	37.48
委内瑞拉	Venezuela	16.30	11.63			25.20	16.81		
捷　克	Czech Rep.	3.42	1.17	0.28	0.39	7.16	5.78	3.54	3.69
法　国	France	2.63	2.15			6.70	4.84		
德　国	Germany	3.40	1.91			9.63	5.16		
意大利	Italy	1.84	1.51			7.02	5.31	2.68	2.60
荷　兰	Netherlands	2.89	2.34			4.79	2.77		
波　兰	Poland	14.17	2.79			20.01	6.83		
俄罗斯	Russia	6.51	3.99	5.36	5.40	24.43	10.68	8.87	8.75
西班牙	Spain	2.95	2.07			5.18	7.97		
土耳其	Turkey	47.16	20.40	23.28	25.64				
乌克兰	Ukraine	13.72	8.57	11.78	12.89	41.53	16.17	19.01	19.82
英　国	United Kingdom					5.96	4.65		
澳大利亚	Australia	4.91	3.89	1.98	1.56	7.72	7.26	5.26	5.10
新西兰	New Zealand	6.36	6.68	3.26	3.00	7.82	7.76		

8-14 银行不良贷款占全部贷款比重
Bank Non-performing Loans as Percentage of Total

资料来源：世界银行WDI数据库。
Source: World Bank WDI Database.
单位：%　　(%)

国家或地区	Country or Area	2000	2005	2010	2015	2016	2017	2018
世　界	**World**	**9.7**	**3.9**	**3.9**	**4.2**	**3.9**	**3.7**	
中　国	China	22.4	8.6	1.1	1.7	1.7	1.7	1.8
中国香港	Hong Kong, China	7.3	1.4	0.8	0.7	0.9	0.7	0.6
中国澳门	Macao, China			0.4	0.1	0.2	0.2	0.2
孟加拉国	Bangladesh	34.9	13.2		8.4	8.9	8.9	9.9
文　莱	Brunei Darussalam			6.9	4.0	4.8	3.7	4.7
柬埔寨	Cambodia			3.1	1.6	2.1	2.1	2.0
印　度	India	12.8	5.2	2.4	5.9	9.2	10.0	9.5
印度尼西亚	Indonesia	34.4	7.3	2.5	2.4	2.9	2.6	2.3
以色列	Israel	6.9	2.3	3.1	1.9	1.6	1.3	1.2
日　本	Japan	5.3	1.8	2.5	1.5	1.4	1.2	
哈萨克斯坦	Kazakhstan		3.3	20.9	8.0	6.7	9.3	7.4
韩　国	Korea, Rep.	8.9	1.2	0.6	0.5	0.5	0.4	
马来西亚	Malaysia	15.4	9.4	3.4	1.6	1.6	1.6	1.5
巴基斯坦	Pakistan	19.5	9.0	14.8	11.4	10.1	8.4	8.0
菲律宾	Philippines	24.0	10.0	3.4	1.9	1.7	1.6	1.7
新加坡	Singapore	3.4	3.8	1.4	0.9	1.2	1.4	1.3
斯里兰卡	Sri Lanka	15.0	9.6		3.2	2.6	2.5	3.4
泰　国	Thailand	17.7	9.1	3.9	2.7	3.0	3.1	3.1
越　南	Viet Nam			2.1	2.3	2.3	1.8	1.8
埃　及	Egypt	13.6	26.5	13.6	7.2			
尼日利亚	Nigeria	22.6	18.1	20.1	4.9	12.8	14.8	11.7
南　非	South Africa	4.3	1.8	5.8	3.1	2.9	2.8	3.7
加拿大	Canada	1.3	0.5	1.2	0.5	0.6	0.5	
墨西哥	Mexico	5.8	1.5	2.0	2.5	2.1	2.1	2.1
美　国	United States	1.1	0.7	4.4	1.5	1.3	1.1	0.9
阿根廷	Argentina	16.0	7.6	2.1	1.7	1.8	1.8	3.1
巴　西	Brazil	8.3	3.5	3.1	3.3	3.9	3.6	3.1
委内瑞拉	Venezuela	6.6	1.1	3.4				
捷　克	Czech Rep.	29.3	3.9	5.4	5.5	4.6	3.7	3.1
法　国	France	5.0	3.5	3.8	4.0	3.6	3.1	2.8
德　国	Germany	4.7	4.1	3.2	2.0	1.7	1.5	1.2
意大利	Italy	7.8	7.0	10.0	18.1	17.1	14.4	8.4
荷　兰	Netherlands	1.8	1.2	2.8	2.7	2.5	2.3	2.0
波　兰	Poland	15.5	11.0	4.9	4.3	4.1	3.9	3.9
俄罗斯	Russia	7.7	2.6	8.2	8.4	9.5	10.0	10.1
西班牙	Spain	1.2	0.8	4.7	6.2	5.6	4.5	3.7
土耳其	Turkey	9.2	4.3	3.5	3.0	3.1	2.8	3.7
乌克兰	Ukraine	29.6	58.0	15.3	28.0	30.5	54.5	52.9
英　国	United Kingdom	2.5	1.0	4.0	1.0	0.9	0.7	1.1
澳大利亚	Australia	0.5	0.6	2.2	0.9	1.0	0.9	0.9
新西兰	New Zealand			2.1	0.6			

8-15 标准普尔全球股票指数(年变化率)
S&P Global Equity Indices (Annual Change)

资料来源：世界银行WDI数据库。
Source: World Bank WDI Database.
单位：%　(%)

国家或地区	Country or Area	2000	2005	2010	2015	2016	2017	2018	2019
中　国	China	-9.8	13.3	6.9	-6.0	-2.0	46.0	-20.5	19.3
中国香港	Hong Kong, China	-12.6	8.1	21.3	-5.4	-3.1	27.8	-11.5	5.1
孟加拉国	Bangladesh	28.5	-27.8	37.6	-5.4	7.4	22.5	-18.2	-18.2
印　度	India	-31.1	33.6	18.7	-3.9	-0.2	44.4	-11.4	6.1
印度尼西亚	Indonesia	-61.0	9.1	37.9	-23.1	16.4	16.6	-9.5	7.1
以色列	Israel	8.6	23.3	7.4	4.8	-17.0	9.5	-3.8	18.4
日　本	Japan	-34.9	22.5	9.6	9.1	0.4	19.1	-12.1	18.2
哈萨克斯坦	Kazakhstan			-1.0	-47.6	29.6	80.3	-38.3	0.2
韩　国	Korea, Rep.	-57.1	58.8	25.3	-5.0	2.3	43.4	-21.9	7.2
马来西亚	Malaysia	-23.3	-2.9	35.1	-20.6	-6.8	25.3	-12.7	-1.0
巴基斯坦	Pakistan	-16.7	58.5	15.3	-11.5	33.3	-26.5	-33.4	-6.6
菲律宾	Philippines	-43.6	21.3	56.7	-10.6	-3.3	22.2	-17.0	7.8
新加坡	Singapore	-25.9	10.0	18.4	-18.9	-0.5	29.8	-14.4	13.5
斯里兰卡	Sri Lanka	-41.7	29.3	84.6	-19.4	-10.2	2.1	-24.1	-4.0
泰　国	Thailand	-54.1	3.8	52.1	-22.8	21.6	25.8	-12.2	11.9
越　南	Viet Nam			0.5	-7.2	-0.6	56.8	-6.1	3.6
埃　及	Egypt	-45.7	158.1	11.5	-27.5	-22.9	21.0	-10.3	25.4
尼日利亚	Nigeria		20.7	20.3	-26.8	-42.2	37.4	-17.9	-19.7
南　非	South Africa	-17.3	24.8	32.1	-26.6	17.6	30.6	-25.9	8.6
加拿大	Canada	4.0	26.0	22.0	-26.2	22.6	13.8	-19.4	25.3
墨西哥	Mexico	-21.5	43.9	26.6	-14.9	-12.1	12.9	-16.1	9.9
美　国	United States	-10.1	3.0	12.8	-0.7	9.5	19.4	-6.2	28.5
阿根廷	Argentina	-25.1	45.4	55.3	-10.2	14.0	71.7	-40.6	32.5
巴　西	Brazil	-10.3	47.6	6.5	-44.3	62.6	22.6	-4.5	26.0
委内瑞拉	Venezuela	18.7	-22.0						
捷　克	Czech Rep.	-0.6	43.5	0.2	-13.1	-6.6	37.8	-8.2	-0.8
法　国	France	-6.9	7.7	-9.9	8.5	4.9	9.3	-11.0	26.5
德　国	Germany	-13.5	10.3	7.4	9.6	6.9	12.5	-18.3	25.5
意大利	Italy	-2.0	-0.3	-17.4	3.2	-13.0	29.8	-21.0	24.5
荷　兰	Netherlands	-6.7	10.8	1.2	0.5	2.9	31.7	-15.4	30.6
波　兰	Poland	-3.5	20.8	11.3	-23.4	2.4	50.2	-16.9	-5.7
俄罗斯	Russia	-32.2	64.9	21.7	0.8	48.7	4.4	-9.4	41.8
西班牙	Spain	-17.6	3.4	-24.5	-17.4	-4.6	22.8	-18.7	8.6
土耳其	Turkey	-51.2	49.5	21.4	-32.1	-9.2	33.8	-43.9	12.0
乌克兰	Ukraine	75.2	52.8	53.8	1.5	27.8	31.2	-16.8	-12.1
英　国	United Kingdom	-16.9	4.7	5.2	-4.9	14.4	7.6	-12.5	12.8
澳大利亚	Australia	-8.8	11.7	12.5	-13.0	7.0	16.5	-15.8	18.3
新西兰	New Zealand	-26.6	-2.7	5.2	-4.6	6.7	20.0	-4.1	30.7

8-16 上市公司数和上市公司总市值占国内生产总值比重
Listed Domestic Companies and Market Capitalization of Listed Companies as Percentage of GDP

资料来源：世界银行WDI数据库。
Source: World Bank WDI Database.

国家或地区	Country or Area	上市公司数（个）Listed Domestic Companies(number)			上市公司总市值占国内生产总值的比重(%) Market Capitalization of Listed Companies as Percentage of GDP(%)		
		2000	2005	2019	2000	2005	2019
世　界	**World**	**39994**	**39089**		**102.8**	**92.4**	
高收入国家	**High Income**	**26063**	**25581**		**111.3**	**103.7**	
中等收入国家	**Middle Income**	**13931**	**13508**	**11173**	**35.0**	**39.9**	**60.2**
中低收入国家	**Low and Middle Income**	**13931**	**13508**	**11177**	**34.9**	**39.9**	**60.2**
中　国	China	1086	1377	3777	48.2	17.6	59.4
中国香港	Hong Kong, China	779	1126	2272	363.1	581.0	1338.5
孟加拉国	Bangladesh	364	195	611	4.1	4.8	
印　度	India	5853	4763		31.1	67.4	75.8
印度尼西亚	Indonesia	286	336	668	16.2	28.5	46.8
伊　朗	Iran	285	408	331	24.4	16.1	
以色列	Israel	664	579	414	50.4	86.0	60.1
日　本	Japan	2055	2323	3704	64.6	96.2	121.8
哈萨克斯坦	Kazakhstan	23	62	94	4.4	18.4	22.6
韩　国	Korea, Rep.	1242	1616	2262	29.7	76.8	
马来西亚	Malaysia	787	1015	919	120.6	125.8	110.8
蒙　古	Mongolia	410	392		3.2	1.8	
巴基斯坦	Pakistan	762	661		8.1	37.7	
菲律宾	Philippines	228	235	265	31.1	37.1	73.1
新加坡	Singapore	328	564	470	159.1	201.3	187.4
斯里兰卡	Sri Lanka	239	239	289	6.6	23.4	18.7
泰　国	Thailand	381	504	725	23.1	65.4	104.7
越　南	Viet Nam		33	745		0.8	57.2
埃　及	Egypt	1075	744	246	28.8	88.8	14.6
尼日利亚	Nigeria	195	215	180	9.1	12.6	9.8
南　非	South Africa	604	348	274	149.8	213.1	300.6
加拿大	Canada	1507	3719	3358	103.8	126.8	
墨西哥	Mexico	175	150	139	17.7	27.3	32.9
美　国	United States	6917	5145		147.4	130.4	
阿根廷	Argentina	122	100	91	16.1	23.9	8.8
巴　西	Brazil	457	342	324	34.5	53.2	64.5
委内瑞拉	Venezuela	66	51		6.9	3.4	
捷　克	Czech Rep.	57	23		15.8	25.6	
法　国	France	1185	749		106.2	80.1	
德　国	Germany	744	648	470	65.4	42.2	54.6
意大利	Italy	297	275		67.2	43.0	
荷　兰	Netherlands	392	237		153.8	86.5	
波　兰	Poland	225	234	798	18.2	30.7	25.6
俄罗斯	Russia	21	414	213	15.0	71.8	
西班牙	Spain	1720	3300		84.5	83.2	57.2
土耳其	Turkey	315	257	378	25.5	31.9	24.5
乌克兰	Ukraine	139	221		6.0	29.0	
英　国	United Kingdom	2428	2757	2026	155.4	120.5	
澳大利亚	Australia	1333	1643	1952	89.8	116.0	106.8
新西兰	New Zealand	131	153	123	35.4	35.4	52.1

8-17 股票交易额占国内生产总值的比重及股票交易周转率
Stocks Traded Value as Percentage of GDP and Turnover Ratio of Stocks Traded

资料来源：世界银行WDI数据库。
Source: World Bank WDI Database.

单位：% (%)

国家或地区	Country or Area	股票交易额占国内生产总值的比重 Stocks Traded Value as Percentage of GDP			股票交易周转率 Stocks Traded Turnover Ratio		
		2000	2005	2019	2000	2005	2019
世　界	**World**	**145.6**	**99.8**	**87.6**	**143.8**	**108.5**	**88.4**
高收入国家	**High Income**	**164.7**	**117.7**	**91.6**	**145.9**	**112.4**	**52.4**
中低收入国家	**Low and Middle Income**	**28.8**	**22.6**	**81.4**	**62.9**	**57.7**	**136.6**
低收入国家	**Low Income**				**2.1**	**3.7**	
中　国	China	62.1	17.2	132.8	158.3	97.6	223.7
中国香港	Hong Kong, China	217.3	232.0	497.8	59.8	39.9	37.2
孟加拉国	Bangladesh	1.8	0.3	4.3	42.7	6.2	20.4
印　度	India	4.8	56.5	43.7	306.5	83.9	54.0
印度尼西亚	Indonesia	7.8	9.7	10.5	48.1	34.2	22.5
伊　朗	Iran	4.1	3.2		16.7	19.8	25.3
以色列	Israel	21.7	29.8	17.3	43.0	34.6	28.8
日　本	Japan	50.8	91.2	100.3	78.6	94.9	82.3
哈萨克斯坦	Kazakhstan	0.5	1.8	0.2	4.9	9.9	0.9
韩　国	Korea, Rep.	86.0	128.3	117.4	289.2	167.1	129.8
马来西亚	Malaysia	56.0	31.1	29.8	46.4	24.7	26.9
蒙　古	Mongolia	0.7	0.1		23.2	6.1	
巴基斯坦	Pakistan	37.8	116.1		468.0	307.7	
菲律宾	Philippines	8.8	5.0	8.0	28.4	13.5	10.9
新加坡	Singapore	99.0	91.2	30.7	62.3	45.3	16.4
斯里兰卡	Sri Lanka	0.8	4.4	1.1	12.4	18.9	6.0
泰　国	Thailand	15.3	47.4	67.5	66.2	72.5	64.5
越　南	Viet Nam		0.2	12.0		24.8	22.3
埃　及	Egypt	11.1	28.3	3.7	36.1	43.0	25.3
尼日利亚	Nigeria	0.6	1.1	0.6	7.3	8.8	6.2
南　非	South Africa	51.7	43.2	81.0	34.5	20.3	33.1
加拿大	Canada	84.7	79.7	82.5	81.5	62.9	59.5
墨西哥	Mexico	6.3	6.2	6.7	35.7	22.8	20.5
美　国	United States	290.5	197.8	108.5	197.1	151.7	
阿根廷	Argentina	3.2	2.6	0.7	20.0	11.0	7.6
巴　西	Brazil	14.4	19.2		41.6	36.0	87.5
委内瑞拉	Venezuela	1.9	0.2		26.9	4.5	
捷　克	Czech Rep.	10.8	25.2		68.2	98.4	14.6
法　国	France	79.3	57.9		74.7	72.3	
德　国	Germany	94.0	45.3	35.1	143.8	107.1	64.4
意大利	Italy	86.5	56.8		128.8	132.2	
荷　兰	Netherlands	156.2	86.8		101.6	100.3	40.8
波　兰	Poland	11.9	8.6	8.5	65.4	27.9	33.2
俄罗斯	Russia	7.8	19.4	10.6	36.6	39.0	22.8
西班牙	Spain	265.3	85.1		314.1	102.2	62.7
土耳其	Turkey	60.8	39.8	46.1	238.1	124.8	187.9
乌克兰	Ukraine	0.9	0.8		19.2	3.6	
英　国	United Kingdom	110.6	68.1		71.1	56.6	
澳大利亚	Australia	51.4	88.4	59.9	57.2	76.2	56.1
新西兰	New Zealand	19.0	4.8	6.0	53.6	13.4	11.6

8–18 银行资本充足率
Bank Capital to Assets Ratio

资料来源：世界银行WDI数据库。
Source: World Bank WDI Database.
单位：%

(%)

国家或地区	Country or Area	2000	2005	2010	2015	2016	2017	2018
中　　国	China		4.4	6.1	8.4	8.1	8.6	9.1
中国香港	Hong Kong, China	9.0	13.3	12.3	9.5	9.8	9.8	9.5
中国澳门	Macao, China			4.2	4.3	4.6	4.8	4.5
孟加拉国	Bangladesh	3.5	4.7		5.5	5.6	5.2	4.7
文　　莱	Brunei Darussalam			10.3	13.2	13.1	10.9	12.3
柬 埔 寨	Cambodia			20.1	14.2	14.3	14.0	13.9
印　　度	India	5.7	6.4	7.1	7.2	7.2	7.4	7.5
印度尼西亚	Indonesia	6.0	8.7	10.7	13.6	14.4	15.2	15.1
以 色 列	Israel	7.3	5.5	6.7	7.1	7.2	7.4	7.4
日　　本	Japan	4.6	4.9	5.3	5.6	5.5	5.4	
哈萨克斯坦	Kazakhstan	13.6	13.0	11.1	10.6	11.0	12.5	11.8
韩　　国	Korea, Rep.	4.6	9.3	7.6	8.0	7.9	8.0	
马来西亚	Malaysia	8.5	7.7	9.4	10.5	11.0	11.2	11.2
巴基斯坦	Pakistan	4.9	7.6	9.8	8.4	7.8	7.1	7.1
菲 律 宾	Philippines	13.6	12.0	10.2	10.0	9.7	10.0	10.7
新 加 坡	Singapore	10.0	9.6	9.0	9.0	9.2	9.2	9.0
斯里兰卡	Sri Lanka				7.9	7.8	8.4	8.7
泰　　国	Thailand	7.5	9.0	8.5	10.0	10.5	10.7	10.8
越　　南	Viet Nam			8.9	8.3	7.8	7.4	7.7
埃　　及	Egypt	5.6	5.0	6.2				
尼日利亚	Nigeria	7.4	12.4	1.5	12.4	11.4	5.7	8.1
南　　非	South Africa	8.7	7.9	7.0	7.0	8.2	8.8	8.4
加 拿 大	Canada	4.7	3.9	4.9	5.2	5.2	5.2	5.2
墨 西 哥	Mexico	9.6	8.8	10.4	10.4	9.9	10.4	10.7
美　　国	United States	8.5	10.3	12.7	11.7	11.6	11.7	11.7
阿 根 廷	Argentina		12.1	11.3	12.3	11.2	11.6	11.0
巴　　西	Brazil	12.1	10.2	10.3	8.5	9.3	10.0	10.1
委内瑞拉	Venezuela	13.0	11.1	9.8				
捷　　克	Czech Rep.	5.4	5.4	6.5	7.5	7.3	6.5	6.5
法　　国	France	6.7	4.4	4.9	5.8	5.9	6.6	6.5
德　　国	Germany	4.2	4.1	4.3	5.9	6.0	6.3	6.5
意 大 利	Italy	7.0	4.6	5.0	6.2	5.5	6.6	6.3
荷　　兰	Netherlands	5.1	3.1	4.4	5.6	5.7	6.1	6.2
波　　兰	Poland	7.1	7.9	8.2	9.4	9.5	10.0	9.8
俄 罗 斯	Russia	12.1	12.8	12.9	8.9	10.4	10.5	10.0
西 班 牙	Spain	8.5	6.3	6.1	7.4	7.8	7.6	7.6
土 耳 其	Turkey	6.1	12.3	12.3	11.0	10.7	10.7	10.8
乌 克 兰	Ukraine	16.2	11.9	14.6	8.0	9.8	11.9	10.8
英　　国	United Kingdom	6.5	6.1	5.4	6.8	7.0	6.8	6.8
澳大利亚	Australia	6.9	6.7	5.4	6.0	6.6	7.1	7.1
新 西 兰	New Zealand			5.9	7.2			

8-19 金融部门国内信贷占国内生产总值比重
Domestic Credit Provided by Financial Sector (% of GDP)

资料来源：世界银行WDI数据库。
Source: World Bank WDI Database.
单位：% (%)

国家或地区	Country or Area	2000	2005	2010	2015	2017	2018	2019
中　国	China	118.40	132.59	142.51	194.27	216.91	218.31	
中国香港	Hong Kong, China	133.99	139.77	195.36	211.87	249.14	251.99	
中国澳门	Macao, China	38.10	2.37	-21.34	15.13	27.36	18.73	
孟加拉国	Bangladesh	30.18	47.66	57.41	60.16	63.67	64.06	
文　莱	Brunei Darussalam	38.59	10.38	22.67	39.95	28.61	27.74	29.51
柬埔寨	Cambodia	6.38	7.22	22.74	65.12	74.38	85.73	
印　度	India	52.09	59.35	73.42	75.61	72.08		
印度尼西亚	Indonesia	60.68	46.21	34.18	46.77	46.96	47.23	46.51
伊　朗	Iran	40.65	42.44	54.25	68.54			
以色列	Israel	72.23	86.60	88.86	81.96	79.12	80.26	
日　本	Japan	295.00	296.11	314.05	342.95	353.77	353.82	361.18
哈萨克斯坦	Kazakhstan	12.35	38.97	45.41	45.69	40.08	36.33	35.26
韩　国	Korea, Rep.	70.94	125.45	151.04	165.96	170.06	176.88	
老　挝	Laos	9.02	8.06	26.69				
马来西亚	Malaysia	138.37	117.66	123.29	144.63	140.29	143.13	
蒙　古	Mongolia	8.95	26.65	25.75	69.28	65.46	65.46	
缅　甸	Myanmar	31.17	23.06	25.22	33.27	42.53		
巴基斯坦	Pakistan	41.60	46.48	46.19	48.76	53.86	58.28	
菲律宾	Philippines	58.34	47.25	49.23	59.01	82.34	82.86	85.86
新加坡	Singapore	76.46	60.97	79.61	115.05	134.78	136.60	
斯里兰卡	Sri Lanka	43.75	43.52	35.53	68.30			
泰　国	Thailand	134.26	111.02	133.42	171.16	169.32	166.52	169.12
越　南	Viet Nam	35.15	65.40	124.66	128.35	141.85	141.89	
埃　及	Egypt	89.01	98.02	69.42	95.27	99.05	91.81	
尼日利亚	Nigeria	6.68	5.48	19.09	23.14	23.33	21.20	
南　非	South Africa	148.57	178.16	185.48	176.47	180.33	170.96	173.05
加拿大	Canada	111.06	196.52					
墨西哥	Mexico	28.01	31.01	43.65	52.54	54.85	54.49	58.79
美　国	United States	191.57	217.29	218.86	226.93	241.92	229.51	244.50
阿根廷	Argentina	34.45	34.94	25.33	40.43	38.92		
巴　西	Brazil	70.68	76.24	93.39	107.06	111.36	113.70	
委内瑞拉	Venezuela	14.91	12.64	22.51				
捷　克	Czech Rep.	45.45	41.57	62.72	68.85	62.06	63.11	
法　国	France	103.51	106.06	143.85	147.41	157.44	159.96	
德　国	Germany	146.49	132.60	164.80	134.11	128.04	125.88	
意大利	Italy	95.84	104.72	160.46	169.73	165.16	162.91	
荷　兰	Netherlands	147.83	164.62	215.65	204.41	190.84	176.81	
波　兰	Poland	34.31	38.42	63.23	73.12	73.44	73.45	
俄罗斯	Russia	24.93	20.81	37.72	51.74	76.17	70.79	70.57
西班牙	Spain	115.25	155.57	240.99	193.63	178.11	166.56	
土耳其	Turkey	37.02	43.95	68.05	77.54	80.74	82.88	83.42
乌克兰	Ukraine	23.82	33.28	94.17	85.19	65.54	57.33	48.69
英　国	United Kingdom	116.65	146.21	205.26	160.53	166.53		
澳大利亚	Australia	93.36	113.32	153.79	175.65	176.16	176.79	
新西兰	New Zealand	107.98	126.35	150.68	160.68	164.07	166.68	172.79

主要统计指标解释

中央政府 是全国范围内代表中央政府行使领土管辖权的所有单位。

收入 指由于交易导致的净值增加。政府部门有以下四个收入来源：(1) 税收和其他由政府强制实施的转让；(2) 来自所有权资产的财产收入；(3) 商品和服务的销售收入；(4) 来自其他部门的自愿转让。

捐赠 从其他政府和国际组织得到的无报酬的、无须偿还的非强制性的收入。

支出 指由于交易导致的净值减少。政府承担以下两方面的经济责任：(1)以非市场方式把部分商品和服务提供给公众；(2) 通过转移支付手段重新分配收入和财富。

货币供应量 货币(Money)由流通中现金和除中央政府以外的常住机构活期存款构成；准货币(Quasi-Money)指除中央政府以外的外汇现汇与期汇存款和外汇现汇储蓄与期汇存款之和，即由常住居民的现汇、储蓄、与外汇存款构成。货币(Money)通称为 M_1，而货币和准货币之和通称为广义货币，相当于 M_2。

上市公司总市值 所有上市股价×总股数。

上市公司 是指年末在股票交易所的国内上市公司。不包括投资公司、共同基金或其它集体投资工具。

股票交易额 是指在一定时期内股票交易总额。

股票交易周转率 是指一定时期内股票交易总额除以该时期上市公司平均市值。

资本充足率 是指银行资本和储备占总资产的比率。资本和储备包括股东投放的资金、未分配利润、一般和特殊储备、准备金、价值调整。资本包括缴款股票和一般股票等一级资本，以及监管资本。总资产包括所有金融资产和非金融资产。

银行部门国内信贷 是指除发放给中央政府外的其他部门的净贷款之和。银行机构包括货币当局、存款货币银行和其他银行业机构。其他银行业机构包括存款和抵押贷款机构、建房信用协会等。

标准普尔全球股票指数 标准普尔全球股票指数是由美国标准普尔公司编制的衡量股市中美元价格变化的股票指数。

Explanatory Notes on Main Statistical Indicators

Central Government includes all units representing the territorial jurisdiction of the central authority throughout a country.

Revenue is an increase in net worth resulting from a transaction. For general government units, there are four main sources of revenue: taxes and other compulsory transfers imposed by government units, property income derived from the ownership of assets, sales of goods and services, and voluntary transfers received from other units.

Grants are defined as unrequited, nonrepayable, noncompulsory receipts from other governments or international organizations.

Expenditure is a decrease in net worth resulting from a transaction. Governments have two broad economic responsibilities: to assume responsibility for the provision of selected goods and services to the community on a nonmarket basis and to redistribute income and wealth by means of transfer payments.

Money Supply equals the sum of currency outside deposit money banks and demand deposits other than those of the central government. Quasi-Money equals the sum of time & foreign currency outside banks and time, savings & foreign currency deposit, comprising time, savings, and foreign currency deposits of resident sectors other than central government. The data of Money is commonly called M_1,while the sum of Money and Quasi-Money gives a broader measure of money which is commonly called M_2.

Market Capitalization is the share price times the number of shares outstanding.

Listed Domestic Companies are the domestically incorporated companies listed on the country's stock exchanges at the end of the year. This indicator does not include investment companies, mutual funds, or other collective investment vehicles.

Stocks Traded refers to the total value of shares traded during the period.

Turnover Ratio is the total value of shares traded during the period divided by the average market capitalization for the period.

Bank capital to assets is the ratio of bank capital and reserves to total assets. Capital and reserves include funds contributed by owners, retained earnings, general and special reserves, provisions, and valuation adjustments. Capital includes tier 1 capital (paid-up shares and common stock), and total regulatory capital. Total assets include all nonfinancial and financial assets.

Domestic credit provided by the banking sector includes all credit to various sectors on a gross basis, with the exception of credit to the central government, which is net. The banking sector includes monetary authorities and deposit money banks, as well as other banking institutions where data are available. Other banking institutions include savings and mortgage loan institutions and building and loan associations.

S&P Global Equity Indices measure the U.S. dollar price change in the stock markets.

价格指数

Price Indices

9-1 国内生产总值缩减指数
Gross Domestic Product Deflator

资料来源：国际货币基金组织IFS数据库。
Source: IMF IFS Database.

2010年=100 (2010=100)

国家或地区	Country or Area	2000	2015	2016	2017	2018	2019
中　　国	China	66.8	116.5	116.4	119.2	121.4	
中国香港	Hong Kong, China	112.2	116.8	118.7	122.1	126.6	129.5
中国澳门	Macao, China	77.7	137.9	139.6	142.8	147.8	
孟加拉国	Bangladesh	58.4	139.1	148.1	156.9	165.8	
文　　莱	Brunei Darussalam	70.3	95.6	86.8	91.1	99.5	
柬 埔 寨	Cambodia	64.6	110.3	114.1	117.9		
印　　度	India	56.0	132.2	136.8	141.8	148.6	
印度尼西亚	Indonesia	37.3	128.3	131.5	137.1	142.3	144.6
伊　　朗	Iran	20.3	231.6	235.3	264.0	350.2	
以 色 列	Israel	83.7	112.2	113.4	113.6	114.9	
日　　本	Japan	112.2	101.1	101.4	101.1	101.0	101.6
哈萨克斯坦	Kazakhstan	26.4	149.0	169.3	188.3	205.6	
韩　　国	Korea, Rep.	77.8	107.9	110.0	112.5	113.0	111.9
老　　挝	Laos	45.6	130.3	134.2	136.8	139.3	
马来西亚	Malaysia	72.9	109.2	111.0	115.2	116.0	
蒙　　古	Mongolia	26.9	146.1	149.3	165.2		
缅　　甸	Myanmar	22.7	126.3	129.3	135.1	145.4	
巴基斯坦	Pakistan	43.2	152.8	154.8	161.6	166.0	
菲 律 宾	Philippines	63.0	110.7	112.1	114.7	119.0	119.9
新 加 坡	Singapore	89.1	103.9	104.6	107.5	110.8	110.9
斯里兰卡	Sri Lanka	38.2	126.6	132.8	143.6	149.8	
泰　　国	Thailand	73.7	112.4	115.9	117.5	119.5	120.0
越　　南	Viet Nam	39.6	145.8	147.4	153.4	158.7	
埃　　及	Egypt	45.6	166.9	177.3	218.2	264.9	
尼日利亚	Nigeria	29.1	136.4	149.4	166.0	183.0	
南　　非	South Africa	48.4	132.2	141.3			
加 拿 大	Canada	79.8	107.4	108.2	110.9	112.9	115.1
墨 西 哥	Mexico	57.9	120.1	126.8	135.4	142.0	147.7
美　　国	United States	81.2	109.0	110.1	112.2	114.9	116.9
阿 根 廷	Argentina	25.9	333.0	470.0	592.2	829.1	1248.9
巴　　西	Brazil	44.3	145.8	157.6	163.4	168.7	
委内瑞拉	Venezuela	10.7	589.6	2781.9			
捷　　克	Czech Rep.	81.8	106.5	107.7	109.1	111.9	116.3
法　　国	France	83.9	104.7	105.2	105.8	106.8	108.1
德　　国	Germany	89.6	108.5	110.0	111.5	113.3	115.8
意 大 利	Italy	79.5	106.3	107.5	108.3	109.4	110.2
荷　　兰	Netherlands	81.0	104.0	104.5	105.8	108.4	111.6
波　　兰	Poland	75.9	107.6	108.0	110.0	111.3	114.8
俄 罗 斯	Russia	25.3	155.8	160.2	168.8	187.5	194.6
西 班 牙	Spain	74.5	100.6	100.9	102.2	103.4	104.9
土 耳 其	Turkey	21.8	143.1	154.7	171.7	200.0	227.8
乌 克 兰	Ukraine	29.6	206.8	242.1	295.6	340.9	368.8
英　　国	United Kingdom	79.9	108.3	110.5			
澳大利亚	Australia	68.0	105.2	106.4	110.1	112.6	116.1
新 西 兰	New Zealand	77.0	108.5	110.4	114.1	115.4	118.0

9–2 生产者价格指数
Producer Price Indices

资料来源：联合国统计月报数据库。
Source: UN Monthly Bulletin of Statistics Database.

2010年=100 (2010=100)

国家或地区	Country or Area	2010	2015	2016	2017	2018	2019
中国香港	**Hong Kong, China**						
按供给组成分	by Components of Supply						
工业产品	Industrial Products	100.0	100.4	101.6	105.6		
孟加拉国①	**Bangladesh①**						
按生产阶段分	by Stage of Processing						
中间产品	Intermediate Products	218.3					
按最终用途分	by End-Use						
消费品	Consumers' Goods	296.8					
投资用品	Capital Goods	280.8					
印　　度②	**India②**						
按供给组成分	by Components of Supply						
国内供应	Domestic Supply	100.0	110.8	108.0	114.1	119.0	121.2
农业产品	Agricultural Products	100.0	130.1	136.1	142.7	142.3	152.9
工业产品	Industrial Products	100.0	110.6	108.0	112.9	117.2	118.1
按生产阶段分	by Stage of Processing						
原材料	Raw Materials	100.0	120.8	124.3	130.2	133.0	141.2
印度尼西亚	**Indonesia**						
按供给组成分	by Components of Supply						
农业产品	Agricultural Products	100.0	129.8	133.0	136.4	140.7	143.2
工业产品	Industrial Products	100.0	134.6	137.7	141.1	144.8	147.5
伊　　朗	**Iran**						
按供给组成分	by Components of Supply						
国内生产	Domestic Production	63.9③	90.8⑧	95.3⑧	100.0⑧	110.0⑧	
农业产品	Agricultural Products	75.9③	92.4⑧	97.6⑧	100.0⑧	111.0⑧	
工业产品	Industrial Products	53.1③	96.9⑧	96.5⑧	100.0⑧	110.7⑧	
以 色 列	**Israel**						
按供给组成分	by Components of Supply						
工业产品	Industrial Products	100.0	104.8	101.0	102.5	105.9	104.7
日　　本④	**Japan④**						
按供给组成分	by Components of Supply						
国内供应	Domestic Supply	97.4	100.0	93.2	97.2	100.9	99.4
国内生产	Domestic Production	100.2	100.0	96.5	98.7	101.3	101.5
农业产品	Agricultural Products	93.4	100.0	102.5	107.6	109.8	108.9
工业产品	Industrial Products	99.1	100.0	97.0	98.9	101.1	101.3
进口产品	Import Products	88.1	100.0	83.6	92.7	99.7	94.4
按生产阶段分	by Stage of Processing						
原材料	Raw Materials	97.2	100.0	78.6	95.9	109.5	103.8
中间产品	Intermediate Products	96.3	100.0	93.4	97.4	101.6	100.6
按最终用途分	by End-Use						
消费品	Consumers' Goods	98.7	100.0	96.4	97.0	97.3	95.8
投资用品	Capital Goods	99.5	100.0	97.9	98.0	97.9	97.5

9-2 续表 1 continued

2010年=100 (2010=100)

国家或地区	Country or Area	2010	2015	2016	2017	2018	2019
韩　国④	**Korea, Rep.④**						
按供给组成分	by Components of Supply						
国内供应	Domestic Supply		100.0	97.3	101.4	104.5	104.7
国内生产	Domestic Production	101.8	100.0	96.8	101.1	103.3	102.5
农业产品	Agricultural Products	95.3	100.0	105.8	112.6	116.7	114.0
工业产品	Industrial Products	104.0	100.0	96.5	101.1	103.3	102.3
按生产阶段分	by Stage of Processing						
原材料	Raw Materials	126.1	100.0	84.7	104.0	119.4	118.8
中间产品	Intermediate Products	105.9	100.0	96.8	100.9	103.6	103.5
按最终用途分	by End-Use						
消费品	Consumers' Goods	98.0	100.0	99.2	100.1	100.3	100.5
投资用品	Capital Goods	100.2	100.0	101.5	100.4	100.2	102.6
马来西亚	**Malaysia**						
按供给组成分	by Components of Supply						
国内供应	Domestic Supply	100.0	104.0				
国内生产	Domestic Production	100.0	102.2	101.1	108.0	106.7	105.2
进口产品	Import Products	100.0	107.7				
巴基斯坦	**Pakistan**						
按供给组成分	by Components of Supply						
国内供应	Domestic Supply	100.0	140.1	142.5	147.4	159.6	
农业产品	Agricultural Products	100.0	138.6	148.3	156.6	165.8	
菲 律 宾	**Philippines**						
按供给组成分	by Components of Supply						
国内供应	Domestic Supply	100.0	107.0	108.0	110.1	112.2	114.0
工业产品	Industrial Products	100.0	85.8				
新 加 坡	**Singapore**						
按供给组成分	by Components of Supply						
国内供应	Domestic Supply	100.0	86.8	80.7	86.4	92.0	89.0
国内生产	Domestic Production	100.0	89.9	85.0	88.2	92.1	89.0
进口产品	Import Products	100.0	86.2	81.7	86.4	90.7	89.7
泰　国	**Thailand**						
按供给组成分	by Components of Supply						
国内供应	Domestic Supply	100.0	102.6	101.4	102.7	102.9	101.5
按生产阶段分	by Stage of Processing						
原材料	Raw Materials	100.0	97.5	94.4	95.9	97.9	98.4
按最终用途分	by End-Use						
消费品	Consumers' Goods	100.0	109.5	109.7	106.2	105.1	109.3
投资用品	Capital Goods	100.0	101.1	100.5	99.6	97.8	95.6

9-2 续表 2 continued

2010年=100 (2010=100)

国家或地区	Country or Area	2010	2015	2016	2017	2018	2019
埃　及⑤	**Egypt⑤**						
按供给组成分	by Components of Supply						
国内生产	Domestic Production	156.1	207.6	220.5			203.8
农业产品	Agricultural Products	202.1	299.5	339.8			171.7
按生产阶段分	by Stage of Processing						
原材料	Raw Materials	152.4	180.4	140.6			158.3
中间产品	Intermediate Products	129.7	161.5	178.4			250.9
按最终用途分	by End-Use						
消费品	Consumers' Goods	110.2	124.7	142.8			183.0
投资用品	Capital Goods	140.6	171.9	178.5			231.5
南　非⑥	**South Africa⑥**						
按供给组成分	by Components of Supply						
农业产品②	Agricultural Products②		113.1	131.6	132.2	134.0	131.6
工业产品	Industrial Products		118.0	126.3	132.5	139.7	146.2
按生产阶段分	by Stage of Processing						
中间产品	Intermediate Products		117.6	125.6	130.6	135.2	138.7
加拿大	**Canada**						
按供给组成分	by Components of Supply						
农业产品	Agricultural Products	100.0	130.2	124.8	125.9	124.3	125.1
工业产品	Industrial Products	100.0	110.3	110.1	113.5	118.0	117.8
按生产阶段分	by Stage of Processing						
原材料	Raw Materials	100.0	94.2	89.8	99.7	108.8	106.1
墨西哥	**Mexico**						
按供给组成分	by Components of Supply						
国内供应	Domestic Supply	100.0	119.2	125.9	136.2	144.6	149.8
国内生产	Domestic Production	100.0	117.9	124.6	133.2	140.5	144.8
农业产品	Agricultural Products	100.0	119.6	130.6	140.3	144.7	147.4
工业产品	Industrial Products	100.0	118.6	128.1	136.6	143.3	148.1
进口产品	Import Products	100.0	105.3	104.2	106.8	110.6	110.8
按生产阶段分	by Stage of Processing						
中间产品	Intermediate Products	100.0	118.1	123.9	135.1	144.1	147.2
按最终用途分	by End-Use						
消费品	Consumers' Goods	100.0	120.2	126.4	135.4	142.2	
投资用品	Capital Goods	100.0	118.0	125.4	137.4	148.0	152.7

9-2 续表 3 continued

2010年=100 (2010=100)

国家或地区	Country or Area	2010	2015	2016	2017	2018	2019
美　国	**United States**						
按供给组成分	by Components of Supply						
国内生产	Domestic Production	100.0	103.1	100.4	104.8	109.4	108.2
农业产品	Agricultural Products	100.0	114.8	104.0	107.0	106.6	107.0
工业产品	Industrial Products	100.0	101.0	98.7	103.5	108.9	107.3
按生产阶段分	by Stage of Processing						
原材料	Raw Materials	100.0	89.1	81.7	89.8	94.3	87.6
中间产品	Intermediate Products	100.0	102.6	99.4	104.0	109.5	108.0
按最终用途分	by End-Use						
消费品	Consumers' Goods	100.0	108.1	106.5	110.6	114.7	115.0
投资用品	Capital Goods	100.0	107.1	107.6	108.6	110.4	112.8
阿 根 廷	**Argentina**						
按供给组成分	by Components of Supply						
国内供应	Domestic Supply	100.0					
国内生产	Domestic Production	100.0					
农业产品	Agricultural Products	100.0					
工业产品	Industrial Products	100.0					
进口产品	Import Products	100.0					
白俄罗斯	**Belarus**						
按供给组成分	by Components of Supply						
工业产品	Industrial Products	100.0	444.4	498.0	546.7	584.2	626.8
按生产阶段分	by Stage of Processing						
中间产品	Intermediate Products	100.0	478.1	533.8	593.2	639.1	689.3
按最终用途分	by End-Use						
消费品	Consumers' Goods	100.0	399.5	445.3	474.2	498.9	515.8
投资用品	Capital Goods	100.0	420.6	487.0	532.5	565.6	583.6
捷　克	**Czech Rep.**						
按供给组成分	by Components of Supply						
农业产品	Agricultural Products	100.0	118.9	113.1	122.0	100.8	106.5
工业产品	Industrial Products	100.0	104.4	101.0	102.8	104.9	107.7
进口产品	Import Products	100.0	108.3	103.9	105.0	104.2	104.5
按生产阶段分	by Stage of Processing						
中间产品	Intermediate Products	100.0	106.8	103.9	106.3	108.7	109.6
按最终用途分	by End-Use						
消费品	Consumers' Goods	100.0	108.3	106.6	109.2	109.1	112.7
投资用品	Capital Goods	100.0	103.7	102.8	102.5	102.4	104.1

9-2 续表 4 continued

2010年=100 (2010=100)

国家或地区	Country or Area	2010	2015	2016	2017	2018	2019
法　国	**France**						
按供给组成分	by Components of Supply						
国内供应	Domestic Supply	100.0	102.1	99.2	101.8	104.6	104.8
农业产品	Agricultural Products	100.0	113.3	113.5	117.7	120.2	122.4
工业产品	Industrial Products	100.0	104.8	102.4	104.8	107.6	108.1
进口产品	Import Products	100.0	98.4	94.7	97.6	100.3	100.1
按生产阶段分	by Stage of Processing						
原材料	Raw Materials	100.0	98.6	88.2	96.6	108.8	107.7
中间产品	Intermediate Products	100.0	101.1	98.3	101.5	103.8	103.9
按最终用途分	by End-Use						
消费品	Consumers' Goods	100.0	105.5	104.9	105.5	105.1	105.5
投资用品	Capital Goods	100.0	101.4	100.8	101.2	101.7	102.7
德　国	**Germany**						
按供给组成分	by Components of Supply						
农业产品	Agricultural Products	100.0	105.3	103.9	114.3	114.6	117.5
工业产品	Industrial Products	100.0	103.9	102.2	105.0	107.8	108.9
进口产品	Import Products	100.0	100.7	97.5	101.2	101.2	101.8
按生产阶段分	by Stage of Processing						
中间产品	Intermediate Products	100.0	102.1	100.6	104.6	107.4	107.1
按最终用途分	by End-Use						
消费品	Consumers' Goods	100.0	108.1	108.8	112.1	112.8	114.7
投资用品	Capital Goods	100.0	104.1	104.7	105.9	107.3	108.9
意大利	**Italy**						
按供给组成分	by Components of Supply						
工业产品	Industrial Products	100.0	102.6	100.3	102.9	107.0	107.0
按生产阶段分	by Stage of Processing						
中间产品	Intermediate Products	100.0	103.8	102.6	105.5	107.6	107.5
按最终用途分	by End-Use						
消费品	Consumers' Goods	100.0	107.1	106.9	108.2	108.9	109.6
投资用品	Capital Goods	100.0	104.0	104.4	105.3	105.9	107.3
荷　兰	**Netherlands**						
按供给组成分	by Components of Supply						
工业产品	Industrial Products	100.0	100.9	98.4	102.7	105.9	107.7
按生产阶段分	by Stage of Processing						
中间产品	Intermediate Products	100.0	103.5	100.8	106.4	110.0	110.0
按最终用途分	by End-Use						
消费品	Consumers' Goods	100.0	109.1	110.1	113.6	113.7	116.9
投资用品	Capital Goods	100.0	105.2	106.2	108.0	109.3	116.5
波　兰	**Poland**						
按供给组成分	by Components of Supply						
工业产品	Industrial Products	100.0	106.1	106.0	111.1	114.2	115.5
按生产阶段分	by Stage of Processing						
原材料	Raw Materials	100.0	106.4	103.4	111.6	112.1①	116.7①
中间产品	Intermediate Products	100.0	108.6	108.9	113.3	117.5	118.6
按最终用途分	by End-Use						
消费品	Consumers' Goods	100.0	106.5	107.7	111.8	112.5	114.4
投资用品	Capital Goods	100.0	101.0	104.3	105.9	105.0	104.3
俄罗斯	**Russia**						
按供给组成分	by Components of Supply						
农业产品	Agricultural Products	100.0	148.5	142.3	150.3	148.2	160.2
工业产品	Industrial Products	100.0	153.8	160.5	172.7	193.7	197.6

9-2 续表 5 continued

2010年=100 (2010=100)

国家或地区	Country or Area	2010	2015	2016	2017	2018	2019
西 班 牙	**Spain**						
按供给组成分	by Components of Supply						
工业产品	Industrial Products	100.0	107.9	104.5	109.1	112.3	111.8
按生产阶段分	by Stage of Processing						
中间产品	Intermediate Products	100.0	105.8	104.3	107.8	110.6	110.3
按最终用途分	by End-Use						
消费品	Consumers' Goods	100.0	108.2	108.5	110.5	110.3	110.5
投资用品	Capital Goods	100.0	102.5	103.1	104.0	104.8	105.9
土 耳 其	**Turkey**						
按供给组成分	by Components of Supply						
农业产品	Agricultural Products	100.0	100.0④	103.0④	115.5④	128.9④	158.2④
工业产品	Industrial Products	100.0	142.9	149.1	172.7	219.3	257.8
乌 克 兰⑦	**Ukraine⑦**						
按供给组成分	by Components of Supply						
农业产品	Agricultural Products		234.6	264.2		327.2	310.6
工业产品	Industrial Products		196.4	237.0	299.7	352.4	367.0
英 国	**United Kingdom**						
按供给组成分	by Components of Supply						
农业产品	Agricultural Products	100.0	104.1	108.7	124.8	129.5	126.9
工业产品	Industrial Products	100.0	106.6	107.1	110.7	113.9	115.7
进口产品	Import Products	100.0	98.6	103.4	111.0	114.3	116.1
按生产阶段分	by Stage of Processing						
原材料	Raw Materials	100.0	95.7	97.6	108.3	116.2	116.8
中间产品	Intermediate Products	100.0	106.3	106.5	110.6	115.5	117.8
按最终用途分	by End-Use						
消费品	Consumers' Goods	100.0	108.8	108.6	112.2	114.3	115.6
投资用品	Capital Goods	100.0	108.7	111.5	115.0	116.8	119.4
澳大利亚	**Australia**						
按供给组成分	by Components of Supply						
国内供应	Domestic Supply	100.0	109.2	110.2	111.8	113.9	115.9
国内生产	Domestic Production	100.0	109.3	110.4	112.6	114.5	
农业产品	Agricultural Products	100.0	127.1	131.4	133.3	134.9	
工业产品	Industrial Products	100.0	107.4	106.8	110.2	116.0	115.9
进口产品	Import Products	100.0	110.5	110.7	108.5	111.3	
按生产阶段分	by Stage of Processing						
原材料	Raw Materials	100.0	110.6	111.0	113.8	118.8	
中间产品	Intermediate Products	100.0	110.7	111.3	114.2	118.9	
按最终用途分	by End-Use						
消费品	Consumers' Goods	100.0	110.9	111.9	113.9	115.7	
投资用品	Capital Goods	100.0	109.2	110.0	111.1	114.0	
新 西 兰	**New Zealand**						
按供给组成分	by Components of Supply						
农业产品	Agricultural Products	100.0	99.2	102.1	121.5	126.9	130.5
工业产品	Industrial Products	100.0	103.1	100.5	108.8	113.6	115.4
按生产阶段分	by Stage of Processing						
中间产品	Intermediate Products	100.0	105.1	105.6	110.4	114.3	117.5

注：①1988年7月1日至1989年6月30日为基期。②以2011—2012年为基期。③以2011财政年度(2011年3月21日—2012年3月20日)为基期。④以2015年为基期。⑤2004年7月1日至2005年6月30日为基期。⑥以2012年为基期。⑦以2005年为基期。⑧以2016财政年度(2016年3月21日—2017年3月20日)为基期。

Note: ①The base year is from 1 July 1988 to 30 June 1989.②The base year is 2011-2012.③The base year is fiscal year 2011(from 21 March 2011 to 20 March 2012).④The base year is 2015.⑤The base year is from 1 July 2004 to 30 June 2005.⑥The base year is 2012. ⑦The base year is 2005. ⑧The base year is fiscal year 2016(from 21 March 2016 to 20 March 2017).

9-3 居民消费价格指数
Consumer Price Indices

资料来源：世界银行WDI数据库。
Source: World Bank WDI Database.

2010年=100 (2010=100)

国家或地区	Country or Area	2013	2014	2015	2016	2017	2018	2019
中　　国	China	111.2	113.3	114.9	117.2	119.1	121.6	125.1
中国香港	Hong Kong, China	114.3	119.4	122.9	125.9	127.8	130.8	134.6
中国澳门	Macao, China	118.5	125.6	131.3	134.5	136.1	140.2	
孟加拉国	Bangladesh	127.2	136.1	144.6	152.5	161.2	170.2	179.7
文　　莱	Brunei Darussalam	100.6	100.4	99.9	99.3	98.4	99.4	99.0
柬 埔 寨	Cambodia	111.8	116.1	117.5	121.1	124.6	127.6	
印　　度	India	132.0	140.4	148.6	155.9	159.8	167.6	180.4
印度尼西亚	Indonesia	116.9	124.4	132.3	137.0	142.2	146.7	151.2
伊　　朗	Iran	219.5	256.0	288.0	306.5	333.7	393.8	550.9
以 色 列	Israel	106.9	107.4	106.7	106.1	106.4	107.2	108.2
日　　本	Japan	100.0	102.8	103.6	103.5	104.0	105.0	105.5
哈萨克斯坦	Kazakhstan	116.9	124.8	133.1	157.6	163.8	173.6	182.8
韩　　国	Korea, Rep.	107.7	109.1	109.8	110.9	113.1	114.7	115.2
老　　挝	Laos	119.3	124.2	125.8	127.8	128.9	131.5	135.9
马来西亚	Malaysia	107.1	110.5	112.8	115.1	119.6	120.7	121.5
蒙　　古	Mongolia	137.0	153.7	162.5	165.5	170.8	182.4	195.8
缅　　甸	Myanmar	112.6	118.2	129.3	138.3	144.6	154.5	168.2
巴基斯坦	Pakistan	132.2	141.7	145.3	150.8	156.9	164.9	182.3
菲 律 宾	Philippines	110.7	114.7	115.4	116.9	120.2	126.5	129.6
新 加 坡	Singapore	112.7	113.8	113.2	112.6	113.3	113.8	114.4
斯里兰卡	Sri Lanka	122.7	126.6	131.4	136.6	147.1	150.2	155.5
泰　　国	Thailand	109.3	111.3	110.3	110.6	111.3	112.5	113.3
越　　南	Viet Nam	138.0	143.6	144.6	150.5	153.6	159.1	163.5
埃　　及	Egypt	129.1	142.1	156.8	178.5	231.1	264.4	
尼日利亚	Nigeria	134.9	145.8	158.9	183.9	214.2	240.1	267.5
南　　非	South Africa	117.4	124.6	130.3	138.9	146.1	152.6	158.9
加 拿 大	Canada	105.5	107.5	108.7	110.2	112.0	114.5	116.8
墨 西 哥	Mexico	111.8	116.2	119.4	122.8	130.2	136.6	141.5
美　　国	United States	106.8	108.6	108.7	110.1	112.4	115.2	117.2
阿 根 廷	Argentina		105.5			112.9	151.6	232.8
巴　　西	Brazil	119.4	126.9	138.4	150.5	155.7	161.4	167.4
委内瑞拉	Venezuela	214.7	348.2	772.0	2740.3			
捷　　克	Czech Rep.	106.8	107.1	107.5	108.2	110.9	113.3	116.5
法　　国	France	105.0	105.5	105.6	105.8	106.9	108.8	110.0
德　　国	Germany	105.7	106.7	107.2	107.7	109.4	111.2	112.9
意 大 利	Italy	107.2	107.5	107.5	107.4	108.7	110.0	110.6
荷　　兰	Netherlands	107.5	108.5	109.2	109.5	111.0	112.9	115.9
波　　兰	Poland	109.0	109.1	108.1	107.4	109.6	111.6	114.1
俄罗斯	Russia	121.6	131.2	151.5	162.2	168.2	173.0	180.8
西 班 牙	Spain	107.2	107.0	106.5	106.3	108.4	110.2	111.0
土 耳 其	Turkey	124.6	135.7	146.1	157.4	175.0	203.5	234.4
乌 克 兰	Ukraine	108.3	121.4	180.5	205.6	235.3	261.1	281.7
英　　国	United Kingdom	109.0	110.6	111.0	112.1	114.9	117.6	119.6
澳大利亚	Australia	107.7	110.4	112.0	113.5	115.7	117.9	119.8
新 西 兰	New Zealand	106.3	107.6	107.9	108.6	110.7	112.4	114.2

9-4 初级产品市场价格指数和单位价值指数
Indices of Primary Commodities Market Prices and Unit Values

资料来源：国际货币基金组织初级商品价格数据库。
Source: International Monetary Fund Primary Commodity Prices Database.

2016年=100 (2016=100)

商品	Commodities	2017	2018	2019
非燃料商品	**Non-Fuel Commodities**	**106.4**	**107.8**	**108.7**
工业投入	**Industrial Inputs**	**117.4**	**123.8**	**125.6**
食品	**Food**	**103.8**	**102.5**	**99.4**
谷物	Cereals	101.0	114.9	109.9
小麦	Wheat	101.5	130.0	114.0
玉米	Maize	97.1	103.3	106.9
大米	Rice	102.8	103.8	102.1
大麦	Barley	103.9	106.7	112.9
植物油和蛋白质粉	Vegetable Oils and Protein Meals	101.2	95.4	90.5
大豆	Soybeans	98.9	94.4	90.2
大豆粉	Soybean Meal	99.6	106.6	95.5
大豆油	Soybean Oil	102.0	91.3	89.5
棕榈油	Palm Oil	101.2	87.5	81.9
鱼粉	Fish Meal	81.9	95.2	88.2
葵花籽油	Sunflower Oil	94.4	89.2	87.5
橄榄油	Olive Oil	113.9	98.3	79.6
花生	Groundnuts	108.4	113.9	102.7
菜籽油	Rapeseed Oil	106.1	100.9	103.9
肉	Meat	109.9	106.5	111.9
牛肉	Beef	107.5	103.0	117.7
羊肉	Lamb	118.8	126.7	126.8
猪肉	Swine Meat	109.4	99.6	103.9
家禽	Poultry	112.7	117.8	107.1
海鲜	Seafood	104.9	103.2	95.0
鱼	Fish	104.3	105.4	96.9
虾	Shrimp	106.0	99.2	91.7
糖	Sugar	88.6	69.9	70.7
自由市场	Free Market	87.3	67.5	68.1
美国	United States	101.0	91.7	94.5
香蕉	Bananas	107.2	114.5	114.0
橘子	Oranges	91.4	88.7	62.7

9-4 续表 continued

2016年=100 (2016=100)

商品	Commodities	2017	2018	2019
饮料	**Beverages**	**95.3**	**87.5**	**84.2**
咖啡	Coffee	101.5	88.6	84.2
可可豆	Cocoa Beans	70.2	79.3	81.0
茶	Tea	126.0	103.8	93.3
农业原材料	**Agricultural Raw Materials**	**105.2**	**107.3**	**101.5**
木材	Timber	97.8	103.8	102.1
硬木	Hardwood	95.5	98.5	95.7
软木	Softwood	99.7	108.1	107.2
棉	Cotton	112.6	123.1	104.9
羊毛	Wool	118.0	149.4	132.6
精	Fine	128.9	149.5	128.3
粗	Coarse	107.1	149.4	137.0
橡胶	Rubber	121.9	94.5	100.5
兽皮	Hides	91.6	78.9	53.0
金属	**Metals**	**122.2**	**130.3**	**135.1**
铜	Copper	126.7	134.1	123.5
铝	Aluminum	122.7	131.4	111.9
铁矿	Iron Ore	121.5	119.8	159.9
锡	Tin	111.9	112.3	104.1
镍	Nickel	108.5	136.7	145.0
锌	Zinc	138.3	139.8	122.0
铅	Lead	124.0	120.0	107.0
铀	Uranium	83.4	92.7	97.8
能源	**Energy**	**123.9**	**157.7**	**130.4**
现货原油	Spot Crude	123.6	156.7	144.2
天然气	Natural Gas	116.1	146.7	92.8
荷兰TTF中心	Netherlands TTF	131.9	181.8	102.2
印尼出售给日本	Indonesian in Japan	97.4	131.7	73.2
美国	US, domestic market	118.9	126.6	103.0
煤炭	Coal	132.7	156.8	114.0
澳大利亚出口市场	Australian, Export Markets	134.3	161.6	117.3
南非出口市场	South African, Export Markets	131.2	152.0	110.6

主要统计指标解释

国内生产总值缩减指数 衡量在一定时期内整体经济中价格年度变化情况的指标。

生产者价格指数 生产者价格指生产者从购买者那里得到的某一单位货物和服务的价值，具体为总产出减去由购买者支付的增加税等可扣减税。它包括生产者发票上单独列支的运费。

消费者价格指数 是反映报告期经济体为消费目的而获取、使用和支付的货物和服务的价格总体水平随时间变化的指标。每个总指数是通过将大量要素加总指数加权平均而得到，每个要素加总指数是基于某一地区或其居民从某一指定出处或其他消费源获取指定货物和服务的价格的抽样调查数而进行的估算。

Explanatory Notes on Main Statistical Indicators

Gross Domestic Product Deflator measures the average annual rate of price change in the economy as whole for the periods shown.

Producer Price Indices The Amount receivable by the producer from the purchaser for a unit of a good or service produced as output minus any value-added tax, or similar deductible tax, invoiced to the purchaser. It includes any transport charges invoiced separately by the producer.

Consumer Price Indices measures the period-to-period proportional change in the prices of a fixed set of consumer goods and services of constant quantity and characteristics, acquired, used or paid for by the reference population. Each summary measure is constructed as a weighted average of a large number of elementary aggregate indices. Each of the elementary aggregate indices is estimated using a sample of prices for a defined set of goods and services obtained in, or by residents of, a specific region from a given set of outlets or other sources of consumption goods and services.

居民收支和贫困

Household Income and Expenditure and Poverty

10−1 居民消费支出
Household Consumption Expenditure

资料来源：世界银行WDI数据库。
Source: World Bank WDI Database.

国家或地区	Country or Area	居民最终消费支出(现价，亿美元) Household Final Consumption Expenditure (current 100 million USD)			人均居民最终消费支出(2010年价格，美元) Household final consumption expenditure per capita(constant 2010 US$)		
		2010	2015	2018	2010	2015	2018
世　界	**World**	**377599**	**428771**	**487932**	**5455**	**5871**	**6215**
高收入国家	**High Income**	**271417**	**286178**	**323689**	**23015**	**24229**	**25526**
中等收入国家	**Middle Income**	**103487**	**139118**	**160825**	**1986**	**2431**	**2714**
低收入国家	**Low Income**	**3005**	**4009**		**401**	**437**	
中　国	China	20895	41783	53525	1562	2474	3148
中国香港	Hong Kong, China	1403	2055	2470	19978	24597	27269
中国澳门	Macao, China	66	118	131	12216	15095	15207
孟加拉国	Bangladesh	854	1413	1940	579	701	834
文　莱	Brunei Darussalam	20	26	27	5189	5982	6110
柬埔寨	Cambodia	91	139	174	639	796	888
印　度	India	9170	12413	16095	743	977	1173
印度尼西亚	Indonesia	4245	4946	5939	1755	2120	2373
伊　朗	Iran	2089	1936		2833	2626	
以色列	Israel	1324	1634	2029	17370	18987	20409
日　本	Japan	32918	24835	27569	25703	26644	27050
哈萨克斯坦	Kazakhstan	672	990	934	4116	5386	5637
韩　国	Korea, Rep.	5770	7115	8253	11644	12554	13451
老　挝	Laos	53	103		851	1073	
马来西亚	Malaysia	1227	1626	2059	4350	5709	6692
蒙　古	Mongolia	40	69	71	1460	2299	2508
缅　甸	Myanmar	280	374	397	553		
巴基斯坦	Pakistan	1412	2158	2581	787	863	1006
菲律宾	Philippines	1463	2221	2516	1556	1924	2212
新加坡	Singapore	871	1144	1298	17165	19015	20685
斯里兰卡	Sri Lanka	388	543	600	1916	2500	2789
泰　国	Thailand	1780	2061	2477	2649	2948	3236
越　南	Viet Nam	772	1313	1657	877	1109	1329
埃　及	Egypt	1632	2742	2144	1972	2206	2285
尼日利亚	Nigeria	2440	3886	3050	1540	1586	1466
南　非	South Africa	2215	1898	2207	4325	4571	4580
加拿大	Canada	9218	8996	9944	27108	28984	30160
墨西哥	Mexico	6913	7675	7906	6059	6403	6773
美　国	United States	101858	122843	139987	32930	35583	37922
阿根廷	Argentina	2721	3920	3384	6671	7168	6999
巴　西	Brazil	13302	11528	12200	6797	7227	7060
委内瑞拉	Venezuela	2198			7728		
捷　克	Czech Rep.	1016	875	1162	9697	10121	11194
法　国	France	14628	13178	15023	22496	22647	23455
德　国	Germany	18717	17770	20592	22888	24482	25319
意大利	Italy	12959	11157	12583	21861	20460	21332
荷　兰	Netherlands	3848	3447	4032	23157	22778	23663
波　兰	Poland	2951	2789	3412	7757	8541	9697
俄罗斯	Russia	7851	7183	8258	5496	5977	6222
西班牙	Spain	8253	6990	8276	17719	17035	18210
土耳其	Turkey	4867	5190	4373	6730	8406	8835
乌克兰	Ukraine	867	617	908	1891	1998	2476
英　国	United Kingdom	15903	18882	18730	25337	26838	28297
澳大利亚	Australia	6439	7731	8089	29226	30888	31841
新西兰	New Zealand	850	1016	1195	19526	21669	23520

10–2 居民收入分配
Personal Income Distribution

资料来源：世界银行WDI数据库。
Source: World Bank WDI Database.

国家或地区	Country or Area	年份 Year	基尼系数 GINI Index	各组占全部收入或消费的比重(%) As Percentage of Total Income or Consumption(%)				
				最低的20% Lowest 20% (%)	第二个20% Second 20% (%)	第三个20% Third 20% (%)	第四个20% Fourth 20% (%)	最高的20% Highest 20% (%)
中　国	China	2016	0.39	6.5	10.7	15.3	22.2	45.3
中国香港	Hong Kong, China	1996	0.43	5.3	9.4	13.9	20.8	50.8
孟加拉国	Bangladesh	2016	0.32	8.6	12.4	16.1	21.4	41.4
柬埔寨	Cambodia	2012	0.31	9.1	12.7	16.3	21.8	40.2
印　度	India	2011	0.36	8.1	11.7	15.2	20.5	44.4
印度尼西亚	Indonesia	2018	0.38	6.9	10.8	15.2	22.1	44.9
伊　朗	Iran	2017	0.41	5.9	10.3	14.8	21.7	47.3
以色列	Israel	2016	0.39	5.1	10.6	16.4	23.6	44.2
日　本	Japan	2013	0.33	7.7	12.8	16.6	21.7	41.1
哈萨克斯坦	Kazakhstan	2017	0.28	9.8	13.6	17.1	22.1	37.4
韩　国	Korea, Rep.	2012	0.32	7.3	13.0	17.5	23.2	39.0
老　挝	Laos	2012	0.36	7.6	11.5	15.3	21.0	44.6
马来西亚	Malaysia	2015	0.41	5.8	10.1	14.8	22.0	47.3
蒙　古	Mongolia	2018	0.33	7.9	12.3	16.5	22.5	40.9
缅　甸	Myanmar	2017	0.31	8.9	13.0	16.6	21.6	40.0
巴基斯坦	Pakistan	2015	0.34	8.9	12.2	15.6	20.5	42.8
菲律宾	Philippines	2015	0.44	5.7	9.3	13.5	20.7	50.9
新加坡	Singapore	1998	0.42	5.0	9.4	14.6	22.0	49.0
斯里兰卡	Sri Lanka	2016	0.40	7.0	10.7	14.5	20.3	47.5
泰　国	Thailand	2018	0.36	7.2	11.1	15.5	22.2	44.0
越　南	Viet Nam	2018	0.36	6.7	11.9	16.3	22.3	42.9
埃　及	Egypt	2017	0.32	9.0	12.8	16.2	21.0	41.0
尼日利亚	Nigeria	2018	0.35	7.1	11.6	16.2	22.7	42.4
南　非	South Africa	2014	0.63	2.4	4.8	8.2	16.5	68.2
加拿大	Canada	2017	0.33	7.1	12.4	17.0	22.9	40.6
墨西哥	Mexico	2018	0.45	5.4	9.5	13.5	20.0	51.7
美　国	United States	2016	0.41	5.2	10.3	15.3	22.5	46.7
阿根廷	Argentina	2018	0.41	5.0	9.9	15.4	23.2	46.5
巴　西	Brazil	2018	0.54	3.1	7.3	12.0	19.2	58.4
委内瑞拉	Venezuela	2006	0.47	3.2	9.2	14.5	22.3	50.7
捷　克	Czech Rep.	2017	0.25	10.2	14.7	17.7	22.0	35.4
法　国	France	2017	0.32	8.1	13.0	16.9	21.9	40.0
德　国	Germany	2016	0.32	7.6	12.8	17.1	22.8	39.6
意大利	Italy	2017	0.36	6.0	12.0	17.0	23.0	42.1
荷　兰	Netherlands	2017	0.29	8.8	13.8	17.5	22.3	37.6
波　兰	Poland	2017	0.30	8.3	13.4	17.5	22.6	38.2
俄罗斯	Russia	2018	0.38	7.1	11.2	15.2	21.4	45.1
西班牙	Spain	2017	0.35	6.2	12.2	17.2	23.4	41.0
土耳其	Turkey	2018	0.42	5.8	10.1	14.5	21.1	48.5
乌克兰	Ukraine	2018	0.26	9.9	14.1	17.8	22.3	36.1
英　国	United Kingdom	2016	0.35	7.1	11.9	16.4	22.5	42.0
澳大利亚	Australia	2014	0.34	7.4	12.2	16.1	22.1	42.1
新西兰	New Zealand	1997	0.36	6.5	11.4	15.8	22.6	43.8

10−3 国内贫困率
Domestic Poverty Rate

资料来源：世界银行WDI数据库。
Source: World Bank WDI Database.
单位：%　　　　(%)

国家或地区	Country or Area	2010	2015	2017	2018
中　　国	China	17.2	5.7	3.1	1.7
安哥拉	Angola				32.3
阿根廷	Argentina			25.7	32.0
荷　　兰	Netherlands		12.7	13.3	13.2
亚美尼亚	Armenia	35.8	29.8	25.7	23.5
奥地利	Austria	14.5	14.1	14.3	13.3
阿塞拜疆	Azerbaijan	9.1			
孟加拉国	Bangladesh	31.5			
白俄罗斯	Belarus	5.2	5.1	5.9	5.6
比利时	Belgium	15.3	15.5	16.4	
贝　　宁	Benin	35.2	40.1		
不　　丹	Bhutan			8.2	
玻利维亚	Bolivia		38.6	36.4	34.6
波　　黑	Bosnia and Herzegovinian		16.9		
巴　　西	Brazil		8.7	26.5	
保加利亚	Bulgaria	22.2	22.9	22.0	22.6
布基纳法索	Burkina Faso				41.4
柬埔寨	Cambodia	22.1			
佛得角	Cape Verde		35.0		
乍　　得	Chad				42.3
智　　利	Chile		11.7	8.6	
哥伦比亚	Colombia	37.2	27.8	26.9	27.0
哥斯达黎加	Costa Rica	21.2	21.7	20.0	21.1
科特迪瓦	Cote D'Ivoire		44.4		39.5
克罗地亚	Croatia	20.9	19.5	19.3	18.3
塞浦路斯	Cyprus	14.8	16.1	15.4	14.7
捷　　克	Czech Rep.	9.8	9.7	9.6	10.1
丹　　麦	Denmark	12.1	11.9	12.7	12.5
吉布提	Djibouti			21.1	
多米尼加	Dominican Rep.	41.6	32.3	25.6	22.8
厄瓜多尔	Ecuador	32.8	23.3	21.5	23.2
埃　　及	Egypt	25.2	27.8	32.5	
萨尔瓦多	El Salvador	36.5	34.9	29.2	26.3
爱沙尼亚	Estonia	17.5	21.7	21.9	21.7
埃塞俄比亚	Ethiopia	29.6	23.5		
芬　　兰	Finland	13.7	11.6	12.0	11.6

10-3 续表 1 continued

单位：% (%)

国家或地区	Country or Area	2010	2015	2017	2018
法　国	France	14	13.6	13.4	
加　蓬	Gabon			33.4	
冈比亚	Gambia	48.1	48.6		
格鲁吉亚	Georgia	37.3	21.6	21.9	20.1
德　国	Germany	15.8	16.5	16.0	
希　腊	Greece	21.4	21.2	18.5	17.9
几内亚	Guinea				43.7
几内亚比绍	Guinea-Bissau	69.3			
洪都拉斯	Honduras	60	52.2	49.8	48.3
匈牙利	Hungary	14.1	14.5	12.8	12.3
冰　岛	Iceland	9.2	8.8		
印　度	India	29.8			
印度尼西亚	Indonesia	13.3	11.2	10.6	9.8
爱尔兰	Ireland	15.2	16.8	14.9	
意大利	Italy	19.8	20.6	20.3	
牙买加	Jamaica	17.6			
约　旦	Jordan	14.4			15.7
哈萨克斯坦	Kazakhstan	6.5	2.7	2.5	
肯尼亚	Kenya		36.1		
吉尔吉斯斯坦	Kyrgyzstan	33.7	32.1	25.6	22.4
老　挝	Laos				18.3
拉脱维亚	Latvia	19	21.8	23.3	22.9
莱索托	Lesotho	57.1		49.7	
立陶宛	Lithuania	19.2	21.9	22.9	20.6
卢森堡	Luxemburg		16.5	18.3	
前南马其顿	Macedonia, FYR	26.8	21.9	21.9	
马达加斯加	Madagascar	71.7			
马拉维	Malawi	50.7			
马来西亚	Malaysia		7.6		5.6
马　里	Mali	43.6	47.2	44.9	43.8
马耳他	Malta	15.6	16.5	16.8	17.1
毛里求斯	Mauritius			10.3	
墨西哥	Mexico	46.1			41.9
密克罗尼西亚	Micronesia, Fed.				
摩尔多瓦	Moldova	21.9	25.4	27.7	23.0
摩纳哥	Monaco				
蒙　古	Mongolia	38.8			28.4
黑　山	Montenegro	6.6	24.0		
缅　甸	Myanmar	42.2	32.1	24.8	
纳米比亚	Namibia		17.4		
尼泊尔	Nepal	25.2			
尼日尔	Niger				40.8

10-3 续表 2 continued

单位：% (%)

国家或地区	Country or Area	2010	2015	2017	2018
尼日利亚	Nigeria	46			40.1
挪　威	Norway	10.5	12.2	12.9	
巴基斯坦	Pakistan	36.8	24.3		
巴拿马	Panama	29.8	23.0		
巴拉圭	Paraguay	39	26.6	26.4	24.2
秘　鲁	Peru	30.8	21.8	21.7	20.5
菲律宾	Philippines		21.6		
波　兰	Poland	17.7	17.3	14.8	15.4
葡萄牙	Portugal	18	19.0	17.3	17.2
罗马尼亚	Romania	22.3	25.3	23.5	23.8
俄罗斯	Russia	12.5	13.3	13.2	12.9
卢旺达	Rwanda	46			
圣多美和普林西比	Sao Tome and Principe	66.2		66.7	
塞内加尔	Senegal	46.7			
塞尔维亚	Serbia	9.2	25.9	24.3	
塞拉利昂	Sierra Leone				56.8
斯洛伐克	Slovakia	13	12.7	12.2	
斯洛文尼亚	Slovenia	13.6	13.9	13.3	12.0
南　非	South Africa	53.2			
西班牙	Spain	20.6	22.3	21.5	20.7
斯里兰卡	Sri Lanka	8.9			
瑞　典	Sweden	15.4	16.2	16.4	17.1
瑞　士	Switzerland	15	14.7	14.6	
塔吉克斯坦	Tajikistan		31.3	29.5	27.4
坦桑尼亚	Tanzania			26.4	26.4
泰　国	Thailand	16.4	7.2	7.9	9.9
多　哥	Togo		55.1		
突尼斯	Tunisia	20.5	15.2		
土耳其	Turkey	16.1	14.3	13.9	14.4
图瓦卢	Tuvalu	26.3			
乌克兰	Ukraine	8.6	6.4	2.4	1.3
英　国	United Kingdom			18.6	
乌拉圭	Uruguay	18.5	9.7	7.9	8.1
乌兹别克斯坦	Uzbekistan	17.7			
瓦努阿图	Vanuatu	12.7			
委内瑞拉	Venezuela	26.8	33.1		
越　南	Viet Nam	20.7			6.7
约旦河西岸和加沙	West Bank and Gaza	25.7			
赞比亚	Zambia	54.7	54.4		
津巴布韦	Zimbabwe			30.4	
科索沃	Kosovo	29.2	17.6		

10-4 国际贫困率
International Poverty Ratio

资料来源：世界银行WDI数据库。
Source: World Bank WDI Database.
单位：% (%)

国家或地区	Country or Area	日均收入不足1.9美元的贫困人口占总人口比重(2011年PPP) Poverty headcount ratio at $1.9 a day (2011PPP) (% of population)		日均收入不足3.2美元的贫困人口占总人口比重(2011年PPP) Poverty headcount ratio at $3.2 a day (2011 PPP)(% of population)	
		2010	2018	2010	2018
中　国	China	11.2	0.5①	28.6	5.4①
阿尔巴尼亚②	Albania②		1.3		8.2
安哥拉	Angola		51.8		73.2
阿根廷	Argentina	2.8	1.3	6.5	3.9
荷　兰	Netherlands		0.2②	0.1	0.3②
亚美尼亚	Armenia	1.0	1.4	14.1	9.4
澳大利亚	Australia	0.3		0.7	
奥地利	Austria	0.5	0.3②	0.6	0.4②
孟加拉国	Bangladesh	19.4	14.5①	60.2	52.5①
比利时	Belgium	0.1	0.1②	0.2	0.2②
贝　宁③	Benin③		49.6		76.3
不　丹②	Bhutan②		1.5		12.2
玻利维亚	Bolivia		4.5		10.5
博茨瓦纳③	Botswana③		14.5		36.5
巴　西	Brazil		4.4		9.1
保加利亚	Bulgaria	2.0	1.4②	4.4	3.3②
加拿大	Canada	0.2	0.2②	0.2	0.5②
佛得角③	Cape Verde③		3.4		15.4
智　利②	Chile②		0.3		0.7
哥伦比亚	Colombia	7.9	4.2	18.7	11.1
哥斯达黎加	Costa Rica	1.6	1.5	4.2	3.7
科特迪瓦③	Cote D'Ivoire③		29.8		59.1
克罗地亚	Croatia	1.2	0.5②	2.3	1.1②
塞浦路斯	Cyprus			0.1	0.1②
捷　克	Czech Rep.			0.1	0.1②
丹　麦	Denmark	0.1	0.1②	0.1	0.2②
吉布提②	Djibouti②		17.0		39.8
多米尼加	Dominican Rep.	2.5	0.4	12.0	2.6
厄瓜多尔	Ecuador	5.6	3.3	14.8	9.7
埃　及	Egypt	2.2	3.8②	23.7	28.9②
萨尔瓦多	El Salvador	5.7	1.5	18.3	7.9
爱沙尼亚	Estonia	0.7	0.3②	1.6	0.5②
埃塞俄比亚	Ethiopia	35.2	32.6③	74.5	70.5③
法　国	France	0.1		0.1	
加　蓬②	Gabon②		3.4		11.2
冈比亚	Gambia	25.4	10.3③	53.5	38.4③
格鲁吉亚	Georgia	12.0	4.5	30.6	15.5
加　纳①	Ghana①		13.0		30.1
希　腊	Greece	1.0	0.9②	1.3	1.6②
几内亚比绍	Guinea-Bissau	68.4		85.4	
洪都拉斯	Honduras	15.6	16.9	29.9	30.6
匈牙利	Hungary	0.1	0.6②	0.3	1.2②
冰　岛	Iceland	0.1		0.2	
印度尼西亚	Indonesia	13.3	3.6	45.0	21.5
伊　朗②	Iran②		0.3		2.7
爱尔兰	Ireland	0.5	0.1①	0.8	0.4①
以色列	Israel	0.2	0.2①	1.0	0.7①
意大利	Italy	1.3	1.4②	1.6	1.8②
日　本	Japan			0.2	
约　旦	Jordan	0.1		2.0	
哈萨克斯坦	Kazakhstan	0.1		1.5	0.3②

10-4 续表 continued

单位：% (%)

国家或地区	Country or Area	日均收入不足1.9美元的贫困人口占总人口比重(2011年PPP) Poverty headcount ratio at $1.9 a day (2011 PPP) (% of population)		日均收入不足3.2美元的贫困人口占总人口比重(2011年PPP) Poverty headcount ratio at $3.2 a day (2011 PPP)(% of population)	
		2010	2018	2010	2018
肯 尼 亚③	Kenya③		37.1		66.5
韩 国	Korea, Rep.	0.5		0.7	
科索沃	Kosovo	2.5	0.4②	16.0	3.6②
吉尔吉斯斯坦	Kyrgyzstan	2.8	0.6	19.0	10.9
拉脱维亚	Latvia	1.6	0.8②	3.6	1.5②
莱 索 托	Lesotho	59.7	27.8②	78.1	50.3②
利比里亚①	Liberia①		44.4		75.6
立 陶 宛	Lithuania	1.5	1.0②	3.1	1.5②
卢 森 堡②	Luxemburg②		0.3		0.4
前南马其顿	Macedonia, FYR	10.4	4.6②	17.9	9.0②
马达加斯加	Madagascar	78.2		91.2	
马 拉 维	Malawi	72.3	70.8①	89.2	89.6①
马 耳 他	Malta	0.2	0.2②	0.3	0.2②
毛里求斯②	Mauritius②		0.2		2.2
墨 西 哥	Mexico	4.5	1.7	12.6	6.5
摩尔多瓦	Moldova	0.5		6.0	0.9
蒙 古	Mongolia	0.7	0.5	9.6	5.2
黑 山③	Montenegro③		1.4	0.8	8.0
缅 甸②	Myanmar②		1.4		15.0
纳米比亚③	Namibia③		13.8		30.3
尼 泊 尔	Nepal	15.0		50.8	
尼日利亚	Nigeria	62.0	39.1		71.0
挪 威	Norway	0.2	0.3②	0.2	0.3②
巴基斯坦	Pakistan	8.3	4.0③	48.0	35.1③
巴 拿 马	Panama	4.5	1.7	10.7	5.2
巴 拉 圭	Paraguay	5.2	1.4	12.7	5.8
秘 鲁	Peru	5.5	2.7	14.9	8.5
菲 律 宾③	Philippines③		6.0		25.8
波 兰	Poland	0.3	0.3②	1.0	0.6②
葡 萄 牙	Portugal	0.1	0.4②	0.4	0.7②
罗马尼亚	Romania	3.8	3.1②	10.2	6.3②
俄 罗 斯	Russia	0.1		0.8	0.4
卢 旺 达	Rwanda	63.2	56.5①	84.0	80.3①
圣卢西亚①	Saint Lucia①		4.6		10.2
圣多美和普林西比	Sao Tome and Principe	34.6	35.6②	72.0	65.4②
塞尔维亚	Serbia	0.2	5.4②	2.1	8.9②
塞拉利昂	Sierra Leone		43.0		76.0
斯洛伐克	Slovakia	0.5	1.3①	0.8	1.8①
南 非	South Africa	16.2		35.6	
西 班 牙	Spain	0.7	0.7②	1.1	1.1②
斯里兰卡	Sri Lanka	4.1	0.9①		10.8①
瑞 典	Sweden	0.5	0.2②	0.7	0.3②
塔吉克斯坦③	Tajikistan③		4.1		17.8
坦桑尼亚②	Tanzania②		49.4		76.8
泰 国	Thailand	0.1		2.4	0.5
多 哥	Togo		51.1③		74.2③
汤 加③	Tonga③		1.0		7.5
突 尼 斯	Tunisia	2.0	0.2③	9.2	3.0③
土 耳 其	Turkey	0.8		4.3	1.4
图 瓦 卢	Tuvalu	3.3		17.6	
乌 干 达①	Uganda①		41.5		69.8
乌 克 兰	Ukraine			0.2	0.4
英 国	United Kingdom	0.1	0.2①	0.3	0.3①
美 国	United States	1.0	1.0①	1.2	1.2①
乌 拉 圭	Uruguay	0.2	0.1	1.3	0.4
瓦努阿图	Vanuatu	13.2		39.4	
越 南	Viet Nam	4.0	1.9	16.8	6.8
约旦河西岸和加沙	West Bank and Gaza	0.2	0.8①	3.2	4.5①
赞 比 亚	Zambia	65.8	58.7③	80.8	75.4③
津巴布韦②	Zimbabwe②		33.9		61.0

注：①2016年数据。②2017年数据。③2015年数据。

Note:①Data refer to 2016.②Data refer to 2017.③Data refer to 2015.

10-5 贫困人口社会指标
Social Indicators of Poverty

资料来源：世界银行WDI数据库。
Source: World Bank WDI Database.

国家或地区	Country or Area	全部人口营养不良发生率(%) Prevalence of Undernourishment (% of population)	5岁以内儿童死亡率(‰) Mortality Rate, Under-5 (‰)	12-23个月儿童麻疹疫苗免疫接种率(%) Immunization, measles (% of children ages 12-23 months)	在熟练医护人员护理下的分娩率(%) Births attended by skilled health staff (% of total)
		2017	2018	2017	2017
世　界	**World**	**8.7**	**38.8**	**85.2**	**81.0①**
中　国	China	2.5	8.5	99.0	99.9②
阿富汗	Afghanistan	28.9	62.5	64.0	50.5②
阿根廷	Argentina	3.4	9.8	89.0	99.6②
孟加拉国	Bangladesh	13.5	32.3	97.0	49.8①
玻利维亚	Bolivia	15.6	27.0	83.0	89.8①
巴　西	Brazil	2.5	14.4	91.0	99.2②
保加利亚	Bulgaria	3.1	7.0	94.0	99.8②
柬埔寨	Cambodia	15.0	27.6	84.0	
古　巴	Cuba	2.5	5.2	99.0	99.9①
塞浦路斯	Cyprus	7.1	2.4	90.0	
埃　及	Egypt	4.7	21.0	94.0	
萨尔瓦多	El Salvador	9.5	13.7	85.0	99.9①
加　纳	Ghana	7.0	48.0	95.0	
几内亚	Guinea	19.7①	101.1	47.0	62.7①
印　度	India	14.2	36.3	90.0	81.4①
印度尼西亚	Indonesia	8.9	24.8	90.0	90.9
伊　朗	Iran	4.8	14.4	99.0	
伊拉克	Iraq	24.0	26.8	85.0	
哈萨克斯坦	Kazakhstan	2.5	10.3	99.0	99.4②
朝　鲜	Korea, Dem.	47.0	18.2	99.0	99.5
吉尔吉斯斯坦	Kyrgyzstan	6.4	19.2	95.0	
老　挝	Laos	16.6①	47.3	72.0	64.4
利比亚	Libya		11.9	94.0	
马来西亚	Malaysia	3.2	8.4	93.0	99.4②
墨西哥	Mexico	6.7	14.7	76.0	97.7②
蒙　古	Mongolia	18.8	16.5	99.0	
缅　甸	Myanmar	13.7	46.4	83.0	60.2①
尼泊尔	Nepal	6.0	31.9	90.0	58
尼日利亚	Nigeria	11.9	120.0	54.0	40.3
巴基斯坦	Pakistan	12.0	69.4	76.0	
巴拿马	Panama	7.3	15.3	98.0	94.6①
巴拉圭	Paraguay	8.7	20.1	92.0	95.5①
秘　鲁	Peru	7.0	13.7	83.0	92.4①
菲律宾	Philippines	14.9	28.0	73.0	84.4
卢旺达	Rwanda	34.9	35.9	97.0	90.7②
塞拉利昂	Sierra Leone	26.8	113.5	80.0	81.6
南　非	South Africa	5.5	35.0	70.0	96.7①
泰　国	Thailand	8.9	9.4	99.0	99.1①
土耳其	Turkey	2.5	10.7	96.0	
乌克兰	Ukraine	3.3	8.6	86.0	
乌兹别克斯坦	Uzbekistan	2.8	18.4	99.0	100.0②
越　南	Viet Nam	6.9	20.4	97.0	

注：①2016年数据。②2015年数据。
Note:①Data refer to 2016.②Data refer to 2015.

10−6 居民消费支出构成
Composition of Household Final Consumption Expenditure

资料来源：经合组织ONE数据库。
Source:OECD ONE Database.
单位：%　　(%)

国家或地区	Country or Area	年 份 Year	食品、非酒精饮料 Food and Non-alcoholic Beverages	酒精饮料、烟草和麻醉品 Alcoholic Beverages, Tobacco and Narcotics	服装和鞋类 Clothing and Footwear	住房、水、电、天然气和其他燃料 Housing, Water, Electricity, Gas and other Fuels	家具、家用设备及住房日常维护 Furnishings, Households Equipment and Routine Maintenance of the House
澳大利亚	Australia	2018	9.42	3.93	3.48	22.89	4.34
奥地利	Austria	2019	9.71	3.15	5.59	22.35	6.58
比利时	Belgium	2019	12.69	4.01	4.71	23.93	6.06
加拿大	Canada	2019	9.08	3.72	3.97	24.40	5.31
捷克	Czech Rep.	2019	15.52	7.75	3.64	26.39	5.41
丹麦	Denmark	2019	11.47	3.46	4.13	27.95	5.46
芬兰	Finland	2019	11.36	4.65	4.04	28.79	4.63
法国	France	2019	13.06	3.80	3.54	26.21	4.57
德国	Germany	2018	10.77	3.22	4.55	23.62	6.41
希腊	Greece	2019	15.20	4.42	4.22	19.08	2.68
匈牙利	Hungary	2018	17.52	7.29	3.65	20.21	4.90
冰岛	Iceland	2019	12.70	3.87	3.30	22.68	5.17
爱尔兰	Ireland	2018	8.70	4.89	3.81	24.34	4.36
意大利	Italy	2019	14.24	4.18	5.95	22.47	6.13
日本	Japan	2018	15.46	2.22	3.44	25.05	4.15
韩国	Korea, Rep.	2018	11.46	1.92	6.24	17.65	3.02
卢森堡	Luxemburg	2018	9.05	8.28	5.12	24.21	5.50
墨西哥	Mexico	2018	24.65	3.10	2.89	17.31	5.78
荷兰	Netherlands	2018	11.30	3.15	5.13	24.07	5.75
挪威	Norway	2019	11.36	3.95	4.58	23.34	5.96
波兰	Poland	2018	16.42	5.60	5.31	20.46	5.68
葡萄牙	Portugal	2018	16.35	3.19	6.00	17.44	4.84
斯洛伐克	Slovakia	2019	17.37	5.45	4.11	28.44	6.14
西班牙	Spain	2019	12.52	3.90	4.09	22.01	4.47
瑞典	Sweden	2018	12.56	3.44	4.20	25.90	5.98
瑞士	Switzerland	2018	12.48	3.38	4.19	25.84	5.93
英国	United Kingdom	2019	7.98	3.23	5.41	25.77	4.47
美国	United States	2018	6.35	1.77	3.01	19.07	4.22
智利	Chile	2018	17.51	3.29	5.55	15.16	6.45
爱沙尼亚	Estonia	2018	19.52	7.79	6.41	18.51	4.35
以色列	Israel	2018	15.80	2.71	2.57	25.67	5.11
斯洛文尼亚	Slovenia	2019	13.81	4.62	5.45	18.51	5.08

10-6 续表 continued

单位：% (%)

国家或地区	Country or Area	年份 Year	医疗保健 Health	交通 Transport	通讯 Communications	休闲与文化 Recreation and Culture	教育 Education	饭店和旅馆 Restaurants and Hotels	其他 Others
澳大利亚	Australia	2018	6.62	10.35	1.97	9.73	4.83	6.99	15.44
奥地利	Austria	2019	3.79	12.09	1.88	10.03	0.97	13.90	9.95
比利时	Belgium	2019	6.68	11.25	2.11	8.32	0.39	6.69	13.15
加拿大	Canada	2019	4.36	15.36	2.67	7.89	1.77	7.18	14.29
捷克	Czech Rep.	2019	2.48	10.03	2.81	8.84	0.53	8.82	7.78
丹麦	Denmark	2019	2.90	12.06	1.91	11.77	0.84	6.38	11.68
芬兰	Finland	2019	4.85	11.71	2.35	10.18	0.41	6.87	10.16
法国	France	2019	3.99	14.11	2.31	7.92	0.49	7.64	12.37
德国	Germany	2018	5.24	13.85	2.32	11.10	0.95	5.51	12.47
希腊	Greece	2019	4.20	12.93	3.94	5.90	2.08	17.84	7.51
匈牙利	Hungary	2018	3.98	12.93	3.10	7.41	1.79	8.80	8.42
冰岛	Iceland	2019	2.61	13.21	2.61	11.35	1.03	14.29	7.19
爱尔兰	Ireland	2018	4.96	12.91	2.44	5.75	2.37	16.73	8.75
意大利	Italy	2019	3.49	12.90	2.20	6.73	0.91	10.38	10.43
日本	Japan	2018	3.73	10.28	3.59	7.67	2.09	7.82	14.48
韩国	Korea, Rep.	2018	5.18	10.88	5.39	7.28	5.43	10.29	15.25
卢森堡	Luxemburg	2018	3.07	15.82	1.33	6.05	0.94	7.16	13.44
墨西哥	Mexico	2018	3.50	17.85	2.18	5.50	1.44	4.87	10.92
荷兰	Netherlands	2018	3.39	12.39	2.49	9.95	0.69	8.67	13.00
挪威	Norway	2019	3.15	15.51	2.25	11.38	0.47	7.39	10.67
波兰	Poland	2018	5.79	12.85	2.14	8.14	1.00	3.63	12.97
葡萄牙	Portugal	2018	5.20	13.44	2.16	5.64	1.58	13.55	10.62
斯洛伐克	Slovakia	2019	2.38	6.49	3.13	9.64	1.48	6.57	8.81
西班牙	Spain	2019	4.20	12.38	2.51	7.55	1.54	14.92	9.91
瑞典	Sweden	2018	3.14	12.19	3.23	11.09	0.31	7.08	10.88
瑞士	Switzerland	2018	3.16	12.72	3.22	11.17	0.31	6.80	10.80
英国	United Kingdom	2019	1.88	13.85	1.63	11.05	2.42	9.94	12.37
美国	United States	2018	21.60	9.66	2.01	8.95	2.16	7.17	14.03
智利	Chile	2018	7.60	13.27	3.01	6.65	3.71	5.91	11.89
爱沙尼亚	Estonia	2018	3.29	11.64	2.39	8.61	0.54	8.36	8.59
以色列	Israel	2018	3.17	15.09	2.53	5.49	2.78	7.08	12.00
斯洛文尼亚	Slovenia	2019	3.86	16.96	2.83	9.50	1.25	7.85	10.27

主要统计指标解释

居民最终消费支出（私人消费） 是指由家庭购买的包括耐用消费品(比如小汽车、洗衣机和家用电脑)在内的各种产品和服务的市场价值。

基尼系数 反映个人或家庭收入分配（或消费）与完全平均收入分配之间差异程度的指标，介于“0”和“1”之间。“0”表示收入分配绝对平均，即每个家庭或每个人都得到同样份额的收入；“1”表示收入分配极端不平等，一个家庭或个人拥有全社会的收入。

国家贫困线 国家贫困线反映了当地消费或收入水平，它是衡量国民是否处于贫困的数量界限。贫困和非贫困线的界定是随着一个国家平均收入水平而变化的，到目前为止国家间贫困率的比较还没有一个统一的标准来衡量。然而国家贫困线的变化可以在一定程度上反映国家减贫政策及成效。几乎所有国家的贫困线的界定是基于大众化食品消费和非食品支出补助。但平均收入贫困线的提高主要取决于非食品构成，而不是来自于食品构成。

国家贫困率 是指生活在国家贫困线以下的人口的百分比。

城市贫困率 是指生活在国家城市贫困线以下的城市人口的百分比。

农村贫困率 是指生活在农村贫困线以下的农村人口的百分比。

Explanatory Notes on Main Statistical Indicators

Household Final Consumption Expenditure (Private Consumption) is the market value of all goods and services, including durable products (such as cars, washing machines, and home computers), purchased by households.

GINI Index measures the extent to which the distribution of income (or, in some cases, consumption expenditure) among individuals or households within an economy deviates from a perfectly equal distribution. Thus a GINI index of zero represents perfect equality, while an index of 1 implies perfect inequality.

National Poverty Lines The setting of national poverty lines reflects local perceptions of the level of consumption or income needed not to be poor. The perceived boundary between poor and not poor rises with the average income of a country and so does not provide a uniform measure for comparing poverty rates across countries. Nevertheless, national poverty estimates are clearly the appropriate measure for setting national policies for poverty reduction and for monitoring their results. Almost all the national poverty lines use a food bundle based on prevailing diets that attains predetermined nutritional requirements for good health and normal activity levels, plus an allowance for nonfood spending. The rise in poverty lines with average income is driven more by the gradient in the nonfood component of the poverty lines than in the food component, although there is still an appreciable share attributable to the gradient in food poverty lines.

National Poverty Rate is the percentage of the country's population living below the national poverty line.

Urban Poverty Rate is the percentage of the urban population living below the national urban poverty line.

Rural Poverty Rate is the percentage of the rural population living below the national rural poverty line.

农　业

Agriculture

11-1 农业生产指数
Agriculture Production Indices

资料来源：联合国FAO数据库。
Source: FAO Database.

2014-2016年=100 (2014-2016=100)

国家或地区	Country or Area	农业 Agriculture			食品 Food		
		2010	2015	2017	2010	2015	2017
世 界	**World**	**89.1**	**99.9**	**103.7**	**89.0**	**100.0**	**103.7**
中 国	China	89.4	100.8	102.5	89.1	100.9	102.6
中国香港	Hong Kong, China	98.3	97.8	96.8	98.3	97.8	96.8
中国澳门	Macao, China	99.4	84.6	113.4	99.4	84.6	113.4
孟加拉国	Bangladesh	89.6	101.1	107.6	90.2	101.0	107.5
文 莱	Brunei Darussalam	90.3	98.1	99.6	90.3	98.1	99.6
柬 埔 寨	Cambodia	84.3	98.2	105.8	83.6	98.2	105.9
印 度	India	86.4	98.1	107.4	85.6	98.3	107.8
印度尼西亚	Indonesia	87.2	101.4	103.9	89.6	99.8	107.0
伊 朗	Iran	90.4	98.1	103.6	90.3	97.7	103.9
以 色 列	Israel	91.2	99.1	101.7	91.6	98.9	101.9
日 本	Japan	97.0	99.6	99.6	96.8	99.6	99.6
哈萨克斯坦	Kazakhstan	77.3	99.1	111.4	77.8	99.1	111.1
韩 国	Korea, Rep.	93.7	99.7	97.5	93.5	99.7	97.5
老 挝	Laos	64.8	104.0	98.1	66.9	104.1	98.3
马来西亚	Malaysia	89.0	104.1	107.6	82.6	102.4	105.8
蒙 古	Mongolia	66.2	110.8	106.8	65.3	111.2	107.0
缅 甸	Myanmar	94.9	101.1	99.8	94.8	101.1	100.1
巴基斯坦	Pakistan	86.6	98.3	106.8	85.3	99.4	107.2
菲 律 宾	Philippines	95.1	100.2	104.0	94.9	100.2	104.2
新 加 坡	Singapore	75.4	98.6	135.0	75.4	98.6	135.0
斯里兰卡	Sri Lanka	91.6	94.7	94.0	88.0	94.0	93.9
泰 国	Thailand	92.3	98.7	104.8	96.6	98.9	104.7
越 南	Viet Nam	84.1	100.9	104.8	84.7	101.0	104.5
埃 及	Egypt	90.3	101.4	101.0	90.1	101.5	101.1
尼日利亚	Nigeria	87.7	99.3	100.7	86.9	99.3	100.7
南 非	South Africa	90.5	100.7	105.3	90.5	100.6	105.4
加 拿 大	Canada	86.5	98.5	107.0	86.7	98.3	107.1
墨 西 哥	Mexico	88.6	98.4	108.5	88.6	98.4	108.1
美 国	United States	92.6	96.8	103.9	92.4	97.0	103.4
阿 根 廷	Argentina	88.5	104.0	105.2	88.2	104.2	105.6
巴 西	Brazil	89.1	101.7	106.5	88.8	101.8	107.0
委内瑞拉	Venezuela	104.7	102.1	81.3	104.2	102.1	81.0
捷 克	Czech Rep.	87.6	97.1	95.0	87.6	97.1	95.0
法 国	France	97.9	102.1	101.9	98.5	102.2	101.6
德 国	Germany	94.6	99.3	97.5	94.6	99.3	97.5
意 大 利	Italy	108.8	102.5	98.1	108.6	102.6	98.1
荷 兰	Netherlands	89.9	100.0	103.2	89.9	100.0	103.3
波 兰	Poland	91.3	96.5	107.0	91.3	96.5	107.0
俄 罗 斯	Russia	73.8	100.1	107.2	73.8	100.1	107.2
西 班 牙	Spain	95.4	99.4	101.6	95.5	99.4	101.7
土 耳 其	Turkey	85.6	101.9	107.4	85.2	102.2	107.3
乌 克 兰	Ukraine	77.6	96.8	100.0	77.6	96.8	100.0
英 国	United Kingdom	94.5	101.4	102.1	94.4	101.4	102.1
澳大利亚	Australia	86.7	100.5	108.1	87.4	101.3	107.3
新 西 兰	New Zealand	87.3	100.8	97.5	86.2	100.8	97.7

11−2 收获面积(2019年)
Harvest Areas of Major Farm Crops(2019)

资料来源：联合国FAO数据库。
Source: FAO Database.
单位：千公顷 (1 000 hectares)

国家或地区	Country or Area	谷物 Cereals,Total	稻谷 Rice, paddy	小麦 Wheat	玉米 Maize
世界	**World**	**724262.4**	**162055.9**	**215902.0**	**197204.3**
中国	China	97603.5	29690.0	23730.0	41280.0
孟加拉国	Bangladesh	12302.0	11516.6	330.3	445.1
文莱	Brunei Darussalam	0.8	0.8		
柬埔寨	Cambodia	3272.0	3001.3		270.7
印度	India	95244.5	43780.0	29318.8	9027.1
印度尼西亚	Indonesia	16322.7	10677.9		5644.8
伊朗	Iran	10849.2	437.2	8035.9	204.3
以色列	Israel	50.7		41.3	3.4
日本	Japan	1880.9	1542.0	211.6	0.1
哈萨克斯坦	Kazakhstan	15284.8	102.0	11413.9	156.3
朝鲜	Korea, Dem.	1216.4	465.8	22.2	553.8
韩国	Korea, Rep.	804.9	729.8	4.0	15.0
老挝	Laos	931.8	783.8		148.0
马来西亚	Malaysia	690.9	684.4		6.5
蒙古	Mongolia	340.7		321.0	
缅甸	Myanmar	7831.9	6920.9	58.9	515.7
巴基斯坦	Pakistan	13902.6	3034.0	8677.7	1413.2
菲律宾	Philippines	7168.3	4651.5		2516.7
斯里兰卡	Sri Lanka	1021.2	957.6		63.4
泰国	Thailand	10960.2	9715.4	1.2	958.2
越南	Viet Nam	8462.5	7469.9		991.1
埃及	Egypt	3435.3	799.0	1410.9	994.8
尼日利亚	Nigeria	20537.0	5281.3	56.1	6857.5
南非	South Africa	3062.9	1.1	540.0	2300.5
加拿大	Canada	15315.3		9655.6	1451.2
墨西哥	Mexico	9058.3	38.5	586.5	6690.4
美国	United States	52492.8	1000.4	15039.1	32950.7
阿根廷	Argentina	15408.4	183.3	6051.0	7232.8
巴西	Brazil	22772.0	1710.0	2098.0	17518.1
委内瑞拉	Venezuela	696.4	179.0	0.5	500.2
白俄罗斯	Belarus	2259.0		694.0	190.2
捷克	Czech Rep.	1352.5		839.5	74.8
法国	France	9394.0	15.1	5244.3	1506.1
德国	Germany	6372.6		3118.1	416.0
意大利	Italy	3066.5	220.0	1754.6	628.8
荷兰	Netherlands	178.2		120.6	19.0
波兰	Poland	7891.4		2511.3	665.0
俄罗斯	Russia	43412.4	190.7	27558.6	2506.2
西班牙	Spain	5975.7	103.4	1920.1	356.8
土耳其	Turkey	10746.7	126.4	6831.9	638.1
乌克兰	Ukraine	14946.7	10.5	6825.3	4986.9
英国	United Kingdom	3211.4		1816.0	
澳大利亚	Australia	16530.7	7.6	10402.3	58.9
新西兰	New Zealand	124.3		45.0	16.7

11-2 续表 1 continued

单位：千公顷 (1 000 hectares)

国家或地区	Country or Area	大豆 Soybeans	根茎类作物 Roots and Tubers,Total	花生 Groundnuts, with shell	油菜籽 Rapeseed	籽棉 Seed Cotton
世 界	**World**	**120501.6**	**64333.9**	**29597.0**	**34030.9**	**38640.6**
中 国	China	8423.0	7676.3	4500.0	6569.8	4815.4
孟加拉国	Bangladesh	62.5	491.4	35.3	270.0	23.9
文 莱	Brunei Darussalam		0.7			
柬埔寨	Cambodia	108.7	516.7	17.4		0.2
印 度	India	11131.3	2446.0	4730.8	6123.9	16037.8
印度尼西亚	Indonesia	620.0	874.7	267.3		4.2
伊 朗	Iran	67.0	104.2	3.1	140.0	43.3
以色列	Israel		16.4	2.7		8.6
日 本	Japan	143.5	129.0	6.3	1.9	
哈萨克斯坦	Kazakhstan	138.8	192.3		269.1	131.2
朝 鲜	Korea, Dem.	154.9	188.3			19.6
韩 国	Korea, Rep.	58.5	43.8	4.0	1.0	
老 挝	Laos	7.1	207.2	20.1		1.9
马来西亚	Malaysia		6.1	0.1		
蒙 古	Mongolia		17.0		8.0	
缅 甸	Myanmar	137.5	71.0	1108.7		168.3
巴基斯坦	Pakistan		230.8	102.9	264.2	2527.0
菲律宾	Philippines	0.5	338.3	23.9		0.9
斯里兰卡	Sri Lanka	0.9	29.3	14.5		
泰 国	Thailand	23.5	1425.0	30.0		23.6
越 南	Viet Nam	49.7	657.6	177.0		0.2
埃 及	Egypt	14.0	195.6	66.0		100.0
尼日利亚	Nigeria	656.3	16500.4	3875.3		276.6
南 非	South Africa	730.5	100.5	20.1	74.0	24.8
加拿大	Canada	2270.5	138.3		8319.2	
墨西哥	Mexico	146.0	72.0	47.5	3.0	207.2
美 国	United States	30352.2	440.8	563.2	777.2	4777.2
阿根廷	Argentina	16575.9	110.7	387.0	18.6	332.9
巴 西	Brazil	35881.4	1389.5	171.6	34.0	1627.2
委内瑞拉	Venezuela	4.8	76.9	1.0		3.3
白俄罗斯	Belarus		266.6		344.5	
捷 克	Czech Rep.	12.2	22.9		379.8	
法 国	France	163.8	207.2		1107.0	
德 国	Germany	28.9	271.6		856.8	
意大利	Italy	273.3	46.8		14.2	
荷 兰	Netherlands	0.5	165.7		1.8	
波 兰	Poland	7.9	302.5		875.2	
俄罗斯	Russia	2772.2	1238.6		1426.2	
西班牙	Spain	1.6	66.7		70.3	
土耳其	Turkey	35.3	140.8	42.2	52.5	477.8
乌克兰	Ukraine	1612.8	1308.8		1279.2	
英 国	United Kingdom		144.0		530.0	
澳大利亚	Australia	13.4	34.6	4.3	2119.8	303.5
新西兰	New Zealand		11.5		0.4	

11−2 续表 2 continued

单位：千公顷 (1 000 hectares)

国家或地区	Country or Area	甘蔗 Sugar Cane	甜菜 Sugar Beet	茶叶 Tea	水果 Fruit Primary
世　界	**World**	**26777.0**	**4609.4**	**5079.4**	**65293.4**
中　国	China	1414.0	223.4	3173.5	15339.7
孟加拉国	Bangladesh	81.1		54.0	468.7
文　莱	Brunei Darussalam				2.0
柬埔寨	Cambodia	29.7			63.1
印　度	India	5061.1		628.2	7065.9
印度尼西亚	Indonesia	443.6		108.8	875.4
伊　朗	Iran	113.2	79.0	16.2	1114.7
以色列	Israel				74.2
日　本	Japan	21.3	56.7	40.6	181.7
哈萨克斯坦	Kazakhstan		15.0		165.1
朝　鲜	Korea, Dem.				305.7
韩　国	Korea, Rep.			2.5	186.0
老　挝	Laos	31.8		4.6	65.5
马来西亚	Malaysia	1.2		1.4	83.4
蒙　古	Mongolia				3.0
缅　甸	Myanmar	182.2		89.9	518.0
巴基斯坦	Pakistan	1039.8	1.0		981.3
菲律宾	Philippines	379.3			1937.4
斯里兰卡	Sri Lanka	13.0		200.3	110.1
泰　国	Thailand	1835.1		7.7	1084.9
越　南	Viet Nam	233.4		115.9	718.3
埃　及	Egypt	141.0	207.5		682.0
尼日利亚	Nigeria	87.3			1938.1
南　非	South Africa	298.6		0.7	304.8
加拿大	Canada		12.4		86.5
墨西哥	Mexico	796.0	0.3		1552.1
美　国	United States	369.6	396.3		1098.2
阿根廷	Argentina	476.2		39.8	464.5
巴　西	Brazil	10081.2		0.2	2092.4
委内瑞拉	Venezuela	73.3	1.2		234.7
白俄罗斯	Belarus		95.0		85.5
捷　克	Czech Rep.		59.2		31.3
法　国	France		446.6		901.1
德　国	Germany		408.7		172.4
意大利	Italy		30.0		1113.4
荷　兰	Netherlands		79.2		21.3
波　兰	Poland		240.8		374.1
俄罗斯	Russia		1133.3	0.5	669.7
西班牙	Spain		30.2		1556.1
土耳其	Turkey		310.1	84.9	1384.6
乌克兰	Ukraine		221.3		286.3
英　国	United Kingdom		108.0		30.2
澳大利亚	Australia	433.2			268.9
新西兰	New Zealand				76.0

11-3 主要农产品产量
Production of Major Farm Crops

资料来源：联合国FAO数据库。
Source:FAO Database.
单位：万吨 (10 000 tons)

国家或地区	Country or Area	谷物 Cereals,Total	
		2010	2019
世界	**World**	**246741.5**	**297898.2**
中国	China	49634.3	61272.0
美国	United States	40112.6	42154.9
印度	India	26783.8	32430.1
巴西	Brazil	7516.0	12122.3
俄罗斯	Russia	5961.9	11786.8
印度尼西亚	Indonesia	8479.7	8529.7
阿根廷	Argentina	4026.7	8494.9
乌克兰	Ukraine	3868.6	7444.2
法国	France	6583.9	7037.9
加拿大	Canada	4612.2	6113.5
孟加拉国	Bangladesh	5186.3	5918.2
越南	Viet Nam	4461.4	4820.8
德国	Germany	4403.9	4430.2
巴基斯坦	Pakistan	3481.1	4326.0
墨西哥	Mexico	3492.5	3616.4
土耳其	Turkey	3276.5	3439.9
泰国	Thailand	4088.9	3316.3
罗马尼亚	Romania	1671.3	3041.2
埃塞俄比亚	Ethiopia	1776.1	2967.3
澳大利亚	Australia	3346.5	2923.9
缅甸	Myanmar	3404.3	2868.2
波兰	Poland	2722.8	2845.1
尼日利亚	Nigeria	2465.0	2824.3
菲律宾	Philippines	2214.9	2679.4
英国	United Kingdom	2094.6	2551.7
埃及	Egypt	1946.5	2412.6
伊朗	Iran	1959.7	2381.2
西班牙	Spain	1988.0	2058.9
哈萨克斯坦	Kazakhstan	1211.6	1735.6
意大利	Italy	1850.3	1636.4
匈牙利	Hungary	1226.9	1565.0
南非	South Africa	1470.1	1331.2
柬埔寨	Cambodia	901.9	1229.6
日本	Japan	1136.7	1183.0
保加利亚	Bulgaria	713.6	1113.1
尼泊尔	Nepal	777.1	1062.5
塞尔维亚	Serbia	929.5	1045.8
马里	Mali	533.9	1045.1
坦桑尼亚	Tanzania	864.3	1039.9
丹麦	Denmark	886.3	951.8
巴拉圭	Paraguay	497.6	811.2
捷克	Czech Rep.	688.2	764.6
乌兹别克斯坦	Uzbekistan	747.4	699.3
白俄罗斯	Belarus	674.2	699.2
伊拉克	Iraq	436.2	691.4
叙利亚	Syrian Arab Republic	390.1	636.0
瑞典	Sweden	428.0	614.8
阿尔及利亚	Algeria	421.1	563.4
苏丹	Sudan	356.2	563.0
朝鲜	Korea, Dem.	451.5	560.0

国家或地区	Country or Area	稻谷 Rice, paddy	
		2010	2019
世界	**World**	**70113.9**	**75547.4**
中国	China	19576.1	20961.4
印度	India	14396.3	17764.5
印度尼西亚	Indonesia	6646.9	5460.4
孟加拉国	Bangladesh	5006.1	5458.6
越南	Viet Nam	4000.6	4344.9
泰国	Thailand	3570.3	2835.7
缅甸	Myanmar	3206.5	2627.0
菲律宾	Philippines	1577.2	1881.5
巴基斯坦	Pakistan	723.5	1111.5
柬埔寨	Cambodia	824.5	1088.6
日本	Japan	1060.4	1052.7
巴西	Brazil	1123.6	1036.9
尼日利亚	Nigeria	447.3	843.5
美国	United States	1102.7	837.7
埃及	Egypt	433.0	669.0
尼泊尔	Nepal	402.4	561.0
韩国	Korea, Rep.	581.1	501.6
斯里兰卡	Sri Lanka	430.1	459.2
马达加斯加	Madagascar	473.8	423.1
坦桑尼亚	Tanzania	265.0	347.5
老挝	Laos	307.1	343.8
马里	Mali	129.6	319.6
秘鲁	Peru	283.1	318.8
哥伦比亚	Colombia	198.8	301.2
马来西亚	Malaysia	246.5	291.2
朝鲜	Korea, Dem.	242.6	280.4
几内亚	Guinea	161.4	259.9
伊朗	Iran	249.0	199.3
科特迪瓦	Cote D'Ivoire	120.6	188.4
中国台湾	Taiwan, China	145.1	179.1
意大利	Italy	151.6	149.3
刚果(金)	Congo, Dem. Rep.	31.8	137.9
乌拉圭	Uruguay	114.9	120.0
阿根廷	Argentina	124.3	119.0
塞内加尔	Senegal	60.4	115.6
厄瓜多尔	Ecuador	170.6	110.0
俄罗斯	Russia	106.1	109.9
多米尼加	Dominican Rep.	85.0	108.1
巴拉圭	Paraguay	31.5	106.9
圭亚那	Guyana	55.6	105.0
土耳其	Turkey	86.0	100.0
塞拉利昂	Sierra Leone	102.7	94.8
加纳	Ghana	49.2	92.5
西班牙	Spain	92.8	77.9
委内瑞拉	Venezuela	90.0	76.5
玻利维亚	Bolivia	44.2	60.0
伊拉克	Iraq	15.6	57.5
哈萨克斯坦	Kazakhstan	37.3	56.1
尼加拉瓜	Nicaragua	45.4	46.8
贝宁	Benin	12.5	40.6

11-3 续表 1 continued

单位：万吨 (10 000 tons)

国家或地区	Country or Area	小麦 Wheat 2010	小麦 Wheat 2019	国家或地区	Country or Area	玉米 Maize 2010	玉米 Maize 2019
世　界	**World**	**64080.3**	**76577.0**	**世　界**	**World**	**85168.0**	**114848.7**
中　国	China	11518.1	13359.6	美　国	United States	31561.8	34704.8
印　度	India	8080.4	10359.6	中　国	China	17742.5	26077.9
俄罗斯	Russia	4150.8	7445.3	巴　西	Brazil	5536.4	10113.9
美　国	United States	6006.2	5225.8	阿根廷	Argentina	2266.3	5686.1
法　国	France	3820.7	4060.5	乌克兰	Ukraine	1195.3	3588.0
加拿大	Canada	2330.0	3234.8	印度尼西亚	Indonesia	1832.8	3069.3
乌克兰	Ukraine	1685.1	2837.0	印　度	India	2172.6	2771.5
巴基斯坦	Pakistan	2331.1	2434.9	墨西哥	Mexico	2330.2	2722.8
德　国	Germany	2378.3	2306.3	罗马尼亚	Romania	904.2	1743.2
阿根廷	Argentina	901.6	1946.0	俄罗斯	Russia	308.4	1428.2
土耳其	Turkey	1967.4	1900.0	加拿大	Canada	1204.3	1340.4
澳大利亚	Australia	2183.4	1759.8	法　国	France	1397.5	1284.5
伊　朗	Iran	1214.3	1680.0	南　非	South Africa	1281.5	1127.6
英　国	United Kingdom	1487.8	1622.5	尼日利亚	Nigeria	767.7	1100.0
哈萨克斯坦	Kazakhstan	963.8	1129.7	埃塞俄比亚	Ethiopia	498.6	963.6
波　兰	Poland	940.8	1080.8	匈牙利	Hungary	698.5	823.0
罗马尼亚	Romania	581.2	1029.7	菲律宾	Philippines	637.7	797.9
埃　及	Egypt	717.7	900.0	埃　及	Egypt	704.1	745.0
意大利	Italy	685.0	674.0	塞尔维亚	Serbia	720.7	734.5
保加利亚	Bulgaria	409.5	632.0	巴基斯坦	Pakistan	370.7	723.6
乌兹别克斯坦	Uzbekistan	674.5	609.4	意大利	Italy	849.6	627.9
西班牙	Spain	594.1	604.1	土耳其	Turkey	431.0	600.0
巴　西	Brazil	617.1	560.4	坦桑尼亚	Tanzania	473.3	565.2
匈牙利	Hungary	374.5	537.8	巴拉圭	Paraguay	310.9	557.7
埃塞俄比亚	Ethiopia	285.6	531.5	越　南	Viet Nam	460.7	475.6
阿富汗	Afghanistan	453.2	489.0	泰　国	Thailand	486.1	431.0
捷　克	Czech Rep.	416.2	481.2	西班牙	Spain	332.5	418.5
丹　麦	Denmark	506.0	464.2	保加利亚	Bulgaria	204.7	406.0
伊拉克	Iraq	274.9	434.4	肯尼亚	Kenya	346.5	389.7
摩洛哥	Morocco	487.6	402.5	马　里	Mali	135.6	381.7
阿尔及利亚	Algeria	260.5	387.7	德　国	Germany	421.2	366.5
立陶宛	Lithuania	171.0	384.4	波　兰	Poland	199.4	366.5
瑞　典	Sweden	214.3	347.7	孟加拉国	Bangladesh	88.7	356.9
墨西哥	Mexico	367.7	324.4	马拉维	Malawi	341.9	303.0
叙利亚	Syrian Arab Republic	308.3	308.5	安哥拉	Angola	107.3	281.9
塞尔维亚	Serbia	163.0	253.5	加　纳	Ghana	187.2	276.0
拉脱维亚	Latvia	98.9	237.1	尼泊尔	Nepal	185.5	265.3
白俄罗斯	Belarus	173.9	230.9	乌干达	Uganda	237.4	257.5
阿塞拜疆	Azerbaijan	127.2	211.4	朝　鲜	Korea, Dem.	168.3	256.7
尼泊尔	Nepal	155.7	200.6	喀麦隆	Cameroon	167.0	231.0
斯洛伐克	Slovakia	118.5	193.9	奥地利	Austria	195.6	229.9
比利时	Belgium	185.0	190.2	克罗地亚	Croatia	206.8	229.8
奥地利	Austria	151.8	159.7	刚果(金)	Congo, Dem. Rep.	115.6	213.9
南　非	South Africa	143.0	153.5	摩尔多瓦	Moldova	142.0	213.0
土库曼斯坦	Turkmenistan	147.7	150.0	莫桑比克	Mozambique	209.0	208.5
突尼斯	Tunisia	82.2	144.0	赞比亚	Zambia	279.6	200.4
智　利	Chile	152.4	140.0	缅　甸	Myanmar	135.4	198.6
巴拉圭	Paraguay	140.2	135.8	委内瑞拉	Venezuela	237.3	194.1
摩尔多瓦	Moldova	74.4	114.8	危地马拉	Guatemala	163.8	187.0
荷　兰	Netherlands	137.0	113.1	布基纳法索	Burkina Faso	113.4	171.1

11-3　续表 2　continued

单位：万吨　　(10 000 tons)

国家或地区	Country or Area	大豆 Soybeans 2010	大豆 Soybeans 2019	国家或地区	Country or Area	根茎类作物 Roots and Tubers 2010	根茎类作物 Roots and Tubers 2019
世　界	**World**	**26508.8**	**33367.2**	**世　界**	**World**	**74114.5**	**86104.2**
巴　西	Brazil	6875.6	11426.9	中　国	China	14836.0	15055.1
美　国	United States	9066.3	9679.3	尼日利亚	Nigeria	8731.2	11765.0
阿根廷	Argentina	5267.6	5526.4	印　度	India	4573.2	5632.2
中　国	China	1508.3	1572.4	刚果(金)	Congo, Dem. Rep.	1631.2	4197.7
印　度	India	1273.6	1326.8	加　纳	Ghana	2094.0	3240.9
巴拉圭	Paraguay	746.0	852.0	泰　国	Thailand	2245.7	3162.8
加拿大	Canada	444.5	604.5	巴　西	Brazil	2925.7	2224.9
俄罗斯	Russia	122.2	436.0	俄罗斯	Russia	2114.1	2207.5
乌克兰	Ukraine	168.0	369.9	美　国	United States	1943.3	2063.4
玻利维亚	Bolivia	169.3	299.1	乌克兰	Ukraine	1870.5	2026.9
乌拉圭	Uruguay	179.3	282.8	印度尼西亚	Indonesia	2739.5	1818.6
南　非	South Africa	56.6	117.0	柬埔寨	Cambodia	436.1	1382.3
意大利	Italy	55.3	104.3	坦桑尼亚	Tanzania	845.6	1313.0
印度尼西亚	Indonesia	90.7	94.0	马拉维	Malawi	1149.5	1279.6
塞尔维亚	Serbia	54.1	70.1	科特迪瓦	Cote D'Ivoire	784.1	1260.1
尼日利亚	Nigeria	36.5	63.0	越　南	Viet Nam	1026.7	1184.2
罗马尼亚	Romania	15.0	44.0	安哥拉	Angola	1568.7	1113.6
法　国	France	14.0	42.9	德　国	Germany	1014.3	1060.2
哈萨克斯坦	Kazakhstan	11.4	28.2	孟加拉国	Bangladesh	823.7	989.1
赞比亚	Zambia	11.2	28.1	喀麦隆	Cameroon	629.5	959.2
朝　鲜	Korea, Dem.	35.0	26.4	法　国	France	665.8	856.0
克罗地亚	Croatia	15.4	24.4	秘　鲁	Peru	560.2	719.3
墨西哥	Mexico	16.8	23.3	贝　宁	Benin	614.8	705.3
贝　宁	Benin	6.3	23.0	荷　兰	Netherlands	684.4	696.1
奥地利	Austria	9.5	21.8	波　兰	Poland	844.8	648.2
日　本	Japan	22.3	21.8	白俄罗斯	Belarus	783.1	610.5
柬埔寨	Cambodia	15.7	17.6	老　挝	Laos	60.2	569.6
马拉维	Malawi	7.3	17.0	埃　及	Egypt	413.8	566.0
匈牙利	Hungary	8.5	17.0	巴基斯坦	Pakistan	361.3	541.5
加　纳	Ghana	14.6	16.7	加拿大	Canada	544.1	541.0
伊　朗	Iran	15.7	16.0	英　国	United Kingdom	605.6	525.2
土耳其	Turkey	8.7	15.0	阿尔及利亚	Algeria	330.0	502.0
缅　甸	Myanmar	25.5	14.2	土耳其	Turkey	454.9	498.1
埃塞俄比亚	Ethiopia	1.6	12.6	乌干达	Uganda	517.1	497.3
斯洛伐克	Slovakia	2.4	12.0	塞拉利昂	Sierra Leone	345.9	477.0
哥伦比亚	Colombia	5.4	11.4	莫桑比克	Mozambique	1079.9	474.7
孟加拉国	Bangladesh	7.0	11.1	哥伦比亚	Colombia	439.8	466.1
韩　国	Korea, Rep.	10.5	10.5	马达加斯加	Madagascar	438.8	450.3
德　国	Germany	0.2	8.4	埃塞俄比亚	Ethiopia	622.3	438.7
越　南	Viet Nam	29.9	7.6	赞比亚	Zambia	142.8	418.5
摩尔多瓦	Moldova	11.1	6.4	布隆迪	Burundi	166.3	403.3
布基纳法索	Burkina Faso	2.2	5.2	比利时	Belgium	345.6	402.8
埃　及	Egypt	4.3	4.4	哈萨克斯坦	Kazakhstan	255.5	391.2
津巴布韦	Zimbabwe	5.7	4.0	肯尼亚	Kenya	389.7	389.2
厄瓜多尔	Ecuador	7.0	4.0	卢旺达	Rwanda	381.3	363.7
泰　国	Thailand	15.9	3.9	伊　朗	Iran	427.5	348.3
危地马拉	Guatemala	4.4	3.9	巴拉圭	Paraguay	266.8	343.8
安哥拉	Angola	0.6	3.7	菲律宾	Philippines	291.6	340.2
尼泊尔	Nepal	2.2	3.2	尼泊尔	Nepal	267.5	328.9
乌干达	Uganda	2.7	2.8	日　本	Japan	355.5	327.8

11-3 续表 3 continued

单位：万吨 (10 000 tons)

国家或地区	Country or Area	花生 Groundnuts, with Shell 2010	花生 Groundnuts, with Shell 2019	国家或地区	Country or Area	油菜籽 Rapeseed 2010	油菜籽 Rapeseed 2019
世　界	**World**	**4348.2**	**4875.7**	**世　界**	**World**	**5985.0**	**7051.1**
中　国	China	1564.4	1752.0	加拿大	Canada	1278.9	1864.9
印　度	India	826.5	672.7	中　国	China	1308.2	1348.5
尼日利亚	Nigeria	379.9	445.0	印　度	India	660.8	925.6
苏　丹	Sudan	76.3	282.8	法　国	France	481.5	352.3
美　国	United States	188.6	249.3	乌克兰	Ukraine	147.0	328.0
缅　甸	Myanmar	137.0	161.6	德　国	Germany	569.8	283.0
塞内加尔	Senegal	128.7	142.1	澳大利亚	Australia	190.7	236.6
阿根廷	Argentina	61.1	133.7	波　兰	Poland	222.9	226.9
几内亚	Guinea	33.2	95.8	俄罗斯	Russia	67.0	206.0
乍　得	Chad	110.3	93.9	英　国	United Kingdom	223.0	175.2
坦桑尼亚	Tanzania	46.5	68.0	美　国	United States	111.2	155.3
巴　西	Brazil	26.2	58.1	捷　克	Czech Rep.	104.2	115.7
尼日尔	Niger	40.6	54.4	匈牙利	Hungary	53.1	91.2
加　纳	Ghana	53.1	53.6	罗马尼亚	Romania	94.3	79.8
喀麦隆	Cameroon	53.6	50.0	丹　麦	Denmark	58.0	72.9
刚果(金)	Congo, Dem. Rep.	38.8	45.5	立陶宛	Lithuania	41.7	69.3
越　南	Viet Nam	48.7	43.9	白俄罗斯	Belarus	37.5	57.8
布基纳法索	Burkina Faso	34.0	39.6	保加利亚	Bulgaria	54.5	43.3
马　里	Mali	31.5	36.9	斯洛伐克	Slovakia	32.3	42.2
马拉维	Malawi	29.8	35.0	拉脱维亚	Latvia	22.6	40.8
印度尼西亚	Indonesia	130.2	27.7	瑞　典	Sweden	27.6	38.2
埃　及	Egypt	20.3	23.1	巴基斯坦	Pakistan	16.2	34.3
尼加拉瓜	Nicaragua	18.0	22.4	孟加拉国	Bangladesh	22.2	31.2
安哥拉	Angola	11.5	21.2	伊　朗	Iran	14.6	29.0
贝　宁	Benin	15.4	20.4	哈萨克斯坦	Kazakhstan	10.9	24.1
土耳其	Turkey	9.7	16.9	爱沙尼亚	Estonia	13.1	19.1
乌干达	Uganda	27.6	16.0	智　利	Chile	4.4	18.5
埃塞俄比亚	Ethiopia	7.2	15.7	土耳其	Turkey	10.7	18.0
科特迪瓦	Cote D'Ivoire	9.0	15.6	西班牙	Spain	3.6	14.5
中　非	Central African Rep.	14.0	14.4	奥地利	Austria	17.1	10.7
赞比亚	Zambia	16.4	13.1	克罗地亚	Croatia	3.3	10.4
冈比亚	Gambia	13.8	11.0	南　非	South Africa	3.7	9.5
塞拉利昂	Sierra Leone	8.2	10.6	乌拉圭	Uruguay	0.9	9.1
巴基斯坦	Pakistan	6.8	9.5	塞尔维亚	Serbia	2.4	8.4
津巴布韦	Zimbabwe	13.7	9.0	摩尔多瓦	Moldova	3.7	7.7
墨西哥	Mexico	8.2	8.1	瑞　士	Switzerland	6.8	6.8
莫桑比克	Mozambique	15.8	8.0	巴拉圭	Paraguay	10.2	6.0
孟加拉国	Bangladesh	5.4	6.3	巴　西	Brazil	7.0	4.8
马达加斯加	Madagascar	3.0	5.9	埃塞俄比亚	Ethiopia	1.8	4.2
老　挝	Laos	5.1	5.3	芬　兰	Finland	17.9	4.2
中国台湾	Taiwan, China	6.5	5.3	阿根廷	Argentina	2.3	4.0
几内亚比绍	Guinea-Bissau	3.6	5.0	意大利	Italy	5.0	3.8
多　哥	Togo	4.7	4.5	爱尔兰	Ireland	2.8	3.8
摩洛哥	Morocco	5.0	4.0	比利时	Belgium	4.6	3.3
加　蓬	Gabon	1.8	3.4	蒙　古	Mongolia	0.3	2.5
泰　国	Thailand	4.9	3.1	阿尔及利亚	Algeria	2.5	2.3
菲律宾	Philippines	3.0	2.9	挪　威	Norway	1.0	1.5
乌兹别克斯坦	Uzbekistan	0.8	2.8	卢森堡	Luxemburg	1.6	1.0
玻利维亚	Bolivia	1.3	2.8	希　腊	Greece	2.5	1.0
斯里兰卡	Sri Lanka	1.4	2.7	斯洛文尼亚	Slovenia	1.6	1.0

11-3 续表 4 continued

单位：万吨 (10 000 tons)

国家或地区	Country or Area	芝麻 Sesame Seed 2010	芝麻 Sesame Seed 2019	国家或地区	Country or Area	籽棉 Seed Cotton 2010	籽棉 Seed Cotton 2019
世 界	**World**	**432.2**	**655.0**	**世 界**	**World**	**6922.0**	**8258.9**
苏 丹	Sudan	24.8	121.0	中 国	China	1791.0	2350.5
缅 甸	Myanmar	78.7	74.5	印 度	India	1776.0	1855.0
印 度	India	89.3	68.9	美 国	United States	947.4	1295.6
坦桑尼亚	Tanzania	14.4	68.0	巴 西	Brazil	295.0	689.3
尼日利亚	Nigeria	14.9	48.0	巴基斯坦	Pakistan	561.4	449.5
中 国	China	58.7	46.7	乌兹别克斯坦	Uzbekistan	344.3	269.4
布基纳法索	Burkina Faso	9.1	37.5	土 耳 其	Turkey	215.0	220.0
埃塞俄比亚	Ethiopia	32.8	26.3	澳大利亚	Australia	93.9	162.7
乍 得	Chad	12.6	17.0	墨 西 哥	Mexico	44.1	91.7
乌 干 达	Uganda	11.9	14.4	阿 根 廷	Argentina	75.4	87.3
巴 西	Brazil	0.5	12.8	贝 宁	Benin	13.7	79.2
尼 日 尔	Niger	8.6	9.8	布基纳法索	Burkina Faso	53.0	72.4
莫桑比克	Mozambique	6.3	9.5	马 里	Mali	24.4	71.1
喀 麦 隆	Cameroon	1.3	7.0	土库曼斯坦	Turkmenistan	128.6	58.2
巴基斯坦	Pakistan	3.1	6.2	塔吉克斯坦	Tajikistan	31.1	40.3
墨 西 哥	Mexico	3.7	5.8	科特迪瓦	Cote D'Ivoire	17.5	35.6
马 里	Mali	1.3	5.1	哈萨克斯坦	Kazakhstan	24.0	34.4
危地马拉	Guatemala	5.0	3.8	乍 得	Chad	5.2	32.5
埃 及	Egypt	4.6	3.8	喀 麦 隆	Cameroon	19.0	32.3
索 马 里	Somalia	2.6	3.6	埃 及	Egypt	37.8	30.5
阿 富 汗	Afghanistan	3.2	3.3	阿塞拜疆	Azerbaijan	3.8	29.5
柬 埔 寨	Cambodia	3.0	3.3	缅 甸	Myanmar	50.5	28.9
孟加拉国	Bangladesh	3.2	3.2	坦桑尼亚	Tanzania	26.7	26.8
泰 国	Thailand	4.8	3.1	尼日利亚	Nigeria	60.2	23.3
伊 朗	Iran	4.6	2.9	苏 丹	Sudan	13.6	18.7
塞内加尔	Senegal	0.5	2.4	埃塞俄比亚	Ethiopia	5.8	15.5
巴 拉 圭	Paraguay	4.0	2.4	叙 利 亚	Syrian Arab Republic	47.3	14.2
越 南	Viet Nam	1.7	2.4	玻利维亚	Bolivia	10.7	11.9
也 门	Yemen	2.6	2.2	多 哥	Togo	4.3	11.7
委内瑞拉	Venezuela	1.5	1.8	津巴布韦	Zimbabwe	15.0	10.7
土 耳 其	Turkey	2.4	1.7	伊 朗	Iran	16.7	10.6
老 挝	Laos	1.0	1.7	乌 干 达	Uganda	8.4	10.3
玻利维亚	Bolivia	1.0	1.6	孟加拉国	Bangladesh	4.3	8.1
乌兹别克斯坦	Uzbekistan	0.4	1.4	南 非	South Africa	2.1	7.3
韩 国	Korea, Rep.	1.3	1.3	阿 富 汗	Afghanistan	3.3	7.3
肯 尼 亚	Kenya	1.1	1.1	赞 比 亚	Zambia	10.7	7.3
贝 宁	Benin	1.0	1.0	哥伦比亚	Colombia	9.0	6.0
尼加拉瓜	Nicaragua	0.4	1.0	秘 鲁	Peru	6.4	5.8
中 非	Central African Rep.	2.9	0.7	吉尔吉斯斯坦	Kyrgyzstan	7.4	5.8
斯里兰卡	Sri Lanka	1.7	0.6	莫桑比克	Mozambique	6.2	5.3
厄立特里亚	Eritrea	0.4	0.5	马 拉 维	Malawi	2.9	4.6
哥伦比亚	Colombia	0.2	0.5	几 内 亚	Guinea	3.7	4.4
刚果(金)	Congo, Dem. Rep.	0.5	0.5	朝 鲜	Korea, Dem.	3.5	3.9
沙特阿拉伯	Saudi Arabia	0.5	0.4	刚果(金)	Congo, Dem. Rep.	2.6	2.9
海 地	Haiti	0.4	0.4	巴 拉 圭	Paraguay	1.5	2.7
叙 利 亚	Syrian Arab Republic	0.5	0.4	也 门	Yemen	2.5	2.3
塞拉利昂	Sierra Leone	0.3	0.4	以 色 列	Israel	1.8	2.2
安 哥 拉	Angola	0.3	0.4	中 非	Central African Rep.	1.1	2.1
科特迪瓦	Cote D'Ivoire	0.3	0.3	塞内加尔	Senegal	2.6	1.7
马 拉 维	Malawi		0.3	马达加斯加	Madagascar	1.4	1.6

11-3 续表 5 continued

单位：万吨 (10 000 tons)

国家或地区	Country or Area	甘蔗 Sugar Cane 2010	甘蔗 Sugar Cane 2019	国家或地区	Country or Area	甜菜 Sugar Beets 2010	甜菜 Sugar Beets 2019
世　界	**World**	**168284.0**	**194931.0**	**世　界**	**World**	**22840.9**	**27849.8**
巴　西	Brazil	71746.4	75289.5	俄罗斯	Russia	2225.6	5435.0
印　度	India	29230.2	40541.6	法　国	France	3187.5	3802.4
泰　国	Thailand	6880.8	13100.2	德　国	Germany	2343.2	2972.8
中　国	China	11078.9	10938.8	美　国	United States	2906.1	2594.6
巴基斯坦	Pakistan	4937.3	6688.0	土耳其	Turkey	1794.2	1808.6
墨西哥	Mexico	5042.2	5933.4	波　兰	Poland	997.3	1383.7
哥伦比亚	Colombia	3253.9	3266.3	中　国	China	929.6	1227.3
澳大利亚	Australia	3123.5	3241.5	埃　及	Egypt	784.0	1052.5
印度尼西亚	Indonesia	2660.0	2910.0	乌克兰	Ukraine	1374.9	1020.5
危地马拉	Guatemala	2231.4	2908.7	英　国	United Kingdom	652.8	745.0
美　国	United States	2482.1	2897.3	荷　兰	Netherlands	528.0	664.5
菲律宾	Philippines	1792.9	2071.9	伊　朗	Iran	386.7	529.7
南　非	South Africa	1601.6	1948.2	比利时	Belgium	446.5	507.2
阿根廷	Argentina	1889.0	1765.3	白俄罗斯	Belarus	377.3	492.7
埃　及	Egypt	1570.9	1631.6	日　本	Japan	309.0	398.6
越　南	Viet Nam	1616.2	1527.0	摩洛哥	Morocco	243.6	369.3
缅　甸	Myanmar	925.0	1184.6	捷　克	Czech Rep.	306.5	366.1
秘　鲁	Peru	985.5	1092.9	西班牙	Spain	353.5	275.3
玻利维亚	Bolivia	640.3	955.9	丹　麦	Denmark	240.9	234.0
伊　朗	Iran	564.8	928.5	塞尔维亚	Serbia	332.5	230.5
厄瓜多尔	Ecuador	834.7	925.8	瑞　典	Sweden	197.4	202.9
古　巴	Cuba	1160.0	872.5	奥地利	Austria	313.2	196.5
尼加拉瓜	Nicaragua	489.4	737.2	意大利	Italy	355.0	177.9
萨尔瓦多	El Salvador	512.7	717.8	瑞　士	Switzerland	130.2	145.5
巴拉圭	Paraguay	513.1	582.0	智　利	Chile	142.0	131.3
苏　丹	Sudan	752.7	544.9	斯洛伐克	Slovakia	97.8	125.2
洪都拉斯	Honduras	649.1	540.9	立陶宛	Lithuania	70.7	100.2
赞比亚	Zambia	350.0	499.4	罗马尼亚	Romania	83.8	91.7
多米尼加	Dominican Rep.	457.7	489.6	加拿大	Canada	50.8	90.4
乌干达	Uganda	355.0	489.2	匈牙利	Hungary	81.9	82.4
肯尼亚	Kenya	571.0	460.6	吉尔吉斯斯坦	Kyrgyzstan	13.9	74.1
哥斯达黎加	Costa Rica	373.5	442.1	克罗地亚	Croatia	124.9	70.9
委内瑞拉	Venezuela	684.2	438.0	摩尔多瓦	Moldova	83.8	60.7
莫桑比克	Mozambique	272.0	410.7	芬　兰	Finland	54.2	50.1
坦桑尼亚	Tanzania	280.1	359.0	哈萨克斯坦	Kazakhstan	15.2	48.6
津巴布韦	Zimbabwe	269.2	356.2	土库曼斯坦	Turkmenistan	23.4	24.5
尼泊尔	Nepal	259.3	355.8	阿塞拜疆	Azerbaijan	25.2	21.9
毛里求斯	Mauritius	436.6	340.5	希　腊	Greece	88.9	7.9
马达加斯加	Madagascar	290.6	317.4	突尼斯	Tunisia		7.5
孟加拉国	Bangladesh	449.1	314.2	亚美尼亚	Armenia	2.6	6.7
马拉维	Malawi	250.0	313.7	巴基斯坦	Pakistan	5.3	3.9
巴拿马	Panama	222.9	267.1	伊拉克	Iraq	2.0	3.8
刚果(金)	Congo, Dem. Rep.	207.9	231.9	哥伦比亚	Colombia	1.5	3.3
老　挝	Laos	81.9	197.1	阿尔巴尼亚	Albania	4.0	3.1
科特迪瓦	Cote D'Ivoire	180.1	196.8	委内瑞拉	Venezuela	2.0	2.4
伯利兹	Belize	112.3	179.4	叙利亚	Syrian Arab Republic	142.8	1.9
海　地	Haiti	122.0	169.0	马　里	Mali	0.4	1.2
斐　济	Fiji	175.1	151.5	斯洛文尼亚	Slovenia		1.1
埃塞俄比亚	Ethiopia	296.9	149.9	阿富汗	Afghanistan	1.5	0.9
尼日利亚	Nigeria	85.0	145.6	厄瓜多尔	Ecuador	0.4	0.5

11-3　续表 6　continued

单位：万吨　　(10 000 tons)

国家或地区	Country or Area	茶叶 Tea	
		2010	2019
世　界	**World**	**462.2**	**649.7**
中　国	China	145.0	277.7
印　度	India	99.1	139.0
肯尼亚	Kenya	39.9	45.9
斯里兰卡	Sri Lanka	33.1	30.0
越　南	Viet Nam	19.9	26.9
土耳其	Turkey	23.5	26.1
印度尼西亚	Indonesia	15.0	13.8
缅　甸	Myanmar	9.5	13.3
伊　朗	Iran	12.1	9.1
孟加拉国	Bangladesh	6.0	9.1
阿根廷	Argentina	9.2	8.6
日　本	Japan	8.5	8.2
乌干达	Uganda	4.9	7.4
坦桑尼亚	Tanzania	3.3	6.3
泰　国	Thailand	6.7	5.9
马拉维	Malawi	5.2	5.0
莫桑比克	Mozambique	2.9	3.4
卢旺达	Rwanda	2.2	3.2
尼泊尔	Nepal	1.7	2.5
中国台湾	Taiwan, China	1.8	1.5
埃塞俄比亚	Ethiopia	0.8	1.3
布隆迪	Burundi	3.8	1.1
老　挝	Laos	0.1	0.9
马来西亚	Malaysia	2.0	0.7
喀麦隆	Cameroon	0.6	0.6
巴布亚新几内亚	Papua New Guinea	0.6	0.6
刚果(金)	Congo, Dem. Rep.	0.3	0.3
韩　国	Korea, Rep.	0.2	0.3
格鲁吉亚	Georgia	0.4	0.2
毛里求斯	Mauritius	0.2	0.2
秘　鲁	Peru	0.3	0.2
南　非	South Africa	0.2	0.1
厄瓜多尔	Ecuador	0.2	0.1
玻利维亚	Bolivia	0.1	0.1
赞比亚	Zambia	0.1	0.1
阿塞拜疆	Azerbaijan	0.1	0.1
津巴布韦	Zimbabwe	2.4	0.1
萨尔瓦多	El Salvador	0.1	0.1
巴　西	Brazil	0.4	0.1
马达加斯加	Madagascar		
危地马拉	Guatemala	0.1	
俄罗斯	Russia		
哥伦比亚	Colombia		
马　里	Mali		
黑　山	Montenegro		
塞舌尔	Seychelles		
美属维尔京群岛	Virgin Islands(US)		
阿尔巴尼亚	Albania		
斯洛文尼亚	Slovenia		
阿富汗	Afghanistan		

国家或地区	Country or Area	水果 Fruit Primary	
		2010	2019
世　界	**World**	**74054.2**	**88341.6**
中　国	China	19604.6	24662.1
印　度	India	7640.9	10416.6
巴　西	Brazil	4142.6	4009.9
美　国	United States	2915.7	2530.4
墨西哥	Mexico	1705.9	2367.9
土耳其	Turkey	1922.9	2331.3
印度尼西亚	Indonesia	1563.5	2145.3
西班牙	Spain	1791.5	1831.8
伊　朗	Iran	1783.0	1745.9
意大利	Italy	1861.3	1725.4
菲律宾	Philippines	1937.9	1666.0
埃　及	Egypt	1231.3	1552.5
尼日利亚	Nigeria	1076.3	1196.2
哥伦比亚	Colombia	856.5	1079.2
越　南	Viet Nam	732.7	1002.7
泰　国	Thailand	1039.5	961.0
巴基斯坦	Pakistan	707.9	957.3
法　国	France	904.4	867.1
厄瓜多尔	Ecuador	936.5	815.8
阿根廷	Argentina	748.3	795.9
南　非	South Africa	613.0	721.8
阿尔及利亚	Algeria	575.1	707.0
秘　鲁	Peru	501.9	703.2
哥斯达黎加	Costa Rica	530.4	701.0
危地马拉	Guatemala	432.9	682.3
加　纳	Ghana	488.7	674.9
智　利	Chile	613.9	673.9
喀麦隆	Cameroon	495.1	672.4
刚果(金)	Congo, Dem. Rep.	406.9	663.1
摩洛哥	Morocco	429.7	638.2
俄罗斯	Russia	361.5	594.4
乌兹别克斯坦	Uzbekistan	388.0	579.8
坦桑尼亚	Tanzania	497.3	579.4
多米尼加	Dominican Rep.	256.5	544.4
安哥拉	Angola	264.1	536.2
孟加拉国	Bangladesh	391.8	489.7
希　腊	Greece	404.3	423.0
乌干达	Uganda	534.9	402.5
肯尼亚	Kenya	320.9	400.4
波　兰	Poland	278.9	393.1
马拉维	Malawi	168.1	389.6
澳大利亚	Australia	348.3	355.5
委内瑞拉	Venezuela	283.3	352.6
苏　丹	Sudan		331.7
沙特阿拉伯	Saudi Arabia	215.5	319.5
韩　国	Korea, Rep.	362.0	313.5
阿富汗	Afghanistan	136.0	307.9
日　本	Japan	345.5	299.1
乌克兰	Ukraine	281.9	291.9
罗马尼亚	Romania	280.0	289.8

11-4 主要林产品产量
Output of Major Forest Products

资料来源：联合国FAO数据库。
Source: FAO Database.
单位：吨 (ton)

国家或地区	Country or Area	栗子 Chestnuts		榛子 Hazelnuts, with Shell		天然橡胶 Natural Rubber		核桃 Walnuts, with Shell	
		2010	2019	2010	2019	2010	2019	2010	2019
世　界	**World**	**1999712**	**2406903**	**854742**	**1125178**	**10839418**	**14616614**	**2767426**	**4498442**
中　国	China	1644717	1849137	19500	29318	690812	839909	1284351	2521504
孟加拉国	Bangladesh					5814	22800		
文　莱	Brunei Darussalam					240	257		
柬埔寨	Cambodia					42319	174700		
印　度	India					862000	1001405	38000	32500①
印度尼西亚	Indonesia					2734900	3448782		
伊　朗	Iran			18443	16121			268135	321074
日　本	Japan	23500	15700						
哈萨克斯坦	Kazakhstan							1180	3814
朝　鲜	Korea, Dem.	10751	12872						
韩　国	Korea, Rep.	68630	54708					1061	1131
马来西亚	Malaysia					939244	639830		
蒙　古	Mongolia			314	330				
缅　甸	Myanmar					126200	264943		
巴基斯坦	Pakistan							10838	14862
菲律宾	Philippines					395237	431675		
斯里兰卡	Sri Lanka					152990	74750		
泰　国	Thailand					3051781	4839952		
越　南	Viet Nam					751700	1185157		
埃　及	Egypt							20865	24013
尼日利亚	Nigeria					144912	149691		
墨西哥	Mexico					32097	79979	76627	171368
美　国	United States			25401	39920			457221	592390
阿根廷	Argentina							10000	18488
巴　西	Brazil					133981	217387	5319	6175
白俄罗斯	Belarus			1200	1217			13500	18431
捷　克	Czech Rep.							69	110
法　国	France	9464	7350	10073	11660			31594	34950
德　国	Germany							16997	
意大利	Italy	55240	39980	90270	98530			14000	10800
波　兰	Poland	363		2649	5440			9175	5240
西班牙	Spain	17900	188930	15086	12370			13525	17540
土耳其	Turkey	59171	72655	600000	776046			178142	225000
乌克兰	Ukraine	200	228	20	50			87400	125850
澳大利亚	Australia							1900	4369

11–5 牲畜饲养量(2018年)
Number of Livestock(2018)

资料来源：联合国FAO数据库。
Source: FAO Database.
单位：万头(只) (10 000 heads)

国家或地区	Country or Area	牛 Cattle	马 Horses	山羊 Goats	绵羊 Sheep	猪 Pigs
世 界	**World**	**149415.8**	**5803.0**	**106086.7**	**121762.4**	**97141.1**
中 国	China	6327.1	347.3	13574.7	16138.8	42817.1
孟加拉国	Bangladesh	2408.6		6007.5	226.8	
文 莱	Brunei Darussalam	0.1		0.6	0.5	0.1
柬埔寨	Cambodia	286.4	3.1			210.8
印 度	India	19175.4	45.6	14442.5	7158.8	925.4
印度尼西亚	Indonesia	1643.3	37.8	1830.6	1761.1	825.4
伊 朗	Iran	499.4	13.4	1542.3	3999.8	
以色列	Israel	54.6	0.4	10.8	47.7	17.1
日 本	Japan	384.2	1.4	1.6	1.5	918.9
哈萨克斯坦	Kazakhstan	715.1	264.7	228.3	1641.6	79.9
朝 鲜	Korea, Dem.	57.6	4.8	363.1	16.7	259.3
韩 国	Korea, Rep.	352.1	2.6	36.1	0.1	1133.3
老 挝	Laos	204.1	3.2	61.6		382.5
马来西亚	Malaysia	67.7	0.4	35.9	12.8	196.8
蒙 古	Mongolia	438.1	394.0	2712.5	3055.5	2.8
缅 甸	Myanmar	1786.0	9.7	971.7	133.4	1977.9
巴基斯坦	Pakistan	4608.4	36.9	7413.4	3049.8	
菲律宾	Philippines	255.4	25.1	372.5	3.0	1260.4
斯里兰卡	Sri Lanka	111.1	0.1	31.5	1.1	9.8
泰 国	Thailand	464.7	0.6	47.1	4.0	784.8
越 南	Viet Nam	580.3	5.3	268.4		2815.2
埃 及	Egypt	439.4	8.1	357.2	483.0	0.8
尼日利亚	Nigeria	2027.6	10.2	8005.0	4572.1	800.4
南 非	South Africa	1279.0	32.7	540.5	2250.0	145.4
加拿大	Canada	1156.5	39.8	3.0	82.9	1417.0
墨西哥	Mexico	3482.0	637.9	875.0	868.4	1783.9
美 国	United States	9429.8	1063.0	263.9	526.5	7507.0
阿根廷	Argentina	5450.8	250.5	456.7	1434.0	519.1
巴 西	Brazil	21380.9	575.1	1073.2	1894.7	4123.2
委内瑞拉	Venezuela	1589.9	52.3	151.5	60.3	302.5
白俄罗斯	Belarus	434.0	4.3	6.3	8.8	284.1
捷 克	Czech Rep.	136.5	3.1	3.0	21.9	150.8
法 国	France	1861.3	37.1	125.2	716.6	1371.3
德 国	Germany	1194.9	40.6	14.6	157.0	2644.5
意大利	Italy	631.1	36.9	98.6	717.9	849.2
荷 兰	Netherlands	369.0	14.1	51.8	74.3	1190.9
波 兰	Poland	618.3	18.5	4.4	27.7	1102.8
俄罗斯	Russia	1829.4	123.9	204.2	2234.7	2307.6
西班牙	Spain	651.1	28.3	276.5	1585.3	3080.4
土耳其	Turkey	1594.4	11.4	1063.5	3367.8	0.1
乌克兰	Ukraine	353.1	26.5	58.2	72.7	611.0
英 国	United Kingdom	989.2	41.6	10.4	3378.1	505.5
澳大利亚	Australia	2639.6	23.0	364.1	7006.7	253.4
新西兰	New Zealand	1010.7	4.1	9.4	2729.6	28.7

11-6 畜产品产量(2018年)
Output of Livestock Products(2018)

资料来源：联合国FAO数据库。
Source: FAO Database.
单位：万吨 (10 000 tons)

国家或地区	Country or Area	肉类总产量 Meat Total	牛肉 Beef and Buffalo Meat	羊肉 Sheep and Goat Meat	猪肉 Pig Meat	禽肉 Poultry Meat
世　界	**World**	**34362.1**	**7160.3**	**1593.7**	**12096.0**	**12861.1**
中　国	China	8708.2	644.1	475.1	5403.7	2004.5
孟加拉国	Bangladesh	69.6	19.5	22.7		25.5
文　莱	Brunei Darussalam	2.7	0.2			2.6
柬埔寨	Cambodia	20.1	6.3		10.9	2.8
印　度	India	802.9	255.2	80.4	37.6	410.1
印度尼西亚	Indonesia	434.8	52.3	15.2	21.6	345.4
伊　朗	Iran	297.1	43.2	28.6		224.3
以色列	Israel	80.3	12.2	1.1	1.3	65.6
日　本	Japan	401.5	47.5		128.4	225.0
哈萨克斯坦	Kazakhstan	105.1	47.7	17.1	8.6	18.3
朝　鲜	Korea, Dem.	34.9	2.1	1.5	12.2	4.2
韩　国	Korea, Rep.	252.9	27.9	0.2	132.9	91.5
老　挝	Laos	17.8	5.4	0.2	8.6	3.5
马来西亚	Malaysia	192.9	4.7	0.4	22.4	165.4
蒙　古	Mongolia	43.0	12.7	23.6		
缅　甸	Myanmar	349.6	45.5	12.6	115.5	176.0
巴基斯坦	Pakistan	428.6	214.9	71.7		139.6
菲律宾	Philippines	365.7	31.1	6.0	187.7	139.1
新加坡	Singapore	12.6			2.0	10.7
斯里兰卡	Sri Lanka	22.3	2.5	0.1	0.1	19.6
泰　国	Thailand	283.9	15.9	0.2	94.0	173.8
越　南	Viet Nam	522.0	42.7	1.9	381.6	93.0
埃　及	Egypt	240.5	77.9	7.4	0.1	146.3
尼日利亚	Nigeria	149.0	31.7	42.5	29.9	26.0
南　非	South Africa	325.1	100.3	16.2	26.5	176.2
加拿大	Canada	487.6	123.1	1.6	212.6	147.8
墨西哥	Mexico	704.1	198.1	10.3	150.3	337.7
美　国	United States	4682.3	1221.9	8.1	1194.3	2229.8
阿根廷	Argentina	593.5	306.6	5.6	62.1	211.5
巴　西	Brazil	2811.5	990.0	12.8	395.1	1411.3
委内瑞拉	Venezuela	102.0	43.8	0.9	12.4	44.8
白俄罗斯	Belarus	119.8	32.6	0.1	39.7	47.2
捷　克	Czech Rep.	46.3	7.3	0.4	22.0	16.6
法　国	France	546.2	146.0	8.8	218.2	168.9
德　国	Germany	802.5	110.9	3.4	535.0	153.0
意大利	Italy	366.2	83.2	3.7	148.7	127.7
荷　兰	Netherlands	304.7	45.9	1.4	153.6	103.8
波　兰	Poland	518.8	56.5	0.1	209.3	251.6
俄罗斯	Russia	1062.9	160.8	22.4	374.4	454.3
西班牙	Spain	695.8	66.9	13.1	453.0	156.2
土耳其	Turkey	367.2	100.4	43.6		223.0
乌克兰	Ukraine	238.3	35.9	1.4	70.3	128.7
英　国	United Kingdom	408.8	92.2	28.9	92.7	194.0
澳大利亚	Australia	467.4	223.8	76.3	41.7	123.2
新西兰	New Zealand	145.4	67.7	47.3	4.7	23.2

11-6 续表 contunued

单位：万吨 (10 000 tons)

国家或地区	Country or Area	蛋类 Eggs Total	鸡蛋 Hen eggs	奶类总产量 Milk Total	牛奶 Cow milk	羊毛 Wool Greasy	蜂蜜 Natural Honey
世 界	**World**	**8507.4**	**7895.0**	**87969.6**	**71373.4**	**180.5**	**188.2**
中 国	China	3597.6	3128.3	3504.6	3074.6	35.7	44.7
孟加拉国	Bangladesh	70.9	50.0	359.6	83.2	0.2	
文 莱	Brunei Darussalam	0.9	0.9				
柬埔寨	Cambodia	2.3	1.9	2.4	2.4		
印 度	India	523.7	523.7	18797.8	8983.4	3.8	6.8
印度尼西亚	Indonesia	505.6	468.8	154.9	95.1	2.5	
伊 朗	Iran	72.4	72.4	752.3	680.0	5.1	7.6
以色列	Israel	15.3	15.3	163.5	159.3	0.1	0.4
日 本	Japan	262.8	262.8	729.2	728.9		0.3
哈萨克斯坦	Kazakhstan	28.0	27.9	567.8	564.2	3.9	0.3
朝 鲜	Korea, Dem.	12.8	12.8	8.3	8.3		
韩 国	Korea, Rep.	78.9	75.7	183.5	182.5		2.6
老 挝	Laos	1.6	1.6	0.7	0.7		
马来西亚	Malaysia	82.0	80.5	4.6	3.8		
蒙 古	Mongolia	0.8	0.8	81.8	55.3	1.5	
缅 甸	Myanmar	63.1	57.6	242.1	220.0	0.1	0.5
巴基斯坦	Pakistan	86.0	84.8	5419.2	1985.8	4.6	0.4
菲律宾	Philippines	58.1	53.4	1.5	1.5		
新加坡	Singapore	3.1	2.9				
斯里兰卡	Sri Lanka	11.0	11.0	48.7	38.6		
泰 国	Thailand	111.0	71.0	120.0	120.0		1.2
越 南	Viet Nam	34.9	34.9	96.3	93.6		2.0
埃 及	Egypt	40.4	40.4	519.7	288.2	1.1	0.5
尼日利亚	Nigeria	64.0	64.0	51.6	51.6		
南 非	South Africa	45.4	45.4	375.3	375.3	4.2	0.1
加拿大	Canada	57.0	57.0	921.9	921.9	0.1	9.5
墨西哥	Mexico	287.2	287.2	1222.6	1200.6	0.5	6.4
美 国	United States	651.8	651.8	9871.3	9868.7	1.1	7.0
阿根廷	Argentina	82.9	82.9	1052.7	1052.7	4.0	7.9
巴 西	Brazil	320.9	303.0	3520.7	3493.4	0.9	4.2
委内瑞拉	Venezuela	17.0	17.0	220.4	220.4		0.1
白俄罗斯	Belarus	20.2	20.0	734.5	732.9		0.3
捷 克	Czech Rep.	8.7	8.7	316.2	316.2		0.9
法 国	France	84.8	84.8	2602.3	2505.5	1.4	1.9
德 国	Germany	84.6	84.6	3311.0	3308.7	1.2	2.0
意大利	Italy	73.6	73.6	1313.2	1234.0	0.7	1.0
荷 兰	Netherlands	70.5	70.5	1442.6	1409.0	0.3	
波 兰	Poland	65.7	65.7	1417.9	1417.1	0.1	2.3
俄罗斯	Russia	251.9	248.6	3060.6	3034.5	5.5	6.5
西班牙	Spain	84.0	83.9	841.8	733.6	2.4	3.6
土耳其	Turkey	122.8	122.8	2212.1	2003.7	6.4	10.8
乌克兰	Ukraine	93.7	92.2	1030.3	1006.4	0.2	7.1
英 国	United Kingdom	79.1	77.7	1531.1	1531.1	7.0	1.0
澳大利亚	Australia	25.9	25.9	928.9	928.9	38.6	1.1
新西兰	New Zealand	6.4	6.2	2139.2	2139.2	12.8	2.0

11-7 鱼类产量
Output of Total Fishes

资料来源：联合国FAO数据库。
Source: FAO Database.
单位：万吨 (10 000 tons)

国家或地区	Country or Area	鱼类产量 Output of Total Fishes		海域鱼类产量 Ocean Area		内陆水域鱼类产量 Inland Area	
		2010	2018	2010	2018	2010	2018
中国	China	3104.2	3742.7	968.0	1051.4	2136.3	2691.4
印度	India	778.9	1080.2	278.4	291.6	500.6	788.6
印度尼西亚	Indonesia	681.0	1067.8	512.1	669.2	168.8	398.7
秘鲁	Peru	383.7	679.8	377.6	671.8	6.2	8.0
越南	Viet Nam	405.7	589.7	185.1	298.1	220.6	291.6
俄罗斯	Russia	403.8	502.8	366.4	459.5	37.4	43.3
美国	United States	353.1	415.0	326.7	394.1	26.4	20.9
孟加拉国	Bangladesh	283.4	401.8	62.9	73.8	220.5	328.0
挪威	Norway	354.7	359.3	354.7	359.3	0.1	0.0
缅甸	Myanmar	270.4	310.8	114.9	111.6	155.5	199.3
日本	Japan	348.4	286.9	342.0	282.6	6.4	4.3
智利	Chile	282.5	273.6	278.8	273.5	3.7	0.1
菲律宾	Philippines	292.3	256.0	249.8	213.2	42.5	42.8
埃及	Egypt	127.5	190.4	21.5	35.2	105.9	155.2
泰国	Thailand	195.3	183.2	134.1	124.9	61.2	58.3
墨西哥	Mexico	128.6	142.0	116.0	113.2	12.6	28.9
马来西亚	Malaysia	141.7	138.7	125.8	128.1	15.9	10.6
摩洛哥	Morocco	107.4	129.7	106.6	128.1	0.8	1.6
冰岛	Iceland	105.3	126.6	105.2	126.6	0.0	0.0
伊朗	Iran	63.9	120.3	35.1	72.8	28.9	47.6
巴西	Brazil	103.4	117.5	46.6	42.7	56.8	74.8
韩国	Korea, Rep.	131.9	113.6	129.2	110.8	2.6	2.8
尼日利亚	Nigeria	78.5	110.3	29.1	42.0	49.4	68.3
西班牙	Spain	96.3	93.2	94.0	91.7	2.2	1.5
中国台湾	Taiwan, China	94.8	92.9	82.3	82.4	12.4	10.5
毛里塔尼亚	Mauritania	25.6	92.6	24.1	91.1	1.5	1.5
柬埔寨	Cambodia	52.7	89.6	6.4	12.3	46.2	77.3
丹麦	Denmark	81.9	76.2	79.5	74.0	2.3	2.2
英国	United Kingdom	62.9	74.9	61.4	73.7	1.6	1.2
法罗群岛	Faeroe Islands	43.1	73.0	43.1	73.0		
巴基斯坦	Pakistan	55.8	62.5	30.3	32.5	25.5	30.0
加拿大	Canada	61.6	59.9	58.1	54.5	3.6	5.3
厄瓜多尔	Ecuador	44.1	58.7	39.1	55.7	4.9	2.9
土耳其	Turkey	60.4	56.0	48.9	42.8	11.5	13.3
南非	South Africa	61.5	54.5	61.3	54.2	0.2	0.3
乌干达	Uganda	50.9	54.3			50.9	54.3
阿曼	Oman	15.3	53.6	15.3	53.6		0.0
法国	France	38.7	49.0	34.1	45.4	4.6	3.6
斯里兰卡	Sri Lanka	37.1	48.9	31.4	37.9	5.7	10.9
纳米比亚	Namibia	38.1	48.7	37.8	48.4	0.3	0.3
塞内加尔	Senegal	38.7	45.0	35.3	42.0	3.4	3.0
加纳	Ghana	35.3	44.8	25.3	28.2	10.0	16.7
阿根廷	Argentina	60.3	44.6	58.5	42.2	1.8	2.3
安哥拉	Angola	30.6	43.7	29.6	40.6	1.0	3.1
新西兰	New Zealand	40.8	39.1	40.6	38.9	0.2	0.3

11−8　化肥施用量(2018年)
Consumption of Fertilizers(2018)

资料来源：联合国FAO数据库。
Source: FAO Database.
单位：万吨 (10 000 tons)

国家或地区	Country or Area	化肥 Fertilizers	氮肥 Nitrogenous Fertilizers	磷肥 Phosphate Fertilizers	钾肥 Potash Fertilizers
世　界	**World**	**18816.0**	**10865.8**	**4064.8**	**3885.4**
中　国	China	4657.0	2814.1	774.8	1068.1
孟加拉国	Bangladesh	247.5	133.1	71.0	43.4
柬埔寨	Cambodia	13.5	12.8	0.4	0.3
印　度	India	2737.5	1762.8	696.8	277.9
印度尼西亚	Indonesia	621.9	323.7	81.7	216.5
伊　朗	Iran	69.8	56.5	9.8	3.5
以色列	Israel	9.2	5.0	0.6	3.6
日　本	Japan	105.1	38.9	35.5	30.7
哈萨克斯坦	Kazakhstan	24.6	10.5	12.3	1.8
韩　国	Korea, Rep.	50.8	21.6	14.4	14.8
马来西亚	Malaysia	174.0	38.2	30.5	105.3
蒙　古	Mongolia	4.3	4.1	0.1	0.1
缅　甸	Myanmar	54.6	27.1	14.7	12.8
巴基斯坦	Pakistan	475.9	344.7	125.8	5.4
菲律宾	Philippines	94.5	65.0	13.3	16.2
斯里兰卡	Sri Lanka	19.0	6.9	4.1	8.0
泰　国	Thailand	250.4	151.6	36.8	62.0
越　南	Viet Nam	290.2	157.3	75.0	57.9
埃　及	Egypt	165.7	131.3	26.4	8.0
尼日利亚	Nigeria	67.1	44.3	11.8	11.0
南　非	South Africa	87.4	47.0	26.8	13.6
加拿大	Canada	432.6	276.9	113.0	42.7
墨西哥	Mexico	246.0	133.2	82.6	30.2
美　国	United States	2031.0	1164.4	408.1	458.5
阿根廷	Argentina	189.1	116.1	68.9	4.1
巴　西	Brazil	1698.8	512.0	510.1	676.7
委内瑞拉	Venezuela	46.1	26.1	9.2	10.8
白俄罗斯	Belarus	89.3	40.5	10.5	38.3
捷　克	Czech Rep.	43.3	35.2	5.1	3.0
法　国	France	312.9	224.8	43.0	45.1
德　国	Germany	195.3	134.2	20.1	41.0
意大利	Italy	87.8	60.2	16.0	11.6
荷　兰	Netherlands	27.1	20.1	1.3	5.7
波　兰	Poland	195.5	109.1	33.4	53.0
俄罗斯	Russia	253.2	154.2	60.0	39.0
西班牙	Spain	187.4	103.3	42.6	41.5
土耳其	Turkey	216.5	152.8	52.1	11.6
乌克兰	Ukraine	215.0	140.5	41.0	33.5
英　国	United Kingdom	148.3	103.3	18.8	26.2
澳大利亚	Australia	266.0	141.1	95.5	29.4
新西兰	New Zealand	93.1	45.8	31.0	16.3

主要统计指标解释

农业生产指数 表明每年的农业生产总量与基期2004–2006年相比的相对水平。它根据不同农产品扣除种子和饲料用量后的价格加权数量之和计算得出，其中各种种子和饲料也采用同样方法加权汇总。因此，最后汇总结果代表除种子和饲料外各种用途的可支配产量。国家、地区和世界水平的指数用拉氏公式计算。各年份每种商品的生产量均以2004–2006年的国际平均商品价格作为权数进行加总，然后将某年得到的加总量除以基期2004–2006年三年总量的算术平均数，从而求得指数。

谷物 指收获用做干粒粮食的作物，不包括收获后用作干草或未成熟时收割用作食物、饲料或青贮饲料或作牧草用的农作物。

根茎类作物 包括其他的块根作物，如箭叶黄体芋和竹芋。主要用作饲料的根用作物，不包括芜菁、甜菜和甘蓝在内。

除瓜类外的水果总计 指新鲜水果的总产量，无论它们最终是被当作食物或饲料直接消费，还是被加工成干果、果汁、果酱、酒精等各种产品。

茶 指成品茶。

黄麻和麻类纤维 黄麻纤维从黄麻和长蒴黄麻中得到，同类纤维包括许多黄麻纤维的替代品，主要是洋麻纤维和玫瑰茄纤维（木槿属）以及刚果黄麻纤维。

牲畜 包括所有的家养动物，不管年龄、饲养地点和饲养目的。

肉 指不考虑动物的原产地，在一国境内屠宰的动物肉类产量。

牛奶 指全部鲜奶的总产量，不包括被幼畜吸吮的奶，但包括用来饲喂家畜的奶。

蛋 指农业和非农业方面的总产量，包括用于孵化的蛋。

羊毛 羊毛产量统计数字一般以带脂羊毛给出，它包含了30–65%的杂质。为了便于数字比较，数据也按脱脂羊毛表示。

肥料 包含有机物肥，无机物肥或矿物肥。有机肥在农作物生产中发挥着重要作用，它来源于动物、植物和混合肥。矿物肥是以固体或液体形式提供给农民，并以散装、袋子或压缩容器等方式运送到农场。所有肥料应包含氮、磷、钾三种植物营养素中的至少一种营养物质。

Explanatory Notes on Main Statistical Indicators

Indices of Agricultural Production The indices of agricultural production show the relative level of the aggregate volume of agricultural production for each year in comparison with the base period 2004-2006. They are based on the sum of price-weighted quantities of different agricultural commodities produced after deductions of quantities used as seed and feed weighted in a similar manner. The resulting aggregate represents, therefore, disposable production for any use except as seed and feed. All the indices at the country, regional and world levels are calculated by the Laspeyres formula. Production quantities of each commodity are weighted by 2004-2006 average international commodity prices and summed for each year. To obtain the index, the aggregate for a given year is divided by the average aggregate for the base period 2004-2006.

Cereals Area and production data on cereals relate to crops harvested for dry grain only. Cereal crops harvested for hay or harvested green for food, feed or silage or used for grazing are therefore excluded.

Roots and Tubers, Total Includes other root crops such as yautia and arrowroot. Root crops grown principally for feed such as turnips, mangels and swedes are not included.

Fruit Excl. Melons Total Data refer to total production of fresh fruit, whether finally used for direct consumption for food or feed, or processed into different products: dry fruit, juice, jam, alcohol, etc.

Tea Production figures relate to made tea.

Jute and Jute-like Fibres are obtained from corchorus capsularis and corchorus olitorius. Allied fibres include a number of jute substitutes, the main ones being kenaf or mesta and roselle (hibiscus spp.) and congo jute or paka (urena lobata).

Livestock Numbers The data on livestock numbers are intended to cover all domestic animals irrespective of their age and the place or purpose of their breeding.

Meat Data relate to animals slaughtered within national boundaries, irrespective of their origin.

Cow Milk Data on cow milk production relate to total production of whole fresh milk, excluding the milk sucked by young animals but including amounts fed to livestock.

Eggs Data generally refer to total production, including eggs for hatching, in both agricultural and nonagricultural sectors.

Wool Wool production statistics are generally given for greasy wool, which contains from 30 to 65 percent impurities. In order to make figures comparable, data are given also on a degreased (scoured) basis.

Fertilizers may be organic, inorganic or mineral. Organic fertilizers play an important role in crop production and are derived from animal, plant and compost. Mineral fertilizers are available to the farmer in solid or liquid form, and are delivered to the farm either in bulk, in bags or in pressurized containers. All fertilizers contain at least one of the major plant nutrients: nitrogen (N), phosphorus (P) and potassium (K).

工业和建筑业

Industry and Construction

12-1 工业生产指数
Indices of Industrial Production by Country and Area

资料来源：联合国统计月报数据库。
Source:UN Monthly Bulletin of Statistics Database.

2010年=100 (2010=100)

国家或地区	Country or Area	2010	2012	2013	2014	2015
孟加拉国	Bangladesh	100.0	127.8	142.3	153.9	171.5
印　度	India	100.0	104.1	104.0	106.9	109.5
以色列	Israel	100.0	106.2	106.7	108.0	110.4
日　本	Japan	100.0	97.7	96.9	98.7	97.4
韩　国	Korea, Rep.	100.0	107.4	108.2	108.4	107.7
马来西亚	Malaysia	100.0	106.7	110.3	116.0	121.2
蒙　古	Mongolia	100.0	96.6	108.0	118.2	
加拿大	Canada	100.0	105.0	106.7	110.8	110.1
墨西哥	Mexico	100.0	106.4	107.2	110.3	110.8
美　国	United States	100.0	106.3	108.5	111.8	112.3
巴　西	Brazil	100.0	98.1	100.1	97.1	89.1
俄罗斯	Russia	100.0	108.6	109.0	110.9	107.1
捷　克	Czech Rep.	100.0	105.0	104.9	110.1	115.2
法　国	France	100.0	100.3	99.6	98.8	100.6
德　国	Germany	100.0	106.2	106.1	107.5	109.1
意大利	Italy	100.0	94.4	91.5	90.5	92.1
荷　兰	Netherlands	100.0	99.0	99.5	96.7	93.5
波　兰	Poland	100.0	108.6	111.0	114.7	120.3
西班牙	Spain	100.0	91.8	90.2	91.6	94.6
土耳其	Turkey	100.0	112.9	116.3	120.5	124.3
乌克兰	Ukraine	100.0	107.2	102.6	92.2	80.2
英　国	United Kingdom	100.0	96.6	96.0	97.4	98.8
澳大利亚	Australia	100.0	104.8	107.3	111.0	114.0
新西兰	New Zealand	100.0	98.9	100.3	102.4	104.7

12-2　制造业生产指数
Indices of Manufacturing Production

资料来源：联合国统计月报数据库。
Source: UN Monthly Bulletin of Statistics Database.
2010年=100　　(2010=100)

国家或地区	Country or Area	2010	2012	2013	2014	2015
中国香港	Hong Kong, China	100.0	99.9	100.1	99.6	98.1
中国澳门	Macao, China	100.0	161.0	188.3	214.6	205.3
孟加拉国	Bangladesh	100.0	129.5	144.6	156.5	174.9
文　莱	Brunei Darussalam	100.0	104.2	106.1	98.9	101.3
印　度	India	100.0	104.3	103.5	105.9	108.0
以色列	Israel	100.0	107.1	106.0	106.6	109.1
日　本	Japan	100.0	97.8	97.0	99.0	97.8
韩　国	Korea, Rep.	100.0	107.5	108.2	108.5	107.8
马来西亚	Malaysia	100.0	111.3	116.0	123.0	128.9
蒙　古	Mongolia	100.0	124.7	129.3	133.3	
巴基斯坦	Pakistan	100.0	105.6	111.3	115.1	
菲律宾	Philippines	100.0	108.9	124.1	133.1	136.4
新加坡	Singapore	100.0	108.1	109.9	112.9	107.1
斯里兰卡	Sri Lanka	100.0	108.8	108.3	114.9	125.4
泰　国	Thailand	100.0	101.2	103.6	98.2	98.6
越　南	Viet Nam	100.0	110.9	121.1	132.4	155.0
埃　及	Egypt	100.0	96.9	96.8	100.2	100.4
尼日利亚	Nigeria	100.0	133.7	162.8	186.8	184.1
南　非	South Africa	100.0	105.1	106.5	106.6	106.5
加拿大	Canada	100.0	105.5	105.3	108.5	109.0
墨西哥	Mexico	100.0	108.5	110.1	114.5	117.7
美　国	United States	100.0	106.2	107.4	108.8	110.0
阿根廷	Argentina	100.0	115.6	119.7	118.6	
巴　西	Brazil	100.0	97.9	100.6	96.4	87.0
委内瑞拉	Venezuela	100.0	103.7			
捷　克	Czech Rep.	100.0	106.8	107.6	114.8	121.7
法　国	France	100.0	100.8	99.8	99.7	101.5
德　国	Germany	100.0	107.3	107.2	109.3	110.5
意大利	Italy	100.0	94.2	91.5	91.0	92.7
荷　兰	Netherlands	100.0	102.6	101.5	102.6	103.2
波　兰	Poland	100.0	110.0	112.5	117.7	124.5
俄罗斯	Russia	100.0	113.5	114.1	116.5	110.2
西班牙	Spain	100.0	91.0	89.7	91.7	95.4
土耳其	Turkey	100.0	113.0	117.5	121.3	125.7
乌克兰	Ukraine	100.0	107.5	99.6	90.4	79.0
英　国	United Kingdom	100.0	100.7	99.7	102.6	102.6
澳大利亚	Australia	100.0	100.5	97.1	96.0	94.6
新西兰	New Zealand	100.0	101.8	103.3	105.0	107.0

12–3 采矿业生产指数
Indices of Mining Production

资料来源：联合国统计月报数据库。
Source: UN Monthly Bulletin of Statistics Database.

2010年=100 (2010=100)

国家或地区	Country or Area	2010	2012	2013	2014	2015
孟加拉国	Bangladesh	100.0	104.5	112.3	119.2	126.8
文　莱	Brunei Darussalam	100.0	99.3	89.0	86.6	85.7
印　度	India	100.0	95.7	95.1	96.5	98.7
印度尼西亚	Indonesia	100.0	108.4	114.5	120.4	126.1
以色列	Israel	100.0	88.9	117.5	129.8	129.6
日　本	Japan	100.0	101.0	96.6	94.4	90.4
韩　国	Korea, Rep.	100.0	99.8	103.8	95.6	96.1
马来西亚	Malaysia	100.0	96.2	97.0	99.5	103.6
蒙　古	Mongolia	100.0	88.1	102.0	114.1	
巴基斯坦	Pakistan	100.0	106.4	109.3	110.3	
越　南	Viet Nam	100.0	108.0	107.1	104.1	112.1
尼日利亚	Nigeria	100.0	97.5	85.0	84.1	79.6
南　非	South Africa	100.0	96.0	99.5	98.1	101.2
加拿大	Canada	100.0	104.9	108.4	114.9	112.2
墨西哥	Mexico	100.0	100.5	100.4	98.8	93.1
美　国	United States	100.0	113.4	120.7	134.0	131.7
巴　西	Brazil	100.0	101.6	98.0	104.6	108.4
捷　克	Czech Rep.	100.0	96.8	85.9	83.3	81.3
法　国	France	100.0	95.5	94.2	90.3	92.7
德　国	Germany	100.0	94.3	83.4	82.1	78.1
意大利	Italy	100.0	103.2	94.4	92.0	88.4
荷　兰	Netherlands	100.0	91.3	97.6	81.5	65.6
波　兰	Poland	100.0	97.5	101.1	95.0	96.7
俄罗斯	Russia	100.0	102.8	103.9	105.4	105.7
西班牙	Spain	100.0	62.1	53.3	53.3	48.8
土耳其	Turkey	100.0	108.8	104.9	112.7	107.3
乌克兰	Ukraine	100.0	108.3	109.2	94.3	80.9
英　国	United Kingdom	100.0	76.4	74.3	74.8	81.4
澳大利亚	Australia	100.0	109.9	119.5	130.9	139.4
新西兰	New Zealand	100.0	81.6	81.1	88.5	91.2

12-4 制造业主要指标
Main Indicators of Manufacturing

资料来源：联合国工发组织数据库。
Source: United Nations Industrial Development Organization Database .

国家或地区	Country or Area	年份 Year	机构数 (个) Number of Establishments (number)	雇员数 (万人) Number of Employees (10 000 persons)	雇员工资和薪金 (亿本币) Wages and Salaries Paid to Employees (100 million LCU)	产出 (亿本币) Output (100 million LCU)	增加值 (亿本币) Value added (100 million LCU)
中　国	China	2018	354142	7084	45772	927104	219527
中国香港	Hong Kong, China	2018	7613②	9	228		
中国澳门	Macao, China	2018	926②		19		
孟加拉国	Bangladesh	2012	42771	497	5175		
文　莱	Brunei Darussalam	2015	550		2		
印　度	India	2018	217996③	1552	40539		
印度尼西亚	Indonesia	2017	26322①	572	2127269	49087649	21857074
伊　朗	Iran	2018	31311③	187	6929429		
以色列	Israel	2018	20710③	38	747		
日　本	Japan	2018	191339③		272537	3194480	1029024
哈萨克斯坦	Kazakhstan	2018	22616③	33	6978		
韩　国	Korea, Rep.	2018	85468④	288	1320906	15592223	5582120
马来西亚	Malaysia	2018	49101①	228	792		
蒙　古	Mongolia	2018	5289②	5	4099		
缅　甸	Myanmar	2013	295	3	349	1125	699
巴基斯坦	Pakistan	2006	6221	93	1311	28708	9122
菲律宾	Philippines	2018	6393③	116	3419		
新加坡	Singapore	2018	9096②		230		
斯里兰卡	Sri Lanka	2018	7242②	134	4502		
泰　国	Thailand	2018	440518③	407	6120		
越　南	Viet Nam	2018	75351③	697	6502778	73397991	
埃　及	Egypt	2018	7837③	98	821		
南　非	South Africa	2018	66664⑤	121	2795	25949	
加拿大	Canada	2018		162	938	6837	2519
墨西哥	Mexico	2018	204618②	373	5672		
美　国	United States	2018	291263②	1187	7052	58772	26108
巴　西	Brazil	2018	179233①	703	2975		
捷　克	Czech Rep.	2018	177256②	117	4525	46363	
法　国	France	2018	200815②	304	1270	9170	
德　国	Germany	2018	200357②	733	3528	18806	
意大利	Italy	2018	387866③	332	1058	9619	
荷　兰	Netherlands	2018	66663②	67	320	3419	
波　兰	Poland	2018	198757②	263	1400	13864	
俄罗斯	Russia	2018	259165③	741	32825		
西班牙	Spain	2018	168698②	191	562	5340	
土耳其	Turkey	2018	391024②	376	1595	18516	
乌克兰	Ukraine	2018	32435③	149	1399		
英　国	United Kingdom	2018	136730②	255	774	5555	
澳大利亚	Australia	2018	125043②		566	3818	1053
新西兰	New Zealand	2018	11910③		147	1036	298

注：①2015年数据。②2017年数据。③2016年数据。④2012年数据。⑤2014年数据。
Note:①Data refer to 2015.②Data refer to 2017.③Data refer to 2016.④Data refer to 2012.⑤Data refer to 2014.

12–5 制造业增加值及构成
Composition of Value Added in Manufacturing

资料来源：世界银行WDI数据库。
Source: World Bank WDI Database.

国家或地区	Country or Area	制造业增加值（亿美元）Value Added in Manufacturing (100 million USD)		主要行业所占比重(%) Major Industry of Value Added in Manufacturing(%)			
				食品、饮料和烟草 Food, Beverages and Tobacco		纺织和服装 Textiles and Clothing	
		2000	2019	2000	2017	2000	2017
中　　国	China	3849.4	38963.5	14.4	11.8	11.2	10.0
中国香港	Hong Kong, China	78.8	35.3①	7.2	31.9	19.9	4.0
中国澳门	Macao, China	5.0	3.0①	3.1	43.8	79.1	7.7
孟加拉国	Bangladesh	74.9	572.8		13.5②		51.0②
文　　莱	Brunei Darussalam	9.2	18.3				
柬 埔 寨	Cambodia	5.9	44.1	6.6		86.5	
印　　度	India	746.0	3945.3	13.2	10.7	12.6	8.4
印度尼西亚	Indonesia	373.9	2205.0	18.0	26.8	16.7	11.0
伊　　朗	Iran	182.4	534.2③	10.4	12.2	5.9	3.4
以 色 列	Israel	222.6	443.1①	11.6	12.5	5.0	2.0
日　　本	Japan	11025.4	10279.7①	11.4	13.1	3.0	1.7
哈萨克斯坦	Kazakhstan	30.2	205.0		23.0		0.9
韩　　国	Korea, Rep.	1523.9	4169.0	8.3	6.6	8.0	3.1
老　　挝	Laos	1.5	13.6	41.9	33.4	20.3	15.7
马来西亚	Malaysia	289.5	782.8	8.0	12.5	4.1	2.1
蒙　　古	Mongolia	0.8	13.3	49.4	28.9	39.6	13.5
缅　　甸	Myanmar	6.4	188.6①		5.3④		23.0④
巴基斯坦	Pakistan	83.8	346.6				
菲 律 宾	Philippines	211.5	695.7	28.0	35.6	6.8	3.4
新 加 坡	Singapore	248.5	736.8	2.5	5.0	1.0	0.2
斯里兰卡	Sri Lanka	24.6	137.4	38.6	31.4	31.3	31.6
泰　　国	Thailand	358.6	1375.4	17.7	20.0	12.4	6.0
越　　南	Viet Nam	57.5	431.7	30.2	13.7	21.0	15.6
埃　　及	Egypt	179.7	482.4	15.8	16.1	16.3	3.7
尼日利亚	Nigeria	96.8	516.3				
南　　非	South Africa	238.3	414.0	15.5	22.2	4.9	1.8
加 拿 大	Canada	1289.2	1517.2⑤	11.9	17.4	3.7	1.3
墨 西 哥	Mexico	1344.2	2178.5	25.4	22.3	3.9	2.7
美　　国	United States	15498.3	21733.2③	13.0	15.9	3.4	1.2
阿 根 廷	Argentina	468.8	577.3	28.9	31.2	8.0	6.9
巴　　西	Brazil	860.9	1736.7	16.7	23.1	6.9	6.8
委内瑞拉	Venezuela	217.1	582.4⑥				
捷　　克	Czech Rep.	145.6	552.7	11.8	8.3④	6.2	2.5④
法　　国	France	1972.2	2666.3	12.9	19.3	4.3	2.5
德　　国	Germany	3992.4	7477.3	8.2	7.5	2.3	1.2
意 大 利	Italy	2010.1	2984.4	8.5	11.0	12.5	9.1
荷　　兰	Netherlands	556.1	996.5	17.1	17.9	2.3	1.7
波　　兰	Poland	277.0	1000.1	5.4	17.3	6.5	2.9
俄 罗 斯	Russia		2225.4	19.6	16.6	2.2	1.9
西 班 牙	Spain	968.9	1548.3	14.1	18.9	6.7	3.6
土 耳 其	Turkey	512.0	1430.2	17.8	11.4	15.7	16.4
乌 克 兰	Ukraine	51.0	166.6		29.7		2.5
英　　国	United Kingdom	2236.1	2431.1	13.7	19.0	4.0	2.3
澳大利亚	Australia	481.4	786.6	21.1	25.4	4.7	2.4
新 西 兰	New Zealand	81.6	210.4③	33.3	39.0		2.4

12-5 续表 continued

单位：% (%)

国家或地区	Country or Area	机器和运输设备 Machinery and Transport Equipment		化工 Chemicals		其他 Other	
		2000	2017	2000	2017	2000	2017
中国	China	14.1	24.5	12.0	10.8	48.3	42.8
中国香港	Hong Kong, China	11.7	25.9	3.7	12.6	57.5	25.6
中国澳门	Macao, China	3.5		2.4		17.8	48.4
孟加拉国	Bangladesh		2.3②		4.6②		28.6②
文莱	Brunei Darussalam						
柬埔寨	Cambodia	0.1		0.1		6.6	
印度	India	15.6	19.4	21.1	18.0	37.5	43.4
印度尼西亚	Indonesia	20.2	19.3	10.5	12.4	34.5	30.6
伊朗	Iran	19.7	17.7	18.6	23.6	45.5	43.1
以色列	Israel	31.9	37.8	10.3		41.3	47.6
日本	Japan	33.9	45.2	10.4	11.4	41.2	28.7
哈萨克斯坦	Kazakhstan		6.8		6.4		63.0
韩国	Korea, Rep.	41.3	48.3	9.5	10.7	32.9	31.2
老挝	Laos	7.6	0.9	2.5	2.3	27.7	47.7
马来西亚	Malaysia	37.8	31.4	7.9	9.5	42.2	44.5
蒙古	Mongolia	0.3	1.1	2.0	3.5	8.6	53.0
缅甸	Myanmar		3.6④		1.4④		66.6④
巴基斯坦	Pakistan						
菲律宾	Philippines	22.8	33.6	9.9	6.0	32.5	21.4
新加坡	Singapore	56.9	52.0	14.2	27.4	25.5	15.4
斯里兰卡	Sri Lanka	4.0	1.4	3.8	4.5	22.4	31.2
泰国	Thailand	25.9	30.3	6.2	7.7	37.8	36.1
越南	Viet Nam	11.8	32.9	6.3	4.6	30.8	33.3
埃及	Egypt	11.9	5.5	20.8	12.4	35.2	62.4
尼日利亚	Nigeria						
南非	South Africa	13.8	14.6	6.5	7.0	59.4	54.4
加拿大	Canada	31.7	24.9	7.6	10.0	45.1	46.4
墨西哥	Mexico	24.2	30.8	15.4	8.7	31.2	35.6
美国	United States	29.7	28.6	11.8	16.4	42.0	37.9
阿根廷	Argentina	10.8	12.7	15.2	12.8	37.1	36.4
巴西	Brazil	19.1	18.5	12.4	13.8	45.0	37.8
委内瑞拉	Venezuela						
捷克	Czech, Rep.	23.9	34.8④	6.7	4.8④	51.4	49.7④
法国	France	26.3	32.5	11.8	13.0	44.7	32.6
德国	Germany	32.7	44.5	9.8	10.3	47.1	36.5
意大利	Italy	22.7	30.3	7.9	9.2	48.5	40.4
荷兰	Netherlands	21.0	29.8	13.7	16.7	45.9	34.0
波兰	Poland	14.9	23.2	7.5	6.7	65.7	49.9
俄罗斯	Russia	19.5	8.5	8.6	15.1	50.1	57.9
西班牙	Spain	19.0	23.8	9.5	12.3	50.7	41.4
土耳其	Turkey	14.6	19.3	10.1	7.6	41.8	45.3
乌克兰	Ukraine		18.0		6.3		43.6
英国	United Kingdom	25.3	34.5	9.9	7.0	47.2	37.2
澳大利亚	Australia	14.9	18.0	8.4	8.2	50.9	46.0
新西兰	New Zealand	9.2	12.1	3.2	5.1	54.3	41.5

注：①2018年数据。②2012年数据。③2017年数据。④2013年数据。⑤2016年数据。⑥2014年数据。
Note:①Data refer to 2018.②Data refer to 2012.③Data refer to 2017.④Data refer to 2013.⑤Data refer to 2016.⑥Data refer to 2014.

12-6 主要工业产品产量
Output of Major Industrial Products

资料来源：联合国统计月报数据库、国际汽车制造协会、世界钢铁协会。
Source: UN Monthly Bulletin of Statistics Database,International Organization of Motor Vehicle Manufacturers,World Steel Association.

国家或地区	Country or Area	粗钢(万吨) Crude Steel(10 000 tons)		国家或地区	Country or Area	煤(万吨) Coal(10 000 tons)	
		2010	2019			2010	2019
中　国	China	63874	99634	中　国	China	342800	384600
印　度	India	6898	11135	美　国	United States	98372	63980
日　本	Japan	10960	9928	澳大利亚	Australia	44900	58834
美　国	United States	8049	8776	俄罗斯	Russian Fed.	32170	35701
俄罗斯	Russia	6694	7190	南　非	South Africa	25416	25062
韩　国	South Korea	5891	7141	德　国	Germany	18222	16626①
德　国	Germany	4383	3963	波　兰	Poland	13299	6186
土耳其	Turkey	2914	3374	越　南	Viet Nam	4468	4136①
巴　西	Brazil	3295	3257	希　腊	Greece	5363	3615①
伊　朗	Iran	1200	2561	加拿大	Canada	6790	3095
意大利	Italy	2575	2319	保加利亚	Bulgaria	2933	2797
中国台湾	Taiwan, China	1975	2195	乌克兰	Ukraine	5444	2555
乌克兰	Ukraine	3343	2085	爱沙尼亚	Estonia	1789	2188①
墨西哥	Mexico	1687	1839	泰　国	Thailand		1698③
越　南	Vietnam	431	1747	墨西哥	Mexico	1124	701
法　国	France	1541	1445	捷　克	Czech Rep.	5509	343
西班牙	Spain	1634	1359	斯洛文尼亚	Slovenia	443	322①
加拿大	Canada	1301	1290	英　国	United Kingdom	1842	217
波　兰	Poland	799	896	塔吉克斯坦	Tajikistan	29	199
沙特阿拉伯	Saudi Arabia	501	819	土耳其	Turkey	7843	179
印度尼西亚	Indonesia	366	778	智　利	Chile	58	161
比利时	Belgium	797	776	黑　山	Montenegro	184	148②
奥地利	Austria	721	742	西班牙	Spain	799	53①
埃　及	Egypt	668	726	罗马尼亚	Romania	3077	41
英　国	United Kingdom	971	722	塞尔维亚	Serbia	3791	10
马来西亚	Malaysia	569	682	赞比亚	Zambia		
荷　兰	Netherlands	665	666	中　国	China		
南　非	South Africa	762	615	印　度	India	45632	
澳大利亚	Australia	730	549	印度尼西亚	Indonesia	22468	
孟加拉国	Bangladesh	190	510	阿根廷	Argentina		
瑞　典	Sweden	485	472	沙特阿拉伯	Saudi Arabia		
阿根廷	Argentina	514	464	斯洛伐克	Slovakia	238	
捷　克	Czech Republic	518	444	法　国	France	26	
泰　国	Thailand	414	425	巴基斯坦	Pakistan	337	
哈萨克斯坦	Kazakhstan	422	413	瑞　典	Sweden		
斯洛伐克	Slovak Republic	458	360	哈萨克斯坦	Kazakhstan		
芬　兰	Finland	403	347	意大利	Italy		
罗马尼亚	Romania	372	345	芬　兰	Finland		
阿联酋	United Arab Emirates	50	333	马来西亚	Malaysia		
巴基斯坦	Pakistan	140	330	奥地利	Austria		
白俄罗斯	Belarus	253	262	阿联酋	United Arab Emirates		

12-6 续表 1 continued

国家或地区	Country or Area	原油(万吨) Crude Petroleum(10 000 tons)		国家或地区	Country or Area	发电量(亿千瓦小时) Electricity(100 million kwh)	
		2010	2019			2010	2019
美国	United States	37658	61741	中国	China	42072	75034
俄罗斯	Russia	50533	52754	美国	United States	41251	41165
沙特阿拉伯	Saudi Arabia	40700	48887	俄罗斯	Russia	10380	11181
伊拉克	Iraq	11697	22480	日本	Japan	9290	8771
加拿大	Canada	13388	20901	加拿大	Canada	5668	6404
中国	China	20383	19127	法国	France	5189	5508
伊朗	Iran	17598	18182③	德国	Germany	4995	3669
阿联酋	United Arab Emirates	11165	15572①	墨西哥	Mexico	2415	3394
巴西	Brazil	10480	14190	土耳其	Turkey	2103	3008
科威特	Kuwait	11640	13481	意大利	Italy	2982	2847
尼日利亚	Nigeria	12008	9554	西班牙	Spain	2822	2604
墨西哥	Mexico	13392	8724	澳大利亚	Australia	2328	2457
哈萨克斯坦	Kazakhstan		7861	埃及	Egypt		1984①
挪威	Norway	9132	6976	瑞典	Sweden	1443	1660
安哥拉	Angola	8459	6782	波兰	Poland	1574	1640
委内瑞拉	Venezuela	14475	5280	乌克兰	Ukraine	1877	1513
英国	United Kingdom	5805	4872	挪威	Norway	1240	1346
阿尔及利亚	Algeria	5405	4672①	荷兰	Netherlands	1182	1202
阿塞拜疆	Azerbaijan	5103	3754	捷克	Czech Rep.	859	869
印度尼西亚	Indonesia	4600	3650	比利时	Belgium	931	866
印度	India	3670	3260	智利	Chile	583	771
埃及	Egypt	3593	3228	奥地利	Austria	708	729
卡塔尔	Qatar	3568	2923①	瑞士	Switzerland	663	719
厄瓜多尔	Ecuador	2489	2768	芬兰	Finland	766	661
阿根廷	Argentina	3069	2742	罗马尼亚	Romania	598	595
澳大利亚	Australia	2373	2044	秘鲁	Peru		526②
泰国	Thailand	1207	1130	葡萄牙	Portugal	422	520
越南	Viet Nam	1493	1084	新加坡	Singapore	454	516③
巴林	Bahrain	159	976	希腊	Greece	538	480
文莱	Brunei Darussalam	762	544	保加利亚	Bulgaria	460	441
德国	Germany	480	509	新西兰	New Zealand	425	439
丹麦	Denmark	1212	502	白俄罗斯	Belarus	345	399
意大利	Italy	513	415	塞尔维亚	Serbia	381	369
特立尼达和多巴哥	Trinidad and Tobago	71	368③	中国香港	Hong Kong, China	383	368
罗马尼亚	Romania	417	344	丹麦	Denmark	368	285
土耳其	Turkey	260	308	斯洛伐克	Slovakia	275	250
乌克兰	Ukraine	349	243	匈牙利	Hungary	297	246
秘鲁	Peru	841	233②	阿塞拜疆	Azerbaijan	184	241
白俄罗斯	Belarus	170	169	塔吉克斯坦	Tajikistan	164	207
突尼斯	Tunisia	373	169	突尼斯	Tunisia	148	201
新西兰	New Zealand	246	108	冰岛	Iceland	167	191
波兰	Poland	65	97	斯洛文尼亚	Slovenia	162	158
匈牙利	Hungary	72	88	克罗地亚	Croatia	147	126
塞尔维亚	Serbia	87	85	拉脱维亚	Latvia	66	64
荷兰	Netherlands	102	76	前南马其顿	Macedonia, FYR	71	57

12-6 续表 2 continued

国家或地区	Country or Area	水泥(万吨) Cement(10 000 tons)		国家或地区	Country or Area	化肥(万吨) Fertilizer(10 000 tons)	
		2010	2017			2010	2018
中　国	China	186796	231625	中　国	China	5491	5204
越　南	Viet Nam	5640	9120	俄罗斯	Russia	1682	2296
美　国	United States	6436	8412	印　度	India	1639	1793
土耳其	Turkey	6035	7195③	美　国	United States	1528	1720
韩　国	Korea, Rep.	5070	6155③	加拿大	Canada	1393	1624
日　本	Japan	5153	5520	白俄罗斯	Belarus	618	843
俄罗斯	Russia	5039	5467	摩洛哥	Morocco	234	525
墨西哥	Mexico	3920	4612	印度尼西亚	Indonesia	404	470
泰　国	Thailand	3808	4056	德　国	Germany	379	433
巴基斯坦	Pakistan	2956	3890	埃　及	Egypt	318	411
波　兰	Poland	1538	1723	沙特阿拉伯	Saudi Arabia	225	410
摩洛哥	Morocco	1489	1415③	巴基斯坦	Pakistan	313	362
孟加拉国	Bangladesh	293	1402	卡塔尔	Qatar	138	294
加拿大	Canada	1243	1187③	波　兰	Poland	245	289
秘　鲁	Peru	833	1057	巴　西	Brazil	324	288
哈萨克斯坦	Kazakhstan	668	943	以色列	Israel	266	272
乌克兰	Ukraine	946	931	荷　兰	Netherlands	161	231
罗马尼亚	Romania	701	844	伊　朗	Iran	137	183
塞内加尔	Senegal	408	520	约　旦	Jordan	170	171
克罗地亚	Croatia	270	503	西班牙	Spain	146	164
白俄罗斯	Belarus	454	450	越　南	Viet Nam	91	160
智　利	Chile	366	400	阿　曼	Oman	151	160
斯洛伐克	Slovakia	302	384	土耳其	Turkey	130	145
玻利维亚	Bolivia	241	334②	比利时	Belgium	108	123
塔吉克斯坦	Tajikistan	29	322	智　利	Chile	99	120
阿塞拜疆	Azerbaijan	128	293	乌兹别克斯坦	Uzbekistan	106	117
保加利亚	Bulgaria	196	211	立陶宛	Lithuania	107	113
中国香港	Hong Kong, China	146	194②	阿尔及利亚	Algeria	4	108
塞尔维亚	Serbia	214	191	挪　威	Norway	83	100
芬　兰	Finland	118	126②	乌克兰	Ukraine	217	99
塞浦路斯	Cyprus	133	102③	澳大利亚	Australia	70	94
立陶宛	Lithuania	84	102	阿联酋	United Arab Emirates	38	93
蒙　古	Mongolia	32	67	马来西亚	Malaysia	55	88
爱沙尼亚	Estonia	37	50	法　国	France	173	81
亚美尼亚	Armenia	49	36	日　本	Japan	91	74
卢旺达	Rwanda	10	23④	尼日利亚	Nigeria	4	73
斐　济	Fiji	17	20④	委内瑞拉	Venezuela	70	69
也　门	Yemen			特立尼达和多巴哥	Trinidad and Tobago	73	66
葡萄牙	Portugal			突尼斯	Tunisia	132	61
冰　岛	Iceland	805		英　国	United Kingdom	69	55
突尼斯	Tunisia			阿根廷	Argentina	43	52
斯洛文尼亚	Slovenia			科威特	Kuwait	44	51
吉尔吉斯斯坦	Kyrgyzstan	76		墨西哥	Mexico	99	49
新西兰	New Zealand			孟加拉国	Bangladesh	54	43
拉脱维亚	Latvia			克罗地亚	Croatia	43	42

12–6 续表 3 continued

国家或地区	Country or Area	汽车(万辆) Motor Vehicles(10 000 vehicles) 2010	2019	国家或地区	Country or Area	天然气产量(万亿焦耳) Natural Gas(terajoule) 2010	2019
中 国	China	1826	2572	美 国	United States	23155032	36637992
美 国	United States	774	1088	俄罗斯	Russia	21952212	24886380
日 本	Japan	963	968	中 国	China	3642768	6737004
德 国	Germany	591	466	加拿大	Canada	5565756	6610212
印 度	India	356	452	澳大利亚	Australia	1604112	5508912
墨西哥	Mexico	234	399	挪 威	Norway	4274952	4677696
韩 国	South Korea	427	395	印度尼西亚	Indonesia	2994708	2726100
巴 西	Brazil	338	294	墨西哥	Mexico	3228876	2238732
西班牙	Spain	239	282	埃 及	Egypt		1989876
法 国	France	223	220	英 国	United Kingdom	2391672	1585416
泰 国	Thailand	164	201	印 度	India		1244100
加拿大	Canada	207	192	泰 国	Thailand		1146036
俄罗斯	Russia	140	172	荷 兰	Netherlands	2632680	1121856
土耳其	Turkey	109	146	孟加拉国	Bangladesh	701352	968712②
捷 克	Czech Rep.	108	143	阿塞拜疆	Azerbaijan	650808	958056
英 国	United Kingdom	139	138	乌克兰	Ukraine	672240	688752
印度尼西亚	Indonesia	70	129	秘 鲁	Peru	279744	533796
斯洛伐克	Slovakia	56	110	文 莱	Brunei Darussalam	521220	517320
意大利	Italy	84	92	越 南	Viet Nam	364932	389592
伊 朗	Iran	160	82	罗马尼亚	Romania	371892	348768
波 兰	Poland	87	65	德 国	Germany	500448	201096
南 非	South Africa	47	63	意大利	Italy	316152	186120
马来西亚	Malaysia	57	57	新西兰	New Zealand	179340	185496
匈牙利	Hungary	21	50	菲律宾	Philippines	141828	167784
罗马尼亚	Romania	35	49	波 兰	Poland	171552	159456
摩洛哥	Morocco		39	日 本	Japan	139296	103200
葡萄牙	Portugal	16	35	爱尔兰	Ireland	15120	99240
阿根廷	Argentina	72	31	智 利	Chile	46188	72000
比利时	Belgium	56	29	突尼斯	Tunisia	121884	70020
乌兹别克斯坦	Uzbekistan	16	27	丹 麦	Denmark	177840	61620
中国台湾	Taiwan	30	25	匈牙利	Hungary	90192	61428
斯洛文尼亚	Slovenia	21	20	克罗地亚	Croatia	94836	42648
奥地利	Austria	10	18	南 非	South Africa	43860	21228①
芬 兰	Finland	1	11	塞尔维亚	Serbia	16368	18612
塞尔维亚	Serbia	2	4	韩 国	Korea, Rep.	22584	9996
埃 及	Egypt	12	2	白俄罗斯	Belarus	8328	8520
乌克兰	Ukraine	8	1	捷 克	Czech Rep.	7500	7368
				西班牙	Spain	2076	5712
				法 国	France	26532	4560
				斯洛伐克	Slovakia	4068	2820

注：①2018年数据。②2017年数据。③2016年数据。④2015年数据。
Note:①Data refer to 2017.②Data refer to 2014.③Data refer to 2016.④Data refer to 2015.

12-7 竣工房屋建筑
Construction of New Buildings

资料来源：联合国统计月报数据库。
Source: UN Monthly Bulletin of Statistics Database.

国家或地区	Country or Area	2010	2013	2014	2015	2016	2017
竣工房屋建筑面积	**Constrction Area of New Buildings**						
（万平方米）	**(10 000 sq.m.)**						
中　国	China	61216	78740	80868			
以色列	Israel	617	796	854	808	853	869
日　本	Japan	7690	9173	8021	7892	8221	8171
哈萨克斯坦	Kazakhstan	641	684	752	894	1051	1117
韩　国	Korea, Rep.	5147	5024	5710	8552	7842	7026
菲律宾	Philippines	1141	1259	1494	1448	1651	1513
南　非	South Africa	494	514	484	512		
法　国	France	3667	3304	2866	2780	3025	3504
德　国	Germany	1904	2906	2978	3218	3626	3440
波　兰	Poland	1386	1469	1397	1434	1499	1613
俄罗斯	Russia	5812	6940	8419	8536	8024	7859
土耳其	Turkey	9052	9416	11372	10788		
乌克兰	Ukraine	934	1122	974	1104	937	1021
新西兰	New Zealand	311	408	462	486	547	550
竣工房屋建筑（套）	**Number of New Buildings(unit)**						
以色列	Israel	33156	42564	44652	43560	45912	45600
日　本	Japan	815640	980028	892260	908304	967236	964644
韩　国	Korea, Rep.	81792	93048	101892	124788	130488	116364
菲律宾	Philippines	105228	107832	126876	124428	140388	140604
南　非	South Africa	39552	33864	38568	39672		
美　国	United States	648000	768000	885996	969000	1061004	
捷　克	Czech Rep.	36444	25248	23880	25092		
法　国	France	414900	376104	341604	335004	375000	430200
德　国	Germany	167784	270360	283128	305580	375588	348132
波　兰	Poland	135720	145140	143172	147708	163320	178344
俄罗斯	Russia	714120	912108	1117920	1195044	1167144	1131444
西班牙	Spain	257448	64632	46836	45636		
土耳其	Turkey	584280	688044	757176	714144		
乌克兰	Ukraine	76776	102288	105240	117444	112572	125520
英　国	United Kingdom	135948	135324	144984	170676	170988	194712
澳大利亚	Australia	156948	152304	175896	195912	212868	213084
新西兰	New Zealand	15600	21288	24684	27132	30072	31092

主要统计指标解释

工业生产指数 按国际标准产业分类的大类，包括矿业，制造业，电力、煤气、水，不包括建筑业。工业生产指数反映按美元不变价计算的增加值的变化趋势，采用拉氏公式计算，基期为2010年。

机构数 这里所用的机构的概念大部分情况下指的是经济活动单位，即能够单独核算的、在一个地点经营的、主要从事一种经济活动的单位。

雇员数 指所有在企业中工作的人，包括企业主本人、合伙人、不领工资的家庭成员和所有雇员，但不包括家务劳动者。

工资和薪金 指报告期内用现金或以货代款方式支付给企业雇员的所有款项。款项包括（1）直接工资和薪金；（2）非工作时间的报酬；（3）奖金和小费；（4）雇主直接支付的住房补贴和家庭补贴；（5）以货代款方式的支付。雇员的补偿相当于工资和薪金加雇主为雇员支付的社会保障、养老金缴款雇员因此而得到的收益、解雇和辞职时加发的工资。

产值 指企业的工业活动所产出的价值。它包括(1)企业创造的全部产品总值；(2)收到或发出的在产品期初期末差额价值或库存品价值；(3)为其他部门提供工业生产或服务价值；(4)收到或发出的商品价值减去支付这些商品的数额；(5)报告期内生产单位自己使用而生产的固定资产价值。发出的制成品库存的期初期末差额价值。

Explanatory Notes on Main Statistical Indicators

Industrial Production Indices are classified according to tabulation categories, division and combination of division of the revised version of the International Standard Industrial Classification of All Economic Activities (ISIC) for mining, manufacturing and electricity, gas and water, excluding construction. The indices indicate trends in value added in constant US dollars. Each series is compiled by use of the Laspeyres. The base year is 2010.

Establishment is ideally a unit that engages, under a single ownership or control, in one, or predominantly one, kind of activity at a single location.

Number of Employees is defined as the total number of persons who worked in or for the establishment during the reference year. However, home workers are excluded.

Wages and Salaries Estimates of wages and salaries include all payments in cash or in kind made to “employees” during the reference year in relation to work done for the establishment. Payment include: (a)direct wages and salaries;(b)remuneration for time not worked; (c)bonuses and gratuities;(d)housing allowances and family allowances paid directly by the employer, and (e)payments in kind.

Output The measure of output normally used in the tables is the census concept that covers only activities of an industrial nature. it include:(a)the value of all products of the establishment; (b)the net change between the beginning and the end of the reference period in the value of work in progress and stocks of goods to be shipped in the same condition as received;(c)the value of industrial work done or industrial services rendered to others; (d)the value of goods shipped in the same condition as received less the amount paid for these goods; and(e)the value of fixed assets produced during the period by the unit for its own use. In the case of estimates compiled on a shipment basis, the net change in the value of stocks of finished goods between the beginning and the end of the reference period is also included.

运输和通讯

Transportation and Communication

13-1 公路货运客运周转量
Freight Ton-km and Passenger-km of Road

资料来源：国际公路协会《世界公路统计2020年》。
Source: International Road Federation *World Road Statistics 2020*.

国家或地区	Country or Area	公路货运周转量(亿吨公里) Roads, Goods Transported (100 million ton-km)			公路客运周转量(亿人公里) Roads, Passengers Carried (100 million passenger-km)		
		2010	2015	2018	2010	2015	2018
中国	China	43389.7	57955.7	71249.2	15020.8	10742.7	9279.7
孟加拉国	Bangladesh		712.2	872.4		902.6	1057.4
印度	India	12873.0	18243.0		84090.0	134030.0	
日本	Japan	2461.8	2043.2	2104.7	55559.0		
哈萨克斯坦	Kazakhstan	802.6	1618.6	1852.0	1261.5	2227.2	2479.3
韩国	Korea, Rep.	1028.1	1323.8		3788.6	3728.9	
老挝	Laos				1046.7		
蒙古	Mongolia	18.3	23.7	66.4	14.8	19.4	29.2
缅甸	Myanmar					0.2	0.2
巴基斯坦	Pakistan	1634.2			2976.9		
新加坡	Singapore				56.8		
越南	Viet Nam	361.8	515.1		692.0	1053.8	
埃及	Egypt				1.3	3.2	
加拿大	Canada	1352.9	1681.8	1648.3			
墨西哥	Mexico	2202.9	2451.0	2606.4	4520.3	5085.0	5386.0
美国	United States	36680.8	29098.9	30228.0	49993.5	85356.7	89567.2
阿根廷	Argentina				439.7		
巴西	Brazil					338.4	350.5
捷克	Czech Rep.	518.3	587.1	410.7	743.9	958.0	1068.3
法国	France	1744.1	2813.2	3172.9	7641.6	7953.3	8155.8
德国	Germany	3131.0	4645.7	5002.4	9628.9	1637.7	1601.0
意大利	Italy	1625.1	1168.2	1157.3	8006.1	8270.4	8649.8
荷兰	Netherlands	301.1	320.7	335.9	1533.0		
波兰	Poland	2142.0	2731.1	3777.8	2304.6	2433.5	2729.2
俄罗斯	Russia	1993.4	2471.3	2590.8	1406.3	1262.7	1225.4
西班牙	Spain	2100.6	2548.8	2906.8	3925.3	3660.9	3780.5
土耳其	Turkey	1903.7	2443.3	2665.0	2269.1	2907.3	3293.6
乌克兰	Ukraine	343.9	366.8	513.0	514.6	339.2	326.0
英国	United Kingdom	1538.3	1472.3	1565.5	6894.1	7045.2	7182.8
澳大利亚	Australia	1843.3	2073.5		2820.2	3000.5	3139.0
新西兰	New Zealand	200.5	230.0	253.3	3202.3		

13-2 铁路运输
Railway Traffic

资料来源：世界银行WDI数据库。
Source: World Bank WDI Database.
单位：公里 (km)

国家或地区	Country or Area	铁路总长度 Rail Lines Total		铁路货运周转量(亿吨公里) Rail, Goods Transported (100 million ton-km)		铁路客运周转量(亿人公里) Rail, Passengers Carried (100 million passenger-km)	
		2010	2018	2010	2018	2010	2018
世　界	**World**	**1076590**	**1051767.61①**	**46.73②**		**21.34②**	
中　国	China	66239	67515	24511.85	22384.35	7911.58	6812.03
孟加拉国	Bangladesh	2835	2877.00①	7.10	10.53①	73.04	100.40①
印　度	India	63974	68443	6005.48	6201.75③	9034.65	11498.35③
印度尼西亚	Indonesia	4684	8357.00④	71.66	71.66⑤	203.40	256.54③
伊　朗	Iran	8217	9306	217.79	302.99③	176.11	132.70③
以 色 列	Israel	1034	1521	10.62	13.81③	19.86	27.65③
日　本	Japan	20140	16852	202.55	212.65①	2445.91	14.10
哈萨克斯坦	Kazakhstan	14184	16061	2131.74	2062.58③	154.48	192.41③
韩　国	Korea, Rep.	3618	4191.70③	94.52	78.78	330.12	230.02
马来西亚	Malaysia	2210	2250.00⑤	14.83	12.34③	24.15	20.29③
蒙　古	Mongolia	1814	1810.00③	205.74	134.93③	24.40	9.73③
巴基斯坦	Pakistan	7791	7791	61.87	80.80	247.31	249.03
菲 律 宾	Philippines	479.00②	509.00①				3.84①
斯里兰卡	Sri Lanka	1463.00②	1561.71①	1.35②	1.27④	47.67②	74.07④
泰　国	Thailand	4458	5327.00⑤	27.01	24.55⑤	81.87	75.04⑤
越　南	Viet Nam	2577	2382	39.01	39.89	43.78	35.42
埃　及	Egypt	5195	5153.00①	15.92	15.92⑤	408.37	408.37⑤
尼日利亚	Nigeria	3528	3528.00④	0.77⑥		1.74⑥	
南　非	South Africa	22051	20953.00③	1133.42	1346.00⑤	188.65	146.89⑤
加 拿 大	Canada	255	47687	3227.41	5401.41④	13.46	15.97
墨 西 哥	Mexico	26704	14388	711.36②	738.79④	1.78	4.79⑤
美　国	United States	194431	150462	24687.38	25252.17	103.31	102.39
阿 根 廷	Argentina	25023	17609.00③	120.25	121.11⑤		76.32①
巴　西	Brazil	29817	29817.00⑤	2677.00	2677.00⑤		158.07③
委内瑞拉	Venezuela	336.00②		0.81⑥			
捷　克	Czech Rep.	9469	9406	119.21	118.19③	65.53	77.78③
法　国	France	29929	28241	228.40	331.16④	848.60	932.77③
德　国	Germany	33714	33440	1057.94	706.14③	785.82	794.56
意 大 利	Italy	16704	16787.20③	120.37	94.78	433.49	394.49
荷　兰	Netherlands	3016	3016.00⑤			163.59	185.35
波　兰	Poland	19702	18536	343.27	287.20④	157.15	94.66①
俄 罗 斯	Russia	85292	85626	20113.08	24918.76③	1390.28	1293.71
西 班 牙	Spain	15590	15618	78.45	63.61	223.04	279.03
土 耳 其	Turkey	9594	10315	109.32	120.58	54.91	55.60
乌 克 兰	Ukraine	21705	21626.00③	2180.83	1919.14③	502.40	280.01③
英　国	United Kingdom	15888	15961	125.12②		536.11	29.00④
澳大利亚	Australia	8615		641.72	596.49⑤	15.00	

注：①2016年数据。②2008年数据。③2017年数据。④2015年数据。⑤2014年数据。⑥2007年数据。
Note:①Data refer to 2016.②Data refer to 2008.③Data refer to 2017.④Data refer to 2015.⑤Data refer to 2014.⑥Data refer to 2007.

13-3 国际海运装货量和卸货量
International Maritime Freight Loaded and Unloaded

资料来源：联合国统计月报数据库。
Source: UN Monthly Bulletin of Statistics Database.
单位：万吨 (10 000 tons)

国家或地区	Country or Area	国际海运装货量 International Maritime Freight Loaded			国际海运卸货量 International Maritime Freight Unloaded		
		2000	2010	2019	2000	2010	2019
中国香港	Hong Kong, China	6770	11346	9239	10693	15428	17093
孟加拉国	Bangladesh	89	466	710	1408	3860	9920
文　莱	Brunei Darussalam	10		139	102		1744
印度尼西亚	Indonesia	14153	50118		4504	11254	
伊　朗	Iran	3065	5942	8155	4486	7804	5639
以色列	Israel	1387	1927	2054①	2920	2414	1961
日　本	Japan	13010			80654		
韩　国	Korea, Rep.	15078			41882		
马来西亚	Malaysia	5483	11240		6922	13682	
巴基斯坦	Pakistan	617	1950		3080	4870	
新加坡	Singapore	32618					
斯里兰卡	Sri Lanka	919					
南　非	South Africa	2598					
美　国	United States	34334			83352		
阿根廷	Argentina	1550				2374	
法　国	France	6810	10421	11116①	20273	20746	20764①
德　国	Germany	8602	10230	11566①	14725	17070	17525①
荷　兰	Netherlands	9940			32507		
波　兰	Poland	3152	3017	2989	1582	2838	6190
俄罗斯	Russia	828	20152	4409	84	2353	217
西班牙	Spain	5627			19343		
乌克兰	Ukraine	4271	8371		684	1744	
澳大利亚	Australia	48750	88736	151106	5418	8896	9817
新西兰	New Zealand	2214	3040	4358	1379	1798	2458

注：①2017年数据。
Note:①Data refer to 2017.

13-4 空运货物周转量和客运量
Freight and Passengers Carried by Air

资料来源：世界银行WDI数据库。
Source: World Bank WDI Database.
单位：万吨公里 (10 000 ton-km)

国家或地区	Country or Area	空运货物周转量（万吨公里） Air Transport,Freight(10 000 ton-km)			航空客运量（万人） Air Transport,Passengers Carried(10 000 persons)		
		2000	2010	2019	2000	2010	2019
世　界	**World**	**11825721**	**182025621**	**215169231**	**167406**	**262826**	**439667**
高收入国家	**High Income**	**10126920**	**14365241**	**157293411**	**136471**	**176391**	**254451**
中等收入国家	**Middle Income**	**1669483**	**3774008**	**5536413**	**30441**	**85197**	**183290**
低收入国家	**Low Income**	**29318**	**63314**	**251169**	**494**	**1238**	**1925**
中　国	China	390008	1719388	2539459	6189	26629	65963
中国香港	Hong Kong, China	511151	1037344	1173949	1438	2835	4647
中国澳门	Macao, China	2190	3671	2603	153	133	366
孟加拉国	Bangladesh	19387	16443	8638	133	182	596
文　莱	Brunei Darussalam	14023	14852	12246	86	126	142
柬埔寨	Cambodia		2	69		28	143
印　度	India	54765	163096	193823	1730	6437	16750
印度尼西亚	Indonesia	40854	66566	98174	992	5938	9132
伊　朗	Iran	7372	9654	15226	872	1876	2164
以色列	Israel	88570	85643	88933	444	508	666
日　本	Japan	867205	769880	891948	10912	10962	13023
哈萨克斯坦	Kazakhstan	1175	4238	4890	46	310	680
韩　国	Korea, Rep.	765134	1294273	1066438	3433	3699	9243
老　挝	Laos	167	12	91	21	44	98
马来西亚	Malaysia	186384	256466	137875	1656	3424	6362
蒙　古	Mongolia	844	390	739	25	39	74
缅　甸	Myanmar	77	206	831	44	92	370
巴基斯坦	Pakistan	34031	33296	19298	529	659	742
菲律宾	Philippines	28995	46019	92689	576	2258	4778
新加坡	Singapore	600489	712142	641199	1670	2486	4305
斯里兰卡	Sri Lanka	25571	33905	39405	176	301	558
泰　国	Thailand	171288	293867	223404	1739	2878	7823
越　南	Viet Nam	11733	42692	102284	288	1438	5323
埃　及	Egypt	27806	41699	48341	452	952	1296
尼日利亚	Nigeria	882		2198	51	420	654
南　非	South Africa	68757	102556	53941	800	1578	2565
加拿大	Canada	189611	195733	239513	4177	6328	9335
墨西哥	Mexico	30986	90895	107253	2089	3127	6994
美　国	United States	3017198	3935326	4249826	66533	72050	92674
阿根廷	Argentina	29665	19330	28028	892	903	1946
巴　西	Brazil	172790	130248	152115	3129	7463	10292
委内瑞拉	Venezuela	3310	122	18	430	643	152
捷　克	Czech Rep.	3222	1799	2273	223	515	545
法　国	France	522434	507972	452259	5258	6086	7129
德　国	Germany	712771	748748	776362	5796	9733	10963
意大利	Italy	174841	78497	134496	3042	3265	2776
荷　兰	Netherlands	436734	644438	565644	2090	2698	4636
波　兰	Poland	7783	7661	31787	234	410	1023
俄罗斯	Russia	104141	353158	662070	1769	4386	11548
西班牙	Spain	87950	123587	119147	3971	5285	8824
土耳其	Turkey	38504	114928	681551	1219	4567	11103
乌克兰	Ukraine	1220	6932	7562	95	396	760
英　国	United Kingdom	516087	608274	585119	7044	10152	14239
澳大利亚	Australia	173074	293831	193116	3258	6064	7685
新西兰	New Zealand	81714	46864	120788	1078	1330	1776

13-5 机动车使用量
Vehicles in Use

资料来源：国际公路协会《世界公路统计2020年》。
Source: International Road Federation *World Road Statistics 2020*.

国家或地区	Country or Area	年份 Year	总计（万辆）Total (10 000 units)	乘用车（万辆）Passenger Cars (10 000 units)	公共汽车（万辆）Buses (10 000 units)	卡车和货车（万辆）Lorries and Vans (10 000 units)
中国	China	2018	23123.2	20321.7	233.7	2567.8
中国香港	Hong Kong, China	2018	72.1	58.3	2.2	11.6
孟加拉国	Bangladesh	2018	106.2	59.9	7.5	38.9
文莱	Brunei Darussalam	2018	27.9	26.0	0.3	1.6
印度	India	2017	4780.8	3368.8	186.4	1225.6
印度尼西亚	Indonesia	2018	2675.8	1644.1	253.8	777.9
伊朗	Iran	2012	160.6	137.9	0.5	22.2
以色列	Israel	2018	335.6	300.3	3.4	31.8
日本	Japan	2018	7793.9	6158.5	23.4	1612.0
哈萨克斯坦	Kazakhstan	2018	434.2	384.8	8.9	40.5
韩国	Korea, Rep.	2018	2311.2	1867.7	84.4	359.1
老挝	Laos	2015	39.1	8.6	0.4	30.1
马来西亚	Malaysia	2018	62.4	52.8	0.1	9.5
蒙古	Mongolia	2018	57.6	42.6	1.9	13.2
缅甸	Myanmar	2018	97.4	54.3	2.8	40.3
巴基斯坦	Pakistan	2018	416.5	363.9	24.2	28.5
菲律宾	Philippines	2017	423.7	160.9	3.5	259.3
新加坡	Singapore	2018	80.0	63.9	1.9	14.1
斯里兰卡	Sri Lanka	2017	165.2	75.7	10.7	78.7
泰国	Thailand	2018	1706.3	936.2	42.3	727.7
埃及	Egypt	2018	704.0	540.2	15.1	148.8
南非	South Africa	2015	992.8	682.9	35.8	274.1
加拿大	Canada	2018	2433.1	2313.7	9.2	110.2
墨西哥	Mexico	2018	4356.3	3223.3	43.4	1089.5
美国	United States	2018	26493.6	19285.6	99.2	7108.8
阿根廷	Argentina	2016	1412.1			
巴西	Brazil	2018	7363.7	5471.5	102.6	1789.6
白俄罗斯	Belarus	2018	361.6	316.0	4.4	41.2
捷克	Czech Rep.	2018	648.0	574.8	2.1	71.1
法国	France	2018	3991.0	3302.0	9.2	679.8
德国	Germany	2018	5256.3	4709.6	8.1	538.7
意大利	Italy	2018	4493.3	3995.4	9.8	488.1
荷兰	Netherlands	2018	959.8	853.1	1.0	105.8
波兰	Poland	2018	2730.7	2342.9	11.9	375.8
俄罗斯	Russia	2018	5478.0	4742.5	86.4	649.0
西班牙	Spain	2018	3027.0	2407.4	6.5	613.1
土耳其	Turkey	2018	1770.5	1239.8	70.6	460.1
乌克兰	Ukraine	2011	848.8	690.1	25.0	133.8
英国	United Kingdom	2018	3618.3	3151.8	15.5	451.0
澳大利亚	Australia	2018	1822.2	1433.0	9.9	379.3
新西兰	New Zealand	2018	380.6	313.2	2.7	64.7

13-5 续表 continued

国家或地区	Country or Area	年 份 Year	摩托车 (万辆) Motorcycles (10 000 units)	每千人拥有乘用车数量(辆) Passenger Cars per 1000 Persons (unit)	每千人拥有汽车数量(辆) Total Vehicles per 1000 Persons (unit)	每公里道路汽车数量 (辆) Total Vehicles per km of Road (unit)
中 国	China	2018	6795.4	145.9	166.0	47.7
中国香港	Hong Kong, China	2018	5.6	78.3	96.7	339.5
孟加拉国	Bangladesh	2018	271.5	3.7	6.6	2.7
文 莱	Brunei Darussalam	2018	0.4	606.8	649.7	75.1
印 度	India	2017	18709.1	25.2	35.7	8.1
印度尼西亚	Indonesia	2018	12010.1	61.4	100.0	49.3
伊 朗	Iran	2012	81.3	18.0	21.0	7.7
以 色 列	Israel	2018	14.0	338.1	377.8	169.8
日 本	Japan	2018	1073.0	486.7	616.0	220.8
哈萨克斯坦	Kazakhstan	2018	4.1	210.6	237.6	45.1
韩 国	Korea, Rep.	2018	206.3	361.9	447.8	225.6
老 挝	Laos	2015	131.8	12.8	58.6	6.9
马来西亚	Malaysia	2018	55.2	16.7	19.8	2.5
蒙 古	Mongolia	2018	1.8	134.4	181.8	5.1
缅 甸	Myanmar	2018	599.8	10.1	18.1	23.0
巴基斯坦	Pakistan	2018	1974.3	17.1	19.6	15.5
菲 律 宾	Philippines	2017	617.4	15.3	40.4	128.9
新 加 坡	Singapore	2018	13.7	113.4	141.8	
斯里兰卡	Sri Lanka	2017	518.4	35.3	77.0	
泰 国	Thailand	2018	2107.8	134.8	245.8	37.4
埃 及	Egypt	2018	369.5	54.9	71.5	37.4
南 非	South Africa	2015	36.6	123.5	179.6	
加 拿 大	Canada	2018	73.0	624.4	656.6	
墨 西 哥	Mexico	2018	408.3	255.4	345.2	106.8
美 国	United States	2018	866.6	590.3	811.0	39.6
阿 根 廷	Argentina	2016			322.0	58.6
巴 西	Brazil	2018	2710.9	261.2	351.5	46.6
白俄罗斯	Belarus	2018	42.2	333.2	381.3	35.3
捷 克	Czech Rep.	2018	113.2	540.7	609.6	49.6
法 国	France	2018		493.0	595.9	36.2
德 国	Germany	2018	443.9	568.1	634.0	81.8
意 大 利	Italy	2018	1009.5	661.2	743.7	191.1
荷 兰	Netherlands	2018	189.6	495.1	557.0	
波 兰	Poland	2018	285.3	617.0	719.1	64.3
俄 罗 斯	Russia	2018	232.0	328.3	379.2	35.7
西 班 牙	Spain	2018	346.0	514.4	646.8	56.2
土 耳 其	Turkey	2018	321.1	150.6	215.1	71.5
乌 克 兰	Ukraine	2011	120.6	151.0	185.7	50.0
英 国	United Kingdom	2018	124.3	474.2	544.4	85.6
澳大利亚	Australia	2018	86.1	573.6	729.4	20.8
新 西 兰	New Zealand	2018	9.6	646.9	786.1	39.9

13–6 汽车燃料价格
Motor Fuel Prices

资料来源：国际公路协会《世界公路统计2020年》。
Source: International Road Federation *World Road Statistics 2020*.

单位：美分/升 (USD cent/liter)

国家或地区	Country or Area	高级汽油价格 Super Gasoline Price				
		2010	2012	2014	2016	2018
中　　国	China	111	137	117	96	118
中国香港	Hong Kong, China	192	216	206	186	209
孟加拉国	Bangladesh	109	115	130	112	107
印　　度	India	115	125	110	97	107
印度尼西亚	Indonesia	79	47	93	63	83
伊　　朗	Iran	10	33	37	40	29
以 色 列	Israel	185	201	188	157	176
日　　本	Japan	160	200	138	106	129
哈萨克斯坦	Kazakhstan	71	101	81	42	47
韩　　国	Korea, Rep.	152	180	155	122	150
马来西亚	Malaysia	59	62	68	45	52
蒙　　古	Mongolia	111	129	101	72	92
缅　　甸	Myanmar	80	104	114	54	67
巴基斯坦	Pakistan	86	114	94	79	74
菲 律 宾	Philippines	105	125	105	86	98
新 加 坡	Singapore	142	168	158	125	150
斯里兰卡	Sri Lanka	119	129	127	88	96
泰　　国	Thailand	141	156	129	71	109
越　　南	Viet Nam	88	115	104	80	91
埃　　及	Egypt	48	45	88	40	43
尼日利亚	Nigeria	44	62	56	46	40
南　　非	South Africa	119	138	119	92	118
加 拿 大	Canada	121	132	117	81	100
墨 西 哥	Mexico	81	86	103	73	104
美　　国	United States	76	97	76	71	88
阿 根 廷	Argentina	96	146	152	110	105
巴　　西	Brazil	158	139	127	102	125
委内瑞拉	Venezuela	2	2	2		
捷　　克	Czech Rep.	175	193	167	117	141
法　　国	France	198	191	179	139	168
德　　国	Germany	190	196	180	139	168
意 大 利	Italy	187	228	214	161	184
荷　　兰	Netherlands	213	233	215	168	190
波　　兰	Poland	157	174	142	107	133
俄 罗 斯	Russia	84	99	81	59	68
西 班 牙	Spain	156	175	163	126	147
土 耳 其	Turkey	252	254	206	142	122
乌 克 兰	Ukraine	101	135	117	83	116
英　　国	United Kingdom	192	217	192	146	167
澳大利亚	Australia	127	139	123	93	116
新 西 兰	New Zealand	147	177	171	140	154

13-6 续表 continued

单位：美分/升 (USD cent/liter)

国家或地区	Country or Area	柴油价格 Diesel Price				
		2010	2012	2014	2016	2018
中　国	China	104	128	109	81	106
中国香港	Hong Kong, China	132	157	156	142	175
孟加拉国	Bangladesh	63	76	90	84	78
印　度	India	82	86	91	81	100
印度尼西亚	Indonesia	51	47	62	61	66
伊　朗	Iran	2	12	19	22	7
以色列	Israel	187	212	208		168
日　本	Japan	137	161	110	88	110
哈萨克斯坦	Kazakhstan	51	67	64	40	51
韩　国	Korea, Rep.	135	163	137	105	128
马来西亚	Malaysia	56	59	65	44	52
蒙　古	Mongolia	104	122	96	67	94
缅　甸	Myanmar	80		93	51	68
巴基斯坦	Pakistan	92	120	101	70	85
菲律宾	Philippines	84	101	82	58	85
新加坡	Singapore	104	126	116	77	121
斯里兰卡	Sri Lanka	66	93	90	65	66
泰　国	Thailand	95	97	90	68	100
越　南	Viet Nam	77	106	91	59	80
埃　及	Egypt	19	18	25	15	31
尼日利亚	Nigeria	77	109	84	64	57
南　非	South Africa	114	142	117	90	119
加拿大	Canada	108	123	116	73	100
墨西哥	Mexico	72	85	102	72	102
美　国	United States	84	105	97	65	88
阿根廷	Argentina	105	133	133	100	94
巴　西	Brazil	114	102	102	95	101
委内瑞拉	Venezuela	1	1	1		
捷　克	Czech Rep.	169	187	160	111	140
法　国	France	172	178	163	120	168
德　国	Germany	168	188	158	120	156
意大利	Italy	169	218	201	144	175
荷　兰	Netherlands	171	195	180	134	166
波　兰	Poland	150	173	139	104	139
俄罗斯	Russia	72	100	75	55	65
西班牙	Spain	147	175	155	113	142
土耳其	Turkey	203	233	190	123	118
乌克兰	Ukraine	92	125	116	73	114
英　国	United Kingdom	198	227	199	149	177
澳大利亚	Australia	123	157	128	92	119
新西兰	New Zealand	97	124	111	79	111

13-7 港口集装箱吞吐量
Container Port Traffic

资料来源：世界银行WDI数据库。
Source: World Bank WDI Database.
单位：万标准集装箱 (10 000 TEUs)

国家或地区	Country or Area	2000	2010	2014	2015	2016	2017	2018
世　界	**World**	**22477**	**56107**	**68874**	**69803**	**71155**	**75856**	**79266**
高收入国家	**High Income**	**14663**	**28736**	**33690**	**33359**	**33989**	**35563**	**36984**
中等收入国家	**Middle Income**	**7790**	**27071**	**34922**	**36138**	**36866**	**39934**	**41964**
中　国	China	4100	14297	18668	19528	19955	21668	22583
中国香港	Hong Kong, China		2360	2230	2011	1958	2076	1964
孟加拉国	Bangladesh	46	135	164	204	238	259	283
文　莱	Brunei Darussalam		9	13	13	12	13	14
柬埔寨	Cambodia		22	34	39	40	64	74
印　度	India	245	892	1132	1188	1209	1543	1638
印度尼西亚	Indonesia	380	969	1162	1198	1248	1271	1285
伊　朗	Iran		305	227	217	256	309	238
以色列	Israel		228	245	252	252	287	295
日　本	Japan	1310	1955	2114	2058	2078	2205	2243
韩　国	Korea, Rep.	903	1946	2482	2535	2615	2742	2895
马来西亚	Malaysia	464	1814	2265	2426	2457	2378	2496
缅　甸	Myanmar		34	72	83	103	112	129
巴基斯坦	Pakistan		215	253	276	276	328	328
菲律宾	Philippines	303	509	618	721	762	809	864
新加坡	Singapore	1710	2915	3469	3171	3267	3367	3660
斯里兰卡	Sri Lanka	173	410	491	519	555	620	700
泰　国	Thailand	318	755	942	952	994	1073	1119
越　南	Viet Nam	119	597	1019	1148	1185	1533	1637
埃　及	Egypt	163	683	790	719	738	615	615
尼日利亚	Nigeria		123	170	140	144	121	121
南　非	South Africa	185	396	457	466	445	456	489
加拿大	Canada	293	478	543	579	584	638	666
墨西哥	Mexico	132	370	506	540	540	637	698
美　国	United States	2830	4206	4806	4984	5049	5213	5469
阿根廷	Argentina	114	199	170	170	165	177	180
巴　西	Brazil	241	746	1032	1030	993	965	1031
委内瑞拉	Venezuela	67	105	92	72	84	41	37
法　国	France	292	522	591	591	638	612	637
德　国	Germany	770	1472	2013	1914	1936	1972	1960
意大利	Italy	692	868	1025	1002	1026	1058	1055
荷　兰	Netherlands	641	1150	1256	1250	1275	1413	1483
波　兰	Poland		105	214	186	203	239	283
俄罗斯	Russia	32	362	516	385	391	452	634
西班牙	Spain	579	1260	1426	1433	1537	1776	1719
土耳其	Turkey	159	660	934	883	858	930	994
乌克兰	Ukraine		70	66	48	59	70	118
英　国	United Kingdom	643	786	936	960	977	1139	1170
澳大利亚	Australia	354	641	740	763	769	801	875
新西兰	New Zealand	107	253	300	317	317	319	333

13-8 公路线路长度

Length of Road

资料来源：国际公路协会《世界公路统计2020年》。
Source: International Road Federation *World Road Statistics 2020*.

国家或地区	Country or Area	公路网长度(公里) Total Road Network (km)		有路面公路所占比重(%) Road paved (% of total roads)		公路密度(公里)(每百平方公里土地公路长度) Road Density(km of road per 100 sq.km of land area)	
		2005	2018	2005	2018	2005	2018
中　　国	China	3345187	4846532	40.8	82.4		51.6
中国香港	Hong Kong, China	1955	2123	100.0	100.0①		202.2
中国澳门	Macao, China		449		100.0		1477.0
文　　莱	Brunei Darussalam	3650	3708	77.2	86.8		70.4
印　　度	India		5897671		63.2		198.4
印度尼西亚	Indonesia	391009	542310	55.4	60.8		29.9
伊　　朗	Iran	172027	221352		88.9		13.6
以 色 列	Israel	17589	19758	100.0	100.0	81.3	91.3
日　　本	Japan	1192400	352935	79.0		327.3	96.8
哈萨克斯坦	Kazakhstan	90845	96246	91.2	86.5		3.6
韩　　国	Korea, Rep.	102293	102465	76.8	93.2	103.5	105.1
老　　挝	Laos	33861		13.4			
马来西亚	Malaysia	93109	250023	79.8	75.9		76.1
缅　　甸	Myanmar	27000	42348	11.9	70.6		6.5
巴基斯坦	Pakistan		268935		73.4		34.9
新 加 坡	Singapore	3234		100.0			
埃　　及	Egypt		188247		95.6		18.9
墨 西 哥	Mexico	355796	407958	37.0	43.4		21.0
美　　国	United States	6544257	6696159	65.3	68.4	70.2	73.2
阿 根 廷	Argentina		241038①		34.4①		
巴　　西	Brazil		1580434		13.5		18.9
捷　　克	Czech Rep.	127810	130663		100.0	71.8	169.2
法　　国	France	950985	1103744	100.0	100.0	183.9	201.6
德　　国	Germany	231480	642826			184.8	184.0
意 大 利	Italy	487700	235090			59.6	79.9
荷　　兰	Netherlands	126100				397.6	
波　　兰	Poland		424564		71.6	124.5	138.7
俄 罗 斯	Russia	859000	1532768	84.4	70.4		9.4
西 班 牙	Spain		538496			133.6	107.8
土 耳 其	Turkey	426914	247553		91.8	45.4	32.2
乌 克 兰	Ukraine	169323	161924	97.4	97.9		28.0
英　　国	United Kingdom	388008	422735	100.0	100.0	170.8	174.7
澳大利亚	Australia		877651			10.6	11.4
新 西 兰	New Zealand	93460	95386	64.9	67.3	35.4	36.2

注：①2016年数据。
Note:①Data refer to 2016.

13-9 公路交通事故
Road Accidents

资料来源：国际公路协会《世界公路统计2020年》。
Source: International Road Federation *World Road Statistics 2020*.

国家或地区	Country or Area	年份 Year	事故发生数(起) Accidents (case)	受伤人数 Persons Injured (person)	死亡人数 Persons Killed (person)
中　国	China	2018	244937	258532	63194
中国香港	Hong Kong, China	2018	15935	19502	135
孟加拉国	Bangladesh	2018	2765	1950	2879
文　莱	Brunei Darussalam	2018	433	357	24
柬埔寨	Cambodia	2013			1950
印　度	India	2018	432957	469418	151417
印度尼西亚	Indonesia	2018	109215	143886	29472
伊　朗	Iran	2018	337891	415799	16540
以色列	Israel	2018	12557	22703	316
日　本	Japan	2018	430601	521680	4166
哈萨克斯坦	Kazakhstan	2018	15771	20445	2096
韩　国	Korea, Rep.	2018	217148	323037	3781
马来西亚	Malaysia	2017	16790	10050	6740
蒙　古	Mongolia	2018	4269	4761	562
缅　甸	Myanmar	2018	15780	25832	5063
菲律宾	Philippines	2014	10599	9347	1252
新加坡	Singapore	2017		9953	121
泰　国	Thailand	2018	61290		8358
越　南	Viet Nam	2017	20084	17040	8281
埃　及	Egypt	2018	8480	11803	3087
尼日利亚	Nigeria	2017	9383	31094	5121
南　非	South Africa	2017			14500
加拿大	Canada	2018	110114	152847	1922
墨西哥	Mexico	2018		89220	4227
美　国	United States	2018	1927654	2710000	36560
巴　西	Brazil	2018	52213	76525	5269
白俄罗斯	Belarus	2018	3399	3680	549
捷　克	Czech Rep.	2018	21889	27591	658
芬　兰	Finland	2018	4312	5303	239
法　国	France	2018	55766	69887	3248
德　国	Germany	2018	308721	396018	3275
意大利	Italy	2018	172553	242919	3334
荷　兰	Netherlands	2018		21700	678
波　兰	Poland	2018	31674	37359	2862
俄罗斯	Russia	2018	168099	214853	18214
西班牙	Spain	2018	102299	138609	1806
土耳其	Turkey	2018	186532	307071	6675
乌克兰	Ukraine	2018		31186	3409
英　国	United Kingdom	2018	122635	160597	1784
澳大利亚	Australia	2018			1136
新西兰	New Zealand	2018	11694	14701	378

13-9 续表 continued

国家或地区	Country or Area	年 份 Year	每十万人口交通事故死亡人数(人) Number of Deaths per 100 000 Persons (person)	每十万人口交通事故受伤人数(起) Number of Injuries per 100 000 Persons (person)	每亿公里车程交通事故数(起) Number of Accidents per 100 Million Vehicle-km (person)
中 国	China	2018	5	18	51
中国香港	Hong Kong,China	2018	2	214	7506
中国澳门	Macao,China	2018	2	69	976
孟加拉国	Bangladesh	2018	2	2	7
印 度	India	2018	11	32	73
印度尼西亚	Indonesia	2018	11	41	201
伊 朗	Iran	2018	20	413	1527
以 色 列	Israel	2018	4	141	636
日 本	Japan	2018	3	340	1220
哈萨克斯坦	Kazakhstan	2018	12	86	164
韩 国	Korea,Rep.	2018	7	421	2119
马来西亚	Malaysia	2017	21	53	71
蒙 古	Mongolia	2018	18	135	38
缅 甸	Myanmar	2018	9	29	373
菲 律 宾	Philippines	2014	1	11	326
新 加 坡	Singapore	2017	2		
斯里兰卡	SriLanka	2017	15		
泰 国	Thailand	2018	12		
越 南	Vietnam	2017	9	21	54
埃 及	Egypt	2018	3	9	45
尼日利亚	Nigeria	2017	3	5	
南 非	South Africa	2017	26		
加 拿 大	Canada	2018	5	297	
墨 西 哥	Mexico	2018	3		
美 国	United States	2018	11	590	288
巴 西	Brazil	2018	3	25	33
白俄罗斯	Belarus	2018	6	36	33
捷 克	Czech Republic	2018	6	206	168
法 国	France	2018	5	83	51
德 国	Germany	2018	4	372	480
意 大 利	Italy	2018	6	286	734
荷 兰	Netherlands	2018	4		
波 兰	Poland	2018	8	83	75
俄 罗 斯	Russia	2018	13	116	110
西 班 牙	Spain	2018	4	219	190
土 耳 其	Turkey	2018	8	227	754
乌 克 兰	Ukraine	2018	8		
英 国	United Kingdom	2018	3	185	290
澳大利亚	Australia	2018	5		
新 西 兰	New Zealand	2018	8	242	123

13−10 公路支出
Road Expenditure

资料来源：国际公路协会《世界公路统计2020年》。
Source: International Road Federation *World Road Statistics 2020* .

单位：万美元 (10 000 USD)

国家或地区	Country or Area	年 份 Year	支出总计 Total Expenditure	公路支出构成－按行政管理级别分 Road Expenditure by Administration Levels		
				中央政府 Central Government	地方政府 Local Government	私 人 Private
中 国	China	2011	21990164	761194	21228970	
中国香港	Hong Kong,China	2017	343486	343486		
柬 埔 寨	Cambodia	2000	8683	8683		
印 度	India	2012	769774			368072
韩 国	Korea,Rep.	2018	1551296	543610	996433	11253
老 挝	Laos	2006	16193	16193		
马来西亚	Malaysia	2003	34656	34656		
蒙 古	Mongolia	2009	91			
新 加 坡	Singapore	2010	126475	126475		
斯里兰卡	Sri Lanka	2010	79285			
南 非	South Africa	2017	436133	232112	204021	
墨 西 哥	Mexico	2018	265950	203396		62554
美 国	United States	2018	10054585	352700	9701885	
巴 西	Brazil	2018	373716	199443		174273
俄 罗 斯	Russia	2006	1565069			
捷 克	Czech Republic	2018	218724			
法 国	France	2018	2277004	275842	1393934	607228
荷 兰	Netherlands	2000	146859	125173	21686	
波 兰	Poland	2018	280130	130622	149508	
西 班 牙	Spain	2018	397966	191033	186088	20845
土 耳 其	Turkey	2018	25562	25562		
乌 克 兰	Ukraine	2017	111483	77881	33602	
英 国	United Kingdom	2018	1290732	659440	630729	
澳大利亚	Australia	2018	2440571	431187	1592609	416775
新 西 兰	New Zealand	2018	276506			

13-10 续表 continued

单位：万美元 (10 000 USD)

国家或地区	Country or Area	年 份 Year	公路支出构成－按支出性质分 Road Expenditure-by Nature		
			建 设 Construction	维 护 Maintenance	其 它 Others
中 国	China	2011			
中国香港	Hong Kong,China	2017	343486		
柬埔寨	Cambodia	2000	1979	6703	
印 度	India	2012	742269	26419	8
韩 国	Korea,Rep.	2018	1246275	305022	
老 挝	Laos	2006	14352	1842	
马来西亚	Malaysia	2003	69	34061	526
蒙 古	Mongolia	2009			
新加坡	Singapore	2010			
斯里兰卡	Sri Lanka	2010	73524	5761	
南 非	South Africa	2017	200576		235557
墨西哥	Mexico	2018	162175	103774	
美 国	United States	2018	2196962	5913923	1943701
巴 西	Brazil	2018	142852	134162	96703
俄罗斯	Russia	2018	776467		
捷 克	Czech Republic	2018	119253	99472	
法 国	France	2018	1116251	1160754	
荷 兰	Netherlands	2000	51469	71782	
波 兰	Poland	2018	280130		
西班牙	Spain	2018			
土耳其	Turkey	2018		25562	
乌克兰	Ukraine	2017	16022	77680	17781
英 国	United Kingdom	2018	1005837	284895	
澳大利亚	Australia	2018	1539562		
新西兰	New Zealand	2018	136355	140150	

13-11 电话主线和移动电话普及率
Telephone Mainlines and Mobile Phones

资料来源：世界银行WDI数据库。
Source:World Bank WDI Database.

国家或地区	Country or Area	电话主线(条/千人) Telephone Mainlines(lines per 1 000 persons)			移动电话(部/千人) Mobile Phones(sets per 1 000 persons)		
		2000	2010	2019	2000	2010	2019
世　　界	**World**	**159.1**	**176.8**	**127.8①**	**120.4**	**761.4**	**1065.2①**
高收入国家	**High Income**	**539.4**	**469.3**	**381.7①**	**483.8**	**1094.8**	**1276.3①**
中等收入国家	**Middle Income**	**81.8**	**127.2**	**82.7①**	**44.5**	**734.9**	**1058.0①**
低收入国家	**Low Income**	**10.2**	**18.3**	**8.6①**	**1.9**	**285.3**	**607.7①**
中　　国	China	112.2	215.1	133.2	66.1	627.6	1203.6
中国香港	Hong Kong, China	594.3	626.1	545.1	824.6	1980.1	2885.3
中国澳门	Macao, China	413.4	312.8	195.5①	329.7	2085.1	3453.3①
孟加拉国	Bangladesh	3.9	8.7	8.9	2.2	460.3	1015.5
文　　莱	Brunei Darussalam	241.6	205.6	199.9	285.1	1119.5	1286.5
柬 埔 寨	Cambodia	2.5	25.1	3.4	10.7	569.5	1299.2
印　　度	India	30.7	28.4	15.4	3.4	609.4	842.7
印度尼西亚	Indonesia	31.5	169.3	35.0	17.4	873.7	1274.9
伊　　朗	Iran	144.6	350.0	349.2	14.7	732.8	1423.9
以 色 列	Israel	500.2	463.9	356.8	740.0	1240.2	1267.7
日　　本	Japan	485.9	510.5	499.4①	523.7	959.1	1414.1①
哈萨克斯坦	Kazakhstan	122.9	249.7	173.1	13.2	1193.8	1385.8
韩　　国	Korea, Rep.	545.9	576.1	482.7	566.0	1024.7	1344.9
老　　挝	Laos	7.7	16.5	207.9	2.4	640.6	608.4
马来西亚	Malaysia	199.5	163.4	202.6	220.8	1200.3	1396.0
蒙　　古	Mongolia	49.0	71.1	122.8	64.5	923.0	1370.1
缅　　甸	Myanmar	5.8	9.8	9.7①	0.3	11.7	1138.4①
巴基斯坦	Pakistan	21.5	33.9	11.4	2.2	552.8	763.8
菲 律 宾	Philippines	39.3	35.5	38.5	82.8	884.9	1547.6
新 加 坡	Singapore	483.0	389.0	328.3	681.9	1439.2	1563.8
斯里兰卡	Sri Lanka	40.9	176.6	116.5①	22.9	856.8	1426.5①
泰　　国	Thailand	88.8	101.7	37.5	48.5	1067.4	1861.6
越　　南	Viet Nam	31.8	163.4	37.9	9.9	1268.3	1412.3
埃　　及	Egypt	79.7	116.2	87.3	19.8	853.8	949.7
尼日利亚	Nigeria	4.5	6.6	0.7①	0.3	550.8	881.8①
南　　非	South Africa	110.3	94.9	34.6	185.4	983.5	1656.0
加 拿 大	Canada	681.3	538.7	354.6	285.3	756.3	925.3
墨 西 哥	Mexico	124.7	174.6	176.5	142.3	801.0	951.3
美　　国	United States	683.4	484.3	326.0	388.6	922.7	1290.1①
阿 根 廷	Argentina	214.1	242.4	172.8	176.0	1395.8	1308.7
巴　　西	Brazil	176.9	215.3	159.7	132.7	1006.2	988.4①
委内瑞拉	Venezuela	104.8	249.1	191.7	225.2	980.3	580.7
捷　　克	Czech Rep.	376.3	224.7	137.8	422.4	1227.6	1235.4
法　　国	France	575.9	646.0	580.3	492.3	919.0	1106.1
德　　国	Germany	617.0	654.5	483.7	592.2	1093.7	1283.6
意 大 利	Italy	479.0	379.9	324.1	745.2	1578.9	1330.8
荷　　兰	Netherlands	620.9	433.5	325.2	675.3	1149.6	1272.9
波　　兰	Poland	283.9	200.0	180.1	175.0	1225.0	1379.6
俄 罗 斯	Russia	219.1	313.1	206.6①	22.3	1656.6	1643.9
西 班 牙	Spain	419.0	430.0	424.0	594.4	1095.0	1182.5
土 耳 其	Turkey	290.9	224.0	138.2	255.1	854.0	968.4
乌 克 兰	Ukraine	213.3	282.6	99.6	16.8	1177.7	1306.3
英　　国	United Kingdom	597.9	526.5	475.4①	737.4	1209.1	1183.6①
澳大利亚	Australia	529.2	479.6	310.3	450.8	1015.6	1106.2
新 西 兰	New Zealand	474.5	430.2	371.1①	399.6	1077.8	1349.3①

注：①2018年数据。
Note:①Data refer to 2018.

13-12 互联网网民占总人口比重
Individuals Using the Internet as Percentage of Population

资料来源：世界银行WDI数据库。
Source: World Bank WDI Database.
单位：%

(%)

国家或地区	Country or Area	2010	2015	2016	2017	2018	2019
世　界	**World**	**28.8**	**41.7**	**44.8**	**49.0**		
高收入国家	**High Income**	**71.5**	**79.4**	**83.7**	**85.4**	**86.8**	
中等收入国家	**Middle Income**	**21.5**	**36.5**	**39.6**	**44.5**		
低收入国家	**Low Income**	**5.0**	**12.2**	**13.0**	**16.3**		
中　国	China	34.3	50.3	53.2	54.3		
中国香港	Hong Kong, China	72.0	84.9	87.5	89.4	90.5	91.7
中国澳门	Macao, China	55.2	77.6	81.6	83.2	83.8	86.5
孟加拉国	Bangladesh	3.7	14.4	18.0	15.0		12.9
文　莱	Brunei Darussalam	53.0	71.2	90.0	94.9	95.0	95.0
柬埔寨	Cambodia	1.3	6.4	32.4	32.9	40.5	
印　度	India	7.5	17.0	22.0	32.0	20.1	
印度尼西亚	Indonesia	10.9	22.1	25.4	32.3	39.9	47.7
伊　朗	Iran	15.9	45.3	53.2	64.0	70.0	
以色列	Israel	67.5	77.4	79.7	81.6	83.7	86.8
日　本	Japan	78.2	91.1	93.2	91.7	91.3	
哈萨克斯坦	Kazakhstan	31.6	70.8	74.6	76.4	78.9	81.9
韩　国	Korea, Rep.	83.7	89.9	92.8	95.1	96.0	96.2
老　挝	Laos	7.0	18.2	21.9	25.5		
马来西亚	Malaysia	56.3	71.1	78.8	80.1	81.2	84.2
蒙　古	Mongolia	10.2	22.5	22.3	23.7	47.1	51.1
缅　甸	Myanmar	0.3	21.7	25.1	23.6		
巴基斯坦	Pakistan	8.0	14.0	12.4	17.1		17.1
菲律宾	Philippines	25.0	36.0	55.5	60.1		43.0
新加坡	Singapore	71.0	79.0	84.5	84.5	88.2	88.9
斯里兰卡	Sri Lanka	12.0	12.1	16.4	34.1		
泰　国	Thailand	22.4	39.3	47.5	52.9	56.8	66.7
越　南	Viet Nam	30.7	45.0	53.0	58.1	69.8	68.7
埃　及	Egypt	21.6	37.8	41.2	45.0	46.9	57.3
尼日利亚	Nigeria	11.5	36.0	25.7	7.5		
南　非	South Africa	24.0	51.9	54.0	56.2		
加拿大	Canada	80.3	90.0	91.2	92.7		
墨西哥	Mexico	31.1	57.4	59.5	63.9	65.8	70.1
美　国	United States	71.7	74.6	85.5	87.3	88.5	
阿根廷	Argentina	45.0	68.0	71.0	74.3		
巴　西	Brazil	40.7	58.3	60.9	67.5	70.4	
委内瑞拉	Venezuela	37.4	64.0	60.0	64.3		
捷　克	Czech Rep.	68.8	75.7	76.5	78.7	80.7	80.9
法　国	France	77.3	78.0	79.3	80.5	82.0	83.3
德　国	Germany	82.0	87.6	84.2	84.4	87.0	88.1
意大利	Italy	53.7	58.1	61.3	63.1	74.4	
荷　兰	Netherlands	90.7	91.7	90.4	93.2	92.6	93.3
波　兰	Poland	62.3	68.0	73.3	76.0	77.5	84.5
俄罗斯	Russia	43.0	70.1	73.1	76.0	80.9	82.6
西班牙	Spain	65.8	78.7	80.6	84.6	86.1	90.7
土耳其	Turkey	39.8	53.7	58.3	64.7	71.0	74.0
乌克兰	Ukraine	23.3	48.9	53.0	58.9	62.6	
英　国	United Kingdom	85.0	92.0	94.8	90.4	90.7	92.5
澳大利亚	Australia	76.0	84.6	86.5	86.5		
新西兰	New Zealand	80.5	88.2	88.5	90.8		

13-13 互联网服务商

Internet Servers

资料来源：世界银行WDI数据库。
Source: World Bank WDI Database.
单位：个/百万人 (number/per 1 000 000 persons)

国家或地区	Country or Area	2010	2015	2016	2017	2018	2019
世　界	**World**	**187.3**	**573.4**	**1267.5**	**3519.0**	**6171.9**	**10045.0**
高收入国家	**High Income**	**1070.1**	**3263.8**	**6953.3**	**18620.6**	**33891.9**	**56031.2**
中等收入国家	**Middle Income**	**6.0**	**42.7**	**166.6**	**638.3**	**864.5**	**1236.6**
低收入国家	**Low Income**	**0.2**	**1.6**	**2.7**	**7.7**	**9.7**	**11.1**
中　国	China	1.2	19.7	47.9	209.1	446.7	735.0
中国香港	Hong Kong, China	447.5	2331.8	3873.3	10484.9	19403.6	60546.1
中国澳门	Macao, China	210.0	752.4	1111.2	1779.7	2650.3	4167.4
孟加拉国	Bangladesh	0.2	2.0	23.6	65.2	116.0	100.2
文　莱	Brunei Darussalam	41.2	573.6	612.2	1620.8	1988.5	10720.4
柬埔寨	Cambodia	0.7	10.2	20.5	55.2	81.1	159.3
印　度	India	1.7	11.7	38.3	123.1	187.8	389.2
印度尼西亚	Indonesia	1.6	17.7	306.2	1280.7	1283.0	1683.9
伊　朗	Iran	1.3	12.3	64.1	225.7	494.6	1035.1
以色列	Israel	444.4	1305.0	2119.6	6967.6	9612.0	11115.7
日　本	Japan	552.9	1504.3	2109.5	5980.2	11670.8	18701.4
哈萨克斯坦	Kazakhstan	3.5	48.2	264.2	1232.3	1374.2	2359.0
韩　国	Korea, Rep.	175.3	557.7	721.0	1198.9	2065.1	4543.8
老　挝	Laos	0.5	4.2	8.3	16.4	20.4	31.2
马来西亚	Malaysia	44.9	233.9	945.7	4917.7	5713.0	6723.9
蒙　古	Mongolia	9.2	75.0	437.5	1527.1	1689.8	1690.5
缅　甸	Myanmar	0.0	1.0	20.5	9.9	9.2	12.3
巴基斯坦	Pakistan	0.6	3.4	31.7	115.1	109.1	62.6
菲律宾	Philippines	5.0	21.0	40.5	87.9	92.9	111.3
新加坡	Singapore	531.6	3585.2	19060.8	58690.3	84713.9	122481.4
斯里兰卡	Sri Lanka	3.6	20.9	71.1	305.2	412.4	328.4
泰　国	Thailand	11.2	69.4	146.5	578.3	953.9	1403.8
越　南	Viet Nam	2.3	32.7	278.7	1348.7	1769.5	2597.0
埃　及	Egypt	2.5	10.6	14.7	36.2	35.1	35.3
尼日利亚	Nigeria	0.6	3.6	47.4	222.8	184.2	74.8
南　非	South Africa	52.1	272.8	917.7	9430.7	12034.3	14353.1
加拿大	Canada	1282.7	3386.9	10221.4	26566.7	30953.2	35900.8
墨西哥	Mexico	13.4	57.9	119.7	185.5	225.8	271.5
美　国	United States	2481.8	6360.9	11439.7	30350.8	65864.2	124014.2
阿根廷	Argentina	25.2	123.3	735.0	1628.6	1872.6	3018.5
巴　西	Brazil	28.3	159.0	410.0	1581.6	2036.4	2740.9
委内瑞拉	Venezuela	7.1	21.4	148.1	293.5	275.6	217.1
捷　克	Czech Rep.	305.5	2048.8	11991.4	25419.9	42344.6	56198.3
法　国	France	278.1	1898.5	6688.0	14831.4	20421.5	29396.3
德　国	Germany	1049.3	4297.9	11625.0	34181.3	56406.6	77932.7
意大利	Italy	127.1	628.0	1305.1	7744.1	12258.0	15168.9
荷　兰	Netherlands	2084.8	9728.9	24130.8	70412.1	100581.5	130369.9
波　兰	Poland	155.0	955.8	2492.5	6534.9	16227.1	20603.1
俄罗斯	Russia	17.1	321.4	1164.0	3541.1	5190.6	9339.0
西班牙	Spain	207.1	889.6	2762.6	7247.0	11302.8	17716.3
土耳其	Turkey	86.3	363.5	1301.1	3351.9	4335.1	5438.2
乌克兰	Ukraine	12.4	141.8	1905.5	3948.3	6027.8	7867.2
英　国	United Kingdom	1315.4	4386.3	8696.4	21195.9	27261.8	35989.5
澳大利亚	Australia	1402.8	4574.1	9810.2	21544.8	32903.6	36720.9
新西兰	New Zealand	1388.7	3932.8	6430.2	14980.5	17835.0	20375.4

13-14 宽带用户
Broadband Subscribers

资料来源：世界银行WDI数据库。
Source:World Bank WDI Database.

国家或地区	Country or Area	宽带用户(个) Broadband Subscribers(number)			每千人宽带用户(个/千人) Broadband Subscribers(unit per 1 000 persons)		
		2000	2010	2019	2000	2010	2019
世　界	**World**	**15890822**	**531768684**	**1045465093**	**3.6**	**78.5**	
高收入国家	**High Income**	**15733382**	**306876505**	**349422914**	**16.8**	**260.7**	
中等收入国家	**Middle Income**	**160641**	**224619726**	**694461228**	**0.1**	**43.8**	
低收入国家	**Low Income**		**272453**	**1580951**		**0.6**	
中　国	China	22660	126337000	449279000	…	92.3	313.4
中国香港	Hong Kong, China	444450	2167714	2787835	67.3	311.2	374.9
中国澳门	Macao, China	3731	132081		8.7	245.4	
孟加拉国	Bangladesh		414569	8085500		2.8	49.6
文　莱	Brunei Darussalam		21699	54195		55.8	125.1
柬埔寨	Cambodia		35666	184379		2.5	11.2
印　度	India		10990000	19749488		8.9	14.5
印度尼西亚	Indonesia	4000	2280316	9411805	…	9.4	34.8
伊　朗	Iran	176	987549	8626182		13.4	104.0
以色列	Israel		1762000	2481000		239.8	291.2
日　本	Japan	854655	34101778		6.7	265.3	
哈萨克斯坦	Kazakhstan		869600	2451400		53.5	132.1
韩　国	Korea, Rep.	3870000	17194272	21906172	81.7	347.0	427.6
老　挝	Laos		5885	76280		0.9	10.6
马来西亚	Malaysia		2097800	2964500		74.4	92.8
蒙　古	Mongolia		76754	317317		28.2	98.4
缅　甸	Myanmar		22950			0.5	
巴基斯坦	Pakistan		789487	1760870		4.4	8.1
菲律宾	Philippines		1722400	4178822		18.4	38.7
新加坡	Singapore	69000	1338400	1498100	17.1	260.8	258.1
斯里兰卡	Sri Lanka		228316			11.3	
泰　国	Thailand		3251851	10108819		48.4	145.2
越　南	Viet Nam		3669321	14802380		41.7	153.5
埃　及	Egypt		1451628	7598941		17.5	75.7
尼日利亚	Nigeria		99108			0.6	
南　非	South Africa		743000	1250356		14.5	21.4
加拿大	Canada	1410932	10817103	14881958	46.1	316.8	397.8
墨西哥	Mexico	15000	10582865	19173373	0.2	92.8	150.3
美　国	United States	7069874	84522000	114093000	25.1	273.5	346.7
阿根廷	Argentina		4028238	8793181		98.5	196.4
巴　西	Brazil	100000	14100890	32563453	0.6	72.1	154.3
委内瑞拉	Venezuela	4473	1673076	2561210	0.2	58.8	89.8
捷　克	Czech Rep.	2500	2261179	3584800	0.2	214.6	335.4
法　国	France	196601	21337000	29760000	3.3	339.3	456.9
德　国	Germany	265000	26161950	35071539	3.3	323.7	419.9
意大利	Italy	115000	13098028	17376499	2.0	220.8	287.0
荷　兰	Netherlands	260000	6329000	7459000	16.3	379.4	436.3
波　兰	Poland		5858498	7797605		152.8	205.8
俄罗斯	Russia		15700000	33028695		109.4	226.4
西班牙	Spain	76358	10652372	15590305	1.9	227.0	333.6
土耳其	Turkey		7098163	14231978		98.1	170.6
乌克兰	Ukraine		2955862	6784185		64.6	161.6
英　国	United Kingdom	52890	19151508		0.9	301.8	
澳大利亚	Australia		5510000	8705523		248.7	345.4
新西兰	New Zealand	4658	1092000		1.2	249.9	

主要统计指标解释

空运货物周转量 指承载的每个航班的货物、快递和邮包重量之和乘以飞机从起飞到降落的飞行距离。该指标按航空承运商登记国统计。

航空客运量 指承载的国内或国际飞机乘客人数。该指标按航空承运商登记国统计。

宽带用户 指互联网的使用者以订购或付费方式以高速率接入公共网络。高速接入是至少以一个或二个方向每秒速率在 256kbits.

港口集装箱吞吐量 港口集装箱吞吐量反映的是从陆地到海上或者从海上到陆地流动运输的集装箱数量，一个标准集装箱单位为 20 英尺当量单位。数据包括沿海和国际航运。转运集装箱在中转港作两次计算（一次卸下和再次出境），其中包括空集装箱。

移动电话 指手提式电话用户。利用蜂窝技术，这些用户被接入公共交换电话网的自动公共移动电话服务系统。

电话主线 是指将客户的设备接入公共交换电话网的电话线。

公路货运周转量 指利用公路交通工具进行货物运输。用重量乘以里程，以亿吨公里来衡量。

互联网网民 指过去三个月自任何地址通过计算机、移动电话、PDA、游戏机、数字电视等使用过互联网的个人。

Explanatory Notes on Main Statistical Indicators

Air Freight is the sum of the metric tons of freight, express, and diplomatic bags carried on each flight stage (the operation of an aircraft from takeoff to its next landing) multiplied by the stage distance of air carriers registered in the country.

Air Transport, Passengers Carried Air passengers carried include both domestic and international aircraft passengers of air carriers registered in the country.

Broadband Subscribers are users of the Internet who subscribe to paid high-speed access to the public Internet. High-speed access is at least 256 kilobits per second in one or both directions.

Container Port Traffic Port container traffic measures the flow of containers from land to sea transport modes and vice versa, in twenty-foot equivalent units (TEUs), a standard-size container. Data refer to coastal shipping as well as international journeys. Transshipment traffic is counted as two lifts at the intermediate port (once to off-load and again as an outbound lift) and includes empty units.

Mobile Phones Mobile phones refers to users of portable telephones subscribing to an automatic public mobile telephone service using cellular technology that provides access to the public switched telephone network.

Telephone Mainlines Telephone mainlines are telephone lines connecting a customer's equipment to the public switched telephone network.

Roads, Goods Transported Goods transported by road are the volume of goods transported by road vehicles, measured in 100 millions of metric tons times kilometers traveled.

Individuals using the Internet are individuals who have used the Internet (from any location) in the last 3 months. The Internet can be used via a computer, mobile phone, personal digital assistant, games machine, digital TV etc.

对外贸易和旅游

External Trade and Tourism

14-1 世界货物进出口总额
World Merchandise Imports and Exports

资料来源：世界贸易组织数据库。
Source: WTO Database.
单位：亿美元 (100 million USD)

	世界 World	北美洲 North America	拉丁美洲和加勒比地区 South and Central America and the Caribbean	欧洲 Europe	亚洲 Asia	非洲 Africa
出口 Exports						
1995	51676	8565	1518	23355	14472	1120
1996	54061	9228	1644	24211	14654	1254
1997	55923	10141	1797	24130	15472	1275
1998	55031	10140	1681	25132	14510	1061
1999	57194	10707	1687	25218	15484	1168
2000	64540	12250	2016	26317	18355	1472
2001	61964	11475	1947	26578	16739	1384
2002	65007	11062	1964	28406	18077	1449
2003	75908	11630	2255	33896	21383	1776
2004	92226	13197	2932	40533	26534	2366
2005	105103	14758	3722	44080	30608	3085
2006	121314	16641	4498	49830	35761	3679
2007	140313	18407	5151	58112	41412	4365
2008	161697	20352	6182	64934	47247	5621
2009	125630	16019	4752	50293	38907	3936
2010	153065	19643	5933	56556	50760	5217
2011	183416	22834	7614	66578	59751	6107
2012	185172	23721	7519	64700	61200	6398
2013	189662	24179	7384	67926	62936	5908
2014	190072	24938	6867	68219	64442	5608
2015	165556	22932	5421	59713	59671	3918
2016	160431	22150	5167	59551	57596	3590
2017	177376	23764	5857	65123	63814	4239
2018	194681	25655	6349	71343	69044	4842
2019	188887	25537	5943	69238	67692	4622
进口 Imports						
1995	52853	10143	1783	23346	14035	1266
1996	55473	10898	1853	24155	14743	1256
1997	57387	12137	2154	24186	14952	1324
1998	56826	12802	2165	25592	12479	1329
1999	59263	14265	1879	25965	13655	1280
2000	66475	16843	2092	26975	16778	1297
2001	64069	15803	2067	26568	15587	1349
2002	66565	16016	1823	27891	16594	1359
2003	77711	17240	1931	33639	19773	1655
2004	94734	20089	2465	40635	24883	2125
2005	107853	22844	3090	44969	28895	2565
2006	123690	25417	3743	51637	33337	3029
2007	142668	27021	4682	60390	38193	3749
2008	164975	29081	6091	68006	45746	4814
2009	127104	21779	4523	51277	36776	4116
2010	154362	26831	5853	58102	48619	4793
2011	184328	30917	7357	68322	59650	5671
2012	186547	31943	7501	65398	62185	6167
2013	189642	31969	7754	66459	63447	6406
2014	190556	33005	7476	67155	63328	6428
2015	167226	31517	6267	58309	54524	5546
2016	162016	30617	5372	58546	52138	4917
2017	179800	32855	5824	64511	60053	5188
2018	198269	35625	6501	70888	67579	5817
2019	192632	34997	6134	68688	64969	5797

14-2 世界主要国家和地区货物进出口总额
Merchandise Imports and Exports by Country or Area

资料来源：世界贸易组织数据库。
Source: WTO Database.
单位：亿美元

(100 million USD)

国家或地区	Country or Area	2000	2005	2010	2015	2018	2019
世 界	**World**	**131015**	**212956**	**307427**	**332782**	**392950**	**381519**
中 国	China	4743	14219	29740	39530	46224	45774
中国香港	Hong Kong, China	4167	5923	8421	10693	11951	11127
中国澳门	Macao, China	52	70	65	119	127	128
孟加拉国	Bangladesh	153	232	470	744	997	970
文 莱	Brunei Darussalam	50	77	114	96	107	116
柬 埔 寨	Cambodia	33	70	119	218	302	348
印 度	India	939	2425	5766	6621	8392	8102
印度尼西亚	Indonesia	1090	1627	2934	2931	3689	3388
伊 朗	Iran	426	963	1667	1152	1544	969
以 色 列	Israel	691	877	1171	1261	1385	1350
日 本	Japan	8588	11108	14638	12730	14866	14265
哈萨克斯坦	Kazakhstan	139	452	911	765	935	951
韩 国	Korea, Rep.	3327	5457	8916	9633	11401	10456
老 挝	Laos	9	14	38	93	115	121
马来西亚	Malaysia	1802	2559	3632	3759	4651	4432
蒙 古	Mongolia	12	22	62	85	129	137
缅 甸	Myanmar	40	57	134	283	360	360
巴基斯坦	Pakistan	199	414	592	663	835	737
菲 律 宾	Philippines	751	907	1100	1336	1886	1832
新 加 坡	Singapore	2723	4297	6627	6487	7838	7500
斯里兰卡	Sri Lanka	117	152	221	295	341	319
泰 国	Thailand	1309	2291	3762	4170	5012	4825
越 南	Viet Nam	301	692	1571	3277	4806	5182
埃 及	Egypt	199	354	794	849	996	999
尼日利亚	Nigeria	297	712	1282	949	1036	1169
南 非	South Africa	597	1139	1882	1857	2079	1976
加 拿 大	Canada	5214	6829	7902	8402	9213	9106
墨 西 哥	Mexico	3458	4424	6085	7858	9272	9285
美 国	United States	20412	26338	32477	38179	42782	42131
阿 根 廷	Argentina	515	690	1250	1170	1273	1142
巴 西	Brazil	1138	1962	3935	3702	4278	4070
委内瑞拉	Venezuela	497	797	1047	706	462	223
捷 克	Czech Rep.	611	1546	2596	2992	3869	3774
法 国	France	6666	9676	11348	10770	12582	12235
德 国	Germany	10490	17480	23137	23773	28449	27236
意 大 利	Italy	4793	7579	9343	8679	10528	10062
荷 兰	Netherlands	4514	7702	10907	10825	13722	13447
波 兰	Poland	808	1911	3378	3956	5325	5260
俄 罗 斯	Russia	1499	3692	6493	5344	6920	6734
西 班 牙	Spain	2714	4814	5814	5941	7373	7056
土 耳 其	Turkey	823	1903	2994	3646	4083	3912
乌 克 兰	Ukraine	285	704	1124	756	1044	1107
英 国	United Kingdom	6228	9154	10125	10959	11587	11646
澳大利亚	Australia	1354	2314	4143	3962	4925	4932
新 西 兰	New Zealand	272	479	620	709	835	819

14–3 货物出口总额
Merchandise Exports

资料来源：世界贸易组织数据库。
Source: WTO Database.
单位：亿美元 (100 million USD)

国家或地区	Country or Area	2000	2005	2010	2015	2018	2019
世　界	**World**	**64540**	**105103**	**153065**	**165556**	**194681**	**188887**
中　国	China	2492	7620	15778	22735	24867	24990
中国香港	Hong Kong, China	2027	2921	4007	5105	5685	5349
中国澳门	Macao, China	25	25	9	13	15	16
孟加拉国	Bangladesh	64	93	192	324	393	379
文　莱	Brunei Darussalam	39	62	89	64	66	65
柬埔寨	Cambodia	14	31	51	85	127	141
印　度	India	424	996	2264	2680	3248	3242
印度尼西亚	Indonesia	654	870	1578	1504	1802	1675
伊　朗	Iran	287	563	1013	703	1050	551
以色列	Israel	314	428	584	641	620	584
日　本	Japan	4792	5949	7698	6249	7381	7055
哈萨克斯坦	Kazakhstan	88	278	600	460	610	573
韩　国	Korea, Rep.	1723	2844	4664	5268	6049	5422
老　挝	Laos	3	6	17	37	53	59
马来西亚	Malaysia	982	1416	1986	2000	2475	2382
蒙　古	Mongolia	5	11	29	47	70	76
缅　甸	Myanmar	16	38	87	114	167	174
巴基斯坦	Pakistan	90	161	214	221	234	234
菲律宾	Philippines	381	413	515	588	693	703
新加坡	Singapore	1378	2296	3519	3516	4130	3908
斯里兰卡	Sri Lanka	54	63	86	105	119	120
泰　国	Thailand	690	1109	1933	2143	2530	2462
越　南	Viet Nam	145	324	722	1621	2437	2643
埃　及	Egypt	53	129	264	213	276	290
尼日利亚	Nigeria	210	505	840	502	605	617
南　非	South Africa	300	516	913	810	940	900
加拿大	Canada	2766	3605	3875	4101	4508	4469
墨西哥	Mexico	1664	2142	2983	3806	4507	4611
美　国	United States	7819	9011	12785	15026	16640	16456
阿根廷	Argentina	263	404	682	568	618	651
巴　西	Brazil	551	1185	2019	1911	2393	2226
委内瑞拉	Venezuela	335	557	657	373	344	165
捷　克	Czech Rep.	291	781	1330	1579	2022	1985
法　国	France	3276	4634	5238	5063	5818	5697
德　国	Germany	5518	9709	12589	13262	15605	14892
意大利	Italy	2405	3731	4473	4570	5495	5327
荷　兰	Netherlands	2331	4064	5743	5704	7267	7092
波　兰	Poland	317	894	1597	1991	2636	2640
俄罗斯	Russia	1050	2438	4006	3414	4431	4188
西班牙	Spain	1153	1926	2544	2823	3468	3336
土耳其	Turkey	278	735	1139	1510	1772	1809
乌克兰	Ukraine	146	342	515	381	473	501
英　国	United Kingdom	2832	3935	4202	4658	4864	4688
澳大利亚	Australia	639	1061	2126	1877	2571	2716
新西兰	New Zealand	133	217	314	344	397	395

14-4 货物进口总额
Merchandise Imports

资料来源：世界贸易组织数据库。
Source: WTO Database.
单位：亿美元 (100 million USD)

国家或地区	Country or Area	2000	2005	2010	2015	2018	2019
世　界	**World**	**66475**	**107853**	**154362**	**167226**	**198269**	**192632**
中　国	China	2251	6600	13962	16796	21357	20784
中国香港	Hong Kong, China	2140	3002	4414	5588	6266	5778
中国澳门	Macao, China	26	45	56	106	112	112
孟加拉国	Bangladesh	89	139	278	420	605	591
文　莱	Brunei Darussalam	11	15	25	32	42	51
柬埔寨	Cambodia	19	39	68	133	175	207
印　度	India	515	1429	3502	3941	5145	4861
印度尼西亚	Indonesia	436	757	1357	1427	1887	1713
伊　朗	Iran	139	400	654	449	494	418
以色列	Israel	377	449	587	621	766	766
日　本	Japan	3795	5159	6941	6481	7485	7210
哈萨克斯坦	Kazakhstan	50	174	311	306	325	378
韩　国	Korea, Rep.	1605	2612	4252	4365	5352	5033
老　挝	Laos	5	9	21	57	62	63
马来西亚	Malaysia	820	1143	1646	1760	2176	2050
蒙　古	Mongolia	6	12	33	38	59	61
缅　甸	Myanmar	24	19	48	169	194	186
巴基斯坦	Pakistan	109	254	378	442	601	503
菲律宾	Philippines	370	495	585	748	1193	1129
新加坡	Singapore	1345	2000	3108	2971	3709	3593
斯里兰卡	Sri Lanka	63	88	135	189	222	199
泰　国	Thailand	619	1182	1829	2027	2482	2363
越　南	Viet Nam	156	368	848	1656	2369	2539
埃　及	Egypt	146	224	529	636	720	709
尼日利亚	Nigeria	87	208	442	447	430	553
南　非	South Africa	297	623	968	1047	1140	1075
加拿大	Canada	2448	3224	4027	4301	4705	4637
墨西哥	Mexico	1795	2282	3102	4053	4765	4673
美　国	United States	12593	17327	19692	23153	26142	25674
阿根廷	Argentina	252	287	568	602	655	491
巴　西	Brazil	586	776	1915	1791	1886	1844
委内瑞拉	Venezuela	162	240	390	333	117	58
捷　克	Czech Rep.	320	765	1267	1414	1847	1789
法　国	France	3389	5041	6111	5708	6764	6538
德　国	Germany	4972	7771	10548	10511	12844	12345
意大利	Italy	2388	3848	4870	4109	5032	4735
荷　兰	Netherlands	2183	3638	5164	5121	6455	6355
波　兰	Poland	490	1016	1780	1965	2690	2620
俄罗斯	Russia	449	1254	2486	1930	2489	2546
西班牙	Spain	1561	2888	3270	3119	3906	3719
土耳其	Turkey	545	1168	1855	2136	2312	2103
乌克兰	Ukraine	140	361	609	375	570	606
英　国	United Kingdom	3396	5219	5923	6300	6723	6958
澳大利亚	Australia	715	1253	2016	2085	2354	2216
新西兰	New Zealand	139	262	306	366	438	424

14-5　世界主要国家和地区服务贸易进出口总额
Total of Service Imports and Exports by Country or Area

资料来源：世界贸易组织数据库。
Source:WTO Database.

单位：亿美元　(100 million USD)

国家或地区	Country or Area	2000	2005	2010	2015	2018	2019
世　界	**World**	**29551**	**51671**	**76813**	**97181**	**115536**	**117963**
中　国	China	660	1613	3696	6505	7904	7786
中国香港	Hong Kong, China	650	1034	1507	1782	1945	1801
中国澳门	Macao, China	41	93	262	372	485	476
孟加拉国	Bangladesh	18	29	54	91	126	127
文　莱	Brunei Darussalam	10	16	15	23	21	24
柬埔寨	Cambodia	7	17	29	60	83	92
印　度	India	349	1120	2308	2784	3792	3918
印度尼西亚	Indonesia	204	346	423	523	681	702
伊　朗	Iran	36	153	268	260		
以色列	Israel	275	314	439	611	800	862
日　本	Japan	1822	2371	2948	3349	3876	4023
哈萨克斯坦	Kazakhstan	27	94	151	166	189	188
韩　国	Korea, Rep.	639	1084	1779	2072	2253	2264
老　挝	Laos	1	2	7	19	21	24
马来西亚	Malaysia	304	414	670	748	844	841
蒙　古	Mongolia	2	8	13	21	37	43
缅　甸	Myanmar	8	7	11	61	78	102
巴基斯坦	Pakistan	34	93	95	117	137	131
菲律宾	Philippines	86	150	295	524	647	684
新加坡	Singapore	584	1003	2004	3144	4026	4033
斯里兰卡	Sri Lanka	25	44	67	123	151	140
泰　国	Thailand	291	464	752	999	1318	1401
越　南	Viet Nam	60	87	171	269	423	460
埃　及	Egypt	168	240	366	348	407	444
尼日利亚	Nigeria	50	78	225	210	350	433
南　非	South Africa	105	234	348	298	317	297
加拿大	Canada	829	1254	1760	1874	2121	2132
墨西哥	Mexico	295	380	421	552	660	662
美　国	United States	4874	6477	9673	12245	13796	14175
阿根廷	Argentina	137	136	269	317	388	332
巴　西	Brazil	245	358	870	1019	1036	1004
委内瑞拉	Venezuela	53	64	155	148	77	
捷　克	Czech Rep.	121	238	396	424	552	557
法　国	France	1397	2892	3824	4883	5603	5499
德　国	Germany	2163	3673	4826	5761	7035	6982
意大利	Italy	1103	1840	2118	1990	2470	2441
荷　兰	Netherlands	1033		3229	4091	4909	5083
波　兰	Poland	193	336	663	780	1130	1157
俄罗斯	Russia	258	681	1219	1380	1569	1592
西班牙	Spain	851			1837	2384	2435
土耳其	Turkey	287	383	545	788	851	909
乌克兰	Ukraine	64	170	299	226	293	317
英　国	United Kingdom	2149	4212	4703	5980	6639	6910
澳大利亚	Australia	380	642	1081	1169	1403	1394
新西兰	New Zealand	94	183	215	262	309	309

14–6 服务贸易出口总额
Commercial Service Exports

资料来源：世界贸易组织数据库。
Source: WTO Database.
单位：亿美元 (100 million USD)

国家或地区	Country or Area	2000	2005	2010	2015	2018	2019
世　界	**World**	**14913**	**26204**	**38964**	**49296**	**59489**	**60656**
中　国	China	301	780	1774	2176	2697	2817
中国香港	Hong Kong, China	404	473	805	1043	1130	1012
中国澳门	Macao, China	33	78	237	334	436	431
孟加拉国	Bangladesh	3	7	12	17	30	32
文　莱	Brunei Darussalam	2	6	5	6	6	6
柬埔寨	Cambodia	4	11	19	38	52	60
印　度	India	160	519	1166	1557	2043	2137
印度尼西亚	Indonesia	51	126	163	216	305	309
伊　朗	Iran	14	49	87	108		
以色列	Israel	156	173	254	368	500	553
日　本	Japan	683	997	1318	1583	1888	2005
哈萨克斯坦	Kazakhstan	9	20	39	59	71	75
韩　国	Korea, Rep.	308	493	819	964	980	1015
老　挝	Laos	1	2	5	8	9	11
马来西亚	Malaysia	138	196	346	348	401	408
蒙　古	Mongolia	1	4	5	7	12	14
缅　甸	Myanmar	5	3	3	37	45	67
巴基斯坦	Pakistan	13	20	29	35	40	42
菲律宾	Philippines	34	86	178	290	384	410
新加坡	Singapore	284	454	1001	1529	2023	2045
斯里兰卡	Sri Lanka	9	15	25	64	83	75
泰　国	Thailand	138	198	341	577	772	816
越　南	Viet Nam	27	42	74	111	245	274
埃　及	Egypt	97	144	236	181	229	243
尼日利亚	Nigeria	18	14	26	27	44	45
南　非	South Africa	49	116	157	147	156	144
加拿大	Canada	393	601	771	837	976	991
墨西哥	Mexico	133	157	154	227	286	301
美　国	United States	2824	3629	5628	7483	8405	8533
阿根廷	Argentina	48	63	126	130	148	140
巴　西	Brazil	90	143	291	330	346	333
委内瑞拉	Venezuela	11	13	16	15	8	
捷　克	Czech Rep.	67	131	219	228	304	301
法　国	France	800	1559	2013	2549	2940	2871
德　国	Germany	796	1597	2203	2756	3376	3352
意大利	Italy	559	908	1002	975	1225	1214
荷　兰	Netherlands	514		1626	1959	2463	2621
波　兰	Poland	104	181	354	451	693	720
俄罗斯	Russia	96	286	486	508	636	617
西班牙	Spain	522			1215	1558	1575
土耳其	Turkey	202	275	360	546	582	641
乌克兰	Ukraine	38	100	177	122	155	170
英　国	United Kingdom	1184	2434	2855	3690	4055	4118
澳大利亚	Australia	194	317	511	541	685	692
新西兰	New Zealand	50	100	114	146	171	167

14—7 服务贸易进口总额
Commercial Service Imports

资料来源：世界贸易组织数据库。
Source: WTO Database.
单位：亿美元 (100 million USD)

国家或地区	Country or Area	2000	2005	2010	2015	2018	2019
世　界	**World**	**14637**	**25467**	**37849**	**47885**	**56047**	**57306**
中　国	China	359	834	1923	4330	5207	4970
中国香港	Hong Kong, China	246	561	703	739	815	789
中国澳门	Macao, China	8	15	25	38	49	46
孟加拉国	Bangladesh	15	22	41	74	96	95
文　莱	Brunei Darussalam	8	9	11	16	16	18
柬埔寨	Cambodia	3	6	10	22	30	32
印　度	India	189	602	1142	1227	1749	1781
印度尼西亚	Indonesia	154	220	260	308	376	393
伊　朗	Iran	22	104	182	151		
以色列	Israel	119	141	185	243	300	309
日　本	Japan	1139	1374	1629	1766	1988	2017
哈萨克斯坦	Kazakhstan	18	74	112	107	119	113
韩　国	Korea, Rep.	332	591	960	1108	1273	1250
老　挝	Laos			3	11	12	13
马来西亚	Malaysia	166	218	324	399	443	432
蒙　古	Mongolia	2	4	8	14	26	30
缅　甸	Myanmar	3	5	8	24	34	34
巴基斯坦	Pakistan	21	73	66	82	97	88
菲律宾	Philippines	52	64	117	234	263	274
新加坡	Singapore	300	549	1003	1615	2003	1988
斯里兰卡	Sri Lanka	16	29	43	59	68	65
泰　国	Thailand	153	267	411	422	547	585
越　南	Viet Nam	33	44	98	158	178	186
埃　及	Egypt	72	95	130	167	178	202
尼日利亚	Nigeria	31	64	199	183	306	389
南　非	South Africa	57	119	192	151	161	153
加拿大	Canada	436	653	989	1037	1145	1141
墨西哥	Mexico	163	223	267	324	374	361
美　国	United States	2050	2848	4045	4762	5391	5643
阿根廷	Argentina	90	72	143	187	240	192
巴　西	Brazil	156	215	578	689	689	671
委内瑞拉	Venezuela	42	52	138	133	69	
捷　克	Czech Rep.	53	107	177	196	248	256
法　国	France	597	1333	1811	2334	2663	2628
德　国	Germany	1367	2076	2624	3005	3658	3630
意大利	Italy	544	932	1117	1015	1245	1227
荷　兰	Netherlands	518		1603	2132	2446	2462
波　兰	Poland	89	155	309	329	437	437
俄罗斯	Russia	162	395	732	872	933	975
西班牙	Spain	329			622	826	860
土耳其	Turkey	85	108	185	243	269	268
乌克兰	Ukraine	26	70	122	104	138	147
英　国	United Kingdom	965	1778	1848	2290	2583	2792
澳大利亚	Australia	186	325	569	628	718	702
新西兰	New Zealand	44	83	101	116	138	142

14–8 出口和进口单位价值指数
Indices of Export Unit Value and Import Unit Value

资料来源：国际货币基金组织IFS数据库。
Source: IMF IFS Database.
2010年=100 (2010=100)

国家或地区	Country or Area	进口单位价值指数 Import Unit Values Index			出口单位价值指数 Export Unit Values Index		
		2015	2018	2019	2015	2018	2019
中国香港	Hong Kong, China	115.9	117.4	118.9	114.7	116.5	118.1
中国澳门	Macao, China	106.9			108.6		
荷　　兰	Netherlands	85.4			84.4		
奥 地 利	Austria	85.6	93.2	87.8			
比 利 时	Belgium	110.8			109.8		
巴　　西	Brazil	78.1	88.2	86.6	88.3	89.9	86.8
智　　利	Chile	79.2			92.4		
哥斯达黎加	Costa Rica	99.6	94.0	92.8	99.2	94.8	91.6
捷　　克	Czech Rep.				98.2		
丹　　麦	Denmark	88.0	93.0	91.1	88.2	95.7	91.8
萨尔瓦多	El Salvador						
芬　　兰	Finland						
德　　国	Germany	91.7			91.7		
希　　腊	Greece						
冰　　岛	Iceland	97.5	108.3		97.2	115.1	
印　　度	India	104.7	118.7		156.4	148.0	
爱 尔 兰	Ireland	88.7			82.9		
意 大 利	Italy	97.7			89.0		
日　　本	Japan	90.6			90.8		
约　　旦	Jordan	108.5			117.2		
拉脱维亚	Latvia	98.1			93.4		
马 耳 他	Malta	99.6	113.4		107.5	119.3	
挪　　威	Norway	80.6			89.5		
巴基斯坦	Pakistan	113.9	100.5	88.0	122.3	101.9	86.0
巴布亚新几内亚	Papua New Guinea	78.1					
波　　兰	Poland	91.1	98.4	95.4	88.3	95.8	91.9
塞内加尔	Senegal	97.9			78.2		
新 加 坡	Singapore						
西 班 牙	Spain	89.0			86.5		
瑞　　士	Switzerland	95.5			94.1		
泰　　国	Thailand	100.1	107.0		95.9	104.1	
乌 干 达	Uganda						
乌 克 兰	Ukraine	76.0	95.1	84.8	65.3	88.7	79.4
美　　国	United States						
委内瑞拉	Venezuela						

14–9　货物和服务进出口占国内生产总值比重
Exports and Imports of Goods and Services as Percentage of GDP

资料来源：世界银行WDI数据库。
Source: World Bank WDI Database.
单位：%　　(%)

国家或地区	Country or Area	货物和服务出口占国内生产总值比重 Exports of Goods and Services as percentage of GDP			货物和服务进口占国内生产总值比重 Imports of Goods and Services as percentage of GDP		
		2000	2010	2019	2000	2010	2019
世　界	**World**	**26.0**	**28.9**	**30.6**	**25.0**	**28.1**	**29.8**
中　国	China	20.9	27.2	18.4	18.5	23.5	17.3
中国香港	Hong Kong, China	126.0	205.3	177.3	121.6	199.4	175.5
中国澳门	Macao, China	90.0	87.8	83.5	59.0	32.7	33.4
孟加拉国	Bangladesh	12.3	16.0	15.3	17.0	21.8	21.4
文　莱	Brunei Darussalam	67.4	67.4	57.9	35.8	28.0	50.6
柬 埔 寨	Cambodia	49.5	54.1	61.1	61.4	59.5	62.5
印　度	India	13.0	22.4	18.7	13.9	26.9	21.4
印度尼西亚	Indonesia	41.0	24.3	18.4	30.5	22.4	18.9
伊　朗	Iran	21.5	24.4	24.9①	19.8	19.4	23.8①
以 色 列	Israel	35.6	34.7	29.4②	35.7	32.8	29.0②
日　本	Japan	10.6	15.0	18.5②	9.2	13.6	18.3②
哈萨克斯坦	Kazakhstan	56.6	44.2	36.5	49.1	29.9	27.9
韩　国	Korea, Rep.	33.9	47.1	39.8	32.2	44.3	36.9
老　挝	Laos	30.7	35.4	34.3①	38.2	49.3	41.5①
马来西亚	Malaysia	119.8	86.9	65.3	100.6	71.0	57.8
蒙　古	Mongolia	54.0	46.7	61.3	67.9	56.7	64.4
缅　甸	Myanmar	0.5	19.6	30.4②	0.6	15.1	30.3②
巴基斯坦	Pakistan	12.1	13.5	10.1	13.2	19.4	20.3
菲 律 宾	Philippines	43.3	32.9	28.3	41.8	33.2	40.3
新 加 坡	Singapore	188.4	198.0	173.5	176.0	171.7	145.6
斯里兰卡	Sri Lanka	39.0	19.6	23.1	49.6	26.8	29.2
泰　国	Thailand	64.8	66.5	59.7	56.5	60.8	50.6
越　南	Viet Nam	53.9	72.0	106.8	57.5	80.2	103.6
埃　及	Egypt	16.2	21.3	18.9②	22.8	26.6	29.4②
尼日利亚	Nigeria	36.0	25.7	15.5②	13.0	17.7	17.5②
南　非	South Africa	27.2	28.6	29.9	24.3	27.4	29.4
加 拿 大	Canada	44.4	29.2	31.6	38.7	31.1	33.3
墨 西 哥	Mexico	25.4	29.7	39.1	27.0	31.1	39.1
美　国	United States	10.7	12.3	11.7	14.4	15.7	14.7
阿 根 廷	Argentina	11.0	18.9	17.3	11.6	16.0	15.1
巴　西	Brazil	10.2	10.9	14.3	12.5	11.9	14.7
委内瑞拉	Venezuela	29.7	28.5		18.1	17.6	
捷　克	Czech Rep.	48.2	66.0	75.5	50.0	62.9	69.4
法　国	France	28.6	26.8	31.8	27.3	28.1	32.8
德　国	Germany	30.8	42.6	47.0	30.7	37.3	41.1
意 大 利	Italy	25.6	25.1	31.6	24.8	26.9	28.5
荷　兰	Netherlands	66.0	69.8	82.5	59.5	61.7	71.8
波　兰	Poland	27.2	40.1	55.8	33.6	42.1	50.5
俄 罗 斯	Russia	44.1	29.2	28.3	24.0	21.1	20.8
西 班 牙	Spain	28.6	26.0	34.9	31.5	27.0	32.0
土 耳 其	Turkey	19.4	20.4	31.6	22.6	25.5	29.8
乌 克 兰	Ukraine	62.4	47.1	41.2	57.4	51.1	49.0
英　国	United Kingdom	25.2	28.3	31.5	26.9	30.3	32.7
澳大利亚	Australia	19.4	19.8	24.1	21.6	20.8	21.6
新 西 兰	New Zealand	35.7	30.3	28.0②	32.8	28.0	28.0②

注：①2017年数据。②2018年数据。
Note:①Data refer to 2017.②Data refer to 2018.

14-10 出口货物构成(2019年)
Exports by Commodity Groups(2019)

资料来源：世界银行WDI数据库。
Source: World Bank WDI Database.
单位：%

(%)

国家或地区	Country or Area	农业原材料 Agricultural Raw Materials	食品 Food	燃料 Fuel	矿物和金属 Ores and Metals	制成品 Manufactures	其它 Others
世　界	**World**	**1.6**	**9.6**	**10.9**	**4.4**	**69.1**	**4.5**
高收入国家	**High Income**	**1.4**	**8.2**	**8.6**	**3.8**	**73.4**	**4.6**
中等收入国家①	**Middle Income①**	**1.4**	**10.3**	**15.8**	**4.5**	**65.8**	**2.2**
中　国①	China①	0.4	2.9	1.9	1.2	93.4	0.2
中国香港	Hong Kong, China	0.1	2.2	0.1	1.1	96.4	0.1
中国澳门	Macao, China	2.9	34.1	…	18.8	35.3	8.8
孟加拉国②	Bangladesh②	0.8	2.7	0.6	0.2	95.8	…
文　莱	Brunei Darussalam	…	0.2	90.6	0.3	8.9	0.1
柬埔寨①	Cambodia①	1.9	5.2	…	0.3	92.7	…
印　度	India	1.0	10.4	13.6	3.4	71.6	0.1
印度尼西亚	Indonesia	5.1	20.7	20.9	5.4	47.9	…
伊　朗③	Iran③	0.3	5.9	70.8	3.2	19.7	0.1
以色列	Israel	0.6	3.1	2.1	1.1	91.8	1.3
日　本	Japan	0.6	1.0	1.9	2.4	87.7	6.4
哈萨克斯坦	Kazakhstan	0.3	5.7	67.1	13.2	13.8	…
韩　国	Korea, Rep.	0.9	1.5	7.6	2.2	87.7	0.1
老　挝	Laos	10.8	14.0	28.1	23.2	23.9	…
马来西亚	Malaysia	1.4	9.2	14.3	3.9	70.9	0.3
蒙　古①	Mongolia①	5.4	2.9	46.8	42.9	2.0	…
缅　甸	Myanmar	1.8	24.2	24.2	5.2	44.7	…
巴基斯坦	Pakistan	0.9	20.7	1.6	2.8	74.1	…
菲律宾	Philippines	0.9	9.3	1.3	5.2	83.3	0.1
新加坡	Singapore	0.5	3.7	12.6	0.7	76.8	5.7
斯里兰卡③	Sri Lanka③	2.6	26.0	2.6	0.8	67.9	…
泰　国	Thailand	3.1	15.1	3.5	1.6	75.9	0.9
越　南	Viet Nam	0.8	9.4	1.4	0.9	85.8	1.7
埃　及	Egypt	1.8	17.5	28.4	3.7	48.5	0.1
尼日利亚①	Nigeria①	0.1	2.0	94.0	0.3	3.6	…
南　非	South Africa	1.9	11.5	10.5	29.9	45.9	0.4
加拿大	Canada	3.9	12.4	25.0	7.2	49.5	2.1
墨西哥	Mexico	0.2	7.5	5.3	1.8	76.9	8.3
美　国	United States	2.0	9.4	14.4	2.8	59.5	11.8
阿根廷	Argentina	0.9	60.5	3.7	0.5	17.4	17.1
巴　西	Brazil	5.5	34.4	13.7	13.0	33.4	…
捷　克	Czech Rep.	1.3	4.2	1.7	1.2	91.3	0.3
法　国	France	0.8	12.1	2.6	1.9	78.6	4.0
德　国	Germany	0.8	5.5	2.2	2.5	85.2	3.9
意大利	Italy	0.7	9.2	3.0	2.1	82.3	2.7
荷　兰	Netherlands	2.8	15.1	9.9	2.3	66.4	3.5
波　兰	Poland	1.0	13.3	2.2	3.2	80.1	0.2
俄罗斯	Russia	2.2	5.8	51.6	6.2	21.0	13.2
西班牙	Spain	1.0	16.5	5.8	3.4	67.5	5.9
土耳其	Turkey	0.5	10.8	4.3	3.7	79.2	1.4
乌克兰①	Ukraine①	2.0	39.1	1.5	8.3	48.8	0.3
英　国	United Kingdom	0.5	7.0	8.9	4.0	75.8	3.8
澳大利亚	Australia	1.9	11.8	20.2	34.4	12.8	19.0
新西兰	New Zealand	11.5	65.7	1.5	2.7	15.6	3.1

注：①2018年数据。②2015年数据。③2017年数据。
Note:①Data refer to 2018.②Data refer to 2015.③Data refer to 2017.

14-11 进口货物构成(2019年)
Imports by Commodity Groups(2019)

资料来源：世界银行WDI数据库。
Source: World Bank WDI Database.
单位：% (%)

国家或地区	Country or Area	农业原材料 Agricultural Raw Materials	食品 Food	燃料 Fuel	矿物和金属 Ores and Metals	制成品 Manufactures	其它 Others
世　界	**World**	**1.2**	**8.3**	**11.8**	**3.3**	**72.7**	**2.7**
高收入国家	**High Income**	**1.1**	**8.3**	**11.2**	**3.2**	**73.7**	**2.6**
中等收入国家①	**Middle Income①**	**2.2**	**7.7**	**16.5**	**6.2**	**65.6**	**2.0**
中　国①	China①	3.3	6.3	17.5	10.7	60.6	1.5
中国香港	Hong Kong, China	0.1	4.9	2.6	1.5	90.8	0.2
中国澳门	Macao, China	0.1	16.3	5.1	0.3	68.9	9.3
孟加拉国③	Bangladesh③	6.4	16.6	10.9	2.7	63.2	0.3
文　莱	Brunei Darussalam	0.1	9.9	33.5	0.6	55.8	0.1
柬埔寨①	Cambodia①	2.7	7.6	11.9	1.4	75.9	0.5
印　度	India	2.0	4.3	34.1	5.3	53.9	0.5
印度尼西亚	Indonesia	2.7	10.7	13.8	3.5	68.7	0.6
伊　朗②	Iran②	2.7	20.2	0.7	1.5	66.9	8.0
以色列	Israel	0.9	8.7	12.1	1.3	75.9	1.1
日　本	Japan	1.3	9.8	21.6	6.3	59.4	1.7
哈萨克斯坦	Kazakhstan	0.5	10.0	4.1	2.6	81.8	1.0
韩　国	Korea, Rep.	1.2	6.2	25.1	6.7	60.8	…
老　挝	Laos	0.9	15.7	16.0	0.9	66.4	…
马来西亚	Malaysia	2.0	7.8	14.6	6.0	69.1	0.5
蒙　古①	Mongolia①	0.3	11.4	22.2	0.3	65.8	…
缅　甸	Myanmar	0.5	11.7	19.6	1.0	67.1	…
巴基斯坦	Pakistan	4.2	10.7	28.8	4.3	51.7	0.3
菲律宾	Philippines	0.7	12.0	12.0	1.7	73.4	0.2
新加坡	Singapore	0.3	3.8	21.7	1.1	71.8	1.2
斯里兰卡②	Sri Lanka②	2.0	13.4	15.6	1.5	66.7	0.9
泰　国	Thailand	1.6	6.7	16.6	4.1	69.9	1.2
越　南	Viet Nam	2.8	7.5	6.1	3.9	78.3	1.4
埃　及	Egypt	2.6	19.0	14.2	5.0	59.2	…
尼日利亚①	Nigeria①	0.8	10.9	29.7	1.2	57.5	…
南　非	South Africa	1.0	7.3	17.0	2.0	64.2	8.6
加拿大	Canada	0.8	8.3	7.5	2.5	78.5	2.4
墨西哥	Mexico	0.8	4.8	8.5	1.9	74.2	9.9
美　国	United States	0.8	6.2	8.2	2.1	78.2	4.5
阿根廷	Argentina	1.0	6.5	8.6	2.5	80.2	1.2
巴　西	Brazil	1.1	5.8	14.1	3.5	75.5	…
捷　克	Czech Rep.	1.1	5.7	5.4	2.8	84.9	0.1
法　国	France	1.1	9.3	10.1	2.2	75.3	2.0
德　国	Germany	1.2	7.8	8.5	3.9	73.6	5.0
意大利	Italy	1.9	10.3	12.6	4.7	69.4	1.1
荷　兰	Netherlands	1.6	12.2	13.4	2.4	67.8	2.6
波　兰	Poland	1.5	8.9	8.1	3.4	76.5	1.7
俄罗斯	Russia	0.9	11.7	0.8	2.2	82.9	1.4
西班牙	Spain	1.1	10.8	13.2	3.5	67.2	4.2
土耳其	Turkey	2.7	7.2	7.6	7.6	61.3	13.6
乌克兰①	Ukraine①	1.0	8.6	23.5	2.5	63.5	0.9
英　国	United Kingdom	1.3	10.2	9.1	3.3	74.1	2.1
澳大利亚	Australia	0.5	7.3	12.9	1.3	75.1	2.9
新西兰	New Zealand	0.7	11.5	11.1	1.2	74.2	1.2

注：①2018年数据。②2017年数据。③2015年数据。
Note:①Data refer to 2018.②Data refer to 2017.③Data refer to 2015.

14-12 农产品进出口额
Imports and Exports of Agriculture Products

资料来源：世界贸易组织数据库。
Source: WTO Database.
单位：亿美元 (100 million USD)

国家或地区	Country or Area	农产品进口额 Imports			农产品出口额 Exports		
		2000	2010	2018	2000	2010	2018
世　界	**World**	**5939.83**	**13915.29**	**18513.46**	**5498.47**	**13544.29**	**18043.71**
中　国	China	195.44	1082.60	1945.02	163.84	516.07	827.90
中国香港	Hong Kong, China	117.28	206.22	301.14	56.93	80.28	127.97
中国澳门	Macao, China	2.89	9.60	19.34	0.45	0.75	1.24
孟加拉国	Bangladesh	17.16	59.92	106.59	4.98	10.13	11.16
文　莱	Brunei Darussalam		4.35	5.11		0.05	0.16
柬埔寨	Cambodia	1.89	4.24	17.16	0.53	2.08	9.35
印　度	India	39.93	178.64	282.46	59.51	231.06	389.27
印度尼西亚	Indonesia	57.27	156.44	247.32	77.64	359.57	460.33
伊　朗	Iran	29.43	94.14	112.89	9.32	49.92	67.28
以色列	Israel	22.88	50.56	72.19	11.82	23.06	22.42
日　本	Japan	621.93	775.59	827.16	43.95	101.66	120.05
哈萨克斯坦	Kazakhstan	5.06	24.28	37.57	7.25	20.40	32.36
韩　国	Korea, Rep.	128.37	266.14	384.82	42.98	93.46	133.36
老　挝	Laos		2.12	7.90		5.03	14.86
马来西亚	Malaysia	46.10	160.53	200.48	80.15	288.69	267.80
蒙　古	Mongolia	1.06	3.26	6.91	1.48	1.49	5.75
缅　甸	Myanmar		3.64	26.36		23.06	49.48
巴基斯坦	Pakistan	18.82	67.37	87.43	12.34	39.40	50.90
菲律宾	Philippines	31.04	68.23	136.38	20.26	41.29	64.78
新加坡	Singapore	48.90	108.71	148.86	37.23	78.89	157.74
斯里兰卡	Sri Lanka	9.34	20.63	29.61	10.93	25.61	32.15
泰　国	Thailand	44.84	119.85	186.05	122.20	351.36	442.24
越　南	Viet Nam	12.69	102.72	260.27	39.54	168.35	303.90
埃　及	Egypt	41.95	118.50	148.83	6.10	51.22	51.50
尼日利亚	Nigeria	12.12	48.82	50.42	0.39	43.03	13.21
南　非	South Africa	16.50	63.07	74.81	32.70	99.32	123.50
加拿大	Canada	152.72	319.69	403.61	347.89	521.28	691.93
墨西哥	Mexico	109.89	235.31	303.09	91.00	187.91	357.53
美　国	United States	691.15	1164.81	1798.55	714.08	1425.74	1714.13
阿根廷	Argentina	16.44	21.33	50.90	119.54	346.50	343.41
巴　西	Brazil	47.62	107.68	118.63	154.64	686.55	933.55
委内瑞拉	Venezuela	19.70	53.88	23.93	5.22	1.48	0.29
捷　克	Czech Rep.	22.50	88.01	121.41	19.08	72.71	109.73
法　国	France	301.42	601.64	713.87	369.39	667.85	770.09
德　国	Germany	450.24	991.27	1205.82	292.75	802.75	957.69
意大利	Italy	299.05	564.04	601.84	163.57	386.27	516.50
荷　兰	Netherlands	263.63	611.25	783.10	420.10	940.51	1118.33
波　兰	Poland	39.50	167.42	266.76	30.99	193.05	376.09
俄罗斯	Russia	75.61	364.73	309.48	44.84	158.42	346.64
西班牙	Spain	171.37	386.65	486.33	174.66	420.89	615.21
土耳其	Turkey	41.33	128.78	182.20	38.28	123.70	181.48
乌克兰	Ukraine	10.92	62.45	55.12	15.85	104.75	194.78
英　国	United Kingdom	345.65	634.70	729.65	169.61	286.92	334.68
澳大利亚	Australia	42.34	110.85	171.53	164.46	270.48	364.72
新西兰	New Zealand	12.04	33.76	53.41	76.65	195.65	288.23

14−13 出口去向构成(2019年)
Exports by Destination(2019)

资料来源：联合国贸发会议统计手册。
Source: UNCTAD Handbook of Statistics.
单位：% (%)

国家或地区	Country or Area	发达国家 Developed Countries	欧洲 Europe	美国 United States	日本 Japan	其他 Other
中国	China	43.8	17.4	16.7	5.7	4.0
中国香港	Hong Kong, China	21.9	10.0	7.3	2.9	1.7
中国澳门	Macao, China	13.4	5.8	4.5	0.7	2.3
孟加拉国	Bangladesh	81.7	57.4	15.4	3.1	5.8
文莱	Brunei Darussalam	40.7	1.1	0.9	32.3	6.4
柬埔寨	Cambodia	66.7	29.9	23.5	7.0	6.4
印度	India	39.5	18.2	16.8	1.5	3.1
印度尼西亚	Indonesia	31.5	9.1	10.6	9.5	2.2
伊朗	Iran	8.0	4.6	0.0	3.3	0.1
以色列	Israel	62.4	31.6	27.3	1.5	2.1
日本	Japan	36.2	12.4	19.9		3.9
哈萨克斯坦	Kazakhstan	51.9	47.5	1.6	1.5	1.3
韩国	Korea, Rep.	32.1	10.2	13.6	5.2	3.0
马来西亚	Malaysia	30.0	10.0	9.7	6.6	3.7
蒙古	Mongolia	8.3	7.4	0.3	0.3	0.3
缅甸	Myanmar	31.9	18.6	4.6	7.9	0.8
巴基斯坦	Pakistan	54.8	34.7	17.0	0.9	2.2
菲律宾	Philippines	45.3	12.3	16.3	15.1	1.6
新加坡	Singapore	26.7	9.8	9.1	3.8	3.9
斯里兰卡	Sri Lanka	63.9	30.8	26.8	1.8	4.5
泰国	Thailand	40.1	11.8	12.7	9.9	5.6
越南	Viet Nam	50.6	16.3	23.2	7.7	3.3
埃及	Egypt	42.6	30.9	8.4	0.4	2.8
尼日利亚	Nigeria	48.8	38.3	7.7	0.9	1.8
南非	South Africa	38.8	25.5	7.0	4.8	1.5
加拿大	Canada	86.8	8.7	75.4	2.1	0.5
墨西哥	Mexico	84.3	4.2	76.0	0.8	3.3
美国	United States	47.0	22.0		4.5	20.5
阿根廷	Argentina	25.6	16.2	6.3	0.7	2.4
巴西	Brazil	34.6	17.0	13.2	2.4	1.9
捷克	Czech Rep.	89.0	85.3	2.3	0.5	0.9
法国	France	73.1	61.6	8.3	1.5	1.7
德国	Germany	74.9	62.4	8.9	1.6	2.0
意大利	Italy	75.3	61.7	9.6	1.6	2.4
荷兰	Netherlands	83.4	76.0	5.0	0.7	1.7
波兰	Poland	86.3	81.8	2.9	0.3	1.2
俄罗斯	Russia	52.4	46.0	3.1	2.7	0.6
西班牙	Spain	72.6	65.2	4.6	0.9	1.8
土耳其	Turkey	59.1	50.4	5.0	0.3	3.4
乌克兰	Ukraine	45.2	41.2	1.9	0.5	1.5
英国	United Kingdom	71.3	50.5	15.7	1.8	3.3
澳大利亚	Australia	29.5	7.6	3.8	14.8	3.3
新西兰	New Zealand	40.1	8.9	9.7	6.1	15.4

14-13 续表 continued

单位：% (%)

国家或地区	Country or Area	经济转型国家 Economies in Transition	发展中国家 Developing Countries	非洲 Africa	美洲 America	亚洲 Asia	大洋洲 Oceania
中国	China	3.6	52.6	4.5	6.0	41.9	0.2
中国香港	Hong Kong, China	0.8	77.3	1.0	1.9	74.3	…
中国澳门	Macao, China	0.3	86.3	0.2	0.3	85.8	…
孟加拉国	Bangladesh	2.5	15.8	0.9	2.2	12.7	…
文莱	Brunei Darussalam	…	59.3	0.2	0.1	59.1	…
柬埔寨	Cambodia	0.8	32.4	0.4	1.4	30.6	…
印度	India	1.3	58.4	9.2	4.2	45.0	0.1
印度尼西亚	Indonesia	0.8	67.7	2.7	1.9	62.8	0.1
伊朗	Iran	4.7	87.3	0.8	0.3	86.2	…
以色列	Israel	1.9	28.8	1.1	3.6	24.0	…
日本	Japan	1.3	62.6	1.3	4.1	56.9	0.3
哈萨克斯坦	Kazakhstan	17.8	30.4	0.4	0.2	29.7	…
韩国	Korea, Rep.	2.5	65.4	1.8	4.8	58.0	0.8
马来西亚	Malaysia	0.5	69.4	1.9	1.7	65.6	0.3
蒙古	Mongolia	0.7	91.0	…	…	91.0	…
缅甸	Myanmar	0.2	67.7	1.4	0.3	66.0	…
巴基斯坦	Pakistan	1.5	43.8	6.0	1.7	36.1	…
菲律宾	Philippines	0.2	54.6	0.3	1.6	52.5	0.1
新加坡	Singapore	0.2	73.1	1.5	2.1	68.0	1.5
斯里兰卡	Sri Lanka	2.7	33.5	2.2	3.8	27.5	0.1
泰国	Thailand	0.5	59.3	2.8	3.1	53.2	0.2
越南	Viet Nam	1.2	46.6	1.0	3.0	42.5	1.5
埃及	Egypt	2.3	55.2	13.9	1.6	39.7	…
尼日利亚	Nigeria	0.1	51.1	9.8	3.4	38.0	…
南非	South Africa	0.5	54.2	26.6	1.2	26.3	0.1
加拿大	Canada	0.2	13.0	0.9	2.6	9.5	…
墨西哥	Mexico	0.1	8.8	0.1	4.3	4.3	…
美国	United States	0.7	52.3	1.6	25.4	25.2	0.1
阿根廷	Argentina	1.2	71.7	7.5	32.2	32.1	…
巴西	Brazil	1.1	64.4	3.3	16.5	44.4	0.1
捷克	Czech Rep.	3.9	7.1	1.1	0.8	5.2	…
法国	France	1.7	22.9	5.1	2.6	14.9	0.4
德国	Germany	3.3	20.6	1.8	2.7	16.0	…
意大利	Italy	3.6	19.7	3.6	2.9	13.1	…
荷兰	Netherlands	1.5	14.2	2.6	2.1	9.5	…
波兰	Poland	7.0	6.5	1.2	0.9	4.3	0.1
俄罗斯	Russia	13.5	33.7	3.3	1.5	29.0	…
西班牙	Spain	1.2	20.2	6.2	5.1	8.9	…
土耳其	Turkey	9.3	31.5	9.2	2.0	20.2	0.1
乌克兰	Ukraine	14.8	40.1	9.8	0.8	29.5	…
英国	United Kingdom	2.0	24.7	2.4	1.8	20.5	…
澳大利亚	Australia	0.2	69.7	0.8	0.6	67.3	1.0
新西兰	New Zealand	0.7	58.8	2.5	2.3	51.5	2.5

14-14 进口来源构成(2019年)
Imports by Origin(2019)

资料来源：联合国贸发会议统计手册。
Source: UNCTAD Handbook of Statistics.
单位：% (%)

国家或地区	Country or Area	发达国家 Developed Countries	欧洲 Europe	美国 United States	日本 Japan	其他 Other
中国	China	39.6	15.9	6.4	8.8	8.5
中国香港	Hong Kong, China	21.1	8.8	4.7	5.8	1.8
中国澳门	Macao, China	48.6	34.9	5.1	6.6	2.0
孟加拉国	Bangladesh	18.3	8.0	3.8	3.6	3.0
文莱	Brunei Darussalam	24.4	10.0	9.0	3.9	1.6
柬埔寨	Cambodia	10.0	4.5	1.7	3.2	0.6
印度	India	27.9	14.5	7.4	2.5	3.5
印度尼西亚	Indonesia	25.1	7.4	4.9	8.6	4.2
伊朗	Iran	24.2	22.4	0.4	0.2	1.3
以色列	Israel	54.0	34.7	16.6	2.1	0.6
日本	Japan	33.5	13.8	11.3		8.5
哈萨克斯坦	Kazakhstan	22.2	17.7	2.6	1.3	0.6
韩国	Korea, Rep.	39.4	11.9	12.3	9.5	5.7
马来西亚	Malaysia	29.3	10.2	8.1	7.5	3.5
蒙古	Mongolia	26.2	10.0	4.7	9.6	1.9
缅甸	Myanmar	1.1	0.5	0.2	0.3	0.1
巴基斯坦	Pakistan	20.8	11.2	5.2	2.7	1.7
菲律宾	Philippines	28.1	8.8	7.3	9.6	2.5
新加坡	Singapore	33.9	14.5	10.8	5.7	2.9
斯里兰卡	Sri Lanka	24.4	10.0	3.0	7.7	3.6
泰国	Thailand	34.5	10.5	7.4	14.0	2.6
越南	Viet Nam	22.2	6.3	5.7	7.7	2.5
埃及	Egypt	3.9	2.9	0.7	0.1	0.1
尼日利亚	Nigeria	4.6	3.6	0.7	0.1	0.2
南非	South Africa	42.4	30.7	6.6	3.2	1.9
加拿大	Canada	68.9	14.0	50.7	2.7	1.5
墨西哥	Mexico	61.6	11.3	44.1	3.8	2.4
美国	United States	42.4	22.5		5.7	14.1
阿根廷	Argentina	3.5	1.9	1.3	0.2	0.1
巴西	Brazil	42.6	20.6	17.2	2.3	2.5
捷克	Czech Rep.	79.7	76.4	2.0	1.0	0.4
法国	France	78.7	71.4	5.4	1.0	0.8
德国	Germany	70.3	60.5	6.6	2.2	1.0
意大利	Italy	67.8	62.0	4.0	1.0	0.8
荷兰	Netherlands	62.6	51.1	8.1	1.9	1.5
波兰	Poland	64.3	58.7	3.2	1.8	0.6
俄罗斯	Russia	50.2	42.2	3.7	3.3	0.9
西班牙	Spain	59.2	52.4	4.6	1.3	0.9
土耳其	Turkey	46.4	37.0	5.6	1.7	2.1
乌克兰	Ukraine	50.9	43.6	4.9	1.6	0.9
英国	United Kingdom	72.4	56.7	9.7	1.9	4.2
澳大利亚	Australia	42.4	19.5	11.8	7.0	4.0
新西兰	New Zealand	51.0	18.7	9.9	6.2	16.1

14-14 续表 continued

单位：% (%)

国家或地区	Country or Area	经济转型国家 Economies in Transition	发展中国家 Developing Countries	非洲 Africa	美洲 America	亚洲 Asia	大洋洲 Oceania
中国	China	4.5	55.8	4.9	8.4	42.2	0.2
中国香港	Hong Kong, China	0.2	78.7	0.5	1.0	77.1	…
中国澳门	Macao, China	0.1	51.3	0.3	0.8	50.2	…
孟加拉国	Bangladesh	2.9	78.8	3.7	4.3	70.9	…
文莱	Brunei Darussalam	…	75.4	0.1	0.6	74.6	…
柬埔寨	Cambodia	0.2	89.8	0.1	0.4	89.4	…
印度	India	2.5	69.6	8.3	4.2	57.0	…
印度尼西亚	Indonesia	1.3	73.6	3.2	2.4	67.9	0.1
伊朗	Iran	4.7	71.1	0.7	4.0	66.4	…
以色列	Israel	3.5	32.9	1.4	1.9	29.6	…
日本	Japan	2.3	64.1	1.2	3.8	58.8	0.4
哈萨克斯坦	Kazakhstan	41.6	36.2	0.5	0.7	35.0	…
韩国	Korea, Rep.	3.4	56.8	1.5	4.0	51.1	0.2
马来西亚	Malaysia	0.7	70.0	1.6	2.3	66.0	0.1
蒙古	Mongolia	30.0	43.8	0.2	0.9	42.7	…
缅甸	Myanmar	…	8.9	…	0.1	8.8	…
巴基斯坦	Pakistan	0.7	77.3	5.8	1.6	69.9	…
菲律宾	Philippines	1.2	70.7	0.2	1.4	68.9	0.2
新加坡	Singapore	1.2	64.9	1.2	1.4	62.1	0.1
斯里兰卡	Sri Lanka	1.4	74.2	3.1	0.4	70.8	…
泰国	Thailand	1.3	64.2	1.5	1.9	60.5	0.2
越南	Viet Nam	0.8	75.7	1.1	2.8	71.7	2.0
埃及	Egypt	0.9	5.2	0.3	0.5	4.4	…
尼日利亚	Nigeria	0.2	5.1	0.4	0.2	4.5	…
南非	South Africa	0.7	56.3	11.7	3.0	41.5	…
加拿大	Canada	0.5	30.6	0.8	9.0	20.8	…
墨西哥	Mexico	0.3	34.9	0.2	2.9	31.7	…
美国	United States	1.1	56.6	1.2	18.5	36.8	…
阿根廷	Argentina	0.1	6.3	0.1	3.3	2.9	…
巴西	Brazil	2.6	54.8	3.1	18.2	33.5	…
捷克	Czech Rep.	4.0	16.3	0.4	0.4	15.6	…
法国	France	2.3	18.4	4.2	1.2	13.1	…
德国	Germany	3.4	23.5	2.1	20.8	19.3	…
意大利	Italy	6.6	25.2	5.1	2.3	17.9	…
荷兰	Netherlands	6.4	31.0	2.8	3.6	24.6	0.1
波兰	Poland	9.2	25.9	1.3	1.8	22.6	0.1
俄罗斯	Russia	12.0	37.8	0.8	2.7	34.2	…
西班牙	Spain	2.4	33.3	8.1	5.0	20.1	…
土耳其	Turkey	14.7	31.7	2.8	3.1	25.8	…
乌克兰	Ukraine	19.8	29.3	1.3	1.5	26.5	…
英国	United Kingdom	2.8	23.5	2.4	1.6	19.4	…
澳大利亚	Australia	0.2	56.0	1.4	2.0	51.3	1.4
新西兰	New Zealand	0.8	48.2	0.5	1.8	45.7	0.3

14－15 按行业划分的服务出口额(2019年)
Exports of Services by Sector(2019)

资料来源：联合国贸发会议统计手册。
Source: UNCTAD Handbook of Statistics.
单位：亿美元 (100 million USD)

国家或地区	Country or Area	服务总额 Total Services	交通运输 Transport	旅游 Travel	其他服务 Other Services	建筑 Construction	保险 Insurance
中国	China	2831.9	459.7	344.6	1730.7	279.6	47.7
中国香港	Hong Kong, China	1013.2	301.5	290.4	417.7	1.0	14.9
中国澳门	Macao, China	430.8	6.6	396.8	26.9	…	
孟加拉国	Bangladesh	61.3	6.3	3.9	49.6	3.8	…
柬埔寨	Cambodia	62.5	7.9	49.4	5.2	0.3	0.1
印度	India	2143.6	211.3	307.2	1620.8	29.1	25.3
印度尼西亚	Indonesia	316.0	39.2	169.1	100.8	4.9	1.7
伊朗②	Iran②	101.1					
以色列	Israel	553.5	44.3	75.0	423.8	8.2①	0.4
日本	Japan	2050.6	262.2	452.2	1315.8	106.1	24.9
哈萨克斯坦	Kazakhstan	77.7	39.7	24.6	11.6	0.5	1.0
韩国	Korea, Rep.	1024.3	263.2	178.4	554.3	126.1	9.2
马来西亚	Malaysia	408.8	52.1	198.2	125.0	6.4	3.4
蒙古	Mongolia	13.7	4.8	5.1	3.7	0.6	…
缅甸	Myanmar	70.9	5.3①	19.8①	15.4①	1.3①	…
巴基斯坦	Pakistan	54.2	8.1	4.8	41.1	0.9	0.4
菲律宾	Philippines	409.9	28.7	98.2	238.5	0.7	0.9
新加坡	Singapore	2048.1	584.4	200.5	1179.5	11.9	66.3
斯里兰卡	Sri Lanka	74.7	23.4	36.1	15.3	0.7	1.4
泰国	Thailand	820.1	72.0	605.2	142.9	2.4	1.8
越南	Viet Nam	276.0	33.1	118.3	16.6	1.3	0.7
埃及	Egypt	250.5	85.0	130.3	35.2	5.9	3.5
尼日利亚	Nigeria	49.5	19.7	14.5	15.3	…	2.2①
南非	South Africa	147.3	21.1	83.9	41.8	0.2	2.1
加拿大	Canada	1003.4	140.7	268.5	571.6	3.8	18.3
墨西哥	Mexico	302.6	21.5	245.6	35.4		28.5
美国	United States	8758.3	910.9	1933.2	5635.5	31.9	162.4
阿根廷	Argentina	141.8	18.3	52.4	69.9		0.4
巴西	Brazil	339.7	55.6	59.1	218.1	0.3	9.7
捷克	Czech Rep.	301.3	69.1	73.0	128.3	4.8	3.0
法国	France	2876.2	473.8	654.3	1533.4	33.4	57.8
德国	Germany	3407.3	693.5	416.9	2089.3	23.1	134.2
意大利	Italy	1220.1	149.5	498.8	504.8	7.6	9.7
荷兰	Netherlands	2641.3	427.7	193.9	1909.2	40.5	14.1
波兰	Poland	720.2	203.6	139.5	310.4	19.7	4.4
俄罗斯	Russia	627.1	215.6	108.6	272.2	47.9	3.2
西班牙	Spain	1580.7	183.8	798.7	541.4	12.7	14.7
土耳其	Turkey	649.0	253.3	298.3	83.7	4.2	17.2
乌克兰	Ukraine	173.1	61.8	16.2	76.4	1.2	0.2
英国	UnitedKingdom	4163.1	394.8	499.4	3186.7	37.6	256.7
澳大利亚	Australia	699.8	55.6	453.7	190.1	6.0	4.5
新西兰	New Zealand	168.7	22.4	107.4	36.3	0.2	0.5

注：①2018年数据。②2017年数据。③2016年数据。
Note:①Data refer to 2018.②Data refer to 2017.③Data refer to 2016.

14-15 续表 continued

单位：亿美元 (100 million USD)

国家或地区	Country or Area	金融服务 Financial Services	版税和许可证费用 Royalties and Licence Fees	其他商务服务 Other Business Services	个人、文化和休闲服务 Personal,Cultural and Recreational Services	政府服务及其他 Government Services n.i.e.	通讯、计算机和信息服务 Telecommunications, Computer, and Information Services
中国	China	39.0	66.4	732.5	12.0	15.4	537.9
中国香港	Hong Kong, China	214.3	7.3	146.9	3.4	0.9	29.0
中国澳门	Macao, China		…			…	0.2
孟加拉国	Bangladesh	1.5	…	9.6	0.2	29.2	5.2
柬埔寨	Cambodia	0.3	0.1	1.1	0.1	2.3	1.0
印度	India	48.2	8.7	740.0	20.7	6.3	649.3
印度尼西亚	Indonesia	4.2	1.7	65.7	2.2	7.3	13.1
伊朗	Iran						
以色列	Israel		19.1①	170.3①		0.2	144.0①
日本	Japan	137.9	467.3	457.9	9.3	45.2	67.3
哈萨克斯坦	Kazakhstan	0.8	…	5.1	…	2.8	1.3
韩国	Korea, Rep.	29.4	77.5	234.2	13.2	9.6	55.3
马来西亚	Malaysia	6.4	2.2	70.7	5.7	0.8	29.5
蒙古	Mongolia	…	…	2.6	…	0.1	0.4
缅甸	Myanmar	0.1①	…	10.2①	0.4①	2.9①	0.7①
巴基斯坦	Pakistan	1.1	…	14.5	0.1	12.0	12.0
菲律宾	Philippines	2.3	0.3	173.0	1.6	0.2	59.5
新加坡	Singapore	293.8	84.7	565.2	6.6	3.1	147.9
斯里兰卡	Sri Lanka	2.1	…	0.4	…	0.2	10.5
泰国	Thailand	7.2	2.0	116.9	1.7	3.9	7.1
越南	Viet Nam	2.1	0.1	3.4	0.1	1.8	7.2
埃及	Egypt	1.6	0.0	6.7	1.3	8.0	8.2
尼日利亚	Nigeria	5.4①	…	0.5	…	4.6	2.1
南非	South Africa	8.4	1.1	18.0	2.4	3.5	6.1
加拿大	Canada	91.7	53.9	270.8	31.5	12.9	88.8
墨西哥	Mexico	3.7	0.1①	0.6①	…	1.8①	0.6①
美国	United States	1357.0	1174.0	1894.4	233.7	225.6	556.6
阿根廷	Argentina	1.9	2.7	38.7	4.7	1.9	19.5
巴西	Brazil	10.1	6.4	154.3	5.2	6.8	25.3
捷克	Czech Rep.	3.9	6.9	60.5	2.8	0.4	46.0
法国	France	150.1	153.6	892.2	49.4	5.3	191.5
德国	Germany	257.0	243.3	927.9	27.1	54.8	421.9
意大利	Italy	68.7	45.3	273.8	3.8	5.9	89.9
荷兰	Netherlands	80.4	664.5	786.0	22.9	19.9	280.8
波兰	Poland	10.1	6.6	171.4	9.5	0.1	88.7
俄罗斯	Russia	11.0	10.1	129.9	5.2	9.9	54.9
西班牙	Spain	39.7	34.2	264.2	13.5①		150.4
土耳其	Turkey	7.2	0.9	29.8	1.4	7.7	15.4
乌克兰	Ukraine	1.3	0.8	25.9	0.7	3.1	43.3
英国	United Kingdom	803.1	252.7	1437.0	57.2	45.1	297.3
澳大利亚	Australia	36.0	9.6	81.2	8.4	8.1	36.3
新西兰	New Zealand	5.3	4.2	15.5	2.2	1.8	6.7

注：①2018年数据。②2017年数据。③2016年数据。
Note:①Data refer to 2018.②Data refer to 2017.③Data refer to 2016.

14–16 货币汇率(年平均价)
Exchange Rate (Period Average)

资料来源：世界银行WDI数据库。
Source: World Bank WDI Database.
单位：1美元合本币数 (local currency unit per US dollar)

国家或地区	Country or Area	2000	2005	2010	2015	2018	2019
中　国	China	8.28	8.19	6.77	6.23	6.62	6.91
中国香港	Hong Kong, China	7.79	7.78	7.77	7.75	7.84	7.84
中国澳门	Macao, China	8.03	8.01	8.00	7.99	8.07	8.07
孟加拉国	Bangladesh	52.14	64.33	69.65	77.95	83.47	84.45
文　莱	Brunei Darussalam	1.72	1.66	1.36	1.38	1.35	1.36
柬埔寨	Cambodia	3840.75	4092.50	4184.92	4067.75	4051.17	4061.15
印　度	India	44.94	44.10	45.73	64.15	68.39	70.42
印度尼西亚	Indonesia	8421.78	9704.74	9090.43	13389.41	14236.94	14147.67
伊　朗	Iran	1764.86	8963.96	10254.18	29011.49	40864.33	42000.00
以色列	Israel	4.08	4.49	3.74	3.89	3.59	3.57
日　本	Japan	107.77	110.22	87.78	121.04	110.42	109.01
哈萨克斯坦	Kazakhstan	142.13	132.88	147.35	221.73	344.71	382.75
韩　国	Korea, Rep.	1130.96	1024.12	1156.06	1131.16	1100.50	1165.36
老　挝	Laos	7887.64	10655.17	8254.16	8127.61	8401.33	8679.41
马来西亚	Malaysia	3.80	3.79	3.22	3.91	4.04	4.14
蒙　古	Mongolia	1076.67	1205.25	1357.06	1970.31	2472.48	2663.54
缅　甸	Myanmar	6.52	5.82	5.64	1162.62	1429.81	1518.26
巴基斯坦	Pakistan	53.65	59.51	85.19	102.77	121.82	150.04
菲律宾	Philippines	44.19	55.09	45.11	45.50	52.66	51.80
新加坡	Singapore	1.72	1.66	1.36	1.38	1.35	1.36
斯里兰卡	Sri Lanka	77.01	100.50	113.06	135.86	162.47	178.75
泰　国	Thailand	40.11	40.22	31.69	34.25	32.31	31.05
越　南	Viet Nam	14167.75	15858.92	18612.92	21697.57	22602.05	23050.24
埃　及	Egypt	3.47	5.78	5.62	7.69	17.77	16.77
尼日利亚	Nigeria	101.70	131.27	150.30	192.44	306.08	306.92
南　非	South Africa	6.94	6.36	7.32	12.76	13.23	14.45
加拿大	Canada	1.49	1.21	1.03	1.28	1.30	1.33
墨西哥	Mexico	9.46	10.90	12.64	15.85	19.24	19.26
美　国	United States	1.00	1.00	1.00	1.00	1.00	1.00
阿根廷	Argentina	1.00	2.90	3.90	9.23	28.10	48.15
巴　西	Brazil	1.83	2.43	1.76	3.33	3.65	3.94
委内瑞拉	Venezuela	0.68	2.09	2.58	6.28	33765.99	
捷　克	Czech Rep.	38.60	23.96	19.10	24.60	21.73	22.93
法　国	France	1.09	0.80	0.75	0.90	0.85	0.89
德　国	Germany	1.09	0.80	0.75	0.90	0.85	0.89
意大利	Italy	1.09	0.80	0.75	0.90	0.85	0.89
荷　兰	Netherlands	1.09	0.80	0.75	0.90	0.85	0.89
波　兰	Poland	4.35	3.24	3.02	3.77	3.61	3.84
俄罗斯	Russia	28.13	28.28	30.37	60.94	62.67	64.74
西班牙	Spain	1.09	0.80	0.75	0.90	0.85	0.89
土耳其	Turkey	0.63	1.34	1.50	2.72	4.83	5.67
乌克兰	Ukraine	5.44	5.13	7.94	21.85	27.20	25.85
英　国	United Kingdom	0.66	0.55	0.65	0.66	0.75	0.78
澳大利亚	Australia	1.73	1.31	1.09	1.33	1.34	1.44
新西兰	New Zealand	2.20	1.42	1.39	1.43	1.45	1.52

14-17 国际旅游收支
Expenditures and Receipts of International Tourism

资料来源：世界银行WDI数据库。
Source: World Bank WDI Database.
单位：亿美元 (100 million USD)

国家或地区	Country or Area	国际旅游支出 International Tourism Expenditures			国际旅游收入 International Tourism Receipts		
		2000	2010	2018	2000	2010	2018
世　界	**World**	**5269.1**	**9949.6**	**15753.2**	**5619.3**	**10993.5**	**16492.6**
中　国	China	141.7	548.8	2773.5	173.2	458.1	403.9
中国香港	Hong Kong, China	125.0	173.6	265.0	82.0	272.1	418.7
中国澳门	Macao, China		8.8	14.1	32.1	226.9	403.6
孟加拉国	Bangladesh	4.7	8.4	12.1	0.5	1.0	3.6
柬埔寨	Cambodia	0.5	1.3	10.8	3.5	16.7	48.3
印　度	India	36.9	104.9	257.9	36.0	144.9	291.4
印度尼西亚	Indonesia	32.0	84.3	116.3	49.8	76.2	156.0
伊　朗	Iran	6.7	105.7		6.8	26.3	
以色列	Israel	37.3	46.8	97.7	46.1	56.2	80.7
日　本	Japan	426.4	393.1	281.0	59.7	153.6	452.8
哈萨克斯坦	Kazakhstan	4.8	14.9	28.5	4.0	12.4	26.5
韩　国	Korea, Rep.	79.5	207.9	347.7	85.3	143.2	198.6
老　挝	Laos	0.1	2.2	9.5	1.1	3.9	7.6
马来西亚	Malaysia	25.4	92.6	132.5	58.7	196.2	217.7
蒙　古	Mongolia	0.5	3.2	8.2	0.4	2.9	5.3
缅　甸	Myanmar	0.3	0.5	1.2	2.0	0.9	16.7
巴基斯坦	Pakistan	5.7	13.7	29.0	5.5	10.0	8.2
菲律宾	Philippines	18.4	59.6	124.7	23.3	34.4	97.3
新加坡	Singapore	45.4	187.0	253.5	51.4	141.8	204.2
斯里兰卡	Sri Lanka	3.8	8.3	24.9	3.9	10.4	56.1
泰　国	Thailand	32.2	71.6	146.8	99.4	238.0	652.4
越　南	Viet Nam		14.7	59.1		44.5	100.8
埃　及	Egypt	12.1	27.0	29.0	46.6	136.3	127.0
尼日利亚	Nigeria	6.1	83.5	132.2	1.9	7.4	19.8
南　非	South Africa	26.8	81.4	63.5	33.4	103.1	97.9
加拿大	Canada	151.3	372.3	335.8	130.4	184.4	219.8
墨西哥	Mexico	63.7	90.0	140.7	91.3	126.3	238.0
美　国	United States	861.8	1100.5	1865.1	1203.8	1680.0	2561.5
阿根廷	Argentina	54.6	64.5	130.9	32.0	56.1	60.0
巴　西	Brazil	45.5	188.8	222.3	19.7	55.2	63.2
委内瑞拉	Venezuela	16.5	29.4		4.7	8.9	
捷　克	Czech Rep.	12.8	43.5	60.7	29.7	80.7	82.9
法　国	France	290.2	467.0	579.3	387.1	561.8	731.3
德　国	Germany	576.1	908.7	1042.0	249.4	491.2	602.6
意大利	Italy	181.7	269.0	376.4	287.1	384.3	516.0
荷　兰	Netherlands	136.5	190.4	259.5	112.9	116.5	258.5
波　兰	Poland	34.2	91.0	106.1	61.3	100.4	157.5
俄罗斯	Russia	88.5	301.7	387.9	34.3	132.4	186.7
西班牙	Spain	59.7	169.3	266.7	315.3	583.5	812.5
土耳其	Turkey	17.1	58.2	49.9	76.4	263.2	371.4
乌克兰	Ukraine	5.6	41.3	82.9	5.6	47.0	22.7
英　国	United Kingdom	418.6	607.2	688.9	224.1	347.2	485.2
澳大利亚	Australia	90.7	278.5	423.5	115.9	310.6	473.3
新西兰	New Zealand	12.4	30.4	46.0	22.7	65.2	109.6

14—18 国际旅游人数
Number of Arrivals and Departures of International Tourism

资料来源：世界银行WDI数据库。
Source: World Bank WDI Database.

单位：万人 (10 000 persons)

国家或地区	Country or Area	入境(过夜)旅游人数 Number of Arrivals			出境旅游人数 Number of Departures		
		2000	2010	2018	2000	2010	2018
世　　界	**World**	**68965**	**97377**	**144195**	**73338**	**107342**	**156356**
高收入国家	**High Income**	**48733**	**59395**	**87972**	**48582**	**61839**	**81428**
中等收入国家	**Middle Income**	**18962**	**35256**	**52674**	**13615**	**28073**	**51453**
低收入国家	**Low Income**	**520**	**1953**				
中　　国	China	3123	5566	6290	1047	5739	14972
中国香港	Hong Kong, China	881	2009	2926	5890	8444	9221
中国澳门	Macao, China	520	1193	1849	14	75	158
孟加拉国	Bangladesh	20	30		113	191	
文　　莱	Brunei Darussalam	98	21	28			
柬 埔 寨	Cambodia	47	251	620	4	51	200
印　　度	India	265	578	1742	442	1299	2630
印度尼西亚	Indonesia	506	700	1581	221	624	947
伊　　朗	Iran	134	294	730	229		724
以 色 列	Israel	242	280	412	353	427	847
日　　本	Japan	476	861	3119	1782	1664	1895
哈萨克斯坦	Kazakhstan	168	410	879	125	589	
韩　　国	Korea, Rep.	532	880	1535	551	1249	2870
老　　挝	Laos	19	167	377		169	321
马来西亚	Malaysia	1022	2458	2583	3053		
蒙　　古	Mongolia	15	46	53			
缅　　甸	Myanmar	42	79	355			
巴基斯坦	Pakistan	56	91				
菲 律 宾	Philippines	199	352	717	167		
新 加 坡	Singapore	606	916	1467	444	734	989
斯里兰卡	Sri Lanka	40	65	233	52	112	148
泰　　国	Thailand	958	1594	3818	191	545	997
越　　南	Viet Nam	214	505	1550			
埃　　及	Egypt	512	1405	1120	296	462	
尼日利亚	Nigeria	149	611				
南　　非	South Africa	587	807	1047	383	517	
加 拿 大	Canada	1963	1622	2113	1918	2868	2603
墨 西 哥	Mexico	2064	2329	4131	1108	1433	1975
美　　国	United States	5124	6001	7975	6133	6106	9256
阿 根 廷	Argentina	291	680	694	495	531	1113
巴　　西	Brazil	531	516	662	323	646	1063
委内瑞拉	Venezuela	47	53		95	148	
捷　　克	Czech Rep.	477	633	1061		867	739
法　　国	France	7719	7665	8932	1989	2504	2691
德　　国	Germany	1898	2688	3888	8051	8587	10854
意 大 利	Italy	4118	4363	6157	2008	2819	3335
荷　　兰	Netherlands	1000	1088	1878	1390	1837	2212
波　　兰	Poland	1740	1247	1962	5668	710	1280
俄 罗 斯	Russia	2117	2228	2455	1837	3932	4196
西 班 牙	Spain	4640	5268	8277	410	1238	1912
土 耳 其	Turkey	959	3136	4577	528	656	838
乌 克 兰	Ukraine	643	2120	1410	1342	1718	2781
英　　国	United Kingdom	2321	2830	3632	5684	5376	7039
澳大利亚	Australia	493	579	925	350	710	1140
新 西 兰	New Zealand	178	244	369	128	203	304

主要统计指标解释

出口 即货物离开一国的统计疆界。在通常的贸易体系中，一国的统计疆界与它的经济领土是一致的。在特殊的贸易体系中，一国的统计疆界只包括一部分经济领土，一般这部分与货物自由贸易区是一致的。自由贸易地区是一国经济疆界的一部分，在此间货物可以无进口税限制地流通。

进口 货物进入一国统计疆界。

服务贸易 服务(原为非要素服务)指无形商品的经济产出。它可以在同一时间产生、转让和消费。商品服务的出口（贷方和收入）和进口（借方和支付）来自于国际收支统计中的国际服务交易统计，其概念、定义和分类与国际货币基金组织 1993 年《国际收支手册》第五版一致。

官方汇率 是指由国家机关或货币金融机构公布的汇率。年平均汇率是以月均价为基础计算的。

国际旅游支出 是指出境游客在他国的旅游消费，包括在国际旅行时，搭乘他国运输工具所支付的交通费（有些国家不包括这项交通费）。除非特别声明外，国际旅游支出包括境外一日游客（不过夜游客）在访问地的消费。

国际旅游收入 是指入境游客（过夜旅客）在本国的旅游消费，包括国际旅行时，入境游客搭乘本国运输工具所付给本国的交通费（有些国家不包括这项交通费）。国际旅游收入包括目的地国接受的所有商品和服务的支付。除特别声明外，国际旅游收入可以包括入境一日游游客（不过夜游客）在本国的消费。

Explanatory Notes on Main Statistical Indicators

Exports Goods leaving the statistical territory of a country. In the general trade system, the definition of the statistical territory of a country coincides with its economic territory. In the special trade system, the definition of the statistical territory comprises only a particular part of the economic territory, mainly that part which coincides with the free circulation area for goods. The free circulation area is a part of the economic territory of a country within which goods may be disposed of without customs restrictions.

Imports Goods entering the statistical territory of a country.

Commercial Service Exports/Commercial Service Imports Services(previously no factor services) refer to economic output of intangible commodities that may be produced, transferred, and consumed at the same time. Exports (credits or receipts) and imports (debits or payments) of commercial services derived from statistics on international service transactions are included in the balance of payments statistics, in conformity with the concepts, definitions and classification of the fifth (1993) edition of the IMF Balance of Payments Manual.

Official Exchange Rate refers to the exchange rate determined by national authorities or to the rate determined in the legally sanctioned exchange market. It is calculated as an annual average based on monthly averages (local currency units relative to the U.S. dollar).

International Tourism Expenditures are expenditures of international outbound visitors in other countries, including payments to foreign carriers for international transport. These expenditures may include those by residents traveling abroad as same-day visitors, except in cases where these are important enough to justify separate classification. For some countries they do not include expenditures for passenger transport items.

International Tourism Receipts are expenditures by international inbound visitors, including payments to national carriers for international transport. These receipts include any other prepayment made for goods or services received in the destination country. They also may include receipts from same-day visitors, except when these are important enough to justify separate classification. For some countries they do not include receipts for passenger transport items.

国际收支和外债

Balance of Payments and External Debts

15-1 世界国际收支
Summary of International Transactions

资料来源：国际货币基金组织BOP数据库。
Source: IMF BOP Database.
单位：亿美元 (100 million USD)

		2010	2016	2017	2018	2019
经常帐户差额	**Current Account Balances**	**2943.0**	**3151.7**	**4999.3**	**3787.8**	**4399.7**
货物差额	Goods balance	3890.3	3327.3	3952.2	3132.9	3010.2
贷方	Credits	149136.8	157412.4	174609.1	191405.4	185942.0
借方	Debits	145246.6	154085.1	170656.8	188272.5	182931.9
服务差额	Services Balance	861.2	1923.9	2239.8	3058.2	2805.6
贷方	Credits	38555.6	50316.4	54522.8	59605.4	60564.9
借方	Debits	37694.3	48392.5	52283.0	56547.1	57759.3
初次收入差额	Primary Income Balance	-714.9	-649.4	-27.2	-1202.2	-571.0
贷方	Credits	35684.6	38290.7	43290.4	47859.4	47973.1
借方	Debits	36399.5	38940.2	43317.6	49061.7	48544.1
二次收入差额	Secondary Income Balance	-1093.5	-1450.1	-1165.4	-1201.0	-845.0
贷方	Credits	8066.8	9843.8	10662.7	11280.7	11630.5
借方	Debits	9160.4	11293.9	11828.1	12481.7	12475.6
资本帐户差额	**Capital Account Balances**	**666.8**	**156.2**	**131.5**	**-195.6**	**-206.7**
金融帐户差额	**Financial Account Balances**	**457.8**	**523.0**	**2644.1**	**1209.6**	**1504.6**
直接投资净值	Direct Investment net	-1290.9	-5528.6	481.9	-4366.8	-4874.4
资产	Assets	19240.3	20880.7	22301.7	1603.0	7042.6
负债	Liabilities	20531.2	26409.3	21819.8	5969.8	11917.0
证券投资净值	Portfolio Investment Net	-12014.7	4773.4	-1814.0	3407.8	1555.4
资产	Assets	11938.3	12196.7	25517.2	15041.1	20472.5
负债	Liabilities	23953.1	7423.3	27331.3	11633.3	18917.1
金融衍生工具和股票期权净值	Finan. Deriv.& ESOs Net	-980.9	337.1	1017.5	694.6	47.1
资产	Assets	-5709.9	-8538.2	-6681.3	-7452.2	-6741.1
负债	Liabilities	-4729.0	-8875.3	-7698.8	-8146.8	-6788.2
其它投资净值	Other Investment Net	2869.2	3892.7	-1203.2	-889.0	2239.7
资产	Assets	22535.4	17717.4	16662.6	16281.9	9461.4
负债	Liabilities	19666.2	13824.7	17865.8	17170.9	7221.8
储备资产	**Reserve Assets**	**11875.0**	**-2951.6**	**4161.9**	**2363.1**	**2536.9**
净误差与遗漏	**Net Errors and Omissions**	**-3152.1**	**-2784.8**	**-2486.7**	**-2382.7**	**-2688.5**

15-2 分国别(地区)的国际收支(2018年)

资料来源：国际货币基金组织BOP数据库。
Source: IMF BOP Database.
单位：亿美元

国家或地区	Country or Area	经常账户 Current Account	货物 Goods		服务 Services	
			贷方 Credit	借方 Debit	贷方 Credit	借方 Debit
中　国	China	490.9	24174.4	20222.7	2335.7	5258.2
中国澳门	Macao, China	195.7	19.3	128.7	435.5	50.5
孟加拉国	Bangladesh	-75.9	386.9	556.0	54.8	99.3
文　莱	Brunei Darussalam	10.7	64.7	41.1	5.7	15.8
柬埔寨	Cambodia	-29.1	129.6	188.1	54.5	30.4
印　度	India	-656.0	3320.9	5187.8	2049.6	1241.8
印度尼西亚	Indonesia	-310.5	1807.2	1811.6	280.0	350.7
以色列	Israel	92.8	588.8	771.4	498.9	301.4
日　本	Japan	1747.2	7356.9	7244.7	1936.7	2009.1
哈萨克斯坦	Kazakhstan	-2.9	597.8	342.5	73.0	119.8
韩　国	Korea, Rep.	764.1	6254.4	5135.7	990.6	1287.9
老　挝	Laos	-14.3	52.9	61.6	9.2	11.5
马来西亚	Malaysia	75.9	2063.2	1767.6	401.5	445.7
蒙　古	Mongolia	-19.0	65.6	58.7	11.6	26.1
缅　甸	Myanmar	-21.4	110.8	154.1	46.9	34.6
巴基斯坦	Pakistan	-191.9	248.3	574.4	53.0	104.3
菲律宾	Philippines	-87.3	519.9	1029.6	384.1	267.9
中国香港	Hong Kong, China	155.6	5691.4	6015.8	1137.2	810.5
新加坡	Singapore	650.7	4597.4	3613.7	1825.3	1841.8
斯里兰卡	Sri Lanka	-28.1	118.9	222.3	83.7	46.1
泰　国	Thailand	323.9	2511.1	2287.2	813.3	551.7
越　南	Viet Nam	59.0	2437.0	2271.6	147.9	184.7
埃　及	Egypt	-62.9	280.5	576.4	235.7	186.9
尼日利亚	Nigeria	53.3	630.9	407.5	48.2	308.8
南　非	South Africa	-133.8	941.0	924.1	159.7	165.0
加拿大	Canada	-453.2	4516.1	4685.8	931.9	1125.8
墨西哥	Mexico	-220.0	4510.5	4648.5	287.7	376.9
美　国	United States	-4909.9	16743.3	25616.7	8269.8	5673.3
阿根廷	Argentina	-274.8	616.4	625.0	147.2	240.0
巴　西	Brazil	-219.5	2395.4	1864.9	354.4	711.7
捷　克	Czech Rep.	8.6	1618.6	1517.2	304.1	248.4
法　国	France	-190.1	6110.8	6697.3	2942.1	2662.9
德　国	Germany	2899.0	15270.1	12645.8	3427.6	3669.9
意大利	Italy	505.6	5375.3	4819.3	1215.3	1259.2
荷　兰	Netherlands	990.7	5745.7	4872.3	1964.6	1863.0
波　兰	Poland	-58.2	2560.1	2616.5	692.9	437.1
俄罗斯	Russia	1134.5	4431.3	2487.0	646.3	945.6
西班牙	Spain	128.0	3385.3	3754.3	1501.0	856.2
土耳其	Turkey	-270.3	1746.0	2165.2	488.5	230.2
乌克兰	Ukraine	-43.7	433.4	560.6	157.9	144.5
英　国	United Kingdom	-1231.1	4602.1	6500.7	3965.8	2569.1
澳大利亚	Australia	-296.6	2578.5	2367.4	694.2	732.4
新西兰	New Zealand	-77.1	398.2	433.3	176.2	140.4

Balance of Payments by Country or Area(2018)

初次收入 Primary income		资本账户 Capital Account	非生产非金融资产的处置贷方 Gross Disposals of Nonproduced, Nonfinancial Assets, Credit	非生产非金融资产的取得借方 Gross Acquisitions of Nonproduced, Nonfinancial Assets, Debit	资本转移贷方 Capital Transfers, Credit	资本转移借方 Capital Transfers, Debit
贷方 Credit	借方 Debit					
2348.1	2862.3	-5.7				
69.6	114.4	-0.1		0.1		
1.4	24.7	2.9			2.9	
11.1	9.0					
5.8	17.7	2.9			2.9	
213.8	511.4	-1.2	0.8	0.7	2.4	3.8
92.8	397.1	1.0			1.0	
146.6	146.7	3.6			3.6	
2974.5	1083.4	-19.4	5.0	3.8	1.1	21.8
26.2	246.8	2.0			2.8	0.7
344.8	317.0	1.9	3.5	1.4	0.1	0.3
1.4	7.1	0.1			0.1	
132.5	260.1	-0.2			0.1	0.3
2.2	16.5	0.9			0.9	
13.4	29.6	0.0				
7.1	62.5	3.4			3.4	
120.7	82.9	0.6	0.3	0.4	0.7	
2076.4	1895.8	-1.9				
1046.9	1293.0					
2.6	26.6	0.1			0.4	0.3
90.6	332.2	-6.1		6.1		
16.2	174.3					
9.1	79.8	-1.3			0.4	1.7
20.7	171.4					
73.2	191.2	0.2			0.3	0.1
1020.8	1087.7	-0.6				
129.7	451.3	-0.6				
10841.8	8302.0	32.4				
62.8	249.1	0.9	1.3	0.5		
274.5	666.8	4.4	4.1	0.7	1.8	0.8
108.1	237.7	6.3	17.5	21.9	10.6	
2155.0	1472.9	24.4	0.4	0.1	29.3	5.1
2573.3	1495.1	23.2	463.4	399.1	49.2	90.2
871.0	669.8	-7.4	22.7	40.2	25.0	14.9
3323.2	3235.4	-6.0	1.0	2.5	10.9	15.4
145.9	387.0	121.5	7.1	15.8	130.2	
527.6	942.6	-11.1	0.8	1.5	2.2	12.6
653.3	659.7	72.8				
61.3	179.3	0.6	1.2	0.6		
118.6	85.1	0.4	0.6	0.3	0.1	
2853.1	3236.9	-42.4	17.8	28.8	15.5	46.9
484.9	946.1	-3.6	2.1	0.6		5.1
61.7	137.4	-0.3				

15–2 续表

单位：亿美元

国家或地区	Country or Area	金融账户 Financial Account	直接投资 Direct Investment		证券投资 Portfolio Investment	
			资产 Assets	负债 Liabilities	资产 Assets	负债 Liabilities
中　国	China	-1116.9	964.7	2034.9	535.1	1602.1
中国澳门	Macao, China	173.0	16.0	-13.9	72.4	114.9
孟加拉国	Bangladesh	-86.9	0.2	29.4	7.0	1.5
文　莱	Brunei Darussalam	2.0		5.1	-13.5	
柬 埔 寨	Cambodia	-25.2	1.2	32.1	0.4	
印　度	India	-640.1	114.2	421.2	-17.2	-113.2
印度尼西亚	Indonesia	-320.2	64.0	198.2	51.7	144.8
以 色 列	Israel	16.7	61.2	207.9	72.2	-30.9
日　本	Japan	1818.5	1591.0	258.8	1870.5	948.4
哈萨克斯坦	Kazakhstan	11.1	-46.4	2.1	-10.0	-36.3
韩　国	Korea, Rep.	704.9	389.2	144.8	649.9	211.1
老　挝	Laos	-23.5		13.2	0.4	5.4
马来西亚	Malaysia	-26.8	57.2	85.7	23.2	-88.5
蒙　古	Mongolia	-19.8	0.3	19.5	0.5	0.9
缅　甸	Myanmar	-19.1		12.9	-0.2	
巴基斯坦	Pakistan	-195.1	0.1	23.5	-2.4	-5.3
菲 律 宾	Philippines	-109.2	39.5	98.3	47.4	33.7
中国香港	Hong Kong, China	232.9	559.9	864.6	839.0	89.1
新 加 坡	Singapore	620.0	363.3	820.4	205.7	-33.2
斯里兰卡	Sri Lanka	-33.3	0.7	16.1		1.3
泰　国	Thailand	280.4	207.0	134.0	18.6	-39.3
越　南	Viet Nam	-24.3	6.0	155.0		30.2
埃　及	Egypt	-101.0	3.2	68.0	1.0	-18.1
尼日利亚	Nigeria	-9.1	13.8	20.0		125.5
南　非	South Africa	-110.5	45.5	54.7	42.8	76.9
加 拿 大	Canada	-366.3	525.9	454.2	444.9	530.3
墨 西 哥	Mexico	-314.5	107.9	375.0	12.3	95.0
美　国	United States	-4454.5	-784.6	2583.9	3340.4	3156.7
阿 根 廷	Argentina	-280.8	18.0	118.7	60.9	127.7
巴　西	Brazil	-257.0	147.0	768.2	4.6	-89.7
捷　克	Czech Rep.	7.6	43.9	84.9	-4.7	-14.8
法　国	France	-343.4	1262.2	598.6	263.1	321.2
德　国	Germany	2708.0	1590.6	1052.8	824.2	-513.8
意 大 利	Italy	346.9	276.4	309.0	558.0	-875.3
荷　兰	Netherlands	1050.0	-2265.0	-2393.4	373.7	-312.4
波　兰	Poland	18.9	19.1	167.0	5.2	-38.6
俄 罗 斯	Russia	1147.2	313.8	87.8	-18.3	-94.2
西 班 牙	Spain	254.1	328.2	446.7	672.9	562.3
土 耳 其	Turkey	-78.8	36.5	130.0	31.5	0.3
乌 克 兰	Ukraine	-26.2	1.2	24.8	0.3	21.1
英　国	United Kingdom	-1013.6	341.5	350.6	-1768.7	2014.5
澳大利亚	Australia	-366.2	-20.3	603.4	616.6	497.1
新 西 兰	New Zealand	-13.9	6.4	21.3	46.8	45.6

continued

(100 million USD)

金融衍生工具 Financial Derivatives,n.i.e		其他投资 Other Investment		储备资产 Reserves Assets	净误差和遗漏 Net Errors and Omissions
资产 Assets	负债 Liabilities	资产 Assets	负债 Liabilities		
48.2	-13.4	1984.2	1214.3	188768.4	-1602.1
-3.1		242.9	51.5	-2616.0	-22.7
		32.8	84.9	-11091.1	-13.9
		22.1	1.4	-103.6	-8.7
		-8.4	0.8	14446.5	1.0
199.3	201.2	627.9	1017.3	-37785.0	17.1
-6.2	-5.8	93.7	114.9	-71330.3	-10.7
0.6		10.1	5.8	55474.7	-79.7
-5474.1	-5484.1	1479.8	2164.9	239226.4	90.8
1.0	-0.1	35.3	-12.2	-15264.0	11.9
		-74.1	66.0	174915.2	-61.1
		4.4	8.3	-1414.9	-9.3
-6.5	-3.9	-14.9	113.7	21088.0	-102.5
-0.1		-1.1	-1.4	-375.6	-1.6
		-4.9	5.4	4338.1	2.3
		1.9	111.2	-65238.3	-6.6
-6.8	-6.3	-6.3	34.3	-23045.2	-22.6
-761.5	-741.7	704.3	906.7	9933.5	79.3
-26.4	-193.3	1089.4	543.5	125560.3	-30.7
		3.4	10.0	-10022.1	-5.3
-47.1	-45.8	94.3	16.1	72635.4	-37.3
		111.4	16.9	60351.6	-83.3
		5.0	114.6	54337.3	-36.7
		162.8	73.1	32861.8	-62.4
-170.5	-165.8	13.7	84.7	8440.9	23.2
		274.4	610.1	-16935.1	87.5
		92.9	66.5	4780.1	-93.8
		502.6	1615.2	50042.8	423.0
	0.3	251.8	477.4	112644.4	-6.9
-120.8	-148.3	99.9	-113.1	29372.7	-41.9
-19.7	-12.8	30.9	7.7	22195.9	-7.2
851.4	1159.7	1760.7	2525.7	124422.8	-177.6
274.5		1546.7	993.6	4552.3	-214.2
		265.1	1316.9	30739.6	-151.3
		-12.0	-177.4	3188.4	65.3
		62.1	-1.3	72380.1	-44.4
-117.1	-109.7	220.1	-250.6	381975.0	23.7
		737.7	516.3	25045.4	53.3
		97.6	10.3	-103774.1	190.9
		20.0	23.4	21634.7	17.1
		2326.7	-21.6	243351.9	259.9
-605.8	-654.7	75.3	-124.7	-110827.8	-66.0
-24.6	-44.5	-17.3	-18.6	-21396.5	63.5

15-3 经常项目差额占GDP的比重
Current Account Balance as Percentage of GDP

资料来源：世界银行WDI数据库。
Source: World Bank WDI Database.
单位：% (%)

国家或地区	Country or Area	2000	2005	2010	2015	2017	2018	2019
中　国	China	1.7	5.8	3.9	2.8	1.6	0.2	1.0
中国香港	Hong Kong, China	4.4	11.9	7.0	3.3	4.6	3.7	6.1
中国澳门	Macao, China		23.8	39.1	24.1	31.3	33.6	32.9
孟加拉国	Bangladesh	-0.6	-0.3	1.8	1.3	-2.4	-2.6	-1.1
文　莱	Brunei Darussalam		42.3	36.6	16.7	16.4	6.9	6.6
柬埔寨	Cambodia	-3.7	-4.9	-8.7	-8.9	-8.1	-11.8	-15.0
印　度	India	-1.0	-1.3	-3.3	-1.1	-1.4	-2.4	-1.0
印度尼西亚	Indonesia	4.8	0.1	0.7	-2.0	-1.6	-2.9	-2.7
以色列	Israel	-1.6	3.2	3.5	5.4	2.9	2.6	3.3
日　本	Japan	2.7	3.6	3.9	3.1	4.2	3.6	3.6
哈萨克斯坦	Kazakhstan	2.0	-1.8	0.9	-3.3	-3.1	-0.1	-3.6
韩　国	Korea, Rep.	1.8	1.3	2.4	7.2	4.6	4.5	3.7
老　挝	Laos	-0.5	-6.4	0.4	-15.8	-7.5	-8.0	
马来西亚	Malaysia	9.1	13.9	10.1	3.0	2.8	2.1	
蒙　古	Mongolia	-6.1	3.5	-12.3	-8.1	-10.1	-14.5	-15.6
缅　甸	Myanmar	-2.4	4.9	3.2	-4.2	-6.5	-2.8	0.5
巴基斯坦	Pakistan	-0.1	-3.0	-0.8	-1.0	-5.3	-6.0	-2.6
菲律宾	Philippines	-2.7	1.9	3.5	2.4	-0.7	-2.6	-0.9
新加坡	Singapore	11.1	23.3	22.9	18.7	16.3	17.2	17.0
斯里兰卡	Sri Lanka	-6.4	-2.7	-1.9	-2.3	-2.6	-3.2	-2.2
泰　国	Thailand	7.4	-4.0	3.4	6.9	9.6	5.6	7.0
越　南	Viet Nam	3.6	-1.0	-3.7	-1.1	-0.7	2.4	5.0
埃　及	Egypt	-1.0	2.4	-2.1	-5.2	-3.4	-3.1	-3.4
尼日利亚	Nigeria	10.7	20.7	3.6	-3.1	2.8	1.0	-3.8
南　非	South Africa	-0.1	-3.1	-1.5	-4.6	-2.6	-3.6	-3.0
加拿大	Canada	2.5	1.9	-3.6	-3.5	-2.8	-2.5	-2.0
墨西哥	Mexico	-2.7	-1.0	-0.5	-2.7	-1.8	-2.1	-0.4
美　国	United States	-3.9	-5.8	-2.9	-2.2	-1.9	-2.2	-2.3
阿根廷	Argentina	-3.2	2.7	-0.4	-3.0	-4.9	-5.2	-0.9
巴　西	Brazil	-3.7	1.6	-3.6	-3.0	-0.7	-2.2	-2.8
委内瑞拉	Venezuela	10.1	17.5	1.4				
捷　克	Czech Rep.	-4.4	-2.1	-3.5	0.5	1.4	0.5	-0.3
法　国	France	1.2	0.0	-0.8	-0.4	-0.7	-0.6	-0.7
德　国	Germany	-1.7	4.7	5.8	8.6	7.8	7.4	7.1
意大利	Italy	-0.3	-0.9	-3.3	1.4	2.6	2.5	3.0
荷　兰	Netherlands	1.7	6.1	7.3	6.3	10.8	10.8	9.9
波　兰	Poland	-6.0	-2.6	-5.4	-0.6	0.0	-1.0	0.4
俄罗斯	Russia	17.5	11.1	4.4	5.0	2.0	6.9	3.8
西班牙	Spain	-4.3	-7.3	-3.7	2.0	2.7	1.9	2.0
土耳其	Turkey	-3.6	-4.2	-5.8	-3.2	-4.8	-2.7	1.2
乌克兰	Ukraine	4.3	3.0	-2.2	5.5	-3.1	-4.9	-2.7
英　国	UnitedKingdom	-2.3	-1.9	-3.2	-4.9	-3.5	-3.9	-4.0
澳大利亚	Australia	-3.7	-6.3	-3.9	-4.2	-2.7	-2.0	0.6
新西兰	New Zealand	-3.3	-7.0	-2.3	-2.6	-2.7	-3.7	-2.9

15-4 外商直接投资

Foreign Direct Investment

资料来源：联合国贸发会议FDI数据库。
Source: UNCTAD FDI Database .

单位：亿美元 (100 million USD)

国家或地区	Country or Area	外商直接投资 FDI Inflows			对外直接投资 FDI Outflows		
		2000	2010	2019	2000	2010	2019
世　界	**World**	**13566.1**	**13962.0**	**15398.8**	**11637.3**	**13960.3**	**13137.7**
中　国	China	407.1	1147.3	1412.3	9.2	688.1	1171.2
中国香港	Hong Kong, China	545.8	705.4	683.8	540.8	862.5	592.8
中国澳门	Macao, China		28.3	19.0		-4.4	-1.6
孟加拉国	Bangladesh	5.8	9.1	16.0		0.2	
文　莱	Brunei Darussalam	5.5	4.8	2.7	0.3	-0.4	
柬埔寨	Cambodia	1.5	14.0	37.1	0.1	0.2	1.0
印　度	India	35.9	274.2	505.5	5.1	159.5	121.0
印度尼西亚	Indonesia	-45.5	137.7	234.3		26.6	33.8
伊　朗	Iran	1.9	36.5	15.1	0.1	2.4	0.8
以色列	Israel	69.6	69.8	182.2	33.4	79.4	85.7
日　本	Japan	83.2	-12.5	145.5	315.6	562.6	2266.5
哈萨克斯坦	Kazakhstan	12.8	115.5	31.2		78.9	-25.9
韩　国	Korea, Rep.	115.1	95.0	105.7	48.4	282.2	355.3
老　挝	Laos	0.3	2.8	5.6	0.1	0.3	
马来西亚	Malaysia	37.9	90.6	76.5	20.3	134.0	63.0
蒙　古	Mongolia	0.5	16.9	24.4		0.6	1.3
缅　甸	Myanmar	0.9	66.7	27.7			
巴基斯坦	Pakistan	3.1	20.2	22.2	0.1	0.5	-0.1
菲律宾	Philippines	22.4	13.0	50.0	1.3	29.4	6.6
新加坡	Singapore	147.5	574.6	920.8	68.5	354.1	332.8
斯里兰卡	Sri Lanka	1.8	4.8	7.6		0.4	0.8
泰　国	Thailand	34.1	145.6	41.5	-0.2	79.4	118.5
越　南	Viet Nam	12.9	80.0	161.2		9.0	4.7
埃　及	Egypt	12.4	63.9	90.1	0.5	11.8	4.1
尼日利亚	Nigeria	13.1	61.0	33.0	1.7	9.2	2.8
南　非	South Africa	8.9	36.4	46.2	2.7	-0.8	31.2
加拿大	Canada	668.0	284.0	503.3	446.8	347.2	766.0
墨西哥	Mexico	182.5	271.3	329.2		143.7	102.3
美　国	United States	3140.1	1980.5	2462.2	1426.3	2777.8	1249.0
阿根廷	Argentina	104.2	113.3	62.4	9.0	9.6	15.7
巴　西	Brazil	327.8	776.9	719.9	22.8	220.6	155.2
委内瑞拉	Venezuela	47.0	15.7	9.3	5.2	24.9	10.8
捷　克	Czech Rep.	49.9	61.4	75.8	0.4	11.7	49.2
法　国	France	275.0	138.9	339.6	1619.5	481.5	386.6
德　国	Germany	1982.8	656.4	363.6	570.9	1254.5	987.0
意大利	Italy	133.7	91.8	265.7	66.9	326.9	249.3
荷　兰	Netherlands	638.6	-71.8	842.2	756.3	683.6	1246.5
波　兰	Poland	94.5	128.0	132.2	0.2	61.5	21.3
俄罗斯	Russia	26.5	316.7	317.4	31.5	411.2	225.3
西班牙	Spain	395.8	398.7	124.1	582.1	378.4	241.3
土耳其	Turkey	9.8	90.9	84.3	8.7	14.7	28.4
乌克兰	Ukraine	6.0	65.0	30.7		7.4	6.5
英　国	United Kingdom	1153.0	582.0	591.4	2327.4	480.9	314.8
澳大利亚	Australia	141.9	368.0	361.6	28.6	198.0	54.0
新西兰	New Zealand	13.5	-0.6	54.3	6.1	7.2	-1.8

15–5 外汇储备与黄金储备
Foreign Exchange and Gold Reserves

资料来源：国际货币基金组织IFS数据库。
Source: IMF IFS Database.

国家或地区	Country or Area	外汇储备(亿美元) Foreign Exchange(100 million USD)			黄金储备(万盎司) Gold Reserves(10000 fine troy ounces)		
		2000	2010	2019	2000	2010	2019
中　国	China	1655.7	28473.4	31079.2	1270.0	3389.0	6264.0
中国香港	Hong Kong, China	1075.4	2686.5	4412.2	7.0	7.0	7.0
中国澳门	Macao, China	33.2	237.3	222.1			
孟加拉国	Bangladesh	14.9	99.0	306.5	11.0	43.0	45.0
文　莱	Brunei Darussalam	3.6	12.1	37.0			14.0
柬埔寨	Cambodia	5.0	31.5	168.8	40.0	40.0	114.0
印　度	India	372.6	2678.1	4268.8	1150.0	1793.0	2041.0
印度尼西亚	Indonesia	282.8	899.7	1227.1	310.0	235.0	253.0
以色列	Israel	231.6	692.7	1242.5			
日　本	Japan	3472.1	10362.6	12559.0	2455.0	2460.0	2460.0
哈萨克斯坦	Kazakhstan	15.9	246.9	93.2	184.0	216.0	1239.0
韩　国	Korea, Rep.	958.6	2869.3	3978.8	44.0	46.0	336.0
老　挝	Laos	1.4	6.2		2.0	29.0	
马来西亚	Malaysia	274.3	1023.2	994.7	117.0	117.0	125.0
蒙　古	Mongolia	1.8	21.2	31.8	8.0	6.0	74.0
缅　甸	Myanmar	2.2	57.1	54.7	23.0	23.0	23.0
巴基斯坦	Pakistan	15.0	131.2	131.7	209.0	207.0	208.0
菲律宾	Philippines	129.7	539.9	780.5	723.0	495.0	636.0
新加坡	Singapore	795.1	2236.8	2769.7	410.0	410.0	410.0
斯里兰卡	Sri Lanka	9.8	66.3	66.2	34.0	35.0	63.0
泰　国	Thailand	319.3	1656.6	2145.7	237.0	320.0	495.0
越　南	Viet Nam	34.2	120.5	779.5			
埃　及	Egypt	129.1	323.5	400.3	243.0	243.0	255.0
尼日利亚	Nigeria	99.1	323.4	360.2	69.0	69.0	
南　非	South Africa	57.9	354.2	459.0	590.0	402.0	403.0
加拿大	Canada	290.2	448.9	736.1	118.0	11.0	
墨西哥	Mexico	351.4	1148.8	1705.8	25.0	23.0	386.0
美　国	United States	312.4	520.8	415.4	26161.0	26150.0	26150.0
阿根廷	Argentina	244.1	466.2	392.2	2.0	176.0	176.0
巴　西	Brazil	324.3	2805.7	3464.9	212.0	108.0	217.0
委内瑞拉	Venezuela	126.3	91.9		1024.0	1176.0	
捷　克	Czech Rep.	130.2	403.4	1482.4	45.0	41.0	26.0
法　国	France	321.1	362.1	517.3	9725.0	7830.0	7832.0
德　国	Germany	496.7	373.6	359.9	11152.0	10934.0	10824.0
意大利	Italy	224.2	356.8	427.1	7883.0	7883.0	7883.0
荷　兰	Netherlands	70.0	89.0	43.7	2932.0	1969.0	1969.0
波　兰	Poland	263.2	863.2	1158.2	331.0	331.0	735.0
俄罗斯	Russia	242.6	4329.5	4333.0	1236.0	2536.0	7302.0
西班牙	Spain	295.2	133.1	544.6	1683.0	905.0	905.0
土耳其	Turkey	223.1	790.5	770.4	374.0	373.0	1682.0
乌克兰	Ukraine	11.0	333.2	240.7	45.0	89.0	81.0
英　国	United Kingdom	341.6	493.3	1375.4	1567.0	997.0	998.0
澳大利亚	Australia	167.8	327.9	504.5	256.0	257.0	157.0
新西兰	New Zealand	36.2	151.3	162.6			

15–6 外债及其构成(2019年)
External Debts by Type(2019)

资料来源：世界银行WDI数据库。
Source: World Bank WDI Database.

单位：亿美元 (100 million USD)

国家或地区	Country or Area	外债总额 Total External Debt	长期外债 Long-term Debt	私人非担保外债 Private Nonguaranteed Debt	政府及政府担保外债 Public and Publicly Guaranteed Debt	国际货币基金组织贷款 Use of IMF Credit
中等收入国家	**Middle Income**	**79794.77**	**56675.45**	**26848.13**	**29827.31**	**1609.93**
低收入国家	**Low Income**	**1596.59**	**1337.63**	**160.27**	**1177.35**	**92.97**
中　国	China	21141.63	8991.85	5811.20	3180.65	96.65
孟加拉国	Bangladesh	570.88	459.37	49.01	410.37	14.14
柬埔寨	Cambodia	153.29	118.01	42.39	75.62	1.16
印　度	India	5600.35	4477.54	2559.57	1917.97	55.01
印度尼西亚	Indonesia	4020.84	3545.47	1210.41	2335.05	27.39
伊　朗	Iran	48.34	12.63	9.15	3.48	19.72
哈萨克斯坦	Kazakhstan	1562.63	1468.00	1220.84	247.16	4.75
老　挝	Laos	166.86	160.31	57.17	103.14	0.70
蒙　古	Mongolia	314.45	282.00	200.50	81.50	2.85
缅　甸	Myanmar	111.14	107.09	0.28	106.81	3.40
巴基斯坦	Pakistan	1008.19	831.95	120.83	711.13	80.97
菲律宾	Philippines	836.61	652.94	236.15	416.79	11.59
斯里兰卡	Sri Lanka	560.95	457.90	88.26	369.64	18.64
泰　国	Thailand	1802.30	1189.39	794.42	394.97	13.42
越　南	Viet Nam	1184.90	936.58	407.23	529.35	4.35
埃　及	Egypt	1150.80	906.65	3.60	903.05	131.30
尼日利亚	Nigeria	548.32	525.16	249.84	275.31	23.17
南　非	South Africa	1881.02	1512.14	649.07	863.07	24.69
墨西哥	Mexico	4697.29	4030.93	992.76	3038.17	39.43
阿根廷	Argentina	2793.06	1651.20	484.58	1166.62	469.24
巴　西	Brazil	5693.98	4854.71	2917.37	1937.34	39.92
委内瑞拉	Venezuela	1680.74	1133.90	472.86	661.04	35.17
俄罗斯	Russia	4907.26	4251.83	2310.12	1941.71	78.43
土耳其	Turkey	4407.83	3161.99	1912.77	1249.23	14.81
乌克兰	Ukraine	1238.43	904.89	520.93	383.96	113.28

15-7 外债风险指标(2019年)
Risk Indicators on Foreign Debts(2019)

资料来源：世界银行WDI数据库。
Source: World Bank WDI Database.
单位：%

(%)

国家或地区	Country or Area	政府及政府担保外债占出口比重 PPG Debt Service as Percentage of Exports	债务率① Present Value of Debt as Percentage of Exports of Goods and Services and Income	短期债务比重 Short-term Debt as Percentage of Total External Debt	偿债率 Total Debt Service as Percentage of Exports of Goods, Services and Income	外债本息占GNI比重 Total Debt Service as Percentage of GNI
中等收入国家	**Middle Income**	**4.92**		**26.96**	**15.54**	**3.90**
低收入国家	**Low Income**	**7.27**		**10.40**		**1.96**
中　　国	China	1.02	6.98	57.01	9.58	1.93
孟加拉国	Bangladesh	3.87	61.96	17.06	12.82	1.82
柬 埔 寨	Cambodia	1.42	28.69	22.26	6.94	6.12
印　　度	India	2.91	31.52	19.07	9.04	1.81
印度尼西亚	Indonesia	10.18	99.77	11.14	39.42	7.53
伊　　朗	Iran		0.53	33.07	0.46	
哈萨克斯坦	Kazakhstan	3.69	36.33	5.75	48.11	20.76
老　　挝	Laos	10.05①	121.88	3.51	7.47	2.97
蒙　　古	Mongolia	5.35	94.18	9.41	133.09	95.39
缅　　甸	Myanmar	3.43	86.08	0.59	3.77	0.97
巴基斯坦	Pakistan	28.78	211.39	9.45	35.35	3.70
菲 律 宾	Philippines	5.95	46.11	20.57	9.73	2.53
斯里兰卡	Sri Lanka	25.25	167.57	15.05	31.73	7.65
泰　　国	Thailand	0.50	8.26	33.26	7.96	5.13
越　　南	Viet Nam	1.38	18.68	20.59	5.83	6.81
埃　　及	Egypt	14.38	140.72	9.81	16.10	3.01
尼日利亚	Nigeria	1.92	26.74		7.09	1.18
南　　非	South Africa	3.69	74.33	18.30	14.83	4.90
墨 西 哥	Mexico	8.28	70.13	13.35	12.33	5.12
阿 根 廷	Argentina	36.99	206.93	24.08	46.55	9.22
巴　　西	Brazil	14.68	63.86	14.04	53.13	8.48
委内瑞拉	Venezuela			30.44		
俄 罗 斯	Russia	7.16	43.08	11.76	17.58	5.73
土 耳 其	Turkey	7.26	59.44	27.93	34.29	11.71
乌 克 兰	Ukraine	6.09	75.79	17.79	18.06	8.74

注：①2018年数据。
Note:①Data refer to 2018.

主要统计指标解释

经常账户 为货物、服务、收入差额与经常转移的贷方、借方之和。

货物进口FOB和货物出口FOB 是指以出口国离岸价格计算的货物进口值或出口值。货物项目包括：一般货物、用于加工的货物、用于维修的货物、各种运输工具在港口购买的货物和非货币用黄金。

贸易差额 出口FOB与进口FOB的差额。贸易差额为正表示货物出口大于进口。反之，差额为负表示进口大于出口。

服务 包括运输、旅游、通讯服务、建筑服务、保险服务、金融服务、计算机和信息服务、专有权力使用费和特许费、体育、文化和娱乐服务、别处未提及的政府服务和其它商业服务。

货物和服务差额 为货物差额与服务借方、贷方之和。

收入 包括投资收益 （包括直接投资收益、证券投资收益和其他投资收益）和职工报酬。

货物、服务、收入差额 货物和服务差额与收入借方、贷方之和。

经常转移 经常转移包括政府间的经常转移和其他转移如雇员汇款等。贷方是指报告经济体接受的所有经常转移。借方是指由报告经济体提供的经常转移。

资本账户 资本账户贷方、借方之和。资本账户贷方包括：固定资产的获取，非生产、非金融资产的出让（但不包括债务减免）。资本账户借方包括：固定资产的出让，非生产、非金融资产的购买。

金融账户 为直接投资、证券投资、金融衍生工具和其他投资之和。

证券投资 包括股本证券和债务证券投资。

股本证券 包括股票和可以表明股本所有权的类似文件（如美国的存股证）。

债务证券 包括短期、中期和长期债券以及货币市场工具（一种期限为一年获一年以下的债券），以及各种可兑现的债券工具。

金融衍生工具 是同其他金融工具、指数、商品挂钩的一种金融工具。通过金融衍生工具，可以在金融市场中就具体的金融风险（如利率风险、外汇风险、股票和商品风险、信贷风险等）本身进行交易。

经常项目差额占GDP的比重 经常帐户差额是货物和服务的净出口，净收入，净经常转移的总和。

黄金储备（货币黄金） 一国当局拥有的、作为储备资产的黄金。参见国际储备。

外债总额 指欠非本地居民的，可用外币、货物或服务偿还的债务。它是长期公共债务、公共担保债务和私人非担保长期债务、IMF贷款和短期外债的总和。

长期债务 指初始到期日或宽限期在一年以上的债务。它有三个构成部分：公共债务、公共担保债务和私人非担保债务。用现价美元表示。

短期债务 包括初始到期日为一年及一年期以下的所有债务和长期债务到期未付的利息。用现价美元表示。

Explanatory Notes on Main Statistical Indicators

Current Account is the sum of the balance on goods, services, and income, plus current transfers: credit, plus current transferse: debit.

Goods: Exports f.o.b. and Goods: Imports f.o.b. are both measured on the "free-on-board" (f.o.b.) basis—that is, by the value of the goods at the border of the exporting economy. The goods item covers general merchandise, goods for processing, repairs on goods, goods procured in ports by carriers, and nonmonetary gold.

Trade Balance is the balance of exports f.o.b. and imports f.o.b. A positive trade balance shows that merchandise exports are larger than merchandise imports, whereas a negative trade balance shows that merchandise imports are larger than merchandise exports.

Services comprise services in transportation, travel, communication, construction, insurance, finance, computer and information, royalties and license fees, other business, personal, cultural and recreational, and government, n.i.e.

Balance on Goods and Services is the sum of the balance on goods, plus services: credit, plus services: debit.

Income comprise (1) investment income (consisting of direct investment income, portfolio investment income, and other investment income), and (2) compensation of employees.

Balance on Goods, Services, and Income is the sum of the balance on goods and services, plus income: credit, plus income: debit.

Current Transfers. Credit comprise all current transfers received by the reporting economy. Current transfers comprise (1) general government transfers and (2) other sector transfers, including workers' remittances.

Current Transfers，Debit comprise all current transfers paid by the reporting economy.

Capital Account, n.i.e is the balance on the capital account (capital account, n.i.e.: credit, plus capital account: debit). Capital account, n.i.e.: credit covers (1) transfers linked to the acquisition of a fixed asset and (2) the disposal of nonproduced, nonfinancial assets. Capital account: debit covers (1) transfers linked to the disposal of fixed assets, and (2) acquisition of nonproduced, nonfinancial assets.

Financial Account, n.i.e. is the net sum of direct investment, portfolio investment, financial derivatives, and other investment.

Portfolio Investment includes Equity Securities and Debt Securities.

Equity Securities include shares, stocks, participation, and similar documents (such as American depository receipts) that usually denote ownership of equity.

Debt Securities covers (1) bonds, debentures, notes, etc., and (2) money market or negotiable debt instruments.

Financial Derivatives cover financial instruments that are linked to other specific financial instruments, indicators, or commodities, and through which specific financial risks (such as interest rate risk, foreign exchange risk, equity and commodity price risks, credit risk, etc.) can, in their own right, be traded in financial markets.

Current Account Blance as percentage of GDP Current account balance is the sum of net exports of goods, services, net income, and net current transfers.

Gold Reserves (Monetary Gold) Gold owned by the authorities and held as a reserve asset. See also international reserves.

External Debt Total Total external debt is debt owed to nonresidents repayable in foreign currency, goods, or services. Total external debt is the sum of public, publicly guaranteed, and private no guaranteed long-term debt, use of IMF credit, and short-term debt.

Long-term Debt Long-term debt is debt that has an original or extended maturity of more than one year. It has three components: public, publicly guaranteed, and private no guaranteed debt. Data are in current U.S. dollars.

Short-term Debt includes all debt having an original maturity of one year or less and interest in arrears on long-term debt. Data are in current U.S. dollars.

教育、科技、文化和卫生

Education, Science and Technology, Culture and Health

16-1　15岁及以上成人识字率
Adult Literacy Rate(As Percentage of People Ages 15 and Above)

资料来源：世界银行WDI数据库。
Source: World Bank WDI Database.

单位：%　　　　　　　　　　　　　　　　　　　　(%)

国家或地区	Country or Area	总计 Total		男性 Male		女性 Female	
		2000	2018	2000	2018	2000	2018
中　国	China	90.9	96.8	95.1	98.5	86.5	95.2
中国澳门	Macao, China		96.5		98.2		95.0
孟加拉国	Bangladesh		73.9		76.7		71.2
文　莱	Brunei Darussalam		97.2		98.1		96.3
柬埔寨	Cambodia	67.3②	80.5③	79.5②	86.5③	57.0②	75.0③
印　度	India		74.4		82.4		65.8
印度尼西亚	Indonesia		95.7		97.3		94.0
伊　朗	Iran		85.5		90.4		80.8
哈萨克斯坦	Kazakhstan	99.5④	99.8	99.8④	99.8	99.3④	99.7
老　挝	Laos	69.6	84.7③	81.4	90.0③	58.5	79.4③
马来西亚	Malaysia	88.7	94.9	92.0	96.1	85.4	93.5
蒙　古	Mongolia	97.8	98.4	98.0	98.2	97.5	98.6
缅　甸	Myanmar	89.9	75.6①	93.9	80.0①	86.4	71.8①
巴基斯坦	Pakistan	42.7②	59.1⑤	55.3②	71.1⑤	29.0②	46.5⑤
菲律宾	Philippines	92.6	98.2③	92.5	98.1③	92.7	98.2③
新加坡	Singapore	92.5	97.3	96.6	98.9	88.6	95.9
斯里兰卡	Sri Lanka		91.7		92.8		90.8
泰　国	Thailand	92.6	93.8	94.9	95.2	90.5	92.4
越　南	Viet Nam	90.2	95.0	93.9	96.5	86.6	93.6
埃　及	Egypt		71.2		76.5		65.5
尼日利亚	Nigeria		62.0		71.3		52.7
南　非⑤	South Africa⑤		87.0		87.7		86.5
墨西哥	Mexico	90.5	95.4	92.6	96.2	88.7	94.6
阿根廷	Argentina		99.0		98.9		99.1
巴　西	Brazil	86.4	93.2	86.2	93.0	86.5	93.4
委内瑞拉②	Venezuela②		97.1		97.0		97.2
捷　克②	Czech Rep.②		99.8		99.8		99.9
意大利	Italy		99.2		99.4		99.0
波　兰	Poland	98.7②	99.8③	99.3②	99.9③	98.3②	99.7③
俄罗斯	Russia		99.7		99.7		99.7
西班牙	Spain		98.4		98.9		98.0
土耳其⑤	Turkey⑤		96.2		98.8		93.5
乌克兰①	Ukraine①		99.8		99.8		99.7

注：①2016年数据。②1998年数据。③2015年数据。④1999年数据。⑤2017年数据。
Note:①Data refer to 2016.②Data refer to 1998.③Data refer to 2015.④Data refer to 1999.⑤Data refer to 2017.

16-2 大中小学生入学率
Tertiary,Secondary and Primary School Enrollment Ratio

资料来源：世界银行WDI数据库。
Source: World Bank WDI Database.
单位：%　(%)

国家或地区	Country or Area	高等教育粗入学率 Gross School Enrollment Ratio,Tertiary		中等教育粗入学率 Gross School Enrollment Ratio,Secondary		初等教育粗入学率 Gross School Enrollment Ratio,Primary	
		2005	2018	2005	2018	2005	2018
世　界	**World**	**24.3**	**38.4**	**64.1**	**76.0**	**102.2**	**101.2**
高收入国家	**High Income**	**65.5**	**77.0**	**100.3**	**105.9**	**101.7**	**101.0**
中等收入国家	**Middle Income**	**19.3**	**36.0**	**62.0**	**76.9**	**104.1**	**101.1**
低收入国家	**Low Income**	**6.1**	**9.5**	**32.0**	**40.6**	**89.4**	**101.6**
中　国	China	19.1	50.6	62.1①	94.3②	118.9①	100.2
中国香港	Hong Kong, China	33.5	76.9	82.3	107.5	96.1	108.6
中国澳门	Macao, China	54.4	90.7	86.3	101.0	100.0	100.4
孟加拉国	Bangladesh	6.4	20.6	47.0	72.7	101.6	116.5
文　莱	Brunei Darussalam	14.6	31.2	96.6	93.5	110.6	103.2
柬埔寨	Cambodia	3.4	13.7	31.3③		130.9	107.4
印　度	India	10.7	28.1	54.0	74.4	102.7①	113.0④
印度尼西亚	Indonesia	17.2	36.3	60.2	88.9	108.0	106.4
伊　朗	Iran	23.8	62.8	77.2	86.3④	99.2	110.7④
以色列	Israel	58.7	61.5	106.0	105.6	104.8	104.7
日　本	Japan	54.3	63.6⑤	98.2	102.4⑤	100.3	98.2⑤
哈萨克斯坦	Kazakhstan	52.9	54.0	96.5	114.2	102.5	105.8
韩　国	Korea, Rep.	91.7	95.9	97.1	98.5	101.1	99.6
老　挝	Laos	7.8	15.0	43.6	67.4	112.4	102.4
马来西亚	Malaysia	27.9	45.1	80.7	82.0	100.0	105.3④
蒙　古	Mongolia	44.7	65.6	90.3	100.3⑤	98.0	104.0
缅　甸	Myanmar		18.8	44.3	68.4	98.1	112.3
巴基斯坦	Pakistan	4.9	9.0	25.6	42.7	81.3	94.3
菲律宾	Philippines	27.5	35.5④	82.9	84.0	106.0	101.9
新加坡	Singapore		88.9		105.8		100.3
斯里兰卡	Sri Lanka		19.6		100.3	99.6	100.2
泰　国	Thailand	44.6	49.3⑤	73.6	117.7	101.9	99.8
越　南	Viet Nam	16.2	28.5⑤			97.7	110.6
埃　及	Egypt	30.1	35.2④	81.9③	87.9	95.7	106.3
尼日利亚④	Nigeria④	10.5		35.0	42.0⑤	101.4	84.7⑤
南　非	South Africa		23.8	87.4	100.5	105.9	98.5
加拿大	Canada	59.5⑥	70.1	101.4	114.1	97.4	101.5
墨西哥	Mexico	24.2	41.5	82.3	105.1	108.6	105.0
美　国	United States	80.6	88.3	95.1	99.3	101.9	101.3
阿根廷③	Argentina③	64.0	90.0④	92.8	108.7④	115.3	109.7④
巴　西③	Brazil③	26.0	51.3④	101.3	100.8④	133.3	115.4④
委内瑞拉	Venezuela③	42.2③		74.6	88.1④	104.2	97.2④
捷　克	Czech Rep.	48.3	63.8	95.7	102.3	99.2	100.5
法　国	France	53.9	67.6	106.8	104.1	104.6	102.9
德　国	Germany		70.3	102.3	97.6	103.1	103.9
意大利	Italy	64.4	64.3	99.3	101.4	102.3	101.2
荷　兰	Netherlands	58.7	87.1	118.4	134.3	106.7	105.2
波　兰	Poland	63.6	68.6	99.6	112.0	94.5	96.9
俄罗斯	Russia	72.6	84.6	82.9	103.8	95.2	104.7
西班牙	Spain	67.2	91.1	117.3	126.2	103.1	102.0
土耳其	Turkey	33.1	113.2	83.9	104.5	103.2	94.9
乌克兰	Ukraine	70.3		95.6		106.4	
英　国	United Kingdom	59.0	61.4	105.4	120.8	106.4	101.0
澳大利亚	Australia	72.3	107.8	148.4	132.8	102.7	100.2
新西兰	New Zealand	80.6	83.0	120.2	114.6	99.7	101.1

注：①2003年数据。②2015年数据。③2004年数据。④2017年数据。⑤2016年数据。⑥2002年数据。
Note:①Data refer to 2003.②Data refer to 2015.③Data refer to 2004.④Data refer to 2017.⑤Data refer to 2016.⑥Data refer to 2002.

16-3 每个学生教育支出占人均国内生产总值比重
Expenditure per Student as Percentage of GDP per Capita

资料来源：世界银行WDI数据库。
Source: World Bank WDI Database.
单位：%　　(%)

国家或地区	Country or Area	大学生 Tertiary School Student		中学生 Secondary School Student		小学生 Primary School Student	
		2000	2017	2000	2017	2000	2017
高收入国家	**High Income**	**27.8**	**25.4①**	**21.2**	**22.8①**	**17.2**	**20.3①**
中国香港	Hong Kong, China		23.0		22.2		14.9
孟加拉国	Bangladesh	37.0	29.9①	9.3	9.9①	0.0②	9.3①
柬埔寨	Cambodia	77.4③		10.8③		5.6	6.6④
印度	India	96.9		25.3		14.8	
伊朗	Iran		24.2		17.5		11.1
以色列	Israel	27.5	18.2①	17.8	18.7①	20.2	21.5①
日本	Japan	17.0	20.6①	20.3	24.1①	20.7	21.8①
哈萨克斯坦	Kazakhstan		8.6	22.0②	20.2	0.0②	0.3
老挝	Laos	69.7	20.3④	5.5	12.5④	3.9	9.1④
马来西亚	Malaysia	80.9	24.8	21.7	22.6	12.4	16.1
菲律宾	Philippines	14.5		10.3		12.1	
泰国	Thailand	35.3		18.8③		17.5	
南非	South Africa	55.1	46.8	17.8	19.6	14.0	17.6
加拿大	Canada	50.0	31.4①				17.6⑤
墨西哥	Mexico	38.7⑥	29.7①	11.5⑥	14.4①	10.8	13.8①
美国	United States	25.8⑥	19.4①	21.9	22.1①	18.3	19.9①
阿根廷	Argentina	17.3	16.9	15.7	20.6	12.3	15.0
巴西	Brazil	54.8	33.0⑤	10.3	21.5⑤	10.5	20.1⑤
白俄罗斯	Belarus		17.9		35.7		
捷克	Czech Rep.	28.0	20.3①	19.4	22.3①	10.6	13.9①
法国	France	29.5	31.6①	28.4	26.3①	17.5	17.4①
德国	Germany		33.6①	21.6	23.0①	15.3	17.4①
意大利	Italy	25.6	24.3①	25.6	22.9⑤	22.3	19.5①
荷兰	Netherlands	42.3	35.8①	21.2	23.1①	14.4	16.7①
波兰	Poland	17.5	25.4①	10.8③	22.6①		23.1①
俄罗斯	Russia	11.0	19.8①				
西班牙	Spain	20.2	21.8①	22.8	18.9①	17.2	17.1①
土耳其	Turkey	32.1	35.3①	9.6	13.5①	9.8	13.0①
乌克兰	Ukraine	36.5	34.5	11.2	30.3	7.6	30.3
英国	United Kingdom	20.7	38.0①	21.9	21.2①	12.7	24.2①
澳大利亚	Australia	26.0	17.8①	14.0	15.0①	16.7	19.3①
新西兰	New Zealand	39.2⑥	25.3①	22.0	21.1①	19.6	20.3①

注：①2016年数据。②1997年数据。③1998年数据。④2014年数据。⑤2015年数据。⑥1999年数据。
Note:①Data refer to 2016.②Data refer to 1997.③Data refer to 1998.④Data refer to 2014.⑤Data refer to 2015.⑥Data refer to 1999.

16-4 研究与开发经费支出和公共教育经费支出占国内生产总值比重
Research and Development Expenditure and Public Spending on Education as Percentage of GDP

资料来源：世界银行WDI数据库。
Source: World Bank WDI Database.

单位：%　(%)

国家或地区	Country or Area	研究与开发经费支出占国内生产总值比重 Research and Development Expenditure as of GDP			公共教育经费支出占国内生产总值比重 Public Spending on Education, Total as of GDP		
		2000	2010	2017	2000	2010	2017
世　界	**World**	**2.1**	**2.0**	**2.1**	**3.9**	**4.5**	**4.5**
高收入国家	**High Income**	**2.3**	**2.4**	**2.6**	**4.7**	**5.3**	**4.9**
中等收入国家	**Middle Income**	**0.6**	**1.1**	**1.4**	**3.6**	**4.5**	**4.4**
中　国	China	0.9	1.7	2.1			
中国香港	Hong Kong, China	0.5	0.7	0.8		3.5	3.3
中国澳门	Macao, China		0.1	0.2	3.3	2.6	2.7
孟加拉国	Bangladesh				2.1	1.9①	1.5②
文　莱	Brunei Darussalam				3.7	2.0	4.4②
柬埔寨	Cambodia			0.1③	1.7	1.5	1.9④
印　度	India	0.8	0.8	0.7	4.3	3.4	
印度尼西亚	Indonesia	0.1	0.1①	0.2		2.8	3.6③
伊　朗	Iran		0.3	0.8	4.0	3.7	3.8
以色列	Israel	3.9	3.9	4.8	6.1	5.5	6.1
日　本	Japan	2.9	3.1	3.2	3.5	3.6	3.2
哈萨克斯坦	Kazakhstan	0.2	0.2	0.1	3.3	3.1①	2.8
韩　国	Korea, Rep.	2.2	3.5	4.6		4.7①	4.3②
老　挝	Laos				1.5	1.7	2.9④
马来西亚	Malaysia	0.5	1.0	1.4②	6.0	5.0	4.7
蒙　古	Mongolia	0.2	0.2	0.1	5.6	4.6	4.1
缅　甸	Myanmar	0.1			0.6		2.1
巴基斯坦	Pakistan	0.1	0.4①	0.2	1.8	2.3	2.9
菲律宾	Philippines		0.1①	0.2③	3.2	2.5①	
新加坡	Singapore	1.8	1.9	1.9	3.3	3.1	
斯里兰卡	Sri Lanka	0.1	0.1	0.1③		1.7	2.8
泰　国	Thailand	0.2	0.2①	1.0	5.3	3.5	
越　南	Viet Nam			0.5		5.1	4.3②
埃　及	Egypt	0.2	0.4	0.7		3.8⑤	
尼日利亚	Nigeria		0.1				
南　非	South Africa		0.7	0.8	5.4	5.7	6.1
加拿大	Canada	1.9	1.8	1.7	5.4	5.4	
墨西哥	Mexico	0.3	0.5	0.3	4.0	5.2	4.5
美　国	United States	2.6	2.7	2.8		5.4	5.0④
阿根廷	Argentina	0.4	0.6	0.5	4.6	5.0	5.5
巴　西	Brazil	1.0	1.2	1.3	3.9	5.6	6.3
委内瑞拉	Venezuela	0.4	0.2	0.1②		6.9①	
捷　克	Czech Rep.	1.1	1.3	1.8	3.7	4.1	3.9
法　国	France	2.1	2.2	2.2	5.5	5.7	5.5
德　国	Germany	2.4	2.7	3.0		4.9	4.9
意大利	Italy	1.0	1.2	1.4	4.3	4.3	4.0
荷　兰	Netherlands	1.8	1.7	2.0	4.6	5.5	5.2
波　兰	Poland	0.6	0.7	1.0	5.0	5.1	4.6
俄罗斯	Russia	1.1	1.1	1.1	2.9	4.1⑤	4.7
西班牙	Spain	0.9	1.4	1.2	4.2	4.9	4.2
土耳其	Turkey	0.5	0.8	1.0	2.5		4.3③
乌克兰	Ukraine	1.0	0.8	0.4	4.2	7.3①	5.4
英　国	United Kingdom	1.6	1.7	1.7	4.0	5.7	5.4
澳大利亚	Australia	1.6	2.4	1.9	4.9	5.6	5.1
新西兰	New Zealand		1.3①	1.4		7.0	6.3

注：①2009年数据。②2016年数据。③2015年数据。④2014年数据。⑤2008年数据。⑥2007年数据。
Note:①Data refer to 2009.②Data refer to 2016.③Data refer to 2015.④Data refer to 2014.⑤Data refer to 2008.⑥Data refer to 2007.

16–5 每百万人中研究人员和技术人员
Researchers and Technicians in R&D (per Million People)

资料来源：世界银行WDI数据库。
Source: World Bank WDI Database.
单位：人

国家或地区	Country or Area	每百万人中研究人员数 Researchers in R&D (per million people)			每百万人中技术人员数 Technicians in R&D (per million people)		
		2000	2010	2017	2000	2010	2017
高收入国家	**High Income**	**3035.5**	**3776.1**	**4350.8**			
中等收入国家	**Middle Income**	**477.2**	**647.3**	**736.5①**			
中　　国	China	538.6	884.6	1224.8			
中国香港	Hong Kong, China	1169.8	3114.6	3782.3	208.0	309.9	398.0
印　　度	India	109.7	156.2	216.0①	85.2	100.6	95.5①
印度尼西亚	Indonesia	212.7		215.2			17.5
日　　本	Japan	5078.0	5103.6	5304.1	619.1	582.4	520.7
哈萨克斯坦	Kazakhstan	602.4	370.5	666.2	79.1	27.9	123.8
韩　　国	Korea, Rep.	2287.3	5330.8	7497.6	447.5	959.9	1251.1
马来西亚	Malaysia	276.9	1462.5	2396.5②	39.7	130.3	263.3②
巴基斯坦	Pakistan			335.6			31.8
新 加 坡	Singapore	4128.4	6241.9	6802.5	337.6	456.3	377.4
斯里兰卡	Sri Lanka	135.1	105.6	106.0①		91.4	74.7①
南　　非	South Africa		365.5	517.7		105.6	129.5
加 拿 大	Canada	3527.5	4646.3	4325.6	1240.7	1520.8	1268.4
墨 西 哥	Mexico	224.8	337.4	315.3②	95.3	182.0	140.3②
美　　国	United States	3496.4	3885.1	4412.4			
阿 根 廷	Argentina	716.6	1123.8	1192.2	158.3	247.5	337.3
巴　　西	Brazil	295.2	686.1	887.7③	335.9	754.6	969.9③
委内瑞拉	Venezuela	61.8	204.0	300.3②	7.3		
捷　　克	Czech Rep.	1346.2	2774.0	3682.0	711.3	1515.7	1957.2
法　　国	France	2915.7	3873.0	4561.1		1882.4	1805.5
德　　国	Germany	3168.0	4058.0	5076.5		1400.7	2006.7
意 大 利	Italy	1166.1	1743.3	2313.7			
荷　　兰	Netherlands	2649.3	3219.0	4887.2	1514.3	1326.4	
波　　兰	Poland	1431.0	1683.1	3019.1	354.0	285.4	415.3
俄 罗 斯	Russia	3459.0	3081.1	2821.5	570.3	474.2	451.2
西 班 牙	Spain	1878.0	2869.2	2855.7	627.6	1293.3	1264.9
土 耳 其	Turkey	365.0	889.6	1379.4	37.3	143.1	353.7
英　　国	United Kingdom	2894.5	4043.3	4341.2		934.3	1305.4②
澳大利亚	Australia	3475.3	4532.4		819.5		
新 西 兰	New Zealand			5529.5			1276.0

注：①2015年数据。②2016年数据。③2014年数据。
Note:①Data refer to 2015.②Data refer to 2016.③Data refer to 2014.

16-6 高技术产品出口额占制成品出口额的比重
High-technology Exports as Percentage of Manufactured Exports

资料来源：世界银行WDI数据库。
Source: World Bank WDI Database.
单位：% (%)

国家或地区	Country or Area	2000	2005	2010	2015	2017	2018
世界	**World**	**24.4**	**19.7**	**20.6**	**20.0**	**20.7**	**20.8**
高收入国家	**High Income**	**25.6**	**20.0**	**20.7**	**19.6**	**20.4**	**20.2**
中等收入国家	**Middle Income**	**19.7**	**19.0**	**20.1**	**21.1**	**21.5**	**22.3**
低收入国家	**Low Income**	**5.5**	**3.8**	**2.0**	**3.5**		
中　　国	China	19.0	30.8	32.1	30.4	30.9	31.4
中国香港	Hong Kong, China	23.4	15.6	36.8	12.3	61.6	64.6
中国澳门	Macao, China	0.9	0.7				
孟加拉国	Bangladesh	0.2	0.3	0.2	0.3		
文　　莱	Brunei Darussalam			28.6	19.6	30.3	
柬 埔 寨	Cambodia	0.1	0.1	0.2	1.5	1.7	1.4
印　　度	India	6.3	5.8	7.7	8.0	7.4	9.0
印度尼西亚	Indonesia	16.4	16.5	12.0	8.9	8.2	8.0
伊　　朗	Iran	0.6	2.5	4.5		1.3	
以 色 列	Israel	19.4	14.0	19.5	22.9	21.4	22.8
日　　本	Japan	28.7	23.0	19.2	18.1	17.6	17.3
哈萨克斯坦	Kazakhstan	0.9	11.3	34.3	41.4	22.8	22.0
韩　　国	Korea, Rep.	35.1	32.5	32.0	31.2	32.5	36.3
老　　挝	Laos			6.8	35.2	37.4	37.1
马来西亚	Malaysia	59.6	54.6	49.3	48.2	50.5	52.8
蒙　　古	Mongolia	0.5	0.1		4.2	3.5	5.0
缅　　甸	Myanmar				0.5	6.1	4.3
巴基斯坦	Pakistan	0.4	1.4	1.7	1.6	2.2	2.2
菲 律 宾	Philippines	72.6	70.8	55.3	53.1	60.2	61.1
新 加 坡	Singapore	62.8	34.7	52.3	52.4	53.1	51.7
斯里兰卡	Sri Lanka	3.1	2.3	1.1	0.9	1.0	
泰　　国	Thailand	33.4	26.7	26.2	23.8	24.7	23.3
越　　南	Viet Nam	11.1	5.4	13.0		41.4	40.2
埃　　及	Egypt	0.3	0.4	1.0	0.8	0.6	0.9
尼日利亚	Nigeria	0.6		1.1		1.9	1.9
南　　非	South Africa	7.0	6.7	6.0	7.0	5.2	5.6
加 拿 大	Canada	17.7	13.1	16.0	15.2	14.7	15.8
墨 西 哥	Mexico	22.5	19.6	22.2	19.8	21.6	21.1
美　　国	United States	33.8	25.0	23.1	21.9	19.7	18.9
阿 根 廷	Argentina	9.4	6.8	7.7	9.3	9.2	5.3
巴　　西	Brazil	18.7	12.8	12.1	13.1	13.3	13.0
委内瑞拉	Venezuela	2.9	2.3	5.1			
捷　　克	Czech Rep.	8.5	13.0	17.9	17.8	17.9	19.6
法　　国	France	24.6	20.3	26.6	28.4	26.1	25.9
德　　国	Germany	18.6	17.4	17.0	17.9	15.9	15.8
意 大 利	Italy	9.5	8.0	8.1	8.3	7.9	7.5
荷　　兰	Netherlands	35.8	30.9	27.8	24.0	22.5	22.1
波　　兰	Poland	3.4	3.8	7.7	11.0	10.9	10.6
俄 罗 斯	Russia	16.1	8.4	9.6	16.4	12.2	11.0
西 班 牙	Spain	8.0	7.3	6.8	7.9	8.0	7.4
土 耳 其	Turkey	4.8	1.5	2.2	2.6	2.9	2.3
乌 克 兰	Ukraine	5.2	3.7	4.3	8.5	6.3	5.4
英　　国	United Kingdom	32.4	28.0	23.5	22.7	23.1	22.6
澳大利亚	Australia	15.4	12.8	13.9	16.3	16.4	16.7
新 西 兰	New Zealand	9.7	10.2	9.7	10.1	9.1	9.7

16–7 专利申请数量
Patent Applications

资料来源：世界银行WDI数据库。
Source: World Bank WDI Database.
单位：件 (unit)

国家和地区	Country or Area	居民专利申请数量 Residents			非居民专利申请数量 Non-residents		
		2000	2010	2018	2000	2010	2018
世　界	**World**	**823135**	**1160899**	**2294847**	**447423**	**674530**	**845358**
高收入国家	**High Income**	**753493**	**787909**	**819240**	**335411**	**453190**	**559683**
中等收入国家	**Middle Income**	**69322**	**364667**	**1475087**	**111837**	**221182**	**285499**
低收入国家	**Low Income**	**928**			**1559**		
中　国	China	25346	293066	1393815	26560	98111	148187
中国香港	Hong Kong, China	51	133	314	8244	11569	15672
中国澳门	Macao, China		4	1		58	54
孟加拉国	Bangladesh	70	66	69	248	276	299
文　莱	Brunei Darussalam			24	21	42①	97
柬埔寨	Cambodia			3②		26	159
印　度	India	2206	8853	16289	6332	30909	33766
印度尼西亚	Indonesia	157	508	1407	3733	5122	8347
伊　朗	Iran	410	11108	11908	206	528	915
以色列	Israel	1599	1450	1506	5203	5856	5857
日　本	Japan	384201	290081	253630	35342	54517	59937
哈萨克斯坦	Kazakhstan	1399	1691	789	116	273	193
韩　国	Korea, Rep.	72831	131805	162561	29179	38296	47431
马来西亚	Malaysia	206	1231	1116	6021	5152	6179
蒙　古	Mongolia	148④	110	82	32④	69	79
巴基斯坦	Pakistan	46	114	306	1149	980	586
菲律宾	Philippines	154	170	529	3482	3223	3771
新加坡	Singapore	516	895	1575	7720	8878	10270
斯里兰卡	Sri Lanka	71	225	343	250	235	260
泰　国	Thailand	561	1214	904	4488	723	7245
越　南	Viet Nam	34	306	646	1205	3276	5425
埃　及	Egypt	534	605	997	1081	1625	1258
尼日利亚	Nigeria			120			218
南　非	South Africa	895	821	657	2400	5562	6258
加拿大	Canada	4187	4550	4349	35435	30899	31812
墨西哥	Mexico	431	951	1555	12630	13625	14869
美　国	United States	164795	241977	285095	131100	248249	312046
阿根廷	Argentina	1062	552	425	5574	4165	3242
巴　西	Brazil	3179	4228	4980	14104	20771	19877
委内瑞拉	Venezuela	56	70	96⑤	2292	1773	338⑤
捷　克	Czech Rep.	555	868	678	4384	114	54
法　国	France	13870	14748	14303	3483	1832	1919
德　国	Germany	51736	47047	46617	10406	12198	21281
意大利	Italy	7877	8877	8921	1396	846	900
荷　兰	Netherlands	2465	2527	2111	529	240	394
波　兰	Poland	2404	3203	4207	4899	227	115
俄罗斯	Russia	23377	28722	24926	8960	13778	13031
西班牙	Spain	2710	3566	1525	484	213	149
土耳其	Turkey	277	3180	7156	3156	177	310
乌克兰	Ukraine	5620	2556	2107	1604	2756	1861
英　国	United Kingdom	22050	15490	12865	10697	6439	8076
澳大利亚	Australia	1928	2409	2757	20073	22478	27200
新西兰	New Zealand	1463	1585	1017	5585	5051	5221

注：①2009年数据。②2016年数据。③2008年数据。④1998年数据。⑤2017年数据。
Note:①Data refer to 2009.②Data refer to 2016.③Data refer to 2008.④Data refer to 1998.⑤Data refer to 2017.

16-8 享有基本卫生服务和基本饮用服务人口占总人口比重
Percentage of Population Using at least Basic Sanitation and Drinking Water Services

资料来源：世界银行WDI数据库。
Source: World Bank WDI Database.
单位：%

(%)

国家或地区	Country or Area	享有基本卫生服务的人口占总人口比重 Percentage of Population Using at least Basic Sanitation Services			享有基本饮用水服务的人口占总人口比重 Percentage of Population Using at least Basic Drinking Water Services		
		2000	2010	2017	2000	2010	2017
世　界	**World**	**55.5**	**66.4**	**73.4**	**80.4**	**86.5**	**89.6**
高收入国家	**High Income**	**98.6**	**99.1**	**99.4**		**99.3**	**99.5**
中等收入国家	**Middle Income**	**49.3**	**63.6**	**73.1**	**81.2**	**87.5**	**91.4**
低收入国家	**Low Income**	**19.0**	**27.4**	**30.4**	**42.7**	**51.7**	**57.5**
中　国	China	56.3	73.6	84.8	80.4	88.5	92.9
孟加拉国	Bangladesh	25.6	39.2	48.2	95.2	96.5	97.0
文　莱	Brunei Darussalam		96.4		99.9	99.9	99.9
柬 埔 寨	Cambodia	10.0	37.8	59.2	52.4	67.6	78.5
印　度	India	16.4	41.5	59.5	79.0	86.9	92.7
印度尼西亚	Indonesia	41.1	60.0	73.1	75.7	84.3	89.3
伊　朗	Iran	87.3	88.0	88.4	94.9	95.1	95.3
以 色 列	Israel	100.0	100.0	100.0	100.0	100.0	100.0
日　本	Japan	100.0	100.0	99.9	98.5	98.7	99.0
哈萨克斯坦	Kazakhstan	96.8	97.4	97.9	84.6	91.2	95.6
韩　国	Korea, Rep.	100.0	100.0	100.0		99.0	99.8
老　挝	Laos	28.3	56.5	74.5	46.5	68.1	82.1
马来西亚	Malaysia	96.8	98.8	99.6	97.4	97.0	96.7
蒙　古	Mongolia	48.0	55.5	58.5	61.8	76.7	83.3
缅　甸	Myanmar	70.9	67.0	64.3	46.3	68.4	81.8
巴基斯坦	Pakistan	31.4	49.1	59.9	86.0	89.2	91.5
菲 律 宾	Philippines	62.1	68.7	76.5	85.6	90.1	93.6
新 加 坡	Singapore	100.0	100.0	100.0	100.0	100.0	100.0
斯里兰卡	Sri Lanka	84.6	91.0	95.8	79.6	85.4	89.4
泰　国	Thailand	92.0	95.8	98.8	93.6	97.8	99.9
越　南	Viet Nam	52.4	71.0	83.5	80.1	88.7	94.7
埃　及	Egypt	92.2	93.4	94.2	97.9	98.6	99.1
尼日利亚	Nigeria	29.5	34.3	39.2	48.2	61.8	71.4
南　非	South Africa	58.8	69.1	75.8	84.5	89.6	92.7
加 拿 大	Canada	99.8	99.6	99.3	99.1	99.3	99.4
墨 西 哥	Mexico	75.2	84.9	91.2	89.0	95.8	99.3
美　国	United States	100.0	100.0	100.0		99.2	99.3
阿 根 廷	Argentina	87.0	92.6		96.2	98.5	
巴　西	Brazil	72.9	82.1	88.3	93.7	96.3	98.2
委内瑞拉	Venezuela	87.3	93.9	93.9	96.7	96.1	95.7
捷　克	Czech Rep.	99.1	99.1	99.1	99.8	99.9	99.9
法　国	France	98.7	98.7	98.7	99.9	100.0	100.0
德　国	Germany	99.2	99.2	99.2	100.0	100.0	100.0
意 大 利	Italy		98.8	98.8	100.0	99.6	99.4
荷　兰	Netherlands	98.1	97.8	97.7	100.0	100.0	100.0
波　兰	Poland	87.6	94.3	98.8		97.4	99.7
俄 罗 斯	Russia	83.4	87.6	90.5	95.0	96.2	97.1
西 班 牙	Spain	99.9	99.9	99.9	100.0	100.0	99.9
土 耳 其	Turkey	82.0	92.3	97.3	95.5	97.9	98.9
乌 克 兰	Ukraine	94.4	95.7	96.2	98.0	95.1	93.8
英　国	United Kingdom	99.1	99.1	99.1	100.0	100.0	100.0
澳大利亚	Australia	100.0	100.0	100.0	99.7	99.9	100.0
新 西 兰	New Zealand	100.0	100.0	100.0	100.0	100.0	100.0

16-9 医疗支出占国内生产总值比重及人均医疗支出
Health Expenditure as Percentage of GDP and Per Capita Health Expenditure

资料来源：世界银行WDI数据库。
Source: World Bank WDI Database.

国家或地区	Country or Area	医疗支出占国内生产总值的比重(%) Health Expenditure, Total as Percentage of GDP(%)			人均医疗支出(美元) Health Expenditure per Capita(USD)		
		2000	2010	2017	2000	2010	2017
世 界	**World**	**8.6**	**9.5**	**9.9**	**475.0**	**908.9**	**1061.1**
高收入国家	**High Income**	**9.4**	**11.5**	**12.5**	**2396.3**	**4527.5**	**5284.1**
中等收入国家	**Middle Income**	**5.1**	**5.1**	**5.4**	**65.2**	**194.9**	**269.5**
低收入国家	**Low Income**	**4.2**	**6.0**	**5.7**	**15.6**	**39.1**	**44.8**
中 国	China	4.5	4.2	5.2	42.4	187.7	440.8
孟加拉国	Bangladesh	2.0	2.5	2.3	8.3	20.2	36.3
文 莱	Brunei Darussalam	2.5	2.3	2.4	508.4	803.5	671.4
柬 埔 寨	Cambodia	6.5	6.9	5.9	19.7	54.3	82.1
印 度	India	4.0	3.3	3.5	18.6	45.3	69.3
印度尼西亚	Indonesia	1.9	3.0	3.0	16.2	92.2	115.0
伊 朗	Iran	4.7	6.8	8.7	80.2	440.9	475.5
以 色 列	Israel	6.8	7.0	7.4	1496.9	2211.0	3144.6
日 本	Japan	7.2	9.2	10.9	2740.5	4060.2	4169.0
哈萨克斯坦	Kazakhstan	4.2	2.7	3.1	50.5	247.4	279.6
韩 国	Korea, Rep.	4.0	6.2	7.6	473.9	1374.3	2283.1
老 挝	Laos	4.3	2.9	2.5	14.4	35.0	62.1
马来西亚	Malaysia	2.6	3.2	3.9	111.4	292.9	384.1
蒙 古	Mongolia	4.9	3.7	4.0	27.0	99.1	148.8
缅 甸	Myanmar	1.8	1.8	4.7	3.4	15.1	58.0
巴基斯坦	Pakistan	2.9	2.6	2.9	16.0	26.6	44.6
菲 律 宾	Philippines	3.2	4.3	4.4	32.8	91.8	132.9
新 加 坡	Singapore	3.4	3.2	4.4	820.7	1513.6	2618.7
斯里兰卡	Sri Lanka	4.2	3.9	3.8	43.7	108.6	159.5
泰 国	Thailand	3.1	3.4	3.7	62.3	172.1	247.0
越 南	Viet Nam	4.8	6.0	5.5	18.8	78.2	129.6
埃 及	Egypt	4.9	4.2	5.3	72.5	111.4	105.8
尼日利亚	Nigeria	3.2	3.3	3.8	17.7	76.7	73.9
南 非	South Africa	7.4	7.4	8.1	221.8	539.6	499.2
加 拿 大	Canada	8.3	10.7	10.6	1998.6	5044.1	4754.9
墨 西 哥	Mexico	4.4	6.0	5.5	309.6	538.7	494.7
美 国	United States	12.5	16.4	17.1	4560.1	7957.3	10246.1
阿 根 廷	Argentina	8.5	8.6	9.1	705.2	891.1	1324.6
巴 西	Brazil	8.3	7.9	9.5	311.7	891.8	928.8
委内瑞拉	Venezuela	7.3	6.8	1.2	350.9	926.7	94.2
捷 克	Czech Rep.	5.7	6.9	7.2	342.9	1373.9	1475.9
法 国	France	9.6	11.2	11.3	2156.5	4593.4	4379.7
德 国	Germany	9.8	11.0	11.2	2334.7	4597.2	5033.5
意 大 利	Italy	7.6	9.0	8.8	1520.5	3214.5	2840.1
荷 兰	Netherlands	7.7	10.2	10.1	2023.1	5186.6	4911.4
波 兰	Poland	5.3	6.4	6.5	238.0	809.2	906.8
俄 罗 斯	Russia	5.0	5.0	5.3	95.4	567.4	585.9
西 班 牙	Spain	6.8	9.0	8.9	1002.8	2775.1	2506.5
土 耳 其	Turkey	4.6	5.1	4.2	199.5	539.3	444.7
乌 克 兰	Ukraine	5.3	6.8	7.0	35.1	202.3	177.4
英 国	United Kingdom	6.0	8.4	9.6	1674.3	3309.5	3858.7
澳大利亚	Australia	7.6	8.4	9.2	1632.4	4952.8	5331.8
新 西 兰	New Zealand	7.5	9.6	9.2	1053.9	3216.2	3937.2

16-10 每千人口医生数和病床数
Physician and Hospital Bed per 1000 Persons

资料来源：世界银行WDI数据库。
Source: World Bank WDI Database.
单位：人

国家或地区	Country or Area	每千人口医生数(人) Physicians per 1000 Persons(person)			每千人口病床数(张) Hospital Beds per 1000 Persons(unit)		
		2000	2010	2017	2000	2010	2017
高收入国家	**High Income**	**2.5**	**2.7**	**3.1**	**6.3**	**4.2**	**4.2②**
中等收入国家	**Middle Income**	**1.0**	**1.1**	**1.4**		**2.2①**	
中　国	China	1.2	1.5	2.0	2.5	3.6	4.2③
孟加拉国	Bangladesh	0.2④	0.4	0.5	0.3⑤	0.3①	0.8⑥
文　莱	Brunei Darussalam	1.0	1.4	1.6	2.6	2.6⑦	2.7⑥
柬埔寨	Cambodia	0.2	0.2	0.2⑧		0.8	0.8⑥
印　度	India	0.5	0.7	0.8		0.9①	
印度尼西亚	Indonesia	0.2	0.1	0.4	0.6⑨	0.6	1.2⑥
伊　朗	Iran	1.0⑨	0.9	1.1	1.6	1.7	1.5⑧
以色列	Israel	3.8	3.5	3.5	3.7	3.2	3.1②
日　本	Japan	2.0	2.2	2.4⑩	14.7	13.7⑦	13.4③
哈萨克斯坦	Kazakhstan	3.3	3.9	4.0⑧	7.2	7.3	6.7②
韩　国	Korea, Rep.	1.3	2.0	2.4	6.1	10.3⑦	11.5⑥
老　挝	Laos	0.3	0.8	0.4		0.7	1.5③
马来西亚	Malaysia	0.7	1.2	1.5⑥		1.8	1.9⑥
蒙　古	Mongolia	2.5⑤	2.8	2.9⑩		5.8	7.0③
缅　甸	Myanmar	0.3	0.5	0.9	0.7	0.6⑪	0.9③
巴基斯坦	Pakistan	0.6	0.8	1.0	0.7	0.6	0.6⑧
菲律宾	Philippines	1.2	1.3	0.6		0.5	
新加坡	Singapore	1.3⑤	1.7	2.3⑩		3.1⑫	2.4⑥
斯里兰卡	Sri Lanka	0.4	0.7	0.9	2.9	3.5	3.6③
泰　国	Thailand	0.4	0.4	0.8	2.2	2.1	
越　南	Viet Nam	0.5⑤	0.7	0.8⑩	1.7④	2.0	2.6⑧
埃　及	Egypt	2.1	2.8	0.8	2.1	1.7	1.6⑧
尼日利亚	Nigeria	0.3	0.2	0.4⑩	1.2		
南　非	South Africa		0.7	0.9		2.8①	
加拿大	Canada	2.1	2.0	2.6	3.4	2.7	2.7③
墨西哥	Mexico	2.0	2.2	2.4	1.1	1.7	1.5⑥
美　国	United States	2.6	2.4	2.6	3.5	3.0	2.9②
阿根廷	Argentina	3.0⑨	3.2	4.0	4.1	4.5	5.0⑧
巴　西	Brazil	1.1	1.8	2.2		2.4	2.2⑧
委内瑞拉	Venezuela	2.0④				1.1⑦	0.8⑧
捷　克	Czech Rep.	3.4	3.5	4.1	7.8	7.0	6.5⑥
法　国	France	3.4	3.4	3.3	8.2	6.6	6.5②
德　国	Germany	3.3	3.8	4.2	9.1	8.2	8.3②
意大利	Italy	3.5	3.8	4.0	4.7	3.6	3.4③
荷　兰	Netherlands	2.4	3.0	3.6	4.8	4.7⑦	
波　兰	Poland	2.2	2.2	2.4	4.9	6.5	6.5②
俄罗斯	Russia	2.3	2.4	4.0⑩	10.9	8.8	8.2②
西班牙	Spain	3.1	3.0	3.9	3.7	3.2	3.0②
土耳其	Turkey	1.3	1.7	1.8	2.1	2.5	2.7②
乌克兰	Ukraine	3.0	3.5	3.0⑧	8.8	9.4	8.8②
英　国	United Kingdom	2.0	2.6	2.8	4.1	3.0	2.8②
澳大利亚	Australia	2.5	3.3	3.7	7.8	3.9	3.8⑧
新西兰	New Zealand	2.2	3.1	3.5	6.2⑨		2.8②

注：①2005年数据。②2013年数据。③2012年数据。④1997年数据。⑤1999年数据。⑥2015年数据。⑦2009年数据。⑧2014年数据。⑨1998年数据。⑩2016年数据。⑪2006年数据。⑫2008年数据。
Note:①Data refer to 2005.②Data refer to 2013.③Data refer to 2012.④Data refer to 1997.⑤Data refer to 1999.⑥Data refer to 2015.⑦Data refer to 2009.⑧Data refer to 2014.⑨Data refer to 1998.⑩Data refer to 2016.⑪Data refer to 2006.⑫Data refer to 2008.

主要统计指标解释

成人识字率 是指15岁及以上人口中有一定理解、阅读、使用文字能力的人口占总人口的百分比。

粗入学率 是指入学总人数(不考虑年龄)与适龄人数之比。

研究与发展经费支出 是经常性和资本性支出（包括超前支出）,目的在于增加知识存量的创造性、系统性活动。具体包括基础研究、应用研究和目的在于寻求新型设备，产品和工艺的科学实验活动。

研究与发展技术人员 是指专门从事研究与发展活动，在知识或技术某一分支领域接受过职业或技术培训的人员。

高技术出口产品 是指技术含量密集的出口产品。它包括的高技术产品有：航空、计算机、医药、科学仪器和电气设备等。

Explanatory Notes on Main Statistical Indicators

Adult Literacy Rate is the percentage of people ages 15 and above who can, with understanding, read and write a short, simple statement on their everyday life.

Gross Enrollment Ratio is the ratio of total enrollment, regardless of age, to the population of the age group.

Expenditures for Research and Development are current and capital expenditures (including overhead) on creative, systematic activity intended to increase the stock of knowledge. Included are fundamental and applied research and experimental development work leading to new devices, products, or processes.

Technicians in R&D are people engaged in professional R&D activity who have received vocational or technical training in any branch of knowledge or technology.

High-technology Exports are products with high R&D intensity. They include high-technology products such as in aerospace, computers, pharmaceuticals, scientific instruments, and electrical machinery.

经济社会综合评价指标

Comprehensive Evaluation Indicators

17-1　人类发展指数(2019年)
Human Development Index(2019)

资料来源：联合国开发计划署《人类发展报告2020》。
Source: UNDP *Human Development Report2020*.

排名 Rank	国家或地区	Country or Area	人类发展指数 Human Development Index (HDI)	出生时预期寿命(岁) Life Expectancy at Birth (years)	预期受教育年限(年) Expected Years of Schooling (years)	平均受教育年限(年) Mean Years of Schooling (years)	人均国民总收入(美元，2011年PPP) Gross National Income per Capita (2011 PPP $)
	世　　界	**World**	**0.737**	**72.8**	**12.7**	**8.5**	**16734**
	超高人类发展水平	**Very high human development**	**0.898**	**79.6**	**16.3**	**12.2**	**44566**
1	挪　　威	Norway	0.957	82.4	18.1	12.9	66494
2	爱 尔 兰	Ireland	0.955	82.3	18.7	12.7	68371
2	瑞　　士	Switzerland	0.955	83.8	16.3	13.4	69394
4	中国香港	Hong Kong, China	0.949	84.9	16.9	12.3	62985
4	冰　　岛	Iceland	0.949	83.0	19.1	12.8	54682
6	德　　国	Germany	0.947	81.3	17.0	14.2	55314
7	瑞　　典	Sweden	0.945	82.8	19.5	12.5	54508
8	澳大利亚	Australia	0.944	83.4	22.0	12.7	48085
8	荷　　兰	Netherlands	0.944	82.3	18.5	12.4	57707
10	丹　　麦	Denmark	0.940	80.9	18.9	12.6	58662
11	芬　　兰	Finland	0.938	81.9	19.4	12.8	48511
11	新 加 坡	Singapore	0.938	83.6	16.4	11.6	88155
13	英　　国	United Kingdom	0.932	81.3	17.5	13.2	46071
14	比 利 时	Belgium	0.931	81.6	19.8	12.1	52085
14	新 西 兰	New Zealand	0.931	82.3	18.8	12.8	40799
16	加 拿 大	Canada	0.929	82.4	16.2	13.4	48527
17	美　　国	United States	0.926	78.9	16.3	13.4	63826
18	奥 地 利	Austria	0.922	81.5	16.1	12.5	56197
19	以 色 列	Israel	0.919	83.0	16.2	13.0	40187
19	日　　本	Japan	0.919	84.6	15.2	12.9	42932
19	列支敦士登	Liechtenstein	0.919	80.7	14.9	12.5	131032
22	斯洛文尼亚	Slovenia	0.917	81.3	17.6	12.7	38080
23	韩　　国	Korea	0.916	83.0	16.5	12.2	43044
23	卢 森 堡	Luxembourg	0.916	82.3	14.3	12.3	72712
25	西 班 牙	Spain	0.904	83.6	17.6	10.3	40975
26	法　　国	France	0.901	82.7	15.6	11.5	47173
27	捷　　克	Czechia	0.900	79.4	16.8	12.7	38109
28	马 耳 他	Malta	0.895	82.5	16.1	11.3	39555
29	爱沙尼亚	Estonia	0.892	78.8	16.0	13.1	36019
29	意 大 利	Italy	0.892	83.5	16.1	10.4	42776
31	阿 联 酋	United Arab Emirates	0.890	78.0	14.3	12.1	67462
32	希　　腊	Greece	0.888	82.2	17.9	10.6	30155
33	塞浦路斯	Cyprus	0.887	81.0	15.2	12.2	38207
34	立 陶 宛	Lithuania	0.882	75.9	16.6	13.1	35799
35	波　　兰	Poland	0.880	78.7	16.3	12.5	31623
36	安 道 尔	Andorra	0.868	81.9	13.3	10.5	56000
37	拉脱维亚	Latvia	0.866	75.3	16.2	13.0	30282
38	葡 萄 牙	Portugal	0.864	82.1	16.5	9.3	33967
39	斯洛伐克	Slovakia	0.860	77.5	14.5	12.7	32113
40	匈 牙 利	Hungary	0.854	76.9	15.2	12.0	31329
40	沙特阿拉伯	Saudi Arabia	0.854	75.1	16.1	10.2	47495

17–1 续表 1 continued

排名 Rank	国家或地区	Country or Area	人类发展指数 Human Development Index (HDI)	出生时预期寿命(岁) Life Expectancy at Birth (years)	预期受教育年限(年) Expected Years of Schooling (years)	平均受教育年限(年) Mean Years of Schooling (years)	人均国民总收入(美元，2011年PPP) Gross National Income per Capita (2011 PPP $)
42	巴　林	Bahrain	0.852	77.3	16.3	9.5	42522
43	智　利	Chile	0.851	80.2	16.4	10.6	23261
43	克罗地亚	Croatia	0.851	78.5	15.2	11.4	28070
45	卡塔尔	Qatar	0.848	80.2	12.0	9.7	92418
46	阿根廷	Argentina	0.845	76.7	17.7	10.9	21190
47	文　莱	Brunei Darussalam	0.838	75.9	14.3	9.1	63965
48	黑　山	Montenegro	0.829	76.9	15.0	11.6	21399
49	罗马尼亚	Romania	0.828	76.1	14.3	11.1	29497
50	帕　劳	Palau	0.826	73.9	15.8	12.5	19317
51	哈萨克斯坦	Kazakhstan	0.825	73.6	15.6	11.9	22857
52	俄罗斯	Russia	0.824	72.6	15.0	12.2	26157
53	白俄罗斯	Belarus	0.823	74.8	15.4	12.3	18546
54	土耳其	Turkey	0.820	77.7	16.6	8.1	27701
55	乌拉圭	Uruguay	0.817	77.9	16.8	8.9	20064
56	保加利亚	Bulgaria	0.816	75.1	14.4	11.4	23325
57	巴拿马	Panama	0.815	78.5	12.9	10.2	29558
58	巴哈马	Bahamas	0.814	73.9	12.9	11.4	33747
58	巴巴多斯	Barbados	0.814	79.2	15.4	10.6	14936
60	阿　曼	Oman	0.813	77.9	14.2	9.7	25944
61	格鲁吉亚	Georgia	0.812	73.8	15.3	13.1	14429
62	哥斯达黎加	Costa Rica	0.810	80.3	15.7	8.7	18486
62	马来西亚	Malaysia	0.810	76.2	13.7	10.4	27534
64	科威特	Kuwait	0.806	75.5	14.2	7.3	58590
64	塞尔维亚	Serbia	0.806	76.0	14.7	11.2	17192
66	毛里求斯	Mauritius	0.804	75.0	15.1	9.5	25266
	高人类发展水平	**High human development**	**0.753**	**75.3**	**14.0**	**8.4**	**14255**
67	塞舌尔	Seychelles	0.796	73.4	14.1	10.0	26903
67	特立尼达和多巴哥	Trinidad and Tobago	0.796	73.5	13.0	11.0	26231
69	阿尔巴尼亚	Albania	0.795	78.6	14.7	10.1	13998
70	古　巴	Cuba	0.783	78.8	14.3	11.8	8621
70	伊　朗	Iran	0.783	76.7	14.8	10.3	12447
72	斯里兰卡	Sri Lanka	0.782	77.0	14.1	10.6	12707
73	波　黑	Bosnia and Herzegovina	0.780	77.4	13.8	9.8	14872
74	格林纳达	Grenada	0.779	72.4	16.9	9.0	15641
74	墨西哥	Mexico	0.779	75.1	14.8	8.8	19160
74	圣基茨和尼维斯	Saint Kitts and Nevis	0.779	74.8	13.8	8.7	25038
74	乌克兰	Ukraine	0.779	72.1	15.1	11.4	13216
78	安提瓜和巴布达	Antigua and Barbuda	0.778	77.0	12.8	9.3	20895
79	巴　西	Peru	0.777	76.7	15.0	9.7	12252
79	泰　国	Thailand	0.777	77.2	15.0	7.9	17781
81	亚美尼亚	Armenia	0.776	75.1	13.1	11.3	13894
82	前南马其顿	North Macedonia	0.774	75.8	13.6	9.8	15865
83	哥伦比亚	Colombia	0.767	77.3	14.4	8.5	14257
84	巴　西	Brazil	0.765	75.9	15.4	8.0	14263
85	中　国	China	0.761	76.9	14.0	8.1	16057
86	厄瓜多尔	Ecuador	0.759	77.0	14.6	8.9	11044
86	圣卢西亚	Saint Lucia	0.759	76.2	14.0	8.5	14616
88	阿塞拜疆	Azerbaijan	0.756	73.0	12.9	10.6	13784
88	多米尼加	Dominican, Rep.	0.756	74.1	14.2	8.1	17591
90	摩尔多瓦	Moldova	0.750	71.9	11.5	11.7	13664
91	阿尔及利亚	Algeria	0.748	76.9	14.6	8.0	11174
92	黎巴嫩	Lebanon	0.744	78.9	11.3	8.7	14655

17-1 续表 2 continued

排名 Rank	国家或地区	Country or Area	人类发展指数 Human Development Index (HDI)	出生时预期寿命(岁) Life Expectancy at Birth (years)	预期受教育年限(年) Expected Years of Schooling (years)	平均受教育年限(年) Mean Years of Schooling (years)	人均国民总收入(美元，2011年PPP) Gross National Income per Capita (2011 PPP $)
93	斐　济	Fiji	0.743	67.4	14.4	10.9	13009
94	多米尼克	Dominica	0.742	78.2	13.0	8.1	11884
95	马尔代夫	Maldives	0.740	78.9	12.2	7.0	17417
95	突尼斯	Tunisia	0.740	76.7	15.1	7.2	10414
97	圣文森特和格林纳丁斯	Saint Vincent and the Grenadines	0.738	72.5	14.1	8.8	12378
97	苏里南	Suriname	0.738	71.7	13.2	9.3	14324
99	蒙　古	Mongolia	0.737	69.9	14.2	10.3	10839
100	博茨瓦纳	Botswana	0.735	69.6	12.8	9.6	16437
101	牙买加	Jamaica	0.734	74.5	13.1	9.7	9319
102	约　旦	Jordan	0.729	74.5	11.4	10.5	9858
103	巴拉圭	Paraguay	0.728	74.3	12.7	8.5	12224
104	汤　加	Tonga	0.725	70.9	14.4	11.2	6365
105	利比亚	Libya	0.724	72.9	12.9	7.6	15688
106	乌兹别克斯坦	Uzbekistan	0.720	71.7	12.1	11.8	7142
107	玻利维亚	Bolivia	0.718	71.5	14.2	9.0	8554
107	印度尼西亚	Indonesia	0.718	71.7	13.6	8.2	11459
107	菲律宾	Philippines	0.718	71.2	13.1	9.4	9778
110	伯利兹	Belize	0.716	74.6	13.1	9.9	6382
111	萨摩亚	Samoa	0.715	73.3	12.7	10.8	6309
111	土库曼斯坦	Turkmenistan	0.715	68.2	11.2	10.3	14909
113	委内瑞拉	Venezuela	0.711	72.1	12.8	10.3	7045
114	南　非	South Africa	0.709	64.1	13.8	10.2	12129
115	巴勒斯坦	Palestine, State of	0.708	74.1	13.4	9.2	6417
116	埃　及	Egypt	0.707	72.0	13.3	7.4	11466
117	马绍尔群岛	Marshall Islands	0.704	74.1	12.4	10.9	5039
117	越　南	Viet Nam	0.704	75.4	12.7	8.3	7433
119	加　蓬	Gabon	0.703	66.5	13.0	8.7	13930
	中等人类发展水平	**Medium human development**	**0.631**	**69.3**	**11.5**	**6.3**	**6153**
120	吉尔吉斯斯坦	Kyrgyzstan	0.697	71.5	13.0	11.1	4864
121	摩洛哥	Morocco	0.686	76.7	13.7	5.6	7368
122	圭亚那	Guyana	0.682	69.9	11.4	8.5	9455
123	伊拉克	Iraq	0.674	70.6	11.3	7.3	10801
124	萨尔瓦多	El Salvador	0.673	73.3	11.7	6.9	8359
125	塔吉克斯坦	Tajikistan	0.668	71.1	11.7	10.7	3954
126	佛得角	Cabo Verde	0.665	73.0	12.7	6.3	7019
127	危地马拉	Guatemala	0.663	74.3	10.8	6.6	8494
128	尼加拉瓜	Nicaragua	0.660	74.5	12.3	6.9	5284
129	不　丹	Bhutan	0.654	71.8	13.0	4.1	10746
130	纳米比亚	Namibia	0.646	63.7	12.6	7.0	9357
131	印　度	India	0.645	69.7	12.2	6.5	6681
132	洪都拉斯	Honduras	0.634	75.3	10.1	6.6	5308
133	孟加拉国	Bangladesh	0.632	72.6	11.6	6.2	4976
134	基里巴斯	Kiribati	0.630	68.4	11.8	8.0	4260
135	圣多美和普林西比	Sao Tome and Principe	0.625	70.4	12.7	6.4	3952
136	密克罗尼西亚	Micronesia	0.620	67.9	11.5	7.8	3983
137	老　挝	Laos	0.613	67.9	11.0	5.3	7413
138	史瓦帝尼	Eswatini	0.611	60.2	11.8	6.9	7919
138	加　纳	Ghana	0.611	64.1	11.5	7.3	5269

17-1 续表 3 continued

排名 Rank	国家或地区	Country or Area	人类发展指数 Human Development Index (HDI)	出生时预期寿命(岁) Life Expectancy at Birth (years)	预期受教育年限(年) Expected Years of Schooling (years)	平均受教育年限(年) Mean Years of Schooling (years)	人均国民总收入(美元，2011年PPP) Gross National Income per Capita (2011 PPP $)
140	瓦努阿图	Vanuatu	0.609	70.5	11.7	7.1	3105
141	东 帝 汶	Timor-Leste	0.606	69.5	12.6	4.8	4440
142	尼 泊 尔	Nepal	0.602	70.8	12.8	5.0	3457
143	肯 尼 亚	Kenya	0.601	66.7	11.3	6.6	4244
144	柬 埔 寨	Cambodia	0.594	69.8	11.5	5.0	4246
145	赤道几内亚	Equatorial Guinea	0.592	58.7	9.7	5.9	13944
146	赞 比 亚	Zambia	0.584	63.9	11.5	7.2	3326
147	缅 甸	Myanmar	0.583	67.1	10.7	5.0	4961
148	安 哥 拉	Angola	0.581	61.2	11.8	5.2	6104
149	刚果(布)	Congo, Rep.	0.574	64.6	11.7	6.5	2879
150	津巴布韦	Zimbabwe	0.571	61.5	11.0	8.5	2666
151	所罗门群岛	Solomon Islands	0.567	73.0	10.2	5.7	2253
151	叙 利 亚	Syrian Arab Republic	0.567	72.7	8.9	5.1	3613
153	喀 麦 隆	Cameroon	0.563	59.3	12.1	6.3	3581
154	巴基斯坦	Pakistan	0.557	67.3	8.3	5.2	5005
155	巴布亚新几内亚	Papua New Guinea	0.555	64.5	10.2	4.7	4301
156	科 摩 罗	Comoros	0.554	64.3	11.2	5.1	3099
	低人类发展水平	**Low human development**	**0.513**	**61.4**	**9.4**	**4.9**	**2745**
157	毛里塔尼亚	Mauritania	0.546	64.9	8.6	4.7	5135
158	贝 宁	Benin	0.545	61.8	12.6	3.8	3254
159	乌 干 达	Uganda	0.544	63.4	11.4	6.2	2123
160	卢 旺 达	Rwanda	0.543	69.0	11.2	4.4	2155
161	尼日利亚	Nigeria	0.539	54.7	10.0	6.7	4910
162	科特迪瓦	Côte d'Ivoire	0.538	57.8	10.0	5.3	5069
163	坦桑尼亚	Tanzania	0.529	65.5	8.1	6.1	2600
164	马达加斯加	Madagascar	0.528	67.0	10.2	6.1	1596
165	莱 索 托	Lesotho	0.527	54.3	11.3	6.5	3151
166	吉 布 提	Djibouti	0.524	67.1	6.8	4.1	5689
167	多 哥	Togo	0.515	61.0	12.7	4.9	1602
168	塞内加尔	Senegal	0.512	67.9	8.6	3.2	3309
169	阿 富 汗	Afghanistan	0.511	64.8	10.2	3.9	2229
170	海 地	Haiti	0.510	64.0	9.7	5.6	1709
170	苏 丹	Sudan	0.510	65.3	7.9	3.8	3829
172	冈 比 亚	Gambia	0.496	62.1	9.9	3.9	2168
173	埃塞俄比亚	Ethiopia	0.485	66.6	8.8	2.9	2207
174	马 拉 维	Malawi	0.483	64.3	11.2	4.7	1035
175	刚果(金)	Congo, Dem.Rep.	0.480	60.7	9.7	6.8	1063
175	几内亚比绍	Guinea-Bissau	0.480	58.3	10.6	3.6	1996
175	利比里亚	Liberia	0.480	64.1	9.6	4.8	1258
178	几 内 亚	Guinea	0.477	61.6	9.4	2.8	2405
179	也 门	Yemen	0.470	66.1	8.8	3.2	1594
180	厄立特里亚	Eritrea	0.459	66.3	5.0	3.9	2793
181	莫桑比克	Mozambique	0.456	60.9	10.0	3.5	1250
182	布基纳法索	Burkina Faso	0.452	61.6	9.3	1.6	2133
182	塞拉利昂	Sierra Leone	0.452	54.7	10.2	3.7	1668
184	马 里	Mali	0.434	59.3	7.5	2.4	2269
185	布 隆 迪	Burundi	0.433	61.6	11.1	3.3	754
185	南 苏 丹	South Sudan	0.433	57.9	5.3	4.8	2003
187	乍 得	Chad	0.398	54.2	7.3	2.5	1555
188	中 非	Central African Republic	0.397	53.3	7.6	4.3	993
189	尼 日 尔	Niger	0.394	62.4	6.5	2.1	1201

17-2 世界主要国家和地区全球化指数排名(2020年)

资料来源：KOF瑞士经济学会。
Source: KOF Swiss Economic Institute.

排名 Rank	全球化指数 Globalization Index			经济全球化 Economic Globalization		
	国家或地区	Country or Area	数值 Score	国家或地区	Country or Area	数值 Score
1	瑞　士	Switzerland	90.79	新加坡	Singapore	93.63
2	荷　兰	Netherlands	90.68	荷　兰	Netherlands	89.58
3	比利时	Belgium	90.46	比利时	Belgium	87.89
4	瑞　典	Sweden	89.44	爱尔兰	Ireland	87.81
5	英　国	United Kingdom	89.39	卢森堡	Luxembourg	87.36
6	德　国	Germany	88.83	阿联酋	United Arab Emirates	86.90
7	奥地利	Austria	88.56	瑞　士	Switzerland	86.41
8	丹　麦	Denmark	87.96	马耳他	Malta	86.15
9	芬　兰	Finland	87.70	塞浦路斯	Cyprus	85.77
10	法　国	France	87.69	爱沙尼亚	Estonia	85.62
11	爱尔兰	Ireland	85.54	中国香港	Hong Kong, China	84.67
12	挪　威	Norway	85.47	丹　麦	Denmark	84.35
13	捷　克	Czech Republic	84.88	瑞　典	Sweden	83.59
14	葡萄牙	Portugal	84.88	芬　兰	Finland	83.09
15	加拿大	Canada	84.18	捷　克	Czech Republic	82.69
16	匈牙利	Hungary	83.83	奥地利	Austria	82.68
17	西班牙	Spain	83.81	毛里求斯	Mauritius	82.65
18	新加坡	Singapore	83.49	斯洛伐克	Slovak Republic	82.52
19	塞浦路斯	Cyprus	83.06	匈牙利	Hungary	81.98
20	爱沙尼亚	Estonia	82.91	巴　林	Bahrain	81.96
21	希　腊	Greece	82.89	英　国	United Kingdom	81.91
22	卢森堡	Luxembourg	82.82	拉脱维亚	Latvia	81.54
23	意大利	Italy	82.82	格鲁吉亚	Georgia	81.03
24	斯洛伐克	Slovak Republic	82.66	德　国	Germany	80.60
25	美　国	United States	82.28	葡萄牙	Portugal	80.38
26	马来西亚	Malaysia	81.55	立陶宛	Lithuania	79.54
27	澳大利亚	Australia	81.51	法　国	France	79.21
28	斯洛文尼亚	Slovenia	81.21	黑　山	Montenegro	77.88
29	克罗地亚	Croatia	81.19	塞舌尔	Seychelles	77.62
30	立陶宛	Lithuania	81.15	斯洛文尼亚	Slovenia	77.48
31	拉脱维亚	Latvia	79.77	挪　威	Norway	77.31
32	保加利亚	Bulgaria	79.77	西班牙	Spain	77.29
33	波　兰	Poland	79.67	卡塔尔	Qatar	76.54
34	罗马尼亚	Romania	79.29	马来西亚	Malaysia	76.38
35	韩　国	Korea, Rep	78.48	保加利亚	Bulgaria	75.21
36	日　本	Japan	78.40	克罗地亚	Croatia	74.84
37	塞尔维亚	Serbia	78.34	希　腊	Greece	73.80
38	马耳他	Malta	77.28	开曼群岛	Cayman Islands	73.38
39	新西兰	New Zealand	77.22	科威特	Kuwait	73.01
40	以色列	Israel	76.88	波　兰	Poland	72.84
41	智　利	Chile	76.08	塞尔维亚	Serbia	72.66
42	阿联酋	United Arab Emirates	75.51	阿塞拜疆	Azerbaijan	72.04
43	卡塔尔	Qatar	75.32	巴拿马	Panama	71.80
44	乌克兰	Ukraine	74.95	罗马尼亚	Romania	71.71
45	约　旦	Jordan	73.40	意大利	Italy	71.01
46	乌拉圭	Uruguay	72.89	加拿大	Canada	70.98
47	泰　国	Thailand	72.46	以色列	Israel	70.86
48	毛里求斯	Mauritius	72.27	密克罗尼西亚	Micronesia, Fed Sts	70.49
49	俄罗斯	Russia	71.94	马其顿	North Macedonia	70.26
50	冰　岛	Iceland	71.91	亚美尼亚	Armenia	69.98

The Ranking of Globalization Index in 2020

排名 Rank	社会全球化 Social Globalization			政治全球化 Political Globalization		
	国家或地区	Country or Area	数值 Score	国家或地区	Country or Area	数值 Score
1	摩纳哥	Monaco	91.50	法国	France	97.98
2	卢森堡	Luxembourg	90.89	德国	Germany	97.90
3	列支敦士登	Liechtenstein	90.78	意大利	Italy	97.80
4	瑞士	Switzerland	90.35	英国	United Kingdom	97.08
5	挪威	Norway	89.83	比利时	Belgium	96.62
6	加拿大	Canada	89.42	荷兰	Netherlands	96.59
7	安道尔	Andorra	89.24	西班牙	Sweden	96.43
8	英国	United Kingdom	89.18	瑞典	Switzerland	95.62
9	新加坡	Singapore	88.70	奥地利	Austria	95.45
10	圣马力诺	San Marino	88.38	芬兰	Finland	93.65
11	中国香港	Hong Kong, China	88.35	葡萄牙	Portugal	93.18
12	瑞典	Sweden	88.30	土耳其	Turkey	92.70
13	澳大利亚	Australia	88.22	俄罗斯	Russia	92.69
14	德国	Germany	87.99	丹麦	Denmark	92.63
15	奥地利	Austria	87.54	美国	United States	92.59
16	中国澳门	Macao , China	87.34	加拿大	Canada	92.32
17	爱尔兰	Ireland	87.30	印度	India	92.13
18	丹麦	Denmark	86.90	希腊	Greece	92.04
19	比利时	Belgium	86.69	西班牙	Spain	91.49
20	新西兰	New Zealand	86.65	埃及	Egypt	91.47
21	美国	United States	86.56	阿根廷	Argentina	90.97
22	芬兰	Finland	86.32	匈牙利	Hungary	90.81
23	冰岛	Iceland	86.17	波兰	Poland	90.78
24	法国	France	85.88	罗马尼亚	Romania	90.60
25	荷兰	Netherlands	85.88	韩国	Korea, Rep.	90.60
26	以色列	Israel	85.44	中国	China	90.29
27	塞浦路斯	Cyprus	85.30	巴西	Brazil	89.83
28	立陶宛	Lithuania	85.24	捷克	Czech Republic	89.54
29	阿鲁巴	Aruba	85.17	挪威	Norway	89.28
30	巴哈马群岛	Bahamas, The	85.02	南非	South Africa	89.18
31	爱沙尼亚	Estonia	84.47	澳大利亚	Australia	88.81
32	法罗群岛	Faroe Islands	84.20	乌克兰	Ukraine	88.32
33	马耳他	Malta	84.17	墨西哥	Mexico	87.76
34	斯洛文尼亚	Slovenia	83.40	印度尼西亚	Indonesia	87.60
35	马来西亚	Malaysia	83.40	日本	Japan	87.51
36	克罗地亚	Croatia	82.94	摩洛哥	Morocco	87.02
37	希腊	Greece	82.83	保加利亚	Bulgaria	86.75
38	西班牙	Spain	82.66	智利	Chile	86.51
39	捷克	Czech Republic	82.42	克罗地亚	Croatia	85.79
40	安提瓜和巴布达岛	Antigua and Barbuda	81.96	塞尔维亚	Serbia	85.68
41	韩国	Korea, Rep.	81.83	尼日利亚	Nigeria	85.24
42	新喀里多尼亚	New Caledonia	81.28	马来西亚	Malaysia	84.88
43	圣基茨和尼维斯	St Kitts and Nevis	81.25	巴基斯坦	Pakistan	84.76
44	百慕大	Bermuda	81.08	斯洛伐克	Slovak Republic	84.48
45	葡萄牙	Portugal	81.08	秘鲁	Peru	84.07
46	斯洛伐克	Slovak Republic	80.98	突尼斯	Tunisia	83.22
47	拉脱维亚	Latvia	80.50	塞内加尔	Senegal	82.81
48	日本	Japan	79.96	斯洛文尼亚	Slovenia	82.74
49	意大利	Italy	79.66	菲律宾	Philippines	81.88
50	卡塔尔	Qatar	79.40	加纳	Ghana	81.82

17-2 续表 1

排名 Rank	全球化指数 Globalization Index			经济全球化 Economic Globalization		
	国家或地区	Country or Area	数值 Score	国家或地区	Country or Area	数值 Score
51	科威特	Kuwait	71.86	冰岛	Iceland	69.40
52	摩洛哥	Mexico	71.68	约旦	Jordan	69.31
53	格鲁吉亚	Georgia	71.58	阿曼	Oman	69.21
54	哥斯达黎加	Costa Rica	71.49	阿尔巴尼亚	Albania	68.70
55	阿根廷	Argentina	71.31	黎巴嫩	Lebanon	68.63
56	巴拿马	Panama	71.07	基里巴斯	Kiribati	68.58
57	黑山	Montenegro	70.85	澳大利亚	Australia	67.73
58	土耳其	Turkey	70.57	日本	Japan	67.72
59	摩洛哥	Morocco	70.53	美国	United States	67.68
60	南非	South Africa	70.51	新西兰	New Zealand	67.44
61	马其顿	North Macedonia	69.83	柬埔寨	Cambodia	67.31
62	巴林	Bahrain	68.92	文莱	Brunei Darussalam	67.11
63	秘鲁	Peru	68.90	吉布提	Djibouti	66.71
64	波黑	Bosnia and Herzegovina	68.78	智利	Chile	66.66
65	突尼斯	Tunisia	68.72	泰国	Thailand	66.47
66	亚美尼亚	Armenia	68.42	乌克兰	Ukraine	66.01
67	摩尔多瓦	Moldova	68.34	百慕大	Bermuda	64.66
68	埃及	Egypt	68.34	马尔代夫	Maldives	64.59
69	阿塞拜疆	Azerbaijan	67.76	马绍尔群岛	Marshall Islands	64.22
70	沙特阿拉伯	Saudi Arabia	67.73	瓦努阿图	Vanuatu	64.03
71	黎巴嫩	Lebanon	67.68	摩尔多瓦	Moldova	63.99
72	白俄罗斯	Belarus	67.59	沙特阿拉伯	Saudi Arabia	63.99
73	中国香港	Hong Kong, China	67.08	哥斯达黎加	Costa Rica	63.94
74	菲律宾	Philippines	66.91	赤道几内亚	Equatorial Guinea	63.63
75	阿尔巴尼亚	Albania	66.65	韩国	Korea, Rep	63.01
76	越南	Vietnam	65.55	莫桑比克	Mozambique	62.80
77	多米尼亚	Dominican Republic	65.31	蒙古	Mongolia	62.66
78	萨尔瓦多	El Salvador	65.04	尼加拉瓜	Nicaragua	62.13
79	蒙古	Mongolia	64.54	中国澳门	Macao, China	62.07
80	巴西	Brazil	64.49	特立尼达和多巴哥	Trinidad and Tobago	62.00
81	特立尼达和多巴哥	Trinidad and Tobago	64.34	白俄罗斯	Belarus	61.79
82	中国	China	64.28	乌拉圭	Uruguay	61.63
83	哈萨克斯坦	Kazakhstan	64.14	牙买加	Jamaica	61.40
84	塞舌尔	Seychelles	63.76	安提瓜和巴布达	Antigua and Barbuda	61.25
85	阿曼	Oman	63.73	秘鲁	Peru	61.15
86	哥伦比亚	Colombia	63.66	越南	Vietnam	61.06
87	印度尼西亚	Indonesia	63.22	波黑	Bosnia and Herzegovina	61.04
88	巴巴多斯	Barbados	62.95	墨西哥	Mexico	60.00
89	吉尔吉斯斯坦	Kyrgyz Republic	62.32	圣卢西亚	St Lucia	59.90
90	印度	India	62.23	东帝汶	Timor-Leste	59.68
91	牙买加	Jamaica	62.20	阿鲁巴	Aruba	59.51
92	文莱	Brunei Darussalam	62.12	摩洛哥	Morocco	59.48
93	古巴	Cuba	62.12	吉尔吉斯斯坦	Kyrgyz Republic	59.18
94	巴拉圭	Paraguay	61.86	巴布新几内亚	Papua New Guinea	58.83
95	塞内加尔	Senegal	61.83	突尼斯	Tunisia	57.92
96	危地马拉	Guatemala	61.65	萨尔瓦多	El Salvador	57.83
97	加纳	Ghana	61.13	佛得角	Cabo Verde	57.75
98	洪都拉斯	Honduras	60.49	巴巴多斯	Barbados	57.63
99	厄瓜多尔	Ecuador	60.05	伯利兹	Belize	57.35
100	尼加拉瓜	Nicaragua	59.95	菲律宾	Philippines	57.22

continued

排名 Rank	社会全球化 Social Globalization			政治全球化 Political Globalization		
	国家或地区	Country or Area	数值 Score	国家或地区	Country or Area	数值 Score
51	匈牙利	Hungary	78.68	爱尔兰	Ireland	81.52
52	圣卢西亚	St Lucia	78.61	乌拉圭	Uruguay	81.47
53	开曼群岛	Cayman Islands	78.50	泰国	Thailand	81.29
54	毛里求斯	Mauritius	78.38	约旦	Jordan	81.21
55	巴巴多斯	Barbados	78.06	阿尔及利亚	Algeria	79.88
56	黑山共和国	Montenegro	77.64	肯尼亚	Kenya	79.19
57	保加利亚	Bulgaria	77.33	哥伦比亚	Colombia	79.16
58	帕劳	Palau	77.12	伊朗	Iran	78.96
59	阿联酋	United Arab Emirates	76.76	立陶宛	Lithuania	78.67
60	科威特	Kuwait	76.49	爱沙尼亚	Estonia	78.63
61	多米尼加	Dominica	76.35	古巴	Cuba	78.49
62	哥斯达黎加	Costa Rica	76.30	塞浦路斯	Cyprus	78.11
63	塞尔维亚	Serbia	76.13	新西兰	New Zealand	77.56
64	格陵兰岛	Greenland	76.02	拉脱维亚	Latvia	77.27
65	巴拿马	Panama	75.73	厄瓜多尔	Ecuador	77.22
66	乌拉圭	Uruguay	75.57	埃塞俄比亚	Ethiopia	77.06
67	罗马尼亚	Romania	75.56	斯里兰卡	Sri Lanka	77.00
68	塞舌尔	Seychelles	75.46	危地马拉	Guatemala	76.85
69	波兰	Poland	75.41	坦桑尼亚	Tanzania	76.00
70	特立尼达和多巴哥	Trinidad and Tobago	75.29	波黑	Bosnia and Herzegovina	74.97
71	智利	Chile	75.06	以色列	Israel	74.33
72	波多黎各	Puerto Rico	74.55	哥斯达黎加	Costa Rica	74.23
73	乔治亚州	Georgia	74.41	白俄罗斯	Belarus	74.19
74	法属波利尼西亚	French Polynesia	74.27	孟加拉国	Bangladesh	73.98
75	巴林	Bahrain	73.85	越南	Vietnam	73.76
76	多米尼加	Dominican Republic	73.33	萨尔瓦多	El Salvador	73.35
77	圣文森特和格林纳丁斯	St Vincent and the Grenadines	73.03	科特迪瓦	Cote d'Ivoire	73.04
78	沙特阿拉伯	Saudi Arabia	73.00	阿塞拜疆	Azerbaijan	73.03
79	阿曼	Oman	72.87	喀麦隆	Cameroon	72.82
80	汤加	Tonga	72.76	巴拉圭	Paraguay	72.56
81	阿根廷	Argentina	72.68	玻利维亚	Bolivia	72.28
82	文莱	Brunei Darussalam	72.37	乌干达	Uganda	71.24
83	萨摩亚	Samoa	72.27	多米尼加	Dominican Republic	71.11
84	马绍尔群岛	Marshall Islands	72.02	委内瑞拉	Venezuela, RB	71.11
85	格林纳达	Grenada	71.32	布基纳法索	Burkina Faso	71.09
86	摩尔多瓦	Moldova	70.90	马其顿	North Macedonia	70.88
87	波斯尼亚和黑塞哥维那	Bosnia and Herzegovina	70.53	哈萨克斯坦	Kazakhstan	70.76
88	乌克兰	Ukraine	70.38	卢森堡	Luxembourg	70.66
89	斐济	Fiji	69.80	赞比亚	Zambia	70.65
90	约旦	Jordan	69.69	摩尔多瓦	Moldova	70.14
91	泰国	Thailand	69.63	贝宁	Benin	70.14
92	牙买加	Jamaica	69.33	卡塔尔	Qatar	70.02
93	苏里南	Suriname	69.05	亚美尼亚	Armenia	69.31
94	伯利兹	Belize	69.03	马里	Mali	69.18
95	哈萨克斯坦	Kazakhstan	68.69	津巴布韦	Zimbabwe	69.16
96	俄罗斯	Russia	68.67	几内亚	Guinea	69.12
97	北马其顿	North Macedonia	68.26	蒙古	Mongolia	68.82
98	马尔代夫	Maldives	68.24	刚果(金)	Congo,Dem.Rep.	68.54
99	阿尔巴尼亚	Albania	67.97	新加坡	Singapore	68.14
100	维尔京群岛	Virgin Islands (US)	67.21	黎巴嫩	Lebanon	67.74

17-2 续表 2

排名 Rank	全球化指数 Globalization Index 国家或地区	Country or Area	数值 Score	经济全球化 Economic Globalization 国家或地区	Country or Area	数值 Score
101	斯里兰卡	Sri Lanka	59.79	乌兹别克斯坦	Uzbekistan	56.92
102	柬埔寨	Cambodia	59.29	多米尼加	Dominica	56.80
103	纳米比亚	Namibia	58.78	苏里南	Suriname	56.41
104	玻利维亚	Bolivia	58.67	格林纳达	Grenada	56.38
105	安提瓜岛和巴布达	Antigua and Barbuda	58.10	赞比亚	Zambia	56.08
106	赞比亚	Zambia	57.79	莱索托	Lesotho	55.99
107	斐济	Fiji	57.24	博茨瓦纳	Botswana	55.95
108	吉布提	Djibouti	57.02	帕劳	Palau	55.73
109	圣马力诺	San Marino	56.97	圭亚那	Guyana	55.40
110	圣卢西亚	St Lucia	56.35	圣基茨和尼维斯	St Kitts and Nevis	55.33
111	佛得角	Cabo Verde	56.29	南非	South Africa	55.15
112	伯利兹	Belize	56.16	利比亚	Libya	55.05
113	阿尔及利亚	Algeria	56.15	洪都拉斯	Honduras	54.91
114	巴哈马群岛，	Bahamas, The	55.87	土耳其	Turkey	54.70
115	肯尼亚	Kenya	55.79	俄罗斯	Russia	54.46
116	尼日利亚	Nigeria	55.73	约旦河西岸和加沙	West Bank and Gaza	54.45
117	博茨瓦纳	Botswana	55.59	纳米比亚	Namibia	53.89
118	利比亚	Libya	55.28	萨摩亚	Samoa	53.75
119	列支敦斯登	Liechtenstein	54.21	哈萨克斯坦	Kazakhstan	52.96
120	多米尼加	Dominica	54.08	斐济	Fiji	52.11
121	巴基斯坦	Pakistan	53.92	汤加	Tonga	51.75
122	圭亚那	Guyana	53.80	多米尼加	Dominican Republic	51.49
123	伊朗	Iran	53.79	卢旺达	Rwanda	51.44
124	刚果(布)	Congo, Rep.	53.67	埃及	Egypt	51.02
125	苏里南	Suriname	53.62	冈比亚	Gambia, The	50.88
126	乌干达	Uganda	53.49	圣文森特和格林纳丁斯	St Vincent and the Grenadines	50.79
127	加蓬	Gabon	53.47	刚果(布)	Congo, Rep.	50.72
128	科特迪瓦	Cote d'Ivoire	53.45	多哥	Togo	50.36
129	冈比亚，	Gambia, The	53.44	阿根廷	Argentina	50.29
130	圣基茨和尼维斯	St Kitts and Nevis	52.72	加纳	Ghana	50.23
131	多哥	Togo	52.45	塔吉克斯坦	Tajikistan	50.08
132	乌兹别克斯坦	Uzbekistan	52.40	巴拉圭	Paraguay	49.94
133	格林纳达	Grenada	52.38	危地马拉	Guatemala	49.80
134	委内瑞拉	Venezuela, RB	52.25	印尼	Indonesia	49.66
135	萨摩亚	Samoa	52.24	老挝	Lao PDR	49.57
136	布基纳法索	Burkina Faso	52.23	哥伦比亚	Colombia	48.93
137	巴布新几内亚	Papua New Guinea	52.05	塞内加尔	Senegal	48.93
138	中国澳门	Macao, China	51.79	马达加斯加	Madagascar	48.84
139	津巴布韦	Zimbabwe	51.78	巴哈马	Bahamas	48.68
140	马尔代夫	Maldives	51.72	乌干达	Uganda	48.07
141	卢旺达	Rwanda	51.61	所罗门群岛	Solomon Islands	48.02
142	莫桑比克	Mozambique	51.47	苏丹	Sudan	46.20
143	贝宁	Benin	50.96	史瓦帝尼	Eswatini	45.42
144	塔吉克斯坦	Tajikistan	50.84	尼日利亚	Nigeria	45.04
145	叙利亚	Syrian Arab Republic	50.83	伊拉克	Iraq	45.00
146	毛里塔尼亚	Mauritania	50.57	中国	China	44.95
147	喀麦隆	Cameroon	50.51	圣多美和普林西比	Sao Tome and Principe	44.83
148	安道尔	Andorra	50.38	玻利维亚	Bolivia	44.52
149	孟加拉国	Bangladesh	50.12	斯里兰卡	Sri Lanka	44.13
150	摩纳哥	Monaco	49.94	海地	Haiti	44.11

continued

排名 Rank	社会全球化 Social Globalization 国家或地区	Country or Area	数值 Score	政治全球化 Political Globalization 国家或地区	Country or Area	数值 Score
101	南　非	South Africa	67.20	沙特阿拉伯	Saudi Arabia	66.41
102	墨西哥	Mexico	67.14	洪都拉斯	Honduras	66.27
103	佛得角	Cabo Verde	66.68	科威特	Kuwait	66.26
104	黎巴嫩	Lebanon	66.61	巴拿马	Panama	65.67
105	白俄罗斯	Belarus	66.27	阿联酋	United Arab Emirates	64.98
106	亚美尼亚	Armenia	65.97	尼泊尔	Nepal	64.86
107	吉尔吉斯斯坦	Kyrgyz Republic	65.93	卢旺达	Rwanda	64.74
108	摩洛哥	Morocco	65.10	也　门	Yemen, Rep.	64.41
109	突尼斯	Tunisia	65.03	多　哥	Togo	64.03
110	博茨瓦纳	Botswana	64.64	尼日尔	Niger	63.35
111	约旦河西岸和加沙	West Bank and Gaza	64.58	阿尔巴尼亚	Albania	63.28
112	土耳其	Turkey	64.30	加　蓬	Gabon	63.13
113	萨尔瓦多	El Salvador	63.94	毛利塔尼亚	Mauritania	63.12
114	厄瓜多尔	Ecuador	63.92	纳米比亚	Namibia	62.38
115	密克罗尼西亚	Micronesia	63.44	利比亚	Libya	62.18
116	巴拉圭	Paraguay	63.07	吉尔吉斯共和国	Kyrgyz Republic	61.87
117	哥伦比亚	Colombia	62.89	马耳他	Malta	61.51
118	埃　及	Egypt	62.51	刚果(布)	Congo, Rep.	60.84
119	巴　西	Brazil	62.24	马拉维	Malawi	60.25
120	蒙　古	Mongolia	62.14	柬埔寨	Cambodia	60.16
121	圭亚那	Guyana	61.58	冰　岛	Iceland	60.16
122	越　南	Vietnam	61.55	马达加斯加	Madagascar	59.75
123	基里巴斯	Kiribati	61.51	乔治亚州	Georgia	59.49
124	秘　鲁	Peru	61.47	苏　丹	Sudan	59.48
125	菲律宾	Philippines	61.45	乍　得	Chad	59.30
126	瓦努阿图	Vanuatu	60.94	黑　山	Montenegro	58.67
127	洪都拉斯	Honduras	60.29	尼加拉瓜	Nicaragua	58.38
128	纳米比亚	Namibia	60.08	叙利亚	Syrian Arab Republic	58.09
129	尼加拉瓜	Nicaragua	59.32	冈比亚	Gambia	57.72
130	玻利维亚	Bolivia	59.21	塞拉利昂	Sierra Leone	57.16
131	圣多美和普林西比	Sao Tome and Principe	58.70	布隆迪	Burundi	56.97
132	危地马拉	Guatemala	58.31	莫桑比克	Mozambique	56.92
133	斯里兰卡	Sri Lanka	58.19	塔吉克斯坦	Tajikistan	56.83
134	不　丹	Bhutan	57.99	牙买加	Jamaica	55.87
135	中　国	China	57.61	毛里求斯	Mauritius	55.78
136	阿塞拜疆	Azerbaijan	57.50	特立尼达和多巴哥	Trinidad and Tobago	55.73
137	加　蓬	Gabon	57.12	伊拉克	Iraq	54.91
138	伊　朗	Iran	56.79	吉布提	Djibouti	54.88
139	委内瑞拉	Venezuela, RB	54.14	巴布新几内亚	Papua New Guinea	54.48
140	塞内加尔	Senegal	53.22	利比里亚	Liberia	54.33
141	史瓦帝尼	Eswatini	52.67	巴巴多斯	Barbados	53.14
142	莱索托	Lesotho	52.52	缅　甸	Myanmar	52.48
143	印　尼	Indonesia	52.41	安哥拉	Angola	51.44
144	所罗门群岛	Solomon Islands	52.31	巴　林	Bahrain	51.17
145	印　度	India	51.66	斐　济	Fiji	50.92
146	冈比亚	Gambia	51.64	阿　曼	Oman	50.13
147	吉布提	Djibouti	51.59	乌兹别克斯坦	Uzbekistan	49.89
148	加　纳	Ghana	51.34	中　非	Central African Republic	49.61
149	乌兹别克斯坦	Uzbekistan	51.13	文　莱	Brunei Darussalam	48.06
150	叙利亚	Syrian Arab Republic	50.83	海　地	Haiti	47.95

17-2 续表 3

排名 Rank	全球化指数 Globalization Index 国家或地区	Country or Area	数值 Score	经济全球化 Economic Globalization 国家或地区	Country or Area	数值 Score
151	圣文森特和格林纳丁斯	St Vincent and the Grenadines	49.86	叙利亚	Syrian Arab Republic	43.57
152	坦桑尼亚	Tanzania	49.73	利比里亚	Liberia	43.25
153	莱索托	Lesotho	48.99	印度	India	42.91
154	瓦努阿图	Vanuatu	48.88	马拉维	Malawi	42.84
155	马达加斯加	Madagascar	48.85	科特迪瓦	Cote d'Ivoire	42.81
156	马里	Mali	48.60	也门	Yemen, Rep.	42.48
157	马拉维	Malawi	48.58	布吉纳法索	Burkina Faso	42.18
158	几内亚	Guinea	48.34	安哥拉	Angola	42.09
159	尼泊尔	Nepal	48.04	不丹	Bhutan	41.85
160	也门	Yemen, Rep.	48.00	巴西	Brazil	41.40
161	利比里亚	Liberia	47.73	毛利塔尼亚	Mauritania	41.40
162	汤加	Tonga	47.57	肯尼亚	Kenya	41.15
163	伊拉克	Iraq	46.73	加蓬	Gabon	40.39
164	苏丹	Sudan	46.34	塞拉利昂	Sierra Leone	39.69
165	赤道几内亚	Equatorial Guinea	46.11	缅甸	Myanmar	39.22
166	史瓦帝尼	Eswatini	45.77	厄瓜多尔	Ecuador	39.02
167	基里巴斯	Kiribati	45.77	土库曼斯坦	Turkmenistan	38.85
168	马绍尔群岛	Marshall Islands	45.75	阿尔及利亚	Algeria	38.30
169	密克罗尼西亚	Micronesia, Fed. Sts.	45.57	马里	Mali	38.27
170	尼日尔	Niger	45.56	厄立特里亚	Eritrea	38.19
171	塞拉利昂	Sierra Leone	45.53	津巴布韦	Zimbabwe	38.10
172	埃塞俄比亚	Ethiopia	45.47	坦桑尼亚	Tanzania	38.05
173	老挝	Lao PDR	45.37	喀麦隆	Cameroon	37.74
174	阿鲁巴	Aruba	45.14	贝宁	Benin	37.73
175	开曼群岛	Cayman Islands	44.71	尼日尔	Niger	37.20
176	东帝汶	Timor-Leste	44.65	几内亚比绍	Guinea-Bissau	36.19
177	刚果(金)	Congo, Dem.Rep .	44.54	科摩罗	Comoros	34.96
178	海地	Haiti	44.51	几内亚	Guinea	34.84
179	百慕大	Bermuda	44.45	巴基斯坦	Pakistan	34.77
180	帕劳	Palau	44.35	刚果(金)	Congo,Dem.Rep.	33.69
181	圣多美和普林西比	Sao Tome and Principe	44.28	阿富汗	Afghanistan	32.64
182	缅甸	Myanmar	43.73	尼泊尔	Nepal	32.48
183	安哥拉	Angola	42.81	乍得	Chad	31.58
184	所罗门群岛	Solomon Islands	42.48	委内瑞拉	Venezuela, RB	31.50
185	法罗群岛	Faroe Islands	42.36	布隆迪	Burundi	31.39
186	不丹	Bhutan	41.66	索马里	Somalia	31.17
187	乍得	Chad	41.43	埃塞俄比亚	Ethiopia	31.07
188	土库曼斯坦	Turkmenistan	40.72	中非	Central African Republic	30.95
189	科摩罗	Comoros	40.42	孟加拉国	Bangladesh	29.81
190	约旦河西岸和加沙	West Bank and Gaza	40.41	伊朗	Iran	25.64
191	布隆迪	Burundi	40.11	安道尔	Andorra	
192	几内亚比绍	Guinea-Bissau	39.33	古巴	Cuba	
193	阿富汗	Afghanistan	38.52	法罗群岛	Faroe Islands	
194	中非	Central African Republic	37.90	法属波利尼西亚	French Polynesia	
195	厄立特里亚	Eritrea	30.99	格陵兰岛	Greenland	
196	索马里	Somalia	30.16	关岛	Guam	
197	法属波利尼西亚	French Polynesia		朝鲜	Korea,Dem.Rep.	
198	格陵兰岛	Greenland		列支敦斯登	Liechtenstein	
199	关岛	Guam		摩纳哥	Monaco	
200	朝鲜	Korea, Dem.Rep.		新喀里多尼亚	New Caledonia	
201	新喀里多尼亚	New Caledonia		波多黎各	Puerto Rico	
202	波多黎各	Puerto Rico		圣马力诺	San Marino	
203	属维尔京群岛	Virgin Islands		属维尔京群岛	Virgin Islands	

continued

排名 Rank	社会全球化 Social Globalization 国家或地区	Country or Area	数值 Score	政治全球化 Political Globalization 国家或地区	Country or Area	数值 Score
151	柬埔寨	Cambodia	50.39	博茨瓦纳	Botswana	46.19
152	阿尔及利亚	Algeria	50.27	佛得角	Cabo Verde	45.66
153	科摩罗	Comoros	50.14	阿富汗	Afghanistan	45.61
154	东帝汶	Timor-Leste	49.52	圭亚那	Guyana	45.40
155	刚果(布)	Congo,Rep.	49.40	伯利兹	Belize	42.09
156	古巴	Cuba	48.93	老挝	Lao PDR	41.25
157	津巴布韦	Zimbabwe	48.09	几内亚比绍	Guinea-Bissau	39.52
158	利比亚	Libya	47.69	塞舌尔	Seychelles	39.48
159	肯尼亚	Kenya	47.04	史瓦帝尼	Eswatini	39.22
160	尼泊尔	Nepal	46.72	土库曼斯坦	Turkmenistan	39.08
161	赞比亚	Zambia	46.64	莱索托	Lesotho	38.62
162	孟加拉国	Bangladesh	46.58	苏里南	Suriname	37.21
163	毛利塔尼亚	Mauritania	46.30	科摩罗	Comoros	35.89
164	塔吉克斯坦	Tajikistan	45.41	巴哈马	Bahamas	35.39
165	利比里亚	Liberia	45.31	圣卢西亚	St Lucia	34.95
166	老挝	Lao PDR	45.29	赤道几内亚	Equatorial Guinea	34.71
167	贝宁	Benin	44.60	萨摩亚	Samoa	33.49
168	科特迪瓦	Cote d'Ivoire	44.39	安提瓜岛和巴布达	Antigua and Barbuda	33.40
169	土库曼斯坦	Turkmenistan	43.96	圣马力诺	San Marino	32.35
170	布吉纳法索	Burkina Faso	42.84	多米尼加	Dominica	32.12
171	几内亚比绍	Guinea-Bissau	42.74	索马里	Somalia	32.02
172	马拉维	Malawi	42.64	格林纳达	Grenada	31.59
173	赤道几内亚	Equatorial Guinea	42.43	圣多美和普林西比	Sao Tome and Principe	30.44
174	多哥	Togo	42.32	所罗门群岛	Solomon Islands	29.49
175	巴基斯坦	Pakistan	42.24	中国香港	Hong Kong, China	29.47
176	巴布新几内亚	Papua New Guinea	41.77	圣文森特和格林纳丁斯	St Vincent and the Grenadines	28.81
177	海地	Haiti	41.45	厄立特里亚	Eritrea	28.48
178	乌干达	Uganda	41.15	瓦努阿图	Vanuatu	27.10
179	喀麦隆	Cameroon	40.33	东帝汶	Timor-Leste	27.04
180	伊拉克	Iraq	40.03	不丹	Bhutan	26.95
181	几内亚	Guinea	39.96	摩纳哥	Monaco	26.09
182	塞拉利昂	Sierra Leone	39.54	马尔代夫	Maldives	26.07
183	缅甸	Myanmar	39.28	圣基茨和尼维斯	St Kitts and Nevis	25.64
184	卢旺达	Rwanda	38.66	汤加	Tonga	23.41
185	马里	Mali	38.36	列支敦斯登	Liechtenstein	23.27
186	马达加斯加	Madagascar	37.95	安道尔	Andorra	22.19
187	尼日利亚	Nigeria	36.90	马绍尔群岛	Marshall Islands	16.71
188	也门	Yemen,Rep.	36.64	约旦河西岸和加沙	West Bank and Gaza	15.88
189	尼日尔	Niger	35.48	基里巴斯	Kiribati	13.98
190	阿富汗	Afghanistan	35.40	中国澳门	Macao, China	13.12
191	坦桑尼亚	Tanzania	35.15	密克罗尼西亚	Micronesia, Fed.Sts.	12.84
192	安哥拉	Angola	34.90	波多黎各	Puerto Rico	12.58
193	莫桑比克	Mozambique	34.68	帕劳	Palau	11.14
194	苏丹	Sudan	33.32	百慕大	Bermuda	6.65
195	中非	Central African Republic	32.59	开曼群岛	Cayman Islands	6.35
196	布隆迪	Burundi	31.97	阿鲁巴	Aruba	4.54
197	乍得	Chad	30.25	法罗群岛	Faroe Islands	4.01
198	刚果(金)	Congo,Dem.Rep.	30.00	新喀里多尼亚	New Caledonia	3.68
199	埃塞俄比亚	Ethiopia	28.29	法属波利尼西亚	French Polynesia	3.46
200	厄立特里亚	Eritrea	27.91	维尔京群岛	Virgin Islands	3.23
201	索马里	Somalia	26.70	格陵兰岛	Greenland	2.10
202	关岛	Guam		关岛	Guam	
203	朝鲜	Korea, Dem. Rep.		朝鲜	Korea, Dem. Rep.	

17–3 世界主要国家和地区全球竞争力指数排名(2019年) The Ranking of the Global Competitiveness Index (2019)

资料来源：世界经济论坛《全球竞争力报告 2019》。
Source: World Economic Forum *The Global Competitiveness Report 2019*.

排名 Rank	国家或地区	Country or Area	全球竞争力指数4.0 Global Competitiveness Index 4.0	排名 Rank	国家或地区	Country or Area	全球竞争力指数4.0 Global Competitiveness Index 4.0
1	新加坡	Singapore	84.8	36	沙特阿拉伯	Saudi Arabia	70.0
2	美国	United States	83.7	37	波兰	Poland	68.9
3	中国香港	Hong Kong, China	83.1	38	马耳他	Malta	68.5
4	荷兰	Netherlands	82.4	39	立陶宛	Lithuania	68.4
5	日本	Japan	82.3	40	泰国	Thailand	68.1
6	瑞士	Switzerland	82.3	41	拉脱维亚	Latvia	67.0
7	德国	Germany	81.8	42	斯洛伐克	Slovakia	66.8
8	丹麦	Denmark	81.2	43	俄罗斯	Russia	66.7
9	瑞典	Sweden	81.2	44	塞浦路斯	Cyprus	66.4
10	英国	United Kingdom	81.2	45	巴林	Bahrain	65.4
11	芬兰	Finland	80.2	46	匈牙利	Hungary	65.1
12	中国台湾	Taiwan, China	80.2	47	科威特	Kuwait	65.1
13	加拿大	Canada	79.6	48	保加利亚	Bulgaria	64.9
14	韩国	Korea, Rep.	79.6	49	墨西哥	Mexico	64.9
15	法国	France	78.8	50	印度尼西亚	Indonesia	64.6
16	澳大利亚	Australia	78.7	51	罗马尼亚	Romania	64.4
17	挪威	Norway	78.1	52	毛里求斯	Mauritius	64.3
18	卢森堡	Luxemburg	77.0	53	阿曼	Oman	63.6
19	以色列	Israel	76.7	54	乌拉圭	Uruguay	63.5
20	新西兰	New Zealand	76.7	55	哈萨克斯坦	Kazakhstan	62.9
21	奥地利	Austria	76.6	56	文莱	Brunei Darussalam	62.8
22	比利时	Belgium	76.4	57	阿塞拜疆	Azerbaijan	62.7
23	西班牙	Spain	75.3	58	哥伦比亚	Colombia	62.7
24	爱尔兰	Ireland	75.1	59	希腊	Greece	62.6
25	阿联酋	United Arab Emirates	75.0	60	南非	South Africa	62.4
26	冰岛	Iceland	74.7	61	土耳其	Turkey	62.1
27	马来西亚	Malaysia	74.6	62	哥斯达黎加	Costa Rica	62.0
28	中国	China	73.9	63	克罗地亚	Croatia	61.9
29	卡塔尔	Qatar	72.9	64	菲律宾	Philippines	61.9
30	意大利	Italy	71.5	65	秘鲁	Peru	61.7
31	捷克	Czech Rep.	70.9	66	巴拿马	Panama	61.6
32	爱沙尼亚	Estonia	70.9	67	越南	Viet Nam	61.5
33	智利	Chile	70.5	68	印度	India	61.4
34	葡萄牙	Portugal	70.4	69	亚美尼亚	Armenia	61.3
35	斯洛文尼亚	Slovenia	70.2	70	巴西	Brazil	60.9

17-3 续表 continued

排名 Rank	国家或地区	Country or Area	全球竞争力指数4.0 Global Competitiveness Index 4.0	排名 Rank	国家或地区	Country or Area	全球竞争力指数4.0 Global Competitiveness Index 4.0
71	约旦	Jordan	60.9	107	玻利维亚	Bolivia	51.8
72	塞尔维亚	Serbia	60.9	108	尼泊尔	Nepal	51.6
73	黑山	Montenegro	60.8	109	尼加拉瓜	Nicaragua	51.5
74	格鲁吉亚	Georgia	60.6	110	巴基斯坦	Pakistan	51.4
75	摩洛哥	Morocco	60.0	111	加纳	Ghana	51.2
76	塞舌尔	Seychelles	59.6	112	佛得角	Cape Verde	50.8
77	巴巴多斯	Barbados	58.9	113	老挝	Laos	50.1
78	多米尼加	Dominican Rep.	58.3	114	塞内加尔	Senegal	49.7
79	特立尼达和多巴哥	Trinidad and Tobago	58.3	115	乌干达	Uganda	48.9
80	牙买加	Jamaica	58.3	116	尼日利亚	Nigeria	48.3
81	阿尔巴尼亚	Albania	57.6	117	坦桑尼亚	Tanzania	48.2
82	前南马其顿	Macedonia, FYR	57.3	118	科特迪瓦	Cote D'Ivoire	48.1
83	阿根廷	Argentina	57.2	119	加蓬	Gabon	47.5
84	斯里兰卡	Sri Lanka	57.1	120	赞比亚	Zambia	46.5
85	乌克兰	Ukraine	57.0	121	史瓦帝尼	Eswatini	46.4
86	摩尔多瓦	Moldova	56.7	122	几内亚	Guinea	46.1
87	突尼斯	Tunisia	56.4	123	喀麦隆	Cameroon	46.0
88	阿尔及利亚	Algeria	56.3	124	冈比亚	Gambia	45.9
89	黎巴嫩	Lebanon	56.3	125	贝宁	Benin	45.8
90	厄瓜多尔	Ecuador	55.7	126	埃塞俄比亚	Ethiopia	44.4
91	博茨瓦纳	Botswana	55.5	127	津巴布韦	Zimbabwe	44.2
92	波黑	Bosnia and Herzegovinian	54.7	128	马拉维	Malawi	43.7
93	埃及	Egypt	54.5	129	马里	Mali	43.6
94	纳米比亚	Namibia	54.5	130	布基纳法索	Burkina Faso	43.4
95	肯尼亚	Kenya	54.1	131	莱索托	Lesotho	42.9
96	吉尔吉斯斯坦	Kyrgyzstan	54.0	132	马达加斯加	Madagascar	42.9
97	巴拉圭	Paraguay	53.6	133	委内瑞拉	Venezuela	41.8
98	危地马拉	Guatemala	53.5	134	毛里塔尼亚	Mauritania	40.9
99	伊朗	Iran	53.0	135	布隆迪	Burundi	40.3
100	卢旺达	Rwanda	52.8	136	安哥拉	Angola	38.1
101	洪都拉斯	Honduras	52.7	137	莫桑比克	Mozambique	38.1
102	萨尔瓦多	El Salvador	52.6	138	海地	Haiti	36.3
103	蒙古	Mongolia	52.6	139	刚果(金)	Congo, Dem. Rep.	36.1
104	塔吉克斯坦	Tajikistan	52.4	140	也门	Yemen	35.5
105	孟加拉国	Bangladesh	52.1	141	乍得	Chad	35.1
106	柬埔寨	Cambodia	52.1				

17-4 世界主要国家和地区幸福指数排名(2017-2019年)
The Ranking of Happiness Index in 2017-2019

资料来源：联合国《2020年世界幸福指数报告》。
Source: UN World *Happiness Index Report in 2020*.

排名 Rank	国家或地区	Country or Area	幸福指数 Happiness Index	排名 Rank	国家或地区	Country or Area	幸福指数 Happiness Index
1	芬　兰	Finland	7.809	40	巴　林	Bahrain	6.227
2	丹　麦	Denmark	7.646	41	立陶宛	Lithuania	6.215
3	瑞　士	Switzerland	7.560	42	特立尼达和多巴哥	Trinidad and Tobago	6.192
4	冰　岛	Iceland	7.504	43	波　兰	Poland	6.186
5	挪　威	Norway	7.488	44	哥伦比亚	Colombia	6.163
6	荷　兰	Netherlands	7.449	45	塞浦路斯	Cyprus	6.159
7	瑞　典	Sweden	7.353	46	尼加拉瓜	Nicaragua	6.137
8	新西兰	New Zealand	7.300	47	罗马尼亚	Romania	6.124
9	奥地利	Austria	7.294	48	科威特	Kuwait	6.102
10	卢森堡	Luxemburg	7.238	49	毛里求斯	Mauritius	6.101
11	加拿大	Canada	7.232	50	哈萨克斯坦	Kazakhstan	6.058
12	澳大利亚	Australia	7.223	51	爱沙尼亚	Estonia	6.022
13	英　国	United Kingdom	7.165	52	菲律宾	Philippines	6.006
14	以色列	Israel	7.129	53	匈牙利	Hungary	6.000
15	哥斯达黎加	Costa Rica	7.121	54	泰　国	Thailand	5.999
16	爱尔兰	Ireland	7.094	55	阿根廷	Argentina	5.975
17	德　国	Germany	7.076	56	洪都拉斯	Honduras	5.953
18	美　国	United States	6.940	57	拉脱维亚	Latvia	5.950
19	捷　克	Czech Rep.	6.911	58	厄瓜多尔	Ecuador	5.925
20	比利时	Belgium	6.864	59	葡萄牙	Portugal	5.911
21	阿联酋	United Arab Emirates	6.791	60	牙买加	Jamaica	5.890
22	马耳他	Malta	6.773	61	韩　国	Korea, Rep.	5.872
23	法　国	France	6.664	62	日　本	Japan	5.871
24	墨西哥	Mexico	6.465	63	秘　鲁	Peru	5.797
25	中国台湾	Taiwan, China	6.455	64	塞尔维亚	Serbia	5.778
26	乌拉圭	Uruguay	6.440	65	玻利维亚	Bolivia	5.747
27	沙特阿拉伯	Saudi Arabia	6.406	66	巴基斯坦	Pakistan	5.693
28	西班牙	Spain	6.401	67	巴拉圭	Paraguay	5.692
29	危地马拉	Guatemala	6.399	68	多米尼加	Dominican Rep.	5.689
30	意大利	Italy	6.387	69	波　黑	Bosnia and Herzegovinian	5.674
31	新加坡	Singapore	6.377	70	摩尔多瓦	Moldova	5.608
32	巴　西	Brazil	6.376	71	塔吉克斯坦	Tajikistan	5.556
33	斯洛文尼亚	Slovenia	6.363	72	黑　山	Montenegro	5.546
34	萨尔瓦多	El Salvador	6.348	73	俄罗斯	Russia	5.546
35	科索沃	Kosovo	6.325	74	吉尔吉斯斯坦	Kyrgyzstan	5.542
36	巴拿马	Panama	6.305	75	白俄罗斯	Belarus	5.540
37	斯洛伐克	Slovakia	6.281	76	北塞浦路斯	North Cyprus	5.536
38	乌兹别克斯坦	Uzbekistan	6.258	77	希　腊	Greece	5.515
39	智　利	Chile	6.228	78	中国香港	Hong Kong, China	5.510

17-4 续表 continued

排名 Rank	国家或地区	Country or Area	幸福指数 Happiness Index	排名 Rank	国家或地区	Country or Area	幸福指数 Happiness Index
79	克罗地亚	Croatia	5.505	118	伊　朗	Iran	4.672
80	利比亚	Libya	5.489	119	约　旦	Jordan	4.633
81	蒙　古	Mongolia	5.456	120	莫桑比克	Mozambique	4.624
82	马来西亚	Malaysia	5.384	121	肯尼亚	Kenya	4.583
83	越　南	Viet Nam	5.353	122	纳米比亚	Namibia	4.571
84	印度尼西亚	Indonesia	5.286	123	乌克兰	Ukraine	4.561
85	象牙海岸	Ivory Coast	5.233	124	利比里亚	Liberia	4.558
86	贝　宁	Benin	5.216	125	巴勒斯坦	Palestine	4.553
87	马尔代夫	Maldives	5.198	126	乌干达	Uganda	4.432
88	刚果(布)	Congo, Rep.	5.194	127	乍　得	Chad	4.423
89	阿塞拜疆	Azerbaijan	5.165	128	突尼斯	Tunisia	4.392
90	前南马其顿	Macedonia, FYR	5.160	129	毛里塔尼亚	Mauritania	4.375
91	加　纳	Ghana	5.148	130	斯里兰卡	Sri Lanka	4.327
92	尼泊尔	Nepal	5.137	131	刚果(金)	Congo, Dem. Rep.	4.311
93	土耳其	Turkey	5.132	132	缅　甸	Myanmar	4.308
94	中　国	China	5.124	133	斯威士兰	Swaziland	4.308
95	土库曼斯坦	Turkmenistan	5.119	134	科摩罗	Comoros	4.289
96	保加利亚	Bulgaria	5.102	135	多　哥	Togo	4.187
97	摩洛哥	Morocco	5.095	136	埃塞俄比亚	Ethiopia	4.186
98	喀麦隆	Cameroon	5.085	137	马达加斯加	Madagascar	4.166
99	委内瑞拉	Venezuela	5.053	138	埃　及	Egypt	4.151
100	阿尔及利亚	Algeria	5.005	139	塞拉利昂	Sierra Leone	3.926
101	塞内加尔	Senegal	4.981	140	布隆迪	Burundi	3.775
102	几内亚	Guinea	4.949	141	赞比亚	Zambia	3.759
103	尼日尔	Niger	4.910	142	海　地	Haiti	3.721
104	老　挝	Laos	4.889	143	莱索托	Lesotho	3.653
105	阿尔巴尼亚	Albania	4.883	144	印　度	India	3.573
106	柬埔寨	Cambodia	4.848	145	马拉维	Malawi	3.538
107	孟加拉国	Bangladesh	4.833	146	也　门	Yemen	3.527
108	加　蓬	Gabon	4.829	147	博茨瓦纳	Botswana	3.479
109	南　非	South Africa	4.814	148	中　非	Central African Rep.	3.476
110	伊拉克	Iraq	4.785	149	坦桑尼亚	Tanzania	3.476
111	黎巴嫩	Lebanon	4.772	150	卢旺达	Rwanda	3.312
112	布基纳法索	Burkina Faso	4.769	151	津巴布韦	Zimbabwe	3.299
113	冈比亚	Gambia	4.751	152	南苏丹	South Sudan	2.817
114	马　里	Mali	4.729	153	阿富汗	Afghanistan	2.567
115	尼日利亚	Nigeria	4.724				
116	亚美尼亚	Armenia	4.677				
117	格鲁吉亚	Georgia	4.673				

17–5 世界主要国家和地区全球创新指数(GII)排名(2020年)
The Ranking of Global Innovation Index(GII) in 2020

排名 Rank	全球创新指数 Global Innovation Index			创新投入分指数 Innovation Input Sub-Index			创新产出分指数 Innovation Output Sub-Index		
	国家或地区	Country or Area	数值 Score	国家或地区	Country or Area	数值 Score	国家或地区	Country or Area	数值 Score
1	瑞　士	Switzerland	66.08	新加坡	Singapore	70.2	瑞　士	Switzerland	62.75
2	瑞　典	Sweden	62.47	瑞　士	Switzerland	69.42	瑞　典	Sweden	55.75
3	美　国	United States	60.56	瑞　典	Sweden	69.19	英　国	United Kingdom	53.59
4	英　国	United Kingdom	59.78	美　国	United States	68.84	荷　兰	Netherlands	53.08
5	荷　兰	Netherlands	58.76	丹　麦	Denmark	66.77	美　国	United States	52.28
6	丹　麦	Denmark	57.53	英　国	United Kingdom	65.97	中　国	China	51.04
7	芬　兰	Finland	57.02	中国香港	Hong Kong, China	65.79	德　国	Germany	50.39
8	新加坡	Singapore	56.61	芬　兰	Finland	65.57	芬　兰	Finland	48.47
9	德　国	Germany	56.55	加拿大	Canada	64.84	丹　麦	Denmark	48.30
10	韩　国	Korea, Rep.	56.11	韩　国	Korea, Rep.	64.83	韩　国	Korea, Rep.	47.40
11	中国香港	Hong Kong, China	54.24	荷　兰	Netherlands	64.45	爱尔兰	Ireland	46.38
12	法　国	France	53.66	日　本	Japan	63.59	法　国	France	45.89
13	以色列	Israel	53.55	澳大利亚	Australia	62.86	以色列	Israel	45.73
14	中　国	China	53.28	德　国	Germany	62.71	卢森堡	Luxembourg	44.45
15	爱尔兰	Ireland	53.05	挪　威	Norway	62.67	新加坡	Singapore	43.02
16	日　本	Japan	52.70	法　国	France	61.43	中国香港	Hong Kong, China	42.68
17	加拿大	Canada	52.26	以色列	Israel	61.36	捷　克	Czech Rep.	41.95
18	卢森堡	Luxembourg	50.84	奥地利	Austria	61.15	日　本	Japan	41.80
19	奥地利	Austria	50.13	新西兰	New Zealand	60.95	冰　岛	Iceland	41.18
20	挪　威	Norway	49.29	爱尔兰	Ireland	59.72	爱沙尼亚	Estonia	40.45
21	冰　岛	Iceland	49.23	比利时	Belgium	59.62	马耳他	Malta	40.14
22	比利时	Belgium	49.13	阿联酋	United Arab Emirates	58.29	加拿大	Canada	39.68
23	澳大利亚	Australia	48.35	冰　岛	Iceland	57.27	奥地利	Austria	39.10
24	捷　克	Czech Rep.	48.34	卢森堡	Luxembourg	57.23	意大利	Italy	39.06
25	爱沙尼亚	Estonia	48.28	爱沙尼亚	Estonia	56.11	比利时	Belgium	38.64
26	新西兰	New Zealand	47.01	中　国	China	55.51	塞浦路斯	Cyprus	38.17
27	马耳他	Malta	46.39	西班牙	Spain	54.85	西班牙	Spain	36.35
28	意大利	Italy	45.74	捷　克	Czech Rep.	54.74	挪　威	Norway	35.91
29	塞浦路斯	Cyprus	45.67	斯洛文尼亚	Slovenia	54.09	葡萄牙	Portugal	34.50
30	西班牙	Spain	45.60	塞浦路斯	Cyprus	53.17	保加利亚	Bulgaria	33.98
31	葡萄牙	Portugal	43.51	马耳他	Malta	52.63	澳大利亚	Australia	33.85
32	斯洛文尼亚	Slovenia	42.91	葡萄牙	Portugal	52.52	匈牙利	Hungary	33.80

17-5 续表 1 continued

排名 Rank	全球创新指数 Global Innovation Index 国家或地区	Country or Area	数值 Score	创新投入分指数 Innovation Input Sub-Index 国家或地区	Country or Area	数值 Score	创新产出分指数 Innovation Output Sub-Index 国家或地区	Country or Area	数值 Score
33	马来西亚	Malaysia	42.42	意大利	Italy	52.41	新西兰	New Zealand	33.06
34	阿联酋	United Arab Emirates	41.79	马来西亚	Malaysia	52.23	斯洛伐克	Slovakia	32.86
35	匈牙利	Hungary	41.53	拉脱维亚	Latvia	49.60	拉脱维亚	Latvia	32.63
36	拉脱维亚	Latvia	41.11	立陶宛	Lithuania	49.38	马来西亚	Malaysia	32.61
37	保加利亚	Bulgaria	39.98	匈牙利	Hungary	49.25	乌克兰	Ukraine	32.49
38	波兰	Poland	39.95	波兰	Poland	49.09	越南	Viet Nam	32.17
39	斯洛伐克	Slovakia	39.70	文莱	Brunei Darussalam	48.16	斯洛文尼亚	Slovenia	31.73
40	立陶宛	Lithuania	39.18	希腊	Greece	48.04	波兰	Poland	30.81
41	克罗地亚	Croatia	37.27	智利	Chile	46.97	菲律宾	Philippines	29.62
42	越南	Viet Nam	37.12	俄罗斯	Russia	46.64	立陶宛	Lithuania	28.98
43	希腊	Greece	36.79	斯洛伐克	Slovakia	46.54	克罗地亚	Croatia	28.24
44	泰国	Thailand	36.68	克罗地亚	Croatia	46.30	泰国	Thailand	27.91
45	乌克兰	Ukraine	36.32	保加利亚	Bulgaria	45.98	印度	India	27.66
46	罗马尼亚	Romania	35.95	前南马其顿	Macedonia, FYR	45.90	罗马尼亚	Romania	27.47
47	俄罗斯	Russia	35.63	毛里求斯	Mauritius	45.77	亚美尼亚	Armenia	27.15
48	印度	India	35.59	泰国	Thailand	45.45	摩尔多瓦	Moldova	26.79
49	黑山	Montenegro	35.39	南非	South Africa	44.85	黑山	Montenegro	26.62
50	菲律宾	Philippines	35.19	沙特阿拉伯	Saudi Arabia	44.49	伊朗	Iran	25.86
51	土耳其	Turkey	34.90	罗马尼亚	Romania	44.44	哥斯达黎加	Costa Rica	25.63
52	毛里求斯	Mauritius	34.35	土耳其	Turkey	44.36	希腊	Greece	25.54
53	塞尔维亚	Serbia	34.33	黑山	Montenegro	44.17	土耳其	Turkey	25.44
54	智利	Chile	33.86	格鲁吉亚	Georgia	43.89	蒙古	Mongolia	25.35
55	墨西哥	Mexico	33.60	秘鲁	Peru	43.82	阿联酋	United Arab Emirates	25.28
56	哥斯达黎加	Costa Rica	33.51	哥伦比亚	Colombia	43.67	塞尔维亚	Serbia	25.24
57	前南马其顿	Macedonia, FYR	33.43	印度	India	43.51	墨西哥	Mexico	24.80
58	蒙古	Mongolia	33.41	塞尔维亚	Serbia	43.41	俄罗斯	Russia	24.62
59	摩尔多瓦	Moldova	32.98	巴西	Brazil	42.94	突尼斯	Tunisia	23.44
60	南非	South Africa	32.67	哈萨克斯坦	Kazakhstan	42.78	毛里求斯	Mauritius	22.94
61	亚美尼亚	Armenia	32.64	墨西哥	Mexico	42.40	白俄罗斯	Belarus	21.23
62	巴西	Brazil	31.94	越南	Viet Nam	42.08	牙买加	Jamaica	21.00
63	格鲁吉亚	Georgia	31.78	巴林	Bahrain	42.05	前南马其顿	Macedonia, FYR	20.96
64	白俄罗斯	Belarus	31.27	卡塔尔	Qatar	42.00	巴西	Brazil	20.94
65	突尼斯	Tunisia	31.21	蒙古	Mongolia	41.47	乌拉圭	Uruguay	20.92

17-5 续表 2 continued

排名 Rank	全球创新指数 Global Innovation Index 国家或地区	Country or Area	数值 Score	创新投入分指数 Innovation Input Sub-Index 国家或地区	Country or Area	数值 Score	创新产出分指数 Innovation Output Sub-Index 国家或地区	Country or Area	数值 Score
66	沙特阿拉伯	Saudi Arabia	30.94	哥斯达黎加	Costa Rica	41.4	智　利	Chile	20.74
67	伊　朗	Iran	30.89	白俄罗斯	Belarus	41.32	坦桑尼亚	Tanzania	20.73
68	哥伦比亚	Colombia	30.84	阿　曼	Oman	41.15	南　非	South Africa	20.48
69	乌拉圭	Uruguay	30.84	乌拉圭	Uruguay	40.75	摩洛哥	Morocco	20.42
70	卡塔尔	Qatar	30.81	菲律宾	Philippines	40.75	巴拿马	Panama	19.95
71	文　莱	Brunei Darussalam	29.82	乌克兰	Ukraine	40.14	格鲁吉亚	Georgia	19.66
72	牙买加	Jamaica	29.10	波　黑	Bosnia and Herzegovinian	39.98	卡塔尔	Qatar	19.62
73	巴拿马	Panama	29.04	科威特	Kuwait	39.63	阿根廷	Argentina	18.40
74	波　黑	Bosnia and Herzegovinian	28.99	阿尔巴尼亚	Albania	39.62	哥伦比亚	Colombia	18.02
75	摩洛哥	Morocco	28.97	摩尔多瓦	Moldova	39.18	波　黑	Bosnia and Herzegovinian	18.00
76	秘　鲁	Peru	28.79	阿塞拜疆	Azerbaijan	39.17	印度尼西亚	Indonesia	17.85
77	哈萨克斯坦	Kazakhstan	28.56	约　旦	Jordan	39.01	沙特阿拉伯	Saudi Arabia	17.40
78	科威特	Kuwait	28.40	突尼斯	Tunisia	38.98	肯尼亚	Kenya	17.22
79	巴　林	Bahrain	28.37	卢旺达	Rwanda	38.59	科威特	Kuwait	17.17
80	阿根廷	Argentina	28.33	阿根廷	Argentina	38.26	黎巴嫩	Lebanon	17.07
81	约　旦	Jordan	27.79	乌兹别克斯坦	Uzbekistan	38.24	约　旦	Jordan	16.57
82	阿塞拜疆	Azerbaijan	27.23	巴拿马	Panama	38.13	埃　及	Egypt	16.55
83	阿尔巴尼亚	Albania	27.12	亚美尼亚	Armenia	38.13	斯里兰卡	Sri Lanka	16.32
84	阿　曼	Oman	26.50	博茨瓦纳	Botswana	38.09	塞内加尔	Senegal	15.46
85	印度尼西亚	Indonesia	26.49	摩洛哥	Morocco	37.52	多米尼加	Dominican Rep.	15.44
86	肯尼亚	Kenya	26.13	牙买加	Jamaica	37.19	阿塞拜疆	Azerbaijan	15.29
87	黎巴嫩	Lebanon	26.02	特立尼达和多巴哥	Trinidad and Tobago	36.67	萨尔瓦多	El Salvador	15.25
88	坦桑尼亚	Tanzania	25.57	吉尔吉斯斯坦	Kyrgyzstan	36.62	巴基斯坦	Pakistan	15.08
89	博茨瓦纳	Botswana	25.43	尼泊尔	Nepal	36.17	巴　林	Bahrain	14.69
90	多米尼加	Dominican Rep.	25.10	伊　朗	Iran	35.92	佛得角	Cabo Verde	14.64
91	卢旺达	Rwanda	25.06	印度尼西亚	Indonesia	35.13	阿尔巴尼亚	Albania	14.61
92	萨尔瓦多	El Salvador	24.85	肯尼亚	Kenya	35.03	巴拉圭	Paraguay	14.46
93	乌兹别克斯坦	Uzbekistan	24.54	黎巴嫩	Lebanon	34.96	加　纳	Ghana	14.35
94	吉尔吉斯斯坦	Kyrgyzstan	24.51	多米尼加	Dominican Rep.	34.75	哈萨克斯坦	Kazakhstan	14.34
95	尼泊尔	Nepal	24.35	萨尔瓦多	El Salvador	34.45	老　挝	Laos	14.18
96	埃　及	Egypt	24.23	厄瓜多尔	Ecuador	34.45	危地马拉	Guatemala	14.14
97	巴拉圭	Paraguay	24.14	玻利维亚	Bolivia	34.27	厄瓜多尔	Ecuador	13.94
98	特立尼达和多巴哥	Trinidad and Tobago	24.14	巴拉圭	Paraguay	33.87	秘　鲁	Peru	13.76

17-5 续表 3 continued

排名 Rank	全球创新指数 Global Innovation Index 国家或地区	Country or Area	数值 Score	创新投入分指数 Innovation Input Sub-Index 国家或地区	Country or Area	数值 Score	创新产出分指数 Innovation Output Sub-Index 国家或地区	Country or Area	数值 Score
99	厄瓜多尔	Ecuador	24.11	佛得角	Cabo Verde	33.09	塔吉克斯坦	Tajikistan	13.43
100	佛 得 角	Cabo Verde	23.86	洪都拉斯	Honduras	32.92	马达加斯加	Madagascar	13.39
101	斯里兰卡	Sri Lanka	23.78	纳米比亚	Namibia	32.2	柬 埔 寨	Cambodia	13.29
102	塞内加尔	Senegal	23.75	塞内加尔	Senegal	32.03	洪都拉斯	Honduras	12.98
103	洪都拉斯	Honduras	22.95	乌 干 达	Uganda	32.01	马 拉 维	Malawi	12.86
104	纳米比亚	Namibia	22.51	埃　　及	Egypt	31.91	纳米比亚	Namibia	12.82
105	玻利维亚	Bolivia	22.41	科特迪瓦	Côte d'Ivoire	31.31	博茨瓦纳	Botswana	12.77
106	危地马拉	Guatemala	22.35	布基纳法索	Burkina Faso	31.27	尼 泊 尔	Nepal	12.54
107	巴基斯坦	Pakistan	22.31	斯里兰卡	Sri Lanka	31.25	吉尔吉斯斯坦	Kyrgyzstan	12.40
108	加　　纳	Ghana	22.28	塔吉克斯坦	Tajikistan	31.04	津巴布韦	Zimbabwe	11.93
109	塔吉克斯坦	Tajikistan	22.23	赞 比 亚	Zambia	30.73	阿　　曼	Oman	11.85
110	柬 埔 寨	Cambodia	21.46	危地马拉	Guatemala	30.56	埃塞俄比亚	Ethiopia	11.75
111	马 拉 维	Malawi	21.44	阿尔及利亚	Algeria	30.46	特立尼达和多巴哥	Trinidad and Tobago	11.60
112	科特迪瓦	Côte d'Ivoire	21.24	坦桑尼亚	Tanzania	34.01	卢 旺 达	Rwanda	11.52
113	老　　挝	Laos	20.65	加　　纳	Ghana	30.2	文　　莱	Brunei Darussalam	11.48
114	乌 干 达	Uganda	20.54	马 拉 维	Malawi	30.02	孟加拉国	Bangladesh	11.29
115	马达加斯加	Madagascar	20.40	尼日利亚	Nigeria	29.81	科特迪瓦	Côte d'Ivoire	11.17
116	孟加拉国	Bangladesh	20.39	贝　　宁	Benin	29.78	马　　里	Mali	10.97
117	尼日利亚	Nigeria	20.13	柬 埔 寨	Cambodia	29.63	玻利维亚	Bolivia	10.95
118	布基纳法索	Burkina Faso	20.00	巴基斯坦	Pakistan	29.53	乌兹别克斯坦	Uzbekistan	10.83
119	喀 麦 隆	Cameroon	19.98	孟加拉国	Bangladesh	29.48	喀 麦 隆	Cameroon	10.78
120	津巴布韦	Zimbabwe	19.97	喀 麦 隆	Cameroon	29.18	缅　　甸	Myanmar	10.51
121	阿尔及利亚	Algeria	19.48	多　　哥	Togo	29.03	尼日利亚	Nigeria	10.44
122	赞 比 亚	Zambia	19.39	莫桑比克	Mozambique	28.84	几 内 亚	Guinea	9.53
123	马　　里	Mali	19.15	津巴布韦	Zimbabwe	28	乌 干 达	Uganda	9.06
124	莫桑比克	Mozambique	18.70	尼 日 尔	Niger	27.94	布基纳法索	Burkina Faso	8.73
125	多　　哥	Togo	18.54	马达加斯加	Madagascar	27.4	莫桑比克	Mozambique	8.56
126	贝　　宁	Benin	18.13	马　　里	Mali	27.34	阿尔及利亚	Algeria	8.51
127	埃塞俄比亚	Ethiopia	18.06	老　　挝	Laos	27.12	多　　哥	Togo	8.05
128	尼 日 尔	Niger	17.82	几 内 亚	Guinea	25.11	赞 比 亚	Zambia	8.04
129	缅　　甸	Myanmar	17.74	缅　　甸	Myanmar	24.98	尼 日 尔	Niger	7.70
130	几 内 亚	Guinea	17.32	埃塞俄比亚	Ethiopia	24.38	也　　门	Yemen	7.27
131	也　　门	Yemen	13.56	也　　门	Yemen	19.85	贝　　宁	Benin	6.47

17-6 按营业额排序的世界最大500家企业(2019年)

资料来源：美国《财富》杂志2020年。
Source: United States Fortune, 2020.

排名 Rank		企业名称	Company Name	国家	Country
2019	2018				
1	1	沃尔玛	Walmart	美国	U.S.
2	2	中国石油化工集团公司	Sinopec Group	中国	China
3	5	国家电网公司	State Grid	中国	China
4	4	中国石油天然气集团公司	China National Petroleum	中国	China
5	3	荷兰皇家壳牌石油公司	Royal Dutch Shell	荷兰	Netherlands
6	6	沙特阿美公司	Saudi Aramco	沙特阿拉伯	Saudi Arabia
7	9	大众公司	Volkswagen	德国	Germany
8	7	英国石油公司	BP	英国	Britain
9	13	亚马逊	Amazon.com	美国	U.S.
10	10	丰田汽车公司	Toyota Motor	日本	Japan
11	8	埃克森美孚	Exxon Mobil	美国	U.S.
12	11	苹果公司	Apple	美国	U.S.
13	19	CVS Health公司	CVS Health	美国	U.S.
14	12	伯克希尔－哈撒韦公司	Berkshire Hathaway	美国	U.S.
15	14	联合健康集团	UnitedHealth Group	美国	U.S.
16	17	麦克森公司	McKesson	美国	U.S.
17	16	嘉能可	Glencore	瑞士	Switzerland
18	21	中国建筑集团有限公司	China State Construction Engineering	中国	China
19	15	三星电子	Samsung Electronics	韩国	South Korea
20	18	戴姆勒股份公司	Daimler	德国	Germany
21	29	中国平安保险（集团）股份有限公司	Ping An Insurance	中国	China
22	25	美国电话电报公司	AT&T	美国	U.S.
23	27	美源伯根公司	AmerisourceBergen	美国	U.S.
24	26	中国工商银行	Industrial & Commercial Bank of China	中国	China
25	20	道达尔公司	Total	法国	France
26	23	鸿海精密工业股份有限公司	Hon Hai Precision Industry	中国	China
27	22	托克集团	Trafigura Group	新加坡	Singapore
28	24	EXOR集团	EXOR Group	荷兰	Netherlands
29	37	Alphabet公司	Alphabet	美国	U.S.
30	31	中国建设银行	China Construction Bank	中国	China
31	30	福特汽车公司	Ford Motor	美国	U.S.
32	229	信诺	Cigna	美国	U.S.
33	35	好市多	Costco Wholesale	美国	U.S.
34	46	安盛集团	AXA	法国	France
35	36	中国农业银行	Agricultural Bank of China	中国	China
36	28	雪佛龙	Chevron	美国	U.S.
37	38	嘉德诺	Cardinal Health	美国	U.S.
38	41	摩根大通公司	JPMorgan Chase & Co.	美国	U.S.
39	34	本田汽车	Honda Motor	日本	Japan
40	32	通用汽车公司	General Motors	美国	U.S.
41	40	沃博联	Walgreens Boots Alliance	美国	U.S.
42	33	三菱商事株式会社	Mitsubishi	日本	Japan
43	44	中国银行	Bank of China	中国	China
44	43	威瑞森电信	Verizon Communications	美国	U.S.
45	51	中国人寿保险（集团）公司	China Life Insurance	中国	China
46	45	安联保险集团	Allianz	德国	Germany
47	60	微软	Microsoft	美国	U.S.
48	72	马拉松原油公司	Marathon Petroleum	美国	U.S.
49	61	华为投资控股有限公司	Huawei Investment & Holding	中国	China
50	55	中国铁路工程集团有限公司	China Railway Engineering Group	中国	China

The 500 Largest Companies in the World Sorted by Revenue in 2019

营业额 Revenues		利润额 Profits		资产额(百万美元) Assets (mil.USD)	雇员人数(人) Employees (person)
百万美元 (mil.USD)	比上年增长% % Change from 2018	百万美元 (mil.USD)	比上年增长% % Change from 2018		
523964.0	1.9	14881.0	123.1	236495.0	2200000
407008.8	-1.8	6793.2	16.2	317515.7	582648
383906.0	-0.8	7970.0	-2.5	596616.3	907677
379130.2	-3.5	4443.2	95.7	608085.6	1344410
352106.0	-11.2	15842.0	-32.2	404336.0	83000
329784.4	-7.3	88210.9	-20.5	398348.6	79000
282760.2	1.6	15542.0	8.5	547810.9	671205
282616.0	-7.0	4026.0	-57.1	295194.0	72500
280522.0	20.5	11588.0	15.0	225248.0	798000
275288.3	1.0	19096.2	12.4	487465.9	359542
264938.0	-8.7	14340.0	-31.2	362597.0	74900
260174.0	-2.0	55256.0	-7.2	338516.0	137000
256776.0	32.0	6634.0		222449.0	290000
254616.0	2.7	81417.0	1924.8	817729.0	391500
242155.0	7.0	13839.0	15.5	173889.0	325000
231051.0	7.8	900.0	2547.1	61247.0	70000
215111.0	-2.1	-404.0	-111.9	124076.0	88246
205839.4	13.4	3333.0	5.5	294070.0	335038
197704.6	-10.8	18453.3	-53.7	304907.5	287439
193346.1	-2.1	2660.5	-68.9	339456.4	298655
184280.3	12.6	21626.7	33.2	1180488.5	372194
181193.0	6.1	13903.0	-28.2	551669.0	247800
179589.1	6.9	855.4	-48.4	39172.0	21500
177068.8	4.8	45194.5	0.4	4322528.4	445106
176249.0	-4.3	11267.0	-1.6	273294.0	107776
172868.5	-1.6	3730.9	-12.9	110790.4	757404
171474.1	-5.1	871.7	2.6	54151.4	5106
162753.5	-7.0	3417.1	115.0	193738.6	268979
161857.0	18.3	34343.0	11.7	275909.0	118899
158884.3	5.1	38609.7	0.3	3651644.6	370169
155900.0	-2.8	47.0	-98.7	258537.0	190000
153566.0	215.7	5104.0	93.6	155774.0	73700
152703.0	7.9	3659.0	16.8	45400.0	201500
148984.4	18.6	4317.0	70.9	876457.5	99843
147313.1	5.6	30701.2	0.1	3571541.7	467631
146516.0	-11.9	2924.0	-80.3	237428.0	48200
145534.0	6.4	1363.0	432.4	40963.0	49500
142422.0	8.4	36431.0	12.2	2687379.0	256981
137331.5	-4.2	4191.8	-23.8	189335.3	218674
137237.0	-6.7	6732.0	-16.0	228037.0	164000
136866.0	4.1	3982.0	-20.7	67598.0	287000
135940.2	-6.4	4924.0	-7.6	167018.2	86098
135091.4	5.8	27126.9	-0.4	3268837.9	309384
131868.0	0.8	19265.0	24.1	291727.0	135000
131243.7	13.0	4660.3		648393.2	180401
130358.8	2.8	8857.8	0.6	1134954.0	147268
125843.0	14.0	39240.0	136.8	286556.0	144000
124813.0	28.5	2637.0	-5.1	98556.0	60910
124316.3	14.0	9062.1	1.2	123269.9	194000
123324.0	10.0	1535.3	23.7	152982.5	302394

17-6 续表 1

排名 Rank		企业名称	Company Name	国家	Country
2019	2018				
51	47	克罗格	Kroger	美国	U.S.
52	39	上海汽车集团股份有限公司	SAIC Motor	中国	China
53	49	房利美	Fannie Mae	美国	U.S.
54	59	中国铁道建筑总公司	China Railway Construction	中国	China
55	42	俄罗斯天然气工业股份公司	Gazprom	俄罗斯	Russia
56	53	宝马集团	BMW Group	德国	Germany
57	50	卢克石油公司	Lukoil	俄罗斯	Russia
58	58	美国银行	Bank Of America	美国	U.S.
59	62	家得宝	Home Depot	美国	U.S.
60	52	日本邮政控股公司	Japan Post Holdings	日本	Japan
61	54	Phillips 66公司	Phillips 66	美国	U.S.
62	64	日本电报电话公司	Nippon Telegraph & Telephone	日本	Japan
63	75	美国康卡斯特电信公司	Comcast	美国	U.S.
64	63	中国海洋石油总公司	China National Offshore Oil	中国	China
65	56	中国移动通信集团公司	China Mobile Communications	中国	China
66	92	意大利忠利保险公司	Assicurazioni Generali	意大利	Italy
67	91	法国农业信贷银行	Crédit Agricole	法国	France
68	79	Anthem公司	Anthem	美国	U.S.
69	69	美国富国银行	Wells Fargo	美国	U.S.
70	71	花旗集团	Citigroup	美国	U.S.
71	57	瓦莱罗能源公司	Valero Energy	美国	U.S.
72	65	日本伊藤忠商事株式会社	Itochu	日本	Japan
73	99	汇丰银行控股公司	HSBC Holdings	英国	Britain
74	70	西门子	Siemens	德国	Germany
75	97	太平洋建设集团	Pacific Construction Group	中国	China
76	86	俄罗斯石油公司	Rosneft Oil	俄罗斯	Russia
77	48	通用电气公司	General Electric	美国	U.S.
78	93	中国交通建设集团有限公司	China Communications Construction	中国	China
79	80	中国华润有限公司	China Resources	中国	China
80	372	英国保诚集团	Prudential	英国	Britain
81	84	戴尔科技公司	Dell Technologies	美国	U.S.
82	76	雀巢公司	Nestlé	瑞士	Switzerland
83	66	日产汽车	Nissan Motor	日本	Japan
84	94	现代汽车	Hyundai Motor	韩国	South Korea
85	-	英国法通保险公司	Legal & General Group	英国	Britain
86	90	德国电信	Deutsche Telekom	德国	Germany
87	89	意大利国家电力公司	Enel	意大利	Italy
88	-	英杰华集团（AVIVA）	Aviva	英国	Britain
89	87	中国第一汽车集团公司	China FAW Group	中国	China
90	101	中国邮政集团公司	China Post Group	中国	China
91	119	正威国际集团	Amer International Group	中国	China
92	112	中国五矿集团有限公司	China Minmetals	中国	China
93	85	西班牙国家银行	Banco Santander	西班牙	Spain
94	98	软银集团	SoftBank Group	日本	Japan
95	77	博世集团	Bosch Group	德国	Germany
96	106	信实工业公司	Reliance Industries	印度	India
97	73	SK集团	SK Holdings	韩国	South Korea
98	81	家乐福	Carrefour	法国	France
99	104	法国巴黎银行	BNP Paribas	法国	France
100	82	东风汽车公司	Dongfeng Motor	中国	China

continued

营业额 Revenues		利润额 Profits		资产额（百万美元）Assets (mil.USD)	雇员人数（人）Employees (person)
百万美元 (mil.USD)	比上年增长% % Change from 2018	百万美元 (mil.USD)	比上年增长% % Change from 2018		
122286.0	0.9	1659.0	-46.7	45256.0	435000
122071.4	-10.5	3706.1	-31.9	121930.8	151785
120304.0	0.2	14160.0	-11.3	3503319.0	7500
120302.2	8.9	1359.2	14.5	155597.9	364907
118009.1	-10.1	18593.0	-19.9	352397.7	473800
116637.8	1.4	5501.2	-34.5	255945.4	133778
114621.2	-3.8	9895.2	0.3	95772.5	101000
113589.0	2.7	27430.0	-2.5	2434079.0	208131
110225.0	1.9	11242.0	1.1	51236.0	415700
109914.7	-4.6	4449.3	2.9	2647343.8	245472
109559.0	-4.1	3076.0	-45.0	58720.0	14500
109447.7	2.1	7866.9	2.1	212955.8	319039
108942.0	15.3	13057.0	11.3	263414.0	190000
108686.8	0.5	6957.2	-5.1	184922.2	92080
108527.3	-3.2	12145.1	3.4	266190.3	457565
105920.9	20.1	2988.4	9.7	577557.9	71936
104971.8	18.8	5421.7	4.4	1984002.5	73037
104213.0	13.1	4807.0	28.2	77453.0	70600
103915.0	2.8	19549.0	-12.7	1927555.0	259800
103449.0	6.5	19401.0	7.5	1951158.0	200000
102729.0	-7.8	2422.0	-22.4	53864.0	10222
100521.8	-3.9	4611.0	2.1	101041.9	151430
98673.0	14.6	7383.0	-46.2	2715152.0	235351
97936.7	-0.9	5834.5	-15.6	163785.3	385000
97536.4	12.6	3455.0	1.9	63694.6	453635
96312.7	6.9	10943.6	25.1	208549.4	335000
95214.0	-20.8	-4979.0		266048.0	205000
95096.2	7.9	1332.6	-15.9	232053.4	197309
94757.8	3.0	3571.6	2.8	232277.1	396456
93736.0	181.9	783.0	-80.5	454214.0	18125
92154.0	1.7	4616.0		118861.0	165000
92106.9	-1.5	12546.2	21.0	123858.7	291000
90863.2	13.0	-6173.7	-314.5	157089.9	144933
90739.9	3.1	2557.1	86.5	168219.5	114032
90615.2		2340.3	-4.0	742524.0	8542
90134.9	0.9	4328.2	69.3	191562.3	210533
89906.6	0.7	2433.3	-56.9	192408.5	68253
89646.6	277.6	3251.4	55.5	609327.0	31181
89417.1	-0.4	2847.8	7.0	70353.7	129580
89346.8	4.3	4440.9	7.4	1518542.8	927171
88862.1	16.4	1807.3	21.9	23170.8	18103
88357.4	10.3	230.1		133441.7	199486
88256.8	-2.5	7292.0	-20.9	1709072.9	189769
87439.5	1.0	-8844.3	-169.5	344751.5	80909
86989.8	-6.1	1780.7	-50.5	99927.3	398150
86269.9	4.8	5624.9	-0.6	154196.1	195618
86163.0	-10.2	615.5	-69.9	114175.1	108911
85905.2	-6.6	1263.6		57020.2	321383
85058.0	1.3	9147.7	3.0	2429673.9	194001
84048.5	-7.6	1328.4	-17.0	71423.3	154641

17-6　续表 2

排名 Rank		企业名称	Company Name	国家	Country
2019	2018				
101	96	标致	Peugeot	法国	France
102	139	京东集团	JD.com	中国	China
103	103	乐购	Tesco	英国	Britain
104	109	强生	Johnson & Johnson	美国	U.S.
105	111	中国南方电网有限责任公司	China Southern Power Grid	中国	China
106	102	日立	Hitachi	日本	Japan
107	181	恒力集团	Hengli Group	中国	China
108	107	国家能源投资集团	China Energy Investment	中国	China
109	88	中国中化集团公司	Sinochem Group	中国	China
110	110	法国电力公司	Electricité de France	法国	France
111	149	中国宝武钢铁集团	China Baowu Steel Group	中国	China
112	121	中国人民保险集团股份有限公司	People's Insurance Co. of China	中国	China
113	83	埃尼石油公司	ENI	意大利	Italy
114	108	州立农业保险公司	State Farm Insurance Cos.	美国	U.S.
115	118	日本永旺集团	AEON	日本	Japan
116	123	空中客车公司	Airbus	荷兰	Netherlands
117	122	塔吉特公司	Target	美国	U.S.
118	114	国际商业机器公司	International Business Machines	美国	U.S.
119	460	雷神公司	Raytheon	美国	U.S.
120	74	巴西国家石油公司	Petrobras	巴西	Brazil
121	68	波音	Boeing	美国	U.S.
122	116	索尼	Sony	日本	Japan
123	105	引能仕控股株式会社	ENEOS Holdings	日本	Japan
124	-	荷兰全球保险集团	Aegon	荷兰	Netherlands
125	128	房地美	Freddie Mac	美国	U.S.
126	137	中国中信集团有限公司	CITIC Group	中国	China
127	168	Centene公司	Centene	美国	U.S.
128	127	皇家阿霍德德尔海兹集团	Royal Ahold Delhaize	荷兰	Netherlands
129	132	联合包裹速递服务公司	United Parcel Service	美国	U.S.
130	125	日本生命保险公司	Nippon Life Insurance	日本	Japan
131	78	Uniper公司	Uniper	德国	Germany
132	182	阿里巴巴集团	Alibaba Group Holding	中国	China
133	95	墨西哥石油公司	Pemex	墨西哥	Mexico
134	129	北京汽车集团	Beijing Automotive Group	中国	China
135	145	慕尼黑再保险集团	Munich Re Group	德国	Germany
136	134	中粮集团有限公司	COFCO	中国	China
137	133	美国劳氏公司	Lowe's	美国	U.S.
138	135	英特尔公司	Intel	美国	U.S.
139	238	苏黎世保险集团	Zurich Insurance Group	瑞士	Switzerland
140	130	泰国国家石油有限公司	PTT	泰国	Thailand
141	136	美国邮政	U.S. Postal Service	美国	U.S.
142	124	德国邮政敦豪集团	Deutsche Post DHL Group	德国	Germany
143	115	巴斯夫	BASF	德国	Germany
144	184	Facebook公司	Facebook	美国	U.S.
145	169	中国医药集团	Sinopharm	中国	China
146	120	安赛乐米塔尔	ArcelorMittal	卢森堡	Luxembourg
147	177	碧桂园控股有限公司	Country Garden Holdings	中国	China
148	152	联邦快递	FedEx	美国	U.S.
149	142	大都会人寿	MetLife	美国	U.S.
150	170	华特迪士尼公司	Walt Disney	美国	U.S.

continued

营业额 Revenues		利润额 Profits		资产额（百万美元）Assets (mil.USD)	雇员人数（人）Employees (person)
百万美元 (mil.USD)	比上年增长% % Change from 2018	百万美元 (mil.USD)	比上年增长% % Change from 2018		
83643.2	-4.3	3582.7	7.4	78305.4	214478
83504.8	19.6	1763.7		37286.1	227730
82699.7	-1.9	1240.0	-28.9	66794.9	293963
82059.0	0.6	15119.0	-1.2	157728.0	132200
81978.1	1.3	1833.1	2.8	134035.7	283639
80639.0	-5.7	805.7	-59.9	91885.6	301056
80588.3	43.4	2076.8	256.3	33773.3	90555
80498.0	-1.8	4264.1	20.7	251272.0	331373
80376.2	-10.1	473.4	-32.5	78799.4	60049
80277.6	-1.4	5769.8	315.4	340406.0	161522
79932.0	20.5	2901.3	33.8	123777.1	196378
79788.1	5.9	3204.0	64.1	162687.0	198951
79513.2	-12.4	165.7	-96.6	138549.1	32053
79395.3	-2.9	5592.7	-36.4	294823.2	57672
78930.3	2.3	246.2	15.0	102574.7	290196
78883.0	4.9	-1524.4	-142.3	128412.7	134931
78112.0	3.7	3281.0	11.7	42779.0	368000
77147.0	-3.1	9431.0	8.1	152186.0	383800
77046.0	15.9	5537.0	5.1	139716.0	243200
76589.0	-19.9	10151.0	41.5	229740.0	57983
76559.0	-24.3	-636.0	-106.1	133625.0	161100
75972.3	-2.8	5354.8	-35.2	213189.1	111700
75897.0	-8.3	-1728.7	-159.5	74130.6	40983
75343.9	204.6	1386.8	65.5	494246.6	23757
75125.0	2.1	7214.0	-21.9	2203623.0	6892
75115.4	6.3	3646.8	-20.1	1074806.3	304260
74639.0	24.2	1321.0	46.8	40994.0	56600
74162.0	0.1	1976.6	-6.6	46568.4	232000
74094.0	3.1	4440.0	-7.3	57857.0	377640
74047.9	-0.2	1767.2	-29.7	741012.0	92122
73651.6	-20.2	682.7		49111.7	11743
73165.9	30.3	21450.2	63.8	185026.5	117600
72820.4	-16.7	-18038.7		101602.0	125735
72553.6	-0.2	746.9	-32.0	71908.7	114315
72536.8	7.9	3048.9	11.8	322749.5	39662
72148.8	1.3	414.3	22.6	85846.9	110896
72148.0	1.2	4281.0	85.0	39471.0	260000
71965.0	1.6	21048.0		136524.0	110800
71792.0	52.2	4147.0	11.6	404688.0	54030
71501.6	-1.1	2994.1	-19.2	82952.0	27987
71154.0	0.7	-8813.0		25633.0	565021
70894.9	-2.4	2935.8	19.9	58554.5	504871
70722.5	-10.2	9425.3	69.7	97592.7	117628
70697.0	26.6	18485.0	-16.4	133376.0	44942
70689.5	17.9	912.2	3.1	56506.4	155622
70615.0	-7.1	-2454.0	-147.7	87908.0	191248
70335.3	22.7	5724.9	9.4	273791.9	101784
69693.0	6.5	540.0	-88.2	54403.0	374198
69620.0	2.5	5899.0	15.1	740463.0	49000
69570.0	17.1	11054.0	-12.3	193984.0	223000

17-6 续表 3

排名 Rank		企业名称	Company Name	国家	Country
2019	2018				
151	117	印度石油公司	Indian Oil	印度	India
152	138	中国恒大集团	China Evergrande Group	中国	China
153	131	松下	Panasonic	日本	Japan
154	140	中国兵器工业集团公司	China North Industries Group	中国	China
155	180	布鲁克菲尔德资产管理公司	Brookfield Asset Management	加拿大	Canada
156	146	宝洁公司	Procter & Gamble	美国	U.S.
157	161	中国电力建设集团有限公司	PowerChina	中国	China
158	141	中国电信集团公司	China Telecommunications	中国	China
159	126	Engie集团	Engie	法国	France
160	154	百事公司	PepsiCo	美国	U.S.
161	166	三菱日联金融集团	Mitsubishi UFJ Financial Group	日本	Japan
162	150	交通银行	Bank of Communications	中国	China
163	151	中国航空工业集团公司	Aviation Industry Corp. of China	中国	China
164	144	中国化工集团公司	ChemChina	中国	China
165	153	第一生命控股有限公司	Dai-ichi Life Holdings	日本	Japan
166	179	哈门那公司	Humana	美国	U.S.
167	156	保德信金融集团	Prudential Financial	美国	U.S.
168	155	ADM公司	Archer Daniels Midland	美国	U.S.
169	113	Equinor公司	Equinor	挪威	Norway
170	353	英国劳埃德银行集团	Lloyds Banking Group	英国	Britain
171	163	瑞士罗氏公司	Roche Group	瑞士	Switzerland
172	157	三井物产株式会社	Mitsui	日本	Japan
173	147	丸红株式会社	Marubeni	日本	Japan
174	165	艾伯森公司	Albertsons Cos.	美国	U.S.
175	143	雷诺	Renault	法国	France
176	202	绿地控股集团有限公司	Greenland Holding Group	中国	China
177	162	丰田通商公司	Toyota Tsusho	日本	Japan
178	159	Seven ＆ I 控股公司	Seven & I Holdings	日本	Japan
179	172	西斯科公司	Sysco	美国	U.S.
180	187	迪奥公司	Christian Dior	法国	France
181	418	宏利金融	Manulife Financial	加拿大	Canada
182	197	洛克希德－马丁	Lockheed Martin	美国	U.S.
183	210	Alimentation Couche-Tard公司	Alimentation Couche-Tard	加拿大	Canada
184	173	惠普公司	HP	美国	U.S.
185	167	联合利华	Unilever	英国/荷兰	Britain/Neth
186	158	马来西亚国家石油公司	Petronas	马来西亚	Malaysia
187	203	中国建材集团	China National Building Material Group	中国	China
188	178	东京电力公司	Tokyo Electric Power	日本	Japan
189	188	招商银行	China Merchants Bank	中国	China
190	160	印度石油天然气公司	Oil & Natural Gas	印度	India
191	242	中国保利集团	China Poly Group	中国	China
192	174	法国兴业银行	Société Générale	法国	France
193	199	中国太平洋保险（集团）公司	China Pacific Insurance (Group)	中国	China
194	171	韩国浦项制铁公司	POSCO	韩国	South Korea
195	206	万喜集团	Vinci	法国	France
196	164	欧尚集团	Auchan Holding	法国	France
197	237	腾讯控股有限公司	Tencent Holdings	中国	China
198	186	日本制铁集团公司	Nippon Steel Corporation	日本	Japan
199	248	法国国家人寿保险公司	CNP Assurances	法国	France
200	194	Energy Transfer公司	Energy Transfer	美国	U.S.

continued

营业额 Revenues		利润额 Profits		资产额（百万美元）Assets (mil.USD)	雇员人数（人）Employees (person)
百万美元 (mil.USD)	比上年增长% % Change from 2018	百万美元 (mil.USD)	比上年增长% % Change from 2018		
69246.4	-10.8	-126.0	-105.1	43608.8	34996
69127.1	-1.9	2501.3	-55.7	316777.5	133123
68896.6	-4.5	2076.0	-19.0	57541.6	259385
68714.4	-0.1	1283.7	32.8	61501.7	204378
67826.0	19.5	2807.0	-21.7	323969.0	151000
67684.0	1.3	3897.0	-60.0	115095.0	97000
67371.2	10.0	772.8	-3.9	139084.0	180416
67365.3	-2.0	1802.6	8.3	129342.9	401965
67220.4	-9.3	1101.3	-9.7	179351.7	171103
67161.0	3.9	7314.0	-41.6	78547.0	267000
67135.0	11.1	4857.8	-38.3	3114383.1	138570
66564.4	1.4	11186.4	0.5	1422053.8	87828
65909.0	0.6	578.1	-16.8	144797.5	417798
65766.7	-2.4	-1250.9		121159.6	145526
65433.6	1.0	298.3	-85.3	555306.7	63719
64888.0	14.0	2707.0	60.8	29074.0	46000
64807.0	2.9	4186.0	2.7	896552.0	51511
64656.0	0.5	1379.0	-23.8	43997.0	38100
64357.0	-19.1	1843.0	-75.5	118063.0	21412
64297.4	82.4	3732.5	-35.0	1104491.3	63069
63433.5	4.3	13429.8	25.1	80440.4	97735
63326.7	0.9	3601.0	-3.6	109246.7	45624
62798.9	-5.9	-1816.1	-187.2	58481.0	49515
62455.1	3.2	466.4	255.8	24735.1	270000
62160.2	-8.3	-157.8	-104.0	137124.7	179565
61965.1	17.5	2134.1	24.1	164478.3	52576
61570.3	0.9	1246.8	4.2	42058.0	66067
60951.8	-0.9	2001.5	8.9	55604.0	98039
60113.9	2.4	1674.3	17.0	17966.5	69000
60070.5	8.7	3288.4	8.3	105314.8	149685
59968.9	99.4	4222.0	14.0	624039.8	35000
59812.0	11.3	6230.0	23.5	47528.0	110000
59117.6	15.0	1833.9	9.6	22607.7	133000
58756.0	0.5	3152.0	-40.8	33467.0	56000
58179.0	-3.3	6295.8	-43.2	72738.3	149867
58027.0	-6.8	7975.1	-32.8	152218.4	47669
57625.6	9.5	-104.9	-251.2	85590.2	204936
57407.0	0.4	466.4	-77.8	110649.1	37892
57252.1	4.0	13442.5	10.4	1064823.3	84683
57170.7	-6.9	1538.4	-64.7	66642.2	30105
57147.4	23.7	2030.9	35.8	188478.8	100393
56851.6	-2.6	3635.3	-20.3	1522314.5	129586
55799.6	4.2	4015.5	47.4	219408.4	111247
55591.9	-6.1	1599.8	2.8	68642.1	35261
54787.6	4.7	3648.8	3.6	102252.9	222397
54672.4	-10.0	-1637.5		38708.2	308137
54612.7	15.5	13506.6	13.5	136954.8	62885
54464.6	-2.3	-3968.9	-275.2	68890.2	116462
54365.4	19.6	1580.1	-2.0	494267.1	5353
54213.0	-0.4	3592.0	112.0	98880.0	12812

17-6 续表 4

排名 Rank		企业名称	Company Name	国家	Country
2019	2018				
201	176	西班牙电话公司	Telefónica	西班牙	Spain
202	204	高盛	Goldman Sachs Group	美国	U.S.
203	218	摩根士丹利	Morgan Stanley	美国	U.S.
204	190	卡特彼勒	Caterpillar	美国	U.S.
205	192	百威英博	Anheuser-Busch Inbev	比利时	Belugium
206	189	广州汽车工业集团	Guangzhou Automobile Industry Group	中国	China
207	185	LG电子	LG Electronics	韩国	South Korea
208	254	万科企业股份有限公司	China Vanke	中国	China
209	196	美洲电信	América Móvil	墨西哥	Mexico
210	249	物产中大集团	Wuchan Zhongda Group	中国	China
211	225	思科公司	Cisco Systems	美国	U.S.
212	211	山东能源集团有限公司	Shandong Energy Group	中国	China
213	219	巴西JBS公司	JBS	巴西	Brazil
214	240	拜耳集团	Bayer	德国	Germany
215	198	辉瑞制药有限公司	Pfizer	美国	U.S.
216	191	伊塔乌联合银行控股公司	Itaú Unibanco Holding	巴西	Brazil
217	251	中国铝业公司	Aluminum Corp. of China	中国	China
218	214	河钢集团	HBIS Group	中国	China
219	241	HCA 医疗保健公司	HCA Healthcare	美国	U.S.
220	216	上海浦东发展银行	Shanghai Pudong Development Bank	中国	China
221	236	印度国家银行	State Bank of India	印度	India
222	213	兴业银行	Industrial Bank	中国	China
223	256	加拿大皇家银行	Royal Bank of Canada	加拿大	Canada
224	212	联想集团	Lenovo Group	中国	China
225	201	诺华公司	Novartis	瑞士	Switzerland
226	224	东京海上日动火灾保险公司	Tokio Marine Holdings	日本	Japan
227	193	韩国电力公司	Korea Electric Power	韩国	South Korea
228	217	沃达丰集团	Vodafone Group	英国	Britain
229	227	起亚汽车	Kia Motors	韩国	South Korea
230	205	德国大陆集团	Continental	德国	Germany
231	235	美国国际集团	American International Group	美国	U.S.
232	208	德国联邦铁路公司	Deutsche Bahn	德国	Germany
233	332	瑞士再保险股份有限公司	Swiss Re	瑞士	Switzerland
234	277	厦门建发集团有限公司	Xiamen C&D	中国	China
235	244	招商局集团	China Merchants Group	中国	China
236	354	日本出光兴产株式会社	Idemitsu Kosan	日本	Japan
237	209	日本三井住友金融集团	Sumitomo Mitsui Financial Group	日本	Japan
238	231	住友商事	Sumitomo	日本	Japan
239	232	中国民生银行	China Minsheng Banking	中国	China
240	255	俄罗斯联邦储蓄银行	Sberbank	俄罗斯	Russia
241	245	日本KDDI电信公司	KDDI	日本	Japan
242	223	法国BPCE银行集团	Groupe BPCE	法国	France
243	220	浙江吉利控股集团	Zhejiang Geely Holding Group	中国	China
244	226	圣戈班集团	Saint-Gobain	法国	France
245	200	雷普索尔公司	Repsol	西班牙	Spain
246	222	MS&AD保险集团控股有限公司	MS&AD Insurance Group Holdings	日本	Japan
247	230	电装公司	Denso	日本	Japan
248	215	蒂森克虏伯	ThyssenKrupp	德国	Germany
249	228	Orange公司	Orange	法国	France
250	388	友邦保险集团	AIA Group	中国	China

continued

营业额 Revenues		利润额 Profits		资产额（百万美元）Assets (mil.USD)	雇员人数（人）Employees (person)
百万美元 (mil.USD)	比上年增长% % Change from 2018	百万美元 (mil.USD)	比上年增长% % Change from 2018		
54196.7	-5.7	1278.2	-67.5	133427.5	113819
53922.0	2.7	8466.0	-19.1	992968.0	38300
53823.0	7.2	9042.0	3.4	895429.0	60431
53800.0	-1.7	6093.0	-0.9	78453.0	102300
53723.0	-1.6	9171.0	110.0	236648.0	171915
53662.1	-2.5	564.5	-36.3	43837.9	105780
53464.3	-4.1	26.8	-97.6	38796.1	74000
53252.7	18.6	5626.7	10.2	248360.3	131505
52323.1	-3.1	3518.0	28.7	81132.0	191523
51954.1	14.3	395.7	9.2	13398.8	20332
51904.0	5.2	11621.0	10464.5	97793.0	75900
51892.5	1.3	729.6	27.3	44551.5	153545
51858.5	4.3	1538.7	22216.8	31412.1	242000
51807.1	10.9	4578.9	128.9	141712.0	103824
51750.0	-3.5	16273.0	45.9	167489.0	88300
51728.3	-5.4	6874.7	0.9	407131.0	94881
51649.4	13.8	273.2	142.4	93947.7	156286
51345.1	0.8	-94.1		66332.8	127116
51336.0	10.0	3505.0	-7.4	45058.0	245000
51313.4	1.5	8507.1	0.6	1006833.2	58253
51090.9	8.0	2788.2	747.9	555132.1	249448
50945.1	-0.1	9534.4	4.0	1025838.2	60455
50863.1	14.0	9678.0	0.4	1087304.1	82801
50716.3	-0.6	665.1	11.5	32128.2	63000
50486.0	-5.0	11732.0	-7.0	118370.0	103914
50269.6	1.8	2389.2	-3.5	233681.6	41101
50256.7	-7.9	-2012.7		170888.0	47452
49960.2	-1.1	-1022.0		185455.7	95219
49894.4	1.3	1567.4	49.2	47863.7	52448
49782.8	-5.0	-1371.1	-140.1	47778.5	241458
49746.0	5.0	3348.0		525064.0	46000
49728.6	-4.4	746.5	19.8	73885.3	323944
49314.0	33.1	727.0	57.4	238567.0	15401
49170.2	15.1	667.3	5.7	49003.6	26732
49126.0	7.0	5233.1	17.1	277918.2	157635
48892.0	39.3	-211.0	-128.7	35966.9	16020
48879.7	-5.5	6474.1	-1.2	2034454.7	86443
48746.3	1.2	1576.1	-45.5	75216.0	72642
48528.3	1.1	7790.3	2.4	959249.0	58933
48340.3	7.7	13059.6	-1.6	482464.1	281338
48170.6	5.1	5884.4	5.6	88647.6	44952
47910.9	-3.3	3391.3	-5.0	1501843.0	100849
47885.9	-3.6	1231.9	-37.4	56805.2	131426
47650.1	-3.3	1573.7	217.5	56100.9	170639
47543.8	-7.6	-4271.1	-254.6	64981.3	22754
47537.2	-4.2	1315.6	-24.3	214642.9	41942
47400.3	-2.0	626.4	-72.7	52297.6	170932
47357.5	-6.9	-342.8	-3701.7	39761.4	162372
47275.2	-3.2	3364.5	45.9	119314.5	146768
47242.0	45.9	6648.0	156.0	284132.0	23000

17–6 续表 5

排名 Rank		企业名称	Company Name	国家	Country
2019	2018				
251	270	美国运通公司	American Express	美国	U.S.
252	260	达美航空	Delta Air Lines	美国	U.S.
253	289	中国光大集团	China Everbright Group	中国	China
254	234	西班牙对外银行	Banco Bilbao Vizcaya Argentaria	西班牙	Spain
255	348	意昂集团	E.ON	德国	Germany
256	285	默沙东	Merck	美国	U.S.
257	257	美国航空集团	American Airlines Group	美国	U.S.
258	264	特许通讯公司	Charter Communications	美国	U.S.
259	253	沃尔沃集团	Volvo	瑞典	Sweden
260	233	伍尔沃斯集团	Woolworths Group	澳大利亚	Australia
261	246	必和必拓集团	BHP Group	澳大利亚	Australia
262	207	Finatis公司	Finatis	法国	France
263	308	好事达	Allstate	美国	U.S.
264	279	中国远洋海运集团有限公司	China COSCO Shipping	中国	China
265	263	陕西延长石油（集团）公司	Shaanxi Yanchang Petroleum (Group)	中国	China
266	286	中国华能集团公司	China Huaneng Group	中国	China
267	295	多伦多道明银行	Toronto-Dominion Bank	加拿大	Canada
268	221	巴西布拉德斯科银行	Banco Bradesco	巴西	Brazil
269	259	和硕	Pegatron	中国	China
270	268	美国纽约人寿保险公司	New York Life Insurance	美国	U.S.
271	282	Talanx公司	Talanx	德国	Germany
272	271	美国全国保险公司	Nationwide	美国	U.S.
273	281	陕西煤业化工集团	Shaanxi Coal & Chemical Industry	中国	China
274	272	西班牙ACS集团	ACS	西班牙	Spain
275	276	百思买	Best Buy	美国	U.S.
276	293	美国联合大陆控股有限公司	United Continental Holdings	美国	U.S.
277	261	韩华集团	Hanwha	韩国	South Korea
278	278	美国利宝互助保险集团	Liberty Mutual Insurance Group	美国	U.S.
279	298	埃森哲	Accenture	爱尔兰	Ireland
280	303	力拓集团	Rio Tinto Group	英国	Britain
281	250	中国机械工业集团有限公司	Sinomach	中国	China
282	296	英国葛兰素史克公司	GlaxoSmithKline	英国	Britain
283	-	陶氏公司	Dow	美国	U.S.
284	291	厦门国贸控股集团有限公司	Xiamen ITG Holding Group	中国	China
285	258	丰益国际	Wilmar International	新加坡	Singapore
286	287	法国布伊格集团	Bouygues	法国	France
287	306	泰森食品	Tyson Foods	美国	U.S.
288	269	巴西银行	Banco do Brasil	巴西	Brazil
289	288	赛诺菲	Sanofi	法国	France
290	262	中国联合网络通信股份有限公司	China United Network Communications	中国	China
291	239	德意志银行	Deutsche Bank	德国	Germany
292	317	TJX公司	TJX	美国	U.S.
293	274	瑞银集团	UBS Group	瑞士	Switzerland
294	267	麦德龙	Metro	德国	Germany
295	318	兖矿集团	Yankuang Group	中国	China
296	301	雪松控股集团	Cedar Holdings Group	中国	China
297	247	邦吉公司	Bunge	美国	U.S.
298	338	象屿集团	XMXYG	中国	China
299	-	M&G公司	M&G	英国	Britain
300	300	三菱电机股份有限公司	Mitsubishi Electric	日本	Japan

continued

营业额 Revenues		利润额 Profits		资产额（百万美元）Assets (mil.USD)	雇员人数（人）Employees (person)
百万美元 (mil.USD)	比上年增长% % Change from 2018	百万美元 (mil.USD)	比上年增长% % Change from 2018		
47020.0	8.6	6759.0	-2.3	198321.0	64500
47007.0	5.8	4767.0	21.1	64532.0	91224
46957.0	12.1	1989.6	5.2	748020.4	79800
46892.4	-1.5	3930.8	-37.4	784209.7	126973
46861.1	31.3	1752.8	-53.9	110630.5	78948
46840.0	10.7	9843.0	58.2	84397.0	71000
45768.0	2.8	1686.0	19.4	59995.0	133700
45764.0	4.9	1668.0	35.6	148188.0	95100
45689.9	1.6	3793.0	32.4	56077.1	98280
45523.9	-4.8	1925.2	44.1	16481.3	196000
45139.0	-1.5	8306.0	124.2	100861.0	28926
45044.5	-13.8	-615.6		41093.3	209747
44675.0	12.2	4847.0	115.2	119950.0	46035
44655.1	4.8	1086.6	-30.1	125906.4	118243
44564.4	1.6	215.2	-29.8	57548.6	129920
44501.9	5.3	186.5	2000.4	161663.2	130764
44501.6	8.0	8781.0	0.3	1076921.3	89031
44490.7	2.9	5330.5	17.5	342746.8	86136
44206.7	-0.6	625.0	69.5	19033.2	172995
44116.6	1.6	1003.8	14.1	330806.3	11519
44020.4	3.8	1033.1	24.5	199331.5	21516
43982.0	1.6	829.7	61.9	239539.6	28114
43797.8	3.3	119.5	31.7	78756.6	120802
43705.9	1.0	1076.7	-0.3	43315.7	190431
43638.0	1.8	1541.0	5.3	15591.0	125000
43259.0	4.7	3009.0	41.3	52611.0	96000
43258.4	-2.4	77.2	-81.9	157646.1	57967
43228.0	1.3	1044.0	-51.7	133644.0	45000
43215.0	5.4	4779.1	17.7	29789.9	492000
43165.0	6.5	8010.0	-41.3	87802.0	46007
43122.2	-5.1	452.3	-7.3	55071.4	146792
43072.5	4.8	5927.4	22.7	105552.1	99437
42951.0		-1359.0		60524.0	36500
42790.1	3.3	41.8	-33.4	14656.1	15178
42640.5	-4.2	1293.4	14.7	47048.6	90000
42543.0	0.9	1325.2	-14.3	44170.9	130500
42405.0	5.9	2022.0	-33.1	33097.0	141000
42179.9	-2.7	4157.6	9.9	361080.8	93190
42118.8		3140.6	-38.2	126534.9	100409
42052.1	-4.4	721.2	16.9	81001.3	243790
41779.6	-11.0	-6032.8	-2014.5	1456509.3	87597
41717.0	7.0	3272.2	6.9	24145.0	286000
41482.0	-3.4	4304.0	-4.7	972183.0	68601
41370.7	-4.8	-142.1	-134.7	15803.2	97606
41323.4	6.3	274.9		45730.9	101166
41276.7	1.6	122.1	-85.6	16736.9	30984
41140.0	-10.1	-1280.0	-579.4	18317.0	24000
41135.4	12.7	220.0	10.4	20007.5	11635
41075.5		1429.2		299658.9	8021
41045.0	0.7	2040.4	-0.2	40804.8	146518

17-6 续表 6

排名 Rank		企业名称	Company Name	国家	Country
2019	2018				
301	280	怡和集团	Jardine Matheson	中国	China
302	266	采埃孚	ZF Friedrichshafen	德国	Germany
303	292	Iberdrola公司	Iberdrola	西班牙	Spain
304	284	汉莎集团	Lufthansa Group	德国	Germany
305	283	中国航空油料集团公司	China National Aviation Fuel Group	中国	China
306	297	美国教师退休基金会	TIAA	美国	U.S.
307	312	美的集团股份有限公司	Midea Group	中国	China
308	273	山东魏桥创业集团	Shandong Weiqiao Pioneering Group	中国	China
309	275	巴拉特石油公司	Bharat Petroleum	印度	India
310	315	意大利联合圣保罗银行	Intesa Sanpaolo	意大利	Italy
311	327	大和房建	Daiwa House Industry	日本	Japan
312	304	德国艾德卡公司	Edeka Zentrale	德国	Germany
313	313	费森尤斯集团	Fresenius	德国	Germany
314	307	甲骨文公司	Oracle	美国	U.S.
315	299	麦格纳国际	Magna International	加拿大	Canada
316	362	国家电力投资集团公司	State Power Investment	中国	China
317	343	通用动力	General Dynamics	美国	U.S.
318	326	法国国家铁路集团	SNCF Group	法国	France
319	329	迪尔公司	Deere	美国	U.S.
320	294	马士基集团	Maersk Group	丹麦	Denmark
321	392	德国中央合作银行	DZ Bank	德国	Germany
322	341	耐克公司	Nike	美国	U.S.
323	391	前进保险公司	Progressive	美国	U.S.
324	333	苏宁易购集团	Suning.com Group	中国	China
325	342	大众超级市场公司	Publix Super Markets	美国	U.S.
326	305	巴西联邦储蓄银行	Caixa Econômica Federal	巴西	Brazil
327	320	巴克莱	Barclays	英国	Britain
328	352	长江和记实业有限公司	CK Hutchison Holdings	中国	China
329	361	青山控股集团	Tsingshan Holding Group	中国	China
330	325	乔治威斯顿公司	George Weston	加拿大	Canada
331	346	Enbridge公司	Enbridge	加拿大	Canada
332	322	中国航天科工集团公司	China Aerospace Science & Industry	中国	China
333	336	巴西淡水河谷公司	Vale	巴西	Brazil
334	324	日本明治安田生命保险公司	Meiji Yasuda Life Insurance	日本	Japan
335	395	可口可乐公司	Coca-Cola	美国	U.S.
336	314	万通人寿保险公司	Massachusetts Mutual Life Insurance	美国	U.S.
337	265	印度塔塔汽车公司	Tata Motors	印度	India
338	-	菲尼克斯集团控股公司	Phoenix Group Holdings	英国	Britain
339	334	日本三菱重工业股份有限公司	Mitsubishi Heavy Industries	日本	Japan
340	328	瑞士ABB集团	ABB	瑞士	Switzerland
341	330	Tech Data公司	Tech Data	美国	U.S.
342	310	荷兰国际集团	ING Group	荷兰	Netherlands
343	358	江西铜业集团公司	Jiangxi Copper	中国	China
344	321	森宝利公司	J. Sainsbury	英国	Britain
345	309	全球燃料服务公司	World Fuel Services	美国	U.S.
346	331	加拿大鲍尔集团	Power Corp. of Canada	加拿大	Canada
347	290	霍尼韦尔国际公司	Honeywell International	美国	U.S.
348	319	康菲石油公司	ConocoPhillips	美国	U.S.
349	350	日本瑞穗金融集团	Mizuho Financial Group	日本	Japan
350	355	意大利邮政集团	Poste Italiane	意大利	Italy

continued

营业额 Revenues 百万美元 (mil.USD)	比上年增长% % Change from 2018	利润额 Profits 百万美元 (mil.USD)	比上年增长% % Change from 2018	资产额 (百万美元) Assets (mil.USD)	雇员人数 (人) Employees (person)
40922.0	-3.8	2838.0	63.9	97028.0	464000
40873.0	-6.2	391.7	-63.2	36309.6	147797
40783.4	-1.5	3812.5	7.2	137347.0	34306
40767.8	-3.6	1357.7	-46.8	47880.5	118292
40487.2	-4.4	568.7	19.4	9711.6	13705
40454.4	-1.5	2460.1	57.6	615042.3	16533
40440.4	2.2	3504.6	14.6	43348.9	134897
40426.0	-6.0	792.1	-7.1	34841.8	111121
40409.8	-5.9	430.9	-61.4	19952.2	12171
40359.3	3.4	4680.7	-2.1	915992.9	89102
40288.0	7.8	2148.6	0.3	42818.4	47133
39824.1	-1.6	380.8	0.2	8844.1	381000
39631.8	0.2	2107.6	-11.9	75207.5	294134
39506.0	-0.8	11083.0	189.8	108709.0	136000
39431.0	-3.4	1765.0	-23.1	25790.0	165000
39406.8	15.1	179.5	5.2	171460.1	123010
39350.0	8.7	3484.0	4.2	48841.0	102900
39308.3		-896.5	-638.8	107808.8	276350
39258.0	5.1	3253.0	37.4	73011.0	73489
39198.0	-5.0	-84.0	-102.7	55399.0	83512
39143.8	22.4	1894.9	94.9	627847.0	27560
39117.0	7.5	4029.0	108.4	23717.0	76700
39022.3	22.0	3970.3	51.8	54895.3	41571
38971.0	5.2	1424.8	-29.3	34003.0	117669
38462.8	5.7	3005.4	26.2	24507.1	207000
38407.4	-4.6	5339.1	88.4	321485.5	84066
38337.0	0.2	4177.9	46.0	1510233.3	80800
38165.5	7.9	5083.7	2.2	155420.7	300000
38011.7	11.0	825.9	42.7	10122.2	70426
37765.2	0.8	182.4	-58.8	36875.7	194000
37735.1	5.4	4299.6	93.4	125920.9	11300
37604.3	-0.7	1958.9	6.1	50065.2	147712
37570.0	2.4	-1683.0	-124.5	91713.0	71149
37465.9	-0.7	1911.7	-7.7	394317.5	43676
37266.0	17.0	8920.0	38.6	86381.0	86200
37253.4	-5.1	3700.7	830.1	290730.7	9896
37241.9	-14.6	-1702.5		42601.6	77990
37215.4		108.5	-78.5	321425.7	4417
37171.5	1.1	801.3	-12.3	46133.9	81631
37015.0	-0.9	1439.0	-33.8	46108.0	144400
36998.4	-0.6	374.5	10.0	13268.6	15000
36990.3	-6.6	4368.5	-22.3	997274.8	55063
36979.7	6.1	169.5	29.0	22646.2	25333
36830.9	-3.2	193.1	-32.8	34667.0	111900
36819.0	-7.4	178.9	40.1	5992.4	5500
36809.6	-0.8	874.2	-15.4	368078.1	30600
36709.0	-12.2	6143.0	-9.2	58679.0	113000
36670.0	-5.3	7189.0	14.9	70514.0	10400
36668.6	3.6	4125.8	373.7	1986296.6	57264
36666.9	4.6	1502.0	-9.0	267412.9	126445

17-6 续表 7

排名 Rank		企业名称	Company Name	国家	Country
2019	2018				
351	340	江苏沙钢集团	Jiangsu Shagang Group	中国	China
352	323	中国航天科技集团公司	China Aerospace Science & Technology	中国	China
353	364	中国能源建设集团	China Energy Engineering Group	中国	China
354	368	阳光龙净集团有限公司	Yango Longking Group	中国	China
355	400	联合服务汽车协会	United Services Automobile Assn.	美国	U.S.
356	349	富士通	Fujitsu	日本	Japan
357	360	瑞士信贷	Credit Suisse Group	瑞士	Switzerland
358	398	加拿大丰业银行	Bank of Nova Scotia	加拿大	Canada
359	339	爱信精机	Aisin Seiki	日本	Japan
360	316	利安德巴塞尔工业公司	LyondellBasell Industries	荷兰	Netherlands
361	359	中国中车集团	CRRC Group	中国	China
362	363	台积公司	Taiwan Semiconductor Manufacturing	中国	China
363	377	损保控股有限公司	Sompo Holdings	日本	Japan
364	344	Exelon公司	Exelon	美国	U.S.
365	356	日本钢铁工程控股公司	JFE Holdings	日本	Japan
366	382	安达保险公司	Chubb	瑞士	Switzerland
367	441	安徽海螺集团	Anhui Conch Group	中国	China
368	416	美国诺斯洛普格拉曼公司	Northrop Grumman	美国	U.S.
369	369	金川集团	Jinchuan Group	中国	China
370	386	中国华电集团公司	China Huadian	中国	China
371	302	路易达孚集团	Louis Dreyfus	荷兰	Netherlands
372	387	第一资本金融公司	Capital One Financial	美国	U.S.
373	366	Plains GP Holdings公司	Plains GP Holdings	美国	U.S.
374	455	国泰金融控股股份有限公司	Cathay Financial Holding	中国	China
375	396	欧莱雅	L'Oréal	法国	France
376	351	三菱化学控股	Mitsubishi Chemical Holdings	日本	Japan
377	365	广达电脑公司	Quanta Computer	中国	China
378	381	艾伯维	AbbVie	美国	U.S.
379	384	英美烟草集团	British American Tobacco	英国	Britain
380	345	佳能	Canon	日本	Japan
381	370	中国电子科技集团公司	China Electronics Technology Group	中国	China
382	379	斯伦贝谢公司	Schlumberger	美国	U.S.
383	449	StoneX集团	StoneX Group	美国	U.S.
384	337	Enterprise Products公司	Enterprise Products Partners	美国	U.S.
385	393	现代摩比斯公司	Hyundai Mobis	韩国	South Korea
386	375	中国电子信息产业集团有限公司	China Electronics	中国	China
387	374	普利司通	Bridgestone	日本	Japan
388	429	西北互助人寿保险公司	Northwestern Mutual	美国	U.S.
389	380	3M公司	3M	美国	U.S.
390	357	铃木汽车	Suzuki Motor	日本	Japan
391	378	住友生命保险公司	Sumitomo Life Insurance	日本	Japan
392	451	中国太平保险集团有限责任公司	China Taiping Insurance Group	中国	China
393	408	雅培公司	Abbott Laboratories	美国	U.S.
394	383	CHS公司	CHS	美国	U.S.
395	403	康帕斯集团	Compass Group	英国	Britain
396	390	仁宝电脑	Compal Electronics	中国	China
397	397	CRH公司	CRH	爱尔兰	Ireland
398	406	Inditex公司	Inditex	西班牙	Spain
399	413	Travelers Cos.公司	Travelers Cos.	美国	U.S.
400	389	马自达汽车株式会社	Mazda Motor	日本	Japan

continued

营业额 Revenues		利润额 Profits		资产额（百万美元） Assets (mil.USD)	雇员人数（人） Employees (person)
百万美元 (mil.USD)	比上年增长% % Change from 2018	百万美元 (mil.USD)	比上年增长% % Change from 2018		
36488.3	0.1	717.5	-61.6	41505.8	46581
36208.6	-4.0	2628.3	6.7	68554.6	177905
36110.5	5.7	395.3	-8.6	61053.7	122560
35909.4	7.5	614.1	0.1	60053.0	26363
35617.4	13.5	4006.3	74.8	173732.6	35076
35483.0	-0.5	1472.0	56.1	29494.3	129609
35473.4	3.5	3402.0	64.4	762180.3	47860
35100.5	11.1	6314.0	-4.9	826480.7	101813
34809.6	-4.5	221.3	-77.7	36945.1	119535
34727.0	-11.0	3390.0	-27.7	30435.0	19100
34704.2	0.1	523.2	7.5	61802.5	176348
34619.7	1.2	11452.1	-4.9	75553.8	51297
34586.9	5.3	1126.9	-14.8	110834.1	47535
34438.0	-4.3	2936.0	46.1	124977.0	32713
34305.0	-1.8	-1818.8	-223.3	42991.8	64009
34186.0	4.5	4454.0	12.4	176943.0	33000
33916.4	19.0	1773.0	8.8	31609.4	55952
33841.0	12.4	2248.0	-30.4	41089.0	90000
33824.4	1.3	298.0	27.3	16569.6	29291
33808.4	4.3	310.4	-33.1	118038.3	94790
33786.0	-16.7	230.0	-35.2	19538.0	16509
33766.0	4.3	5546.0	-7.8	390365.0	51900
33669.0	-1.1	331.0	-0.9	29969.0	5000
33510.9	10.3	2030.5	18.9	335795.8	56764
33436.2	5.2	4197.2	-8.7	49172.1	87974
33417.8	-5.6	497.4	-67.5	47489.1	69609
33313.4	-2.3	515.8	2.8	20504.7	77930
33266.0	1.6	7882.0	38.6	89115.0	30000
33020.9	1.1	7278.7	-9.5	186761.1	59989
32960.9	-7.9	1147.6	-49.9	43883.2	187041
32948.4	-1.1	1742.5	-0.7	57864.6	177443
32917.0	0.3	-10137.0	-574.1	56312.0	105000
32897.0	19.1	85.1	53.3	9936.1	2012
32789.2	-10.3	4591.3	10.0	61733.2	7300
32649.3	2.2	1965.6	14.5	40306.2	32065
32447.1	-1.8	137.8	-60.7	47018.6	138603
32339.9	-2.2	2684.0	1.6	36319.8	143589
32293.6	10.9	1268.0	61.9	290318.0	5964
32136.0	-1.9	4570.0	-14.6	44659.0	96163
32085.7	-8.1	1234.5	-23.4	30903.9	68499
32063.1	-2.3	47.9	-89.0	357565.0	42954
31912.0	16.1	585.8	35.0	118439.3	65957
31904.0	4.3	3687.0	55.7	67887.0	107000
31900.5	-2.4	829.9	7.0	16447.5	10703
31735.7	2.8	1416.0	-6.4	16399.3	596452
31722.5	-1.2	225.1	-23.9	12765.6	81743
31681.7	0.2	2159.0	-27.3	41876.7	86951
31584.4	2.9	4063.3	0.5	31460.1	176611
31581.0	4.3	2622.0	3.9	110122.0	30800
31550.9	-1.9	111.6	-80.5	25794.8	50479

17-6 续表 8

排名 Rank		企业名称	Company Name	国家	Country
2019	2018				
401	385	鞍钢集团公司	Ansteel Group	中国	China
402	371	东芝	Toshiba	日本	Japan
403	471	富邦金融控股股份有限公司	Fubon Financial Holding	中国	China
404	427	SAP公司	SAP	德国	Germany
405	440	斯巴鲁公司	Subaru	日本	Japan
406	347	冀中能源集团	Jizhong Energy Group	中国	China
407	-	Coles集团	Coles Group	澳大利亚	Australia
408	419	美敦力公司	Medtronic	爱尔兰	Ireland
409	394	台湾中油股份有限公司	CPC	中国	China
410	412	菲尼克斯医药公司	Phoenix Pharma	德国	Germany
411	401	法国航空-荷兰皇家航空集团	Air France-KLM Group	法国	France
412	407	法国威立雅环境集团	Veolia Environnement	法国	France
413	411	施耐德电气	Schneider Electric	法国	France
414	-	武田药品公司	Takeda Pharmaceutical	日本	Japan
415	-	法国达飞海运集团	CMA CGM	法国	France
416	373	澳洲联邦银行	Commonwealth Bank of Australia	澳大利亚	Australia
417	436	Medipal控股公司	Medipal Holdings	日本	Japan
418	-	加拿大永明金融集团	Sun Life Financial	加拿大	Canada
419	450	英美资源集团	Anglo American	英国	Britain
420	443	墨西哥国家电力公司	CFE	墨西哥	Mexico
421	422	菲利普-莫里斯国际公司	Philip Morris International	美国	U.S.
422	468	小米集团	Xiaomi	中国	China
423	-	上海建工集团股份有限公司	Shanghai Construction Group	中国	China
424	498	泰康保险集团	Taikang Insurance Group	中国	China
425	415	Coop集团	Coop Group	瑞士	Switzerland
426	434	KB金融集团	KB Financial Group	韩国	South Korea
427	417	森科能源公司	Suncor Energy	加拿大	Canada
428	420	关西电力	Kansai Electric Power	日本	Japan
429	402	首钢集团	Shougang Group	中国	China
430	497	蒙特利尔银行	Bank of Montreal	加拿大	Canada
431	404	慧与公司	Hewlett Packard Enterprise	美国	U.S.
432	405	英国电信集团	BT Group	英国	Britain
433	428	法国邮政	La Poste	法国	France
434	367	中国兵器装备集团公司	China South Industries Group	中国	China
435	448	海尔智家股份有限公司	Haier Smart Home	中国	China
436	414	珠海格力电器股份有限公司	Gree Electric Appliances	中国	China
437	463	CJ集团	CJ Corp.	韩国	South Korea
438	410	波兰国营石油公司	PKN ORLEN Group	波兰	Poland
439	399	江森自控国际公司	Johnson Controls International	爱尔兰	Ireland
440	311	英国森特理克集团	Centrica	英国	Britain
441	421	艾睿电子	Arrow Electronics	美国	U.S.
442	-	深圳市投资控股有限公司	Shenzhen Investment Holdings	中国	China
443	439	新疆广汇实业投资（集团）有限责任公	Xinjiang Guanghui Industry Investment	中国	China
444	-	林德集团	Linde	英国	Britain
445	437	住友电工	Sumitomo Electric Industries	日本	Japan
446	435	国际航空集团	International Airlines Group	英国	Britain
447	376	GS加德士	GS Caltex	韩国	South Korea
448	431	Migros集团	Migros Group	瑞士	Switzerland
449	442	华夏保险	Huaxia Life Insurance	中国	China
450	470	日本电气公司	NEC	日本	Japan

continued

营业额 Revenues		利润额 Profits		资产额（百万美元）Assets (mil.USD)	雇员人数（人）Employees (person)
百万美元 (mil.USD)	比上年增长% % Change from 2018	百万美元 (mil.USD)	比上年增长% % Change from 2018		
31468.7	-3.5	-208.9		47781.1	126909
31179.2	-6.4	-1054.4	-111.5	31307.8	125648
31012.6	18.0	1892.7	19.5	285161.0	44388
30838.9	5.8	3717.1	-22.9	67585.3	100330
30758.2	8.1	1403.5	10.0	30479.4	35045
30666.1	-14.2	-114.3		33149.1	107359
30601.0		1025.6		6859.5	113000
30557.0	2.0	4631.0	49.2	89694.0	101013
30545.9	-4.3	1049.7	-7.7	26753.9	15836
30508.9	0.7	6.4		10512.3	32009
30431.5	-2.8	324.6	-32.8	34497.0	83097
30431.2	-0.5	699.4	34.9	46039.7	178021
30396.8	0.1	2700.8	-2.0	50511.4	135307
30271.5	60.0	406.9	-58.7	118636.9	47495
30254.2	28.9	-229.1	-775.8	32730.9	86700
29966.6	-9.7	6127.3	-15.2	685113.8	45165
29921.0	4.3	349.2	12.7	15214.9	15422
29904.6	43.6	2044.7	1.3	229216.4	22719
29870.0	8.2	3547.0	-0.1	56152.0	63000
29868.8	5.0	2260.7	-2.7	115747.5	90621
29805.0	0.6	7185.0	-9.2	42875.0	73500
29795.2	12.7	1453.9	-29.0	26361.9	18170
29745.7	15.4	568.9	35.4	36935.4	42762
29502.1	18.3	3211.5	79.0	134299.1	57372
29485.4	-2.5	528.4	9.2	19803.5	78264
29469.5	1.6	2841.8	2.1	448446.0	26702
29384.5	-2.3	2184.9	-14.0	68976.6	12889
29288.0	-1.8	1195.7	15.2	70442.6	31850
29273.6	-5.9	40.0	-52.5	71543.0	97903
29159.8	16.6	4333.3	2.3	648451.5	45513
29135.0	-5.6	1049.0	-45.0	51803.0	61600
29097.0	-5.4	2202.8	-22.2	65850.8	105300
29081.7	-0.2	920.0	-2.3	326618.4	225693
29063.0	-14.3	987.7	268.4	48801.7	176326
29060.4	4.9	1187.9	5.6	26911.0	99757
29023.6	-4.0	3574.8	-9.8	40623.6	88846
28986.0	8.0	229.2	-8.6	34922.9	59915
28976.6	-4.7	1120.5	-27.2	18804.2	22337
28969.0	-7.7	5674.0	162.4	42287.0	104000
28933.7	-26.9	-1305.4	-634.8	24045.0	29147
28916.8	-2.6	-204.1	-128.5	16400.8	19300
28854.5	166.0	1593.7	23.3	100421.8	67518
28710.9	0.5	89.8	-34.5	39224.4	77400
28677.0	87.6	2285.0	-47.8	86612.0	79886
28577.6	-0.3	668.9	-37.2	28541.8	283910
28547.8	-0.9	1919.5	-43.6	40025.9	66034
28541.3	-13.6	388.4	-39.3	17666.5	3283
28540.1	-1.9	348.3	-31.9	66220.0	90863
28494.2		122.0	-69.4	84176.0	500000
28469.2	8.3	919.5	153.6	28900.3	112638

17-6 续表 9

排名 Rank		企业名称	Company Name	国家	Country
2019	2018				
451	493	赛峰集团	Safran	法国	France
452	424	纬创集团	Wistron	中国	China
453	432	达能	Danone	法国	France
454	453	日本中部电力	Chubu Electric Power	日本	Japan
455	-	盛虹控股集团有限公司	Shenghong Holding Group	中国	China
456	461	铜陵有色金属集团	TongLing Nonferrous Metals Group	中国	China
457	-	维亚康姆CBS公司	ViacomCBS	美国	U.S.
458	456	Financière de l'Odet公司	Financière de l'Odet	法国	France
459	-	山东钢铁集团有限公司	Shandong Iron & Steel Group	中国	China
460	489	Dollar General公司	Dollar General	美国	U.S.
461	494	Achmea公司	Achmea	荷兰	Netherlands
462	495	拉加什出口有限公司	Rajesh Exports	印度	India
463	464	大同煤矿集团有限责任公司	Datong Coal Mine Group	中国	China
464	452	曼福集团	Mapfre Group	西班牙	Spain
465	438	中国大唐集团公司	China Datang	中国	China
466	486	美国合众银行	U.S. Bancorp	美国	U.S.
467	426	三星人寿保险	Samsung Life Insurance	韩国	South Korea
468	473	海亮集团有限公司	Hailiang Group	中国	China
469	425	意大利联合信贷集团	UniCredit Group	意大利	Italy
470	458	东日本旅客铁道株式会社	East Japan Railway	日本	Japan
471	423	KOC集团	Koç Holding	土耳其	Turkey
472	478	米其林公司	Michelin	法国	France
473	-	上海医药集团股份有限公司	Shanghai Pharmaceuticals Holding	中国	China
474	467	喜力控股公司	Heineken Holding	荷兰	Netherlands
475	-	X5零售集团	X5 Retail Group	荷兰	Netherlands
476	447	拉法基豪瑞集团	LafargeHolcim	瑞士	Switzerland
477	485	中国通用技术(集团)控股有限责任公司	China General Technology	中国	China
478	-	星巴克公司	Starbucks	美国	U.S.
479	446	任仕达公司	Randstad	荷兰	Netherlands
480	481	阿迪达斯集团	Adidas	德国	Germany
481	444	三星C&T公司	Samsung C&T	韩国	South Korea
482	488	FMX公司	Fomento Económico Mexicano	墨西哥	Mexico
483	459	奥地利石油天然气集团	OMV Group	奥地利	Austria
484	445	德科集团	Adecco Group	瑞士	Switzerland
485	465	山西焦煤集团有限责任公司	Shanxi Coking Coal Group	中国	China
486	484	河南能源化工集团	Henan Energy & Chemical	中国	China
487	-	百时美施贵宝公司	Bristol-Myers Squibb	美国	U.S.
488	466	诺基亚	Nokia	芬兰	Finland
489	462	潞安集团	Shanxi LuAn Mining Group	中国	China
490	-	广西投资集团有限公司	Guangxi Investment Group	中国	China
491	433	西太平洋银行	Westpac Banking	澳大利亚	Australia
492	430	西班牙能源集团	Naturgy Energy Group	西班牙	Spain
493	-	中国核工业集团有限公司	China National Nuclear	中国	China
494	-	US Foods Holdings公司	US Foods Holding	美国	U.S.
495	480	亿滋国际	Mondelez International	美国	U.S.
496	-	中国中煤能源集团有限公司	China National Coal Group	中国	China
497	-	帕卡公司	Paccar	美国	U.S.
498	-	赛莫飞世尔科技公司	Thermo Fisher Scientific	美国	U.S.
499	469	山西阳泉煤业(集团)有限责任公司	Yangquan Coal Industry Group	中国	China
500	482	山西晋城无烟煤矿业集团	Shanxi Jincheng Anthracite Coal Mining Grou	中国	China

continued

营业额 Revenues		利润额 Profits		资产额 (百万美元) Assets (mil.USD)	雇员人数 (人) Employees (person)
百万美元 (mil.USD)	比上年增长% % Change from 2018	百万美元 (mil.USD)	比上年增长% % Change from 2018		
28423.5	12.8	2738.8	80.9	48047.7	95443
28416.2	-3.7	220.0	35.1	11482.1	70286
28302.7	-2.7	2159.0	-22.1	50914.3	102449
28199.8	3.0	1503.6	109.9	50900.5	28448
27869.6	28.5	486.5	27.5	13562.3	30631
27819.4	3.6	-64.5		12548.8	22860
27812.0	91.6	3308.0	68.8	49519.0	26280
27805.5	2.3	136.4	-5.3	63202.5	83801
27754.7	17.8	21.7		51265.1	51300
27754.0	8.3	1712.6	7.7	22825.1	143000
27593.1	9.6	537.2	45.0	100441.3	13801
27589.6	9.7	170.1	-8.0	4063.9	409
27556.6	3.2	-158.6		53029.6	152733
27520.0	0.4	681.9	9.3	81385.1	34324
27464.0	-4.2	426.7	31.9	108895.5	95748
27325.0	6.0	6914.0	-2.6	495426.0	69651
27290.7	-6.9	838.7	-44.6	270485.4	5346
27209.1	3.6	174.9	-26.4	8205.5	20196
27168.9	-7.4	3775.3	-17.8	960378.2	84245
27102.4	0.1	1825.1	-31.5	78995.6	85114
27052.8	-8.6	773.8	-32.3	25453.0	92990
27013.3	3.9	1959.8	-1.0	35554.3	121339
27005.4	12.3	590.7	0.7	19671.6	47778
26827.5	0.8	1216.6	7.3	52196.1	85853
26807.8	9.8	301.5	-33.9	17301.2	307444
26588.9	-5.3	2234.8	45.5	56449.9	72452
26558.8	3.0	489.5	10.6	28310.4	43197
26508.6	7.2	3599.2	-20.3	19219.6	346000
26499.5	-5.7	678.3	-18.4	11401.3	38280
26459.2	2.1	2211.7	10.1	23211.2	59533
26396.1	-6.8	901.1	-42.1	39700.4	16580
26319.3	2.5	1075.1	-13.8	33764.5	314656
26258.9	-3.0	1962.1	9.7	45316.9	19845
26220.8	-6.9	813.7	50.5	11864.9	35000
26178.9	-1.9	211.6	49.5	48744.4	196034
26162.5	1.5	-305.8		39363.5	164236
26145.0	15.9	3439.0	-30.1	129944.0	30000
26095.5	-2.0	7.8		43917.3	98322
26077.6	-2.8	105.4	8434.6	35869.8	106188
26059.8	24.2	78.3	-22.2	70591.4	30605
26000.9	-10.4	4771.9	-22.4	611337.9	33288
25991.4	-10.8	1568.1		46173.3	12138
25974.9	12.7	1104.7	16.2	119401.2	156300
25939.0	7.3	385.0	-5.4	11288.0	28000
25868.0	-0.3	3870.0	14.5	64549.0	80000
25846.4	14.0	307.7		56840.6	122827
25599.7	9.0	2387.9	8.8	28361.1	27000
25542.0	4.9	3696.0	25.8	58381.0	75000
25490.8	-3.0	-81.5		35408.8	101817
25385.6	-1.8	22.0	-58.3	42256.6	127336

主要统计指标解释

人类发展指数 是人类发展的一项综合指标，它测量了人类发展的三个方面的平均成就：寿命，教育程度以及体面的生活。人类发展指数是对这三个方面的指标标准化后的几何平均值。

期望受教育年限 是指在现有入学率保持不变的情况下适龄儿童预期获得的受教育年限。

平均受教育年限 是指25岁及以上人口已经获得的文化程度转换成理论教育年限的平均值。

KOF全球化指数 包括经济，社会和政治三个方面的全球化，是23个具体指标标准化后的加权平均值。全球化被定义为突破国家的界限，融合国家的经济、文化、技术和管理，并产生相互依存的复杂关系的过程。经济全球化是指商品、资本和服务以及伴随着市场交流的信息与观念的长途流动；政治全球化是指政府政策的扩散；社会全球化是指思想、信息、图像和人的传播。

全球竞争力指数 4.0（GCI 4.0），通过测算一个国家的基础设施设置、政策及生产力水平决定因素等各方面情况来评价国家竞争力。全球竞争力的指标体系由三个层次构成：第一层次包括支撑环境、市场、人力资本以及创新生态系统四大板块；第二层次是12个竞争力“支柱”，包括制度、基础设施、信息通讯技术的应用、宏观经济的稳定性、医疗卫生、技能、产品市场、劳动力市场、金融制度、市场规模、商业活力和创新能力等；第三层次是具体指标。

幸福指数 是衡量一国幸福感的综合指标，由联合国可持续发展解决方案网络（SDSN）与哥伦比亚大学地球研究所自2012起开始计算和发布。幸福感调查以盖洛普全球民意调查为基础，通过人均GDP、健康期望寿命、社会支持度、慷慨指数、自由度和贪污腐败程度六个方面作为评判基础和标准。幸福指数是对这六个方面的加权平均值，幸福指数在0和10之间，指数越大表明幸福程度越高，指数越小表明幸福程度越低。

全球创新指数（GII） 是通过对创新的制度与政策、人力资本与研究、基础设施、市场成熟度、企业成熟度、知识与技术产出以及创新产出等方面的综合评价来衡量一个国家的经济创新能力。

Explanatory Notes on Main Statistical Indicators

The Human Development Index (HDI) is a summary measure of human development. It measures the average achievements in a country in three basic dimensions of human development: a long and healthy life, access to knowledge and a decent standard of living. The HDI is the geometric mean of normalized indices measuring achievements in each dimension.

Expected years of schooling Number of years of schooling that a child of school entrance age can expect to receive if prevailing patterns of age-specific enrolment rates were to stay the same throughout the child's life.

Mean years of schooling Average number of years of education received by people ages 25 and older in their lifetime based on education attainment levels of the population converted into years of schooling based on theoretical durations of each level of education attended.

The KOF Index of Globalization covers the economic, social and political dimensions of globalization and is the weighted average value of standardized twenty-three indicators. Globalization is conceptualized as a process that erodes national boundaries, integrates national economies, cultures, technologies and governance and produces complex relations of mutual interdependence. economic globalization, characterized as long distance flows of goods, capital and services as well as information and perceptions that accompany market exchanges; political globalization, characterized by a diffusion of government policies; and social globalization, expressed as the spread of ideas, information, images and people

Global Competitiveness Index 4.0(GCI 4.0) assess national competitiveness by measuring a country's Infrastructure, policy, factors that determine productivity and other aspects. GCI system consists of three layers: The first level includes four plates of Enabling environment, Markets,Human capital and Innovation ecosystem; The second level is the competitiveness of 12 major "pillars", including Institutions; Infrastructure; ICT adoption; Macroeconomic stability; Health; Skills; Product market; Labour market; Financial system; Market size; Business dynamism; and Innovation capability; The third level is the specific indicators.

Happiness Index is a summary measure the degree of happiness of a country. It is designed and published by UN Sustainable Development Solutions Network (SDSN) and the Earth Institute at Columbia University from 2012. The Happiness survey is based on the Gallup World Pull through six factors as the foundation and standard. The six factors are GDP per capita, healthy years of life expectancy, social support, generosity, perceived freedom to make life decisions, corruption in government and business. The Happiness Index is the weighted average of the above six factors, it is between 0-10. The bigger data shows the higher level happiness, the smaller shows the lower level happiness.

Global Innovation Index(GII) evaluates a country's economic innovation ability based on measuring innovation institutions, human capital and research, infrastructure, market sophistication, business sophistication, knowledge and technology outputs, and creative outputs.

附 录

Appendix

附录1　主要国际组织及缩写

一、主要国际组织及其组成成员

经济合作与发展组织（经合组织，OECD），成员国有38个：澳大利亚、奥地利、比利时、加拿大、智利、捷克、丹麦、爱沙尼亚、芬兰、法国、德国、希腊、匈牙利、冰岛、爱尔兰、以色列、意大利、日本、韩国、拉脱维亚、立陶宛、卢森堡、墨西哥、荷兰、新西兰、挪威、波兰、葡萄牙、斯洛伐克、斯洛文尼亚、西班牙、瑞典、瑞士、土耳其、英国、美国、哥伦比亚、哥斯达黎加。

欧洲联盟（欧盟，EU），成员国有27个：法国、德国、意大利、荷兰、比利时、卢森堡、丹麦、爱尔兰、希腊、西班牙、葡萄牙、奥地利、芬兰、瑞典、塞浦路斯、捷克、爱沙尼亚、匈牙利、拉脱维亚、立陶宛、马耳他、波兰、斯洛伐克、斯洛文尼亚、保加利亚、罗马尼亚和克罗地亚。

欧洲货币联盟（欧元区，Euro Area），成员国有19个：德国、比利时、奥地利、荷兰、法国、意大利、西班牙、葡萄牙、卢森堡、爱尔兰、芬兰、希腊、斯洛文尼亚、塞浦路斯、马耳他、斯洛伐克、爱沙尼亚、拉脱维亚和立陶宛。

东南亚国家联盟（东盟，ASEAN），成员国有10个：菲律宾、马来西亚、泰国、新加坡、印度尼西亚、文莱（1984年）、越南（1995年）、缅甸（1997年）、老挝（1997年）和柬埔寨（1999年）。

北美自由贸易区（NAFTA）：成立于1994年1月1日，成员国有3个，加拿大、墨西哥和美国。

西方七国（G7）：包括美国、日本、英国、德国、法国、意大利和加拿大。

二、主要国家（地区）分类

按收入分组国家：按照世界银行2019年分组标准，高收入国家指按图表集法计算的人均国民总收入12536美元及以上的国家，中等偏上收入国家指人均国民总收入4046美元至12535美元的国家，中等偏下收入国家指人均国民总收入1036美元至4045美元的国家，低收入国家指人均国民总收入1035美元及以下的国家。

发达国家或地区与发展中国家或地区：联合国统计司对“发达国家或地区”及“发展中国家或地区”没有一个明确的划分标准。通常是把亚洲的日本、塞浦路斯和以色列，北美的加拿大、美国、百慕大、格陵兰、圣皮埃尔和密克隆，大洋洲的澳大利亚、新西兰、赫德岛和麦克唐纳岛、诺福克岛、科科斯（基林）群岛、圣诞岛，欧洲，都列入发达国家或地区。国际货币基金组织指出“发达经济体”包括39个国家或地区，他们是：澳大利亚、奥地利、比利时、加拿大、塞浦路斯、捷克、丹麦、爱沙尼亚、芬兰、法国、德国、希腊、中国香港、冰岛、爱尔兰、以色列、意大利、日本、韩国、拉脱维亚、立陶宛、卢森堡、中国澳门、马耳他、荷兰、新西兰、挪威、葡萄牙、波多黎各、圣马力诺、新加坡、斯洛伐克、斯洛文尼亚、西班牙、瑞典、瑞士、中国台湾、英国及美国。其他为新兴市场及发展中经济体。

三、本年鉴中使用的缩写及含义如下：

sq.km（square kilometer）＝平方公里

ha（hectare）＝公顷

kwh（kilowatt-hour）＝千瓦时

g（gram）＝克

kg（kilogram）＝千克

TJ（terojoule）＝10^{12}焦耳

TCE（ton of standard coal equivalent）＝吨标准煤当量

TOE（ton of standard oil equivalent）＝吨标准油当量

UNSD（Statistics Division of the United Nations）＝联合国统计司

IMF（International Monetary Fund）＝国际货币基金组织

FAO（Food and Agriculture Organization of the United Nations）＝联合国粮食及农业组织

UNCTAD（United Nations Conference on Trade and Development）＝联合国贸易和发展会议

UNDP（United Nations Development Program）＝联合国开发计划署

ILO（International Labor Organization）＝国际劳工组织

WHO（World Health Organization）＝世界卫生组织

Appendix1 International Organizations and Abbreviations

I.Some international organizations and the members included are as following,

Organization for Economic Co-operation and Development (OECD), has 38 members, i.e., Australia, Austria, Belgium, Canada, Chile, Czech Republic, Denmark, Estonia, Finland, France, Germany, Greece, Hungary, Iceland, Ireland, Israel, Italy, Japan, Korea, Latvia, Lithuania, Luxembourg, Mexico, Netherlands, New Zealand, Norway, Poland, Portugal, Slovak Republic, Slovenia, Spain, Sweden, Switzerland, Turkey, United Kingdom, United States, Columbia, Costa Rica.

European Union (EU), it expanded to 27 members, i.e., France, Germany, Italy, Netherlands, Belgium, Luxembourg, Denmark, Ireland, Greece, Spain, Portugal, Austria, Finland, Sweden, Cyprus, the Czech Republic, Estonia, Hungary, Latvia, Lithuania, Malta, Poland, Slovakia , Slovenia, Bulgaria, Romania and Croatia.

European Monetary Union (Euro Area), it has 19 members and member countries are Germany, Belgium, Austria, Netherlands, France, Italy, Spain, Portugal, Luxembourg, Ireland, Finland, Greece, Slovenia, Cyprus, Malta, Slovak, Estonia, Latvia and Lithuania.

Association of South East Asian Countries (ASEAN), it has 10 members, i.e., the Philippines, Malaysia, Thailand, Singapore, Indonesia, Brunei Darussalam (1984), Viet Nam (1995), Myanmar (1997), Lao People's Democratic Republic (1997) and Cambodia (1999).

North American Free Trade Area(NAFTA), was founded on January 1, 1994, with members unchanged hitherto, i.e., Canada, Mexico and the United States.

Group 7, includes the United States, Japan, the United Kingdom, Germany, France, Italy and Canada.

II. Countries (territory) groups and their meanings are as following,

Countries by Income Group According to the criteria by the World Bank, countries and territories (referred to as economies) are classified into high income (higher than $12536), higher middle income (between $4046 and $12535), lower middle income (between $1036 and $4045) and low income ($1035 and below) groups by their per capita GNI (calculated by Atlas method)in the year 2019.

Developed and Developing Countries or Areas There is no established convention for the designation of "developed" and "developing" countries or areas in the United Nations system. In common practice, Japan, Cyprus, Israelin Asia, Canada, the United States, Bermuda, Greenland, Saint Pierre and Miquelon in northern America, Australia, New Zealand, Heard Island and McDonald Islands, Norfolk Island, Cocos (Keeling) Islands, Christmas Island in Oceania, and Europe are considered "developed" regions or areas. Advanced economies in International Monetary Fund (IMF) are composed of 39 countries: Australia, Austria, Belgium, Canada, Cyprus, Czech Republic, Denmark, Estonia, Finland, France, Germany, Greece, Hong Kong SAR, Iceland, Ireland, Israel, Italy, Japan, Korea, Latvia, Lithuania, Luxembourg, Macao SAR, Malta, Netherlands, New Zealand, Norway, Portugal, Puerto Rico, San Marino, Singapore, Slovak Republic, Slovenia, Spain, Sweden, Switzerland, Taiwan Province of China, United Kingdom, and United States. Others are emerging market and developing economies.

III. The abbreviations used in this book and their meanings are as following,

Sq.km=square kilometer
ha = hectare
kwh = kilowatt-hour
g = gram
kg = kilogram
TJ = terojoule (10^{12} joule)
TCE = ton of standard coal equivalent
TOE = ton of standard oil equivalent
UNSD = Statistics Division of the United Nations
IMF = International Monetary Funds
FAO = Food and Agriculture Organization of the United Nations
UNCTAD = United Nations Conference on Trade and Development
UNDP = United Nations Development Program
ILO = International Labor Organization
WHO = World Health Organization